IGNIS Edition

Die Grundlagen Christlicher Psychologie

Band 2:
Zum Wirklichkeitsverständnis der Christlichen Psychologie

Kathrin Halder

Die Grundlagen Christlicher Psychologie

Ein Lehrbuch

Band 2

Zum Wirklichkeitsverständnis der Christlichen Psychologie

Unter Mitarbeit von
Dr. Peter Hübner, Agnes May, Werner May,
Dr. Matthias Schlagmüller, Wolfram Soldan

IGNIS Akademie für Christliche Psychologie 2011

Der Text dieses Lehrbuchs bietet konzentriert und überarbeitet die Themen von Fernkursordner 2 des IGNIS Fernkurses „Die Grundlagen Christlicher Psychologie", Kitzingen: 1999

Leitung der Fernkursentwicklung: Kathrin Halder
Wissenschaftliche Begleitung (1999-2003): Dr. Peter Hübner
Überarbeitung der Fernkurstexte: Agnes May

Danke sagen wir an dieser Stelle
den bisher etwa 2000 Fernkursteilnehmenden, die uns durch positive Rückmeldungen und konstruktive Kritik zur Herausgabe dieses Bandes ermutigt haben!
Danke sagen wir im Speziellen
Renate Blum für das engagierte Testlesen der vorliegenden Texte
und Kathleen Richter für die sorgfältigen Rechtschreibkorrekturen!

1. Aufl. 2011

IGNIS-Edition IGNIS-Akademie für Christliche Psychologie
Kanzler-Stürtzel-Str. 2
97318 Kitzingen
www.ignis.de

Illustrationen: Silke Kahnt
Titelbild: Petra Koch-Diem, Collage 2007
Satz und Layout: Bruno Franken
Druck: Schönbach-Druck GmbH, 64390 Erzhausen

ISBN: 978-3-933685-24-7

Inhaltsverzeichnis

Einführung ... 7

A Das Verhältnis von Psychologie und Glaube ... 11
I. Typische Grundpositionen ... 13
II. Rekonstruktion – Neuaufbau auf einem biblischen Fundament ... 28

B Grundzüge eines biblischen Menschen- und Weltbildes ... 43
I. Die grundlegende Änderung durch das biblische Wirklichkeitsverständnis ... 46
II. Zentrale Inhalte der Offenbarung über unser „Erkenntnisobjekt" (Grundfrage 3) ... 72

C Das Eigentliche: Vertrautheitserkenntnis ... 105
I. Kennzeichen des biblischen Erkenntnisweges (zu Grundfrage 4) ... 109
II. Heiligung und Liebesfähigkeit des Erkenntnissubjekts (zu Grundfrage 2) ... 151
III. Was ist Wahrheit? (zu Grundfrage 1) ... 169

D Das Eigentliche und das Nachgeordnete:
Die Rolle von Konzepten in der Christlichen Psychologie ... 179
I. Voraussetzungen für das Erstellen allgemeiner Konzepte ... 181
II. Die Art und der Gebrauch von Konzepten im Rahmen Christlicher Psychologie ... 205

E Das Eigentliche und das Nachgeordnete:
Der Einsatz von Wirklichkeitsbefragung und Vernunft im Rahmen christlich-psychologischer Erkenntnissuche ... 229
I. Erkenntnissuche durch Wirklichkeitsbefragung ... 232
II. Erkenntnissuche mithilfe der Vernunft ... 252
III. Christliche Psychologie und säkulare Wissenschaften ... 272

F Rekonstruktion

Neuaufbau einer Christlichen Psychologie auf biblischem Fundament 291

I. Das Ringen um ein biblisches Fundament 294
II. Das Verarbeiten bestehender Modelle 320
III. Eigene Forschung 350
IV. Abschlussresümee 373

Literaturverzeichnis 386

Einführung

Wenn Sie jetzt Band 2 unseres Lehrbuchs zu den Grundlagen Christlicher Psychologie in Händen halten, werden Sie dies mit unterschiedlichen Vorstellungen und Erwartungen tun.

Vielleicht haben Sie bereits Band 1 gelesen und sich dadurch mit dem Wirklichkeitsverständnis der Psychologie als Wissenschaft vertraut gemacht, Entwicklungen und wichtige Entscheidungen, Möglichkeiten und Grenzen dieser modernen Wissenschaft vom Menschen kennen gelernt. Vielleicht sind Sie aber auch auf anderen Wegen mit psychologischen Fragen und Konzepten in Berührung gekommen. Auf jeden Fall verbindet uns alle die Frage, ob es einen speziell christlichen Ansatz der Psychologie geben kann und wie dieser aussehen müsste.

Dafür wollen wir in diesem Band die Grundlagen erarbeiten. Wir stehen damit im Gegensatz zu den Psychologen, die seit Ende des 19. Jahrhunderts hoffen, philosophische und religiöse „Spekulationen" über den Menschen durch exakte, wissenschaftliche Ergebnisse ersetzen zu können, indem sie menschliches Erleben und Verhalten nach den Grundsätzen naturwissenschaftlichen Arbeitens untersuchen. Wir sind uns bei unserem Vorgehen jedoch einig mit einer ganzen Reihe anderer Psychologen (und Wissenschaftler allgemein), die sagen, dass sich Wissenschaft nicht von weltanschaulicher Einbindung lösen kann und soll. Ein gewisses Glaubenssystem bilde immer die Grundlage und den Rahmen. Wir meinen, dass gerade der christliche Glaube uns einen Rahmen bietet, der echtes Verständnis des Menschen ermöglicht, da wir uns auf den Schöpfer dieses Menschen selbst und auf das, was er uns über sein Werk mitteilt, beziehen können.

Das Überzeugungshaus

In Band 1 haben wir am Bild vom **Überzeugungshaus** dargestellt, welcher **innere Zusammenhang zwischen Überzeugungen und Handeln** bei jedem Menschen persönlich ebenso wie innerhalb wissenschaftlicher Modellvorstellungen besteht: Das Verständnis konkreter Situationen und passender Handlungsentwürfe leitet sich aus einer ganzen Reihe von „Wandbausteinen" ab und gründet in einigen zentralen Grundüberzeugungen über Welt und Mensch. Genau diese „Fundamentsbausteine", unsere Welt- und Menschenbilder, prägen die lebenslange Ausgestaltung und vor allem die Stabilität und lebendige Umsetzbarkeit von Überzeugungshäusern.

Dach: konkrete Situationen und Handlungen
Wand: Erfahrungen, Wissen, Meinungen,
Überzeugungen zu verschiedenen Lebensbereichen
Fundament: Grundüberzeugungen über die Welt und den Menschen

Das Anliegen des vorliegenden Bandes lässt sich diesem Bild entsprechend so formulieren, dass wir zuerst nach den Bausteinen eines biblischen Welt- und Menschenbildes suchen wollen, um die Grundlage unseres gesamten Arbeitens zu kennen. Christliche Psychologie ist für uns, ganz kurz zusammengefasst, eine Psychologie, die auf biblischen Grundüberzeugungen aufbaut. Und darauf aufbauend werden wir weiter fragen, welche „Wandbausteine" des Erkenntnisgewinns für uns sinnvoll sind und ob und wie wir für unser Handeln christliche Konzepte finden können.

Inhaltlicher Überblick

Den Auftakt bildet **Kapitel A**, in dem wir zunächst eine **Übersicht verschiedener Ansätze** geben, die Christen auf die Frage nach dem Zusammenspiel der beiden Komponenten **„Christlich"** und **„Psychologie"** vertreten. Dazu werden wir auch unseren Diskussionsbeitrag, das Konzept der **Rekonstruktion**, wie IGNIS es vertritt, in ersten Grundzügen vorstellen. Diese Einführung der Rekonstruktion kann gleichzeitig als eine Art Programmheft gelten, das die Vorgehensweise in den weiteren Kapiteln grob absteckt.

Beginnend beim Fundament des Hauses führt **Kapitel B** in die entscheidende Änderung der gesamten Wirklichkeitssicht ein, die sich aus einer biblischen Perspektive ergibt:
„Der Wirkliche statt die Wirklichkeit".
Wir haben einen Gott, der sich offenbaren will, der uns **Botschaften** zukommen lassen will. Er ist letztlich unser Gegenüber, wenn wir nach Erkenntnis suchen, und er ist es, der die **Grundannahmen** zur Deutung der Wirklichkeit weiß und uns mitteilt.
Eine Einführung in die Wege, auf denen Gott sich offenbart hat, und einige Grundtatsachen zu dem, was er uns inhaltlich offenbart hat, welche Grundannahmen über den Menschen und das „Sein an sich", stehen auf dem weiteren Programm dieses Kapitels.

In **Kapitel C** werden wir dann die wichtigsten Aspekte, **das Eigentliche einer biblischen Vorstellung von Erkenntnis und Wahrheit** vermitteln. Da Gott selbst als Person unsere eigentliche Quelle der Erkenntnis und die Wahrheit in Person ist, ist tiefste, eigentliche Erkenntnis **Vertrautheitserkenntnis**, die in der gelebten Beziehung geschenkt wird.

Kapitel D widmet sich einigen dem Eigentlichen **nachgeordneten** Fragen. Wir fragen, ob es möglich ist, auf der in Kapitel B und C erarbeiteten biblischen, personal göttlichen Basis **Konzepte** zu entwickeln. Dazu prüfen wir die Möglichkeiten, **Wahrheit in Sätzen** auszudrücken und **Allgemeines** über den an sich freien, individuellen Menschen auszusagen. Da wir zu dem Ergebnis kommen, dass es grundsätzlich möglich ist, christlich-psychologische Konzepte zu erstellen, fragen wir weiter, wie diese Konzepte geprägt sein müssen, um lebendige Entwicklungen nachzuvollziehen, und wie wir damit umgehen können, damit sie uns und anderen dienen und nicht dazu führen, Leben in ein Schema zu pressen.

Mit **Kapitel E** greifen wir weitere wichtige der **nachgeordneten** Fragen auf. Wir diskutieren, welche Wege der Erkenntnisgewinnung wir nutzen können. Ist eine **Wirklichkeitsbefragung** (empirische Forschung) im Rahmen eines biblisch-christlichen Wirklichkeitsverständnisses möglich? Wie können (dürfen) wir als Christen den **Verstand** bei unserer Suche nach Wahrheit nutzen?
Wir werden zu dem Ergebnis kommen, dass beides im Rahmen des Glaubens, auf der Basis des Vertrauens zu Gott möglich ist, ja, dass Gott uns dazu auffordert und befähigt.
So sind nicht grundsätzlich die Methoden der entscheidende Unterschied zu säkularer Forschung, sondern die **Herzenshaltung**, aus der heraus wir forschen. Die Basis, in der wir verwurzelt sind, entscheidet darüber, was säkular und was Gott gemäß ist.

In **Kapitel F** greifen wir abschließend die drei Hauptaufgaben christlich-psychologischer Forschung auf und erläutern sie an Beispielen.

Für den Aufbau eines biblischen Fundaments gehen wir auf wichtige Aspekte der **Bibelauslegung** ein. Als Beispiel einer Verarbeitung **säkularer Ergebnisse** besprechen wir gemeinsam einen Artikel zum Thema Versöhnung. Und in Bezug auf **eigene Forschung** stellen wir die Erstellung und Weiterentwicklung unseres Modells zu Vergebungsprozessen dar.

Didaktischer Aufbau

Wir möchten mit „Die Grundlagen Christlicher Psychologie" eine Einführung in diese Themen bieten, die Sie sich aktiv erarbeiten und für sich persönlich verarbeiten können.
Deshalb werden Sie im Text immer wieder einmal durch **Zwischenfragen** angesprochen, Gelesenes vor dem Hintergrund eigener Erfahrungen und Gedanken zu **reflektieren** und damit Neues und Altes bewusst anzuschauen und zu verknüpfen.
Um das Lesen übersichtlich zu gestalten, haben wir den Haupttext durch **verschiedene Elemente** unterbrochen (Grafiken, Hinweis- und Informationskästen, Ergänzungstexte) und wichtige Gedanken jeweils am **Rand in Stichpunkten** notiert.
Außerdem haben wir uns erlaubt, gelegentlich Gespräche und Diskussionen mit unseren fiktiven ersten Fernkursteilnehmenden **Tom und Lucy** einzufügen. Vielleicht stellen die beiden manchmal Fragen, äußern Bedenken, erzählen von Erfahrungen, die Ihnen auch beim Lesen durch den Kopf gegangen sind? Und hoffentlich helfen sie Ihnen, ähnlich offen, unbefangen und neugierig über alles nachzudenken und mit anderen in Ihrem persönlichen Umfeld darüber zu reden!

Und falls Sie beim Lesen dieses Buches merken, dass Sie die Themen gerne noch gründlicher erarbeiten möchten, laden wir herzlich ein, in unser **Fernkursprogramm** einzusteigen. Durch regelmäßige Anregungen zum Lernen, durch Wiederholungsfragen, Austausch mit anderen und einzelne Präsenzveranstaltungen können Sie so in 12 Monaten Verständnis und Kompetenz in Bezug auf die Grundlagen Christlicher Psychologie noch einmal vertiefen und gegebenenfalls durch eine Prüfung (und den Erhalt eines Zertifikats) auch unter Beweis stellen.

Beim Schreiben dieses Bandes haben wir selbst gespürt, wie spannend es ist, die Grundlagen einer Christlichen Psychologie zu entdecken und schriftlich zusammenzufassen. Einen ähnlich anregenden Prozess, der Ihren Glauben, Ihr Denken und Ihren Umgang mit Menschen fördert, der Ihr „inneres Rückgrat" stärkt, wünschen wir allen Leserinnen und Lesern!

Kathrin Halder und Agnes May

A

Das Verhältnis von Psychologie und Glaube

Inhaltsverzeichnis

I. Typische Grundpositionen ... 13

1. Der Verzicht auf eine Vermischung von Psychologie und Glaube ... 16

a. Die Bibel als einzige Informationsquelle ... 16

b. Psychologie und Glaube als getrennte Bereiche ... 18

c. Psychologie und Glaube als ergänzende Bereiche ... 19

2. Integrative Ansätze ... 21

a. Das Gute aus säkularen Konzepten übernehmen („Die Ägypter plündern") ... 21

b. Säkulare Modelle an der Bibel prüfen („Haare und Nägel schneiden") ... 23

II. Rekonstruktion – Neuaufbau auf einem biblischen Fundament ... 28

1. Auswertung bisheriger Ansätze und Entscheidung zum „Neuaufbau" ... 28

2. „Bauabschnitte" Christlicher Psychologie ... 32

a. Das Fundament ... 32

b. Eigene Forschung und Verarbeitung bestehender Konzepte ... 34

ZIEL

Das Kennenlernen unterschiedlicher Positionen zum Verhältnis von säkularem psychologischem Wissen und biblischer Botschaft soll die unterschiedlichen Möglichkeiten beim Vorgehen eines „christlichen Hausbaus" im Bereich von Psychologie und Seelsorge aufzeigen und zu einer eigenen Auseinandersetzung mit diesen Fragen führen.
Dabei wird die Darstellung der Grundposition von IGNIS, wie hier Christliche Psychologie durch „Rekonstruktion" entwickelt werden soll, eine Art Programm für den Aufbau der weiteren Kapitel dieses Bandes liefern.

Hinführung:

Wo soll man beginnen, wenn man zur säkularen Psychologie eine christlich-psychologische Alternative bauen will? Wie sieht das Fundament aus, welches Baumaterial steht uns zur Verfügung, welche Bautechniken sind gut?
Wir wollen uns in diesem Kapitel zunächst orientieren, welche Impulse für unser Vorgehen wir aus bisherigen christlichen Ansätzen erhalten, und dann unseren Plan entwerfen, wie wir Christliche Psychologie vom Fundament her aufbauen können.

I. Typische Grundpositionen

Tom: Du glaubst gar nicht, wie ich mich freue, ein Lehrbuch über Christliche Psychologie in Händen zu halten! Ich habe mir gleich noch eine neue Bibel mit breitem Schreibrand gekauft, um richtig mitarbeiten zu können.

Lucy: Meinst du, dass wir hier vor allem mit der Bibel arbeiten werden? Für mich hat Christliche Psychologie mit christlich und Psychologie zu tun und mit der Frage, wie beides zusammenspielt.

Tom: Aber wesentlich ist, dass alles auf einem wirklich biblischen Fundament aufbaut.

Lucy: Mir ist die Bibel natürlich auch ganz wichtig, aber wenn wir eine richtige Psychologie entwickeln wollen...? Über viele Themen von Band 1 habe ich z.B. noch nie etwas in der Bibel gefunden. Und auch über den ganzen Bereich der psychischen Probleme liest man kaum etwas. Oder sind dir schon einmal Begriffe wie Depression, Schizophrenie oder Magersucht begegnet?

Kathrin: Hallo, ihr beiden, wenn ihr so weiter macht, geratet ihr bald in eine Diskussion, die Christen schon immer bewegt hat: Darf man als Christ allein die Bibel nutzen, bietet nur (oder fast nur) sie die Antwort auf alle wichtigen Fragen? Oder kann man auch säkulares Wissen einbeziehen? Ist man nur dann sicher, wenn man Gedanken aus dem heidnischen Umfeld meidet, sich zurückzieht? Oder darf man im Dialog stehen, kann man etwas davon lernen?
Diese Fragen stellten (und stellen) sich Christen ganz allgemein – in Bezug auf die Notwendigkeit christlicher Schulen, die Lektüre säkularer Literatur bis hin zur Wahl der eigenen Freunde – aber eben auch in Bezug auf Wissenschaft und deren Erkenntnisse. In den ersten Jahrhunderten des Christentums (bis ins Mittelalter hinein) war DIE anerkannte säkulare Quelle für praktisch alle Fragen der Zeit vor allem die Philosophie des alten Griechenlands, besonders Platon und Aristoteles.

Tom: Und wie haben sich Christen da entschieden?

Kathrin: Man wurde sich nie ganz einig, welche Haltung man einnehmen sollte. Es gab bereits in den Reihen der Kirchenväter für den Umgang mit den beiden grundsätzlichen Erkenntnisquellen des Christen, der Bibel einerseits und den „ganz normalen Erkenntnisquellen dieser Welt" andererseits, Befürworter sowohl für Trennung als auch für Dialog. Dies blieb, mit vielen Detailvarianten, im Prinzip über die Zeiten gleich, unabhängig davon, ob man sich auf die Philosophie bezog oder heute um die Möglichkeit einer Christlichen Psychologie ringt. Und folglich findet ihr bis heute:

Verschiedene Ansätze, Bibel und säkulares Wissen zu nutzen

- **Ansätze, die eine strikte Trennung von Psychologie und Glaube fordern.**

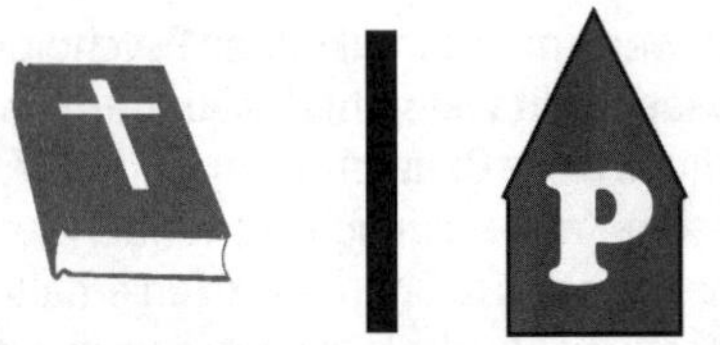

- **Ansätze der Integration**, die Erkenntnisse der Psychologie für die Christenheit nutzbar machen.

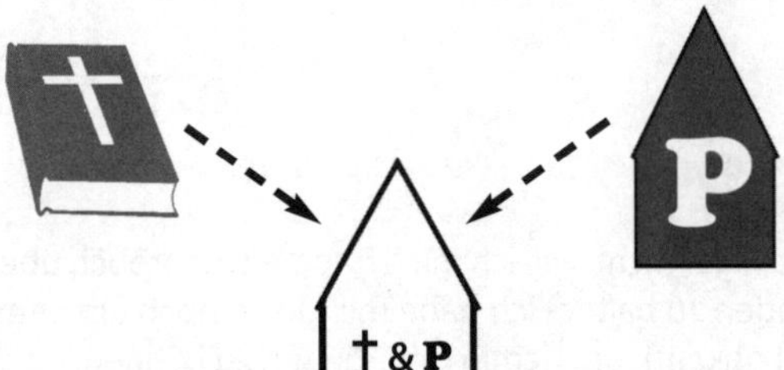

Das Anliegen der Rekonstruktion

Bei IGNIS haben wir uns für eine „Nutzbarmachung" der Psychologie entschieden, aber dieses Ziel dem Anliegen des **Aufbaus einer eigenen Christlichen Psychologie** auf der Basis eines biblischen Menschen- und Weltbildes untergeordnet. Wir nennen unseren Ansatz **Rekonstruktion** und meinen damit, dass wir nicht einfach Bestehendes renovieren, sondern mit Gottes Hilfe ein neues Haus erstellen wollen. Wie wir dabei vorgehen, welche Arbeitsmittel und Baumaterialien wir verwenden können, darum wird es in den nächsten Kapiteln gehen.

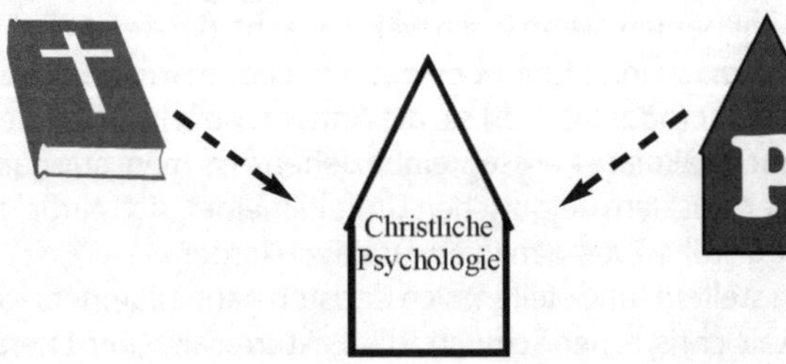

Kenntnis von verschiedenen Ansätzen als Hilfe für die eigene Entscheidung

Doch zunächst soll dieses Kapitel durch einen Überblick möglicher Ansätze bezüglich der Frage nach Psychologie und Glaube helfen, den Entscheidungsprozess und die Position von IGNIS zu verdeutlichen.

Dies wird nur knapp, beispielhaft geschehen, denn unsere Absicht ist nicht ein Überblick aller aktuellen Seelsorgevereinigungen oder die Zuordnung einzelner Vertreter oder Institutionen, sondern das Klären möglicher Grundpositionen.

Hinweis:
Sowohl das Angebot an Seelsorge/Beratung und an Schulungskursen als auch die konkrete Prägung einzelner Werke und ihrer Vertreter verändert sich immer wieder. Das geschieht unter anderem auch im Austausch und Lernen voneinander.
Seit 1996 haben sich in Deutschland unter dem Dach von ACC (dem Verband für christliche Beratung und Seelsorge, www.ACC-Dachverband.de) mehrere christliche Seelsorge- und Beratungsorganisationen zusammengeschlossen, um gemeinsam definierte Standards für die Anerkennung ihrer Ausbildungen festzulegen und zu gewährleisten.

Bewerten ohne zu verurteilen

Wenn wir in unserem Überblick auch **bewerten**, so möchten wir betonen, dass diese Bewertungen sich auf **einzelne Grundentscheidungen** beziehen. Wir wollen und können damit keine Aussagen treffen über Personen, die gesamte Lehre oder Arbeit einzelner Werke. Insgesamt wollen wir nicht falsch harmonisieren, sondern ehrlich und offen auch mit unseren Anfragen umgehen. Dabei schätzen wir die Gemeinsamkeiten im Glauben und wollen uns um ein immer besseres, gegenseitiges Verständnis bemühen.

Beim Kennenlernen der
„Grundlagen einer Christlichen Psychologie"
wird Ihr Mitdenken und Ihr Einlassen auf Denkmodelle gefordert sein.
Folgende Fragen werden dabei immer wieder eine Rolle spielen:
Wie gut kann ich im christlichen Bereich unterschiedliche Vorstellungen akzeptieren?
Kann ich die Grenze zwischen unterschiedlichen christlichen Vorstellungen und nicht-christlichen Vorstellungen erkennen?
Kann ich zwischen der Person und ihrer Überzeugung unterscheiden?
Bin ich bereit, einen anderen verstehen zu wollen und ihn nicht gleich in bestimmte Schubladen einzuordnen?
Machen Sie sich vor dem Weiterlesen bewusst, dass im Letzten nur Gott derjenige ist, der Halt sein kann, dass alle Wahrheitssuche an seiner Hand geschieht und in der Beziehung zu Jesus, der die Wahrheit ist!

?

1. Der Verzicht auf eine Vermischung von Psychologie und Glaube

Wir beginnen unseren Überblick mit der Grundposition, die eine Vermischung von Psychologie und Glaube ablehnt, und stellen drei Ansätze dar, wie dies ganz unterschiedlich begründet wird.

a. Die Bibel als einzige Informationsquelle

Die erste Richtung ist geprägt von der Überzeugung, dass man grundsätzlich und natürlich auch in Bezug auf psychologisch-seelsorgerliche Fragen **nur die Bibel** zu Wort kommen lassen sollte. **Mit Jesus, mit seinen Worten, ist uns alles gegeben,** was wir benötigen. Jesus Christus ist der, der heilt, der den Weg zu körperlicher und psychischer Gesundheit bereitet. Darin ist er weder ergänzungsbedürftig noch benötigt er Hilfe von der Wissenschaft.

Die historische Position der Ablehnung säkularer Erkenntnisse durch den Kirchenvater Tertullian

Historisch gesehen können sich Vertreter dieser Auffassung auf den Kirchenvater **Tertullian** (gest. nach 220) beziehen, der scharf formulierte:
„Was hat Athen mit Jerusalem zu schaffen? Was die Akademie mit der Kirche?
…
Von allen Schriften der Heiden halte dich fern. Denn was willst du mit den fremden Worten oder den Gesetzen und falschen Prophezeiungen, die junge Leute sogar vom Glauben abbringen? Was diese Schriften an (formalem) Bildungsgut bieten, ist alles in der Hl. Schrift enthalten. Das Studium der Schrift genügt somit in jeder Beziehung."[1]

Mögliche biblische Begründungen

Verschiedene Aussagen der Bibel können diese Form der **Abgrenzung** und den Kampf gegen widergöttliche, weltliche Gedanken nahelegen:

Kol 2, 8:[2]
„Seht zu, dass euch niemand einfange durch Philosophie und leeren Trug, gegründet auf die Lehre von Menschen und auf die Mächte der Welt und nicht auf Christus."
2 Kor 10, 5:
„Denn die Waffen unsres Kampfes sind nicht fleischlich, sondern mächtig im Dienste Gottes, Festungen zu zerstören. Wir zerstören damit Gedanken und alles Hohe, das sich erhebt gegen die Erkenntnis Gottes, und nehmen gefangen alles Denken in den Gehorsam gegen Christus."

Besonders deutliche Argumente scheint auch **der erste Korintherbrief, Kapitel 1 und 2,** zu bieten, wo Paulus mahnt, dass man mit der „Weisheit dieser Welt" als Christ nichts zu tun haben solle.

Problem vo widergöttlichen Grundannahmen

In die weitere Argumentation fließt ein, dass **säkulare Psychologie auf falschen, widergöttlichen Grundannahmen** aufbaut.
Man will eine Psychologie mit Grundannahmen der Art *„der Mensch ist nichts als Materie"*, *„psychische Probleme entstehen durch eine schwere Vergangenheit"* oder *„der Mensch ist gut"*, nicht für eine biblische Seelsorge nutzbar machen.

1 nach Paul, 1993, S.18
2 Alle zitierten Bibelstellen sind der rev. Lutherübersetzung von 1984 entnommen.

Dabei wird besonders vor den Konzepten der Psychotherapie gewarnt, bei denen man mit einem größeren Maß an Grundannahmen rechnen muss als bei den Forschungsergebnissen der naturwissenschaftlichen Psychologie.
So schreibt beispielsweise **Roland Antholzer** bei der Vorstellung seiner **Gemeindeorientierten Initiative für biblische Beratung (GIBB):** „Erkenntnisse der Psychologie werden in der biblischen Seelsorge und Beratung genutzt und sind insbesondere in der diagnostischen Phase der Seelsorge von Bedeutung. Kriterium für die Auswahl des psychologischen Wissens ist die Kongruenz mit dem biblischen Menschenbild. …Die Gemeindeorientierte Initiative für biblische Beratung hält jedoch die verschiedenen psychotherapeutischen Ansätze für keinesfalls wertfrei, und deshalb werden in das Konzept der biblischen Beratung keine psychotherapeutischen Methoden einbezogen.“[3]

Hinweis:
In der gesamten Diskussion um Psychologie und Glaube kann man übrigens feststellen, dass sowohl Ablehnung als auch Einbeziehen sich häufig stärker auf Psychotherapie als auf Psychologie beziehen. Auch wenn einzelne Autoren DIE Psychologie nennen, entdeckt man bei genauerem Lesen, dass sie sich in ihren Beispielen mit EINEM der psychotherapeutischen Konzepte auseinandersetzen.
So hat z.B. J. Adams in seiner allgemeinen Kritik an der Psychologie eigentlich die Psychoanalyse abgelehnt. Sein biblischer Ansatz der **nuthetischen[4] Seelsorge („nouthetic counseling“)** *enthält jedoch bei genauerem Hinsehen Elemente, die der kognitiven Verhaltenstherapie ähnlich sind.*

Die Gefahr der Verunreinigung durch „weltliches Gedankengut“

Insgesamt warnt man vor **Gefährdungen durch die Psychologie**, da in der Welt, in ihrer Verdorbenheit keine Wahrheit von Gott her zu finden sei. Aus dieser Quelle können nur falsche Gedankengebäude entspringen, die unsere Gemeinden verunreinigen.
Richard Ganz, ein Vertreter dieser Position, formuliert es so: *„Nur aus einer unverschmutzten Quelle kann ein unverschmutzter Teich entstehen. Ebenso besteht der einzige Weg zu einer unverschmutzten Seelsorgerichtung darin, sie mit einer unverschmutzten Quelle anzufüllen. Diese Quelle besteht aus der Heiligen Schrift.“*[5]

Eine Verunreinigung durch psychotherapeutische Gedanken könnte etwa sein, dass sie eine **Entschuldigungshaltung** fördern. Sie böten eine Fülle von möglichen Gründen, warum jemand ein psychisches Problem hat (z.B. das traumatische Erlebnis der Vergangenheit oder eine körperliche Ursache, etwa ein Mangelzustand an Neurotransmittern). Damit werde es dem Menschen leicht gemacht, seine Verantwortung für den eigenen Zustand beiseite zu schieben.

Doch von der biblischen Botschaft her sei vor allem **sündiges, unbiblisches Verhalten als Ursache für psychische Probleme anzusehen. Seelsorge** müsse demnach diese Ursachen aufdecken, sie ins Licht und zum Kreuz Christi bringen, **in die Buße und Vergebung Jesu führen** und so neue, geheiligte Verhaltensweisen ermöglichen. Dafür brauche der biblische Seelsorger fundiertes Wissen um die biblischen Prinzipien des Umgangs mit Sünde, keine Psychotherapieausbildung, die Sünde entschuldigt und verharmlost.

3 In Laukenmann, 1999, S.32 (aus der Selbstdarstellung von GIBB)
4 nuthetisch: Der am. Theologe und Pfarrer J.E. Adams bildete dieses Wort aus dem griech. Substantiv „nouthesia“ Zurechtweisung, Ermahnung, Warnung und dem zugehörigen Verb „noutheteo“ ermahnen, zurechtweisen, warnen, um damit seine biblisch begründete „ermahnende, zurechtweisende Seelsorge“ zu bezeichnen.
5 Nach Eck, 1996, S. 104, Übersetzung dieses und aller weiteren englischen Zitate durch die Autorin

Das Vertrauen allein auf Jesus setzen

Zusätzlich bestehe mit einer solchen Ausbildung die Gefahr, dass das **Vertrauen von Seelsorger und Ratsuchendem nicht mehr allein auf Jesus,** auf seinem Wort und Wirken ruht, sondern dass sie ihre Herzen und Hoffnungen auf menschliche, „weltliche" Methoden richten. Dies sei Götzendienst.

?

Kennen Sie diesen Ansatz aus bisherigen Erfahrungen? Notieren Sie kurz, welche Gründe ihrer Meinung nach dafür, welche dagegen sprechen!

b. Psychologie und Glaube als getrennte Bereiche

Einem anderen Ansatz, der im Ringen um psychologisch-seelsorgerliche Fragen auf eine Vermischung zwischen Psychologie und Glaube verzichten möchte, geht es nicht um eine Abschottung gegenüber der Psychologie, sondern darum, beides als unabhängige „Quellen" weitgehend **nebeneinander stehen zu lassen.** Denn, so die Grundthese, **bei Glaubensfragen und psychologischen Fragestellungen handelt es sich um zwei getrennte Bereiche des Menschseins.**

Aussagen zu Glaubensfragen in der Bibel

Für Glaubensfragen ist die Bibel zuständig. Sie berichtet über das **Leben Jesu,** über sein Sterben zur Erlösung der Menschheit und antwortet bezüglich der **Praxis des Glaubens,** also zu Fragen des Gebets, der Beziehung zu Gott. Sie äußert sich auch zu geistlichen Problemen, etwa zu Pharisäertum und einem richtenden Geist, und gibt Anweisungen zur Regelung des Gemeindelebens usw.
Aber dabei erhebt sie nicht den Anspruch, die Antworten zu jeglichen Fragen unseres Lebens bereitzuhalten. Sie ist weder ein Handbuch für Automechaniker, mit detaillierten Anweisungen zur Reparatur, noch liefert sie Grundlehren der Architektur oder Statik. Ebenso wenig darf man sie als Fachbuch für Mediziner verstehen, das eine komplette Übersicht aller Krankheiten und ihrer Behandlungsmethoden liefert.

Aussagen zu psychologischen Fragen durch die Psychologie

Bei körperlichen Schmerzen geht man zum Arzt, das Haus baut der Architekt und sein Auto lässt man beim Fachmann reparieren. Auch in Bezug auf psychische Probleme ist es offensichtlich, dass hier der **Rat von Experten** gefragt ist, dass man wissenschaftlich exakt untersuchen muss, wie es im Rahmen der **Psychologie** in guter Weise geschieht.

Die Bibel ist kein Psychologiebuch. Sie erhebt diesen Anspruch auch nicht. Zwar gibt es einige Bereiche, wo es zu Überschneidungen kommen kann, gerade wo das Erleben und Verhalten des Menschen von religiösen Faktoren mitbestimmt wird. Doch zum einen sind das eher Ausnahmebereiche, und zum anderen spricht nichts dagegen, weiterhin mit bewährten psychologischen Methoden zu arbeiten und diese auch auf religiöse Fragestellungen anzuwenden (z.B. kann man den theoretischen Satz *„Tägliche Bibellese führt zu einer größeren emotionalen Stabilität"* operationalisieren und in üblicher Weise psychologisch untersuchen).

Berechtigung von Psychologie und Glaube

Mit dieser Sicht muss nicht verbunden sein, dass Glaube oder Psychologie unwichtig sind. Beides, Bibel und psychologische Erkenntnisse haben Bedeutung – für den **je eigenen** Bereich des menschlichen Lebens. Doch man muss darauf achten, dass jeder sich auf seinen **legitimen Bereich** beschränkt und **Grenzüberschreitungen** vermieden werden.

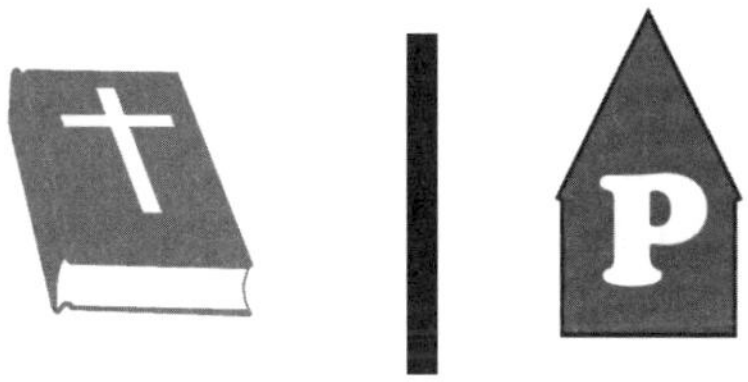

Für den gläubigen Psychologen, Wissenschaftler oder Therapeuten heißt das, dass der Glaube in seinem Privatleben sehr wohl eine wichtige Rolle spielt und er auch in seiner beruflichen Tätigkeit darauf achtet, ehrlich und integer im Sinne Jesu zu handeln. Aber in seiner Arbeit selbst, in seiner Methodik oder im Bereich seiner therapeutischen Interventionstechniken, soll er bei dem bleiben, was er in seinem „Fachbereich" gelernt hat.

Kennen Sie diesen Ansatz aus bisherigen Erfahrungen? Überlegen Sie, welche Gründe Ihrer Meinung nach dafür, welche dagegen sprechen?

c. Psychologie und Glaube als ergänzende Bereiche

Aufgrund mancher Schwierigkeiten, Glaube und Psychologie als gänzlich getrennte Bereiche zu behandeln, hat sich eine weniger radikale Spielart der Abgrenzung entwickelt. Die Vertreter dieser Richtung, häufig Christen, die in den Feldern säkularer Psychologie arbeiten, geben ohne weiteres zu, dass Glaube und Psychologie viel miteinander zu tun haben. So kann man z.B. Phänomene wie Angst oder Beziehungsproblematiken beobachten, die sowohl etwas mit dem Glauben als auch mit der psychologischen Sichtweise auf den Menschen zu tun haben. Deshalb haben sowohl die Psychologie als auch die Bibel und die Wissenschaft ihrer systematischen Auslegung, die Theologie, etwas dazu zu sagen.
Für den Umgang mit den Erkenntnissen der einzelnen Disziplinen lautet die Devise jedoch: **„Jeder bleib bei seinem Level!"**

Glaube und Psychologie beschreiben den Menschen auf verschiedenen Ebenen.

Damit bezieht man sich auf einen (vor allem von dem amerikanischen Wissenschaftler **Richard Bube** geprägten) Grundgedanken, der besagt, dass jedes umfassende Phänomen (wie Angst oder Beziehungsprobleme) auf einer ganzen Reihe von Ebenen (Leveln) beschrieben werden kann.

Wir können uns dies am Beispiel einer christlichen Umkehrerfahrung vorstellen:
Erlebt ein Mensch eine Bekehrung, kommt es zu einer Änderung der Beziehung zu Gott, damit ist die **theologische Ebene** berührt. Daneben lässt sich ein Einfluss des

Umfelds erkennen, der die Bekehrung fördert oder behindert (**soziologische Ebene**). Auch auf der **psychologischen Ebene** können wir Reaktionen beobachten und beschreiben, z.B. das innere Erleben von Erfüllung und Nähe. Und auf der **physiologischen Ebene,** auf der Ebene der Körperlichkeit, kann man dieses Phänomen z.B. durch die Messung von Gehirnreaktionen oder bestimmten Hormonstoffen untersuchen.

Die Ebenen ergänzen sich.

Als **weitere zentrale Grundannahme** wird formuliert, dass sich die Beschreibungen und Erklärungen der verschiedenen Ebenen (und damit der verschiedenen Disziplinen) **nicht widersprechen, sondern ergänzen.** Einige Ebenen mögen uns präzisere Erklärungen eines Ereignisses liefern als andere, aber es wäre unlogisch anzunehmen, dass z.B. die biblische Erklärung eines Ereignisses die psychologische widerlegen oder die psychologische (die physiologische, chemische etc.) Erklärung die theologische widerlegen würde.
„...es gibt viele Ebenen, auf denen man eine gegebene Situation beschreiben kann. Eine erschöpfende Beschreibung auf einer Ebene schließt bedeutungsträchtige Beschreibungen auf anderen Ebenen nicht aus."[6]

Die Ebenen sind voneinander unabhängig und gleichberechtigt.

Zur Wahrung einer harmonischen Ergänzung der Fachbereiche werden zwei weitere **grundlegende Forderungen** aufgestellt, die Forderung nach der **Unabhängigkeit und der Gleichberechtigung** der einzelnen Disziplinen. Jeder Fachbereich soll unabhängig bei seinem Gegenstand, seiner spezifischen Herangehensweise, seiner Methodik bleiben. Außerdem müssen Forschungsergebnisse gegenseitig akzeptiert werden, und keine Disziplin darf eine „Deutungshoheit" beanspruchen.

Deshalb steht man der Möglichkeit einer Christlichen Psychologie auf der Basis eines biblischen Menschen- und Weltbilds äußerst kritisch gegenüber. Man sieht die Forderung nach Gleichberechtigung verletzt, wenn das biblische Menschenbild eine Vorrangstellung bekommt, und befürchtet, die Psychologie werde sozusagen von der Theologie „verschluckt" (und als Ergebnis müsse man sich mit einer etwas psychologisch aufgebesserten Theologie begnügen).

?

Kennen Sie diesen Ansatz aus bisherigen Erfahrungen? Überlegen Sie wieder, welche Gründe ihrer Meinung nach dafür, welche dagegen sprechen.

6 Bube in Eck, 1996, S. 108

2. Integrative Ansätze

Wenden wir uns nun der zweiten großen Hauptrichtung zu, deren Vertreter eine Trennung in verschiedene Ebenen und eine daraus resultierende „Schubladenforschung" ablehnen und sich auch nicht gegenüber der Psychologie abschotten wollen. Vielmehr wollen sie von den Erkenntnissen der Psychologie profitieren und arbeiten deshalb an **Modellen aus den Quellen Bibel und Psychologie.** Vorrang hat für alle Vertreter eindeutig der biblische Rahmen, d.h., sie **integrieren psychologisches Wissen in einen biblischen Rahmen.**

Unter den Stichworten „Die Ägypter plündern" und „Haare und Nägel schneiden" werden wir zwei grundsätzliche Vorgehensweisen der Integration vorstellen.

Die Verwendung des Begriffs Integration

Bei dem Begriff „Integration" handelt es sich um einen in der Literatur nicht einheitlich verwendeten Begriff.
Gemäß der lateinischen Grundbedeutung von Integration sollte er für „Herstellung einer Einheit" oder „Einbeziehung, Eingliederung in ein größeres Ganzes" stehen.
Vor allem im amerikanischen Bereich dient Integration aber auch als Sammelbegriff für ALLE Richtungen, die sich in irgendeiner Weise um ein Zusammenwirken von Psychologie und Glaube bemühen (nach diesem Sprachgebrauch würden auch Positionen, die Psychologie und Glaube nebeneinander gelten lassen, oder das von IGNIS vertretene Modell der Rekonstruktion als Integration bezeichnet).

a. Das Gute aus säkularen Konzepten übernehmen („Die Ägypter plündern")

Eine der Vorstellungen, wie die Integration säkularer Gedanken in den biblischen Rahmen vonstatten gehen kann, hat ihre historischen Wurzeln in einer Position des Kirchenvaters **Origines** (gestorben um 254). Er nimmt auf die Verse 2 Mose 3,21f Bezug und empfiehlt, die **„Ägypter zu plündern"**, d.h., das Beste des weltlichen Denkens für den eigenen Gebrauch zu nutzen. Denn wenn Gott selbst den Israeliten befahl, heidnische Schätze zu rauben, dann waren diese wohl nicht verunreinigt und zur Nutzung unbrauchbar. Dasselbe könne man für Schätze des Denkens annehmen.

2 Mose 3, 21f
„Auch will ich diesem Volk Gunst verschaffen bei den Ägyptern, dass, wenn ihr auszieht, ihr nicht leer auszieht, sondern jede Frau soll sich von ihrer Nachbarin und Hausgenossin silbernes und goldenes Geschmeide und Kleider geben lassen. Dies sollt ihr euren Söhnen und Töchtern anlegen und von den Ägyptern als Beute nehmen."

Säkulare Schätze können einfach geraubt werden.

Ein säkulares Konzept gehört nicht untrennbar einem heidnischen „Herrschaftsbereich" an, sondern kann von Christen aus dem ursprünglichen Zusammenhang herausgelöst und der Herrschaft Christi unterstellt werden. Dieses **„Rauben"** wird (in Analogie zum Herrschaftswechsel eines Menschen vom Heiden zum „Heiligen") auch als **Taufe** bezeichnet und ermöglicht dem Christen, ohne Bedenken mit dem getauften Material umzugehen.
Denn *„alles Gute und Wahre kommt ja von Gott; es muss nur aus seiner unvollkommenen, verdunkelten Gestalt, in der es in der heidnischen Kultur begegnet, befreit werden."*[7]

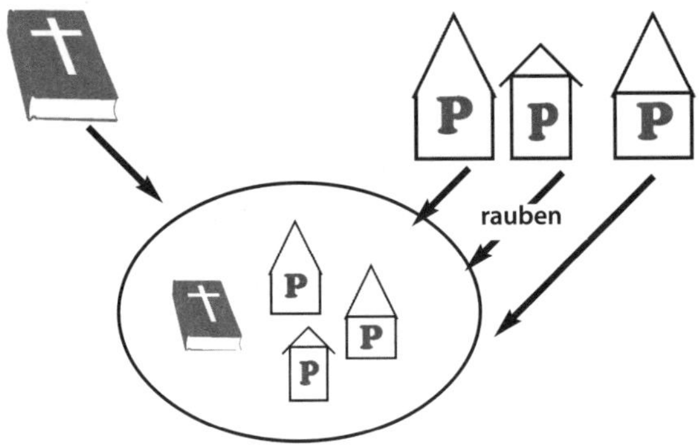

Michael Dietrich formulierte in einem Interview, dass er für die biblisch-therapeutische Seelsorge (BTS) all die Methoden und Techniken übernommen habe, die „im Sinne eines Veränderungsprozesses helfen. Und da muß ich fragen: ‚Warum soll ich das nicht tun?' Da haben sich einfach viele Praktiker intensiv aufgemacht, um zum Beispiel zu zeigen, wie man es leisten kann, daß jemand seine verirrten Gedanken erkennt. Das ist eine wunderbare Sache. Da kann ich bei Ellis oder bei Beck nachschauen, und da finde ich einige technische Tips, und die nehme ich gerne auf. Auch wenn diese beiden von ihrem Ansatz her Gottleugner sind. Auch ein Gottleugner kann, wenn er genau hinschaut, nichts anderes erkennen als das, was Gott geschaffen hat."[8]

Hinweis:
Vertreter dieses Vorgehens betonen besonders den Umstand, dass die Welt die Schöpfung Gottes ist. Deshalb sei das Lernen aus den Fakten dieser Welt, auch durch Wirklichkeitsbefragung mit wissenschaftlicher Methodik, etwas letztlich von Gott Kommendes, da alles Gute und Wahre grundsätzlich von Gott kommt.

7 Eck, 1996, S.19
8 in: Laukenmann, 1999, S.59

Säkulare Konzepte sind neutrale Instrumente.

Häufig wird der **Instrumentcharakter** psychologischer und psychotherapeutischer Konzepte betont. Ebenso wie ich ein Messer dazu benutzen kann, eine Kartoffel zu schneiden, ein Hähnchen zu tranchieren oder aber einen Menschen schwer zu verletzen, kann ich, **je nach innerer Haltung,** auch mit den Konzepten der Psychologie höchst unterschiedlich umgehen.
Ich kann psychotherapeutische Techniken von Psychoanalyse, Gestalt-, Verhaltens-, Gesprächspsychotherapie etc. einerseits zur Erreichung widergöttlicher Ziele einsetzen (etwa um selbstbewusster dann möglichst viele Menschen auszunutzen). Andererseits kann ich sie aber auch ganz im Sinne Gottes anwenden (etwa um angstfrei meinen Glauben zu vertreten). Die Techniken sind in beiden Fällen jeweils nur Hilfsinstrument.

Dies sieht man eindeutig für den Bereich der weltanschaulich als neutral zu bezeichnenden Psychologie mit ihrer objektiven Methodik gegeben, weitgehend auch für die gängigen psychotherapeutischen Richtungen. Mehr Vorsicht zeigt man lediglich bezüglich der Verfahren, die man als dem Esoterischen nahestehend einstuft (z.B. Akupunktur, Autogenes Training, Enneagramm). Hier herrschen geteilte Meinungen, ob man entsprechende Gedanken und Techniken völlig aus ihrem Rahmen lösen und der Herrschaft Jesu unterstellen kann.

Jesus ist der eigentlich Wirkende.

Einige Vertreter dieser Richtung betonen einen weiteren Punkt, der mit der **inneren Haltung** zu tun hat: Jesus ist der Einzige, der aufdeckt, heilt oder Wachstumsprozesse bewirkt. Nicht in der psychologischen Technik, sondern allein in der Kraft Jesu liegt letztlich die Kraft für alle Veränderung.

Doch Jesus kann sich verschiedener Mittel bedienen. Und da man über den Menschen nicht nur aus der Schrift, sondern auch aus dem direkten Umgang mit den Menschen lernt, werden auch säkulare Forscher auf hilfreiche Gedanken, auf wahre Konzepte stoßen. Diese kann man übernehmen, solange man sich bewusst ist, dass eigentlich Jesus dahintersteht, dass **Jesus derjenige ist, der sich dieser Mittel bedient.**
Man muss also darauf achten, nicht an die Wirksamkeit der Psychologie zu glauben, nicht in sie Vertrauen und Hoffnung zu investieren, sondern weiterhin in all diesem **fest in Jesus gegründet** zu sein.

Kennen Sie etwas von diesem Ansatz aus bisherigen Erfahrungen?
Überlegen Sie, welche Gründe Ihrer Meinung nach dafür,
welche dagegen sprechen!

?

b. Säkulare Modelle an der Bibel prüfen („Haare und Nägel schneiden")

Der zweite, unter evangelikalen Christen mit Abstand am weitesten verbreitete Standpunkt zum Verhältnis von Psychologie und Glaube, grenzt sich von einem einfachen „Rauben" säkularer Konzepte ab. So **mahnt z.B. Lawrence J. Crabb zur Vorsicht,** ob nicht ein ungenießbarer „Eintopf" entstehe, an dem man sich den Magen verderbe, wenn man die biblische Lehre ungeprüft mit widersprechenden psychologischen Konzepten vermischt.[9] Dies berge, schreibt **Dick T. Cole,** „die Gefahr in sich, die konfliktträchtige Natur solcher Konzepte zu verschleiern. Mit anderen Worten, das Bemühen um Integration kann diejenigen, die innerhalb dieses Paradigmas arbeiten, davon abhalten, mögliche Konflikte zwischen dem Glauben und den psychologischen Konzepten zu erkennen."[10]

Trotzdem glaubt man auch hier, dass es der säkularen Wissenschaft bei der Untersuchung der Schöpfung Gottes gelingt, auf richtige Ergebnisse zu stoßen, sodass *viele der säkularen Modelle auf jeden Fall Wahrheit enthalten.*

Prüfen an der biblischen Wahrheit

Doch man könne sie nicht unbesehen mit Wahrheit gleichsetzen, könne sie nicht einfach 1:1 übernehmen, sondern müsse sie zunächst sorgfältig auf ihre Vereinbarkeit mit dem biblischen Befund überprüfen. Und immer da, wo sich der Bibel widersprechende Gedanken finden, sei klar, dass die „Psychologie sich der Autorität der Schrift unterzuordnen hat."[11]
Reinhold Ruthe, der in seinen Ansatz der therapeutischen Seelsorge vor allem Konzepte der Individualpsychologie Alfred Adlers aufgenommen hat, schreibt dazu: „Therapeutische Seelsorge verfolgt einen integrativen Ansatz. Priorität behält jedoch eindeutig das Wort Gottes. Therapeutische Techniken und Methoden haben eine dienende Funktion und werden als Erkenntnisse in die biblische Seelsorge eingebaut. Auf keinen Fall darf die Schrift uminterpretiert werden, um sie Erkenntnissen aus den Humanwissenschaften anzupassen."[12]

Das historische Bild: Haare und Nägel schneiden

Auch hier findet sich mit dem Kirchenvater Hieronymus (gest. 419/420) wieder ein historisches Vorbild. Seine Grundgedanken bezieht er aus einer ebenfalls sehr bildlichen Auslegung der folgenden Anweisung aus 5 Mose 21,10ff:
„Wenn du in einen Krieg ziehst gegen deine Feinde und der Herr, dein Gott, gibt sie dir in deine Hände, dass du Gefangene von ihnen wegführst, und siehst unter den Gefangenen ein schönes Mädchen, und gewinnst sie lieb, dass du sie zur Frau nimmst, so führe sie in dein Haus und lass sie ihr Haar abscheren und ihre Nägel beschneiden…"

Bevor eine heidnische Frau die Ehe mit einem Israeliten eingehen durfte, bevor sie in die *Gemeinschaft* der Israeliten aufgenommen wurde, sollten ihr die Haare und Nägel beschnitten werden. Dies war ein wichtiger, symbolischer Akt, der seine Bedeutung aus der Tatsache gewann, dass gerade lange Nägel damals als Hinweis auf bestimmte heidnische Kulte galten, sodass ein Abschneiden den Bruch mit dieser Vergangenheit markierte.

Säkulare Gedanken müssen gereinigt werden.

So wie Haare und Nägel der heidnischen Frau müsse auch das weltliche Denken beschnitten, einem intensiven Reinigungsprozess unterzogen werden, damit es zu keinen unguten Vermischungen kommt.

Wie kann man sich einen solchen Reinigungsprozess vorstellen?
Häufig wird von einem **„biblischen Filter"**[13] gesprochen, durch den man die säkularen Modelle schickt. Mit seiner Hilfe sollen Gedanken „ausgefiltert" werden, die dem Evangelium, verschiedenen biblischen Grundprinzipien oder einer biblisch orientierten Ethik widersprechen. So war für Reinhold Ruthe (Therapeutische Seelsorge) „die biblische Ethik die Leitlinie für das Denken und Arbeiten. Was dieser Ethik nicht entspricht, kann ein therapeutischer Seelsorger nicht akzeptieren."[14]

9 Vgl. Crabb, 1994, S. 29
10 Cole, 1998, S. 213
11 Crabb, 1994, S. 44
12 nach Laukenmann, 1999, S. 46 (Selbstdarstellung TS)
13 Eck, 1996, S. 107
14 nach Laukenmann, 1999, S. 44 (Selbstdarstellung TS)

Lassen sich keine Konflikte mit den biblischen Grundgedanken erkennen, so passiert das Modell den Filter und kann voll in das anzustrebende christlich-psychologische Modell übernommen werden. Bei Widersprüchen muss das Konzept entweder verändert an die Bedürfnisse des biblischen Befunds angepasst werden oder es bleibt sogar an diesem Filter hängen, d. h., es ist gänzlich unbrauchbar in einem biblischen Rahmenkonzept.

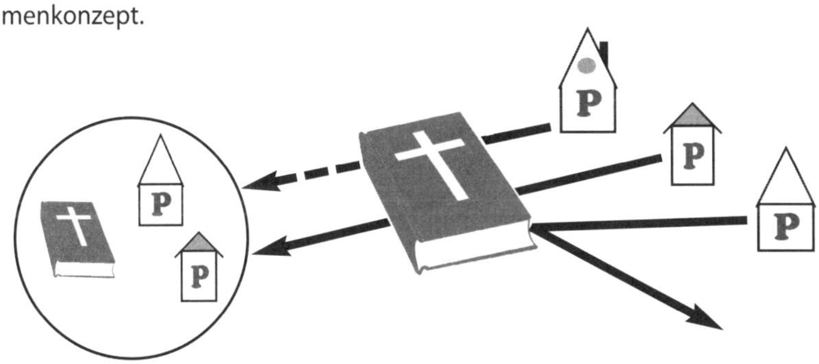

Beispiele für die Filterung verschiedener säkularer Therapietechniken

So dürfte z.B. der **Muttermord**, eine in manchen tiefenpsychologisch geprägten Therapieformen (z.B. dem Psychodrama) angewandte Technik, vor dem Hintergrund einer biblischen Ethik den Filter nicht passieren. Eine gestörte Mutterbindung soll hier dadurch gelöst werden, dass der Klient in einer „Übung" seine Mutter umbringt, dass er diesen Mord, etwa durch das Würgen eines zusammengerollten Handtuchs, durchspielt und somit in seinem Erleben manifestiert. Dies scheint aufgrund des Gebots, die Eltern zu ehren, kaum akzeptabel. Auch eine Veränderung dieser Vorgehensweise, etwa ein rein gedankliches Durchspielen eines entsprechenden Szenarios, dürfte nicht als wünschenswert gelten. Die Technik wird somit vollständig abgelehnt.

Etwas anders sieht der Filterprozess bei einigen **therapeutischen Verhaltenstrainings** aus, wie sie im Rahmen der Verhaltenstherapie durchgeführt werden.
Auch hier gibt es typische Konflikte mit den biblischen Grundwerten, wenn z.B. ein Verhaltenstraining das Durchsetzungsvermögen der Klienten schult, egal, ob es auf Kosten anderer geht oder nicht. Doch hier lassen sich die Methoden und Techniken, nach einer entsprechenden Modifikation, für ein christlich-psychologisches Modell nutzen. Man kann z.B. einen „Ethik-Check" in das Training integrieren, also den Klienten anleiten, den Nächsten bei der Erprobung des eigenen Durchsetzungsvermögens nicht aus den Augen zu verlieren. Zu aggressive, rücksichtslose Übungen lässt man vielleicht ganz weg, weil sie mit dem biblischen Liebesgebot nicht zu vereinbaren sind.

Bei wieder anderen Techniken kann die Prüfung relativ schnell ergeben, dass sie sich als unmittelbar geeignet für die Integration in ein christlich-psychologisches Konzept erweisen. Beispielsweise gibt es im Rahmen von Psychodrama oder Gestalttherapie das therapeutische Hilfsmittel des **leeren Stuhls.** Treten im Rahmen der Therapie z.B. Beziehungskonflikte des Klienten mit momentanen oder früheren Bezugspersonen auf, so stellt der Therapeut dem Klienten einen leeren Stuhl gegenüber und fordert ihn auf, mit der fiktiv auf diesem Stuhl sitzenden Person zu sprechen, die eigenen Gefühle zu äußern, den Konflikt fiktiv auszutragen usw.
Eine solche reine Hilfstechnik könnte, auch ohne Veränderungen, im Rahmen einer christlichen Therapie zum Einsatz kommen.

Die kognitive Seelsorge als Resultat einer Integration der R-E-T

Neben einzelnen **Techniken** lassen sich auch ganze **psychotherapeutische Schulen** „gefiltert" in ein christlich-psychologisches Konzept integrieren.

Betrachten wir als ein typisches Beispiel die **kognitive Seelsorge**, wie sie z.B. von **William Backus** und **Marie Chapian** vertreten wird. Sie ist als klares Produkt einer Integration des säkularen Verfahrens der **Rational-Emotiven Therapie (R-E-T)** nach **Albert Ellis** zu betrachten.

> *Zur Erinnerung:*
> *Für Albert Ellis (siehe Band 1, Kap A) spielt das Denken die wichtigste Rolle beim Entstehen und der Aufrechterhaltung psychischer Störungen. Zentraler Punkt ist für ihn, dass Menschen nicht mit Tatsachen ihres Lebens an sich Probleme haben, sondern mit den Meinungen, die sie darüber haben.*
> *Nicht das verpatzte Konzert selbst ist der Grund dafür, dass die junge Pianistin verzweifelt ist, sondern es liegt an ihrem inneren Glaubenssystem* ***(belief system)****, dass sie* ***glaubt****, man muss alles richtig machen, sonst ist man ein Versager.*
> *Therapie besteht nun darin, die zugrunde liegenden irrigen Überzeugungen* ***(„irrational belief systems")*** *herauszufinden und sie durch angemessene, rationale Überzeugungen zu ersetzen, etwa „man muss nicht alles richtig machen und ist trotzdem wertvoll".*
> *Als Folge der Veränderung des Denkens wird eine Veränderung der Gefühle eintreten. Die Pianistin wird nicht mehr von Verzweiflung geplagt werden, weil sie nun weiß, dass sie trotz ihres Versagens wertvoll ist.*

Wie **Wolfram Kopfermann** im Vorwort zum Buch **„Befreiende Wahrheit** – *Praxis kognitiver Seelsorge"* darlegt, erachten die beiden Autoren, **Backus** und **Chapian,** die grundlegenden Gedanken von Ellis (und einiger anderer Vertreter der verhaltenstherapeutischen Richtung) als sehr hilfreich und greifen sie somit in ihrem Buch intensiv auf.

Doch wie ist das zu vereinbaren mit der Grundhaltung von Ellis? „Ellis ist erklärter Atheist. In mehreren Artikeln hat er die Ansicht vertreten, daß Religion im Sinne eines dogmatischen Glaubens ein Hauptgrund psychischer Störungen sei."[15]

Auf jeden Fall muss das rational-emotive Konzept also am biblischen „Filter" geprüft werden und folgerichtig müssen einige Veränderungen angebracht werden.

Wolfram Kopfermann schreibt dazu:
„1. Während die kognitiven Therapien nur die Autorität der Erfahrung oder die der Wissenschaft anerkennen, rechnet die kognitive Seelsorge mit der *Autorität der göttlichen Offenbarung,* wie sie ihren Niederschlag in der Heiligen Schrift gefunden hat ...
2. Während das Kriterium für lebensförderliche Kognitionen für Albert Ellis darin liegt, wie weit sie rational sind, fragt kognitive Seelsorge danach, ob das wahr ist, was wir uns sagen. Auch wenn das Kriterium der *Wahrheit* in vielen Fällen das einschließt, was Ellis rational nennt, ist es doch letztlich unverrückbar an die Person und das Wort Jesu Christi gebunden.
...

15 Backus, Chapian, 1996, S. 9

4. Während der Wandlungsprozeß, den Menschen mit psychischen Problemen benötigen, innerhalb der kognitiven Therapien im Rahmen der Interaktion zwischen Klient und Therapeut geschieht, rechnet kognitive Seelsorge darüber hinaus mit der *erneuernden Macht des Heiligen Geistes* und ist daher ohne Gebet undenkbar."[16]

Die grundlegenden Gedanken von Ellis (wie oben beschrieben) bleiben im Prinzip erhalten, was auch Kopfermann explizit betont, doch werden sie durch biblische Aspekte modifiziert. Es wird also z.B. nicht mehr vom Ersatz der irrigen Überzeugungen durch (menschlich) rationale Überzeugungen gesprochen, sondern vom Ersatz von Lüge durch die Wahrheit Jesu. Die Kraft zur Veränderung erwartet man nicht allein aus der Interaktion zwischen Klient und Therapeut, sondern von der Hilfe des Hl. Geistes.

Statt der rationalen Wahrheit, wie etwa „man muss nicht alles richtig machen und ist trotzdem wertvoll", die ein Therapeut der R-E-T der jungen Pianistin anbieten würde, wird ein kognitiver Seelsorger die Wahrheit Jesu in die Mitte stellen. Er wird Gottes Wort anbieten, das besagt, dass der Vater uns angenommen hat, wir in seinen Augen wertvoll sind, wir auch mit unserem Versagen zu ihm kommen können.

Unterschiedlicher Einbezug von zu Integrierenden säkularen und biblischen Modellen

Vertreter der Position „Haare und Nägel schneiden" sind sich nicht ganz einig, wie leicht es möglich und sinnvoll ist, wirklich **ganze psychotherapeutische Konzepte** (wie R-E-T) zu integrieren. Häufiger bezieht sich die Integration auf **einzelne, als hilfreich erachtete Techniken** (wie etwa den „leeren Stuhl").

Des Weiteren unterscheiden sich die Vertreter darin, ob sie hauptsächlich **ein** oder **parallel eine ganze Reihe von säkularen Verfahren** integrieren und zur Anwendung bringen.

Außerdem findet sich eine große Bandbreite unterschiedlichen Vorgehens in Bezug auf die **Gewichtung von biblischen Ansätzen und zu integrierenden säkularen Modellen.** Das Spektrum reicht von Vertretern, die sich sehr stark auf den biblischen Befund stützen und nur wenige, ausgewählte Modelle integrieren, bis hin zu Richtungen, die sich fast ausschließlich aus einem oder mehreren integrierten säkularen Modellen speisen.

Wo sind Sie bisher auf Ansätze der Art „Haare und Nägel schneiden" gestoßen?
Welche Gründe sprechen ihrer Meinung nach für, welche gegen diese Art der Integration?

?

16 Backus, Chapian, 1996, S.9f

II. Rekonstruktion – Neuaufbau auf einem biblischen Fundament

Mit dem gerade erarbeiteten Überblick der Grundpositionen zum Verhältnis von Psychologie und Glaube ist in etwa der Rahmen der Denkmöglichkeiten abgesteckt, aus dem heraus sich IGNIS bei der Gründung 1986 zur Suche nach einer Christlichen Psychologie aufmachte. Auf den folgenden Seiten werden wir nun die Entwicklung hin zu unserer eigenen Grundposition skizzieren.

1. Auswertung bisheriger Ansätze und Entscheidung zum „Neuaufbau"

Aufgrund unserer persönlichen Erfahrungen, wie Gott durch sein Wort und Wirken Leben verändert, war es unser zentrales Anliegen, dass genau dies in den Arbeitsbereichen der Psychologie stattfinden kann. Allen säkularen Konzepten, die meinten, den Menschen ohne Gott erklären und therapieren zu können, wollten wir eine ausdrücklich auf Gott gegründete Christliche Psychologie entgegenstellen.

Keine Trennung von Psychologie und Glaube

Deshalb konnte uns die Position, die Aufgabenbereiche von Psychologie und Theologie strikt zu trennen, nicht überzeugen. Wir hatten zu viele wichtige Aussagen zu psychologischen Themen in der Bibel entdeckt (wie der Mensch sich verhalten soll, was ihm guttut oder schadet), die wir nicht allein den Theologen überlassen, sondern in psychologisches Arbeiten hinein transportieren wollten. Auch ein paralleles, ergänzendes Arbeiten – die einen schauen nur durch die „biblische Brille", die anderen nur durch die „psychologische Brille" – war uns nicht ausreichend. Denn wir verstehen den Menschen als eine Einheit, und besonders die Beziehung zu Gott lässt sich nicht isolieren. Eine Forschung, die den Menschen ohne Gott untersucht und erklärt, bleibt unweigerlich bei einem verzerrten Bild, das wir nicht gleichberechtigt neben das stellen können, was Gott offenbart. Vielmehr **gibt Gott den Deutungsrahmen für alle weitere Forschung an.**

Auseinandersetzung mit rein biblisch begründeten Konzepten

Mehr Gemeinsamkeiten erwarteten wir bei Vertretern, die die Bibel als einzige Informationsquelle nutzen wollen, da wir selbst uns von Gottes Wort die beste Einsicht in das, was dem Menschen dient, versprachen. In entsprechenden biblischen Konzepten fanden wir auch manche Impulse. Daneben mussten wir jedoch erkennen, dass das, **was als rein biblisch bezeichnet wurde, nicht unbedingt rein biblisch war.**

Erstens ließen sich immer wieder versteckte, nicht bewusst verarbeitete **Einflüsse psychologischer Konzepte** erkennen. Als westeuropäisch geprägte Menschen des 20./21. Jahrhunderts leben wir in einer Welt, die in allen Bereichen von psychologischen Gedanken beeinflusst ist. Jeder von uns hat eine irgendwie auch psychologisch gefärbte „Weltbildbrille".

Zweitens kann kein Christ die Bibel lesen und verstehen, ohne von **konfessionell-theologischen Auslegungen der Bibel** beeinflusst zu sein. Damit wird er in der Umsetzung der biblischen Wahrheit Schwerpunkte setzen und dies auch einseitig tun.

So kann z.B. die biblisch durchaus richtige Betonung von Sünde und Verantwortung des Sünders vom eigentlichen Sinn des Evangeliums wegführen, wenn sie zum einzigen Bewertungskriterium und zum einzigen biblischen Seelsorgeprinzip wird. Problematisch, ja sogar biblisch zu hinterfragen ist auch die Trennung zwischen säkularem und heiligem Bereich, wenn sie Gott aus bestimmten Teilen dieser Welt so ausschließt, als sei er nicht mehr der Herr über alles. Wir teilen hier mit Vertretern des Integrationsansatzes die Sicht, dass wir auch heute noch, trotz der Zerstörungen durch die Sünde, **in der Welt als Schöpfung etwas von Gottes Wirken und Absichten entdecken können,** und dass dies auch säkularen Forschern teilweise gelingt.

Ist Integration der Weg zu einer Christlichen Psychologie?

Doch wie kann es gelingen, biblische und säkulare Erkenntnisse für eigene Konzepte zu nutzen, sodass es von der Grundprägung her christliche Konzepte sind?

Der Weg, alles oder Teile einfach zu „rauben", wurde im Rahmen der Integration bereits als bedenklich bezeichnet und vorgeschlagen, stattdessen säkularen Modellen „Haare und Nägel" zu schneiden, bevor sie in den biblischen Rahmen integriert werden. Ein Blick auf **die tatsächliche Vorgehensweise bei dieser Prüfung** am biblischen Filter und die nachfolgende Überarbeitung deckt jedoch auch dabei **einige Probleme** auf.

Beispiel: Integration von R-E-T

Am besten kann dies am **Beispiel** sichtbar werden. Dazu greifen wir noch einmal die kognitive Seelsorge auf und stellen der Deutlichkeit halber vereinfacht die Modelle von Ellis und Backus/Chapian in der uns vertrauten Weise als Überzeugungshäuser einander gegenüber.

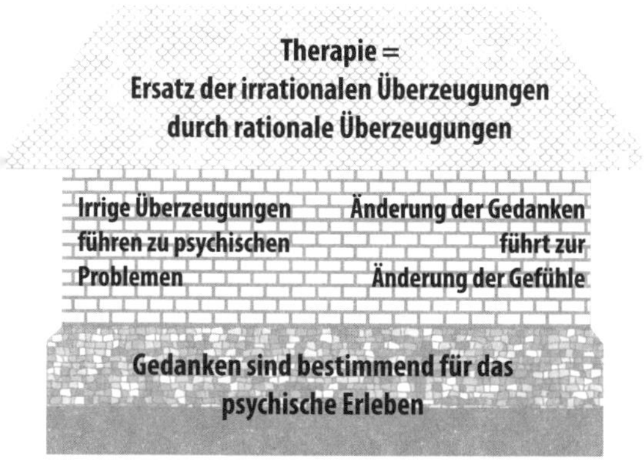

„Die Rational-Emotive Therapie"

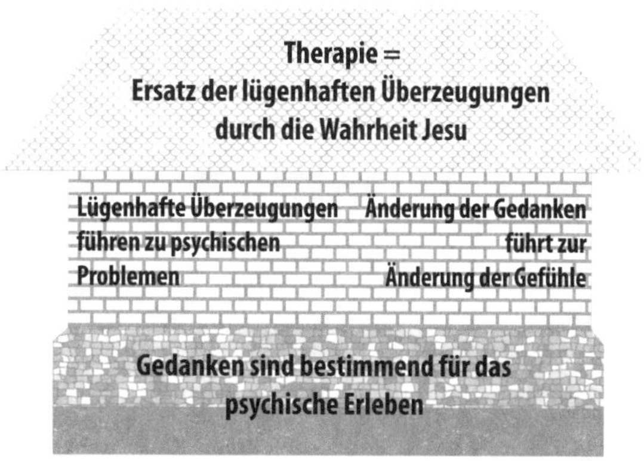

„Die kognitive Seelsorge"

Wenn man die beiden Überzeugungshäuser vergleicht, fällt eine **beinahe identische Grundstruktur** auf. Weder in der zentralen Grundannahme, noch bei der Ableitungsstruktur entdeckt man größere Unterschiede. Allein auf der Ebene der Therapie hat es Veränderungen gegeben.

Sowohl in der kognitiven Seelsorge als auch bei R-E-T wird prinzipiell davon ausgegangen, dass es der Kernpunkt von Therapie sei, Lügensysteme mit Wahrheit, mit wahren Sätzen zu konfrontieren, und dass sich in Folge die Emotionen verändern.

Angesichts dieser Ähnlichkeit drängt sich die Frage auf, ob man mit dem vorangegangenen „Filterprozess" genügend erreicht hat, oder ob durch **Änderungen nur auf der Dachebene** letztlich kein großer Unterschied zwischen R-E-T und kognitiver Seelsorge besteht.

Natürlich ist es ein entscheidender Unterschied, wenn sich eine kognitive Seelsorge von der atheistischen Haltung eines Ellis abwendet und die Autorität der göttlichen Offenbarung, die erneuernde Macht des Heiligen Geistes in den Mittelpunkt stellt. Doch *allein* die Anerkennung der biblischen Autorität, das Wissen darum, dass alle psychischen Veränderungs-/Heilungsprozesse durch Jesus gewirkt werden, genügt noch nicht, um alle anderen Grundannahmen und Thesen eines Systems automatisch biblisch zutreffend zu formen. Das hat nichts damit zu tun, dass die Macht Jesu oder des Heiligen Geistes nicht ausreichen würde, sondern damit, dass allein durch diesen Zusatz nicht wirklich geprüft wird, ob das gesamte System der R-E-T biblisch haltbar ist.

Die Grundannahmen müssen geprüft werden.

Müssen wir nicht in einer biblischen Analyse **grundsätzlicher prüfen, wo Gottes Ansatzpunkt liegt:** Ist die Grundaussage der Bibel über den Menschen, dass Gefühle den Gedanken nachfolgen, weshalb unsere Gedanken der therapeutische Ansatzpunkt sind, wenn wir eine Veränderung im Gefühlsleben anstreben? Sind wirklich immer Lügen unserer Gedankenwelt für psychische Probleme verantwortlich? Kann man deshalb die Konfrontation und Annahme von wahren Sätzen als den Kernpunkt einer Therapie bezeichnen? Oder haben wir es bei dieser gesamten Modellvorstellung mit einer verkürzten, verzerrten oder biblisch gar völlig falschen Sichtweise zu tun?

Zusätzlich muss man fragen, ob es sich bei lügenhaften Überzeugungen nur um Gedanken oder eher um Sünde handelt. Denn dann kommen wir mit einem reinen „Ersetzen" nicht weiter, dann sollten auch Buße und die Vergebung Jesu in viel stärkerem Maß betont werden, als dies bei Backus/Chapian der Fall ist.

Es muss also eine **Prüfung** stattfinden, die **bis zu den Grundannahmen** vorstößt und diese umfassend an der Bibel prüft.

Ähnlich ist es z.B. auch beim Einsatz therapeutischer Verhaltenstrainings für das Durchsetzungsvermögen. Genügt es, nur direkt ins Auge fallende Widersprüche zu prüfen (also z.B. die ethische Frage des Durchsetzungsvermögens) und alle Übungen wegzulassen, die nach ethischen Vorstellungen der Bibel nicht so astrein sind? Oder müssen wir nicht die Grundlagen der Verhaltenstherapie insgesamt prüfen, das lerntheoretische Verständnis für das Entstehen und die Therapie von Störungen (Mensch als Reiz-Reaktionswesen, Konditionierung, vgl. Band 1) im Licht unseres biblischen Verständnisses vom Menschen überdenken?

Eine oberflächliche Modifikation „fertiger Häuser" ist unzureichend.

Eine Übernahme ohne solche Prüfvorgänge greift unserer Meinung nach zu kurz. Im Bild gesprochen erinnert das an ein **Arbeiten am fertigen Haus** des säkularen Modells. Man versetzt hier ein Fenster, schneidet vielleicht den Schornstein weg, tauscht ein paar Steine aus und gibt dem Ganzen einen neuen, einen „christlichen Anstrich". Doch wird ein Modell dadurch christlich, wenn solche **oberflächlichen Modifikationen,** wie wir gesehen haben, nichts an der **Grundstruktur** ändern und die alten Grundannahmen weiter wirken?

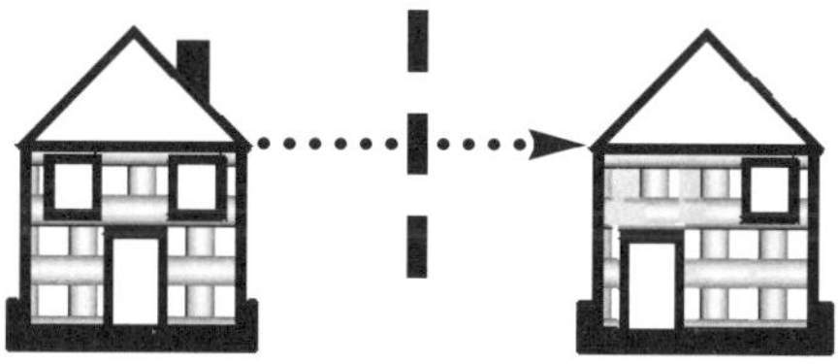

Wir sind nicht allein mit dieser Anfrage und sehen, dass Christliche Psychologie ein umfassenderes Vorgehen erfordert, auch wenn wir zweifellos nicht alles, was es bereits gibt, als „des Kaisers neue Kleider" bezeichnen wollen:
„Christlich-psychologisches Wissen ist oft nichts anderes als psychologische Konzepte, die, eingekleidet in biblische Sprache, sich hinter dieser Maske verstecken. … Schält man die biblische Sprache von diesen christlich-psychologischen Konzepten herunter, bleibt oft nicht mehr als reine psychologische Theorie. Das heißt nicht, dass die verbleibende psychologische Theorie notwendigerweise falsch sein muss, doch erscheint die Rechtfertigung der zusätzlichen Schicht an biblischer Ausdrucksweise oft zweifelhaft. Man fühlt sich veranlasst zu fragen, warum dies überhaupt notwendig sein soll. Wie bei des Kaisers neuen Kleidern scheint es gut auszusehen, aber in Wirklichkeit ist nichts da."[17]

Unser Wunsch: Aufbau eines ganzen Hauses

Das umfassendere Vorgehen bei der Konzeption einer Christlichen Psychologie lässt sich als Neubau eines ganzen Hauses bezeichnen. Es geht uns **nicht um Renovierungsarbeiten, sondern um Rekonstruktion,** wir möchten **eine neue biblisch-wissenschaftliche Christliche Psychologie** gründen. Wir möchten durch Christliche Psychologie in Theorie und Praxis etwas wieder aufbauen (rekonstruieren), was Gottes Absichten entspricht.

Damit streben wir gewissermaßen nach der *Begründung einer eigenen wissenschaftlichen Schule* und müssen folglich **die wichtigsten Grundentscheidungen einer wissenschaftlichen Strömung definieren,** z.B.

- **was** man erreichen will (welches Forschungsziel man anstrebt, was als interessant und untersuchenswert gilt),
- **wie** man das erreichen will (welche Forschungsmethodik grundsätzlich als akzeptabel gilt und wie man sie konkret umsetzen will),
- **wann** man das Forschungsziel als erreicht sieht (d.h. wann etwas als gültig bzw. als wahr angesehen wird).

Für eine solche, biblisch-christlich geprägte Forschung tun sich, wie es der amerikanische Psychologe **Eric L. Johnson** ausdrückt, viele Möglichkeiten auf:
„Der christliche Glaube besitzt seine eigene Vorgehensweise, die der Vorgehensweise der säkularen Psychologie durchaus ähneln kann, es aber eben auch nicht tun kann. Im Reich Gottes ist die Gemeinschaft der Christlichen Psychologen freigesetzt, neues Land im Bereich der Psychologie zu erobern. Eingetaucht in die Schrift, in die

17 Cole, 1998, S. 212

christliche Tradition können Christliche Psychologen befähigt werden, neue Fakten und Theorien zu entdecken, neue Forschungsstrategien zu konstruieren, um die menschliche Natur angemessener in der Weise zu verstehen, wie sie wirklich ist, wie Gott sie sieht."[18]

Beim Aufbauen auch von anderen lernen

Der Wunsch nach einem Neubau ist nicht gleichzusetzen mit einem Verzicht auf jegliches **Einbeziehen der Gedanken anderer.** „Allerdings sollte dies als sekundär statt primär erachtet werden; zweitrangig im Vergleich zu der Aufgabe, einen Deutungsrahmen für Forschung, Theorie und Praxis zu entwickeln, der Gottes Sinn mehr unterstellt ist als dies für die moderne Psychologie akzeptabel wäre. Diese Priorität verlangt eine Abkehr von den traditionellen Vorstellungen der Integration."[19]

All dies ist leicht gesagt. Doch was heißt es konkret, worin bestehen die Unterschiede, insbesondere zum Konzept der Integration? Eine erste Antwort soll im Folgenden versucht werden, die weiteren Kapitel werden die Themen dann ausführen und vertiefen.

2. „Bauabschnitte" Christlicher Psychologie

a. Das Fundament

Die wichtige Grundhaltung: Rekonstruktion als personaler Prozess

Eine erste wichtige Grundlage der Rekonstruktion scheint unser Bild, das Überzeugungshaus, ein Stück weit zu sprengen und das gerade zentral formulierte Ziel, eine neue Christliche Psychologie zu begründen, gleich wieder ein Stück weit zu hinterfragen.

Auch wenn wir vom Neubau einer Wissenschaft gesprochen haben, so besteht unser **letztes Ziel** tatsächlich nicht darin, ein Haus zu bauen. Vielmehr geht es um den **Christlichen Psychologen als Person.** Er soll in die Fähigkeiten eines „Bauherren" hineinwachsen, an von Gott geprägtem Wissen und Beurteilungskompetenz zunehmen, aber auch, bzw. noch mehr, an den vielen anderen „Basisqualitäten" des Mensch- und Christseins, wie Liebe, Geduld, Demut usw.

Letztes Ziel von IGNIS ist also nicht die Begründung eines Lehrgebäudes, sondern es sind die Menschen, die das eigentliche „Instrument" der Veränderung darstellen, die die eigentlichen Wegbereiter für eine Einnahme des Landes der Psychologie sind. Sie allein können diejenigen sein, die um alle diese Fragen ringen, und müssen sich auf diesen Prozess einlassen.

Das Ringen um ein biblisches Fundament

Eine zweite wesentliche Grundlage jeglicher Christlicher Psychologie ist das Ringen um ein **tragfähiges biblisches Fundament.** Wir müssen grundsätzlich fragen (und bisher mitgebrachte Glaubensvorstellungen immer wieder einer ehrlichen Prüfung vor Gott und seinem Wort unterziehen), welchen Rahmen die Bibel bezüglich möglicher **Forschungs- und auch Therapieziele** steckt, welche **Grundannahmen sie über die Welt und den Menschen** liefert.

18 Johnson, 1997, S. 22
19 Johnson, 1997, S. 22

Geht es ihr z.B. um allgemeine Gesetzmäßigkeiten oder um das Verstehen des Einzelnen oder vielleicht um ganz andere Erkenntnisziele? Was ist Wahrheit biblisch gesehen überhaupt, und wie kann sie gefunden werden? Ist es Gott, der uns Wahrheit empfangen lässt, oder müssen wir selbst auch einen Beitrag dazu leisten, dass uns Wahrheit zugänglich wird? Geht es darum, dass wir explizite methodische Forschungsstrategien entwickeln, und wie können diese ggf. aussehen?

Was ist der Mensch, was ist seine Natur, seine „Wesensart", was bedeutet es, wenn wir etwa vom „gefallenen Menschen" sprechen, von seiner sündigen Natur? Wirkt sie auch beim Menschen, der durch Jesus erlöst wurde, und wenn ja, in welcher Weise tut sie das? Was bedeutet der biblische Gegensatz von altem und neuem Mensch in diesem Zusammenhang?

Besteht das biblische Therapieziel allein darin, dass es dem Klienten „besser" geht, seine Symptome möglichst schnell verschwinden, oder sollte eine Christliche Therapie ganz andere Therapieziele als vorrangig erachten? Wie laufen, biblisch gesehen, überhaupt Veränderungsprozesse ab, wie kann hier ein mögliches Eingreifen aussehen, wie können ggf. positive Prozesse, Heilung und Wachstum gefördert werden?

Diese und weitere Themen stellen wichtige Fragen eines biblischen Fundaments dar, die geklärt werden müssen. Denn wir brauchen, wie **De Vries** schreibt, „mehr als alles andere... eine christlich-philosophische Perspektive, die uns einen Deutungsrahmen liefert, in dem es Christlichen Psychologen möglich wird ... aktiv zu werden."[20]

Die Suche nach dem Verständnis von Gottes Wort

Besondere Bedeutung hat in diesem Zusammenhang die Frage, wie wir die Sicht Gottes zu diesen Themen überhaupt herausfinden können, **wie wir die Bibel angemessen interpretieren können.**
Dazu brauchen wir ein Wissen um Methoden der Bibelauslegung ebenso wie ein Wissen um bisherige inhaltliche Auslegungen der wesentlichen biblischen Botschaften. Und wir brauchen eine eigene Verwurzelung in diesem Fundament, sodass Gott selbst uns sein Wort aufschließen kann. Wieder ist also der Christliche Psychologe als ganze Person gefordert.

Nur auf einem soliden biblischen Fundament, nur wenn wir einen festen Stand in einem biblischen Deutungsrahmen gewonnen haben, können wir uns wirklich an die weitergehenden Aufgaben machen, eigene Forschung und die Verarbeitung säkularer Ergebnisse ins Auge fassen.

Erarbeitung eines biblischen Fundaments

20 De Vries in Collins, 1977, S.120

b. Eigene Forschung und Verarbeitung bestehender Konzepte

Methodik von biblischen Fundamentsentscheidungen geprägt

Die konkreten Vorgehensweisen, um christlich-psychologische Fragen zu klären und Modelle zu entwickeln, hängen natürlich von den Entscheidungen auf der Ebene des biblischen Fundaments ab. Unser Grundverständnis von Gott und von den Wegen, **wie er uns Erkenntnisse zukommen lassen will,** wird entscheiden, ob wir uns z.B. an einer naturwissenschaftlichen oder einer geisteswissenschaftlichen Forschungsweise orientieren oder ob wir (zusätzlich) Impulse für weitere Erkenntniswege sehen.

Zweifellos ist eine Untersuchung biblischer Aussagen oder uns als Christen interessierender Fragestellungen im Rahmen der üblichen wissenschaftlichen Methodik möglich. Eine Überprüfung und Modifizierung dieser Methodik auf der biblischen Fundamentsebene findet nicht deshalb statt, weil man auf dem herkömmlichen Weg die „christlichen Fragen" nicht untersuchen könnte, sondern weil wir von der Bibel her betrachten wollen, welche Wege und Ziele sie uns empfiehlt, um zu Urteilen zu kommen, die vor Gott Bestand haben können.

Forschungsfragen von christlichen Interessen geleitet

Zusätzlich zu möglichen Änderungen einer biblisch orientierten Forschungsweise wird auch die **Wahl der konkreten Fragestellungen** gegenüber der herkömmlichen psychologischen Forschung erweiterungsbedürftig, aber auch erweiterungsfähig sein.

Es ist denkbar, dass viele der Fragen, die uns als Christen im Rahmen unseres biblischen Menschen- und Weltbildes besonders interessieren, zum Gegenstand einer solchen Forschung werden können.
Man kann den Einfluss sündigen Verhaltens auf das Erleben eines Menschen untersuchen oder die Auswirkungen verschiedener Gebetsformen, etwa von Fürbitte, Dankgebet, Anbetung, liturgischem oder kontemplativem Gebet auf die geistliche und psychische Gesundheit eines Menschen näher betrachten.
Ebenso ist es möglich, den biblisch gesehen zentralen Bereich der Vergebung genauer unter die Lupe zu nehmen und zu untersuchen, wann die biblisch verheißenen positiven Auswirkungen eines Vergebungsprozesses sichtbar werden, wann also wahrscheinlich das eingetroffen ist, was die Bibel unter Vergebung versteht. Dabei kann man die Rolle der beteiligten Emotionen untersuchen, also die Frage, ob ein nüchternes Vergebungsgebet dieselbe Wirkung hat wie ein Gebet, bei dem der „innere Schmerz" über das geschehene Unrecht deutlich erlebt wird. Auch die Frage, ob eine im Gebet ausgesprochene Vergebung genügt, oder ob immer Taten im Sinne von „Versöhnungsschritten" folgen müssen, kann näher betrachtet werden. Oder man kann prüfen, ob eine einmalige Vergebung ausreicht, oder ob man sich in einem fortwährenden Vergebungsprozess befindet, der solange fortgesetzt wird, bis keine schmerzbesetzten Erinnerungen mehr auftauchen.

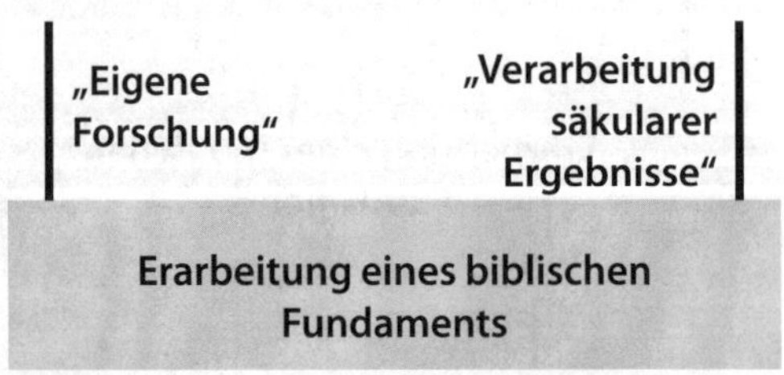

Neben der eigenen Forschung spielt im Rahmen einer Christlichen Psychologie auch die **Verarbeitung säkularer Ergebnisse** eine wichtige Rolle.
Nach einer anfänglich eher starken Abgrenzung gegenüber den Konzepten der säkularen Psychologie haben wir bei IGNIS schnell einsehen müssen, dass unser Arbeiten nicht dadurch biblischer wird, dass wir nicht auf andere hören. Seitdem versuchen wir, in den Fragen des biblischen Fundaments gefestigt, **angstfrei** an die säkulare Psychologie heranzutreten und passende Wege der Verarbeitung ihrer Modelle zu entwickeln.

Kennenlernen bestehender Konzepte ohne Ängstlichkeit

Dabei wissen wir, dass **Jesus der HERR ist.** Alles, was ihm, seinem Wesen, seinen Wegen widerspricht, kann immer nur scheinbar faszinierender sein, hat aber letztlich keinen Bestand, trägt nicht durch. Neben seinem Reichtum, dem saftigen „Schnitzel" seiner Herrlichkeit, sind andere Angebote nichts als dürre Knochen.

Jesus ist durch nichts zu übertreffen.

Aber wir erkennen auch, dass es „da draußen" nicht nur „Widergöttliches" gibt, sondern dass ER auch dem „säkularen Forscher", dem Menschen, der mitunter in großer Redlichkeit um die Fragen der Psychologie ringt, Einsichten schenkt. Diese dürfen wir dankbar empfangen, denn trotz des „Umwegs" stammen sie letztlich von niemand anderem als von Jesus selbst.

Wenn wir den Schluss zulassen, dass auch die Ergebnisse von Leuten, die mit anderen Grundannahmen arbeiten, nicht immer völlig wertlos sein müssen, und wir außerdem nicht in allen Bereichen das Rad neu erfinden wollen, so gilt es **echte Unterscheidungsarbeit** zu leisten. Wir müssen das **„Wertvolle"**, das, was wir besten Gewissens von Jesus her empfangen können, in der Fülle der säkularen Ergebnisse aufspüren und für eine Christliche Psychologie nutzbar machen. Das bedeutet, neu zu bewerten, was wertvolle Impulse im Rahmen eines biblischen Menschen- und Weltbildes bedeuten, was ihr eigentlicher Gehalt in einer angemessenen, biblischen Wirklichkeitskonzeption sein könnte.

Neubewertung der Impulse vom biblischen Fundament her

Dabei wissen wir, dass diese Aufgabe nicht einfach ist und auch wirkliche Gefahren in sich birgt. Die Faszination bestimmter Gedankengänge, bestimmter Hilfsangebote ist so groß, dass unser Herz vor lauter Begeisterung in der Gefahr steht, Vermischungen zu übersehen und sich, meist unbewusst, „fremde Götter" ins Haus zu holen, die dann Schaden anrichten können.

Plädoyer für einen umsichtigen Umgang mit der säkularen Gedankenwelt

Aus diesem Grund wollen wir einerseits zu einem **angstfreien Zugehen** auf säkulare Konzepte ermutigen, andererseits aber auch zur Vorsicht mahnen, **vor einer Selbstüberschätzung warnen.** Wir brauchen einen gut gefestigten Stand im biblischen Fundament, ein Herz, das eng mit Jesus verbunden ist. Und wenn man bei einer ernsthaften Reflexion, bei der Bitte um Überführung durch den Heiligen Geist feststellt, dass das eigene Herz gefährdet ist, so kann es gut sein, dem „heidnischen Gedankengut" (für eine Zeit) den Rücken zu kehren, sich intensiv mit Jesus, seiner Liebe, seinen „Fundamentsaussagen" zu beschäftigen. Neu gestärkt und gegründet, in neuer Freiheit, mag man dann wieder angstfrei, mit Gebet, an die Prüfung der säkularen Gedanken herantreten.

Wo steht dein Herz?

Warum wenden wir uns an säkulare Konzepte? Wissen wir, dass all dies zwar wichtig, gut und hilfreich sein kann, aber dennoch alles in Jesu Hand liegt – einschließlich unseres Herzens? Oder glauben wir, vielleicht unbewusst, bei der Wissenschaft die Wahrheit zu finden, mit diesen Mitteln Jesus auf die Sprünge zu helfen?
Mt 6, 21 *„Denn wo dein Schatz ist, da ist auch dein Herz."*

Auch Hieronymus, der historische „Vater" des integrationistischen Weges, musste sich dieser Anfrage stellen. In einem Traum erschien ihm ein Engel und fragte, wo eigentlich sein Schatz zu finden sei. Beim Prüfen musste er einsehen, dass die heidnische Philosophie sich im Zentrum seines Herzens niedergelassen hatte, ihm tatsächlich zum Schatz geworden war. Diese Erkenntnis bewog ihn, der gesamten Philosophie den Rücken zu kehren.

Wo steht dein Herz? Die Frage (ebenso wie die sicher sehr ernst zu nehmende Reaktion von Hieronymus) fordert jeden von uns zu einer ehrlichen Prüfung heraus, egal für welchen Weg der Erarbeitung christlich-psychologischer Modelle er sich entscheidet.

Arbeiten wie die Bienen ...

Haben wir uns für ein angstfreies Umgehen mit säkularen Erkenntnissen entschieden, fragt sich natürlich, wie die säkularen Konzepte nutzbar gemacht werden, ohne dass man lediglich Modelle nach einem reinen Filtervorgang übernimmt. Wieder mag uns das Bild eines Kirchenvaters helfen, diesen Weg zu verstehen. **Basilius der Große** (gestorben 379) schlägt vor, wir sollten wie die Bienen handeln, die zu bestimmten Blüten fliegen, den besten **Nektar auswählen und ihn zu etwas Neuem verarbeiten, zu Honig.**

So sollten auch wir auf die weltlichen Konzepte zugehen, den Gedankennektar dabei aber lediglich als Impuls, als Denkanstoß aufnehmen, um ihn dann zu etwas wirklich Neuem, eben zu Honig zu verarbeiten. Damit meinen wir, Impulse vor dem Hintergrund des biblischen Fundaments zu durchdringen, ihre Bedeutung in diesem anderen Rahmenkonzept aufzuspüren.

Drei Arbeitsetappen

Was heißt das etwas konkreter? Wie kann man sich die genaue Vorgehensweise vorstellen?
Wir sehen drei große Aufgabenbereiche für diesen Verarbeitungsprozess. Zuerst kommt **„Verständnis der Aussagen und Qualitätsprüfung"**. Dies beinhaltet alle Aufgaben, die ein Zugehen auf die weltlichen Konzepte, ihr Verstehen und die Prüfung einschließen, welches Maß an allgemeiner Qualität man dem Modell zugestehen möchte.
Als Nächstes steht eine **„Zerlegung und Grundannahmenprüfung des säkularen Hauses"** auf dem Programm. Wir müssen benennen, welche Impulse interessant sind, und herausfinden, aus welchem Denkrahmen sie kommen, welche Grundannahmen dahinter stehen und wie diese biblisch zu bewerten sind.
Zum Abschluss geht es um den **„Prozess der Verstoffwechslung"**, d.h. um die Aufgabe, Impulse gegebenenfalls in das biblische Rahmenkonzept einzuarbeiten.

Verständnis der Aussagen und Qualitätsprüfung

Da wir ein Konzept nicht verarbeiten können, ohne die vorliegenden Gedanken wirklich zu verstehen, besteht die erste Aufgabe darin, **inhaltlich zu erarbeiten**, was das säkulare Modell eigentlich sagen will.

Auch die **methodische Qualität** des vorliegenden Konzepts muss auf den Prüfstand. Auf welche Art von methodischen Untersuchungen kann es sich stützen? Bezieht sich das Modell auf wenige, nur eine oder gar überhaupt keine wirkliche Untersuchung oder kann es sich auf eine breite experimentelle Basis stützen, an der vielleicht sogar unterschiedliche Forscher mitgewirkt haben? Welche Qualität besitzt das Versuchsdesign, wurde methodisch sauber gearbeitet, welchen Einfluss hatten Vorannahmen auf die Operationalisierung, sind die Verallgemeinerungen zulässig? In welchem Maß wird ganzheitlichen Bedürfnissen Rechnung getragen, bemüht man sich um eine Methodik, die dem Menschen nach Möglichkeit gerecht wird?

Da die Neubewertung säkularer Impulse sehr von ihrem **„Komplexitätsgrad"** abhängt, müssen wir auch unterscheiden, ob es sich um einfache, **beschreibende Daten** handelt (etwa eine statistische Erhebung, welche Personengruppen bislang schon einmal welche Art an Psychopharmaka nahmen) oder um einfache **physiologische Daten** (etwa um Messungen der Körperreaktionen beim Auftreten bestimmter Gefühlszustände) oder ob es sich um komplexe **Erklärungsmodelle**, ganze Theoriegebäude handelt, z.B. um eine psychotherapeutische Schule (etwa die Psychoanalyse oder die Verhaltenstherapie).

Bei unserem **Beispiel der R-E-T** von Ellis könnten wir für diese Prüfung, da es sich um ein etabliertes psychotherapeutisches Konzept aus dem Bereich der kognitiven Verhaltenstherapie handelt, auf umfangreiche Literatur und Ergebnisse der Psychotherapieforschung zurückgreifen. Wir würden auf positive Beispiele der Anwendung, auf unterstützende Experimente zu der Grundannahme vom Einfluss der Gedanken auf das Erleben stoßen. Ebenso würden wir auf Anfragen treffen, ob mit diesem Konzept bereits alles menschliche Erleben und Verhalten zu erklären sei, und wir würden weitergehende Vorschläge zum Verständnis von Überzeugungen und deren Verwurzelung in prägenden Lebenssituationen finden usw. Es wäre also deutlich, dass es sich um ein wissenschaftlich überprüfbares, aber sicher nicht um ein durch alle Untersuchungen gestütztes oder gar um das einzige wissenschaftlich begründbare Konzept zum Verständnis des Menschen handelt.

Zerlegung und Grundannahmenprüfung des säkularen Hauses

Ist auf diese Weise ein genaueres Verständnis des säkularen Modells entstanden, beginnt die Biene damit, den Nektar zu zerlegen. Dazu gehört es, **interessante Impulse genau zu benennen**, ihren Platz im säkularen Haus (Dach-, Wand- oder Fundamentsebene) zu bestimmen und überhaupt den Aufbau des säkularen Hauses nachzuvollziehen. Besonders interessieren uns natürlich die **zentralen Grundannahmen** des Konzepts, die alles Weitere prägen. Diese Grundannahmen werden wir **mit biblischen Grundannahmen** (die wir grundsätzlich als Voraussetzung unserer gesamten Arbeit kennen müssen) auf Übereinstimmungen und Widersprüche **vergleichen**.

Denken wir wieder an das Konzept von R-E-T, das wir bereits entsprechend aufgeschlüsselt haben. Was auf der **Wandebene** steht, spricht uns an, und wir können es aus eigenen Erfahrungen gut nachvollziehen: „Irrige Überzeugungen" haben uns Situationen verzerrt erleben lassen.

Der Vorschlag für die **Dachebene**, Überzeugungen zu hinterfragen und irrationale gegebenenfalls durch rationale zu ersetzen, scheint deshalb ein wertvoller Impuls (und erinnert vielleicht an manche Aha-Erlebnisse, die wir im Zusammenhang mit unseren eigenen Überzeugungshäusern bereits hatten).

Bei den **Grundannahmen** kommen wir, wie schon gesehen, mehr ins Fragen. Sind wirklich allein Gedanken bestimmend für das psychische Erleben? Hat Gott den Menschen so geschaffen, dass sein Denken ein solch entscheidender Faktor ist? In Kapitel B werden wir dazu u.a. herausarbeiten, dass der Mensch als eine komplexe Einheit zu sehen ist, sodass wir das Denken zweifellos nicht als alleiniges Wesensmerkmal eines biblischen Menschenbildes gelten lassen können. Ein weiterer Punkt wäre die Entscheidungsfreiheit und Verantwortung des Menschen, die in dem eher automatischen Zusammenhang von Denken und Fühlen bei Ellis, vor allem in Bezug auf die Entstehung tiefer Überzeugungen nicht ausdrücklich berücksichtigt ist.

Zusätzlich zu den reinen Grundannahmen wird auch der **Grad der weltanschaulichen Einbindung** des gesamten Modells begutachtet. Es wird also untersucht, in welchem Ausmaß die Grundannahmen konstitutiv sind für die Methoden und Einsichten des gesamten Modells. Hier kann man bei R-E-T feststellen, dass es als Konzept eine einseitige kognitive Prägung hat und den Menschen aus sich heraus (ohne Bezug zu Gott) erklärt.

Prozess der Verstoffwechslung

Nachdem die Biene sich einen Überblick über die Bausteine des Nektars und deren Qualität verschafft hat, geht es nunmehr an die eigentliche Aufgabe der **„Honigproduktion"**. Das bedeutet, dass der Christliche Psychologe **den Impuls des säkularen Konzepts** als Nektar in die Welt seiner Säuren und Enzyme aufnimmt, ihn auf der Basis seiner Kenntnis des biblischen Fundaments, eingebunden in seine Beziehung zu Gott, im Gebet vor Gott verarbeitet, sozusagen **durchkaut**.

Bei dieser **Verstoffwechslung** bemüht man sich herauszuschälen, welche Aspekte des säkularen Impulses für eine Christliche Psychologie wichtige Anstöße liefern, und **was ihre eigentliche Bedeutung in einer biblischen Wirklichkeitssicht sein kann.** Eric Johnson nennt diesen Prozess die Aufgabe der christlichen Übersetzung oder Rekonzeptualisierung und schreibt darüber: „Dieser Schritt erfordert es, herauszufinden welchen Sinn die ursprünglichen Ergebnisse, das Konzept im Rahmen eines christlichen Auswertungsrahmens, einer ‚christlichen Grammatik' macht."[21]

So haben wir für Beratungsgespräche bei IGNIS z.B. den Impuls von R-E-T (bzw. kognitiver Seelsorge) aufgegriffen, bei bestimmten unverständlichen emotionalen Erlebens- und Reaktionsweisen nach unzutreffenden Überzeugungen zu suchen, die den Betreffenden unbemerkt beeinflussen. Wir sehen dies als einen **Teilaspekt** im Gesamtverständnis des komplexen Zusammenhangs menschlichen Erlebens und Verhaltens, als eine Möglichkeit, Problemzusammenhängen auf die Spur zu kommen. Manchmal, wenn Überzeugungen wirklich hauptsächlich kognitiv geprägt sind, lassen sie sich relativ leicht durch Gottes Wahrheit „ersetzen". Meist sind sie jedoch fester verankert (z.B. in einer langen „Denkgewohnheit" – „Ich schaff das nicht!" – oder in einem langen Prozess der Gewöhnung durch Einreden – „Du taugst nichts!" – oder in traumatischen Erfahrungen, die zu regelrechten „inneren Schwüren" als Schutzreaktion geführt haben). In solchen Fällen müssen weitere Aspekte in der Therapie eine Rolle spielen.

21 Johnson, 1997, S. 23

Der Impuls der zutreffenden oder irrigen Überzeugungen erinnert uns auch an die Bedeutung der regelmäßigen Beschäftigung mit Gottes Wort, um unabhängig von akuten Problemen Gottes Gedanken grundsätzlich als Wahrheit in uns zu verankern. Gerade hier sehen wir jedoch, dass dies kein rein kognitiver und auch kein rein automatischer Vorgang ist. Gottes Wort einzuüben ist Teil der umfassenden Beziehung zu ihm, wir reden uns nicht Dinge ein, sondern hören auf ihn, lassen uns Wahrheit von ihm zusprechen.

Tom: Das war spannend. Ich hätte nicht gedacht, dass ich gerne einmal eine Biene wäre.

Lucy: Stimmt, obwohl ich mir noch nicht ganz vorstellen kann, was ich wirklich machen müsste, wenn ich etwas verstoffwechseln will.

Kathrin: Das ist klar. Gerade hatten wir ja nur die Einführung, eine Art Ouvertüre, aus der du ablesen kannst, was dich so ungefähr erwartet. Das eigentliche Theaterstück, die Ausführung des Programms muss erst noch kommen.

Lucy: Dann freu ich mich schon auf die einzelnen Akte!

Rekonstruktion der Erkenntnisfrage

Kathrin: Dieser ganze Band 2 wird (mit vielen wichtigen Themen zu Psychologie und Glaube) übrigens ein Beispiel der **Rekonstruktion der Erkenntnisfrage.** Als erstes kümmern wir uns um das **biblische Fundament** und damit um unser **Verständnis von Wahrheit** und **die Basis, auf der wir nach Wahrheit suchen.**

In Kapitel B werden wir wichtige **Merkmale und Inhalte dieses Fundaments** kennen lernen und die Wege, wie sie uns mitgeteilt wurden. In Kapitel C geht es viel um **das personale Fundament** Christlicher Psychologie, um die Begegnung mit Gott selbst als Person und um „das Eigentliche" eines biblischen Erkenntnisweges.

Aus diesen ersten Fundamentsbausteinen ergeben sich **Konsequenzen für die Art der Konzepte,** die einem biblischen Verständnis entsprechen (Kap D), und über den **Einsatz der Erkenntnismittel** Wirklichkeitsbefragung und Denken im Zusammenhang des Glaubens (Kap E).

Erst dann werden wir in Kapitel F die Aufgabe der **eigenen Forschung** und der **Verarbeitung säkularer Konzepte** näher vorstellen.

Wer Band 1 gelesen hat, wird sehen, wie wir vor dem Hintergrund des Fundaments viel von dem Gelernten neu bewerten können.

Lucy: Wie lange habt ihr denn bei IGNIS gebraucht, bis ihr das Fundament gelegt hattet und dann mit eigener Forschung und der Verarbeitung anderer Modelle beginnen konntet?

Rekonstruktion als rotierender Prozess

Kathrin: Dieser Prozess ist nicht streng an eine Reihenfolge gebunden, und es lässt sich nicht zeitlich exakt abgrenzen, wann das Fundament fest genug wäre. Stellt euch Rekonstruktion eher als einen **rotierenden** Prozess vor, zuerst viel Fundament (das man als Christ in der Regel bereits über Jahre gelegt hat und nun für die Forschung klärt und vertieft), darauf säkulares Wissen verarbeiten oder eigene Forschung, dazwischen immer wieder Fundament usw. Das ist, wie im echten Leben, ein ziemlich dynamischer Prozess.

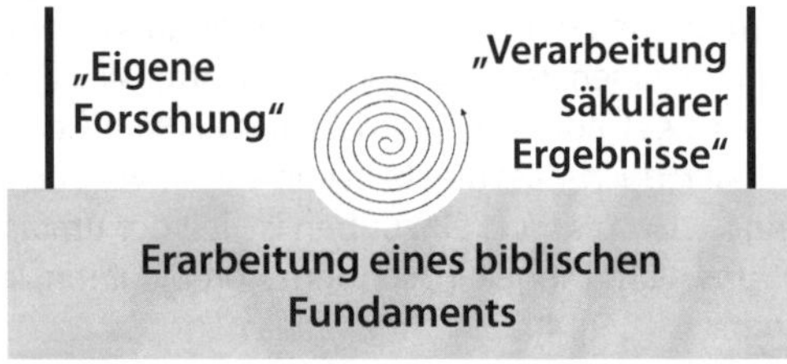

Ja, und ich hoffe wirklich, dass ihr im Lauf der nächsten Kapitel immer mehr auf den Geschmack kommt und noch tiefer versteht, warum wir das so vom Fundament her aufbauen und weder Psychologie und Glaube strikt trennen noch oberflächlich integrieren wollen.

Wir diskutieren über Positionen, nicht über Personen.

Und zum Schluss noch einmal die Erinnerung: Die Diskussion in diesem Kapitel ging um Positionen, nicht um konkrete Personen. Das heißt, wir wenden uns gegen eine Trennung von Psychologie und Glaube oder eine Integration, so wie wir sie besprochen haben, und wählen den Weg der Rekonstruktion. Aber wenn es darum geht, die Arbeit verschiedener Personen zu bewerten, müssen wir sehr viel vorsichtiger sein, genau hinsehen, was jemand macht. Mancher nennt sich vielleicht so und so, macht aber in Wirklichkeit etwas ganz anderes, rekonstruiert vielleicht, obwohl er sich zur Integration bekennt. Oder mancher, uns eingeschlossen, bleibt an der Oberfläche, obwohl er verstoffwechseln will.
Man kann also Personen nicht einfach in eine Schublade stecken. Wohl haben Personen bestimmte Schwerpunkte, und das darf man auch beim Namen nennen. Aber oftmals vermischt sich manches in der Praxis, sodass auch die Modelle eines einzigen Vertreters eine recht unterschiedliche Qualität besitzen können.

Wo ist unser Herz?

Wir müssen achtsam sein und dürfen nicht meinen, dass WIR über allen Versuchungen stehen oder immer alles richtig machen. Vor allem können wir nicht behaupten, dass UNSER Herz immer in allem auf Jesus ausgerichtet ist.

Gemeinsam mit allen Christen stehen wir immer wieder vor der Kernfrage,
wo unser Herz ist,
auf welchen Schatz unser Herz ausgerichtet ist,
ob wir unsere Hoffnung wirklich auf Jesus, sein Wirken, seine Liebe setzen,
wirklich vom biblischen Fundament her denken, leben und atmen,
ob uns die Angebote der säkularen Psychologie auf dieser Basis lediglich Hilfsangebote sind, die niemand als Jesus allein in rechter Weise versteh- und nutzbar machen kann,
ob wir wissen, dass Jesus immer der Wirkende hinter allem ist.

Wir wünschen uns, dass unser Herz mehr und mehr auf den Versuch verzichten kann und will, von anderen Hilfen her zu leben, dass wir nicht versuchen, unseren Mangel an Hingabe, Liebe, Demut, Autorität etc. mit beeindruckend klingenden säkularen Schätzen aufzubessern, auf dass wir etwas „vorzuweisen“ hätten.
Wir wünschen uns, dass wir es zumindest mehr und mehr zulassen können, dass Gott uns unsere Schwachheit offenbart, unseren Mangel, unser Nicht-Wissen, damit wir uns ganz auf IHN werfen, unser Vertrauen allein auf IHN setzen, damit Seine Ehre groß sei.

Rekonstruktion heißt nicht einfach, guten Nektar einzusammeln, sondern es heißt, ihn zu Honig zu verarbeiten. Auch wenn dieser Vergleich mit den Bienen sicher an manchen Stellen etwas hinkt, bleibt die grundlegende Aussage wichtig. Überlegen Sie:

Was sind die wesentlichen Etappen einer rekonstruierenden Verarbeitung?

Notieren Sie die einzelnen Punkte und vergleichen sie dann mit dem nachfolgenden Fazit!

?

FAZIT

Rekonstruktion meint den **Neuaufbau einer Christlichen Psychologie.** Dies ist ein Prozess, der personales Einlassen des Forschers erfordert. Wichtig ist es, ein **gutes biblisches Fundament** zu legen, d.h., die Grundannahmen über Welt und Mensch aus Gottes Sicht herauszuarbeiten. Auf dieser Grundlage ist **eigene Forschung** möglich. Außerdem werden **Konzepte der säkularen Psychologie**, ebenfalls auf der Basis des biblischen Welt- und Menschenbildes, angstfrei und umsichtig gesammelt, geprüft und verarbeitet. Das heißt, wir müssen sie **verstehen, zerlegen und „verstoffwechseln"**.

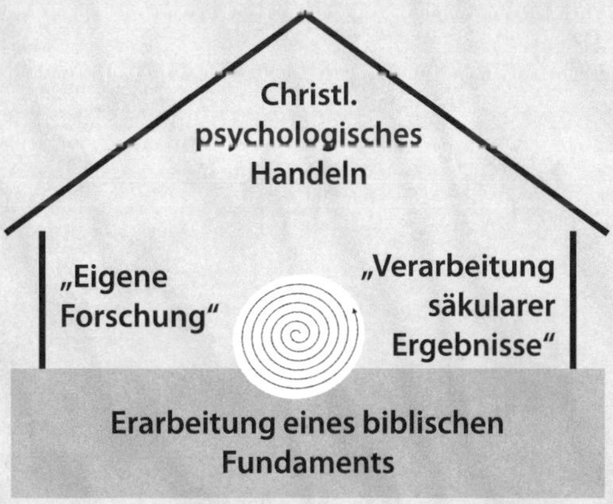

B

Grundzüge eines biblischen Menschen- und Weltbildes

Inhaltsverzeichnis

I. Die grundlegende Änderung durch das biblische Wirklichkeitsverständnis 46

1. Der Wirkliche statt die Wirklichkeit 47

2. Der Wirkliche will offenbaren 51
a. Gott will trotz aller Hindernisse offenbaren 51
b. Gott offenbart sich in seinem auserwählten Volk (AT) 54
c. Der Höhepunkt aller Offenbarung in Jesus Christus 58
d. Unsere heutige Situation 61
e. Abgeschlossene Offenbarung und heutige Verkündigung 64

II. Zentrale Inhalte der Offenbarung über unser „Erkenntnisobjekt" (Grundfrage 3) 72

1. Der Blick auf den Menschen unter dem Offenbarungsgesichtspunkt 73
a. Der Mensch – das geschaffene Ebenbild Gottes 74
b. Der Mensch – auf Beziehung hin angelegt 77
c. Der Mensch – als Ganzheit zu sehen (am Beispiel von Leib, Seele, Geist) 79
d. Der Mensch – frei zu Entscheidung und Verantwortung 84
e. Der Mensch – gefallen und erlösungsbedürftig 88

2. Der grundlegend personale Charakter allen Seins 92
a. Von der „Substanzontologie" zur „Relationenontologie" 92
b. Das Materie-Geist-Problem – ein Scheindualismus 97
c. Voluntarismus statt Naturgesetzlichkeit 99

ZIEL

In diesem Kapitel werden wir die grundsätzliche Perspektive eines biblisch-christlichen Wirklichkeitsverständnisses kennenlernen und erste Grundannahmen in Bezug auf unser „Erkenntnisobjekt", unsere Vorstellungen von Welt und Mensch erhalten.

Hinführung:

In Band 1 haben wir bei unseren Überlegungen zum menschlichen Erkenntnisvermögen die Unterscheidung Kants von zwei grundsätzlich unterschiedlichen Erkenntnisbereichen kennen gelernt:

a. Bereich der Erscheinung

→ alles, was unserer sinnlichen Wahrnehmung zugänglich ist

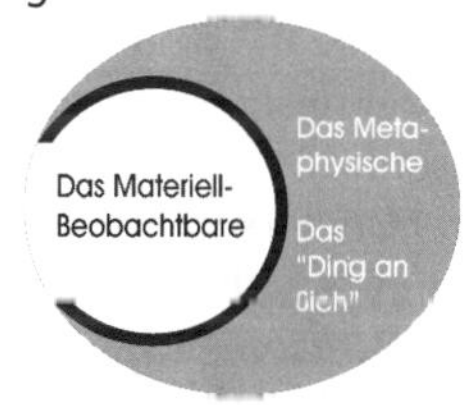

b. Bereich der metaphysischen Grundannahmen

→ Herkunft, Sinn und Ziel des Menschen, das Wesen der Seele etc.

→ Existenz und Wesensart Gottes

→ ethische Ausrichtung

→ Lebensziele, Therapieziele, Wachstumsziele

Wir haben außerdem gesagt, dass Erkenntnis immer eine Mischung aus wahrgenommenen Fakten und Deutung ist. Alles, was wir von der Wirklichkeit wahrnehmen, wird anhand unserer Grundannahmen gedeutet.
Diese Grundannahmen entnehmen wir nicht den Fakten, sondern sie sind immer metaphysisch letztgebunden. Wir glauben sie, und es gibt keine Möglichkeit, darüber letztgültige Entscheidungen mit Hilfe unserer Erfahrung, aus unserer sinnlichen Wahrnehmung und mit dem Vermögen unseres Verstandes zu treffen.

Genau darin besteht das menschliche Erkenntnisdilemma:

→ Uneinigkeit und Streit entsteht trotz gleicher Faktenwelt, weil Menschen aufgrund ihrer unterschiedlichen Grundannahmen zu anderen Deutungen gelangen.

→ Die Qualität der Erkenntnis hängt weniger von Bemühungen einer präziseren Beschreibung der Faktenwelt ab (hier sind seitens der Wissenschaft, z.B. durch Beobachterschulungen etc. Verbesserungen erreicht worden), sondern von der Angemessenheit der Grundannahmen.

Dies gilt umso mehr, je mehr ich die Wirklichkeit in ihrer Komplexität erfassen will, je mehr ich dem Menschen ganzheitlich gerecht werden will, je mehr ich die metaphysischen Fragen als notwendig zum Leben gehörend annehme.

I. Die grundlegende Änderung durch das biblische Wirklichkeitsverständnis

Nachdem wir uns in Band 1 mit säkularen Vorschlägen zur Verbesserung menschlicher „Überzeugungshäuser" beschäftigt haben, soll nun die Frage im Mittelpunkt stehen, wie ein Neubau möglich werden kann, der auf einem biblischen Menschen- und Weltbild basiert. In Kapitel B werden wir Fragen zum Fundament dieses Hauses klären. Dabei stoßen wir zunächst auf eine radikale Änderung des gesamten Verständnisses von Wirklichkeit und auf eine ganz andere „Erkenntnisquelle" der biblischen Weltsicht, auf Gott und seine Offenbarung.

Angesichts des menschlichen Erkenntnisdilemmas, wie wir es in Band 1 herausgearbeitet haben, stellt sich die Frage, ob wir mit unseren bisherigen Antworten bereits alle Möglichkeiten erfasst haben. Da wir einerseits wissen, welch große Bedeutung unsere Grundannahmen für unsere gesamte Weltsicht besitzen, und andererseits klar ist, dass uns hier prinzipiell keine letzte Sicherheit zugänglich ist, gibt es eigentlich nur eine weitere Möglichkeit.

Nur eine Person mit „Durchblick" kann das Erkenntnisdilemma überwinden...

Wenn wir der Komplexität der Welt und unseres Menschseins grundsätzlich nicht Herr werden können, wenn das „Wesentliche" nicht von uns selbst kommen kann, dann muss es „von außen", aus anderer Quelle kommen. Wenn wir selbst nicht in der Lage sind, von uns aus den rechten Grundannahmen auf die Spur zu kommen, dann müssen sie uns von außen „begegnen". Nur jemand jenseits unserer begrenzten Erkenntnismöglichkeiten, der die Komplexität dieser Welt überblickt, der um Herkunft, Sinn und Ziel des Menschen weiß, der sozusagen die Grundannahmen vollständig kennt, könnte das Erkenntnisdilemma überwinden.

...und diese Person müsste bereit sein, sich zu offenbaren.

Und diese Person müsste bereit sein, uns an ihrem Wissen Anteil zu geben, sich uns aus ihrer Position heraus zuzuwenden. Sie müsste bereit sein, uns das Wesentliche zu zeigen, sie müsste es uns **offenbaren.**

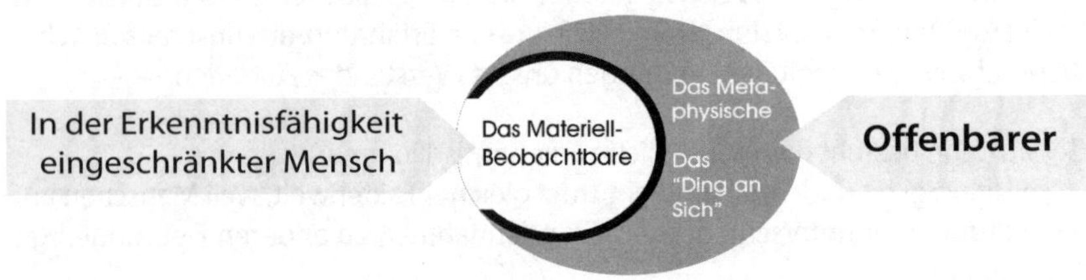

1. Der Wirkliche statt die Wirklichkeit

Nun gibt es eine Behauptung, die Behauptung der Bibel, dass es diese Person gibt, den allwissenden, allmächtigen Gott, und dass er an uns herangetreten ist, um uns an der Hand zu nehmen, um sich selbst und das wahre Wesen der Dinge zu offenbaren.

Die Bibel behauptet die Existenz eines solchen Gottes.

Auch wenn man bez. dieser Behauptung geteilter Meinung sein kann (siehe nachfolgender Kasten), steht eines doch fest: Nur mit einer solchen Person, die sich offenbaren will, ist ein Zugang zu den entscheidenden Grundannahmen überhaupt denkmöglich. Gibt es diese Person nicht, so kann es prinzipiell keine Möglichkeit geben, die Erkenntnisbarriere zu überwinden. Prägnant formuliert behaupten wir somit, dass das Empfangen von „Offenbarungswissen" den einzigen Weg darstellt, auf dem sich eine grundsätzliche Erweiterung unseres Erkenntnisvermögens erwarten lässt.

Diese Schlussfolgerung, dass Offenbarung der einzige Weg ist, unser Erkenntnisvermögen zu erweitern, mag trotz all dessen, was wir in Band 1 über die menschlichen Möglichkeiten bei der Wahrheitssuche gesagt haben, immer noch überraschend sein.
Überlegen Sie: Scheint Ihnen diese Folgerung realistisch oder können Sie sich doch noch andere Wege vorstellen, zu sicherer Erkenntnis zu kommen?

Einige Anmerkungen:

Hat man sich nicht bereits auf die Wirklichkeitssicht der Bibel und auf die Person eingelassen, von der sie zeugt, so wird sich hier höchstwahrscheinlich Widerspruch melden:
Ist es nicht viel gewagter, einen Gott anzunehmen, der einem sozusagen die Probleme löst? Warum sollten wir ein „Glaubenssystem", eine Weltanschauung, noch dazu religiöser Natur, einführen, bei der die Qualität des Erkenntnisresultats doch höchstens noch schlechter, noch subjektiver ausfallen dürfte?
Angesichts dieser Anfragen ist es wichtig, einige grundsätzliche Dinge festzustellen:

(1) Gottes Existenz, aber auch Nicht-Existenz kann nicht bewiesen werden

a. Wir wissen, dass wir keinen „Gottesbeweis" durchführen können. Denn die Frage nach der Existenz oder Nicht-Existenz Gottes ist keine Frage, die innerhalb der Grenze der reinen Vernunft, innerhalb der Welt der Beobachtung und verstandesmäßigen Übereinkunft zu beantworten ist. Sie gehört mit Sicherheit zu den klassisch metaphysischen Fragen, bez. derer nur Glaubensentscheidungen möglich sind. Wir können und wollen Gott also nicht „beweisen", sondern es geht uns einfach darum, festzuhalten, dass es keinen anderen Weg als den des „Empfangens von Offenbarungswissen" gibt, um eine Verbesserung unseres Erkenntnisvermögens zu erreichen.

b. Doch wir sind überzeugt, dass wir mit der Grundannahme eines Gottes nicht ein sehr viel subjektiveres „Glaubenssystem" einführen, das uns von vernunftgemäßer Sicherheit wegführt.Dieses Argument dürfte leicht zu entkräften sein, wenn man daran erinnert, dass es sich beim metaphysischen Bereich ja immer um einen Bereich handelt, in dem nur Glaubensentscheidungen möglich sind. Jeder, egal ob gläubiger Christ, Buddhist, Anthroposoph oder Gottleugner, greift in seinem Deutungsrahmen auf Glaubensaussagen zurück. Auch ein noch so um Vorannahmelosigkeit bemühter Wissenschaftler steht in einem Glaubenssystem, ist den grundsätzlichen Annahmen des Paradigmas seiner Wissenschaftsauffassung gegenüber „gläubig". Als Christ haben wir also nicht unbedingt mehr an glaubensmäßigen Vorannahmen, sondern nur einen anderen Glauben als im religiösen Sinne „Ungläubige". Der amerikanische Psychologe Gary Collins schreibt hierzu:
„Es ist schon ein rätselhafter Zustand in unserer modernen Zeit, dass der Wissenschaftler, der die christliche Weltsicht ablehnt, weil sie bestimmte nicht-empirische, metaphysische Hypothesen beinhaltet, zur gleichen Zeit selbst eine ganze Lastwagenladung davon mitschleppt, von denen jede einzelne genauso weit über die sinnliche Wahrnehmung hinausgeht wie es die christlichen Postulate von Gott ... tun."[1]

(2) Eine offenbarende Person ja, aber welche soll es sein?

Wenn wir angesichts des Erkenntnisdilemmas behaupten, dass eine Änderung unserer „Grundannahmenlage" nur durch die Existenz und den Offenbarungswillen einer „wissenden" Person erreichbar ist, ist noch nicht festgelegt, um welche Person es sich handelt. Eine Reihe von Büchern, seien es der Koran, die Veden oder das Buch Mormon, spricht ebenfalls von einem Gott. Sie alle erheben denselben Anspruch wie die Bibel, die Botschaft (die „Grundannahmen") dieses Gottes zu verkündigen. So müssen wir eine weitere Glaubensentscheidung treffen, die nicht so direkt aus dem Erkenntnisdilemma folgt. Mit welchem Recht entscheiden wir uns für den Gott der Bibel?
Wir können und wollen diese Frage hier nicht wirklich beantworten (falls das geht) und alle Diskussionspunkte durchgehen. Wir wollen dazu nur einfach bekennen, dass wir erleben, wie Jesus Christus, der uns begegnet ist, den wir erfahren haben, an dessen Existenz und Herrschaft (und die Gültigkeit seiner „Grundannahmen") wir glauben, uns in unserem persönlichen Leben ebenso wie bei unserem Arbeiten und bei unserer Suche nach Erkenntnis, eine tragfähige, Sinn gebende und auch sinnvolle Basis ist.

(3) Noch ganz kurz zum Schluss:

Mit der prinzipiellen Möglichkeit der Überwindung des Erkenntnisdilemmas ist nicht gesagt, dass uns diese offenbarende Person ihr Wissen vollständig übermittelt, noch wird behauptet, dass wir alle ihre Botschaften immer in rechter Weise verstehen. Die Sicherheit der menschlichen Erkenntnis ist auch in einem biblischen Rahmenkonzept begrenzt.

1 Collins, 1977, S.137

Eine radikale Änderung der Erkenntnisproblematik

Gehen wir einen Schritt weiter und fragen, was passiert, wenn wir die Grundannahme einbeziehen, dass es einen GOTT gibt, der den vollen Blick auf alle Wahrheit besitzt, und dass diese Person gewillt ist, uns daran Anteil haben zu lassen. Dieser Schritt bringt radikale Veränderungen mit sich, sodass man beinahe versucht ist, von der völligen Neuformung des gesamten Erkenntnisproblems zu sprechen.

Der eine oder andere mag einer solchen „Veränderungseuphorie" gegenüber ein wenig skeptisch sein. Doch wenn er sich des eigentlichen Gehalts der „christlichen Selbstverständlichkeit" der Existenz Gottes für unser Erkenntnisproblem bewusst wird, lässt er sich vielleicht anstecken. Denn unsere gesamte Erkenntnisfrage wird hier tatsächlich umgedreht, was besonders deutlich wird, wenn wir uns die Frage stellen:
„Was steht uns bei unseren Erkenntnisbemühungen gegenüber?"

Bislang war unsere Vorstellung von Erkenntnis die, dass es ein Erkenntnissubjekt gibt, dessen Aufgabe darin besteht, sich auf die Suche nach Erkenntnis zu machen und sie sich anzueignen. Ein **aktives Subjekt** hat also als unmittelbares Gegenüber **die Wirklichkeit**, die es zu erforschen gilt. Seine Grundfrage ist, wie man dem Erkenntnisobjekt, der Wirklichkeit „da drüben" am besten Erkenntnis „entnehmen" könnte.

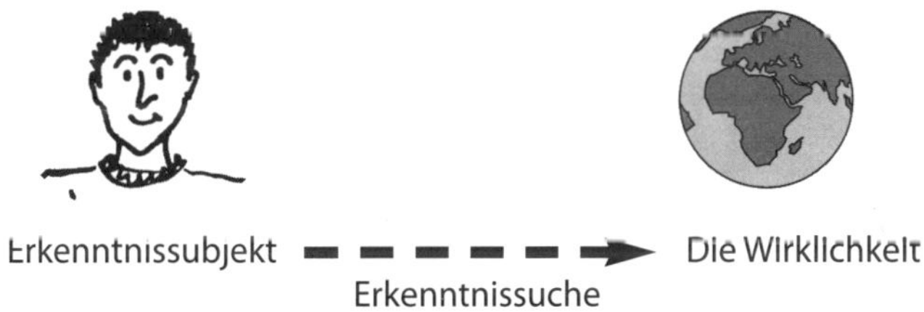

Glauben wir allerdings, dass es jemanden mit Durchblick gibt, jemanden, der diese Welt geschaffen hat und uns Offenbarung schenken will, dann zeigt sich ein grundlegend anderes Bild. Dann dürfte der „Ort", an den wir uns mit unseren Erkenntnisbemühungen wenden, nicht irgendeine Art von Wirklichkeit, „etwas", ein unpersonales Neutrum sein, sondern dann stehen wir letztlich „dem Wirklichen" gegenüber. An diese „Erkenntnisquelle" gilt es, sich zu wenden.

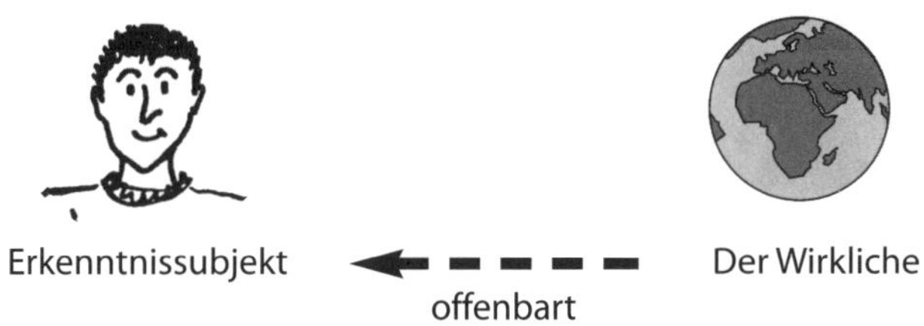

Den Wirklichen verstehen lernen

Und so stehen wir vor einer ganz neuen Erkenntnisaufgabe: Statt einer immer genaueren Untersuchung der Wirklichkeit geht es nun darum, **die Botschaften dieser Person zu verstehen**. Statt des Versuchs, die Dinge immer genauer zu erfassen, gilt es, auf das zu achten, was dem Wirklichen entscheidend ist.

Ein neuer Ausgangspunkt und eine neue Zielrichtung sind definiert, **es geht um „den Wirklichen statt die Wirklichkeit"**. „Gottes Sinn ist unser Erkenntnisziel"[2], unsere Hauptaufgabe besteht darin, IHN zu sehen und zu hören.

Dietrich Bonhoeffer konkretisiert diese Aussage, indem er auf Gottes besondere Offenbarung in Jesus Christus hinweist und behauptet:
„Der Ort, an dem die Frage nach der Wirklichkeit Gottes wie die nach der Wirklichkeit der Welt zugleich Beantwortung erfährt, ist allein bezeichnet durch den Namen: Jesus Christus. In diesem Namen ist Gott und die Welt beschlossen. In ihm hat alles seinen Bestand (Kol 1,16). Von nun an kann weder von Gott noch von der Welt recht geredet werden, ohne von Jesus Christus zu reden. Alle Wirklichkeitsbegriffe, die von ihm absehen, sind Abstraktionen."[3]

Aussagen über die Wirklichkeit durch den Wirklichen

Auch wenn man dieser grundsätzlichen Veränderung zustimmt, erhebt sich die Frage, ob damit die Wirklichkeit in einem christlichen Erkenntniskonzept überhaupt keine Rolle spielt. Tatsächlich ist es wichtig zu betonen, dass wohl der Wirkliche als Person hinter allem steht, er die Quelle aller Erkenntnis ist, aber dass er dann natürlich „etwas" offenbart. Seine Botschaften haben einen „Inhalt". Er offenbart uns etwas bezüglich der verschiedenen „Erkenntnisobjekte", über die Wirklichkeit, den Menschen, die Welt, die Natur...

Erkenntnissubjekt ◄ - - - ► **Der Wirkliche offenbart**

↓

- sich selbst

Die Wirklichkeit:

- Mensch
- Welt, Natur

Doch die grundsätzliche Veränderung unserer Blickrichtung dürfte deutlich geworden sein: Es geht, zumindest letztinstanzlich, nicht mehr darum, dass WIR diese Wirklichkeit erforschen, sondern darum, dass wir die Offenbarung annehmen, verstehen lernen und dann im **Licht der Offenbarung die Wirklichkeit entdecken** können.

2 Johnson, 1997, S. 15
3 Bonhoeffer, 1975, S. 207

2. Der Wirkliche will offenbaren

Wir gehen bei unseren Erkenntnisbemühungen also nicht von einer unpersönlichen Wirklichkeit aus, die wir kennen und verstehen wollen, sondern wenden uns an den Wirklichen, der diese Wirklichkeit geschaffen hat. Denn er kann uns am besten über diese Wirklichkeit Auskunft geben.
Doch wie will er das tun?
Im folgenden Abschnitt werden wir die wesentlichen Wege aufzeigen, wie Gott direkt versucht hat, sich den Menschen mitzuteilen. Es geht um die Wege von Gottes spezieller Offenbarung, wie sie im Alten und Neuen Testament überliefert sind.

Hinweis:
Im Laufe der Kirchengeschichte gab und gibt es einige unterschiedliche Lehrmeinungen darüber, auf welchen Wegen sich Gott offenbart hat, und wie der Mensch diese Offenbarung erkennen kann.
Spricht Gott nur durch sein Wort – ist dieses Wort ausschließlich die Bibel – oder spricht er auch durch die Natur, ist die Schöpfung selbst ein Weg seiner Offenbarung?
Versteht ihn der Mensch nur durch Gnade, durch übernatürliches Wirken Gottes, durch Glauben, oder ist es die Vernunft des Menschen, die Gott erkennen kann? Ist in ihr gar grundsätzlich schon angelegt, was Gott sagen will?

Das sind einige der kontrovers diskutierten Fragen, die wir natürlich nicht umfassend behandeln oder gar endgültig beantworten werden. Doch wir müssen sie als Grundlagen unseres Arbeitens bedenken und werden das auch in einer gewissen theologischen Breite tun (hier in Kap B und weiter in Kap D + E).

Noch ein Wort zu verwendeten Zitaten: Wenn wir bestimmte Theologen zitieren, so bedeutet das nicht immer, dass wir in allem mit deren theologischen Meinungen übereinstimmen.

a. Gott will trotz aller Hindernisse offenbaren

Gottes Herzenswunsch der Enthüllung

Das griechische Wort für offenbaren, apokalypsis, hat die Bedeutung „die Umhüllung entfernen, den Schleier wegziehen, Enthüllung" (aus: apo – ent- und kalyptein – umhüllen). Genau das ist es, was Gott möchte: Licht, nicht Finsternis; Nähe, nicht Trennung; **Offenbarung, nicht Verhüllung**. Er selbst sagt: „... mein Heil ist nahe, dass es komme, und meine Gerechtigkeit, dass sie offenbart werde." (Jes 56, 1), und er drückt seinen Wunsch nach Nähe in dem schönen Bild aus: „Wie oft habe ich deine Kinder versammeln wollen, wie eine Henne ihre Küken versammelt unter ihre Flügel." (Mt 23, 37b)

So könnte man meinen: Dann ist doch alles in Ordnung. Wir brauchen Offenbarung, und Gott ist bereit zu offenbaren. Und wenn er, der allmächtige Gott, das möchte, dann wird er es auch tun. Warum zeigt er sich nicht einfach?
Doch bei etwas Nachdenken merkt man schnell, dass es einige Schwierigkeiten

gibt, eine „Enthüllung" so durchzuführen, dass der Mensch sie wahrnimmt. Gott will sich zeigen, – aber kann er sich einfach direkt und unmittelbar zeigen? Gott will sprechen, – aber wie kann er sich in den Formen und Wegen einer menschlich verständlichen Kommunikation mitteilen?

Muss man nicht eher fragen: Ist es überhaupt möglich, dass der große Gott sich uns kleinen Menschen zeigt?

Über **zwei Hindernisse für Gottes Offenbar-Werden** müssen wir uns besonders im Klaren sein: den grundlegenden Unterschied zwischen ewigem Gott und endlichem Menschen sowie die Trennung des Menschen von Gott durch die Sünde.

Erstes Offenbarungshindernis: Endlichkeit - Unendlichkeit

Die erste Schwierigkeit liegt darin, dass **ein grundsätzlicher Unterschied zwischen Gott und Mensch** besteht. **Gott als der Schöpfer** aller Dinge war von Anfang an und wird immer sein, ist also unendlich, während der **Mensch als ein endliches Wesen** nur eine begrenzte Zeit auf dieser Erde lebt. Wie soll es da möglich sein, dass sich der große Wirkliche uns kleinen Menschen mitteilt, wie soll Unendlichkeit, Ewigkeit mit unserer Endlichkeit in Berührung kommen? „Finitum non capax infiniti" – Das Endliche kann das Unendliche nicht aufnehmen, formulierte man in der Geistesgeschichte und war sich bewusst, „... dass seine Einzigkeit, Erhabenheit und Heiligkeit jedes menschliche Eindringen in sein Geheimnis ausschließt"[4].

?

Als Christen schwanken wir immer wieder zwischen den beiden Vorstellungen: Gott als der Unendliche scheint uns ganz weit weg, unerreichbar, hat deshalb auch nichts mit unserem täglichen Leben zu tun, ist viel zu groß dafür.
Oder Gott als derjenige, von dem wir in vielen Jahren Christenleben hören, der uns dabei schon so sehr zum Freund geworden ist, dass die Beziehung fast „kumpelhaft" wirkt.
Was empfinden Sie, wenn Sie lesen, dass Endlichkeit Unendlichkeit nicht fassen kann?

Wenn Gott sein verborgenes Wesen offenbar machen, seinen Willen kundtun will, so muss er Wege finden, sich selbst **in endliche menschliche Sprache zu übersetzen.** Diese „Übersetzungen" können kaum Gottes ganze Fülle wiedergeben, sie müssen immer mit Vergleichen, Bildern, gedeuteten Erfahrungen arbeiten. Wir müssen hier auf Gottes Fähigkeit vertrauen, dass er, was er tun will, auch vollbringt.
Der katholische Theologe Romano Guardini (1885 – 1968) schreibt dazu:
„Die Selbstbekundung Gottes – seiner Wirklichkeit und seines Willens – überschreitet an sich die Möglichkeiten des menschlichen Denkens, Sprechens und Tuns. Offenbarung bedeutet aber, dass das göttlich Gemeinte sich in diese Möglichkeiten hinein ‚übersetzt'...
Indem Gott sich durch den Vorgang der Offenbarung ins Menschliche übersetzt, wird seine Mitteilung für den Menschen schaubar, verstehbar, fassbar."[5]

4 Galling, 1957, S. 1600
5 Guardini, 1976, S. 21 u. S. 23

Das heißt:

→ Gott kann sich uns nur in unseren menschlichen Formen offenbaren, nur so, wie wir Menschen es verstehen können.

→ Wir werden wahrscheinlich (zumindest hier) nie in der Fülle „Gott verstehen".

→ Doch wenn Gott will, dass wir zu Erkenntnis kommen, dann wird er Wege finden, die uns entsprechen, die wir verstehen können.

Wenn wir allerdings die Geschichte bis zur aktuellen Situation der Menschheit anschauen, dann scheint uns die Aussage, dass Gott, wenn er will, auch Wege findet, sich den Menschen verständlich zu machen, recht gewagt und optimistisch. Sind nicht die Erkenntnisse über Gott recht unterschiedlich? Ist nicht die Begeisterung, eine Offenbarung Gottes anzunehmen, eher gedämpft?

Warum schafft es der unendliche Gott scheinbar doch nur sehr unvollkommen, sich den endlichen Menschen mitzuteilen? In Jesaja 65 klagt er selbst: „ ..., denn ich rief, und ihr habt nicht geantwortet, ich redete, und ihr habt nicht gehört ..." (65, 12)

Zweites Offenbarungshindernis: die Sünde, das Autonomiestreben des Menschen

Neben der grundsätzlichen Unterschiedlichkeit von unendlich und endlich kommt noch ein weiteres Hindernis hinzu: die Sünde, bzw. das Autonomiestreben des Menschen.

Die Bibel beschreibt das in den ersten Kapiteln mit der Darstellung des Sündenfalls. Zunächst war der unendliche Gott im Paradies offensichtlich ganz selbstverständlich anwesend (z.B. hörten die Menschen ihn, wie er im Garten ging, als es kühl war; 1 Mose 3, 8). Er schuf den passenden Lebensraum für die Menschen und gab ihnen Aufträge, wies ihnen ihren Platz in der Schöpfung zu. Wir können annehmen, dass Gott gar nicht verborgen sein wollte, dass er von sich aus keinen Schleier ausbreitete, hinter dem er erst gefunden werden musste, sondern dass Offenbarung, dass Aufgedeckt-Sein, der ursprüngliche Zustand war.

Manche Theologen, z.B. der evangelische Theologe Emil Brunner (1889 – 1966), sprechen deshalb von einer „Ur-Offenbarung", also einer ursprünglichen, offenen Gemeinschaft mit Gott.

Doch **der Mensch zerstörte diese unbefangene Gemeinschaft**, indem er auf die Verführung der Schlange einging. Er aß von der Frucht des Baumes der Erkenntnis (1 Mose 3). Die Übertretung von Gottes klarem Gebot schreckte den Menschen nicht, denn er hoffte auf ein Mehr an Wissen und ein Mehr an Selbstbestimmung, an **Autonomie**.

Gott stellt fest: „Siehe, der Mensch ist geworden wie unsereiner und weiß, was gut und böse ist." Damit er „... nur nicht ausstrecke seine Hand und breche auch von dem Baum des Lebens und esse und lebe ewiglich!", vertreibt er ihn aus dem Paradies, aus der unbefangenen, unverhüllten Gemeinschaft mit Gott, schickt ihn in ein endliches Leben und versperrt den Rückweg durch „die Cherubim mit dem flammenden, blitzenden Schwert, zu bewachen den Weg zu dem Baum des Lebens." (1 Mose 3, 22 u. 24)

Seitdem gilt:
„Die Folgen des Sündenfalls waren für das Verhältnis zwischen Gott und Mensch weitreichend ... Der Mensch steht vor dem verschlossenen Paradies: er hat keinen unmittelbaren Zugang zu Gott und damit zur Wahrheit mehr ... Die Folgen des Sündenfalls begründen die Notwendigkeit der Offenbarung. Wenn der Mensch von sich aus keinen Kontakt zu Gott aufnehmen kann ... so ist er darauf angewiesen, dass Gott mit ihm Kontakt aufnimmt."[6]

Wie konnte Gott reagieren?

Wenn neue Offenbarung als Folge der Sünde notwendig geworden ist, weil nur durch Offenbarung von Gott her der Kontakt zum Menschen wiederhergestellt werden konnte, wie konnte sich Gott vor diesem Hintergrund der Beziehungsstörung dem Menschen zeigen? Gab es nach und trotz dieser prinzipiellen Trennung noch **Möglichkeiten, dass Gott dem Menschen seine Geheimnisse enthüllte**?

?

Haben Sie sich schon einmal darüber Gedanken gemacht, welche Wege es geben könnte, dass der unendliche Gott sich dem endlichen Menschen trotz der Trennung durch Sünde und Rebellion offenbart?
Welchen Weg hätten Sie, wenn Sie an Gottes Stelle gewesen wären, gewählt?

Eine Idee wäre, dass Gott ein gut verständliches Buch vom Himmel fallen lässt, in dem eine genaue „Gebrauchsanweisung" steht:
- → so und so ist die Welt...
- → das ist euer Problem – und das ist die Lösung...
- → so bin ich, so funktioniert das in meinem Reich...

War das Gottes Weg? Konnte das überhaupt ein Weg sein, die Menschen zu erreichen? Wie hätte so ein Buch eigentlich aussehen müssen?

Wir werden im Folgenden drei wesentliche Wege der Offenbarung, die Gott gewählt hat, darstellen (dabei wird auch deutlich werden, welche Rolle das „Buch" Gottes, die Bibel, dabei spielt):
- Gott offenbart sich in seinem auserwählten Volk
- Gott offenbart sich durch Jesus
- Gott offenbart sich heute

b. Gott offenbart sich in seinem auserwählten Volk (AT)

Wenn wir nicht unser Leben lang schon damit vertraut wären, wie Gott den Kontakt zu den Menschen wieder hergestellt hat, könnte es uns vielleicht mehr erstaunen, welche Wege er gewählt hat, um Unendliches in Endliches zu übersetzen, um die Trennung zu überwinden.

Denn Gott spricht die Menschheit nicht ganz allgemein an, er hinterlässt nicht irgendwo geheime Botschaften, die zufällig von irgendjemandem entdeckt werden könnten, sondern er beginnt beim Einzelnen, mit einer persönlichen Beziehung zu ganz konkreten Menschen, mit einem Bund.

6 Schnabel, 1986, S. 128f

Er beruft Abraham, in ein Land zu ziehen, das er ihm zeigen will, und zu einem Volk zu werden, das er segnen will.
Auch Abrahams Nachkommen verspricht Gott die Treue, er erneuert seinen Bund mit ihnen immer wieder.
Als sie Jahre später zu einem großen Volk geworden sind, das in Ägypten in der Knechtschaft lebt, beruft Gott Mose, dass er Gottes rettende Absicht verkündet und das Volk mit Gottes Hilfe in die Freiheit führt.
So bekommt dieser Gott immer mehr lebendige Züge für sein Volk. Er bekommt einen Namen – der Gott Abrahams, Isaaks und Jakobs; der Gott, der aus Ägypten befreit hat – einen Namen, der bezeugt, wie Israels Gott sich offenbart hat, wie er mit und in seinem Volk ist.

Hinweis:
Haben Sie sich auch schon einmal die Frage gestellt, ob es nicht ungerecht ist, dass Gott sich nicht gleich der ganzen Menschheit, sondern Einzelnen und seinem speziellen Volk offenbart hat?
Wir können hier nicht das Problem der Erwählung diskutieren, wollen aber drei kurze Bemerkungen dazu anbringen:

- *Gott schließt dadurch nicht für immer andere aus, sondern er beginnt eine Beziehung, deren Segen später an andere weitergegeben werden soll.*
  (1 Mose 12, 3: „... in dir sollen gesegnet werden alle Geschlechter auf Erden")
  Wenn Gott seinem Volk Israel hilft, Land einzunehmen, seine Feinde zu besiegen, zu wachsen und Wohlstand zu erwerben, so ist das gleichzeitig ein Zeichen für alle Völker, dass kein anderer Gott ist als er, dass er alle Macht hat, dass bei ihm Hilfe und Heil sind (z.B. Hes 36, 22f, Jes 49, 6), und: Es wird der Tag kommen, an dem „... die Heiden ... zu deinem Licht ziehen, und die Könige zum Glanz, der über dir aufgeht." (Jes 60, 3)

- *Erwählung ist nicht nur Vorrecht, sondern auch Herausforderung. Das Volk Israel schielte oft genug zu den anderen Völkern, argwöhnte, deren zahlreiche Götter könnten vielleicht doch mehr Hilfe bringen. Besonders die Propheten waren durch ihre Berufung aus der Menge herausgenommen, manchmal der Lächerlichkeit preisgegeben, sodass Elia klagt: „... und ich bin allein übriggeblieben, und sie trachten danach, dass sie mir mein Leben nehmen." (1 Kön 19, 10)*

- *Gott hatte das Paradies aus einem wichtigen Grund verschlossen: damit eine mögliche Entscheidung gegen Gott und für das Böse nicht ewig bestehen bleiben könnte, wenn die Menschen auch noch vom „Baum des Lebens" nähmen. Deshalb kann er die Tür nicht einfach für alle wieder öffnen, sondern zuerst muss die Beziehung zum Menschen wiederhergestellt werden.*
  So ist Erwählung notwendig, weil Gott nicht pauschal mit „Der Menschheit" in Beziehung treten kann, sondern nur mit jedem Menschen ganz persönlich. (Damit soll noch nichts über „Errettung" oder über alle möglichen Heilswege ausgesagt sein.)

Betrachten wir nun die Wege, auf denen Gott offenbart, so erkennen wir drei wesentliche Merkmale: Er zeigt sich als Person, er handelt und er spricht.

Offenbarung ist personaler Natur.

Gottes Offenbarung ist personaler Natur. **Er ganz persönlich offenbart sich bestimmten Personen** in seinem Volk und geht einen Weg mit ihnen. Er stellt damit in Ansätzen den ursprünglichen Zustand der ungetrübten Gemeinschaft zwischen Gott und Mensch wieder her. „Ich will meine Wohnung unter euch haben ... ich will unter euch wandeln ..." (3 Mose 26, 11f).

Offenbarung ist (heils-) geschichtlicher Natur.

Außerdem zeigt er sich durch sein **Handeln in der Geschichte seines Volkes.** Indem er sein Volk führt, lehrt, in seine Geschicke eingreift, **schreibt er Geschichte mit ihnen** und gibt damit ein Beispiel, was es heißt, dass sich ein Volk dem lebendigen Gott anvertraut.Er zeigt sein Wesen und seine Macht als einzig realer Gott (Siege über heidnische Völker) ebenso wie seine Liebe, Gerechtigkeit, Herrlichkeit... „Offenbarung ist nicht nur Mitteilung von Information, sondern auch Ereignis innerhalb der Geschichte."[7] So wird über Jahrhunderte ein für alle sichtbares Beispielszenario entworfen, das nicht etwa als unreale Story, als Märchen oder Wunschtraum dasteht, sondern hier wird **Geschichte als Geschichte mit Gott von realen Menschen durchlebt.**

Diese Geschichte hat eine ganz besondere Bedeutung, sie soll „Heilsgeschichte" sein, in der sich Gottes Heilswillen für den Menschen immer mehr und deutlicher offenbart. „Gottes Offenbarung an seine Boten und Gottes Inspiration seiner Botschaft sind geschichtliche Vorgänge, weil sie den konkreten Menschen der Geschichte betreffen und zum Heil führen wollen."[8]

Offenbarung ist (alttestamentliches) Wort.

Doch würde Gott nur in der Geschichte handeln, sich nur im Ereignis offenbaren, wäre es kaum möglich, dass die Menschen IHN wirklich erkennen. Ohne **deutende Erklärungen** blieben viele geschichtliche Ereignisse unklar, Gottes Taten missverständlich, seine Heilsabsichten verborgen. Wenn Gott an seinem Volk handeln, aber nicht zu ihm reden würde, dann bliebe vieles dieser Handlung im Dunkeln.

Die Befreiung Israels aus der Knechtschaft in Ägypten ist so ein einschneidendes Handeln Gottes in Israels Geschichte, das ohne das erklärende Reden durch Mose im Auftrag Gottes wohl schwer zu verstehen gewesen wäre. Wie hätte man die ganzen Plagen einordnen sollen? Wären sie, für sich alleine genommen, nicht mehr eine Bedrohung als ein Hoffnungsschimmer für das Volk Israel gewesen?
Aus unerklärlichen Ereignissen könnte man, wie es die meisten Völker getan haben, schließen: „Irgendein Gott muss mit uns sein" – aber ohne dass er spricht, wäre er nach wie vor der verborgene Gott. „Hier wird deutlich, dass ohne Gottes Erläuterung seiner Taten in der Geschichte durch verstehbare Worte diese für den Menschen nicht als Offenbarung zu verstehen sind."[9]
Deshalb ist Gottes Handeln von erklärendem, deutendem Reden begleitet, „nur im Zusammenspiel von Ereignis und Interpretation zeigt sich die besondere Offenbarung."[10]

7 Schnabel, 1986, S. 137
8 Schnabel, 1986, S. 140
9 Schnabel, 1986, S. 140-141
10 Williams, 1995, S. 52

Gott spricht durch Propheten.

Wenn Gott redet, dann gebraucht er oft **Vermittler, seine Boten oder Propheten**. Mose ist der Vermittler, der seine Botschaft auf dem Weg durch die Wüste an das Volk überbringt, „denn welcher Mensch kann die Stimme des lebendigen Gottes aus dem Feuer reden hören wie wir und doch am Leben bleiben?" (5 Mose 5, 26).
Andere Propheten müssen Könige und Volk mahnend zurückrufen. Teilweise müssen sie Missverständnisse klarstellen, Gottes Handeln neu erklären, z.B.:
Jes 59, 1ff: wenn Gott Israels Feinde benutzt, um sein Gericht an Israel zu vollziehen – dass dies nicht Gottes Schwäche ist, dass nicht sein Arm zu kurz wäre zu helfen, sondern dass es die Sünde des Volkes selbst ist, die seine Hilfe verhindert;
Jes 58, 3 – 12: wenn Gott Gebete und Fasten scheinbar nicht beachtet – dass es nicht daran liegt, dass er nicht sieht und hört, sondern dass es wegen ihres falschen, unehrlichen Betens und Fastens ist, das mit Sünde verbunden ist.

Erkenntnissubjekt ◄– – –► **Der Wirkliche offenbart**
durch
Wirkung auf geschichtliche Ereignisse + verbale Interpretation

Stellen Sie sich einmal vor:
Sie stellen bei einem Film den Ton ab – wie viel von der Handlung können Sie dann noch verstehen?
Sie müssen einen Menschen allein nach seinen Handlungen beurteilen – können Sie die richtigen Schlüsse ziehen, die wahren Absichten erkennen?

Gottes Reden wird aufgeschrieben.

Damit das exemplarische Wirken und Reden Gottes für alle Zeiten zugänglich und (wenigstens teilweise) vor dem Vergessen oder Verdrehen geschützt wird, wurde die Geschichte Israels und ihre prophetische Deutung, wurden Israels Glaubenserfahrungen und Einsichten niedergeschrieben (→ Altes Testament).

Wie wir glauben, motivierte Gott selbst die Schreiber und führte sie durch seinen Geist, niederzuschreiben, was er geschrieben haben möchte (mehr dazu siehe Ergänzungstext „Inspiration" am Ende dieses Abschnitts). Deshalb dürfen wir annehmen (und können es beim Lesen auch erleben), dass **die schriftliche Überlieferung alles Wesentliche verständlich und glaubwürdig enthält**. Auch wenn das geschriebene Wort sicher nicht Gottes persönliches Wort ersetzen kann und sein direktes Wirken nicht umfassend lebensnah überliefert, stellt das Alte Testament eine wichtige Hilfe dar, dass Gottes damalige **Offenbarung nicht verloren geht oder verfälscht wird, sondern heute noch lebendig wirkt.**

c. Der Höhepunkt aller Offenbarung in Jesus Christus

Grenzen der alttestamentlichen Offenbarung

Mit dem personal-geschichtlichen Ereignis und der schriftlich überlieferten Wortoffenbarung ist Gottes Offenbarung immer noch nicht hinreichend beschrieben. Indem Gott sich durch sein Reden und Handeln im Volk Israel offenbarte, hat er die Barriere zwischen sich und dem endlichen, sündhaften Menschen, bildlich gesprochen, auf die Art überwunden, dass er gewissermaßen seine Hand hinübergestreckt hat. Er hat eingegriffen und durch sein Wort hineingesprochen in die endliche Welt.

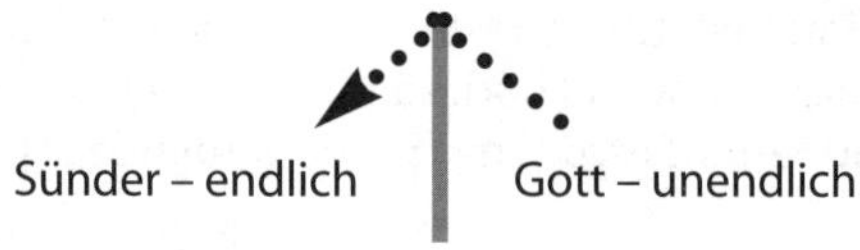

Doch die Barriere an sich blieb weiterhin bestehen. Vor allem **seine personale Gegenwart war eine verborgene**, in der Wolken- und Feuersäule, im Säuseln, im brennenden Dornbusch ... und der Mensch konnte als Sünder diese Gegenwart weder aushalten, noch Gottes Hilfsangebote wirklich annehmen (der ständige Abfall des Volkes Israel von Gottes Wegen weist darauf hin).

Gott selbst wird Mensch.

Deshalb geht Gott in seiner Offenbarung noch einen Schritt weiter. Er bleibt nicht dabei stehen, über die Barriere „hinüberzulangen". Er möchte die Trennung noch viel tiefgreifender überwinden, **sich noch mehr in die menschlichen Möglichkeiten hinein ‚übersetzen'**.

Eine Analogie soll das veranschaulichen[11]:
Was müsste man als Mensch tun, um mit einem Haufen Ameisen in Beziehung zu treten, um sich den Ameisen verständlich zu machen?
Es wäre ein Weg, Ameisensprache und -symbole zu verwenden und die reale Ameisengeschichte mitzugestalten, indem man ihnen z.B. Marmeladenbrötchen in Reichweite legt, Ameisenstraßen baut oder auch Barrikaden in den Weg legt. Die Ameisen könnten so wohl merken, dass jemand mit ihnen in Kontakt treten will, und bekämen eine gewisse Ahnung von seinem Wesen und seinen Absichten.
Doch was müsste man tun, um sich ihnen wirklich verständlich zu machen?
Man müsste wohl selbst zur Ameise werden!

Und genau dieses Unfassbare tat Gott: **Gott wurde Mensch in JESUS CHRISTUS!**

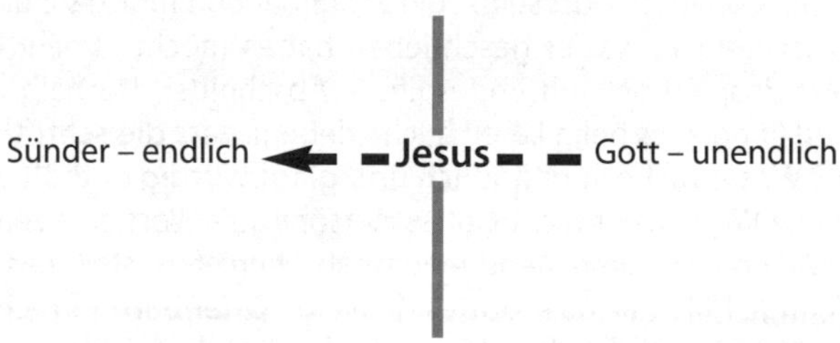

11 nach einer Erzählung des südamerikanischen Indianerstammes der Motilonen

„Als aber die Zeit erfüllt war, sandte Gott seinen Sohn ..." (Gal 4, 4)
„Nachdem Gott vorzeiten vielfach und auf vielerlei Weise geredet hat zu den Vätern durch die Propheten, hat er in diesen letzten Tagen zu uns geredet durch den Sohn." (Hebr 1, 1–2)

Gott tritt in Jesus in diese Welt.

Mit Jesus Christus, dem Sohn Gottes, ist Gottes Offenbarung in eine ganz neue Dimension getreten, denn nun **lebt Gott selbst als Mensch in dieser Welt**. Mit Jesus wurde das, was im Paradies verloren ging, zumindest ein Stück weit, für eine bestimmte Zeit, wiederhergestellt: Gott wandelte unter uns, ging mit uns auf dieser Erde spazieren.

Deshalb beschreibt der evangelische Theologe Karl Barth (1886 – 1968) Jesus als das Zentrum von Gottes Offenbarung:
„... wenn wir so weiterfragen nach dem einen Punkt, auf dem das Auge nach Anweisung der Schrift wirklich ruhen, an dem das Denken nach Anweisung der Schrift wirklich haften darf und soll, dann führt sie uns von ihrem Anfang und von ihrem Ende her auf den Namen Jesus Christus, in welchem die göttliche Entscheidung für seine Zuwendung zu jenem Volk ... menschlich-geschichtliches Ereignis und damit als die Substanz der ganzen vorausgehenden Geschichte Israels und als die Hoffnung der ganzen nachfolgenden Geschichte der Kirche erkennbar geworden ist."[12]
Dieser Jesus konnte direkt in seinem Handeln Gottes Realität vermitteln, „Blinde sehen, Lahme gehen, Aussätzige werden rein ... Armen wird das Evangelium gepredigt." (Lk 7, 22)

Jesus ist Gott und Mensch.

Außerdem konnte Jesus, der ganz Gott und ganz Mensch zugleich war (das große Geheimnis), uns Menschen **ganz als Mensch begegnen und Gottes Botschaft unmittelbar**, nicht nur durch Propheten, sondern **direkt überbringen**.
„Als der ewige Sohn Gottes spricht Christus aus höchster Erfahrung und aus höchster Fähigkeit, als Mensch zu verstehen und die Erfahrung menschlich verständlich und doch der göttlichen Wirklichkeit so angemessen wie möglich auszusagen, mitzuteilen, zu offenbaren."[13]

Das Wort ward Fleisch.

Die neue Dimension von Gottes Offenbarung in Jesus lässt sich, wie es am Anfang des Johannesevangeliums heißt, so beschreiben: Mit Jesus ist das Wort, das von Anfang an bei Gott war, das selbst Gott ist und durch das diese Welt geschaffen wurde, Fleisch geworden und wohnte unter uns. „Bisher – so können wir den Sinn des Prologs umschreiben – hatte die Offenbarung Gottes die Gestalt des Wortes, der Rede; nun aber ist ihre Gestalt Er selbst, der Redende und Handelnde in Person."[14]

Erkenntnissubjekt ◄— — — ► **Der Wirkliche offenbart**
durch
die Person JESUS CHRISTUS

Gott, der Unendliche, begibt sich also in Jesus selbst unter die Bedingungen von Raum und Zeit, begibt sich in diese Welt der Endlichkeit, überwindet von seiner Seite her das Finitum non capax infiniti. Was die Propheten im Wort verkündet haben, ist jetzt als Person da.

12 Barth, 1969, S. 42
13 August Brunner, 1985, S. 98-99
14 E. Brunner Bd. 1, 1960, S. 34

Damit ist eine ganz andere Nähe gegeben. So wie kein Brief, Buch, Bild, auch mit bester deutender Beschreibung, letztlich das persönliche Zusammentreffen mit einem Menschen ersetzen kann, sondern erst die direkte Begegnung zu einem viel tieferen Kennen und Verstehen führt, so ist in Jesus Gott in höchstem Maße gegenwärtig, „weil er etwas ganz anderes ist als eine Rede, nämlich Gottes handelnde Person in Selbstvergegenwärtigung, die Vollendung der Offenbarung Gottes ..."[15]

?

Sicher haben Sie selbst schon einmal den Unterschied zwischen einer direkten Begegnung und dem bloßen Hören oder Lesen von und über jemanden erlebt:
Wie ist es, wenn man z.B. dem Autor eines Buches bei einem Seminar begegnet, vielleicht mit ihm persönlich sprechen kann?
Wie ist es, wenn man einen Brieffreund nach Jahren persönlich trifft?
Und umgekehrt: Sehen Sie sich in der Lage, in einem Brief all das von sich mitzuteilen, was Sie dem anderen gerne geben möchten?

Jesus offenbart DAS Beziehungsangebot Gottes.

In Jesus will Gott außerdem nicht nur in ganz besonderer Weise in dieser Welt gegenwärtig sein und besonders deutlich reden. Darüber hinaus offenbart er in ihm sein Beziehungsangebot an den Menschen in unüberbietbarer Weise, indem er ihn, seinen eingeborenen Sohn, hingibt, damit, **wer an ihn glaubt, nicht verloren werde** (Joh 3, 16).

Denn Jesus ist nicht nur gekommen, um uns Gottes Botschaft als Wort noch einmal in besonderer Weise zu sagen oder Gottes Handeln in Vollmacht an den (damals lebenden) Menschen zu zeigen, sondern er soll auch **Gottes Handeln in letztgültiger Weise vollenden:** indem er selbst sein Leben hingibt und so einen neuen Weg der Beziehung zu Gott eröffnet. Gottes Handeln in Jesus ist nicht ein mächtiges Eingreifen des Starken über die Barriere hinweg, sondern totale Auslieferung an die Bosheit der Menschen und stellvertretendes Leiden an und für die Sünde des Menschen zu unserem Heil. Es ist damit ein Beziehungsangebot Gottes, das **den Menschen von Grund auf verändert, sodass er neu zugelassen wird in Gottes Reich.**

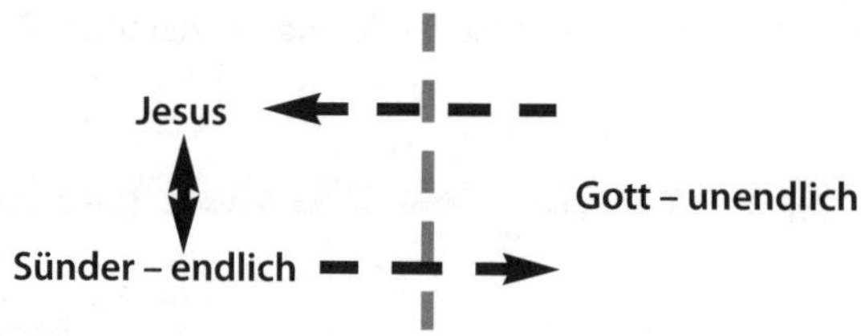

Gottes Offenbarung in Jesus umfasst also sowohl dessen Leben, sein Reden und seine Taten, als auch ganz besonders den Tod und die Auferstehung zur Überwindung der todbringenden Folge der Sünde. Gott offenbart hier nicht einfach etwas über sich, sondern **er offenbart und gibt sich selbst.**

15 E. Brunner Bd. 1, 1960, S. 33

d. Unsere heutige Situation

Doch wie sieht die Situation heute, 2000 Jahre später aus? Sind wir nicht wieder zurückgeworfen in die gleiche Lage wie vor Jesus und können seine Offenbarung nur noch aus Zeugnissen erfahren, ohne direkte Personoffenbarung, ohne mit Jesus, mit Gott „zu wandeln", ihm von Angesicht zu Angesicht gegenüberzustehen? Müssen wir uns nicht damit begnügen, diese – zwar umfassendere – Offenbarung zu glauben, ohne zu sehen (Joh 20, 29), zu hoffen, ohne zu sehen (Hebr 11, 1)?

Wir sind leider keine Zeitgenossen Jesu und stehen wieder vor der Frage:
Wie können wir heute Zugang zu Jesus haben?

Das Neue Testament als Zugang zu Jesus

Ein Zugang ist das Neue Testament (NT). Wie Gottes Handeln und sein Reden durch die Propheten in den Büchern des Alten Testaments schriftlich festgehalten wurde, so haben auch die Zeitgenossen Jesu ihn nicht nur erlebt und von ihm weitererzählt, sondern sie haben das Wichtigste aufgeschrieben, sie haben es für uns überliefert. Alles, was wir heute von Jesus wissen, wissen wir aus der Bibel, aus dem NT und manchen Prophetien aus dem AT.
Durch diese Texte kann uns Jesus heute immer noch begegnen.

Doch dies allein dürfte uns nicht so ganz zufrieden stellen. Haben wir gerade den großen Gewinn durch eine direkte, persönliche Offenbarung gesehen, so ist es recht enttäuschend, so schnell wieder „ohne Person" zurückgelassen zu werden.

Personoffenbarung durch den Heiligen Geist

Jesus selbst hat seine Jünger auf die Zeit nach seinem Tod vorbereitet. „Und ich will den Vater bitten, und er wird euch einen andern Tröster geben, dass er bei euch sei in Ewigkeit: den Geist der Wahrheit, den die Welt nicht empfangen kann, denn sie sieht ihn nicht und kennt ihn nicht. Ihr kennt ihn, denn er bleibt bei euch und wird in euch sein. Ich will euch nicht als Waisen zurücklassen; ich komme zu euch. Es ist noch eine kleine Zeit, dann wird mich die Welt nicht mehr sehen. Ihr aber sollt mich sehen, denn ich lebe, und ihr sollt auch leben." (Joh 14, 16–19)

Zunächst hat Jesus sicher mit der Aussage provoziert, dass es sogar besser sei, wenn er zurück zum Vater ginge (Joh 16, 7). – Was konnte denn besser sein, als in der direkten Gemeinschaft mit Jesus zu leben?!? Doch die Apostelgeschichte zeugt davon, dass und wie Jesus auch nach Tod, Auferstehung und Himmelfahrt Menschen persönlich begegnen kann (z.B. Paulus, Apg 9) und wie er durch den Heiligen Geist unter ihnen wirkt (z.B. Hauptmann Kornelius, Apg 10; Gemeinde beim Gebet, Apg 4, 31). **Er bleibt wirklich gegenwärtig und verändert Leben.**

Diesen Heiligen Geist empfangen auch wir heute, wenn wir gläubig werden.

Damit sind wir also nicht „ohne Person", der wir begegnen könnten, zurückgelassen. Nach der Offenbarung Gottes in Jesus und nach Beendigung des biblischen Zeugnisses davon geht die persönliche Offenbarung Gottes an jeden einzelnen Menschen durch den Heiligen Geist weiter.

Durch den Heiligen Geist bleibt die Möglichkeit bestehen, Jesus zu sehen, wenn auch nicht mit „normalen Augen", wie die Welt sieht.

Der Heilige Geist als Vermittler der Botschaft

Außer dass wir durch den Heiligen Geist heute Jesus „sehen" können, kommt ihm eine weitere wichtige Aufgabe für das vollständige Verständnis von Offenbarung zu: **Der Heilige Geist hilft, Offenbarung überhaupt zu verstehen.** Bei allem, was wir bisher über Offenbarung geschrieben haben, war immer nur von Gottes Reden und Handeln die Rede. Doch Offenbarung ist ein Kommunikationsprozess, **sie zielt auf einen Empfänger**.

Das Erkenntnissubjekt versteht ← Der Wirkliche offenbart

Solange Offenbarung nur angeboten ist, bleibt ein wichtiges Anliegen nicht erfüllt, die tatsächliche „Enthüllung" im Hörenden. Emil Brunner z.B. meint: „Offenbarung ist ja nicht ein Etwas, eine Sache, sondern ein Vorgang, ein Geschehnis, und zwar ein Geschehnis an und in uns. Weder das Prophetenwort des Alten Testamentes, noch Jesus Christus, noch das Zeugnis der Apostel oder der kirchlichen Verkünder von ihm ‚ist' die Offenbarung; zur Wirklichkeit der Offenbarung gehört immer das empfangende Subjekt.
Es kann auch geschehen, dass alle jene Offenbarungsgestalten uns nicht zur Offenbarung werden. Ist kein Glaube da, so ist auch die Offenbarung nicht vollzogen, so ist sie nicht wirklich geschehen, sondern sozusagen in conatu steckengeblieben."[16]

Damit Offenbarung nicht im Anlauf (in conatu) stecken bleibt, sondern im Menschen zu einer wirklichen „Enthüllung" führt, brauchen wir die Hilfe des Heiligen Geistes, denn:

- die Geheimnisse Gottes kann man sich nicht selbst nehmen, der Verstand reicht nicht aus, die Botschaft zu verstehen.
  Röm 8,16: *„Der Geist selbst gibt Zeugnis unserem Geist, dass wir Gottes Kinder sind".*

- die Schrift allein ist kein Garant für richtige Offenbarung, man kann sie auch missverstehen. Dem Menschen, der sich ihr nicht in der Vermittlung des Heiligen Geistes nähert, sondern einfach aus sich heraus, autonom mit ihr umgehen will, kann die eigentliche Botschaft auch verborgen bleiben, denn sie ist dem Menschen nicht verfügbar.

Deshalb betet Paulus:
„... dass der Gott unseres Herrn Jesus Christus, der Vater der Herrlichkeit, euch gebe den Geist der Weisheit und der Offenbarung, ihn zu erkennen. Und er gebe euch erleuchtete Augen des Herzens, damit ihr erkennt, zu welcher Hoffnung ihr von ihm berufen seid, wie reich die Herrlichkeit seines Erbes für die Heiligen ist." (Eph 1, 17–18)

Tom: Bei diesem Thema Offenbarung wird mir bewusst, wie abhängig wir Menschen von Gott sind: Erst muss er sich offenbaren, weil wir ihn alleine gar nicht finden könnten. Und dann sind wir nicht alleine fähig, diese Offenbarung zu verstehen, sie ist uns nicht „verfügbar".

16 E. Brunner, Bd. 1, 1960, S. 29f
in conatu (lat.): im Versuch, im Anlauf, in der Bemühung

Persönliche Erfahrungen der Vermittlung durch den Heiligen Geist

Lucy: Und außerdem wird mir bewusst, wie sehr Gott uns entgegenkommt. Er versucht nicht nur, über die Barriere hinüberzulangen, sondern wird selbst Mensch und ist sogar bereit, durch den Heiligen Geist in jedem von uns zu leben. Und hast du nicht auch schon oft erlebt, wie wichtig der Heilige Geist für die Vermittlung der Botschaft ist? Wenn man z.B. etwas schon hundert Mal gehört hat und es dann plötzlich nicht nur vom Kopf her richtig findet, sondern versteht. Oder wenn man versucht, jemandem von Jesus zu erzählen, und diskutiert und streitet und erklärt und, und, und – und dann plötzlich spricht der Heilige Geist selbst zu ihm und die Worte werden ihm lebendig und verständlich.

Tom: Das merkt man auch oft beim Predigen. Da genügt es nicht, dass jemand gute Gedanken erzählt, die er vielleicht ganz kreativ von einer Bibelstelle herleitet. Der Heilige Geist muss sprechen und man selbst braucht die „erleuchteten Augen des Herzens", für die Paulus im Epheserbrief betet.

Agnes: Darf ich mich vielleicht in euer Gespräch einmischen? Ich würde euch gerne ein Beispiel erzählen, wie mir eine Bibelstelle zur Offenbarung wurde, wie der Heilige Geist sie mir ganz anders aufgeschlossen hat als mein eigenes Nachdenken. Es war der Abschnitt aus dem Römerbrief, Kapitel 6, den ich einige Male an Ostern im Gottesdienst vorgelesen habe:

„Oder wisst ihr nicht, dass wir alle, die wir auf Christus Jesus getauft sind, die sind in seinen Tod getauft? So sind wir ja mit ihm begraben durch die Taufe in den Tod, damit, wie Christus auferweckt ist von den Toten durch die Herrlichkeit des Vaters, auch wir in einem neuen Leben wandeln." (Röm 6, 3 – 4)

Beim ersten Vortragen musste ich mich sozusagen von Satz zu Satz durchkämpfen und bin dabei richtig erschrocken: Das sollte eine freudige Osterbotschaft sein? Dass wir auf den Tod getauft sind!? – Naja, war es nicht auch so, das Leben als Christ: ein dauerndes Nicht-Dürfen, ein dauerndes Abnehmen der schlechten Gewohnheiten, der Sünde, ein dauerndes Absterben bis hin zum endgültigen Tod? Und danach nur die vorsichtige Hoffnung, dass Gott milde richten würde und ich vorher genügend „gestorben" war. Diese „Bestimmung", ein Leben lang zu sterben, machte mich nicht gerade glücklich. Dafür also war ich getauft?

Zwei Jahre später, beim dritten Mal Lesen endlich – ich hatte inzwischen begriffen, dass ich nicht aus eigener Kraft Christ sein musste, und dass der Heilige Geist hilft und wirkt – kam eine ganz andere Botschaft bei mir an: Auf den Tod sind wir ja nicht getauft, um fortwährend zu sterben, sondern damit wir leben! Wir sind bereits mit Jesus der Sünde gestorben und mit ihm zu neuem Leben auferstanden! Wir sind der Sünde tot und deshalb frei, mit Jesus zu leben!

Es waren plötzlich so viele befreiende, beglückende Ausrufezeichen in diesem Text, eine einzige „Frohe Botschaft", dass ich erstaunt war, dass nicht die ganze Gemeinde begeistert aufsprang und „Halleluja" rief. Ich hatte nicht ein Leben, das ständig abnehmend unweigerlich dem Tod zuging, sondern ein Leben mit Jesus, das ständig zunehmend auf Gottes ewige Herrlichkeit, auf Leben in Fülle ausgerichtet war!

Welches Beispiel fällt Ihnen ein,
wie der Heilige Geist Ihnen eine Aussage der Bibel
(oder auch etwas über Gottes Beziehung zu Ihnen, über seine Liebe ...)
lebendig verständlich hat werden lassen?

?

e. Abgeschlossene Offenbarung und heutige Verkündigung

Tom: Die Erfahrung, dass Gottes Wort aus der Bibel zu einem lebendigen Wort für mich wird, kenne ich auch immer wieder. Das ist echt ein Geschenk, das man nicht selbst machen und manchmal auch nicht so gut weitergeben kann. Da brauchen wir die Hilfe des Heiligen Geistes dazu.
Aber mich beschäftigt noch etwas anderes. Bei deiner Erfahrung ist ja dir persönlich etwas, was schon in der Bibel steht, lebendig und verständlich geworden. Doch wie ist es mit neuen Eindrücken, mit ganz neuen Erkenntnissen über Gott? Und wie ist eigentlich das Verhältnis zwischen der Offenbarung Gottes, wie sie in der Bibel aufgeschrieben ist, und aktueller Prophetie oder Lehre in der Gemeinde?

Zur Beantwortung von Toms Fragen müssen wir drei grundlegende Festlegungen in Bezug auf Gottes Offenbarung bedenken, nämlich:

- dass Gottes Offenbarung ihren Höhepunkt in Jesus hat und die sogenannte „spezielle Offenbarung" damit abgeschlossen ist;
- dass alles Wesentliche über diese spezielle Offenbarung in der Bibel (AT+NT) enthalten ist;
- dass die Kirche/Gemeinde einen Auftrag hat, die Offenbarung weiterzugeben.

„Die Offenbarung, die in Jesus Christus, der personalen Offenbarung Gottes in seinem Sohn, ihren unüberbietbaren und uneinholbaren Höhepunkt hat, ist mit den Aposteln, den Zeugen dieser Offenbarung, abgeschlossen und der Kirche als ... anvertrautes Gut übergeben, das sie zu verkünden und zu vermitteln hat."[17]

Während in den ersten beiden Punkten (Höhepunkt und Abschluss der Offenbarung) unter Christen weitgehend Einigkeit herrscht, gibt es zur Rolle von Kirche und Gemeinde, vor allem zu deren Autorität, unterschiedliche Standpunkte.

Höhepunkt der Offenbarung Gottes in Jesus

Der Auffassung, dass in Jesus Gottes Offenbarung ihren Höhepunkt und damit auch einen gewissen Abschluss gefunden hat, liegt die Erkenntnis zugrunde, dass Gott sich nicht umfassender als in seinem Sohn offenbaren kann („Sollte er uns in ihm nicht alles schenken..." Röm 8,32). So konnte es also nach Jesus nur noch darum gehen, das, was Gott offenbart hatte, immer wieder neu an- und aufzunehmen, mit Hilfe des Heiligen Geistes fruchtbar werden zu lassen.

Abschluss der schriftlichen Offenbarungswiedergabe mit dem Tod der Apostel

Nach dem Tod der letzten Augenzeugen von Jesu Leben (d.h. nach der Zeit der Apostel) konnte nichts mehr grundsätzlich Neues über Jesu Wirken erzählt werden, es gab ja niemanden mehr, der persönlich mit ihm zusammen gewesen war. So sammelten die christlichen Gemeinden in Evangelien, Briefen und anderen Glaubensschriften die Zeugnisse darüber, was Jesus getan hatte und wie sein Auftrag unmittelbar weitergeführt wurde. Dabei merkten sie bald, dass nicht alle diese Schriften gleich stehen gelassen werden konnten, sondern dass man prüfen und festlegen musste, was wirklich dem Willen Gottes, was wirklich den Aussagen Jesu entsprach. Um sich vor Irrlehren und Verfälschungen der Lehre Jesu zu schützen, legte man bis gegen **Ende des 4. Jahrhunderts** fest, welche Schriften in den Gemeinden als **authentische Offenbarung Gottes gelesen** werden sollten (einen „Kanon" dieser Schriften; siehe dazu Kasten „Kanonbildung" am Ende dieses Abschnitts).

17 Geiselmann, 1974, S. 260

Diese Schriften bilden die **Grundlage für alles weitere „Offenbar-Sein" Gottes**. Im Laufe der Geschichte wurden immer wieder bestimmte Themen „neu" entdeckt, bestimmte Aspekte von Gottes Offenbarung traten zu einer Zeit besonders in den Vordergrund, fast, als seien sie eine neue Offenbarung (wie „Gnade" bei Luther oder „das Wirken des Heiligen Geistes" im 20. Jahrhundert). Doch immer werden sie von der Bibel her begründet und erschlossen. Man hat vielleicht den Eindruck, Gott besser zu verstehen, manchmal sogar, ihn überhaupt erst richtig zu verstehen, aber man behauptet nicht, er hätte früher etwas ganz anderes gesagt.

Die Rolle der Kirche bei der Weitergabe der Offenbarung

Über die abgeschlossene spezielle Offenbarung und ihr schriftliches Zeugnis, die Bibel, besteht also unter Christen weitgehend Einigkeit.
Der dritte Punkt, die Rolle von Kirche und Gemeinde als Verantwortliche für ein „Fruchtbarwerden-Lassen" der Bibel als Gottes Wort, wird in den verschiedenen Konfessionen jedoch unterschiedlich gesehen. Ist ein kirchliches Lehramt (allein) für eine Weitergabe der richtigen Lehre zuständig, wie weit geht dessen Autorität? Welches Gewicht haben Lehraussagen im Laufe der Kirchengeschichte für die Zukunft und für alle Gläubigen (man nennt das auch die Bedeutung der Tradition)?

Die Rolle von Bibel, Lehramt und Tradition

Während die katholische Kirche *Schrift und Tradition* zur Grundlage von Lehraussagen macht und bei ihr das Lehramt durch Papst und Bischöfe weltweite Autorität besitzt, sagen die reformatorischen Kirchen, dass *allein durch die Schrift* (sola scriptura) alles gesagt ist. Trotzdem haben auch sie gewisse verbindliche Lehraussagen, doch dem Glauben des Einzelnen kommt größere Bedeutung zu. In manchen Freikirchen wird das Glaubensleben vor allem innerhalb der *eigenen Gemeinde* vollzogen, sodass es hier offiziell keine verbindlichen, allgemeingültigen Lehren gibt, sondern die Bibel selbst jedem die wichtigsten Grundlagen vermitteln soll. Die biblischen Ämter des Evangelisten, Apostels oder Lehrers werden jedoch innerhalb der Gemeinde, durch den Heiligen Geist geschenkt, erwartet und sind zu achten, ihre Aussagen zu respektieren.

Bei aller unterschiedlichen Gewichtung ist für Christen jedoch klar:

- **Gott wollte für die Weitergabe seiner Offenbarung die Mithilfe von Menschen.** Jesus beauftragte seine Jünger: „Darum geht hin und macht zu Jüngern alle Völker ... und lehret sie halten alles, was ich euch befohlen habe." (Mt 28, 19f) Ohne Menschen, ohne die Weitergabe durch Menschen wäre die Offenbarung Gottes kaum bis zu uns gekommen. Es waren Menschen, die von Jesus weitererzählt haben; es waren Menschen, die die Bibel geschrieben, übersetzt, verbreitet, aufbewahrt, verkündigt haben.

- **Wir brauchen die Hilfe des Heiligen Geistes**, der noch vieles aufschließen muss, was Jesus im Voraus nicht so sagen konnte, weil die Jünger es noch nicht verstanden hätten: „Wenn aber jener, der Geist der Wahrheit kommen wird, wird er euch in alle Wahrheit leiten." (Joh 16,13a)
  Denn wie hätte Jesus schon ausdrücklich über die Nutzung von Atomkraftwerken sprechen können, über den Sinn von Organtransplantation und -spende,

über Empfängnisverhütung durch die Pille, den Gebrauch einer Geheimzahl bei Bankgeschäften, den angemessenen Umgang mit dem Fernseher oder das Zusammenleben in einer westeuropäischen Kleinfamilie?

- **Der Heilige Geist** wird nicht so sehr dem Einzelnen für sich alleine gegeben, um Offenbarung immer wieder persönlich zu verstehen. Er ist **eine Gabe an die Gemeinschaft der Gläubigen**, in der jeder sich mit seiner Gabe einbringen soll „zum Nutzen aller" (1 Kor 12, 7), ob als Apostel, Lehrer, Prophet, Wundertäter, ob er die Gabe hat, gesund zu machen oder in Zungen zu reden. (1 Kor 12, 28)

Bereits zu Zeiten der Apostel brauchte man die Hilfe des Heiligen Geistes, um neue Fragestellungen zu klären (z.B. Beschneidung von Heidenchristen, Apg 15, oder Umgang mit Götzenopferfleisch, 1 Kor 8 und 10).
Man beriet und stritt darüber im Kreis der Apostel und der ganzen Gemeinde, erklärte, forschte in den Schriften, machte Vorschläge. Schließlich fasste man mit folgender Begründung einen Beschluss: „Denn es gefällt dem heiligen Geist und uns..." (Apg 15, 28a). Dieser Beschluss stand also im Einklang mit den Schriften und war mit Hilfe des Heiligen Geistes von einer Gemeinschaft von Christen gefasst worden.

So kann man **für die heutige Verkündigung** (ebenso wie für prophetische Eindrücke oder persönliche Einsichten) Folgendes sagen:

- Die **Offenbarung in Jesus**, vermittelt durch das **Wort der Schrift**, muss immer **Grundlage** von Prophetie und Lehre sein, denn: Der Höhepunkt aller Offenbarung und auch der Angelpunkt, von dem her alle Offenbarung zu verstehen ist, heißt Jesus Christus.
- Das, was der Heilige Geist heute deutlich macht, soll der biblischen Offenbarung nicht widersprechen, sondern es soll **schriftgemäß** sein. D.h., der Geist spricht auch durchaus „Neues", aber nichts substantiell Neues, keine neue Wahrheit, die über die besondere Offenbarung hinausginge. Vielmehr hilft er, die **abgeschlossene Offenbarung in die jeweilige Situation hinein zu übersetzen**, Gottes Willen und Zuwendung in veränderten Lebensumständen verständlich zu machen und auf Fragestellungen anzuwenden, die es in biblischen Zeiten noch gar nicht gab.
- Es ist wichtig, dass nicht nur jeder für sich alleine den Heiligen Geist wirken lässt, in der Bibel liest und sie auslegt, sondern dass **in der Gemeinschaft der Gläubigen alle zusammenhelfen**, das jetzige Reden Gottes zu verstehen und an seiner bisherigen Offenbarung zu überprüfen.

?

Gehen Sie jetzt in Gedanken die Wege von Gottes Offenbarung noch einmal durch:
Gott offenbart sich in Tat und Wort.
Der Höhepunkt seiner Offenbarung ist Jesus.
Durch den Heiligen Geist können wir auch heute Gott „sehen" und Offenbarung verstehen.
Die Bibel ist das schriftliche Zeugnis von Gottes Offenbarung.
Die Gemeinschaft der Gläubigen trägt die Offenbarung weiter.
Überlegen Sie:
Auf welchen Wegen ist Gottes Offenbarung zu Ihnen gekommen?

Eine Einschränkung bleibt allerdings auch noch nach der Fülle der Offenbarung in Jesus, nach dem Kommen des Heiligen Geistes, nach 2000 Jahren Kirchengeschichte und trotz aller gemeinsamer Bemühungen: **Die endgültige Offenbarung steht immer noch aus.** Auch die Jünger, die Jesus direkt erlebten, „sahen" ihn doch nicht vollkommen. Zu Philippus musste Jesus sagen: „So lange bin ich bei euch, und du kennst mich nicht, Philippus?" (Joh 14, 9). Paulus wusste nach allen großen Offenbarungen, die er hatte: „Wir sehen jetzt durch einen Spiegel ein dunkles Bild; dann aber von Angesicht zu Angesicht. Jetzt erkenne ich stückweise; dann aber werde ich erkennen, wie ich erkannt bin." (1 Kor 13, 12)

Das endgültige Offenbarwerden steht noch aus.

Da Offenbarung die volle Gegenwart Gottes bei uns und unsere volle Gegenwart bei ihm meint, „... ist auch die Offenbarung ihrem Sinn nach erst vollendet, wo alles Trennende beseitigt, wo die volle Gegenwart verwirklicht ist."[18] Das wird erst **nach der Wiederkunft Christi** der Fall sein, wenn alle seine Feinde endgültig besiegt sind und seine Herrschaft für alle sichtbar aufgerichtet ist.

FAZIT

Nachdem sich der Mensch im Sündenfall von Gott abgewandt hat, ist die ursprüngliche Gemeinschaft mit Gott, das ursprüngliche „Kennen" Gottes, die **Ur-Offenbarung** zerstört.

Neue Offenbarung Gottes ist notwendig und **kann nur von Gott her erfolgen.** Er sucht dazu verschiedene Wege und will die grundsätzliche Barriere endlich/unendlich, Sünder/Gott überbrücken und durchbrechen.

- Er offenbart sich in seinem **Volk Israel** in Tat und Wort.
  → Das **Alte Testament** berichtet darüber.
- Er offenbart sich in **Jesus**, seinem Sohn, dem fleischgewordenen Wort.
  Jesus offenbart den Vater sowohl durch sein Reden und Handeln als Mensch als auch durch seinen erlösenden Tod und seine Auferstehung, die die Folgen der Sünde überwinden.
  → Das **Neue Testament** berichtet darüber.
- Er offenbart sich auch weiter durch den **Heiligen Geist**, der Gottes Botschaft aufschließt und verständlich weitergeben lässt.
  → **Kirche und Gemeinde** sind zwar nicht der einzige, aber ein wichtiger Weg für die Weitergabe von Gottes Offenbarung heute.
- Der Mensch wird erst nach **Jesu Wiederkunft** Gottes Offenbarung vollständig begreifen, vorher bleibt ein letzter „Schleier".

18 E. Brunner Bd. 1, 1960, S. 31

Der folgende Ergänzungstext gibt Ihnen einige Grundinformationen zur Frage der Entstehung der Bibel (unter den Stichpunkten „Kanonbildung" und „Inspiration") und über den unterschiedlichen Umgang mit der Bibel als Wort Gottes („Die Autorität der Bibel").

Ergänzungstext

Kanonbildung

Der Begriff „Kanon" – Richtschnur, Maßstab, Regel – meint in Bezug auf die Bibel die Festlegung der Schriften, die wirklich als von Gott gegeben und so der Bibel zugehörig angesehen werden.
Wenn wir heute eine Bibel in die Hand nehmen, mag es uns selbstverständlich erscheinen, dass eben dies die Bibel ist.

Kanonbildung ist ein längerer Prozess.

Doch sowohl für das Alte als auch für das Neue Testament war es ein Prozess über eine längere Zeit, in dem festgelegt wurde, welche der Texte, historische oder prophetische Schriften, Gesetze, Psalmen, Evangelien, Briefe … zum anerkannten Kanon gehören sollten.

Bedeutung des AT im NT

Wenn wir das NT lesen, stellen wir schnell fest, dass in ihm das AT ganz selbstverständlich benutzt wird und zwar auf eine Art, die zeigt, dass in diesen Texten ein besonderes Reden Gottes gesehen wurde.

Ob Jesus die Versuchungen Satans durch das Zitieren von Bibelstellen zurückweist, ob das Matthäusevangelium an vielen Stellen von Jesu Handeln betont, dass es geschieht, damit „die Schrift erfüllt" wird oder ob Jesus selbst sagt, dass nicht „der kleinste Buchstabe noch ein Tüpfelchen vom Gesetz" vergehen wird, bevor alles geschieht (Mt 5, 18), überall wird „Mose und den Propheten" großes Gewicht gegeben. Der Gedanke an eine besondere Heilige Schrift kommt uns also aus der Bibel selbst entgegen. (Auch im AT, z.B. 2 Mose 24, 7 „Und er nahm das Buch des Bundes und las es vor den Ohren des Volkes." oder Nehemia 8,1 „... und sie sprachen zu Esra, dem Schriftgelehrten, er solle das Buch des Gesetzes des Mose holen, das der Herr Israel geboten hatte.")

Der Kanon des AT

Für das AT nimmt man an, dass etwa um die Zeit Esras (4. Jh v. Chr.) der Pentateuch (die 5 Bücher Mose) gesammelt und verbindlich anerkannt war, um 117 v. Chr. die Prophetenbücher, während die übrigen Bücher erst 100 n. Chr., nach neueren Forschungen aber vielleicht auch schon 165 v. Chr. festgelegt wurden. Da ein Teil der Schriften (Baruch, Tobit, Judith, 1. u. 2. Makkabäer, Weisheit, Sirach und Teile von Daniel und Esther) unterschiedlich eingestuft und nur in der griechischen Ausgabe des AT, der Septuaginta (einer Übersetzung der hebräischen Texte, die in den Jahren 300 – 130 v. Chr. entstand) überliefert wurden, haben auch die Christen diese Bücher nicht uneingeschränkt aufgenommen. Diese sogenannten „Apokryphen" („Verborgenen") wurden erst vom Konzil von Trient 1546 (also nach der Reformation) im Zuge der Gegenreformation von der katholischen Kirche als kanonisch anerkannt und sind deshalb heute nur in deren Bibelausgaben zu finden (oder in manchen anderen als Anhang).

Der Kanon des NT

In den Schriften des NT, die von Mitte bis Ende des ersten Jahrhunderts entstanden sind, wird nicht aufeinander verwiesen, außer in 2 Petr 3, 16, wo Paulusbriefe als „Schrift" bezeichnet werden.

In der Auseinandersetzung mit ersten Irrlehren werden Anfang des 2. Jh. die vier Evangelien als verbindlich festgelegt.
Bereits Ende des 2. Jh. sind 3/4 der Schriften des NT allgemein verbreitet und anerkannt, Hebräer-, Jakobus-, 2. Petrus-, 2. u. 3. Johannes- und Judasbrief noch umstritten. Im Jahre 367 n.Chr. erwähnt der Bischof Athanasius von Alexandrien in seinem Osterrundbrief die heutigen 27 Bücher des NT als gültig unter Hinweis auf Offenbarung 22, 18: „Ich bezeuge allen, die da hören, die Worte der Weissagung in diesem Buch: Wenn jemand etwas hinzufügt, so wird Gott ihm die Plagen zufügen, die in diesem Buch geschrieben stehen."
Die ganze Kirche in Ost und West stimmte darin um das Jahr 400 überein, sodass damit die Kanonbildung abgeschlossen war.

Kriterien für die Aufnahme von Schriften in den Kanon der Bibel

Doch wie ist der Entscheidungsprozess in Bezug auf das NT abgelaufen, auf welche Art und nach welchen Kriterien hat man bestimmt, was in die Bibel hineingehört?

Ein wichtiger Punkt war die **„Apostolizität"** der Schriften, was nicht bedeutet, dass Apostel die Verfasser der einzelnen Schriften sind, sondern dass jede Schrift in Übereinstimmung mit der Lehre der Apostel über Christus sein musste. Deshalb sah man mit dem Tod der Apostel, der Augenzeugen von Jesu Leben, auch die Offenbarung als abgeschlossen an.
(Als lebendiges Zeugnis der Apostel ließ man z.B. bewusst die unterschiedlichen vier Evangelien stehen und wehrte sich gegen eine „Evangelienharmonisierung", wie sie Einzelne versuchten, um widersprüchliche Zeit-, Orts- oder Verlaufsangaben zu beseitigen.)
Daneben achtete man auf **„Katholizität"** (dieser Begriff heißt nicht, dass die katholische Kirche die Richtigkeit prüfen müsste, sondern „katholisch" kommt aus dem Griechischen und bedeutet „das Ganze, die Allgemeinheit betreffend"). Es sollten also keine privaten Verlautbarungen sein, von Einzelnen für Einzelne, sondern Schriften, die für die ganze, „allgemeine" Kirche bestimmt bzw. wichtig waren.
Außerdem prüfte man an den Texten, ob sie gewissermaßen für sich selbst zeugten, **Autopistie**, sodass der Heilige Geist beim Lesen die Autorität dieser Schriften bestätigte.

Diese drei Unterscheidungspunkte ließen sich allerdings nicht für alle Schriften gleich eindeutig feststellen. So war die Festlegung des Kanons auch eine Entscheidung der Kirche unter Führung des Heiligen Geistes.
Da aber auch das „innere Zeugnis des Heiligen Geistes" beim einzelnen Leser weiterhin eine Rolle spielte, wurden die biblischen Schriften über die Jahrhunderte der Geschichte immer wieder diskutiert und auch unterschiedlich bewertet.
Doch letztlich kamen alle Christen auf „Die Bibel" (was griechisch einfach „Die Bücher" heißt) zurück. „So kann und muss sich die Kirche heute an einen Kanon gebunden wissen, den sie in der Zeit ihres Ursprungs auf Grund der besonderen Gnadensituation dieser Inkarnationszeit qualitativ aus sich hervorbrachte und quantitativ abgrenzte."[19]

Die Inspiration der Bibel

Wann kann man eine Schrift als „Wort Gottes" bezeichnen?

Mit der Frage der Kanonbildung hängt die Frage nach der Inspiration der Bibel eng zusammen, also die Frage, wie Gott zu den Verfassern der Bibel gesprochen hat, damit sie sein Wort aufschreiben, damit die Bibel zu Recht als „Wort Gottes" bezeichnet werden kann.

19 Neuenzeit, 1974, S. 432

Während die Kanonbildung der nachträgliche, geistgeführte Entscheidungsprozess ist, beleuchten die Überlegungen zur Inspiration die Entstehung der Schriften.

Die Bibel selbst spricht immer wieder von Gottes Wort, das er den Propheten gegeben hat, das er durch den Mund der Propheten (z.B. Apg 3,18) oder durch den Mund Davids (z.B. Apg 1,16) geredet hat. 2 Petr 1,21 erklärt, es sei „noch nie eine Weissagung aus menschlichem Willen hervorgebracht worden, sondern getrieben von dem heiligen Geist haben Menschen im Namen Gottes geredet."

Wie spricht Gott zu den Menschen?

Doch wie soll man sich diesen Vorgang der Übergabe von Gottes Wort an die Menschen vorstellen?
In 2 Tim 3,16 heißt es: „Alle göttliche Schrift ist **inspirata** (lat. in-spirare: ein-hauchen)." Damit ist ein griechisches Wort **theopneustos – gottgehaucht** – wiedergegeben, das nun in der lateinischen Version mehr die Vorstellung einer direkten Eingebung des Wortes durch Gott an die Schreiber nahelegt, eine Art „Einflüstern" durch den Heiligen Geist, eine „Verbalinspiration".
Doch die Bibel selbst sagt nichts über ein einheitliches „Wie" der Wortübergabe aus, nur dass Gott der Urheber (auctor) der Schriften ist. Aus Gottes Berufung der Propheten (z.B. Jes 6,8) oder aus der Bemerkung am Anfang des Lukasevangeliums („Viele haben es schon unternommen ... So habe auch ich es für gut gehalten, nachdem ich alles von Anfang an sorgfältig erkundet habe, es für dich, hochgeehrter Theophilus, in guter Ordnung aufzuschreiben." Lk 1,2 f) lässt sich entnehmen, dass Gott als Urheber der Schrift nicht den Schreiber einfach überfallen hat, dass er nicht seinen Willen oder seine Persönlichkeit ausgeschaltet hat, ihn in Ekstase versetzt hätte, damit er ohne eigenes Bewusstsein hört und schreibt, sondern dass er ihn angesprochen und dann geführt hat.

Drei Wege der Mitteilung

Es sind **drei Grundformen der Mitteilung** aus den biblischen Texten selbst zu ersehen:
- die **unmittelbare Wortoffenbarung**, wenn Gott zu Menschen (Abraham, Mose, Propheten ...) spricht oder ihnen Bilder, Visionen gibt;
- die **Offenbarung in der Geschichte**, die in Dichtung oder Prosa überliefert und gedeutet wird;
- die **Offenbarung in der individuellen Erfahrung und im natürlichen Leben**, die in Gebeten, Psalmen oder Weisheitstexten ausgedrückt wird.

„Inspiration kann also nicht nur im engeren, ursprünglich prophetischen Sinn des Wortempfangs, sondern auch in einem weiteren Sinn verstanden werden als vom Geist Gottes geleiteter und insofern inspirierter Weisheit ... Die Inspiration vollzog sich also als eine formal unterschiedliche Art der Einwirkung des Geistes Gottes auf die Autoren der Bibel."[20]

Doch in dieser unterschiedlichen Art der Mitteilung ist **immer Gott als der Urheber** der Schrift da, so „dass die Heilige Schrift auf ein aktuelles Wirken des Geistes zurückzuführen ist, das dazu berechtigt, das Ganze der Heiligen Schrift (tota scriptura) Wort Gottes (verbum Dei) zu nennen."

Die Autorität der Bibel

Im Laufe der Geschichte wurde dem in der Bibel überlieferten Wort Gottes auf ganz unterschiedliche Art Autorität zugesprochen, es wurden unterschiedliche Arten für das **rechte Hören und Verstehen der Botschaft Gottes** definiert.

20 Galling, 1957, S. 1604

Im Mittelalter ist man z.B. recht frei mit den Texten der Bibel umgegangen, indem man sie nicht nur dem Wortsinn nach, sondern gerne auch allegorisch auslegte, d.h., Begriffe und Darstellungen wurden **bildhaft, in einem übertragenen Sinn** verstanden.

Allegorische Auslegung

Für Luther war der Prüfstein aller Schriften „**ob sie Christum treiben oder nicht** ... ‚Was Christum nicht lehrt, das ist noch nicht apostolisch, wenn's gleich S. Petrus oder Paulus lehrte.'... Hier ist ein der bisherigen theologischen Lehre gegenüber völlig neuer Begriff von Schriftautorität gefunden. Nicht ist verlangt, dass man der Schrift glaube, weil es die Schrift ist; sondern weil in der Schrift dieser Inhalt, Christus, mir begegnet, von dem ich im Gewissen als von der Wahrheit überzeugt werde, darum glaube ich."

Was führt zu Jesus?

Seit dem 19. Jahrhundert wurde die Bibel dann vermehrt als **ein Buch unter vielen**, als ein religiöses Zeugnis unter anderen gesehen, das man **entsprechend der allgemeinen literarischen Regeln interpretieren** und auslegen muss. Es wurden Zweifel an der Verfasserschaft biblischer Autoren oder an ihrer alleinigen Tätigkeit laut. Die Vorstellung, dass irgendjemand mündliche Texte zusammengestellt und überliefert hat, führte zu der Suche nach den ursprünglichen Worten Gottes in der Bibel in Abgrenzung zu einfach aus den umliegenden Völkern oder aus menschlicher Erfahrung übernommenen Gedanken. Aus dem Vergleich verschiedener biblischer Texte miteinander wurden die stilistischen Eigenarten der jeweiligen Schreiber, ihr spezieller Wortschatz, ihr kulturelles und weltanschauliches Umfeld herausgearbeitet und in gewissem Sinn vom wirklich göttlichen Wirken abgezogen. So entstand bei manchem Gläubigen (und wohl auch bei manchem Theologen) die Meinung, das meiste in der Bibel sei nicht so verbindlich, weil es nicht von Gott stamme, sondern es sei einfach menschliches Glaubenszeugnis, das dementsprechend keinen absoluten Geltungsanspruch besäße.

Historische Betrachtungsweise

Dagegen erhoben sich natürlich viele Stimmen, die der Bibel weiter ihren wesentlichen Platz als Wort Gottes zuwiesen, an ihrer Inspiriertheit durch Gott festhielten und Gott vertrauten, dass er in ihr über die Jahrhunderte der Überlieferung und Übersetzung sein göttliches Wort bewahrt hat. Eine dieser Stimmen sei abschließend zitiert: die „Chicago-Erklärung zur Irrtumslosigkeit der Bibel" (1978), die **ein Bekenntnis amerikanischer protestantischer Theologen zur Bibel als Wort Gottes** aus neuerer Zeit darstellt. Das gewählte Zitat (aus der umfassenden Erklärung in 19 Artikeln und erklärendem Kommentar zu wichtigen Themen) stellt gleichzeitig einen weiteren wesentlichen Gedanken zum Bibelverständnis in den Vordergrund, nämlich, dass die Bibel als inspiriertes Wort Gottes unfehlbar und irrtumslos ist:

Die „Chicago-Erklärung zur Irrtumslosigkeit der Bibel" (1978)

„Die Heilige Schrift, die als das inspirierte Wort Gottes autoritativ von Jesus Christus zeugt, darf mit Recht als unfehlbar und irrtumslos bezeichnet werden...Unfehlbar bezeichnet die Qualität einer Sache oder Person, die nicht irreführend ist oder irregeführt wird, und sichert so kategorisch die Wahrheit, dass die Heilige Schrift eine gewisse, sichere und zuverlässige Regel und Richtschnur in allen Dingen ist. Irrtumslos bedeutet in ähnlicher Weise die Qualität einer Sache oder Person, die frei ist von jeder Unwahrheit oder Fehlerhaftigkeit, und sichert so die Wahrheit, dass die Heilige Schrift in allen ihren Aussagen vollständig wahr und vertrauenswürdig ist."[21]

Unfehlbarkeit und Irrtumslosigkeit der Bibel

21 Cochlovius/Zimmerling, 1987, S. 320

II. Zentrale Inhalte der Offenbarung über unser „Erkenntnisobjekt“ (Grundfrage 3)

In Abschnitt I dieses Kapitels sind wir zunächst zu der Basisannahme gelangt, dass wir DEM Wirklichen statt DER Wirklichkeit gegenüberstehen, und haben gehört, dass dieser Wirkliche offenbaren will und auf welchen Wegen er das getan hat.

Die logische nächste Frage ist, worin der Inhalt dieser Offenbarung besteht, genauer gesagt, welche Grundannahmen über unser Erkenntnisobjekt (= Grundfrage 3) die Offenbarung uns liefert. Zum Teil haben wir darüber schon bei den Offenbarungswegen gesprochen, doch wir wollen jetzt für den Bereich, der für das Fundament Christlicher Psychologie vorrangig interessant ist, noch einmal genauer fragen.

Erkenntnissubjekt ← – – – – **Der Wirkliche offenbart**

1. Was offenbart Gott Grundsätzliches über den Menschen?
2. Was offenbart Gott Grundsätzliches über das Sein an sich?

Für unser Suchen nach dem Inhalt eines Fundaments von Gott her vertrauen wir darauf: „Da Gott die Menschen nicht im Dunkeln lassen will ... wird im Fortgang des Offenbarungsgeschehens schließlich der Sinn und Wert alles Geschaffenen ans Licht gebracht werden.“[22]

Hinweis:
Ein Wort zu den Begriffen „Erkenntnissubjekt“ und „Erkenntnisobjekt“:
Den vier Grundfragen des Erkenntnisprozesses (Band 1, Kap B) entsprechend übernehmen wir auch hier diese Begriffe.

Erkenntnisfrage 1: Was ist Wahrheit?

Erkenntnisfrage 2: Welche Rolle spielt das Erkenntnissubjekt? ← – – – → *Erkenntnisfrage 3: Grundvorstellung vom Erkenntnisobjekt?*

Erkenntnisfrage 4: Welche Rolle spielt die Erkenntnismethodik?

Da diese Begriffe jedoch einen etwas technischen Beigeschmack haben, möchten wir darauf hinweisen, dass wir mit ihrer Verwendung nicht ausdrücken wollen, dass man als Subjekt über das Erkenntnisobjekt verfügen könne. Gerade wenn wir von der Erkenntnis von Personen oder der Erkenntnis Gottes sprechen, ist das genaue Gegenteil unser Anliegen.

22 Galling, 1957, S. 1604

1. Der Blick auf den Menschen unter dem Offenbarungsgesichtspunkt

Festlegungen in der Psychologie in Bezug auf das Menschenbild

In Band 1 haben wir gesehen, wie die frühe naturwissenschaftlich geprägte Psychologie ihren Untersuchungsgegenstand Mensch klar umgrenzt hat, indem sie sich auf den Bereich der Erscheinungen und der Materie beschränkte. So wollte sie „gültige" Ergebnisse erhalten, die von jedermann, jederzeit überprüfbar sind. Doch diese Grundfestlegungen blieben nicht unwidersprochen. Ganzheitliche Denker forderten, die Suche nach Sinn, Ziel und Wesen des Lebens, die wesentlich zum Menschen gehöre, nicht auszuklammern und sie bestritten, dass man den Menschen ohne freien Willen, rein nach materiell-physiologisch ablaufenden Prozessen beschreiben könne.

Zur Erinnerung:
Es ist gut, sich noch einmal zu vergegenwärtigen, dass die naturwissenschaftliche ebenso wie die ganzheitliche Sichtweise Grundfestlegungen beinhaltet, entweder auf die rein materielle, sinnlich erfahrbare Wirklichkeit oder auf eine darüber hinausgehende metaphysische, dem Menschen durch Intuition zugängliche Welt.

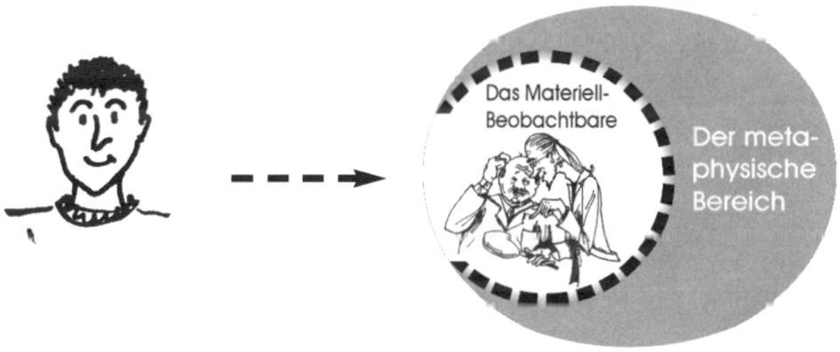

Erkenntnisobjekt (Grundfrage 3)

Naturwissenschaftliche Sicht:
Reduktion
auf den Bereich der Erscheinung
auf den Bereich der Materie

Ganzheitliche Forderungen:
Die Fragen nach Sinn und Ziel und Wesen gehören zum Leben.
Der Mensch hat Bewusstsein und freien Willen.

Diese Festlegungen sind auf jeden Fall hinterfragbar und nicht absolut. Sie lassen sich nicht zwingend beweisen, sondern müssen geglaubt werden, man muss eine Entscheidung für sie treffen. (vgl. Band 1 zu Wahrheitstheorien)

Der Unterschied zwischen einer säkularen und einer christlichen Psychologie im Bereich des Menschenbildes liegt deshalb nicht darin, dass die säkulare Psychologie frei in vorannameloser Forschung die Wahrheit über den Menschen finden kann, während Christen durch die Bibel an bestimmte Glaubensaussagen gebunden sind. Unterschiedlich ist vielmehr, welche Entscheidungen im Bereich der Grundüberzeugungen getroffen werden, auf **welcher** *Glaubensgrundlage also geforscht wird.*

In diesem Abschnitt werden wir unter dem Gesichtspunkt, dass **der Mensch das geschaffene Ebenbild Gottes ist**, drei wichtige Aspekte, die dieses Ebenbild kennzeichnen, herausarbeiten:

- Der Menschen ist auf **Beziehung** hin geschaffen.
- Der Mensch ist eine **Ganzheit** von Leib, Seele und Geist.
- Der Mensch ist in freier **Entscheidungsfähigkeit** vor Gott verantwortlich.

Zu all diesen Aspekten müssen wir bedenken, dass der Sündenfall wesentliche Auswirkungen auf Gottes gute Schöpfung hatte.

a. Der Mensch – das geschaffene Ebenbild Gottes

Der Mensch ist Geschöpf.

Eine grundlegende Tatsache des christlichen Menschenbildes ist, dass der Mensch nicht aus sich heraus entstanden ist, nicht als Zufallsprodukt einer eigendynamisch ablaufenden Evolutionskette. Er ist auch nicht einfach eben da, ohne dass wir jetzt groß fragen müssten, woher er kommt und wohin er geht, sondern: **Er ist Geschöpf Gottes.**

Wenn der Mensch Geschöpf ist, bedeutet das, dass man seinen Schöpfer in jedes Nachdenken über den Menschen einbeziehen muss, denn wie alles Geschaffene erklärt er sich nicht völlig aus sich selbst heraus. Man kann durch Beobachten, Befragen, Eigenerfahrung oder auch durch einfühlendes Verstehen in einer wissenschaftlichen Forschung einiges über sein Verhalten und Erleben herausfinden. Doch ohne **Offenbarung durch den Schöpfer** wird man nur einen Teil der Botschaft entdecken.

Erkenntnissubjekt ---→ Erkenntnisobjekt Mensch ←--- Gott als Schöpfer mit seinen Plänen und Absichten

Achtung vor dem Schöpfer

Der **Schöpfer hat einen Vorsprung**, das Geschöpf hinkt in Verstehen, Erkenntnis und Erfahrung hinterher. Wie Gott Hiob fragt, müssen auch wir uns fragen lassen: „Wo warst du, als ich die Erde gründete? Sage mir's, wenn du so klug bist! Weißt du, wer ihr Maß gesetzt hat oder wer über sie die Richtschnur gezogen hat?" (Hiob 38,4f) – und natürlich müssen wir wie Hiob zugeben, dass all das lange vor unserer Zeit geschah, ohne unser Wissen oder Dazutun.

Lasset uns Menschen machen, ein Bild, das uns gleich sei…

Um aus der Bibel die zentralen Aussagen über Gottes Vorstellungen von seinem Werk „Mensch" zu gewinnen, lassen sich unterschiedliche Einstiegspunkte finden. Für viele zentral ist der Vers aus dem Schöpfungsbericht in 1 Mose 1: *„Lasset uns Menschen machen, ein Bild, das uns gleich sei ..."* (1 Mose 1,26)

Der Mensch ist als Bild Gottes geschaffen. „Das wird vor allem gesagt, was irgend sonst noch vom Menschen gesagt ist. Es bildet die Grundbestimmung der Schriftlehre vom Menschen und ist in jeder Aussage enthalten, die irgendwie vom Menschen gemacht wird."[23]
Wir dürfen annehmen, dass diese Bestimmung „ein Bild, das uns gleich sei" grundsätzlich auch für alle nachfolgenden Generationen gilt, denn in 1 Mose 5, 2f lesen wir vom Menschen selbst, von Adam, dass er einen Sohn zeugte: „Ihm gleich und nach seinem Bilde."

23 Guardini, 1999, S. 46

Ein lebendiges, kein starres Bild

Ist mit dieser Kennzeichnung als Ebenbild Gottes vielleicht schon jegliches Fragen nach dem Wesentlichen, Allgemeingültigen des Menschen, nach einem Menschenbild beendet? Denn so wie wir uns von Gott kein Bild machen sollen, können wir auch den Menschen als sein Ebenbild **nicht wirklich in einem „Bild" einfangen**. „Von Gott selbst aber gibt es kein Bild, denn Er übersteigt jede Möglichkeit eines solchen. ... So ist der Begriff des Menschenbildes nur bis zu einer gar nicht sehr weit gezogenen Grenze richtig."[24]

Andererseits, der Mensch selbst ist Bild Gottes, er bildet also etwas von Gott ab, **macht etwas vom unendlichen Gott in der endlichen Welt sichtbar**. Gott hat gewissermaßen „die unendliche Fülle und vollkommene Einfachheit seines Wesensbildes in die Endlichkeit und Gebrechlichkeit seines Geschöpfes übersetzt."[25] Darüber muss sich etwas sagen lassen, das uns in den Kern unseres Menschseins Einblick gewährt, wenn auch nicht als Beschreibung eines starren Bildes.

Die ganze Kirchengeschichte über war die Formulierung aus 1 Mose 1, 26 Anlass für Überlegungen: Was heißt das, „ein Bild", „uns gleich"? Was bedeutet es, Ebenbild Gottes (imago dei) zu sein?

Zwei unterschiedliche Aspekte des Bild-Seins

Besonders in den ersten Jahrhunderten neigte man dazu, die beiden Begriffe „ein Bild" und „uns gleich" als zwei getrennte Aussagen über Ebenbildlichkeit zu verstehen. Man las also nicht einfach „ein uns ähnliches Bild", sondern sah in dieser Wortwahl zwei Aspekte der Ebenbildlichkeit angesprochen.

Erstens sei der Mensch ein **Bild (lat. imago) Gottes**, d.h. dessen **Stellvertreter auf Erden** und somit Person, mit Freiheit und Vernunft ausgestattet, um diesen Auftrag auszuführen. (Zum Teil sah man die Vernunft dabei sogar als einen „göttlichen" Teil im Menschen.) Dieser Herrschaftsauftrag gelte auch nach dem Sündenfall.
Außerdem bedeute **„uns gleich"** eine ursprüngliche Ähnlichkeit (lat. similitudo) zu Gott, ein **übernatürliches Gnadengeschenk**. Diese übernatürliche Ähnlichkeit sei aber durch den Sündenfall verloren gegangen und werde erst durch die Erlösung oder nach Jesu Wiederkunft zurückerlangt.

Ebenbildlichkeit als Auftrag, Gottes Herrschaft zu repräsentieren

Einige Ausleger beziehen dagegen die gesamte Aussage „ein Bild, uns gleich" auf den Herrschaftsauftrag. Sie vergleichen die Ebenbildlichkeit mit der Gewohnheit damaliger Herrscher, in den von ihnen beherrschten Gebieten ihre Standbilder aufzustellen, die ihren Herrschaftsanspruch verdeutlichen sollten. Ähnlich wie diese Standbilder sei der Mensch beauftragt, **die Herrschaft Gottes über diese Erde zu markieren**, er sei sein **Statthalter**. „Dementsprechend wird der Mensch als Standbild Gottes in die Schöpfung eingesetzt. Er dokumentiert, dass Gott der Herr der Schöpfung ist; er praktiziert aber auch die Herrschaft Gottes als sein Verwalter. Nicht in selbstherrlicher Willkür, sondern als verantwortlicher Geschäftsträger nimmt er die Aufgabe wahr. Sein Herrschaftsrecht und seine Herrschaftspflicht sind nicht autonom, sondern abbildhaft."[26]

Die Fähigkeit zu herrschen sei nach dem Sündenfall zwar gebrochen und die Bedingungen erschwert, denn: „Verflucht sei der Acker um deinetwillen! Mit Mühsal sollst du dich von ihm nähren dein Leben lang. Dornen und Disteln soll er dir tragen und du sollst das Kraut auf dem Felde essen." (1 Mose 3, 17–18). Doch grundsätzlich gelte der Auftrag weiter.

24 Guardini, 1999, S. 39f
25 Guardini, 1999, S. 48
26 Wolff, 1984, S. 235

Es ist jedoch schwer zu sagen, ob mit dem Herrschaftsauftrag des Menschen die ganze Bedeutung der Ebenbildlichkeit des Menschen schon erfasst sei, denn: „Auf die Frage, ob die Gottebenbildlichkeit sich in ihrem funktionellen Charakter – im Herrscherauftrag – erschöpft oder ob sie darüber hinaus auch im Sein des Menschen begründet ist, gibt das AT keine eindeutige Antwort."[27]

Nur ein „Rest" der Ebenbildlichkeit ist erhalten.

Luther betrachtete zunächst alle Aspekte von Ebenbildlichkeit als durch den Sündenfall verloren gegangen. Da aber z.B. in 1 Mose 9,6 (also nach dem Sündenfall) immer noch von dem Menschen als Gottes Bild gesprochen wird, gelangte er zu der Überzeugung, dass ein „Rest" übrig sein müsse. Er bezeichnete ihn als **die Möglichkeit, überhaupt mit Gott Kontakt aufzunehmen**, denn Gottes Heilswille für jeden Menschen bleibe grundsätzlich bestehen.

Ebenbildlichkeit als Verantwortung vor und Beziehung zu Gott

Der reformierte Theologe **Emil Brunner** unterscheidet zwischen einer **strukturellen Ähnlichkeit** im Sinne von Subjekt- und Personsein, im Sinne von Verantwortung für sein Leben vor Gott, und der **inhaltlichen Füllung dieser Struktur**. Die strukturelle Ähnlichkeit bleibt seiner Meinung nach bei jedem Menschen erhalten, denn **jeder bleibt verantwortlich für sein Leben**. Doch die inhaltlich ebenbildliche Füllung dieser Struktur geht verloren, da Personsein und Freiheit vom Menschen nicht genutzt wurden, um dem Schöpfer die Antwort zu geben, „die vom Schöpfer gemeint ist, die Antwort, in der Gott geehrt wird,... die Antwort ehrfürchtiger, dankbarer Liebe, die nicht nur in Worten, sondern mit dem ganzen Leben gegeben wird."[28] Da der Mensch durch den Sündenfall eine Antwort gab, die den Menschen an die erste Stelle stellt, **ging der inhaltliche Aspekt der Ebenbildlichkeit ganz und gar verloren**. Diese Ebenbildlichkeit wird aber, und das ist die zentrale Botschaft des Neuen Testaments, „wieder gegeben in dem, durch den Gott sich selbst verherrlicht und mitteilt, durch Jesus Christus. ... Damit ist gesagt, dass der Mensch sein wahres Sein nicht in sich selbst, sondern in Gott hat. ... Das wahre Menschsein ist das Sein in der Liebe Gottes."[29]

Um nun die strukturelle und inhaltliche Sicht der Ebenbildlichkeit in rechter Weise zu verbinden, weist Brunner darauf hin, dass man grundsätzlich Ebenbildlichkeit nicht als eine **Substanz**[30] – der Mensch oder etwas an ihm *ist* Ebenbild –, sondern immer als eine **Relation**[31] verstehen muss – der Mensch *steht in Beziehung* zu und Verantwortung vor seinem Schöpfer. Dies gilt nicht nur für den Christen, sondern grundsätzlich für jeden Menschen. „Das biblische Zeugnis aber ist in diesem Zeugnis unerbittlich konsequent; es kennt keinen anderen Menschen als den, der <<vor Gott>> steht, auch dann, wenn er ein Gottloser ist." Deshalb hebt der Verlust der inhaltlichen Ebenbildlichkeit nicht die Verantwortlichkeit, das Menschsein auf, auch wenn man „verkehrt" vor Gott steht. „Nur Menschen können Sünder sein, zum Sündersein ist durchaus erforderlich, was den Menschen vor dem Tier auszeichnet. ... Sündersein ist der negative Modus des Verantwortlichsein."[32]

Ursprünglich und in letzter Konsequenz gibt es keine Unterscheidung zwischen einer strukturellen und einer inhaltlichen Ebenbildlichkeit, beide Aspekte gehören nach Gottes Absicht untrennbar zusammen. Vom sündigen Menschen aus gesehen jedoch erscheint für Brunner „die Gottebenbildlichkeit notwendig unter diesem doppelten Aspekt der ... unverlierbaren Verantwortlichkeit und der ... verlorenen wahren Bestimmung, dem verlorenen Sein in der Liebe Gottes."[33]

27 Otto, 1973, S. 189
28 E. Brunner Bd. 2, 1960, S. 69
29 E. Brunner Bd. 2, 1960, S. 70
30 Substanz (lat.): Stoff, Materie
31 Relation (lat.): Beziehung, Verhältnis
32 E. Brunner Bd. 2, 1960, S. 72
33 E. Brunner Bd. 2, 1960, S. 73

Hinweis:
Im Fernkursordner 5a werden wir die Frage nach der Ebenbildlichkeit und unterschiedliche Positionen dazu erneut aufgreifen. Dabei werden wir deutlicher herausarbeiten und vertiefen, wie wahres Menschsein nur in der Beziehung zu Gott, in der Teilhabe am göttlichen „Kreislauf der Liebe" möglich ist, und welche Konsequenzen sich hier für Christen und Nichtchristen ergeben.

Den Menschen von Gott her verstehen

Bei aller unterschiedlichen Schwerpunktsetzung in der genauen Fassung von Ebenbildlichkeit kommt man doch beim Fragen nach dem Wesen des Menschen nicht umhin zu erkennen, dass **der Bezug und die gelebte Beziehung zu Gott für das Menschsein unabdingbar sind**. Denn Kern der Offenbarung ist: „Gott hat den Menschen in eine Beziehung zu sich gesetzt, ohne die er weder sein noch verstanden werden kann. ... Man kann den Menschen nicht so verstehen, daß er als geschlossene Gestalt in sich bestünde und lebte, sondern er existiert in der Form einer Beziehung: von Gott her, auf Gott hin. Diese Beziehung kommt nicht erst als ein Zweites zu seinem Wesen hinzu, so, daß dieses auch abgesehen von ihr sein könnte, sondern in ihr hat das Wesen seinen Grund. ... Der Mensch ist Mensch nur in der Beziehung zu Gott. Das »Von-Gott-Her« und »Auf-Gott-Hin« begründet sein Wesen."[34]

Drei Wesensmerkmale des Menschen, die sich **auch in Gottes Wesen selbst** finden und die nur in der Beziehung zu Gott wirklich gelebt werden können, werden wir nun näher betrachten: die Anlage und Bestimmung des Menschen zu Beziehung, zu Ganzheit und zu Entscheidungsfreiheit.

b. Der Mensch – auf Beziehung hin angelegt

Beziehung ist ein Wesensmerkmal, nicht nur eine Möglichkeit.

„Beziehung kommt nicht erst als ein zweites zu seinem Wesen hinzu" haben wir gerade Romano Guardini zitiert, und dieser Überzeugung stimmen wir mit vielen anderen Theologen zu.

Beziehung ist ein Wesenszug Gottes und ebenso ein Wesenszug seines Ebenbildes. So wie Gott als dreieiner Gott zutiefst von Beziehung geprägt ist, so wie Er seit Ewigkeit als liebevolle Beziehungseinheit von Vater, Sohn und Heiligem Geist lebt, so zeigt die biblische Offenbarung, dass auch der Mensch von Gott nicht als Einzelwesen gedacht ist, das sich selbst genügt. Beziehung ist nicht eine Möglichkeit, sondern eine Bedingung menschlichen Lebens. Der Mensch ist für ein Leben in Beziehung mit Gott und für Beziehung untereinander geschaffen. „Die Identität des Menschen ist nur zu begreifen aufgrund seiner Stellung in einem geordneten, von Gott gehaltenen Beziehungsgeflecht. Entscheidend für alle Beziehungen ist die Relation zu Gott als dem Schöpfer."[35]

Füreinander geschaffen sein

Unterschiedlich „... männlich, weiblich schuf er sie" (1 Mose 1, 27), heißt es im Schöpfungsbericht, ergänzungsbedürftig schuf er sie „Und Gott der Herr sprach: Es ist nicht gut, dass der Mensch allein sei; ich will ihm eine Gehilfin machen, die um ihn sei." (1 Mose 2, 18)

Diese Gehilfin (genauer: eine Hilfe, die ihm entspricht; eine Hilfe, ihm gegenüber) war nicht durch Gott selbst gegeben. Der Mensch konnte sie auch nicht unter den unterschiedlichen Tieren finden, denen er Namen geben, die er also bestimmen, in

34 Guardini, 1999, S. 48f
35 v. Padberg, 1986, S. 83

ihrer Art kennzeichnen durfte. Erst bei der Frau erkennt er: „Das ist doch Bein von meinem Bein und Fleisch von meinem Fleisch; man wird sie Männin nennen, weil sie vom Manne genommen ist." (1 Mose 2, 23) (Im Hebräischen heißt Mann *isch* und Frau *ischa*, man kennzeichnet also schon im Wort den engen Zusammenhang.)
Für Mann und Frau drückt Gott (in Vers 24) außerdem eine wichtige Bestimmung ihrer Beziehung aus, nämlich eine neue Lebensgemeinschaft zu bilden, aus der alten Familie heraus (Vater und Mutter verlassen), in gegenseitiger Treue (seinem Weibe anhangen), eine neue Einheit (Familie) werden (ein Fleisch sein).

Kurzer Hinweis zu Mann/Frau:
Die Schöpfungserzählungen der Bibel geben Hinweise auf eine Unterschiedlichkeit, aber keine Hinweise auf einen unterschiedlichen Wert von Mann und Frau.
In 1 Mose 1, 27 heißt es ganz einfach: männlich, weiblich schuf er sie. Auch wenn im nächsten Kapitel die Erschaffung der Frau als Hilfe für den Mann geschildert wird, so ist damit nicht eine Hilfe im Sinne einer Dienerin gemeint, sondern eine Hilfe im Sinne einer notwendigen Ergänzung, eines Gegenübers, das gefehlt hat (dasselbe hebräische Wort wird z.B. auch auf Gott bezogen: Gott ist meine Hilfe).

Eine mögliche Hierarchie zwischen den Geschlechtern könnten wir aus 1 Mose 3, 16b lesen: „Dein Verlangen ist nach deinem Mann, er aber wird über dich herrschen." Doch ebenso, wie kaum einer die Vorhersage, unter Schmerzen Kinder zu gebären oder einen Acker bestellen zu müssen, der Dornen und Disteln trägt, als das ursprüngliche Heilsangebot versteht, dürfte eine von Gott beabsichtigte Vorherrschaft des Mannes nicht die gottgewollte Ordnung des Zusammenlebens sein.
Vor-Herrschaftsverhältnisse im zwischenmenschlichen Bereich gehören eher zur Beschreibung des Zustandes nach dem Sündenfall, mit dem der Mensch fertig werden muss (und aus dem nicht Gesetz, sondern erst Erlösung befreien kann, sodass z.B. der Erste der Diener aller sein kann, Mt 20, 25ff).

Die wenigsten von uns haben es erlebt, einmal ganz allein, ohne menschliche Gemeinschaft zu sein. So können wir den Jubel – „endlich Bein von meinem Bein, ...!" – eher aus der Erfahrung nachvollziehen, wenn wir uns befreunden oder verlieben: Endlich nicht mehr allein in der Menge! Endlich ein Mensch, der zu mir passt! Endlich jemand, mit dem ich mich verstehe, mit dem ich meine Gedanken, Gefühle, Bedürfnisse, Sorgen, Aufgaben, mit dem ich mein Leben in einer erfüllenden Weise des Schenkens und Beschenktwerdens teilen kann!

Diese Erfahrung der Erfüllung durch Begegnung und Gemeinschaft ist jedoch nicht auf die Beziehung zwischen Mann und Frau beschränkt, sondern kann in vielerlei Form (auch außerhalb der Ehe) geschenkt werden. **Es gilt grundsätzlich, dass wir Menschen füreinander geschaffen sind.**

Aufeinander angewiesen sein

Sie ist auch nicht auf einzelne beglückende Begegnungen beschränkt, sondern schließt das **Angewiesensein aufeinander in existenzieller Weise** mit ein. Keiner kann für sich allein leben, wir brauchen einander und wir brauchen verlässliche Beziehungen, die sich auch in Konflikten bewähren und in Krisen und Notlagen Halt bieten.

Ein Leib und viele Glieder

Im Bild vom Leib und den Gliedern zeigt Paulus, wie sehr wir auch **als Erlöste miteinander verbunden und aufeinander angewiesen sind.** „Denn wir sind alle durch einen Geist zu einem Leib getauft, wir seien Juden oder Griechen, Sklaven oder Freie und sind alle mit einem Geist getränkt ... Und wenn ein Glied leidet, so leiden alle Glieder mit, und wenn ein Glied geehrt wird, so freuen sich alle Glieder mit." (1 Kor 12, 13; 26f)
Und Jesu Gebet „damit sie alle eins seien" ermahnt uns, selbst für Einheit untereinander zu beten und uns dafür einzusetzen, da sie **Teilhabe und Abbild der göttlichen Einheit** ist: „Wie du, Vater, in mir bist, und ich in dir, so sollen auch sie in uns sein, damit die Welt glaube, dass du mich gesandt hast." (Joh 17, 21)

Stellen Sie sich Ihre persönlichen Beziehungen vor:
Welche Menschen sind Ihnen eine wirkliche Stütze und Ergänzung?
Was löst die Aussage, dass wir Menschen existenziell aufeinander angewiesen sind, bei Ihnen an Gedanken und Gefühlen aus?

?

c. Der Mensch – als Ganzheit zu sehen (am Beispiel von Leib, Seele, Geist)

Die göttliche Beziehungseinheit verweist uns auf einen weiteren Wesenszug des Menschen nach Gottes Bild: So wie der eine Gott eins in drei Personen ist, so ist auch jeder Mensch in sich als eine Einheit in Verschiedenheit geschaffen. Wir wollen diese Einheit (Ganzheit) an den Aspekten Leib, Seele und Geist verdeutlichen.

Modellvorstellungen einer Dreiteilung des Menschen

Tom: Zu Leib, Seele und Geist kenne ich aus unserer Gemeinde die Lehre, dass der Mensch sozusagen aus drei Teilen aufgebaut ist. Damit ist weniger eine Einheit als vielmehr eine starke Trennung, Bewertung und Abgrenzung von verschiedenen Funktionsbereichen im Menschen verbunden: Der Leib ist das Materielle am Menschen, die Erde, aus der er gemacht ist. Die Seele entstand, als Gott seinen Odem des Lebens hineinblies (1 Mose 2, 7), und der Geist ist die Beziehung des Menschen zu Gott. Da diese Beziehung durch die Sünde verloren gegangen ist, ist auch der Geist tot und wird erst durch unsere Bekehrung, durch unsere Wiedergeburt wieder lebendig.

Lucy: Ja, so kenne ich das auch, und es ist eine der Vorstellungen, die mir den Glauben manchmal etwas eng machen. Denn ich habe es immer so verstanden, dass Leib und Seele schlecht sind, und wir nach der Bekehrung lernen müssen, uns ganz vom Geist bestimmen zu lassen. Das macht mir dann öfters etwas Schwierigkeiten: Wenn ich gerade so Lust auf einen leckeren Eisbecher habe oder wenn ich todmüde bin und mir die Augen beim Bibellesen zufallen – woher nehme ich die Kraft, meinen Geist über diese seelisch-leiblichen Versuchungen herrschen zu lassen? Oder wenn ich mich sonntags im Gottesdienst plötzlich riesig freue, weil die Sonne so schön zum Fenster herein scheint und ich bald mit Freunden einen Ausflug machen werde – wie bekomme ich dieses seelische Gefühl bloß mit meinem Geist in den Griff?

Agnes: Solche und ähnliche Fragen kenne ich auch. Vielleicht hast du am Ende dieses Abschnitts etwas mehr Klarheit, was du tun sollst.
Um die Fragen zum Thema Leib, Seele, Geist (man nennt das auch das Trichotomie-Problem[36]) zu beantworten, müssen wir ein wenig weiter ausholen. Als erstes werden wir die Bedeutung der **biblischen Ursprungsbegriffe** klären, dann fragen, ob eine Trennung und ausschließliche **Zuordnung bestimmter Funktionen** zu den Bereichen Leib, Seele und Geist biblisch zu rechtfertigen ist. Als drittes wird uns der **Gegensatz geistlich-fleischlich** beschäftigen. Wir werden schließlich sehen, dass wir biblisch von einer organischen Einheit/Ganzheit von Leib, Seele und Geist ausgehen dürfen, nicht von getrennten Bereichen mit unterschiedlichem Wert.

Kennen Sie eine Modellvorstellung vom Menschen als Leib, Seele und Geist? Wenn ja, welche Erfahrungen haben Sie persönlich bisher damit gemacht? War es ein hilfreiches Modell, um sich und andere in der Beziehung zu Gott besser zu verstehen? Hatten Sie manchmal ähnliche Probleme, wie Lucy sie gerade ausgedrückt hat?

Die Begriffe Leib, Seele, Geist in der Bibel

Ausgangspunkt vieler trichotomer Modelle vom Menschen ist der schon von Tom erwähnte Vers 1 Mose 2, 7: „Da machte Gott der Herr den Menschen aus Erde vom Ackerboden und blies ihm den Odem des Lebens in seine Nase. So ward der Mensch eine lebendige *näphäsch*."
Der hebräische Begriff *näphäsch* wird an vielen Stellen mit dem deutschen Wort *Seele* übersetzt. Doch: „Was heißt hier *näphäsch*? Sicher nicht Seele", schreibt der Theologe Hans Walter Wolff.[37]
In der Lutherübersetzung lesen wir z.B. „und so ward der Mensch ein lebendiges Wesen."

Woher weiß Wolff, dass in dieser Bibelstelle sicher nicht der Begriff Seele gemeint ist? Weshalb steht in der Lutherübersetzung „ein lebendiges Wesen"?

Da wir die Bibel immer nur als Übersetzung vor uns haben, muss uns bewusst sein, dass es nicht einfach ist, für jeden Begriff einer Sprache den genau entsprechenden zutreffenden Begriff einer anderen Sprache zu finden. Denn jedes Wort hat nicht nur genau eine Bedeutung, sondern einen Bedeutungsbereich, und die Bedeutungsbereiche decken sich von einer zur anderen Sprache nicht immer. Darauf müssen wir achten, sonst laufen wir Gefahr, dass die stereotype[38] Übersetzung eines hebräischen oder griechischen Wortes „das Verständnis in den meisten Fällen notwendig in die Irre führt; sie verfehlt allzu oft die eigentliche Aussage über den Menschen."[39]

36 Trichotomie (griech.): Dreiteilung
37 Wolff, 1984, S. 21
38 stereotyp: feststehend, unveränderlich
39 Wolff, 1984, S. 23

Zutreffende Übersetzung der hebräischen und griechischen Begriffe

Der **hebräische Begriff näphäsch** bedeutet nicht nur **Seele**, sondern auch Kehle, Hals, Begehren, Leben, Person. Manchmal steht *näphäsch* einfach als Personalpronomen (er/sie). Außerdem gibt es den hebräischen Begriff **leb** – Herz, Gefühl, Wunsch, Vernunft, Willensentschluss, Gottes Herz –, der im Deutschen auch mit Seele übersetzt sein kann.
Wenn wir in unserer deutschen Bibel den Begriff **Leib** finden, so mag dafür im AT das hebräische Wort **basar** stehen, das auch Fleisch, Körper, Verwandtschaft, Schwäche, das vergängliche Fleisch bedeutet.

Für unseren deutschen Begriff **Geist** steht im Hebräischen **ruach** – mit den zusätzlichen Bedeutungen Wind, Atem, Lebenskraft, Gemüt, Willenskraft.

Das NT, ursprünglich auf **Griechisch** geschrieben, verwendet die Begriffe **pneuma** für **Geist, kardia** für **Herz, sarx** für **Fleisch, soma** für **Leib** und **psyche** für **Seele.**

In der griechischen, philosophischen Literatur sind damit ganz bestimmte Vorstellungen verbunden, die sich nicht unbedingt mit denen der damaligen Alltagssprache oder mit den biblischen Absichten decken (etwa, wenn Platon den Leib als Gefängnis der Seele bezeichnet).

Da sich die Bedeutungen einzelner Wörter in verschiedenen Sprachen also nicht decken, kann man beim Übersetzen ein Wort nicht immer mit genau dem gleichen Wort der anderen Sprache wiedergeben. Vielmehr muss man aus dem Sinnzusammenhang der ganzen Aussage den an dieser Stelle am besten passenden Begriff wählen. Damit ist jede Übersetzung immer auch ein wenig Interpretation, aber anders geht es einfach nicht.

Zutreffendes Verständnis der biblischen Begriffe

Als Leser einer deutschen Bibel müssen wir uns also nicht nur fragen, was wir uns bei Begriffen wie Leib, Seele und Geist vorstellen. Wichtig ist, welche Begriffe im Urtext an den jeweiligen Stellen stehen, und was ein Hebräer oder Grieche und vor allem, **was die Schreiber der Bibel mit diesen Begriffen verbunden haben** (vgl. auch Kap F I).

Aus der Sprachwissenschaft ist bekannt, dass es der hebräischen Sprache, im Gegensatz zu unseren Denkgewohnheiten, weniger um Innenmodelle des Menschen geht, um eine Beschreibung eines statischen Seins, sondern eher um **ganzheitliche Erlebnisformen**.
Das bedeutet, dass man bei *näphäsch* nicht an die Seele denken darf, wie sie in der griechischen Philosophie beschrieben wird oder wie wir sie uns psychologisch vorstellen. Ebenso meint *basar* nicht ausschließlich unseren materiellen Körper. Aus dem gesamten alttestamentlichen Gebrauch dieser Begriffe lassen sich z.B. folgende schwerpunktmäßige Bedeutungen feststellen:

- *näphäsch* – der bedürftige Mensch
- *basar* – der hinfällige Mensch
- *ruach* – der ermächtigte Mensch
- *leb* – der vernünftige Mensch[40]

Ganzheitliche Erlebnisform meint, dass man nicht isoliert an den bedürftigen Teil des Menschen, dann an den vernünftigen denkt, usw., sondern dass man **den ganzen Menschen als bedürftiges, vernünftiges ... Wesen betrachtet.**

40 nach Wolff, 1984, und Baumert, 1992

Ganzheitliche Erlebnisformen, nicht Einteilung und Abgrenzug

also nicht hierarchisch aufgeteilt,

sondern ganzheitlich unter verschiedenen Betrachtungsweisen:

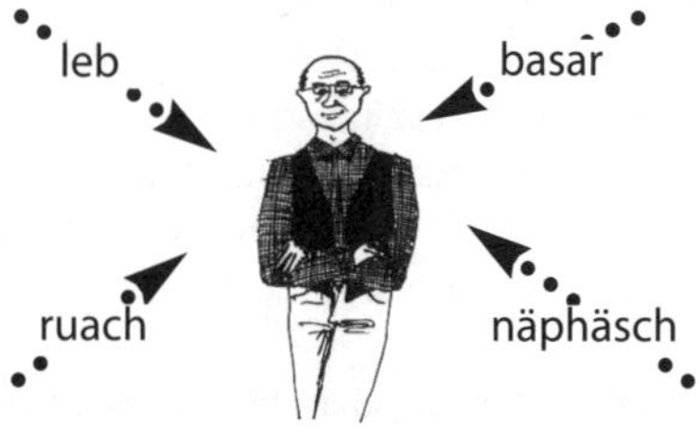

Immer ist in der Bibel also mit diesen Begriffen nicht nur ein bestimmter „Teil" gemeint, sondern der ganze Mensch wird unter verschiedenen Erlebnis- und Beziehungsaspekten gesehen. Diese einzelnen Sichtweisen können nicht als getrennte Bereiche isoliert erfasst werden, sie meinen immer das gleiche „menschliche Gebilde".

Das sieht man auch aus der Formulierung in 1 Mose 2, 7. Es heißt nicht, dass der Mensch eine lebendige *näphäsch* bekommt, sozusagen als ein zusätzliches Teil, sondern dass er eine lebendige *näphäsch* wird. Sein ganzes Sein wird verwandelt, er wird lebendig.

Eine Aufteilung des Menschen in Leib, Seele und Geist als bestimmte getrennte Seinsbereiche widerspricht also der ganzheitlichen Sicht der Bibel. Ebenso lässt sich diese Aufteilung auch nicht durchhalten, wenn man die Aussagen verschiedener Bibelstellen zu bestimmten Funktionen vergleicht. Man wird dabei feststellen, dass **Leib, Seele oder Geist sich in ihren „Aufgaben" durchaus überschneiden**.

Wir können das an einigen Beispielen verdeutlichen:

Eine Zuordnung, wie sie in manchen Seelsorgebüchern[41] versucht wird, teilt z.B. dem Bereich der Seele die Funktionen Intellekt (Vernunft, Denken), Wille und Gefühl zu und mahnt zur Vorsicht beim Gebrauch dieser seelischen Funktionen.

Doch wenn wir verschiedene Bibelstellen dazu nachlesen, können wir feststellen, dass Denken sowohl der Seele als auch dem Herzen oder dem Geist zugeordnet wird:

„Und als Jesus ihre Gedanken sah, sprach er: Warum denkt ihr Arges in euren *Herzen*...?" (Mt 9, 4)
„Wo eine *Seele* ohne Vernunft handelt, da ist auch Eifer ohne Nutzen." (Spr 19, 2)
„So ist Weisheit gut für deine *Seele*." (Spr 24, 14)
„Und die mit irrendem Geist werden Einsicht kennen ..." (Jes 29, 24)

Auch Gefühlsäußerungen bleiben nicht allein auf die Seele beschränkt (und können übrigens auch mit der Beziehung zu Gott zu tun haben), sondern werden ebenso vom Geist bezeugt:

„ ... meine *Seele* ist fröhlich in meinem Gott ..." (Jes 61, 10)
„ ... da war sein *Geist* bekümmert ..." (1 Mose 41, 8)
„ ... ergrimmte er im *Geist* ..." (Joh 11, 33)
„ ... mein *Geist* freut sich Gottes, meines Heilandes ..." (Lk 1, 47)

41 z.B. Benett, 1980

Hinweis:
Die Betonung der ganzheitlichen Sicht schließt nicht aus, dass es zeitweise wichtig ist, einen bestimmten Aspekt besonders zu beachten und zu stärken. Auch im Kontext der Bibel findet sich neben der grundsätzlich ganzheitlichen Sicht an manchen Stellen eine Fokussierung auf einen bestimmten Aspekt der Person.

Warum ist es nun wichtig, von einer Aufteilung des Menschen in bestimmte Seins- oder Funktionsbereiche wegzukommen? Verliert man dadurch nicht ein sehr brauchbares Hilfsschema für den (seelsorgerlichen) Umgang mit dem Menschen? Warum ist eine ganzheitliche Sicht des Menschen wichtig?

Die Gefahr ist, dass der Mensch in einen ganz falschen Kampf mit und in sich geraten kann:
Der Geist als gottgeführt steht gegen Leib und Seele.

geistlich – fleischlich

Doch die wichtige Unterscheidung, die die Bibel macht, besteht nicht in der Aufteilung des Menschen in bestimmte Seinsbereiche und deren gute oder schlechte Funktionen, sondern die wichtige Unterscheidung erfolgt in Bezug auf **die Beziehung des ganzen Menschen zu Gott:** Lebt ein Mensch aus eigener Kraft, in Rebellion gegen Gott, in Ausrichtung auf andere Götter, in dem Versuch, selbst sein zu wollen wie Gott – das ist fleischlich – oder lebt er in einer versöhnten Beziehung zu Gott, weiß, dass er Erlösung durch Jesus braucht, und nimmt diese für alle Bereiche seines Lebens an – das ist geistlich.
Dabei meint fleischlich nicht einen Teil von uns, den Leib, auch nicht die Seele, sondern eben die Haltung, das Verhältnis zu Gott. Und **geistlich** ist auch nicht ein Teil, der den Rest beherrscht, sondern es ist **der ganze Mensch in seiner Beziehung zu Gott**.

Ich muss also nicht prüfen: Kommt etwas aus meiner Seele – und ist deshalb schlecht – sondern: Stehe ich in Beziehung zu Gott? Was sagt Gott zu diesen Gedanken, Gefühlen, Bedürfnissen? Wie soll ich im Blick auf ihn damit umgehen? Wie will er mich in dieser Situation führen?
Wir können also nicht sagen, Gefühle oder eigenes Nachdenken seien immer schlecht, weil sie aus der Seele kämen. Wir können auch unseren Leib nicht als den Sitz aller Sündhaftigkeit ansehen.

Wir sollen Gott mit unserem Leib, in dem der Heilige Geist wohnt, preisen (1 Kor 6, 19f), der Psalmist sagt von seiner Seele, dass sie nach Gott dürstet (Psalm 42, 2), und Gott selbst fordert uns auf, ihn von ganzem Herzen, von ganzer Seele und mit all unserer Kraft zu lieben – wie sollte das gehen, wenn nur der Geist in Beziehung zu Gott treten könnte?
Gott will Beziehung mit uns als ganzem Menschen.

Versuchen Sie, die beiden „Modellvorstellungen" des Menschen anhand folgender Fragen noch einmal nachzuvollziehen:

Bei einer Trennung in unterschiedliche Bereiche frage ich mehr: WAS ist grundsätzlich gut (geistlich/göttlich), was ist schlecht (sündig) an mir?

Bei einer ganzheitlichen Sicht stehe ich als ganzer Mensch in Beziehung zu Gott und frage:
Wie will Gott mich führen? Welche Impulse gibt er mir? Was schenkt er mir?
Wie soll ich heute als sein Kind leben?
Welche meiner Gedanken, Handlungen, Gefühle oder Einstellungen sind nicht aus der Beziehung zu ihm geprägt?

Was sehen Sie für mögliche Konsequenzen dieser Sichtweisen?

d. Der Mensch – frei zu Entscheidung und Verantwortung

Als drittem Wesensmerkmal wenden wir uns nun dem Aspekt des freien Willens zu. Freier Wille, die Fähigkeit zu entscheiden, nicht nur automatisch zu reagieren, zu gestalten, nicht nur sich gesetzmäßig zu entwickeln, ist ja eine wesentliche Voraussetzung, um wie Gott und mit Gott in Beziehung zu treten, um Gott und den Menschen zu antworten oder im Auftrag Gottes zu herrschen.

Freiheit als Streitthema verschiedener Denkrichtungen

Das Thema Willensfreiheit kennen wir bereits aus Band 1 und wissen, dass die Möglichkeit der freien Willensentscheidung einen Hauptunterschied im Menschenbild von naturwissenschaftlich oder geisteswissenschaftlich geprägter Psychologie bildet. In diesem Zusammenhang sind wir auch auf die Schwierigkeit gestoßen, einen freien Willen allein aus Evolution, ohne die Annahme eines Schöpfers zu begründen und haben bereits darauf hingewiesen, dass sich mit Gott eine ganz andere Perspektive eröffnet. Mit Gott als dem Schöpfer brauchen wir kein „Wird-noch-erklärt-Postulat", sondern er vermag einen Menschen nach seinem Bild zu schaffen und ihm Entscheidungsfreiheit zu geben.

Doch was erkennen wir nun genau aus Gottes Offenbarung? In welcher Weise hat er den Menschen mit Freiheit ausgestattet? Was bedeutet diese Freiheit und wie verwirklicht sie sich?

Nehmen Sie sich, bevor Sie weiterlesen, Zeit, Ihre persönliche Meinung zu folgenden Fragen zu überlegen und aufzuschreiben:
Was verstehe ich unter „Freiheit des Menschen"?
In welchen Lebensbereichen fühle ich mich frei, für mein eigenes Leben zu entscheiden?
In welchen Lebensbereichen habe ich den Eindruck, mehr von anderen (Menschen oder Bedingungen) bestimmt zu sein?
Hat Gott mir grundsätzlich einen freien Willen gegeben?

Freiheit von und Freiheit zu etwas

Sehr leicht denken Menschen heute bei wirklicher Freiheit an einen **Raum unbegrenzter Möglichkeiten**, frei von allem Zwang, von Verpflichtung und Strafe.

Doch schon bei kurzem Nachdenken ist deutlich, dass es diese Art Freiheit eigentlich gar nicht gibt, weil jeder Mensch von Geburt an in Bedingungen, Verpflichtungen und Abhängigkeiten gestellt ist.
Um diese Art von Freiheit geht es auch in der ganzheitlich orientierten Psychologie nicht (wenngleich die praktische Umsetzung der Gedanken in diese Richtung tendiert).
Im Bild vom „Geworfenen Entwerfer" z.B. steckt das Wissen, dass für jedes Leben auch Vorgaben, Vorbedingungen gegeben sind. Kein Kind wird gefragt, ob es geboren werden will, kein Kind kann sich seine Eltern, seine Familie, die Stadt, das Land in dem es geboren wird aussuchen. Es kann auch nicht nach einer Woche sagen: Hier gefällt es mir nicht, ich möchte irgendwo anders hin.

Es geht nicht um ein Leugnen von Vorgaben, sondern um die Freiheit zu etwas, **mit und trotz aller Gegebenheiten dennoch selbst zu gestalten**, zu entwerfen, zu entscheiden. Der Mensch steht nicht unter unausweichlichen kausalen Zwängen aus seiner Vergangenheit (oder seiner Triebe, seiner Umweltbedingungen), sondern kann freier Entwerfer auf seine eigenen Möglichkeiten hin sein, in denen er sich nicht am MAN orientiert, sondern seinen individuellen Weg in den großen Fragen seiner Existenz geht.
Das schließt mit ein, dass der Mensch für sein Leben Verantwortung hat.

Freiheit zu →
- Ziele
- Sinn
- Entwurf eines authentischen Lebens

Von Gott gesetzte Freiheit

Diese Hoffnung auf eine Freiheit zu etwas scheint uns sofort als etwas zutiefst Menschliches und es mag überraschen, dass sich weder im AT noch im NT der Begriff frei zur Bezeichnung von Willensfreiheit findet. Das liegt allerdings nicht daran, dass der Mensch keinen freien Willen hätte, der ist „wie z.B. die vielen Imperative oder die Hinweise auf die Verantwortung beim letzten Gericht zeigen – überall vorausgesetzt."[42].
Die Bibel bedenkt die Freiheit des Menschen vielmehr immer aus seiner Beziehung zu Gott. Auch zu was der Mensch frei ist hat einen Rahmen: „... diese Freiheit ist von vornherein eine gebundene ... Sie ist ja nicht selbstsetzend – wie das Ich des Idealismus –, sondern gesetzt, sie ist nicht a se, sondern a Deo."[43] (a se: von sich selbst, a Deo: von Gott)

42 Richter, 1974, S. 24
43 E. Brunner Bd. 2, 1960, S. 68

Die Freiheit, Antwort zu geben und einzuwilligen

Die Freiheit ist dem Menschen gegeben, um auf Gottes Beziehungsangebot zu antworten, **um auf seine Berufung zu antworten**. Denn antworten kann nur eine Person in freiwilliger Zuwendung. Doch diese Antwort ist, wie wir schon geschrieben haben, nicht beliebig wählbar. Es ist nicht so, dass dem Menschen im Paradies eine Entscheidung in dem Sinn von Gott überlassen wurde, entweder das Gute oder das Böse zu wählen. Gott forderte ihn vielmehr zu der Entscheidung auf, *nicht* von dem Baum der Erkenntnis des Guten und Bösen zu essen.

Die Freiheit des Menschen bestand darin, **in das Gebot Gottes als Angebot einzuwilligen, das selbst zu wollen, was er soll**.
„Gott ruft den Menschen ins Dasein, damit er ihm – nicht ‚entweder falsch oder richtig', sondern – richtig antworte. Er bestimmt den Menschen nicht dazu, zu wählen zwischen Glauben und Unglauben, Gehorsam und Ungehorsam, sondern dazu, ihm ‚entsprechend' seinem Wort zu antworten."[44]
Doch sind wir dann noch frei, wenn wir uns eigentlich für ein Ja zu Gott entscheiden müssen, um zu leben, wenn wir nur einwilligen können?

Freiheit in Verbundenheit

Wir kennen die ähnliche Situation zu einem gewissen Grad aus der Eltern-Kind-Beziehung. Wenn ein Kind nicht bereit ist, in die Liebe und Versorgung seiner Eltern einzuwilligen, dann kann es nicht überleben. Doch heißt das, dass das Kind seinen Willen gar nicht einbringen muss? Wahrscheinlich kennen alle Eltern auch das Gefühl der Ohnmacht, wenn ein Kind nicht will! Sie können ihm ihre Liebe und all ihre guten Gaben anbieten, aber nicht aufzwingen. Das Kind ist frei, auf die Angebote der Eltern einzugehen oder auch nicht und es ist frei, diese selbst kreativ in seinem Leben umzusetzen oder sie abzulehnen.

Gebraucht ein Kind seine Freiheit jedoch in eigenmächtiger Selbstbestimmung gegen seine Umgebung, so wird sie im Endeffekt mehr eingeschränkt als dass sie wächst. Denn **damit eigene Entscheidungsfreiheit wächst, brauchen wir die Verbundenheit mit anderen**. Wir brauchen sichernde Beziehungen, Unterstützung, Ermutigung und einen geschützten Rahmen.

aktiv - passiv - medium

Die Tatsache, dass Freiheit erst in solcher Verbundenheit wächst, ist uns oft nicht bewusst, ja, es fällt uns schwer, dies nicht als pure Abhängigkeit zu empfinden. Denn von unserem Denken und von unserer Sprache her sind wir gewohnt, scharf zu trennen: Entweder bestimme ich – oder ich werde bestimmt. Entweder bin ich frei – oder ich bin unfrei. Entweder *ich* tue etwas – oder etwas *wird mit mir getan*. Es gibt nur aktiv oder passiv.

Das Griechische hat interessanterweise noch eine dritte Verbform außer aktiv und passiv: **medium – ich lasse zu**. Ich selbst (aktiv) lasse zu, willige ein (medium), dass etwas an mir geschieht (passiv).
Darin lässt sich die Grundausrichtung unseres Lebens und die Bestimmung unserer Freiheit von Gott her sehr gut ausdrücken: **Einzuwilligen** in das Leben, das er uns geschenkt hat, in die Absichten, die er damit verbindet, in die Gnade, die er dafür gibt. **Zuzulassen**, dass er uns führt. Selbst zu wollen, was man soll.

44 E. Brunner Bd. 2, 1960, S. 72

Wahrscheinlich kennen Sie die Erfahrung, dass man etwas tun soll. Haben Sie dabei schon einmal den Unterschied erlebt zwischen Einwilligen, Nachgeben oder Rebellieren gegen diese Tatsache?

(Einwilligen: aktives Annehmen
Nachgeben: Resignieren – das ist halt so
Rebellieren: Ich mache einfach, was ich will!)

Bleibt Freiheit, bleibt der Gebrauch unseres freien Willens dann allein darauf beschränkt einzuwilligen?

Freiheit in der Beziehung zu Gott

Während die „Wahl" am Baum der Erkenntnis keine Wahl war, die Gott so vorgesehen hatte (denn es war keine Wahl zwischen gleichberechtigten Möglichkeiten; es war eine falsche Entscheidung, ein Nein zu Gott, das Nachgeben auf eine Versuchung, der Glaube an eine Lüge), entfaltet sich auf der Basis der grundsätzlichen Entscheidung für Gott, in dem Rahmen, den er zur Verfügung stellt, Freiheit auch als **Wahlmöglichkeit zwischen verschiedenen guten Alternativen**.

Die ganze Freiheit, mit der Gott den Menschen geschaffen hat, kann erst in einer Beziehung mit Jesus, in einer **neuen Freiheit, die Jesus schenkt**, wiedererlangt werden.

Freiheit durch Jesus

„Die wahre Freiheit ist eine Folge der Gotteskindschaft, die nur Jesus als der Sohn vermitteln und die nur im Glauben an Jesus als den Gesandten und Offenbarer des Vaters erlangt werden kann."[45]

Menschliche Freiheit und „Gnadenwahl" (Prädestination)

Das Verhältnis zwischen Gottes Gnade und der freien Entscheidung des Menschen ist bis heute ein viel diskutiertes Thema. Heißt: „Wem ich gnädig bin, dem bin ich gnädig; und wessen ich mich erbarme, dessen erbarme ich mich." (Röm 9, 15; 2 Mose 33, 19), dass alles doch nur von Gott abhängt? Oder zeigt die Aufforderung Jesu: „Tut Buße und glaubt an das Evangelium!", dass ein wichtiger Schritt der Umkehr zu Gott vom Menschen ausgehen muss?

In den ersten Jahrhunderten wurde die freie Entscheidungsfähigkeit des Menschen betont. Man wollte sich klar von einem Glauben an willkürlich wirkende Götter abgrenzen, denen der Mensch ausgeliefert ist.

Augustinus (354 – 430) hebt dagegen die „vorauseilende Gnade" hervor, die unwiderstehlich wirkt, ohne die der Mensch zu keiner Entscheidung für Gott fähig wäre.

Thomas von Aquin (1224 – 1274) spricht von einer (vielfach noch „leeren") Grundentscheidung des Menschen, von einer Absicht, aber er sieht diese Willensentscheidung doch recht stark von Gott geprägt. Die Grundentscheidung sei als eine „erste Ursache" von Gott im Menschen so angelegt.

45 Richter, 1974, S. 27

Zu etwa der gleichen Zeit vertritt Johannes Duns Scotus (1265–1308) die Ansicht, der Wille sei nicht festgelegt, er werde nicht von außen bestimmt, sondern bestimme sich selbst. Er meinte, der natürliche Mensch könne aus eigener Kraft alle Gebote erfüllen und Gott lieben und mache sich dadurch aufnahmefähig für die Gnade.

Luther (1483–1546) beschreibt den „unfreien Willen" des Menschen mit einer nicht aktiven aber passiven Fähigkeit des natürlichen Menschen im Blick auf die Gnade. Das bedeutet, dass er zwar nicht fähig ist, die Gnade zu ergreifen, aber sich von ihr ergreifen zu lassen, er kann sich die Gnade nicht beschaffen, aber sie sich schenken lassen. Gott zwingt den Menschen nicht, er zieht ihn, doch der Mensch kann widerstehen. (Das erinnert an das Einwilligen, Zulassen-Können.)

Die Freiheit zu scheitern

Zur Freiheit des Menschen gehört auch, dass sein Leben scheitern kann, **dass er sich falsch entscheiden kann**. Es wäre keine Freiheit, wenn jede beliebige Entscheidung trotzdem zum selben, richtigen Ziel führen würde.
Jesus sagt: „Geht hinein durch die enge Pforte. Denn die Pforte ist weit, und der Weg ist breit, der zur Verdammnis führt, und viele sind's, die auf ihm hineingehen. Wie eng ist die Pforte und wie schmal der Weg, der zum Leben führt, und wenige sind's, die ihn finden." (Mt 7, 13f)
Auch wenn Jesus an anderer Stelle auf die erschrockene Frage seiner Jünger – „Ja, wer kann dann selig werden?" – antwortet: „Bei den Menschen ist's unmöglich, aber bei Gott sind alle Dinge möglich." (Mt 19, 25f), also andeutet, dass Gottes Barmherzigkeit größer als unsere Schwachheit ist, bleibt diese Möglichkeit offen: zu scheitern, am Sinn und Ziel seines Lebens vorbeizugehen, sich gegen das Leben und damit für den ewigen Tod zu entscheiden.

Freiheit in dem Sinn, sein Leben gestalten zu können und dafür verantwortlich vor Gott zu sein, bleibt grundsätzlich das ganze Leben über bestehen, mit der Möglichkeit und Herausforderung, sich nicht nur einmal grundsätzlich, sondern **immer wieder neu in der aktuellen Situation für Gott zu entscheiden**. Dies schließt die lebenslange **Möglichkeit zur Umkehr**, aber auch eine lebenslange **Verführbarkeit** ein. Der Mensch „kann die Verantwortlichkeit leugnen, er kann die Freiheit mißbrauchen, aber er kann nicht die Verantwortlichkeit aufheben…".[46]

e. Der Mensch – gefallen und erlösungsbedürftig

Ist jeder Mensch ein Ebenbild Gottes?

Tom: Ich kann gut nachvollziehen, dass jeder Mensch wesentlich dazu bestimmt ist, in Beziehung zu Gott zu leben, ihm zu antworten. Wer das tut, wird sich als geschaffenes Ebenbild Gottes als Ganzheit sehen und sein Leben in Freiheit verantworten können. Aber ich merke, dass ich doch noch etwas mehr zwischen Christen und Nichtchristen unterscheiden möchte, zwischen vor und nach der Bekehrung. Oder spielt die Art der Antwort auf Gott gar keine Rolle?

Agnes: Da haben wir allerdings ein Problem, das wir noch etwas klären müssen. Prinzipiell wissen wir ja, dass der Mensch im Sündenfall „falsch" geantwortet hat, als er vom Baum der Erkenntnis des Guten und Bösen nahm, um selbst wie Gott zu sein. Und nach dieser grundsätzlich falschen Antwort gegen Gott ist die eigentlich geschenkte Nähe zu Gott beschädigt. Damit kann der Mensch nicht mehr so

46 E. Brunner, 1960, Bd. 2, S. 68

Die grundsätzliche Störung durch den Sündenfall

hören und nicht mehr so antworten und auch nicht mehr so als Gottes Bild leben, wie Gott es schenken wollte. Jeder, der heute geboren wird, ist davon betroffen, da „durch die Sünde des einen die Verdammnis über alle Menschen gekommen ist …durch den Ungehorsam des einen Menschen die Vielen zu Sündern geworden sind." (Röm 5, 18a, 19a)

Das Problem der Erbsünde

Zur Frage der Erbsünde oder Erbschuld, also zu der Frage, wie die Sünde von Adam an alle Menschen weitergegeben wurde, gibt es verschiedene theologische Meinungen. Sie reichen von der Sicht, dass ganz konkrete Ur-Sünde auf jedes Kind weitervererbt wird (z.B. durch den sündigen Geschlechtsakt), bis zu der Vorstellung, dass es sich um das Hineingeborenwerden in eine sündige Welt handelt, in der jeder dem schlechten Vorbild ausgesetzt ist.

Wir wollen dieses Thema hier nicht ausdiskutieren (mehr dazu in Fernkursordner 5a), aber festhalten, dass es durch die Sünde Adams zu einer grundsätzlichen Beziehungsstörung zwischen Gott und jedem Menschen kam. Dadurch ist jeder Mensch Sünder, d.h., von sich aus nicht zu einer Beziehung mit Gott fähig und würdig. Er ist von sich aus auch nicht wirklich zum Guten fähig.

Kein Gesetz und keine Willensanstrengung des Menschen können diese sündige Ausrichtung beseitigen. Nur durch die Erlösungstat Jesu, die jeder für sich persönlich im Glauben annehmen muss, kann der Mensch wieder gerecht vor Gott werden und erst nach Jesu Wiederkunft werden die Folgen der Sünde völlig beseitigt sein.

Verschiebungen durch die Sünde

Seit dem Sündenfall versucht der autonome Mensch nun, selbst mit seinem Leben und seiner Schuld fertig zu werden. Er zeigt dabei typische Tendenzen:

- eigene Schuld nicht zuzugeben
  („Das Weib, das du mir zugesellt hast, gab mir von dem Baum, und ich aß ... Die Schlange betrog mich, so dass ich aß." 1 Mose 3, 12–13) und
- sich zu verstecken, statt zu den Folgen seiner Taten zu stehen
  („Ich hörte dich im Garten und fürchtete mich, denn ich bin nackt, darum versteckte ich mich." 1 Mose 3, 10).

Da dem Menschen der liebende Halt fehlt, verkehren sich in dieser eigenmächtigen Lebensgestaltung die von Gott gegebenen Wesensbestimmungen.

Die grundsätzliche Ausrichtung des menschlichen Wesens auf **Beziehung** (auf Liebe) wird zur Tendenz, lieber alles allein schaffen zu wollen, unabhängig von Gott und anderen Menschen. Statt sich beschenken zu lassen und zu schenken, meint man, für sich selbst sorgen zu müssen. Statt für den anderen zu sein, scheint dieser ein Gegner und Feind. Statt eines von Beziehung geprägten Wesens ersteht der **Egoist**.

Die von Gott geschaffene lebendige **Ganzheit** überfordert den autonomen Menschen. Er neigt deshalb, um sich selbst zu verstehen, zu **wertender Aufgliederung**. Da er das komplexe Ganze seines Seins nicht begreifen kann, versucht er sich Stück für Stück vorzuarbeiten und nimmt Teilerkenntnisse als Erklärung für das Ganze.

Und die **Entscheidungsfreiheit** in Beziehung zu Gott entwickelt sich ohne diese Beziehung zu **Eigenwilligkeit**, zum Durchsetzen eigener Ideen ohne Orientierung an dem, der den Überblick hat. Damit wird sie nicht gefördert, gestärkt und geformt, sondern gerät eigenmächtig immer mehr in Bedrängnis, will sich mit Gewalt durchsetzen und mündet dabei schlussendlich in Angst, Gebundenheit und **Abhängigkeiten**.

Beziehung	=>	Tendenz zu Egoismus
Ganzheit	=>	Tendenz zu wertender Aufgliederung
Entscheidungsfreiheit	=>	Tendenz zu Abhängigkeit

Das weiterhin geltende Beziehungsangebot Gottes

Wovon wir jedoch unmittelbar nach dem Sündenfall und im weiteren Verlauf der gesamten Bibel lesen können, ist Gottes andauernde Bereitschaft, die Beziehung zum Menschen zu halten. Darüber haben wir im Abschnitt über Gottes Offenbarung bereits ausführlich geschrieben: Gott sucht den Menschen, **Gott spricht sein „Ja" zur Existenz seiner Schöpfung und zu jedem einzelnen Menschen auch weiterhin**. Dadurch ermöglicht er dem Menschen ein Antworten auf verschiedenen Ebenen, ein **Einwilligen** (oder nicht Einwilligen) **in das Geschenk des Lebens im engeren und weiteren Sinn** (indem ich z.B. atme, esse, mich bewege, indem ich sehe, höre, spreche, indem ich etwas von meinen Mitmenschen annehme und ihnen etwas gebe) und ein direktes **Einwilligen in die Beziehung zu Gott**.

Entscheidung gegen die Sünde, für Gott

Auch nach dem Sündenfall wird der Mensch **zu einer Entscheidung für Gott** und eine Beziehung mit ihm **herausgefordert**, er soll über die Sünde herrschen:
„Ist's nicht also? Wenn du fromm bist, so kannst du frei den Blick erheben. Bist du aber nicht fromm, so lauert die Sünde vor der Tür, und nach dir hat sie Verlangen; du aber herrsche über sie." (1 Mose 4, 7). Das verlangt Gott z.B. von Kain und dem Volk Israel legt er die Gebote vor, damit es das Leben und nicht den Tod finde (5 Mose 5). Allerdings zeigt die Geschichte, dass die **Verführbarkeit zum Bösen oft größer bleibt** als die von Gott angebotene Entscheidung zum Guten, sodass Paulus schreibt: „Und so fand sich's, dass das Gebot mir den Tod brachte, das doch zum Leben gegeben war." (Röm 7, 10)
Er merkt, wie das Gesetz, das den Maßstab von Gut und Böse setzt, gleichzeitig die Begierde zum Bösen weckt und so die Sünde hervorbringt.

Das Beziehungsangebot der Erlösung

Der Mensch nach dem Sündenfall ist auf ein noch viel weiter reichendes Beziehungsangebot Gottes angewiesen, er ist erlösungsbedürftig und kann nur durch das **Einwilligen in die Erlösung** durch Jesus wirklich wiederhergestellt werden. „...so ist auch durch die Gerechtigkeit des Einen für alle Menschen die Rechtfertigung gekommen, die zum Leben führt ... so werden auch durch den Gehorsam des Einen die Vielen zu Gerechten." (Röm 5, 18b. 19b)

Spuren von Gefallenheit und Erlösung

Wenn wir nun an den **Umgang mit ganz konkreten Menschen** denken, so werden wir in der Regel immer beides finden: **Spuren der Verzerrungen durch die Sünde und Spuren von Gottes guter Schöpfung.**

„Denn ich weiß, dass in mir, das heißt, in meinem Fleisch, nichts Gutes wohnt." (Röm 7, 18)
„Denn Gottes unsichtbares Wesen, das ist seine ewige Kraft und Gottheit, wird seit der Schöpfung der Welt ersehen aus seinen Werken, wenn man sie wahrnimmt." (Röm 1, 20)

Bei denjenigen, die nicht persönlich auf Gottes direktes Beziehungsangebot eingehen, kann trotzdem durch ihr indirektes Antworten, durch die indirekte Beziehung zum Schöpfer Gutes wachsen.
Und diejenigen, die bewusst in Gottes Beziehungsangebot eingewilligt haben, werden trotz der Wiederherstellung durch das Geschenk der Erlösung nicht immer entsprechend dieser Beziehung leben. Auch wenn Christen „... den alten Menschen mit seinen Werken ausgezogen und den neuen angezogen" haben, „der erneuert wird zur Erkenntnis nach dem Ebenbild dessen, der ihn geschaffen hat ..." (Kol 3, 10), so dauert diese Erneuerung als Prozess an.

Wir werden (bei uns und anderen) immer nur **dem Menschen als erlösungsbedürftigem Wesen begegnen**. Das Wissen um die Wesensmerkmale von Gottes Ebenbild gibt uns Orientierung, was Gott wachsen lassen möchte.

FAZIT

Der Mensch ist von Gott und **als Gottes Ebenbild geschaffen**. Deshalb ist das Wesen des Menschen von Gott her und aus der Beziehung zu ihm zu verstehen.

Als Gottes Ebenbild ist der Mensch **auf Beziehung hin angelegt** und kann nur in Beziehung (zu Gott und zu seinen Mitmenschen) wirklich als Mensch leben.

Seinem Wesen nach ist der Mensch außerdem eine **komplexe lebendige Ganzheit**. Am Beispiel von Leib, Seele und Geist haben wir gezeigt, dass es sich nicht um Einzelteile von unterschiedlichem Wert und Funktion handelt. Vielmehr geht es in der Bibel immer um den ganzen Menschen in seiner Beziehung zu Gott. Entscheidend ist, ob ein Mensch aus Gott – geistlich – oder aus sich selbst heraus – fleischlich – lebt.

Zum Wesen des Menschen gehört auch **Entscheidungsfreiheit**, die sich im freiwilligen Antworten auf Gottes Angebot, im Einwilligen in das, was Gott (vor-)gibt, entfaltet.

Da die Beziehung zu Gott durch die Sünde, durch das Autonomiestreben des Menschen gestört ist, entwickeln sich **typische Verzerrungen der eigentlichen Bestimmung** des Menschen: Egoismus statt Beziehung, Aufteilung statt Ganzheit, Eigenwilligkeit statt Entscheidungsfreiheit in Verbundenheit.

Doch Gott hält sein Beziehungsangebot aufrecht. Er sagt „ja" zu seiner Schöpfung und ermöglicht durch Jesus eine Wiederherstellung der Beziehung durch Erlösung. Er möchte weiterhin, dass sein Geschöpf nach seinem Bild gestaltet wird, als sein Ebenbild lebt.

2. Der grundlegend personale Charakter allen Seins

Zum Abschluss dieses Kapitels wollen wir einen weiteren Aspekt zu Grundfrage 3 vertiefen: die Frage nach dem Wesen aller Dinge, nach dem **Wesen der Wirklichkeit**. Dazu werden wir prüfen, ob mit dem Wissen um die Welt als Schöpfung nicht auch eine andere Vorstellung vom Kern des „Seins" gefordert ist.

Damit wird es also um Ontologie, (die Lehre vom Sein) gehen und wir werden uns dabei insbesondere mit dem **Materie-Geist-Problem** befassen.

a. Von der „Substanzontologie" zur „Relationenontologie"

Die philosophische Suche nach den Grundbausteinen

Ein Ziel aller philosophischen Bemühungen war es, den Kern der menschlichen Identität zu erfassen, die Welt der Dinge zu definieren, die Eigenschaften des Menschen und der Dinge zu bestimmen, indem man herausfindet, was etwas oder wer jemand im Letzten IST. Immer versuchte man, die Fragen nach dem **Wesen der Dinge** zu beantworten, indem man danach suchte, **aus was sie letztlich bestehen**. Man wollte auch menschliches Erleben und Verhalten erklären, indem man nach der „Substanz", nach dem „Seins-Stoff" suchte, aus dem alles letztlich aufgebaut ist.

Nun mag man fragen, ob man sich einen Verzicht auf diese Suche überhaupt vorstellen kann und was die Bibel an ihre Stelle setzen wolle.

Relation statt Substanz

Die (vielleicht) überraschende Wendung eines biblischen Menschen- und Weltbildes lässt sich so formulieren: Der Mensch und das gesamte Sein IST nicht, sondern sie **stehen in Beziehung**.

Im Prinzip kommt diese Wendung nicht so überraschend, haben wir doch sowohl bei den Wegen von Gottes Offenbarung als auch bei den Inhalten dieser Offenbarung gesehen, wie sehr es Gott auf Beziehung ankommt: Er spricht und handelt, er zeigt sich als Person, er will den ursprünglichen, „unverhüllten" Zustand zwischen sich und den Menschen wiederherstellen.
Der Mensch IST nicht, sondern er steht in Beziehung – damit wird nicht von einer „Nicht-Existenz" des Menschen gesprochen, sondern die biblische Botschaft regt uns an, die Suchrichtung der Philosophie zu ändern. Man sollte den Sprung von einer „Substanz-" zu einer **„Relationenontologie"** wagen.

Denn der Mensch und auch die Natur sind ihrem Wesen nach nicht von „Substanzen", nicht von Materie oder Geist bestimmt. Von der Bibel her wird das Sein des Menschen und der Natur vielmehr „relational" gesehen. Alles wird aus der **Bezogenheit untereinander**, aber insbesondere aus der **Bezogenheit mit Gott** verstanden.

„Wesentlicher als die Kategorie der Substanz ist für das Begreifen der menschlichen Wirklichkeit die Kategorie der Relation."[47]

Die biblische Botschaft fordert uns zu einer Reflexion des relationalen Charakters allen Seins, des dynamischen „In-Beziehung-Stehens" des Menschen auf.

47 Schmiedinger, 1994, S. 91

Versuchen Sie, der Bedeutung von Beziehung (Relation) für das, was Sie als Wirklichkeit erleben, einmal nachzuspüren, indem Sie überlegen: Haben Sie die Möbel in Ihrem Zimmer schon einmal umgestellt, und dadurch ein „neues" Zimmer erhalten? Wie ist es mit Kleidung in unterschiedlicher Kombination? Wie schmeckt eine Mahlzeit, bei der man jede einzelne Beilage extra isst im Gegensatz zu einem Eintopf? Kennen Sie auch die Erfahrung, dass Sie sich mit verschiedenen Personen ganz anders erleben, weil Ihre Beziehungen unterschiedlich sind?

Lucy: Also, ich finde, das klingt ziemlich gut. Ist einem als Christ ja klar, dass die Beziehung zu Gott das Allerwichtigste ist. ... obwohl ich ehrlich gesagt nicht ganz so sicher bin, ob ich das mit der Relationenontologie damit schon verstanden habe. Gibt es also gar keine Substanz?
Tom: Ja, warum wird das so gegeneinander ausgespielt? Sicher geht es um Beziehung, aber deshalb besteht der Mensch doch trotzdem aus Materie und Geist.
Kathrin: Dann sagt mir doch einmal, was Materie eigentlich ist!
Tom: Na, wohl das da hier! So ein Tisch zum Beispiel!

Kleiner Exkurs: Was ist eigentlich Materie?

Nehmen wir als Beispiel für die Vorstellung von Materie einmal Toms Tisch: Als erstes sehen wir einfach einen Tisch, ein „Ding". Wir können uns vorstellen, dass er aus Teilen zusammengebaut ist und dass er in immer kleinere Teile zerlegt werden kann. Aber irgendwann erwarten wir, ein kleinstes **Grundelement** zu finden.
Dieses Grundelement wurde schon von den Griechen als **Atom** (unteilbarer Urstoff) bezeichnet, weil man sich vorstellte, dass man auf der Suche nach dem „Kern", nach dem kleinsten Bausteinchen der Materie, auf etwas Unteilbares stoßen würde. Aus solchen letzten „unteilbaren" Seinsträgern bestehe alles materielle Sein.

Inzwischen wissen wir, dass sich Atome sehr wohl weiter zerlegen lassen, in Kerne und Elektronenschalen und die Kerne dann weiter in die Nukleonen, sprich in Protonen und Neutronen.

„In diesen letzten Einheiten der Materie meint man nun wenigstens etwas Festes, Substanz, zu haben und glaubt, dass sie unzerstörbare, unveränderliche, feste Körperchen seien, die durch ihre Lage zueinander und durch ihre Bewegung die Gestalt der Materie mit ihren Eigenschaften (Festigkeit, Farbe, Temperatur, Geruch usw.) bestimmen. Aber auch mit der Auffassung von der Substanzhaftigkeit dieser kleinsten Teilchen hat die heutige Physik aufgeräumt."[48]

Denn mit großem Aufwand und viel Energie kann man nun experimentell nachweisen, dass es noch kleinere Teilchen, sogenannte „Quarks", gibt, die beim Zerfall der größeren entstehen.

48 Rohrbach, 1967, S. 79f

Lange dachte man, mit den Quarks am Ende angelangt zu sein, doch man musste erkennen, dass man wahrscheinlich früher mit der physikalisch-technisch möglichen Beobachtbarkeit an eine Grenze kommt als mit der Zerlegbarkeit der „Substanz".

Spätestens seit der berühmten Entdeckung **Albert Einsteins**, dass **Energie und Materie wechselseitig ineinander überführbar sind**, musste die moderne Physik die uns allen vertraute Vorstellung von der Materialität der sichtbaren Welt begraben:

„Für jeden von uns ist Materie etwas Substanzielles, Gegenständliches – wir selbst, dieser Tisch, unsere gesamte Umwelt. Nun ist aber die Physik durch ihre Erkenntnisse im atomaren Bereich veranlasst worden, der Materie eben dies Substanzhafte abzusprechen. Unsere Vorstellung von ihrem absoluten Sein, der Unzerstörbarkeit ihrer letzten Bausteine entspricht nicht der Wirklichkeit. Materie ist Energie, Strahlung, nicht aber Substanz."[49]

Wir können also sagen, dass „das hier", der Tisch, im Kern Energie ist.

Wenn damit auch nicht gesagt ist, dass Materie „nichts" ist, so ist sie jedenfalls kein solches „Ding", wie wir es uns üblicherweise vorgestellt haben.
Früher „... verstand man die kleinsten Einheiten der Materie als unzerstörbare substanzielle Kügelchen ... Heute wissen wir, dass die kleinsten Einheiten der Materie selbst nichts Materielles – im alten Sinn – nichts Gegenständliches sind. Jede dinghafte, substanzhafte Vorstellung, die man sich von den Elementarteilchen macht, ist falsch."[50]

Aufgrund der heutigen physikalischen Erkenntnisse kann man also behaupten, dass der Materialismus von seiner eigenen Domäne, der Physik selbst, als widerlegt bezeichnet werden muss. Leider hat sich diese Erkenntnis nicht in allen (z.B. auch nicht in allen psychologischen) Kreisen angemessen verbreitet und durchgesetzt.

?

Überlegen Sie sich die Bedeutung dieser Aussagen noch einmal: Wie geht es Ihnen, wenn Sie die Gegenstände um sich herum, z.B. den Tisch, an dem Sie gerade arbeiten, betrachten und sich dabei vorstellen, dass sie letztlich im Kern nichts Materielles sind, sondern Energie oder Strahlung?

49 Rohrbach, 1967, S. 20f
50 Rohrbach, 1967, S. 101

Tom: Das ist aber schwierig. Irgendetwas muss doch dran sein an dem, was wir anfassen, riechen, schmecken!

Kathrin: Da hast du Recht, irgendetwas muss schon dran sein. Weißt du, in welche Richtung ich da denke? Wenn ich vorhin von einem dynamischen In-Beziehung-Stehen gesprochen habe, dann habe ich dabei auch an die Beziehung Gottes zu seiner ganzen Schöpfung gedacht, eine Beziehung von Anfang an. Denn der eigentliche Grund, warum diese Welt ist, und damit auch ihr eigentliches Wesen, ist:
Es ist Gottes Absicht. Es ist sein Wille.
Gott hat diese Welt geschaffen – ein Ausdruck seines Willens.

> *„**Und Gott sprach:** Es werde Licht! Und es ward Licht...*
> ***Und Gott sprach:** Es werde eine Feste zwischen den Wassern ..."*
> *(1 Mose 1, 3 + 6)*

Gott spricht, und es geschieht.

> *„**Im Anfang war das Wort**, und das Wort war bei Gott, und Gott war das Wort. Dasselbe war im Anfang bei Gott. Alle Dinge sind durch dasselbe gemacht, und ohne dasselbe ist nichts gemacht, was gemacht ist." (Joh 1, 1 – 3)*

Gott spricht und ruft damit die Dinge in Existenz. Durch sein Wort, im Griechischen **logos**, werden die Dinge gemacht. Gottes Wort schafft Wirklichkeit:
„Gottes Wort ist etwas, das geschieht. Gottes Wort ist es, das alles schafft. Wie er spricht, so geschieht's, wie er gebietet, so steht's da... Gott spricht, und sein Wort hat die für uns unbegreifbare Fähigkeit, sich in dieser sichtbaren Wirklichkeit als Energie, als Elementarteilchen, als Schwingung zu manifestieren."[51]

Tom: Aber da kann man sich doch genauso vorstellen, dass Gott spricht und Materie entsteht, die dann existiert. Dazu braucht man nicht unbedingt eine weitere Beziehung?

Gott bleibt in Relation zum Geschaffenen.

Kathrin: Ja, man kann sich vorstellen, dass Gott Materie nach unserem üblichen Verständnis geschaffen hat. Aber ich denke, dass weitere Bibelstellen darauf hindeuten, dass Gott nicht nur einmal in diese Welt hineingesprochen hat. **Er hat nicht nur einmal „etwas" geschaffen**, das nach bestimmten Gesetzmäßigkeiten alleine weiterexistieren soll, sondern er will, dass alles durch eine **fortwährende Beziehung** zu ihm Bestand hat.

> *Kol 1, 15–17:*
> *„Er ist das Ebenbild des unsichtbaren Gottes, der Erstgeborene vor aller Schöpfung. Denn in ihm ist alles geschaffen, was im Himmel und auf Erden ist, das Sichtbare und das Unsichtbare, es seien Throne oder Herrschaften oder Mächte oder Gewalten; es ist alles durch ihn und zu ihm geschaffen. Und er ist vor allem, und es besteht alles in ihm."*
>
> *Heb 1, 1,3a:*
> *„... den Sohn, den er eingesetzt hat zum Erben über alles, durch den er auch die Welt gemacht hat... Er ist der Abglanz seiner Herrlichkeit und das Ebenbild seines Wesens und trägt alle Dinge mit seinem kräftigen Wort."*

Alles besteht in IHM. Er trägt alle Dinge durch sein „kräftiges Wort". Ich denke, dass man das nicht nur ganz abstrakt verstehen sollte, so nach dem Motto, irgendwie ist Gott immer dabei, sondern dass man das durchaus konkret sehen sollte: Wirklich nichts kann entstehen und nichts hat Bestand, wenn es nicht von Gott gehalten ist, wenn es nicht in direkter Relation zu ihm steht.

Gott trägt alles durch sein Wort.

51 Rohrbach, 1967, S. 134f

Deshalb sprechen wir von einer **personalen Realität allen Seins**: Der **Anfang** der ganzen Schöpfung liegt in **Gottes Willen**, diese Welt zu schaffen, und auch ihr **Fortbestand** ist nur durch **sein weiter tragendes Wort** möglich.

Vielleicht kann man sich das wie bei elektrischen Geräten, vielleicht einem Rührgerät, einem Ventilator oder einem Computer vorstellen. Wenn man da den Stecker zieht, ist kein Strom mehr da, keine Verbindung (keine Relation!) zur Kraftquelle und dann bricht alles zusammen, dann tut sich gar nichts mehr.

Lucy: Und ebenso würde auch alles in der Wirklichkeit zusammenbrechen, wenn keine Verbindung mehr da wäre zu Gott.

Kathrin: Genau, obwohl das Beispiel etwas hinkt. Bei den Maschinen ist ja wenigstens noch das regungslose Ding da. Aber wenn Gott sich zurückziehen würde, dann wäre gar nichts mehr da, dann würde alles zusammenfallen, zu weniger als Staub.

Tom: Da erinnere ich mich dunkel, dass ich einmal in einem Vortrag gehört habe, dass es physikalisch letztlich nicht geklärt ist, warum die Atome nicht in sich zusammenfallen.

Kathrin: Ja, in Sachen Atom gibt es tatsächlich einige weitere bemerkenswerte Tatbestände. Zum einen ist es kaum einsichtig, warum die ganzen positiv geladenen Teilchen (Protonen) im Atomkern nicht auseinanderfliegen. Die müssten sich ja eigentlich abstoßen. Zweitens gibt es zwar einige physikalische Erklärungsversuche, warum die (negativ geladenen) Elektronen nicht so von den Protonen angezogen werden, dass beide letztlich zusammenfallen. Wirklich befriedigend ist keine dieser Erklärungen und der Gedanke, dass letztlich Gottes mächtiges Wort hier als ordnende Kraft wirkt, klingt keinesfalls „dümmer" oder „unwissenschaftlicher". Ich glaube auch, dass es zu den wesentlichen Einsichten eines biblischen Wirklichkeitsverständnisses gehört, „dass die Welt ... nicht in sich Bestand hat, sondern in sich zusammen- oder besser auseinanderfallen würde, wenn Gott sie nicht gnädig hielte und bewahrte."[52] – und ich bin froh, dass Gott sie hält.

Ist der Gedanke, dass es Gottes Wort ist, das alles Sein in Existenz hält, für Sie neu?
Überlegen Sie, wie Sie bisher Gottes „Zuständigkeit" für die Sie umgebende Wirklichkeit gesehen haben!
Spüren Sie dabei auch der Vorstellung nach:
Was empfinden Sie, wenn Sie Ihren Tisch jetzt anschauen und denken, dass es Gottes Wort ist, das für seine Existenz maßgeblich ist?

Personaler Ursprung, personale Sinn- und Zielgebung

Kathrin: Einen Gedanken möchte ich noch zum Abschluss des Themas Materie/Welt der Dinge ansprechen.
Was denkt ihr, wo könnten wir hinkommen, wenn wir jetzt trotzdem vorsichtig nach dem „Wesen" der Dinge fragen, damit aber nicht mehr irgendwelche Substanzvorstellungen verbinden, sondern wissen, dass das Sein nur aus der Relation mit dem Schöpfer verstanden werden kann?

Lucy: Ähmm ja ... also, wenn die Dinge von ihm gemacht und gehalten sind, müssen wir eben sehen, wie er ihr Wesen prägt.

52 Hempelmann in Padberg, 1986, S. 84

Kathrin: Ja, wenn es einen Schöpfer gibt und er Sinnvolles schafft, dann ist das Wesen der Dinge garantiert mit dem Sinn, mit den Zielen und Zwecken verbunden, die der Schöpfer für diese Dinge vorsieht. Dann gilt es, immer mehr zu lernen, dass uns da draußen nicht eine blinde Wirklichkeit gegenübersteht, deren Wesen wir ergründen, indem wir sie in ihre Elementarteilchen zerlegen. Sondern **wir begegnen DEM Wirklichen**, einer Person, die uns Offenbarung schenken, die uns, auch **in den Dingen dieser Welt, Botschaften zukommen lassen will.**
„Alles Geschaffene besitzt Bedeutung. In anderen Worten, die Schöpfung ist nicht sich selbst-genügend. Nichts existiert durch sich selbst oder für sich selbst. Alles existiert nur in der Verbindung mit anderen Dingen. Und jeder Aspekt der Realität weist über sich hinaus zu anderen Aspekten der Realität. Die Schöpfung besitzt keinen Ruhepunkt in sich selbst, sondern sie weist immer über sich hinaus auf den Schöpfer."[53]

b. Das Materie-Geist-Problem – ein Scheindualismus

Alle „Ebenen" werden von Gott durch Beziehung gehalten.

Lucy: Da müssen wir unsere Vorstellung von der Bedeutung von Beziehung ganz schön erweitern!

Kathrin: Ja, Gottes Bestimmung zur Beziehung bezieht sich nicht nur auf unsere Gottesbeziehung als Christ. Auch wenn dies für unser bewusstes, alltägliches Erleben sicher die wichtigste ist, **betrifft diese Beziehung alle „Ebenen" unserer Existenz.** So dürfte auch unsere „Ebene der Materialität", unser Körper, von seinem mächtigen Wort zusammengehalten werden. Ebenso könnte das, was wir üblicherweise als unsere „geistigen Fähigkeiten" bezeichnen, unsere Denkoperationen, unser mentales Erleben, kaum ohne seine tägliche, erhaltende Gnade funktionieren ...

Tom: ... da wird man schon richtig nachdenklich, dass letztlich nichts funktionieren soll, ohne dass Gott sein „Ich will" spricht.
Aber sag mal, hast du plötzlich wieder von „Materiellem" und „Geistigem" gesprochen, obwohl du vorhin die Materie fast in „nichts" hast aufgehen lassen und uns von einer Materie-Geist-Diskussion wegführen wolltest?

Kathrin: Nun, ich habe nicht gemeint, dass wir die Begriffe gar nicht mehr verwenden dürfen. Es ging mir vielmehr um den Paradigmenwechsel, alles aus der Beziehung zu Gott zu sehen, seinen Willen, sein schöpferisches Wort als den letzten Grund dieser Welt zu verstehen (und nicht Materie oder Geist).

Materie und Geist als Erlebnisweisen

Wenn das geklärt ist, ist es zwar nicht ganz ungefährlich, wieder von Materie und Geist zu sprechen, weil wir leicht in Vorstellungen von Grundsubstanzen zurückfallen. Doch wenn wir wissen, dass wir damit immer nur **spezifische Erlebnisweisen charakterisieren**, so müssen wir auf den Gebrauch dieser Worte nicht ganz verzichten.

Lucy: Was meinst du denn mit „Erlebnisweisen"?

Kathrin: Da denke ich daran, dass wir manches als etwas Festes, Greifbares, eben als materiell erleben. Und andere Phänomene, wie unsere Gedanken, unser mentales Innenleben, erleben wir anders, eben als etwas Geistiges. Dieses Erleben können wir schon so bezeichnen, solange wir damit nicht die Vorstellung verbinden, dass zwei unterschiedliche, irgendwie substanzartige Seinsweisen vorliegen.

Lucy: Ist das so ähnlich, wie wir es vorhin bei der Trichotomie gehört haben, dass nicht Leib, Seele und Geist wertend aufgeteilt, nebeneinander zu sehen sind, sondern dass es immer um den ganzen Menschen geht?

53 Spier in Johnson, 1997, S. 16

Der Mensch als Ganzheit kann unter verschiedenen Blickwinkeln betrachtet werden.

Kathrin: Ja, das biblische Menschenbild zeigt nicht starre Schubladen, in die man den Menschen einteilen könnte, sondern ist von einem hohen Maß an Dynamik geprägt. Bestenfalls kann man von bestimmten **Blickwinkeln** sprechen, unter denen der Mensch betrachtet werden kann, ein echter Dualismus lässt sich aber biblisch ebenso wenig wie eine trichotome Sicht begründen.

Vielmehr ist man beinahe versucht, das ganze Materie-Geist-Problem als eine Art Scheindualismus zu bezeichnen.

Lucy: Kannst du das noch ein bisschen deutlicher machen?

Kathrin: Ich versuche es mit einem Bild.

Üblicherweise deuten wir unser Erleben von Materie und Geist so, dass es da zwei unterschiedliche Seins-Weisen gäbe, die irgendwie miteinander verbunden sind. Wollen wir nun die biblische Sicht der Ganzheit verstehen, bei der unser Erleben von Materie und Geist als Erleben aus verschiedenen Betrachtungswinkeln gedeutet wird, so sollten wir ein anderes Bild wählen.

Die Flachländer-Analogie

Wir werden dazu einen Vergleich heranziehen, der auf eine Idee von Victor Frankl[54] zurückgeht. Mit den Flachländern (Band 1, Kap B) haben wir schon einmal ein ähnliches Bild benutzt, um zu zeigen, dass wir die **Komplexität der Wirklichkeit** ebenso wenig ganz erkennen können, wie **zweidimensionale Flachländer** etwas „Höherdimensioniertes", also z.B. das Phänomen eines **dreidimensionalen Elefanten.**

Nehmen wir diesen Vergleich zu Hilfe und stellen uns vor, dass Gottes Wirklichkeit (in der Analogie natürlich) dreidimensional ist, während der Mensch in seiner Begrenztheit nur den zweidimensionalen „Flachländer-Blick" darauf hat.

Im folgenden Bild würde dann der dreidimensionale Becher die Ganzheit des Menschen darstellen, so wie Gott ihn geschaffen hat. Uns als begrenzten Menschen ist eine volle Erkenntnis dieser Wirklichkeit nicht möglich, sondern **wir können nur die zweidimensionale Projektion dieses Bechers** in unsere menschliche Wirklichkeit hinein **erkennen.**

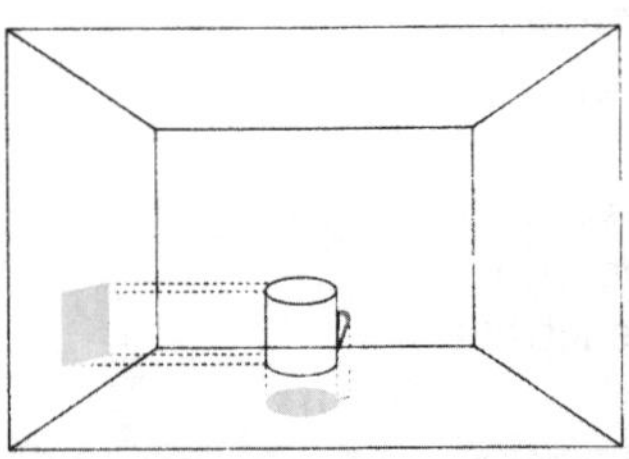

Schnell verdeutlicht das Bild das erstaunliche Phänomen, **dass sich die übergeordnete, ganzheitliche Wirklichkeit je nach Blickwinkel auf den Becher in verschiedener Weise präsentiert**, einmal z.B. als Viereck, ein anderes Mal als Kreis.

Genauso ist der Blick auf den Menschen unter dem materiellen oder unter dem geistigen Gesichtspunkt immer ein Blick auf den ganzen Menschen, dem wir uns jeweils unter den zwei für unsere menschliche Diesseitswirklichkeit typischen Blickwinkeln nähern.

Lucy: Du willst sagen: Der Mensch ist Ganzheit, immer eins, nicht in verschiedene Schubladen zu teilen, immer der eine Becher – aber man kann verschieden draufschauen.

Tom: Aber warum sehen wir Menschen alles dann immer unter genau diesen zwei Blickwinkeln?

Kathrin: Im Bild siehst du, dass wir **zwei „Projektionsflächen"** dargestellt haben. Und wir glauben, dass Gott es so eingerichtet hat und offensichtlich so will, dass wir Menschen diese zwei für uns typischen Betrachtungsebenen haben.

Warum das so ist, warum es nicht drei, vier oder ganz andere typische Blickwinkel sind, das musst du Ihn wohl irgendwann selber fragen. Auch über die wirkliche Beschaffenheit des Bechers werde ich als Mensch dir wohl kaum Auskünfte erteilen können.

54 Neurologe und Psychiater, 1905–1997

Aber ich freue mich jedenfalls schon sehr, wenn unsere Augen aufgetan werden und wir die Fülle von Gottes Wirklichkeit erkennen können.
1 Kor 13,12:
„Wir sehen jetzt durch einen Spiegel ein dunkles Bild; dann aber von Angesicht zu Angesicht. Jetzt erkenne ich stückweise; dann aber werde ich erkennen, wie ich erkannt bin."

Tom: Oh, da kriegt man ja so richtige Vorfreude.

Lucy: Mich würde da noch interessieren, wie wir jetzt **unser top-down Bild aus Band 1** interpretieren, dass der Geist das Materielle umfasst.

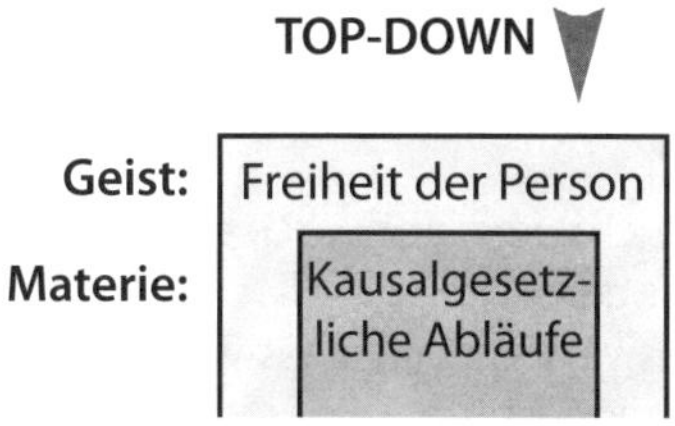

Kathrin: Auch wenn wir das nicht so gründlich hergeleitet haben, ist damals unsere Veränderung des Ursprungsbildes schon von einem ganzheitlichen, relationalen Verständnis geprägt worden: Die umfassten (statt aufeinanderstehenden) Ebenen können darstellen, dass es sich um eine Ganzheit unter zwei Aspekten handelt.

Tom: Ja, aber bekommt die geistige Perspektive dabei nicht wieder die Oberhand, wird das Materielle nicht abgewertet?

Kathrin: Nein, ich denke nicht. Wenn ich von einer top-down Sichtweise spreche, soll damit keinesfalls ausgesagt sein, dass der materielle Bereich, die menschliche Körperlichkeit, in irgendeiner Weise weniger wichtig, gar minderwertig ist.
Ich glaube, dass Gott den Menschen immer in seiner Ganzheit anspricht. Doch der „geistige Kanal" besitzt für eine relationale Welt-/Menschen- und Wirklichkeitssicht eine etwas größere Bedeutung.
Wenn wir an die inhaltlichen Vorstellungen zurückdenken, die mit den Ebenen verbunden sind, gehört zu diesem Blickwinkel ja gerade der Aspekt der Freiheit des Menschen, seine Verantwortlichkeit. Und dies ist doch etwas, was den Menschen in seiner Beziehung zu Gott, aber auch in seinem ganzen Leben als Mensch, so wie ihn sich Gott gedacht hat, in besonderer Weise charakterisiert. Dennoch handelt es sich um einen „Kanal", durch den Gott den ganzen Menschen erreichen will.

c. Voluntarismus statt Naturgesetzlichkeit

Kathrin: Ich möchte euch jetzt noch einen Schritt weiter herausfordern. Denn ich merke, wie es gar nicht so leicht fällt, die Sicht Gottes, die personale Realität allen Seins, in unseren Alltag hineinzutransportieren. Wir sind es einfach so gewohnt, die Dinge naturalistisch-materialistisch zu sehen.

Lucy: Ehrlich? Also ich glaube, alle Reste einer materialistischen Sicht habe ich gerade ordentlich abgelegt. Das passiert mir wahrscheinlich nicht mehr so leicht.

Kathrin: Na, ein Beispiel gefällig. Warum fällt denn dieser Stift nach unten, wenn er losgelassen wird?

Warum fällt ein Stift nach unten?

Lucy: Natürlich wegen der Schwerkraft... Aber was hat denn das mit unserem Thema zu tun?

Kathrin: Jetzt versuch einmal, Schwerkraft zu erklären!

Lucy: ... ist das nicht klar? Es ist doch ein Naturgesetz, dass alles von der Erde angezogen wird.

Kathrin: So, die Erde macht das also?

Lucy: Ach, was weiß ich. Es ist jedenfalls eine physikalische Gesetzmäßigkeit.

1. Erklärung: Gott installiert Naturgesetze.

Tom: Aha, ich ahne es. Du willst darauf hinaus, dass **Gott das so eingerichtet hat**, dass alles immer nach unten fällt.

Kathrin: Zumindest sind wir da schon einen Schritt weiter. Aber merkt ihr, wie wir automatisch an so etwas wie „Naturgesetze" denken, ganz so als wäre im Prozess des Stiftfallens das Materielle des Stiftes und der Erde das Eigentliche. Auf das personale Moment, auf den Gedanken, dass Gott etwas damit zu tun haben könnte, dass er das vielleicht sogar regelrecht verursachen könnte, stoßen wir dagegen nicht so schnell.

Lucy: Zugegeben, da habe ich zuerst an eine Gesetzmäßigkeit der Materie gedacht, statt daran, dass Gott das gemacht hat.

Tom: Aber irgendwie ist es verständlich, dass wir so denken. Schließlich hat Gott diese Abläufe ja fest so eingerichtet.

Kathrin: Es drängt sich unserer Erfahrung auf, dass es solche Gesetzmäßigkeiten gibt, und wir können glauben, dass Gott diese Kausalgesetze installiert hat, die jetzt eigendynamisch, unverrückbar, ewig gültig wirken.

2. Erklärung: Gott steht als Wirkender hinter den Geschehnissen dieser Welt.

Aber man kann das auch anders, sehr viel personaler sehen. Nicht unbedingt die Wirkung materieller Gesetzmäßigkeiten muss die Ursache für die beobachteten Phänomene sein, es kann auch das Eingreifen von Personen sein.

Lucy: Du meinst, **dass Personen, und letztlich dann Gott direkt dafür verantwortlich ist**, dass mein Stift herunterfällt?

Kathrin: Ja, warum denn nicht? Warum können wir uns nicht vorstellen, dass der Grund dafür, dass unser Stift fällt, in der Entscheidung Gottes liegt, ihn fallen zu lassen?

Wenn wir wirklich glauben, dass nicht die Materie der entscheidende Prinzipgeber ist, sondern dass die Welt von Gott zusammengehalten wird, warum sollte man unser Erleben, dass die Dinge auf diesem Planeten nach unten fallen, nicht so deuten, dass es eine Willensentscheidung Gottes ist, dass dies geschieht?

Der Voluntarismus

Jedenfalls ist dies eine mögliche Deutung und wurde so im **Voluntarismus**[55] von verschiedenen Denkern vorgenommen (unter denen auch einige zu finden sind, die sich um eine Wirklichkeitssicht von Gott her bemühten).

Man erachtet dabei, analog zu unseren bisherigen Ausführungen, Wirklichkeit als zutiefst personal bestimmt, und stellt besonders den Willen personaler Instanzen, sprich vor allem Gottes und des Menschen, in den Mittelpunkt der Betrachtung.

Denn **der Wille wird als Kern der Person gesehen**, als eigentliche Instanz, die ein Wesen überhaupt erst zur Person macht. Durch Willensakte setzen Personen Wirkungen in diese Welt hinein, durch Entscheidungen und nicht durch blind ablaufende materielle Gesetzmäßigkeiten wird diese Welt gestaltet – Gott entscheidet und der Stift fällt.

55 Voluntarismus von voluntas (lat.) Wille

Voluntarismus

In der Philosophiegeschichte wird der Begriff Voluntarismus (als Begriff erstmals im 19. Jahrhundert eingeführt) recht vielschichtig gebraucht.
Wie schon der Name sagt, ist allen Vertretern die **besondere Betonung des Willens** gemeinsam.

Der Voluntarismus tritt besonders **dem Intellektualismus[56] entgegen** und hebt hervor, dass es die freie Entscheidung, nicht der Verstand sei, der den Menschen letztlich zu dem macht, was er ist, zur Person.

So widerspricht man z.B. der Behauptung des Intellektualismus, schlechtes Handeln geschehe aus Unwissenheit. Vor allem in der als theologischer Voluntarismus bezeichneten Strömung unterstreicht man, dass ethische Ziele letztlich kaum durch die Übung des Verstandes, sondern nur durch Unterordnung des eigenen Willens unter den Willen Gottes erreicht werden können. So begründete, in Abgrenzung zu Thomas von Aquin, bereits **Johannes Duns Scotus** (1266 – 1308) „...den eigentlichen theologischen Voluntarismus, indem er ... den Verstand dem Willen dienen und die ewige Seligkeit nicht so sehr in der Anschauung Gottes als mehr in der unbedingten und endgültigen Erwiderung seiner Liebe und dem Aufgehen in seinem Willen bestehen lässt."[57]

Mit der **Infragestellung materiell orientierter Wirklichkeitssichten** durch die Vorstellung des Primats des Willens hat sich vor allem der evangelische Theologe **Karl Heim** (1874 – 1958) beschäftigt und sich intensiv mit den Streitfragen zwischen Philosophie, Naturwissenschaft und Theologie auseinandergesetzt.

Wie empfinden Sie die voluntaristische Sichtweise?
Stellen Sie sich den bisherigen Verlauf Ihres Tages als ein Zusammenspiel verschiedener Willen vor – Gottes Wille – Ihr eigener Wille – der Wille anderer Menschen!
Wie geht es Ihnen, wenn Sie sich die unterschiedlichen Ereignisse aus dieser Perspektive erklären?
Was hätten Sie ohne Annahme einer Verursachung durch Willensentscheidungen ganz anders verstanden?

56 Im Intellektualismus wird dem Geist als Intellekt (Vernunft, Verstand) der Vorrang vor dem Willen zugesprochen. Typische Vertreter sind z.B. Aristoteles oder Thomas von Aquin.

57 Halder, Müller, 1993, S. 333

Bewirkt Gott jedes kleinste Ereignis durch einen direkten Willensakt?

Tom: Denkst du wirklich, dass Gott jede Zehntelsekunde lauter Kinkerlitzchen entscheidet, dass er wirklich jede einzelne Wirkung mit einer ganz persönlichen Willensentscheidung auslöst?

Kathrin: Warum nicht? Denkst du etwa, dass Gott zu klein ist, dass er das nicht könnte? Oder dass ihm das zu unwichtig, zu lästig wäre? Was ist an der Vorstellung besser, dass er allgemeine Gesetze eingerichtet und alles einmal wie eine Spieluhr aufgezogen hat, damit er sich jetzt nicht mehr darum zu kümmern bräuchte?

Tom: Du weißt genau, dass ich nicht gemeint habe, Gott hätte jetzt gar nichts mehr mit dem zu tun, was hier auf der Welt passiert. Aber ich finde den Gedanken, dass er wirklich jedes kleinste Ding persönlich entscheidet, schon ganz schön ungeheuerlich.

Kathrin: Ich will nicht darauf bestehen, dass es unbedingt so sein muss. Schließlich ist es nicht beweisbar, ob Gott Naturgesetze eingeführt hat oder ob er beständig die Dinge bewirkt, auch wenn mir das biblisch näher zu liegen scheint.

Warum trauen auch Christen Gott dieses direkte Eingreifen kaum zu?

Unabhängig davon finde ich es immer wieder erstaunlich, wie wir – auch als Christen – auf diese Vorstellung reagieren. Dabei könnte es für uns ganz „normal" sein. **Warum sollte Gott das nicht bewirken können, wo er doch das ganze Sein überhaupt zusammenhält?** Das ist doch auch nichts anderes.
Es ist schon interessant, zu reflektieren, warum wir so stark vom Glauben an materielle Gesetzmäßigkeiten bestimmt sind. Und das, obwohl in der Physik z.B. nicht geklärt ist, was Kraft überhaupt ist, und wie insbesondere Schwerkraft wirkt. Warum rutschen wir im Alltag immer wieder in die Haltung, wohl an Gott zu glauben, aber die Auswirkungen auf unsere ganze Welt- und Wirklichkeitssicht zu vernachlässigen? Warum lassen wir Gott für die „Installation" der Naturgesetze verantwortlich sein, aber ansonsten ändert sich nicht viel?
Steckt dahinter nicht die Tendenz, Gott aus dieser Welt auszuschließen? Steckt dahinter nicht das Autonomiestreben des Menschen, das auch uns Christen immer wieder beeinflusst?
„Gottes Wille ist es, der alles in dieser Welt regiert und lenkt. Weil aber Gott nicht mehr denkbar war, wurde die Naturgesetzlichkeit das allein Bestimmende. Man war der Meinung, sämtliche Vorgänge, auch die allerfeinsten Abläufe im menschlichen Organismus, das Denken und Empfinden seien rein physikalisch-chemisch, d.h. nur durch die Naturgesetzlichkeit geregelt. Der Mensch sei nichts anderes als Materie."[58]

Lucy: Da fühlt man sich ganz schön ertappt.

Kathrin: Tut mir leid, wenn ich gerade etwas heftiger geworden bin. Aber es ärgert mich immer wieder, wenn ich sehe, wie sehr wir als Christen in den üblichen Denkschienen verhaftet sein können. Ich schließe mich selbst da übrigens ganz mit ein.

Warum erleben wir Gesetzmäßigkeiten?

Tom: Trotzdem, ich habe schon noch meine Fragen, alles als Gottes direkte Entscheidung zu sehen. Wie ist das z.B. mit der Erfahrung, dass vieles immer in gleicher Weise, sogar mathematisch berechenbar geschieht? Das legt doch regelrecht nahe, dass es Gesetze geben muss!

Kathrin: Völlig richtig und zugegeben, letztlich weiß ich auch nicht, warum sich Gott in manchen Dingen offensichtlich fast immer gleich entscheidet. Offenbar entspricht es Gottes Willen, **uns einen Lebensrahmen abzustecken**, uns einen Raum zu gewährleisten, in dem eine gewisse **Orientierung und Verlässlichkeit** herrscht.

58 Rohrbach, 1967, S. 79f

Tom: Genau, denn ohne das könnten wir kaum mit der Wirklichkeit umgehen. Wie sollten unsere Flugzeuge fliegen, unsere Maschinen arbeiten, ohne dass sich die zugrundeliegenden Berechnungen auf eine konstante Wirklichkeit beziehen?

Kathrin: Ja, das ist durchaus positiv, dass wir bestimmte Regelmäßigkeiten erleben, sonst würden wir uns vielleicht nicht einmal trauen, auf den Stühlen zu sitzen, die wir gerade benutzen – sie könnten heute ja elastisch oder brüchig sein, zu fliegen anfangen oder uns verbrennen.

Allerdings kann man diese Gleichmäßigkeit bzw. den menschlichen Versuch, daraus Gesetze zu formulieren, auch noch anders deuten. Manche überlegen, **ob die erlebte Gesetzmäßigkeit ein Produkt des Sündenfalls ist**, eine Frucht des Baumes der Erkenntnis.

Denn was war der Kern des Sündenfalls? Der Mensch wollte unabhängig sein von Gott, er wollte selbst Kontrolle über sich haben, sein Leben, seine Zielvorstellungen selbst definieren, selbst bestimmen, die Wirklichkeit selbst meistern.

Und wie ist das möglich? Doch nur auf der Basis fester Gesetzmäßigkeiten (wenn-dann). So kann Wirklichkeit berechenbar werden, ohne dass man an Gott herantreten muss, um sich für den nächsten Schritt im Umgang mit der Wirklichkeit von ihm selbst führen zu lassen.

Tom: Das wäre ja ein revolutionärer Gedanke, dass Gott ursprünglich vielleicht gar keine Gesetzmäßigkeiten wollte. Meinst du, im Paradies hat er die Menschen jeden Tag mit einem neuartigen Garten überrascht oder damit, dass sie einmal fliegen konnten und einmal ohne Luft leben?

Kathrin: Das kann ich nicht sagen. Schließlich weiß keiner von uns genau, wie die Dinge vor dem Sündenfall waren. Aber möglich ist der Gedanke schon. So oder so bin ich mir aber sicher, dass Gott will, dass wir auf jeden Fall ihm mehr vertrauen als allen Naturgesetzen und immer mehr lernen, unser ganzes Leben auf allen Ebenen in der unmittelbaren Verbundenheit mit ihm zu leben.

Prinzipiell gehen diese Gedanken nicht gegen die Möglichkeit göttlicher Ordnungen, sondern gegen unseren menschlichen Versuch, selbst Ordnung zu schaffen.
Sie gehen gegen den Versuch, Vertrauen und Beziehung durch „verlässlichere" Regeln zu ersetzen.
Welches Beispiel fällt Ihnen ein, wo Sie nach Regeln suchen (wenn ich das tue – dann wird jenes folgen), anstatt sich Gottes Führung und Gottes Handeln anzuvertrauen?

?

Lucy: Auch wenn das jetzt ein Gedankensprung ist, muss ich noch eine Frage ansprechen, die mich schon die ganze Zeit beschäftigt. Wenn ich an Unfälle, Erdbeben, Naturkatastrophen und so denke, dann wäre es mir eigentlich lieber, weiterhin von Naturgesetzen auszugehen als von einer Verursachung durch Gott.

Das Zusammenwirken verschiedener personaler Instanzen

Kathrin: Gut, dass du das ansprichst. Denn wir haben noch zu wenig erwähnt, dass wir zunächst von Gott als der wichtigsten Person, als dem größten „Welt-Wirkenden" ausgehen, aber außerdem gibt es in dieser Welt andere personale Wesen, andere „Willensinstanzen". Die Geschehnisse dieser Welt sind nur aus dem **Zusammenspiel der verschiedenen personalen Wesen** verstehbar.

Allein schon beim Fallen des Stiftes bin ja auch noch ich beteiligt, die den Stift loslässt, im Zusammenspiel mit Gott, der ihn fallen lässt.
Und so ist es auch bei anderen Ereignissen, auch da geschehen Dinge, leider auch schlimme Dinge, Unfälle, Gewalt usw., an denen der Mensch mitwirkt.
Außerdem müssen wir Satan einbeziehen, bei dem es sich ja auch um ein personales Wesen handelt, das in einer gefallenen Welt die Möglichkeit hat, seine zerstörerischen Wirkungen ein Stück weit zu entfalten.

Ich möchte an dieser Stelle nicht weiter ins Detail gehen, vor allen die komplizierte Frage nach dem Leid in dieser Welt nicht vertiefen (das erfolgt in Fernkursordner 5a). Aber ich hoffe, ihr versteht schon besser, warum es eine wichtige Grundlage für eine biblische Wirklichkeitssicht ist, unsere „naturalistisch-materiellen Selbstverständlichkeiten" zu hinterfragen.
Wie oft sind wir als Christen immer noch so geprägt, dass wir etwas (z.B. eine Krankheit) als sehr viel schwerwiegender betrachten, wenn es körperlicher Natur ist, weil es ja „echten Realitätscharakter" hat.

Erleben wir nicht die „ganz normalen" Kausalabläufe als normal und denken, dass Gott nur bei Wundern ins Spiel kommt, anstatt dass wir mit der „Normalität Gottes" rechnen und wissen, dass die ganze Natur von seinem Wunderwirken bestimmt ist, dass nichts, absolut gar nichts unabhängig von ihm funktioniert?

Hier kann die neue Sicht der Relationenontologie, des Wissens um eine Wirklichkeit, die nur in IHM besteht, unseren Glauben sehr stärken.

FAZIT

Relationenontologie: „Der personale Charakter allen Seins"

Nicht die Suche nach Grundsubstanzen, die Suche nach einem bestimmten „So-Sein", führt zu einem biblischen Menschen- und Weltbild, sondern Ausgangspunkt ist das Wissen um die **relationale Eingebundenheit allen Seins**.

Eigentlichen Seinscharakter hat nicht der isolierte Mensch und auch die Welt der Dinge ist nur aus der Bezogenheit auf Gott verstehbar. **Gott trägt und erhält** jegliche Existenz **durch sein kräftiges Wort**. Er gibt allem Sinn, Bestimmung und Ziel.

Materie und Geist sind zwei typische menschliche Erlebnisweisen der von Gott geschaffenen Wirklichkeit. Wir dürfen sie nicht als getrennte Seinsebenen verstehen, sondern als **unterschiedliche Perspektiven** auf die komplexe Ganzheit des Seins und des Menschen.

Um die Wirkungen in dieser Welt zu erklären, sollten wir nicht unbesehen die automatischen Mechanismen von **„Naturgesetzen"** annehmen. Der **Voluntarismus** weist uns darauf hin, dass wesentliches Gestaltungselement der Wille personaler Instanzen ist (und deren Zusammenspiel).

Auf jeden Fall müssen wir lernen, nicht Gesetzmäßigkeiten, sondern **Gott zu vertrauen** und aus der Verbundenheit mit ihm zu leben. Er wirkt nicht nur dort, wo etwas „übernatürlich" abläuft.

C

Das Eigentliche: Vertrautheitserkenntnis

I. Kennzeichen des biblischen Erkenntnisweges (zu Grundfrage 4) 109

1. Biblische Vorstellungen von Erkenntnis 109
a. Das hebräische und das griechische Denken 109
b. Nous – der Sitz des Erkenntnisvermögens im Herzen des Menschen 112
c. Ginosko, Yada – ganzheitliches Erkennen 114

2. Personerkenntnis durch Vertrautheitserkenntnis 118
a. Der Zusammenhang von Personerkenntnis und Beziehung 118
b. Ergänzungstext: Leben in einer Vertrautheitsbeziehung zu Gott 122

3. Die Widerfahrensebene 129
a. Gott hat das Eigentliche bereits getan 129
b. Das Eigentliche ist nicht machbar, es widerfährt 133
c. Der Mensch gibt Antwort 135

4. Einlassen statt Distanz nehmenden Hinsehens 138
a. Die Bereitschaft, Stellung zu beziehen 138
b. Wechselseitige Anteilnahme und Veränderungsbereitschaft 139

5. Existenzielle Anerkennung Gottes 142
a. Gottes-Herrschaft statt Selbst-Herrschaft 142
b. Erkennen, gehorchen, handeln 145

II. Heiligung und Liebesfähigkeit des Erkenntnissubjekts (zu Grundfrage 2) 151

1. Die Erkenntnisfrage wird zur Lebens- und Relations-Frage 151
a. Veränderung der Person des Erkenntnissubjekts (Heiligung) 151
b. Das Ziel: Erkennen in Liebe und Gehorsam 153

2. Haltungen der Liebe in der Vertrautheitsbeziehung 155
a. Ergänzungstext: Impulse aus der modernen Philosophie (durch Martin Buber und Emmanuel Levinas) 156
b. Entäußerung (nach Johann Georg Hamann) 164

III. Was ist Wahrheit? (zu Grundfrage 1) 169

1. Ein personaler Wahrheitsbegriff 169
a. Wahrheit ist eine Person 170
b. Wahrheit ist relational 171

2. Konsequenzen für die christliche Erkenntnissuche 173
a. Lebendige Briefe, nicht „Christianismus“ 173
b. Verankerung in der „Torheit des Kreuzes“ 175
c. Wahrheit ist nicht, sie wird gelebt! 177

In diesem Kapitel sollen die Grundzüge einer biblischen Vorstellung von Erkenntnis erarbeitet und folgende Eckpunkte des Eigentlichen dieser Erkenntnis einsichtig werden: Erkenntnis gewinnt man nicht aus der Distanz, sondern im persönlichen Einlassen und im Vertrautwerden des Erkenntnissubjekts mit dem Erkenntnisobjekt. Diese Erkenntnisfindung hat mit der Heiligung des Erkenntnissubjekts zu tun. Erkenntnisgewinn und Wahrheit stehen in unmittelbarem Zusammenhang mit der Beziehung zu dem offenbarenden Gott als Wahrheit in Person.

ZIEL

Hinführung:

In Kapitel B haben wir den **Dreh- und Angelpunkt eines biblischen Wirklichkeitsverständnisses** benannt: Wir stehen bei unserer Erkenntnissuche nicht einfach irgendwelchen Erkenntnisobjekten, nicht DER Wirklichkeit als unpersonalem Neutrum gegenüber, sondern **DEM Wirklichen als Person**, der uns Offenbarung über sich und seine Schöpfung schenken will.

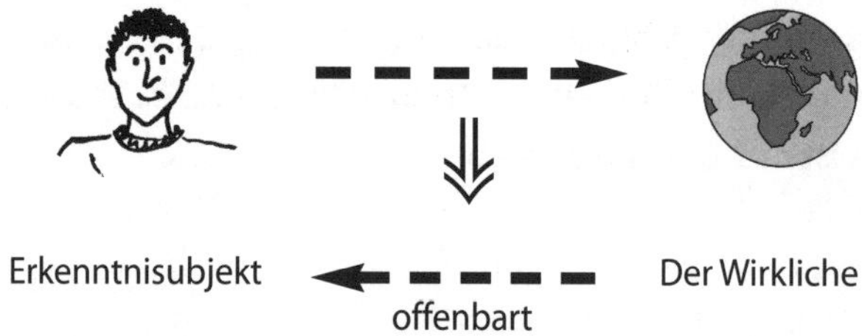

Auch die Kanäle, wie Gott sich offenbart hat, sein Volk Israel, Jesus Christus und die Schrift, die von ihm zeugt, haben wir kennengelernt, sowie zentrale Grundlagen, was uns Gott auf diesen Wegen über den Menschen und das Sein an sich mitgeteilt hat.

Dabei haben wir – vielleicht ist es dem einen oder anderen aufgefallen – einen ganz wichtigen Schritt übersprungen und so getan, als gäbe es in diesem Bereich plötzlich kein „Erkenntnisproblem" mehr, als könne man einfach sagen: „Das und das offenbart uns Gott, und damit ist alles klar."

Natürlich wissen wir, dass die Dinge nicht so einfach sind. Auch unter Christen, auch wenn man sich auf Gottes Offenbarung bezieht, gibt es Fragen und unterschiedliche Meinungen, was wirklich die offenbarte Sicht Gottes ist. Deshalb bedarf die Frage, **wie Erkenntnis im Rahmen der Offenbarung möglich ist**, noch einer intensiven Klärung. In diesem Kapitel werden wir anhand der Grundfragen 1, 2 und 4 wesentliche Eckpunkte dazu erarbeiten.

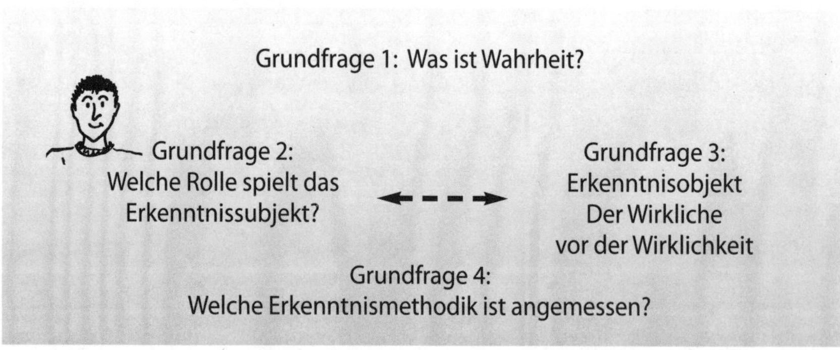

Wir beginnen unsere Klärung mit „dem Eigentlichen" zu diesen Fragen, mit den wichtigsten Grundzügen einer biblisch begründeten Erkenntnis. Verschiedene ergänzende Aspekte und damit zusammenhängende Pro- und Contra-Diskussionen werden in den weiteren Kapiteln folgen.

I. Kennzeichen des biblischen Erkenntnisweges (zu Grundfrage 4)

Da wir nach biblischem Verständnis einer Wirklichkeit gegenüberstehen, die personal bestimmt ist, müssen wir jetzt grundsätzlich überlegen, wie wir in unserem Suchen nach Erkenntnis diesem „personalen Erkenntnisobjekt" überhaupt gerecht werden können. Ein Blick in die Bibel selbst, auf biblische Begriffe und Vorstellungen zum Erkenntnisvermögen und Erkennen des Menschen, soll dazu der Einstieg sein.

Machen Sie sich, bevor Sie weiterlesen, Ihre momentanen Vorstellungen von „Erkenntnis" bewusst!
Überlegen und notieren Sie:
An was denken Sie spontan, wenn Sie den Begriff „Erkenntnis" hören?
Haben Sie Ideen, was die Bibel über Erkenntnis sagt?
Wie sollte Erkenntnis nach biblischem Muster gewonnen werden?

1. Biblische Vorstellungen von Erkenntnis

Sicher fallen jedem spontan einige Bibelstellen ein, in denen von Erkenntnis oder Erkennen die Rede ist, angefangen mit der Erkenntnis des Guten und Bösen (1 Mose 2) bis hin zu der Aussage, dass wir durch den Glauben erkennen (Hebräerbrief). Doch was ist mit „erkennen" gemeint, vor allem, was sagen die biblischen Texte zu einer Suche nach der Wahrheit?

a. Das hebräische und das griechische Denken

Da das AT in hebräischer, das NT in griechischer Sprache verfasst ist, fragen wir für unser Verständnis eines biblischen Erkenntnisbegriffs sinnvollerweise nach der **Wortwahl der biblischen Texte** und nach der Bedeutung der gewählten hebräischen und griechischen Begriffe in den **Denktraditionen der damaligen Zeit**.

Dabei können wir erfahren, dass sich vor allem die Bedeutungszuweisung der verwendeten griechischen Begriffe *in* und *außerhalb* der Bibel deutlich unterscheidet. Die griechischen Begriffe für „Erkennen" scheinen in der Bibel anders definiert als im Sprachgebrauch der Literatur und Philosophie des Altertums. Ja, man hat geradezu das Gefühl, dass das NT zwar in Griechisch geschrieben ist, aber eigentlich in Hebräisch „gedacht" wird – ein Sachverhalt, der uns nicht zu sehr in Erstaunen versetzen dürfte, da es sich bei den Autoren ja um Hebräer handelt.

> *Hinweis:*
> *Genaugenommen muss man sagen, dass das NT nicht in der Schriftsprache der klassischen griechischen Literatur und Philosophie geschrieben ist, sondern eher in einer gesprochenen, umgangssprachlichen Form des Griechischen, der Koine.*

Das unterschiedliche Wirklichkeitsverständnis des Hebräers und des Griechen

Doch ist so etwas möglich, denken Hebräer grundsätzlich anders als Griechen? Ja, sagen die einen, manche Theologen formulieren einen echten Gegensatz zwischen einem **hebräischen** und einem **griechischen** Denken. Sie sehen eine „tiefe Differenz zwischen griechischem und hebräischem Wirklichkeitsverständnis, die in der strukturellen Verschiedenheit der Sprachen waltet und in der extremen Andersartigkeit zum Ausdruck kommt, wie das AT und der griechische Geist Gott und Welt, Mensch und Geschichte, Wort und Wahrheit zur Sprache bringen."[1]

Andere Theologen warnen vor einer zu scharfen Polarisierung und weisen darauf hin, dass man sich unter „hebräischem Denken" kein festgefügtes Denkgebäude von den Anfängen der Bibel bis hin zu den Aussagen Jesu vorstellen dürfe. Auch begründe nicht die hebräische Sprache allein eine spezifische Wirklichkeitssicht.

Dennoch lassen sich dem Zusammenspiel von Sprache und inhaltlichen Aussagen der Heiligen Schrift spezifische Tendenzen und Schwerpunkte entnehmen, die den Blick der Hebräer auf die Welt und den Menschen im Gegensatz zur griechisch-philosophischen Denktradition der Antike kennzeichnen und die, trotz der Verwendung der griechischen Sprache, eben auch im NT zu finden sind.

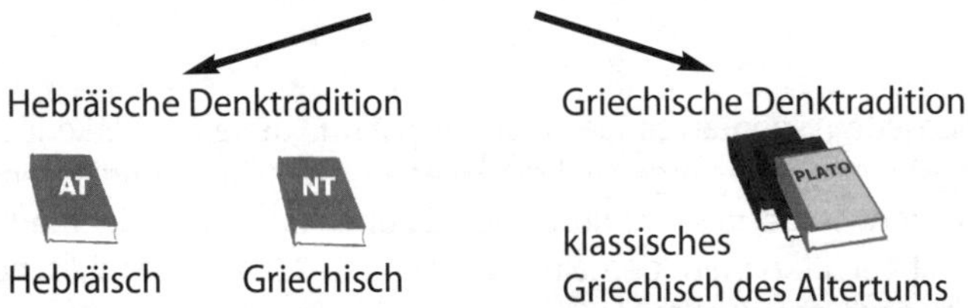

Da unsere westliche Kultur in ihrer gesamten Sprach- und Denkentwicklung stark vom griechischen Denken geprägt ist, sodass wir üblicherweise eine griechisch geprägte „Weltbildbrille" tragen, stehen wir vor der Herausforderung, **biblische Begriffe von ihrem biblisch-hebräischen Hintergrund her neu zu füllen**. Ist uns dies nicht bewusst, mühen wir uns nicht um die eigentliche Bedeutung der Begriffe, werden wir sie (auch in deutscher Übersetzung, also z.B. Verstand, Vernunft, Erkennen) gemäß unserer üblichen „griechischen" (bzw. westlichen) Weise interpretieren und damit eventuell missverstehen.

Kennzeichen des „griechischen" Denkens

Werfen wir einen kurzen Blick auf das „griechische Denken", auf die Vorstellung, die das Griechenland des Altertums bezüglich des Begriffs „Gnosis" (Erkenntnis) hatte, und aus deren Wurzeln unsere heutige (Wissenschafts-)Kultur im Prinzip entstanden ist.

Nichts ist für den gebildeten Griechen so erstrebenswert, gilt als ein derart hohes Gut, wie das Erlangen von Erkenntnis. Im Griechenland der Antike wird in keinen Bereich des Staatswesens, mit Ausnahme vielleicht des Heeres, so investiert wie in

1 Ebeling in Galling, 1957, S. 792

die „Philosophenschulen". Ihnen wird die ehrenvolle Aufgabe zugedacht, sich um die „rechte" Erkenntnis zu mühen, wobei es primär um die **Erkenntnis von Gegenständen und Sachverhalten** und insbesondere um die **allgemeinen Gesetzmäßigkeiten** geht, denen sie gehorchen.

Erkennen wird dabei, auch begrifflich, abgegrenzt von einer rein instinktiven, unreflektierten Wahrnehmung (griech. *aisthanesthai*) und der Möglichkeit, lediglich eine unsichere Meinung zu haben (griech. *dokein*). Nur dann spricht der Grieche von Erkenntnis, wenn er diese „minderwertigen" Sicherheitsgrade hinter sich gelassen hat und meint, die Wahrheit (griech. *aletheia*) erfasst zu haben.
Als zentralster Weg, dieses Ziel zu erreichen, wurde der **platonische Weg** erachtet, bei dem es darum geht, die Idee der jeweiligen Dinge zu entwickeln, von der ja behauptet wird, sie sei dem Verstand zumindest in Ansätzen von vornherein mitgegeben. Dies wurde in den Philosophenschulen generalstabsmäßig betrieben, indem Philosophen und Philosophenschüler den gesamten Tag damit verbrachten, den Verstand zu üben, indem sie nachdachten, mit Begriffen operierten, die Logik entwickelten, im Dialog mit anderen Philosophen standen etc.

Auch die Wiege der „vorurteilslosen Forschung" als Versuch, alle eigenen Grundannahmen im Erkenntnisprozess auszuschalten, ist in diesem griechischen Denken zu finden.

Als zentrales Grundprinzip gilt dabei das **Distanz nehmende Hinsehen.** Um Objektivität zu erreichen, werden im Erkenntnisprozess möglichst alle eigenen Bezüge zum Erkenntnisobjekt ausgeschaltet. Es wird gefordert, die Teilnahme des Erkennenden am Erkannten solle sich auf das reine Sehen reduzieren.

Unterschiede zwischen hebräischem und griechischem Denken

Grundsätzlich lässt sich sagen, dass **Hebräer sehr viel personaler vorgehen**, den Erkenntnisprozess nicht als Definition und Beschreibung spezifischer Sachverhalte verstehen, sondern von lebendigen Beziehungen her denken.

So ist die Welt für sie nicht primär von Dingen und Sachverhalten bestimmt, sondern davon, dass sich Personen, und vor allem, dass Menschen **dem lebendigen Gott gegenüberstehen.** Dieser versorgt sie, neben vielem anderen, auch mit den wichtigen Erkenntnisbotschaften, die sie für ihr Leben nötig haben.

Erkenntnissubjekt ← – – – – Der Wirkliche
Botschaft

Zudem beinhaltet dieses Denken in lebendigen Beziehungen einen grundsätzlich umfassenderen, ganzheitlicheren Zugang zur Wirklichkeit. Nicht feste, abgeschlossene Kategorien, sondern **dynamische Bewegungen und Entwicklungen** stehen im Vordergrund.

Dies wird auch an der hebräischen Sprache deutlich. Zum Beispiel bedeutet das Wort *haja* sowohl *sein* als auch *werden, geschehen oder entstehen.* Das Substantiv für „Wort", *dabar,* wird ebenfalls verwendet, wenn eine *Sache, Ereignis, Erlebnis, Tun* oder eine *Angelegenheit* gemeint ist. Sein und Werden, Reden und mögliche Ergebnisse der Rede werden also mit jeweils einem Wort ausgedrückt.

Auch die Aufteilung in Vergangenheit, Gegenwart und Zukunft wird im Hebräischen nicht in entsprechenden eigenen Verbformen ausgedrückt, sondern erst aus dem Satzzusammenhang ersichtlich. Deshalb bleibt es manchmal sogar offen, ob ein Satz aussagt, dass jemand etwas tut, tun wird oder tun soll.

b. Nous – der Sitz des Erkenntnisvermögens im Herzen des Menschen

Wenn wir uns jetzt konkret den Begriffen im Umfeld von „Erkennen" zuwenden, so beschäftigen wir uns zunächst mit dem „Erkenntnisorgan", sprich den biblischen Begriffen, die üblicherweise im Deutschen mit Verstand oder Vernunft übersetzt werden (hebräisch *byna, sekäl,* griechisch den Worten aus der Familie *nous*).

Was verstehen wir Mitteleuropäer vom vertrauten griechischen Denken her unter Verstand, Vernunft? In der Regel sehen wir unseren Intellekt als das Mittel, mit dem wir die Welt um uns herum erfassen.
Interessant dürfte sein, dass der griechische Begriff *nous* tatsächlich erst von der griechischen Philosophie in dieser Weise kognitiv geprägt wurde, während das Griechische der vorphilosophischen Zeit eine weitaus größere Bedeutungsfülle aufwies, die der hebräischen Bedeutung von *byna, sekäl* und der NT-Verwendung von *nous* recht nahe steht.

Große Einheit von Denken, Fühlen, Wollen und Handeln

Hier fällt auf, dass *byna, sekäl und nous* eben nicht nur als Organ verstanden werden, mit dem man denkt, sondern dass mit diesen Worten biblisch eine große Einheit von Denken, Fühlen, Wollen und Handeln ausgedrückt wird. Dies zeigt sich an den Hauptbedeutungen von *nous* (und dessen Wortfamilie), wie wir sie im NT finden:

(1) Sinn, Gesinnung
Dem „Erkenntnisorgan" wird der Sitz des Wollens, der inneren ethischen Gesamthaltung zugeschrieben. Es ist die Sache des *nous*, des „Verstandes", (sicher in Abhängigkeit von Gott) zu wissen, was Recht und was Unrecht ist.
An diesem *nous*, an der Ausrichtung des gesamten Denkens und Wollens soll beim Christen immer wieder Erneuerung geschehen.

> *Römer 12,2: „Und stellt euch nicht dieser Welt gleich, sondern ändert euch durch Erneuerung eures Sinnes, damit ihr prüfen könnt, was Gottes Wille ist, nämlich das Gute und Wohlgefällige und Vollkommene."*

(2) Urteilsfähigkeit
Auch über den ethisch-sittlichen Bereich hinaus wird dem *nous* die Fähigkeit der Entscheidungsfindung zugerechnet.
Dabei besitzt das Wort nicht nur das Moment der Entscheidung, die aufgrund einer denkerischen Erfassung der Problemlage erfolgt, sondern neben der grundsätzlichen Ausrichtung des *nous* (also unserer Entscheidungen) auf Gott hin, spielt auch das *emotional-intuitive* Moment eine Rolle. Auch das intuitive Gespür für das Richtige soll miteinbezogen werden.

(3) Handlungsausrichtung
Zudem enthält *nous* eine sehr praktisch orientierte Bedeutungsvariante. Es soll nicht nur theoretisch reflektieren, sondern im konkreten Handeln, im Wollen und Tun zeigt sich, wie es um die Gesinnung tatsächlich bestellt ist.

Bleibt das *nous* allein in theoretischen Überlegungen stecken, setzt sie nicht in die Tat um, bleibt das Eigentliche ungeschehen.
Wenn die Unwissenheit in unserem Sinn aufgehoben ist, dürfen wir auch nicht mehr leben wie früher als Heiden.

> *Eph 4, 17: „So sage ich nun ..., dass ihr nicht mehr leben dürft, wie die Heiden leben in der Nichtigkeit ihres Sinnes (nous)."*

(4) Denkvermögen
Der Vollständigkeit halber sei erwähnt, dass unser heutiges Verständnis bezüglich eines „Erkenntnisorgans" sicher auch seinen Platz hat im biblischen Denken. Theoretische Reflexion, Nachdenken, rein verstandesmäßige Tätigkeit sind dem NT keineswegs unbekannt.

Das Herz als Ort von nous

Ergänzend dürfte es interessant sein, wo der Sitz des *nous* vermutet wird. Nicht dem Kopf, sondern dem Herzen (hebr. *leb*, griech. *kardia*) schreibt der Hebräer nämlich diese Fähigkeiten zu.
In diesem „Zentralorgan", das als innerster Kern des Menschen, als Zentrum der Persönlichkeit, des Charakters, der Emotionalität, des Wollens des Menschen verstanden wird, vollzieht sich die Tätigkeit des *nous*. Mit dem Herzen versteht man...

> *Mt 13, 15: „Denn das Herz dieses Volkes ist verstockt: ihre Ohren hören schwer, und ihre Augen sind geschlossen, damit sie nicht etwa mit den Augen sehen und mit den Ohren hören und mit dem Herzen verstehen und sich bekehren, und ich ihnen helfe."*

Ein weiteres Beispiel:
Sprüche 6, 32: (Luther)
„Aber wer mit einer Verheirateten die Ehe bricht, der ist von Sinnen; wer sein Leben ins Verderben bringen will, der tut das."
Sprüche 6, 32: (Elberfelder)
„Wer aber Ehebruch treibt mit der Frau seines Nächsten, ist ohne Verstand. Nur wer sich selber vernichten will, der mag das tun."

Interessanterweise steht hier für „Sinnen" (Luther), „Verstand" (Elberfelder) direkt das hebräische Wort *leb*, sodass man frei auch übersetzen könnte:
„Wer mit einer Verheirateten die Ehe bricht, dem fehlt es im Zentrum seines Wesens ..."

An dieser Bedeutungsvielfalt zeigt sich das ganzheitliche Ziel biblischer Erkenntnis. Ein biblisches Erkenntnisorgan hat nicht nur für theoretische Reflexion zu sorgen, es ist auch Sitz der sittlich-gewissensmäßigen Grundausrichtung, des gesamten Wollens, der Urteilsfähigkeit sowie der Emotionalität. Zudem hat es noch für die praktische Umsetzung des Erkannten zu sorgen.

c. Ginosko, Yada – ganzheitliches Erkennen

Nähern wir uns weiter der biblischen Verwendung der Begriffe für den Erkenntnisvorgang, *yada* und *ginosko* (Substantiv: *gnosis*), so fällt deren völlig „unverkrampfter" Gebrauch auf. Ähnlich wie in unserer Alltagssprache bezeichnen sie weder im AT noch im NT ein philosophisch definiertes Vorgehen, sondern stehen für die ganze Bandbreite menschlichen Erkennens: für das normale Erkennen eines Menschen (Lk 24, 16) oder eines Sachverhalts (Joh 19, 4) ebenso wie für das Erkennen der Wahrheit (Joh 8, 32) oder die Erkenntnis Gottes (Joh 16, 3).

Erkenntnis ist PERSON-Erkenntnis

Insgesamt zeigt sich, was schon in der allgemeinen Einleitung formuliert wurde, dass der Hebräer als Ziel des Erkennens keinesfalls das immer bessere Erfassen von Dingen und Sachverhalten versteht. Vor allem dem AT scheint das typisch griechisch-philosophische Denken, scheinen „Philosophenschulen" völlig fremd zu sein. Kaum finden sich hier „systematische Lehrtexte", die möglichst strukturiert ein Gottes-/Menschenbild oder gar ein möglichst gutes Modell der Sachverhalte und Gesetzmäßigkeiten unserer Welt entwerfen. Statt derartige Theoriegebäude zu errichten, erzählt das AT in weiten Teilen die tagtägliche Geschichte, die Gott mit dem Volk Israel schreibt.

Der Focus liegt eindeutig im personalen Bereich, es geht um die Erkenntnis Gottes und des Menschen, wobei offensichtlich davon ausgegangen wird, dass sich diese Erkenntnis am besten im Mitverfolgen des täglichen Umgangs Gottes mit den Menschen und der Menschen untereinander erschließt. Der Grund hierfür dürfte sich aus dem eigentlichen, in der Bibel geäußerten Erkenntnisinteresse ergeben, den **Beziehungen** der Menschen zu Gott und untereinander.
„Erkennet, dass der Herr Gott ist!" (Ps 100, 3)
„... denn das Land wird voll Erkenntnis des HERRN sein ..." (Jes 11, 9)
„Er half dem Elenden und Armen zum Recht, und es ging ihm gut. Heißt dies nicht, mich recht erkennen? spricht der HERR." (Jer 22, 16)

Auch für das NT gilt, dass **Erkenntnis PERSON-Erkenntnis ist**.
Erkenntnisziel ist die vielfache Beziehungsrealität zwischen Gott und Menschen. Auch hier steht der Nachvollzug des Lebens Jesu, seines täglichen Umgangs mit den Menschen im Mittelpunkt.

Die Entfaltung von theoretischem Wissen in der Bibel

Auch wenn der Schwerpunkt der biblischen Erkenntnisbemühungen auf der Personerkenntnis liegt, gibt es eine Bereitschaft zu theoretischer Reflexion, z.B. in der Weisheitsliteratur des AT. Ebenso finden sich im NT, vor allem in den Briefen, immer wieder größere Passagen, in denen durchaus ein systematisches, lehrmäßiges Bild verschiedener Aspekte des Mensch-Seins, seiner Gottesbeziehung usw. entworfen wird.
Zudem werden wir aufgefordert, im Wort der Schrift zu forschen oder in der Lehre der Schrift so verwurzelt zu sein, dass wir uns nicht unmündig von jedem Wind der Lehre bewegen lassen.

Apg 17, 11:
Die in Beröa „nahmen das Wort bereitwillig auf und forschten täglich in der Schrift, ob sich's so verhielte."
Eph 4, 11–14:
„Und er hat einige als Apostel eingesetzt, einige als Propheten, einige als Evangelisten, einige als Hirten und Lehrer, damit die Heiligen zugerüstet werden zum Werk des Dienstes. Dadurch soll der Leib Christi erbaut werden, bis wir alle hingelangen zur Einheit des Glaubens und der Erkenntnis des Sohnes Gottes, zum vollendeten Mann, zum vollen Maß der Fülle Christi, damit wir nicht mehr unmündig seien und uns von jedem Wind einer Lehre bewegen und umhertreiben lassen durch trügerisches Spiel der Menschen, mit dem sie uns arglistig verführen."
2 Thess 2, 2 +15:
„Wir bitten ... dass ihr euch in eurem Sinn nicht so schnell wankend machen noch erschrecken laßt – weder durch eine Weissagung noch durch ein Wort oder einen Brief ...
So steht nun fest, liebe Brüder, und haltet euch an die Lehre, in der ihr durch uns unterwiesen worden seid, es sei durch Wort oder Brief von uns."

Einlassen statt Hinsehen aus der Distanz

Erkennen in der Bibel ist also insgesamt mehr auf Person- als auf Sacherkenntnis ausgerichtet. Deshalb fällt ein weiterer Unterschied zum Vorgehen der griechisch-philosophischen Tradition auf. Wie gesehen, gilt dort Objektivität als höchstes Ziel. Sie soll erreicht werden, indem das Erkenntnissubjekt mit seinen Grundannahmen beim Erkenntnisprozess möglichst außen vor bleibt. Doch wenn die Welt das Werk eines personalen Schöpfers ist, dann ist sie für den betrachtenden Menschen kein neutraler Gegenstand „... über dessen ‚Sinn', über dessen Vor- und Nachteile er aus dem Abstand des Betrachters befinden könnte."[2]

Deswegen kann man von der hebräischen Vorgehensweise sagen, dass jemand nur da erkennen kann, **wo er sich auf sein Gegenüber einlässt**, auf Gott ebenso wie auf Menschen. Nur da, wo er bereit ist, **persönlich beteiligt zu sein**, eben nicht aus der Distanz zu prüfen, rein im Nachdenken zu entscheiden, wird er Wahrheit finden.

So lädt Jesus, als er seine Jünger beruft, nicht zu einer Art Philosophenschule ein, wo sie diskutierend die Wahrheit herausfinden wollen, sondern er fordert sie auf: „Folgt mir nach, ich will euch zu Menschenfischern machen!" (Mt 4, 19). Indem die Jünger sich darauf einließen, „sogleich ihre Netze verließen und ihm nachfolgten", konnten sie zu denen werden, von denen es heißt: „Euch ist's gegeben, die Geheimnisse des Himmelreichs zu verstehen ..." (Mt 13, 11).

Anerkennung des Anspruchs Gottes

Besonders in der Beziehung zu Gott geht das Einlassen noch einen Schritt weiter, geht es nicht nur um ein Einlassen, sondern um ein **Anerkennen** der Tatsache, dass Er einen **Anspruch** an mich richtet. Soll wirkliche Gotteserkenntnis in meinem Herzen wachsen, bedarf es der gelebten Beziehung, in der ich mich ganz ihm stelle, mir in mein Leben „hineinreden" lasse, zu Veränderungen bereit bin.

2 v. Rad, 1992, S. 378

Ganzheitliches Erkennen fordert den ganzen Menschen.

Somit ist Erkennen kein Prozess, bei dem nur unser Intellekt angesprochen ist, vielmehr ist Erkennen eine **Herzensangelegenheit**, bei der ich als ganzer Mensch, unter Beteiligung meiner Gefühle, meines Willens gefordert bin (vgl. die Ausführungen zu *nous*).

Und deshalb bezeichnet die Bibel Nicht-Erkennen nicht nur als Irrtum, sondern auch als Schuld. Wenn ich Gott nicht erkenne, ist es eben nicht nur so, dass ich vielleicht leider irgendwo noch nicht gelernt habe, richtig hinzusehen oder richtig nachzudenken. Mir ist nicht nur irgendwo in meiner „Erkenntnismethodik" ein Fehler unterlaufen, sondern von der Bibel her wird dies in engem Zusammenhang, häufig als direkte Konsequenz unserer Verweigerung gesehen, uns auf den lebendigen Gott einzulassen, ihm und seinen Ansprüchen zu folgen.

Gott nicht erkennen – nicht nur ein Irrtum oder Mangel, sondern Verweigerung Gottes Ansprüchen gegenüber

Röm 1, 18–20:

„Denn Gottes Zorn wird vom Himmel her offenbart über alles gottlose Wesen und alle Ungerechtigkeit der Menschen, die die Wahrheit durch Ungerechtigkeit niederhalten.

Denn was man von Gott erkennen kann, ist unter ihnen offenbar; denn Gott hat es ihnen offenbart ... so dass sie keine Entschuldigung haben."

Eph 4, 17–18:

„So sage ich nun und bezeuge in dem Herrn, dass ihr nicht mehr leben dürft, wie die Heiden leben in der Nichtigkeit ihres Sinnes. Ihr Verstand ist verfinstert, und sie sind entfremdet dem Leben, das aus Gott ist, durch die Unwissenheit, die in ihnen ist, und durch die Verstockung ihres Herzens."

Röm 12, 2:

„Und stellt euch nicht dieser Welt gleich, sondern ändert euch durch Erneuerung eures Sinnes, damit ihr prüfen könnt, was Gottes Wille ist, nämlich das Gute und Wohlgefällige und Vollkommene."

Der Handlungsaspekt von Erkenntnis

Aus der Notwendigkeit von Einlassen und Anerkennen folgt ein weiterer Aspekt des biblischen Erkenntnisbegriffs. Die Bibel spricht letztlich erst dann von Erkenntnis, wenn jemand auch entsprechend handelt. Wer eine Wahrheit erfasst, sich der Umsetzung aber verweigert, hat nicht wirklich erkannt.

Die hebräische Sprache bildet dies ab, indem das Wort *sma* gleichzeitig „hören" und „gehorchen" ausdrückt. Hören und Gehorchen, Sollen und Tun, ein Auftrag und die entsprechende Handlung gehören so unabdingbar zusammen, dass man sie mit einem Wort bezeichnen kann.

Der Zusammenhang von Erkenntnis und Handlung
Eph 5, 15:
„So seht nun sorgfältig darauf, wie ihr euer Leben führt, nicht als Unweise, sondern als Weise."
Kol 1, 9b – 10:
„...wir bitten, dass ihr erfüllt werdet mit der Erkenntnis seines Willens in aller geistlichen Weisheit und Einsicht, dass ihr des Herrn würdig lebt, ihm in allen Stücken gefallt und Frucht bringt in jedem guten Werk und wachst in der Erkenntnis Gottes."
Titus 1, 16:
„Sie sagen, sie kennen Gott, aber mit den Werken verleugnen sie ihn; ein Greuel sind sie und gehorchen nicht und sind zu allem guten Werk untüchtig."
Jak 3, 13:
„Wer ist weise und klug unter euch? Der zeige mit seinem guten Wandel seine Werke in Sanftmut und Weisheit."

Als Kennzeichen eines biblischen Erkenntnisbegriffs haben wir im letzten Abschnitt die folgenden Grundzüge herausgearbeitet:
Person – nicht Sacherkenntnis
Einlassen statt Hinsehen aus der Distanz
Anerkennen von Gottes Anspruch
Handlungsorientierung.

Vergleichen Sie die Gedanken mit Ihren Notizen am Anfang des Kapitels zu Ihren Vorstellungen von Erkenntnis/biblischer Erkenntnis!

Was ist neu? Welcher Aspekt scheint Ihnen besonders wichtig?

2. Personerkenntnis durch Vertrautheitserkenntnis

Durch die Analyse der biblischen Wortbedeutungen haben wir ein Stück weit den Rahmen für einen biblischen Erkenntnisbegriff abgesteckt. Dabei sind eine Reihe von Begriffen gefallen, *Personerkenntnis, Begegnung, Einlassen, Anspruch, Handlungsorientierung*, die wir jetzt vertiefen wollen. Beginnen werden wir mit dem zentralsten Kennzeichen, dem sehr *personalen* Verständnis von Erkenntnis. Denn in welcher Haltung und auf welchem Weg ist die Erkenntnis eines personalen Erkenntnisobjekts möglich? Wie kann man dem Phänomen „Person" vom Kern her auf die Spur kommen?

Grundfrage 1: Was ist Wahrheit?

Grundfrage 2:
Welche Rolle spielt das
Erkenntnissubjekt?

Grundfrage 3:
Welche Grundvorstellung haben wir
von unserem Erkenntnisobjekt?
Der Wirkliche vor der Wirklichkeit
Personale Wirklichkeit

Grundfrage 4: Welche Erkenntnismethodik
ist einem personalen Erkenntnisobjekt angemessen?
Wie ist Personerkenntnis möglich?

a. Der Zusammenhang von Personerkenntnis und Beziehung

Während es bei Sachen oder für den Fall, dass ich den Menschen unter bestimmten Sachaspekten untersuche, um Erkenntnismethoden wie Beobachten, Untersuchen, Berechnen gehen kann, dürfte man auf diesem Weg kaum mit einem Offenbar-Werden des Phänomens „Person" rechnen. Es ist kaum anzunehmen, dass ich zu wirklich tiefer Personerkenntnis komme, indem ich einfach nur über jemanden lese, verschiedenste Daten über die Person sammle, mir wichtige Stationen des Lebenslaufs betrachte oder Vorträge über diese Person höre.

Vertrautheit als Weg der Personerkenntnis

Wenn wir überlegen, wodurch zwei Personen in der Tiefe Erkenntnis über- und umeinander gewinnen, stoßen wir vor allem auf den Weg der gelebten **Beziehung, der Begegnung**. Erst wenn ich mit einer Person Gemeinschaft habe, ihr nahe komme, kann ich sie selbst, ihr **Innerstes** ein Stück weit kennenlernen. Wenn ich eine Person von Angesicht zu Angesicht sehe und sie mir Anteil gibt an dem, was ihr Herz bewegt, kann ich mit ihr **vertraut** werden, wie **August Brunner**[3] es ausdrückt:
„Die höchste Vertrautheit und damit die reichste und wahrste und umfassendste Erkenntnis verleiht der ständige vertraute Umgang mit einem Menschen; er zeigt ihn ja in den verschiedensten Lebenslagen und damit von den verschiedensten Seiten, die alle auf den einen Mittelpunkt, sein Personsein hinweisen".[4]

Wirkliche Personerkenntnis ist außerdem nur möglich, wo ein Mensch bereit ist, sich zu offenbaren, von seinem Innersten mitzuteilen. „Von außen", aus dem reinen

3 kath. Theologe des 20. Jahrhunderts
4 A. Brunner, 1985, S. 112

Nachvollzug von Gestik, Mimik, Handlungen etc. kann man zwar gewisse Rückschlüsse ziehen, doch ohne **freiwillige Selbstoffenbarung** der betreffenden Person ist *prinzipiell* jeglicher Zugang zum Eigentlichen der Person verschlossen.

Auch Gott offenbart persönlich.

Dies gilt auch für die Kommunikation zwischen Gott und Mensch – und tatsächlich wählt Gott den Weg der persönlichen Offenbarung. Wie wir bereits in Kapitel B gehört haben, lässt er kein Buch vom Himmel fallen, keine „Gebrauchsanweisung", in der eine Beschreibung Gottes und die wichtigsten Fakten über den Menschen zusammengestellt sind, in der wir erfahren, wie die Dinge in seinem Reich so funktionieren.

Gott selbst tritt in die Beziehung mit seinem Volk und schreibt Geschichte mit ihm. Und er überwindet die Barriere zwischen Gott und Mensch, indem er selbst in seinem Sohn Jesus Christus viele Jahre als wirklicher Mensch unter uns lebt. Vielleicht haben wir uns schon zu sehr daran gewöhnt, als dass es uns noch in Erstaunen versetzt, dass er diesen Weg gewählt hat, in intensive Beziehung zu den Menschen getreten ist. Jesus hat unter ihnen gelebt, hat sich ihnen und ihren Fragen, ihren Nöten und Krankheiten gestellt, hat ihnen von Herzen gedient. Er hat sein ganzes Leben mit Menschen geteilt, ist in *verbindliche Beziehungen* eingetreten, indem er Menschen als Jünger wählte, die ihn Tag für Tag im ganz gewöhnlichen Alltag mit seinen Höhen und Tiefen erlebten.

Im Zentrum dieses Lebens standen keine abstrakten Lehrausführungen über Gott, das Reich Gottes und seine Gesetzmäßigkeiten, sondern tausende von Situationen, in denen **das Reich Gottes in Operation** lebendig wurde, in denen die tätige Liebe Gottes auf Erden sichtbar wurde, Liebe mit zwei Händen und Füßen. In unzähligen Situationen haben die Jünger sein Herz erlebt, sein Innerstes gespürt, wie Petrus, als Jesus ihn anblickt, nachdem der Hahn dreimal gekräht hat (Lk 22, 61), oder Thomas, als er die Hände in seine Seite legte (Joh 20, 27) oder Johannes, als er nah an seiner Brust lag (Joh 21, 20).

Auf welchem Weg könnte größere Gotteserkenntnis gedacht werden als auf diesem Weg eines gemeinsamen Lebens der **Vertrautheit mit IHM** selbst, Tag für Tag, Situation für Situation, Begegnung für Begegnung? Hier wird uns die größtmögliche Gottesoffenbarung zuteil, die es auf Erden geben kann, in Jesus erkennen wir den Vater: „Wenn ihr mich erkannt habt, so werdet ihr auch meinen Vater erkennen. Und von nun an kennt ihr ihn und habt ihn gesehen ... Wer mich sieht, der sieht den Vater." (Joh 14, 7 + 9b).

Sicher ist unsere Situation nicht vollständig mit der der Jünger vergleichbar. Doch wir wissen: Auch wir sind nicht ohne Person. Der Heilige Geist möchte uns in derselben Weise in die Gemeinschaft mit dem Vater führen, in die Jüngerschaft Jesu, möchte uns lehren, ihm in derselben Weise Tag für Tag „nachzulaufen", mit ihm das Leben zu teilen.

> *Joh 14, 16–18:*
> *„Und ich will den Vater bitten, und er wird euch einen andern Tröster geben, dass er bei euch sei in Ewigkeit: den Geist der Wahrheit, den die Welt nicht empfangen kann, denn sie sieht ihn nicht und kennt ihn nicht. Ihr kennt ihn, denn er bleibt bei euch und wird in euch sein. Ich will euch nicht als Waisen zurücklassen; ich komme zu euch."*

Vertrautheitserkenntnis gewinnen

Auf diesem Weg können wir, wie die Jünger, das Eigentliche und Wesentliche von Gott her verstehen lernen. „Im dauernden Umgang mit ihm, durch sein Wort und sein Verhalten kamen seine Jünger zu einer immer tieferen und richtigeren Erkenntnis..."[5] Diese Erkenntnis zielt nicht primär auf die Sachebene. Man kann weder Gott noch seine Offenbarungsbotschaft rein auf der Faktenebene „begreifen", Informationen über ihn lernen und dabei meinen zu verstehen. Durch Offenbarungsbotschaft sind wir nicht nur aufgefordert, die Aussagen „zur Kenntnis zu nehmen". Offenbarung werden wir nur verstehen, wenn wir zu der Person, die offenbart, auch wirklich in Beziehung treten.

Die „Gotteserkenntnis ist nicht die ... Aufnahme von 'etwas', sondern das die Ganzheit des Menschen umfassende Verhältnis und Verhalten, das sich zwischen dem Ich (bzw. dem Wir) des erkennenden Menschen und dem Du des liebend erkennenden Gottes vollzieht ... Gotteserkenntnis ist Gottes*gemeinschaft*."[6]

Allein aus dieser Art von Gemeinschaft, aus einer Vertrautheitsbeziehung heraus kann unser Herz in den Zustand kommen, dass wir „Verstehende" werden, dass unsere Augen in der Tiefe geöffnet werden und wir wirkliche Herzensoffenbarung von Gott her empfangen können. Nur auf diesem Weg kann wachsen, worauf es ankommt, **Vertrautheitswissen, Vertrautheitserkenntnis**:
„Je mehr ein Glaubender aus der Gemeinschaft mit Christus lebt, um so vertrauter, tiefer, wirksamer wird er von diesem Hintergrund her leben und wortlos verstehen, wer Gott in Wirklichkeit ist, wird er an der unsagbaren Fülle des Vertrautheitswissens Christi teilhaben."[7]

Darum geht es, das ist das Zentrum, der Dreh- und Angelpunkt im Privaten, in der Gemeinde, in jeder beruflichen Tätigkeit:
Ob wir Tag für Tag aus der tiefen Verbundenheit mit ihm leben und uns mehr und mehr an sein Herz der Liebe führen lassen – und nicht so sehr, ob wir die richtige Theologie in zentralen Glaubenstatsachen gelernt haben, die Dinge wissen, die man so tut. „Es ist sehr wohl möglich, dass wir alles wissen, was Jesus lehrte, und Ihn Selbst doch nicht kennen. Wenn uns unser Wissen über Seine Lehre mehr bedeutet als unsere nahe Verbundenheit mit Ihm, dann ist unsere Seele in Gefahr."[8]

Die *zentrale* Frage lautet also: **KENNEN wir IHN?** –
und nicht: Wissen wir etwas über ihn?

Darin liegt eine große Herausforderung, aber eine Herausforderung mit Verheißung, denn Gott selbst will uns diesen einzigartigen Weg hin zur Vertrautheit führen.

Der Blick auf alles andere aus der Vertrautheitsbeziehung zu Gott

Aus dieser Vertrautheit heraus möchte er uns auch *den rechten Blick auf alles andere schenken.*

Aus dieser Beziehung kann uns der Schöpfer des Menschen zeigen, wie er sich sein Geschöpf gedacht hat. Er kann uns Zusammenhänge im Inneren seines Geschöpfes erschließen, kann uns Offenbarung schenken über die konkrete Situation eines Menschen, über seine Nöte und Ängste, über mögliche Wege von Gott her.
Auch über uns selbst möchte er uns in dieser Weise Offenbarung schenken, uns unsere eigene Herzensausrichtung und nötige Herzensveränderung aufzeigen.
Es geht also darum, ALLES von ihm her in den Blick zu bekommen.

5 A. Brunner, 1985, S. 102
6 Weber, 1972, S. 217-218
7 A. Brunner, 1985, S. 99
8 Chambers, 1961, S. 229

Erkenntnis-subjekt ◄ – – – – – – ► **GOTT**

Vertrautheit

gibt den rechten Blick auf

- **Gott selbst**
- **den Menschen**
- **das Erkenntnissubjekt persönlich**

Wir halten fest:
Nicht Sacherkenntnis steht im Mittelpunkt einer biblischen Vorstellung von Erkenntnis, sondern Personerkenntnis. Im biblischen Sinn nach einem Erkenntnisweg zu fragen, heißt deshalb zuerst, nach der Möglichkeit von Beziehung und Vertrautheit zu fragen.

Die Begriffe Erkenntnis, Beziehung und Vertrautheit sind aufs Engste zusammengerückt, **das Ziel aller biblischen Personerkenntnis ist Vertrautheitserkenntnis.**

Aus der Vertrautheitsbeziehung zu Gott sollen wir den rechten Blick auf alles andere bekommen, auf den Menschen an sich, konkrete Situationen und unser eigenes Leben.

Grundfrage 1: Was ist Wahrheit?

Grundfrage 2:
Welche Rolle spielt das Erkenntnissubjekt?

Grundfrage 3:
Welche Grundvorstellung haben wir von unserem Erkenntnisobjekt?
Der Wirkliche vor der Wirklichkeit
Personale Wirklichkeit

Grundfrage 4:
Welche Erkenntnismethodik ist biblisch angemessen?
Wie ist Personerkenntnis möglich?
Vertrautheitserkenntnis

Wissen wir etwas über ihn? – oder – Kennen wir ihn?
Nehmen Sie sich 5 – 10 Min. Zeit, für sich persönlich über diese Fragen nachzudenken!
Was weiß ich über Gott?
Kenne ich ihn?
Wann gab oder gibt es regelmäßig Momente in meinem Leben, in denen ich ihm persönlich begegne, ihn kennenlerne?

?

b. Ergänzungstext: Leben in einer Vertrautheitsbeziehung zu Gott

Das Thema „Vertrautheitserkenntnis" hat einen etwas anderen Charakter als das meiste, was wir bisher im Fernkurs besprochen haben. Während es in der Regel darum ging, sich Wissen zu erarbeiten (über Weltbilder, Wissenschaft, Psychologie oder die grundsätzliche Tatsache, dass Gott sich offenbart hat), ist das Kennzeichen von Vertrautheitserkenntnis, dass es dafür kein Fünf-Schritte-Programm gibt. Offensichtlich liegt es in der Natur der Sache, dass diese Art von Erkenntnis nur in der Vertrautheit selbst, in der unmittelbaren Beziehung zu Gott, in der Begegnung mit ihm wachsen kann.

So wie die Bibel uns Gott weniger in Lehrsätzen als in Erzählungen über Gottes Geschichte mit seinem Volk nahe bringt, so lässt sich Vertrautheit mit ihm weniger als Anweisung, was zu tun ist, denn als Zeugnis, wie es geschehen ist, vermitteln. Deshalb wollen wir jetzt in einem „Gespräch", das in seinen Grundaussagen auf den echten Erfahrungen verschiedener Personen beruht, versuchen, Gottes Nähe ein wenig spürbar werden zu lassen.

Vielleicht entdecken Sie darin vieles, was Sie aus eigener Erfahrung kennen.
Nehmen Sie sich trotzdem Zeit zu lesen, auch Einfaches nicht zu überlesen, Bekanntes gleich abzuhaken, sondern sich immer wieder selbst zu fragen, wie es in Ihrem Leben mit Gott, gerade auch in den „Selbstverständlichkeiten" im Moment aussieht.

Falls Sie an diesem Punkt gerade eher von Gott enttäuscht sind und empfinden, dass Sie Gottes Nähe trotz aller Bemühungen nie oder nicht mehr erleben, könnte die starke Betonung der Bedeutung von Vertrautheit mit Gott zusätzlich entmutigen.
Wir hoffen jedoch, dass Sie sich positiv herausfordern lassen, Gott mehr zuzutrauen als allen bisherigen oder momentanen Erfahrungen und mit dem Psalmisten beten können:
„Harre auf Gott, denn ich werde ihm noch danken, dass er meines Angesichts Hilfe und mein Gott ist." (Ps 42, 12b)

Lucy: Ich bin ja ganz begeistert über den neuen Blick auf Erkenntnis als Vertrautheitserkenntnis: in ihm bleiben, seinen Herzschlag hören ... das macht mir echt Hoffnung auf ganz andere, tiefe Erkenntnis in jeder Hinsicht. Allerdings hat mich mein Nachdenken darüber, wie gut ich Gott bisher kennengelernt habe, wieder etwas ins Zweifeln gebracht. Da gibt es neben den erfüllten Erfahrungen der Nähe Gottes doch auch die anderen, Gott nicht zu verstehen, zu beten und alles geht scheinbar nur bis zur Zimmerdecke.

Tom: Ja, wird unsere Vertrautheit zu Gott jemals ausreichen, um ihn zu erkennen und von ihm Erkenntnis über diese Welt zu erlangen?

Kathrin: Ich glaube, so ist die Frage falsch gestellt. Vertrautheit reicht eigentlich nie aus, mit einer Beziehung kommst du nie an den Endpunkt, an dem du den anderen völlig kennst. Die Frage muss vielmehr lauten: Bin ich überhaupt in eine Beziehung eingetreten, habe ich mich in diese Richtung auf den Weg gemacht (anstatt mich nur auf Sachfragen zu konzentrieren)? Und dann: Wie kann ich immer mehr in dieser Beziehung wachsen?

Darüber möchte ich, bevor wir den biblischen Erkenntnisweg weiter vertiefen, mit euch gerne noch etwas persönlicher reden und schlage vor, dass wir uns gegenseitig Anteil geben, wie Gott uns bisher vertraut geworden ist. Welche Erfahrungen und Begegnungen mit ihm stehen dahinter und wie schaffen wir es, in unserem täglichen Leben Zeit für die vertraute Begegnung mit Gott zu finden? Denn Gott hat sich uns offenbart, sonst wären wir gar nicht hier zusammen und würden uns diese Fragen stellen.

Lucy: Also, als erstes denke ich ans Gebet und einige wichtige Erfahrungen, wie ich Gott im Gebet wirklich besser kennengelernt habe:

Gebet als Gespräch mit einem lebendigen Gegenüber

Als Kind wurde mir erklärt, dass ich mir Gott nicht als alten Mann im Himmel vorstellen dürfte – was ja auch völlig richtig ist. Daraufhin versuchte ich mir immer ganz krampfhaft „nichts" vorzustellen, was dazu führte, dass ich gegen eine Art weiße Wand betete. Als ich größer wurde, entstand daraus mehr und mehr ein Selbstgespräch oder ich unterhielt mich mit fiktiven Partnern, nur Gottes Gegenwart konnte ich überhaupt nicht spüren und hielt sie eigentlich für unmöglich – bis ich eines Tages Tom kennenlernte und in seiner Gemeinde erfuhr, dass Gott ein lebendiger Gott ist, auch heute noch; sich also nicht zurückgezogen hat, sondern Gemeinschaft mit uns sucht. Das ermutigte mich, doch einmal zu dieser „weißen Wand" zu flehen: Gott, wenn es dich gibt und wenn du willst, dass ich zu dir bete, dann zeig dich bitte! – und plötzlich wusste ich einfach: Gott ist da. Er hört mich. Er versteht mich. Seitdem ist ein Gespräch mit ihm entstanden, das ich jederzeit aufnehmen kann.

Tom: Jederzeit?

Lucy: Naja, da war ich ein wenig vorschnell; ... aufnehmen könnte ... hätte ich lieber sagen sollen. Da gibt es natürlich ganz unterschiedliche Phasen und auch immer wieder persönliche Lernprozesse.

Z.B. hat es mir echt gut getan, als ich, nach einer ganzen Weile sehr lebendiger Zeiten mit Gott mit Hilfe eines bestimmten Bibelleseplanes, diesen habe liegen lassen und mich einfach so vor Gott hingestellt habe, ganz ehrlich mein Herz ausgeschüttet und in manchmal nicht so „frommen" Worten gebetet habe. Ich hatte auf diese Art das Gefühl, viel mehr als die eigentliche Lucy dabei zu sein – ach ja – und habe ich dir eigentlich schon einmal von einer ganz unverhofften vertrauten Begegnung mit Gott mitten im Supermarkt erzählt? In dem langen Gang mit tausend Waschmitteln! Da habe ich einmal ganz plötzlich gespürt, dass Gott da ist und wie schön das ist, zwischen all den „Weißen Riesen" an seiner Hand zu gehen! Da erinnere ich mich jetzt oft daran und versuche, nicht genervt alles Notwendige in meinen Einkaufswagen zu packen, sondern ganz bewusst mit Gott einzukaufen, ihm z.B. auch dafür zu danken, dass ich überhaupt genügend Geld habe, oder, wenn ich einmal knapp bei Kasse bin, ihn auch zu bitten, nur das Notwendige günstig einkaufen zu können.

Oder wenn ich koche oder meine Wohnung aufräume, da singe ich ganz oft Loblieder und dann bete ich auch, dass Gott wirklich in jedem Zimmer wohnen soll, oder einzelne Gegenstände erinnern mich an Erfahrungen mit Gott oder ... naja, jetzt habe ich doch wieder etwas übertrieben, jeden Tag ist das natürlich nicht ganz so, obwohl, von Gott her eigentlich schon.

Kathrin: Ich habe ja gar nicht gewusst, Lucy, dass du eine so begeisterte Hausfrau bist!

Mein persönlicher Knackpunkt in der Beziehung zu Gott war, als ich tiefer begriff, dass Beziehung etwas Wechselseitiges ist, dass es zu einer funktionierenden Kommunikation einfach nicht passt, dass ich im Gebet immer nur rede, sondern dass

Hinhören können

ich lernen muss, vor Gott auch still zu werden, **zur Ruhe zu kommen und hinzuhören.**

Allerdings hatte ich ganz stark das Problem, dass ich oft einfach meine Gedanken nicht abstellen konnte, die rannten nur so dahin, immer schneller, mit tausend Kapriolen, ich hatte das Gefühl, sie nicht stoppen zu können. Und dann gab es ja ständig noch etwas zu tun, also – morgen, Herr, morgen werde ich Zeit für ein richtiges Gespräch mit dir finden!

Zeit nehmen für Gott

Ich musste lernen, mir mehr Zeit für Gott zu nehmen – und das kennt ihr ja wahrscheinlich alle, Zeit haben wir nie, aber wenn dann plötzlich etwas kommt, was uns sehr wichtig ist, dann ist plötzlich doch Zeit da. Und es war und ist mir wichtig, in wirkliche Vertrautheit mit Gott zu kommen, was soll sonst all mein Arbeiten, was soll sonst dieser Fernkurs, wenn es doch nur ein „Gedankengebäude" ist?
Gut, Beziehung wächst also nur, wenn auch Zeit dafür da ist und wenn wir die Ruhe haben, nicht nur selbst zu reden, sondern ebenso auf den anderen zu hören.

Zur Ruhe kommen

Während das Zeitnehmen noch einigermaßen klappt, ist das Ruhefinden etwas, was ich nicht alleine kann. So beginne ich meine Zeit damit, dass ich Gott bitte, mich in seine Ruhe zu führen.
Ich kann in den seltensten Fällen den Zug abrupt anhalten. Meistens brauche ich eine „Bremszeit", in der ich Gott tatsächlich erst einmal frei von der Leber weg erzähle, was mich so beschäftigt, in der ich dann öfters Anbetungsmusik höre und auf jeden Fall meine To-Do-Liste greifbar habe, für die tausend Dinge, die mir just in dem Moment einfallen und die doch soooo wichtig sind.
Wenn ich schon ein bisschen ruhiger bin, helfen mir auch bestimmte Übungen, z.B. das in der östlichen Kirche beliebte „Jesusgebet". Kennt ihr das? Man betet im Rhythmus von Ein- und Ausatmen innerlich: *„Herr Jesus Christus, Sohn des lebendigen Gottes, erbarme dich meiner."* und versucht, sich allein auf diese Worte zu konzentrieren.

Für manchen eine etwas ungewohnte Form, aber mir hilft es. Gerade wenn mein unablässiger Gedankenstrom, wie meistens der Fall, von Ängsten und Sorgen gesteuert ist, kann ich so überhaupt erst einmal einen Keil zwischen mich und diese Sorgen bringen und innerlich merken, dass hier ja *wirklich* ein Gott ist, der sich meiner erbarmen will.

Habe ich diesen Anker gesetzt, habe etwas mehr Distanz zu dem Denken in mir, fällt es mir zunehmend leichter, direkt auf Jesus zu schauen, ohne mich einer solchen Hilfe zu bedienen.
Immer wieder merke ich, dass es erst ab einer bestimmten Ruhe in mir überhaupt möglich ist, mich direkt auf ihn zu *konzentrieren*, d.h., meinen Blick, mein Innerstes auf dieses Zentrum hin auszurichten und in meinem Wahrnehmen, Fühlen und Denken auch wirklich bei ihm zu bleiben.

Gottes Gegenwart und Liebe erfahren

Der Hauptpunkt dieser Zeit mit Gott ist für mich, dass eine Realität, die zwar immer gegeben ist, für die ich aber nicht immer sensibel bin, dass sie in der Tiefe zu mir durchdringt. Eigentlich ganz einfach und doch revolutionär dringt die Gewissheit bis in mein Innerstes vor: *„Er ist da!"*, der lebendige Gott ist mein Gegenüber, sehnt sich nach Gemeinschaft mit mir.
Diese Erfahrung lässt sich nicht so leicht in Worten ausdrücken, denn wie klingt es schon, wenn ich sage, dass ich einfach nur da sitze, mich lieben lasse, mich in

Gottes Arm geborgen fühle, meine ganze Angst und Ungeborgenheit in seiner Nähe dahinschmilzt ...

In diesen Zeiten geht es nicht primär darum, etwas von Gott zu hören, neue Informationen über ihn oder Weisung für mein Leben zu bekommen, es ist einfach ein *Da-Sein vor ihm*.

Da kann es passieren, dass mir seine Liebe so spürbar, so erfahrbar, so groß wird, dass ich es kaum noch aushalte, aufspringe, tanze, das Fenster aufreißen möchte und aller Welt zurufen:

„Hey, wisst ihr, was es heißt, geliebt zu sein!"

Lucy: Ich finde, das klingt gar nicht so komisch. Ich kenne dieses Erleben der Nähe und Liebe Gottes auch immer wieder. Im Jugendkreis hatten wir z.B. einmal im Monat eine ganze Gebetsnacht, wo wir einfach nur vor Jesus still waren, jeder für sich, manchmal in der Bibel gelesen haben, manchmal einfach dagelegen oder gekniet. Ich bin meistens um 5.00 Uhr morgens hin – das Aufstehen war schrecklich, aber wenn ich den Raum betreten habe, war schon so ein Frieden da. Jesus war da, er war wach, er war da für mich, ebenso wie für Millionen anderer Menschen auf der Welt. Das hat mich in diesen Gebetszeiten immer besonders berührt, zu wissen, dass Jesu Liebe für so viele Menschen Raum hat und er jeden Einzelnen sieht.

Leider war irgendwann die Zeit für diese Gebetsnächte abgelaufen, wir konnten sie einfach nicht mehr *machen*, Begegnung mit Gott auf diese Art herbeiführen.

Gott die Ehre geben und für Alltägliches vertrauen

Zurzeit habe ich für mich persönlich meinen bestimmten Platz zu Hause, an dem ich Gemeinschaft mit Gott suche.

Mir hilft das „Vater Unser" immer ganz besonders, mich auf Gott auszurichten: Zuerst einfach den richtigen Blick zu bekommen, dass es um Gottes Herrschaft und Willen geht, im Himmel und auf Erden, ihm die Ehre zu geben, seine Herrschaft über mich und die ganze Welt auszurufen.

Und dann diese Freiheit, in Gottes Herrschaftsbereich trotzdem für mein „tägliches Brot", all die mir wichtigen Aufgaben und Bedürfnisse zu beten, mit Gott darüber zu reden und von ihm her, aus seiner Perspektive des Reiches Gottes einen ganz neuen Blick darauf zu bekommen.

Oft wird in meinem Herzen der Vers lebendig und wichtig: „Trachtet zuerst nach dem Reich Gottes und nach seiner Gerechtigkeit, so wird euch das alles zufallen." (Mt 6,33) und ich spüre (wie bei den „Weißen Riesen"), wie gut es ist, zu Gottes Reich zu gehören und wie vertrauenswürdig Gott ist.

Der letzte Teil des Vaterunsers, die Bereitschaft zum Vergeben und die Bitte um Vergebung spricht mich im Moment meistens nicht so tief an – ich muss ehrlich zugeben, dass meine Gebetszeit meistens vorher beendet ist und ich schon eine ganze Weile damit ringe und Gott auch darum bitte, mich an diesem Punkt noch weiter zu führen. Ich weiß, dass ich ihn in Bezug auf Vergebung noch tiefer kennenlernen kann.

Vergebung empfangen

Tom: Gerade mit Vergebung hatte ich einmal eine sehr wichtige Erfahrung.

Ihr wisst ja, dass ich ziemlich „fromm" groß geworden bin und auch relativ „brav". Also sah ich diesem Punkt „Vergebung" immer recht gelassen entgegen – bis mir Jesus einmal in einer Zeit mit ihm vor Augen geführt hat, wie stolz und selbstgerecht ich eigentlich bin. Ich spürte, wie Jesus mein Herz anschaute, nicht meine Taten – weder die bösen, die ich getan hatte, noch die guten, die ich unterlassen hatte, ja, nicht einmal die guten, die ich getan hatte und die mir Stärke und Selbstbewusstsein gaben! Er schaute mein Herz an und da gab es nichts an Verdienst und Rechtfertigung, da konnte ich nur sagen: Ja, Jesus, komm du mit deiner Liebe. Das war einer der Momente, in denen ich spürte, dass ich die Begegnung mit Jesus nicht machen kann, sondern dass er selbst mir entgegenkommt.

Lucy: Und was hilft dir jetzt, so normalerweise, täglich, um mit Gott Gemeinschaft zu haben?

Tom: Da sind mir zwei Hilfen besonders wichtig: der Heilige Geist und die Bibel. Zwei „Selbstverständlichkeiten" könnt ihr sagen – zwei riesige Geschenke Gottes an uns, wie ich immer wieder erlebe!

Gaben und Frucht des Heiligen Geistes

Das war nicht immer so. Nachdem ich mich jahrelang bemüht hatte, ein guter, anständiger Christ zu sein, war es für mich erst einmal eine echte Befreiung zu begreifen, dass ich durch Jesus schon längst gerecht bin und dass der Heilige Geist in mir lebendig ist – das war, als ich mit der charismatischen Erneuerung in Kontakt kam. Jetzt weiß ich, nicht nur Paulus konnte zu seiner Auferbauung in Sprachen beten, nicht nur die Gemeinde in Korinth konnte durch prophetische Rede ermutigt und ermahnt werden – all das kann heute, in meiner Gemeinde und in meiner persönlichen Gebetszeit geschehen. Gott kommt mir auf diese Art nahe und spricht zu mir. So wie du, Kathrin, vorhin erzählt hast, wie das Jesusgebet deine Hilfe ist, dich auf Gott auszurichten, so erlebe ich es mit dem Sprachengebet. Meistens singe ich laut in Sprachen am Anfang meiner Zeit mit Gott.

Überhaupt ist laut reden, beten oder aus der Bibel lesen (z.B. Psalmen) für mich eine große Hilfe, für Gott offen zu sein. Da merke ich viel deutlicher, dass sich die Begegnung nicht nur in meinem Kopf abspielt und vielleicht bald zu einem Selbstgespräch wird, sondern dass ich mit Gott als Gegenüber spreche.

Gottes Reden durch die Bibel

Mit der Bibel habe ich dabei ganz unterschiedliche Erfahrungen gemacht, von der trockenen Pflichtlektüre bis hin zu echter Begegnung mit Gott, eben zu Vertrautheitserkenntnis.

Dabei hatte ich, neben dem laut Vorlesen, noch einen echten Durchbruch, als ich angefangen habe, wenn ich Fragen habe, nicht einfach nur irgendein Buch dazu zu lesen oder an *einer* Bibelstelle herumzukauen, sondern möglichst die ganze Bibel zu durchsuchen. Das klingt vielleicht mehr wie trockene Bibelarbeit, aber das sind ganz spannende Zeiten mit Gott, in denen ich ihn viel besser kennenlerne, ihn zu mir reden höre, wirklich begeistert bin, wie er so viel mehr und anderes sagt, als ich bisher weiß.

Ich muss zugeben, dass ich da gerne in mehreren Bibelübersetzungen lese, auch mal im griechischen oder hebräischen Text nachschaue, bestimmte Wörter in ihren Bedeutungen zu erfassen versuche, aber das geht echt mit Gott, da sitzt er mit am Schreibtisch und schließt mir selbst die Weite seines Wortes auf und auch die Liebe zu uns Menschen!

Lucy: Ja, da habe ich dich schon erlebt und hatte Mühe, dich wieder zurückzuholen und dazu zu bringen, dass du mir zuhörst.

Vertrautheit mit Gott durch und mit anderen Menschen

Etwas, was mir übrigens auch immer wieder zur Vertrautheit mit Gott hilft, haben wir noch gar nicht angesprochen: andere Menschen.

Nicht nur, weil ich mit ihnen zusammen Gott suchen und ihm begegnen kann. Auch nicht nur, weil mich die unterschiedlichen Typen manchmal zur Verzweiflung bringen, weil es mich erschlägt, überfordert, nervt, andere Lebensstile, vielfältige Bedürfnisse und tiefe Not und Leid auszuhalten, weil ich mich dann gerne zu Gott flüchte, zu seinen Füßen erst einmal ausruhe, Kraft schöpfe, Liebe tanke. Sondern vor allem, weil ich in diesen Momenten eine Ahnung von Gottes Herzen bekomme, das all diese Menschen und noch viel mehr kennt, liebt, aufnimmt. Er hat sie geschaffen, er lässt sich auf sie ein, er schätzt sie. Sein Leben ist so viel größer und weiter als mein begrenzter Horizont.

Kathrin: Das führt zu einer weiteren, wichtigen Herausforderung: Wie kriege ich das bloß hin, Intimität und Nähe Jesu aus meinen Gebetszeiten ein Stück weit in den Alltag zu transportieren?! Wie können wir Begegnung, Nähe, Intimität mit Gott nicht nur für Momente in der persönlichen Gemeinschaft mit Gott finden, sondern darin leben?

Vertrautheit mit Gott im Alltag

Tom: Da sprichst du allerdings den spannendsten Bereich an, mit dem ich auch am meisten zu kämpfen habe.

Kathrin: Zunächst hat mir dazu schon mal geholfen, die falsche Trennung zu überwinden, wenn wir unser Leben in „Stille Zeit vor Jesus" und „normale Zeit" (ohne Jesus, denken wir dann oft unbewusst) einteilen. Sollte das Ziel nicht sein, unablässig zu beten, wie es in der Bibel heißt, also jede Minute unseres Lebens von Gott her prägen zu lassen. Mein Sprechen, Denken, Handeln, mein Sitzen, Laufen, Essen, Schlafen, alles von ihm her zu erleben, zu wissen, von allen Seiten umgibst du mich, egal, wohin ich laufe, du bist da (Psalm 139)?

Während man auf die Arbeit konzentriert ist, kann man sicher nicht eine ganz intime Begegnung mit Jesus haben, genauso wenig, wie man auf menschlicher Ebene zwei Dinge gleichzeitig tun kann, die volle Aufmerksamkeit erfordern.

Gerade bei vollen Arbeitsphasen ist es für mich eher eine Art „Hintergrundsverbundenheit". Während ich am Computer schreibe, bin ich mit meiner Aufmerksamkeit beim Formulieren der Sätze. Aber wenn dann ein Satz, ein Absatz fertig ist, kann ich, wie jetzt gleich, hochsehen und spüren, wie Jesus mich anlächelt und ermutigt. Ich atme kurz durch, lächle zurück und mache mich in der Verbundenheit mit ihm an die Formulierung der nächsten Sätze.

Allerdings klappt das nicht immer und jeden Tag so reibungslos.
Wenn am Computer gar nichts läuft, wenn ich voll in Stress komme, das „Gedankenrasen", von dem wir vorhin gesprochen haben, zuschlägt und ich mich wie ein Hamster im Laufrad fühle – dann erscheint mir Gott, zumindest vom bewussten Erleben her, zunächst weit weg.
Da habe ich für mich gemerkt, dass ein wichtiger Schlüssel nicht im Alltag selbst, sondern wiederum in den intimen Zeiten mit Gott im engeren Sinne liegt.

Regelmäßig Begegnung mit Gott suchen

Wenn ich regelmäßig solche intensiven Zeiten habe, dann fällt es mir nämlich erheblich leichter, die dort erreichte Intimität in den Alltag hinüber zu transportieren, dann gelingt es mir mehr, die Zeiten des Alltags zu „überbrücken", als wenn ich nur unregelmäßig, hin und wieder mal in Kontakt mit ihm bin.

Außerdem helfen mir „Auffrischungen". Mitunter mache ich es so, dass ich mir immer fünf Minuten zur vollen Stunde oder nach jedem geschriebenen Abschnitt nehme, um bewusst auf ihn zu sehen und meine Verbundenheit mit ihm aufzufrischen.

Besonders wichtig finde ich es, das gerade dann nicht zu unterlassen, wenn es am schwersten fällt, wenn der Zeitdruck besonders groß ist, man unbedingt schnell etwas fertig bekommen möchte. Schaffe ich es in solchen Zeiten frühzeitig, hier einen Stopp zu setzen, mir diese Zeit trotzdem zu nehmen, dann kann ich es oft noch „abbiegen", kann das „Hamstersyndrom" gerade noch vermeiden, das sich andernfalls gar zu gerne einstellen will.

Das Ganze ist sicher eine lebenslange Herausforderung, jeden Tag immer wieder neu. Allerdings sollte sich auf die Dauer auch etwas verändern, sonst kann man sich das ja selbst kaum als Wachstum verkaufen.

Und noch ein Wort dazu:
Für mich würde ich sogar sagen, dass das Ganze DIE Herausforderung meines Lebens ist, immer wieder erlebe ich es, dass Gott seinen Finger sehr direkt auf diesen Bereich legt und mir sagt:
„Kind, ein Leben aus der Verbundenheit mit mir zu führen ist die wichtigste Lektion in deinem Leben. Nur wenn ich Kontakt zu dir habe, deine Ohren nicht verstopft sind, kann ich zu dir reden und dir meine Sicht, auch zu all den anderen wichtigen Themen und Lektionen deines Lebens vermitteln."
Oswald Chambers drückt das so aus:
„In unserem Christentum ist nicht die Arbeit, die wir tun, die Hauptsache, sondern unsere Verbundenheit mit Gott und die Atmosphäre, die durch diese Verbundenheit erzeugt wird. Das ist alles, worauf Gott uns achten heißt, und es ist gerade diese Verbundenheit, die fortwährend angegriffen wird."[9]

?

Zeit mit Gott:
Was waren bisher Ihre positiven Erfahrungen?
Welche Anstöße nehmen Sie aus dem gerade Gelesenen mit?
Nehmen Sie sich noch einmal Zeit, alles Wichtige zu notieren!

9 Chambers, 1961, S. 217

3. Die Widerfahrensebene

Nach diesem Ausflug zu persönlichen Erfahrungen des Vertrautwerdens mit Gott – und im ständigen Wissen um die Notwendigkeit dieser Vertrautheit – werden wir jetzt sehen, wie der biblische Erkenntnisweg sich weiter präzisieren lässt. Denn Zeit haben mit Gott ist ja nicht die ganze Antwort. Wir müssen genauer fragen, wie bei unserer Erkenntnissuche **diese Beziehung und echte Begegnung stattfindet, wirkliche Vertrautheitserkenntnis wächst**.

Dabei werden wir zentral mit einer Bibelstelle arbeiten, in der die wichtigsten Aspekte zu dieser Frage regelrecht zusammengefasst sind.

Der Zusammenhang von Erkenntnis, Liebe, Vertrautheitsbeziehung und Gehorsam

Joh 14, 21–23:
„Wer meine Gebote hat und hält sie, der ist's der mich liebt. Wer mich aber liebt, der wird von meinen Vater geliebt werden, und ich werde ihn lieben und mich ihm offenbaren. Spricht zu ihm Judas, nicht der Iskariot: Herr, was bedeutet es, dass du dich uns offenbaren willst und nicht der Welt? Jesus antwortete und sprach zu ihm: Wer mich liebt, der wird mein Wort halten; und mein Vater wird ihn lieben, und wir werden zu ihm kommen und Wohnung bei ihm nehmen."

Diese und andere Stellen, gerade bei Johannes, sprechen von einem **Zusammenhang von Erkenntnis, Liebe, Vertrautheitsbeziehung und Gehorsam**.
Gottes Verheißung, uns Offenbarungserkenntnis zu schenken, hat also auch etwas mit der Art und Weise zu tun, in der wir auf Gott zugehen, denn Liebe und die Bereitschaft, sein Wort zu halten, werden mit der Verheißung verbunden, dass er kommen und Wohnung bei uns nehmen wird.
Doch was genau tut hier der Mensch und was tut Gott? **Was kommt zuerst, was stellt eher eine Antwort dar?**

> *Hinweis:*
> *Anhand der Stelle aus dem Johannesevangelium wird deutlich, dass Erkennen im biblischen Sinn in engem Zusammenhang mit einigen weiteren biblischen Themen wie Beziehung, Liebe oder Gehorsam steht. Auch wenn wir deshalb in diesem Kapitel immer wieder auf diese Begriffe zu sprechen kommen, geht es vorrangig um das menschliche Erkenntnisvermögen. Eine umfassende Lehre zu den anderen Begriffen darf somit nicht erwartet werden.*

a. Gott hat das Eigentliche bereits getan

Mancher versteht Jesu Worte in Johannes 14, 21–23 zunächst so, dass wir *dann* vom Vater geliebt werden, Gemeinschaft mit ihm haben können, er sich uns offenbaren wird, *wenn* wir ihn zuvor lieben, seine Gebote halten. Doch meint das Wort Gottes wirklich, dass wir uns die Erkenntnis Gottes „erleisten" sollen? Oder was sagt die Bibel tatsächlich aus, **was tut Gott und was tut der Mensch**, damit das Ziel erreicht wird?

Gott hat uns zuerst geliebt.

Auch wenn man die Stelle im Johannesevangelium in der Weise verstehen könnte, als wären unsere Liebe und Gebotserfüllung der erste Schritt, damit nachfolgend die Offenbarung Gottes möglich wird, würde eine solche Interpretation dem Gesamtzeugnis der Schrift widersprechen. Nein, es kann keine Rede davon sein, dass wir uns die Erkenntnis „erleisten", von uns aus lieben und die Gebote erfüllen müssten, denn: **Er hat uns zuerst geliebt!**

> *„Darin ist erschienen die Liebe Gottes unter uns, dass Gott seinen eingeborenen Sohn gesandt hat in die Welt, damit wir durch ihn leben sollen. Darin besteht die Liebe: nicht, dass wir Gott geliebt haben, sondern dass er uns geliebt hat und gesandt seinen Sohn zur Versöhnung für unsere Sünden."* (1 Joh 4, 9–10)

Er hat uns zuerst geliebt. Erst diese Liebe und das Wissen darum legen den Grund für unser Lieben:

> *„Das ist mein Gebot, dass ihr euch untereinander liebt, wie ich euch liebe."* (Joh 15, 12)

Von der griechischen Wortbedeutung her könnte man ebenso übersetzen, dass wir auf der Grundlage dessen, dass wir geliebt sind, ebenfalls lieben sollen.

Gott ist die Liebe und alle echte Liebe kommt von ihm, nur von ihm können wir überhaupt die Liebe erhalten, die wir dann zurück an ihn oder an andere verschenken.

> *„Gott ist die Liebe; und wer in der Liebe bleibt, der bleibt in Gott und Gott in ihm."* (1 Joh 4, 16b)

Durch seinen Sohn hat er ein uneingeschränktes „JA" zu uns gesprochen, ein Ja der Liebe, das nicht darauf basiert, dass wir liebenswert sind, sondern dass er liebesentschlossen ist.

Er hat die Tür zur Möglichkeit von Beziehung geöffnet.

Nicht wir mit unserer Liebe, unserem Gehorsam und Hinhören sorgen dafür, dass Beziehung und Begegnung erreicht wird, nein, er allein hat die dafür notwendigen Voraussetzungen geschaffen. Niemals kann der endliche Mensch sein rebellisches, sündiges Herz selbst überwinden und auf den heiligen, ewigen Gott zugehen. Das Eigentliche der Beziehungswiederherstellung konnte allein Gott tun, auch wenn es ALLES gekostet hat, den geliebten Sohn, das Kreuz...

Er hat sich zuerst offenbart.

Und auch seine Offenbarung geschieht VOR jeder Frage unsererseits.
Tatsächlich wüssten wir ja nichts von Gott, wenn er uns nicht zuerst etwas von sich ins Herz geschrieben hätte. Wenn wir nach Gott fragen, hat er zuerst nach uns gefragt, hat uns prinzipiell schon gefunden. Wir sind von ihm erkannt, wie es im Galaterbrief (4, 9a) heißt oder in Joh 15, 15f „...denn alles, was ich von meinem Vater gehört habe, habe ich euch kundgetan. Nicht ihr habt mich erwählt, sondern ich habe euch erwählt ..."

Wir meinen mit unserem Suchen und Fragen, mit unserem Forschen die Initiative im Erkenntnisprozess innezuhaben. Doch der eigentliche Autor aller Erkenntnis ist Gott selbst. Wenn er uns nicht an der Hand nehmen würde und uns die Dinge aufschlösse, wären wir blind und müssten uns ewig ohne wahrhafte Erfolge mühen.

Er hat uns überhaupt die Möglichkeit, den Sinn gegeben, dass wir erkennen können, wie es im ersten Johannesbrief (5,20) heißt:

> *„...wir wissen aber, dass der Sohn Gottes gekommen ist und uns den Sinn dafür gegeben hat, dass wir den Wahrhaftigen erkennen. Und wir sind in dem Wahrhaftigen, in seinem Sohn Jesus Christus. Dieser ist der wahrhaftige Gott und das ewige Leben."*
>
> (Das Wort ‚der Wahrhaftige', griech. *alethinos*, lässt sich hier genauso als ‚der Wirkliche' übersetzen.)

Gott gibt die Fähigkeit zur Erkenntnis:

* Lk 24,45:
  „Da öffnete er ihnen das Verständnis, so dass sie die Schrift verstanden."
* Eph 1,17b–18a:
  „Ich bete, dass Gott euch gebe den Geist der Weisheit und der Offenbarung, ihn zu erkennen. Und er gebe euch erleuchtete Augen des Herzens, damit ihr erkennt, zu welcher Hoffnung ihr von ihm berufen seid..."
* 2Tim 2,7:
  „Der Herr aber wird dir in allen Dingen Verstand geben."
* Jak 1,5:
  „Wenn es aber jemandem unter euch an Weisheit mangelt, so bitte er Gott, der jedermann gerne gibt und niemanden schilt; so wird sie ihm gegeben werden."
* Kol 1,9
  „Darum lassen wir auch von dem Tag an, an dem wir's gehört haben, nicht ab, für euch zu beten und zu bitten, dass ihr erfüllt werdet mit der Erkenntnis seines Willens in aller geistlichen Weisheit und Einsicht."
* Psalm 32,8:
  „Ich will dich unterweisen und dir den Weg zeigen, den du gehen sollst; ich will dich mit meinen Augen leiten."

Gott hat also den eigentlichen Part im Erkenntnisprozess. Er spricht, und nur, weil er gesprochen hat, gibt es auf unserer Seite etwas zu hören. Er hat alles getan, um eine Beziehung zu ermöglichen, wir brauchen nichts anderes zu tun, als darauf einzugehen.

Das Reich Gottes beruht auf Gottes Taten und nicht auf unserem Zutun.

Geht es uns jetzt nicht wieder so, dass wir über diese Zeilen fast hinweglesen, so einfach, so bekannt, so selbstverständlich erscheinen sie uns. Natürlich liebt er uns zuerst, hat das Eigentliche am Kreuz getan, muss uns zunächst den Sinn dafür schenken, sodass wir überhaupt erkennen können.

Doch nehmen wir uns einen Moment Zeit, um über diese „christlichen Selbstverständlichkeiten" nachzudenken, überlegen kurz, was das *wirklich* heißt, und ob wir in diesem Bewusstsein auch leben oder ob wir unser Leben nicht doch so führen, als müssten wir das Eigentliche vollbringen.

Leiden wir nicht bisweilen unter Ängsten, nicht genug getan zu haben, die Voraussetzungen für Gottes Segen verspielt zu haben, den richtigen Weg Gottes für unser

Leben nicht zu erkennen, den Anforderungen für ein Leben in seinem Reich nicht zu genügen? Packt uns beim Anblick unseres Mangels an Hingabe und Liebe, unseres Scheiterns in Sachen Gehorsam nicht mitunter die Verzweiflung, ob wir es denn je schaffen, nach Gottes Maßstäben zu leben?
Zeugen diese Gedanken und Gefühle nicht davon, dass wir zwar vom Kopf her der Tatsache zustimmen, dass er das Eigentliche tut, sich aber in unserem Herzen ein ganz anderer „Glaube" breitgemacht hat?

Glauben wir nicht doch irgendwo insgeheim, dass es an der Vollmächtigkeit und Ernsthaftigkeit unserer Gebete liegt, ob Gott uns erhören kann, dass es an unseren Anstrengungen, unserem guten Willen, unseren Bemühungen liegt, dass wir im Heiligungsprozess Fortschritte machen? Glauben wir nicht doch, dass unsere Gemeinde wächst, es unseren Klienten besser geht, unser Hauskreis Fortschritte macht, *weil wir* ein recht guter Pastor, Seelsorger oder Hauskreisleiter sind?

Sehen wir *wirklich*, dass alles, was Gott tut, auf einer prinzipiell anderen Ebene liegt, dass NUR das, was er tut, „konstituierend" ist für das Reich Gottes? Ist es uns tatsächlich in der Tiefe bewusst, dass das Reich Gottes nicht in unserem Tun und Wollen, unserer Liebes- und Erkenntnisfähigkeit begründet ist, sondern ganz allein, zu 100% in seiner Liebe, seiner göttlichen Kraft, die er bereits am Kreuz für diese Welt gegeben hat.

Ist unser Alltag geprägt von dieser grundlegenden Wirklichkeitssicht, bin ich Tag für Tag von der Gewissheit erfüllt, dass das eigentlich Notwendige für mein Leben bereits geschehen ist? Und dass, was mein Leben hält und trägt, außerhalb meiner selbst, in sehr viel größeren Händen liegt, sodass all mein Sorgen und Mühen meinem Leben nichts „Wesentliches" hinzufügt, sich mein Leben dadurch weder verlängert (Mt 6, 27) noch verbessert?
Weiß ich in meinem Herzen: Das Eigentliche IST bereits getan?

?

Nehmen Sie sich Zeit, die gerade angeschnittene Frage zu überdenken:

Prägt die Gewissheit mein Leben, dass Gott das Eigentliche bereits vollbracht hat, dass all mein Tun ein Antworten auf Gottes Taten ist? Wo habe ich das Gefühl, dass alle Verantwortung auf mir lastet, ich selbst „das Eigentliche" vollbringen muss, es vielleicht sogar gut schaffe oder aber kläglich versage?

Überlegen Sie nicht einfach ganz allgemein, sondern überprüfen Sie Ihre Einstellung, indem Sie die Erfahrungen der letzten ein bis zwei Tage zurückverfolgen!
Was könnten Sie aus der Gewissheit, dass Gott das Eigentliche bereits getan hat, vielleicht anders bewerten?

b. Das Eigentliche ist nicht machbar, es widerfährt

Tom: Also ich hatte gerade gewisse Schwierigkeiten mit der Übung. Klar hat Gott das Eigentliche getan, logisch, dass Gott und Mensch auf zwei verschiedenen Ebenen sind, aber trotzdem heißt das doch nicht, dass wir so gar keinen Beitrag leisten, gar keine Verantwortung haben.
Bisher habe ich mir das immer so vorgestellt, dass Gott wohl das Eigentliche bereitgestellt hat, aber dass wir es zumindest bei ihm abholen müssen. Wir können doch nicht auf alles Suchen, Beten, Ringen um Wachstum und Heiligung verzichten.

Kathrin: Sicher müssen wir uns auch mit der Frage beschäftigen, was der Mensch in all dem für eine Rolle spielt. Trotzdem würde ich gerne meine Position noch etwas radikalisieren und dabei an dem Bild anknüpfen, das du eben benutzt hast.

Ganz ehrlich gesagt, Tom, wir wären verloren, wenn Gott zwar irgendwie das Eigentliche gegeben hätte, es aber nun unsere Aufgabe wäre, das Ganze abzuholen. Nein, um eine derartige Form der „Arbeitsteilung" geht es nicht.

Der *ganze* Weg zu uns hin ist ein einziges Geschenk. Es ist allein Wirkung der Gnade Gottes, dass das Eigentliche seinen Weg in unser Herz findet und dort den Plan ausführen kann, zu dem es gesetzt ist. Die eigentliche Tiefe der Erkenntnis, der Weg hin zur Heiligung kann uns nur geschenkt werden. Alles, was im Leben von Gott her wirklich Bedeutung hat, kann uns nur **„widerfahren"**.

Empfangen statt Abholen

Das, was wir tun, liegt auf einer prinzipiell anderen Ebene. Es liegt darin, dem Mensch gewordenen Gott die Hand zu reichen und ihm zu erlauben, sich zu offenbaren und zu führen. Denn:
„Wenn du jemals in Deinem Leben als Christ Erfolg haben solltest, liegt das nicht daran, dass Du gut in der Nachfolge bist, sondern daran, dass mein Sohn gut im Vorangehen ist."[10]

Ich bin darauf angewiesen, dass er zuerst aktiv ist, ich kann *nicht machen*, nur *empfangen*.

Ich bin auf Gott geworfen, werde immer wieder an Grenzen kommen, werde nichts mehr verstehen, vielleicht nicht einmal einen Weg sehen, wie ich wieder verstehen könnte. Ich bin darauf angewiesen, dass er mich hält, und kann nur hoffen, dass sein Geschenk des Verstehens zu mir durchbricht.

Wollen wir unser Vertrauen darauf setzen, dass er dies tun, er uns führen wird und damit aufhören, uns auf unsere eigenen Nachfolge- und Erkenntnisbemühungen zu stützen.
Denn: *Das Eigentliche ist nicht nur bereits getan,*
sondern ich darf Gott vertrauen, dass es auch zu mir durchbricht,
dass es mir widerfährt.

10 Mike Bickle in Deer, 1996, S. 32

Tom: Und wie soll ich mir dieses Widerfahren vorstellen? Müssen wir tatenlos darauf warten?

Kathrin: Vielleicht kann ich es an einem Beispiel erklären. Wenn ich z.B. an das zurückdenke, was ihr über eure Versuche, eurer Freundin Sandra zu helfen, erzählt habt, dann habt ihr damals natürlich etwas getan. Ihr seid nicht nur einfach dagesessen und habt abgewartet. Aber wenn du jetzt versuchst dich zurückzuerinnern: Konntest du es „machen", dass du wirklich mit ihr mitgefühlt hast?

Mitgefühl als Beispiel von Widerfahrnis

Lucy: Also, ich am Anfang schon. Da brauchte ich sie bloß anzuschauen. Aber dann kam, ehrlich gesagt, so ein Punkt, da hat sie mich mehr genervt.

Tom: Ja, ich weiß auch noch, wie wir eine Zeit lang zwar versucht haben, gerne, offen und ehrlich für sie da zu sein, aber im Grunde genommen konnte ich sie nicht mehr verstehen und habe gedacht: Vielleicht ist doch alles nur Theater. Vielleicht müsste sie sich doch nur zusammenreißen?
Es stimmt, ich konnte damals kein Mitgefühl bei mir erzeugen, auch wenn ich mir tausendmal gesagt habe, dass es angebracht wäre.

Lucy: Es kam auch nicht gleich, als wir unsere „Nachfolgebemühungen" verstärkt und mehr gebetet haben. Aber ich weiß, dass Gott immer wieder Momente der Begegnung mit ihr geschenkt hat, in denen ich sie plötzlich verstehen und auch Gottes unendliche Liebe und sein Erbarmen mit ihr wahrnehmen konnte.

Tom: Meinst du das mit „Widerfahrnis", dass wir die Brücke zu einem anderen Menschen oder auch zu Gott nicht einfach bauen können, dass sie uns geschenkt werden muss?

Kathrin: Ja, alle echte Begegnung, seien es zwei Menschen oder Mensch und Gott, ist nicht herstellbar. Wie ist es denn, wenn wir uns mit jemandem zusammensetzen unter der Vorgabe: „Heute machen wir eine Begegnung, bei der wir in der Tiefe etwas vom Herzen des anderen verstehen."? Unter solchem Erwartungsdruck geht meist gar nichts – und wenn, dann ist es Gnade.

Echte Vertrautheit, Herzenserkenntnis zu erreichen ist nicht planbar, steht nicht in unserer menschlichen Verfügbarkeit, sie ist ein Werk Gottes an unseren Herzen, sie ist ein Geschenk Gottes an uns.
Das Wichtigste im Leben können wir nicht selber machen,
sondern es widerfährt uns.
Es gibt Dinge im Leben, die kann ich mir nicht nehmen,
ich kann sie nur empfangen.

Grundfrage 1: Was ist Wahrheit?

Grundfrage 2:
Erkenntnissubjekt:

Grundfrage 3:
Erkenntnisobjekt
Person vor Sache

Grundfrage 4: Erkenntnismethodik
Vertrautheitserkenntnis
Die Widerfahrensebene:
Gott tut das Eigentliche. Das Eigentliche wird geschenkt.

Überlegen Sie persönliche Erfahrungen:
Wo haben Sie erlebt, dass Sie sich etwas nicht nehmen konnten, aber es wurde Ihnen geschenkt? Wie ging es Ihnen beim Empfangen? Wo haben Sie erlebt, wie etwas ge- oder zerstört wurde, als Sie versucht haben, sich etwas zu nehmen, was nur geschenkt werden kann?

?

c. Der Mensch gibt Antwort

Die Bedeutung von Schenken und Empfangen erleben wir z.B. in Bezug auf unser Selbstwertgefühl, das wir nicht einfach durch eigene Leistung aufbauen können. Wir brauchen den Zuspruch Gottes und anderer Menschen. Solange wir uns und anderen beweisen wollen, wie toll wir sind, entdecken wir eher das Gegenteil.

Doch ist das bereits die ganze Antwort auf Toms Frage? Ist die Ebene der Widerfahrnis allein mit der Haltung des Empfangens zu beschreiben? Gibt es gar keine eigene Aktivität?
Fordert nicht Gott selbst uns immer wieder dazu auf, zu suchen, zu fragen, uns nach seinen Wegen auszustrecken und dann auch danach zu handeln, im Gehorsam seinen Weg zu gehen?
„Suchet so werdet ihr finden…“ (Mt 7,7)
„…seid **bemüht**, *dass ihr vor ihm unbefleckt und untadelig im Frieden befunden werdet.“* (2 Petr 3, 14b)

Drei Bilder können verdeutlichen, wie wir das zusammenbekommen, dass uns das Eigentliche widerfährt und wir trotzdem aktiv suchen sollen, wie **Gott das Eigentliche tut, wir aber antworten**.

Brotkrümel und Fischgräten einsetzen

Ein erstes Bild – Krümel und Fischgräten – hat **Wolf-Dieter Hartmann**, ein Mitarbeiter bei IGNIS, geprägt. Ausgehend von der Speisung der 5000 (Mt 14, 13–21) fragt er: Was hatten die Jünger? Fünf Brote und zwei Fische, ein absoluter Witz für 5000 Männer, Frauen und Kinder noch dazu. Folgerichtig wollten sie die Menschen abends fortschicken, dass sie sich zu essen kauften. Doch als Jesus sie darum bat, **gaben sie das, was sie hatten**, setzten es ganz ein, stellten es zur Verfügung – und **Jesus tat das Wunder** der Vermehrung.

Gott allein konnte das eigentlich Nötige für die Speisung einer solch großen Menge an Menschen tun, aber die Menschen mussten das bisschen geben, was sie hatten. Auch wenn es völlig unzureichend für die zu bewältigende Aufgabe war, sollten die Menschen sich selbst, das, was sie hatten, auch einsetzen.

Mit der Formulierung „Krümel und Fischgräten“ wird zusätzlich betont, dass Gott das eigentliche Wunder tut und es völlig egal ist, was wir haben, ob fette Brote und Fische (die ja auch nicht reichen) oder nur ein paar Brotkrümel und Fischgräten. Darauf ist Gott nicht angewiesen, er will und kann mit dem Wenigen arbeiten, was wir haben, **wenn wir es Ihm zur Verfügung stellen**.

Wir gießen und pflegen, aber Gott schenkt das Wachstum.

Als zweites Bild kann uns das Wachstum einer Pflanze dienen.
Auch hier merken wir, das Eigentliche kann nur Gott tun, Wachstum kann nur er schenken. So sehr wir auch an der Pflanze zerren mögen, sie bitten, doch zu wachsen, Wachstum kann nur widerfahren.
Dennoch ist es natürlich so, dass wir etwas dazu beitragen müssen, dass eine Pflanze Sonne benötigt, sie in regelmäßigen Abständen gegossen werden muss. Aber mit all dem **können wir Wachstum nicht produzieren, höchstens fördern oder hindern.**
Paulus gebraucht genau dieses Bild, um die Korinther davon zu überzeugen, wie töricht es ist, dass sie sich bestimmten Menschen zurechnen und sagen „Ich gehöre zu Apollos" oder „Ich gehöre zu Paulus", denn: „Wer ist nun Apollos? Wer ist Paulus? ... Ich habe gepflanzt, Apollos hat begossen; aber Gott hat das Gedeihen gegeben." (1 Kor 3, 5f)
Das ist das Wesentliche: Gott hat das Gedeihen gegeben, ohne ihn wäre alles Pflanzen oder Begießen umsonst gewesen.

Bei dem dritten Punkt handelt es sich strenggenommen nicht um ein Bild, vielmehr ist es eine Möglichkeit der griechischen Sprache, die wir schon in Kapitel B kennengelernt haben.

Medium: Ich lasse zu, dass etwas geschieht.

Während wir im Deutschen ja nur die aktive und die passive Verbform kennen, aktiv *„ich tue etwas, ich handle"* bzw. passiv *„es wird etwas an mir getan, es geschieht etwas mit mir"*, kennt das Griechische noch die **Medialform**.
Diese wird gebraucht, wenn sich ein Mensch in einer Situation wiederfindet, in der eine Person oder Umstände etwas mit ihm „machen" wollen, in der ihm etwas „widerfahren" soll. Als Mensch ist er dem nicht ausgeliefert, er hat nach der griechischen Sprachgebung nicht nur zwei, sondern drei Möglichkeiten der Reaktion:
Er kann sich aktiv dagegenstemmen, also versuchen, sich zu wehren.
Er kann das Ganze passiv an sich geschehen, irgendwie über sich ergehen lassen.
Aber er kann das Geschehen auch innerlich begrüßen, bejahen, explizit **erlauben, dass es geschieht**, einwilligen.

Und da, wo wir ein Geschehen annehmen, wo wir unser Ja dazu geben statt es einfach über uns ergehen zu lassen, kann es nicht nur AN uns geschehen, sondern auch IN uns, kann es in uns das bewirken, wozu es gedacht ist.
Nur da, wo wir z.B. in einer potenziellen Begegnung mit einem anderen Menschen innerlich einsteigen, uns einlassen, erlauben, dass der andere unserem Inneren nahekommen darf, kann es zu dieser wirklichen Begegnung kommen.

Wir sind darin nicht direkt aktiv, weder machen wir die Begegnung noch verhindern wir sie durch unser aktives Wehren.
Wir sind aber auch nicht passiv, lassen nur über uns ergehen, lassen uns von etwas Fremdem bestimmen.
Wir erlauben, dass das Eigentliche an und in uns geschieht, dass es uns widerfährt.

Gott hat das Eigentliche bereits getan, ich kann nichts hinzufügen oder herstellen. Aber ich kann mich ergreifen lassen, kann es mir schenken, es an mir geschehen lassen (oder es durch mein Nein verhindern).
Nur da, wo ich es zulasse, kann er sein Werk in mir vollbringen.
Gott tut das Eigentliche – wir aber antworten!

Grundfrage 1: Was ist Wahrheit?

Grundfrage 2:
Erkenntnissubjekt

Grundfrage 3:
Erkenntnisobjekt
Person vor Sache

Grundfrage 4: Erkenntnismethodik
Vertrautheitserkenntnis – Die Widerfahrensebene:
Gott tut das Eigentliche. Das Eigentliche wird geschenkt.
Wir antworten: einwilligen, „Krümel und Fischgräten" einbringen

Krümel und Gräten – pflanzen und begießen – zulassen und beschenken lassen

Wie empfinden Sie diese Vergleiche, wenn Sie an Herausforderungen Ihres Lebens denken?
Sind Ihre Gaben und Ihr Einsatz Krümel und Gräten – und Gott macht genug für alle Herausforderungen?
Ist Ihr Einsatz ein Pflanzen und Begießen in Gottes Reich – und er schenkt das Wachstum?
Können Sie zulassen, von dem Eigentlichen, das Gott wirkt, beschenkt zu werden?

Lassen Sie sich neu von Gott ermutigen, alles zu geben, aber ihn das Eigentliche tun zu lassen!

4. Einlassen statt Distanz nehmenden Hinsehens

Wir werden uns jetzt etwas mehr damit beschäftigen, was es heißt, im Erkenntnisprozess auf das Eigentliche zu antworten. Dazu möchten wir zunächst einen Punkt aufgreifen, den wir schon im Rahmen der Einführung des hebräischen Denkens betrachtet haben (S. 115): die grundlegende Umorientierung vom *Distanz nehmenden Hinsehen hin zum Einlassen auf das Erkenntnisobjekt.*

a. Die Bereitschaft, Stellung zu beziehen

Nur wenn die Distanz zwischen Erkenntnis-Subjekt und Erkenntnis-Objekt zusammenbricht – und vom biblischen Denken her soll sie zusammenbrechen – wird echte Vertrautheitserkenntnis entstehen. Deshalb müssen wir die bislang so sorgsam ausgeklammerte Frage in den Mittelpunkt stellen, **was ein Erkenntnisobjekt eigentlich mit mir als Erkenntnissubjekt zu tun hat**.

Und hier wird zum Ziel: Ich als Erkenntnissubjekt soll einen Bezug zum Erkenntnisgegenstand herstellen, soll mich der Frage stellen, was mir ein Mensch, eine Situation, eine Begebenheit eigentlich zu sagen haben, welche **Botschaft für mich** enthalten ist. Als Erkenntnissubjekt bleibe ich nicht dabei stehen, etwas als so und so geartet festzustellen, sondern bin aufgefordert, persönlich **Stellung** zu beziehen.

Grundfrage 4: Erkenntnismethodik
Vertrautheitserkenntnis – Die Widerfahrensebene:
Gott tut das Eigentliche. Das Eigentliche wird geschenkt.
Der Mensch antwortet: einwilligen, „Krümel und Fischgräten" einbringen
einlassen, die Botschaft für mich aufnehmen

Beispiel: Wer ist mein Nächster?

Dieser neue Focus im Erkenntnisprozess lässt sich an der Art und Weise aufzeigen, wie Jesus selbst mit „Erkenntnisfragen" seiner Zeitgenossen umgeht, z.B. in folgender Situation im Lukasevangelium (Lukas 10, 25 – 37):

„Und siehe, da stand ein Schriftgelehrter auf, versuchte ihn und sprach: Meister, was muss ich tun, dass ich das ewige Leben ererbe? Er aber sprach zu ihm: Was steht im Gesetz geschrieben? Was liest Du? Er antwortete und sprach: Du sollst den Herrn, deinen Gott, lieben von ganzem Herzen, von ganzer Seele, von allen Kräften und von ganzem Gemüt und deinen Nächsten wie dich selbst. Er aber sprach zu ihm: Du hast recht geantwortet; tu das, so wirst du leben. – Er aber wollte sich selbst rechtfertigen und sprach zu Jesus: Wer ist denn mein Nächster?"

Eigentlich war die Antwort klar, es geht darum, Gott und den Nächsten zu lieben. Doch um dieser „Botschaft für sich" auszuweichen, fordert der Schriftgelehrte, man müsse zunächst das „Erkenntnisobjekt" Nächster näher bestimmen, klären, wen man darunter zu verstehen habe.
Daraufhin erzählt Jesus das Gleichnis vom barmherzigen Samariter:
Er erzählt von einem Menschen, der beraubt wird und an dem zwei religiöse Führer seiner Zeit vorbeigehen, ohne ihm zu helfen. Erst ein dritter Passant, ein gesellschaftlicher Außenseiter, versorgt ihn und seine Wunden.

Jesus lässt sich auf das „Distanzierungsmanöver" des Schriftgelehrten nicht ein. Er führt keine abstrakte, theoretische Diskussion darüber, unter welchen Umständen jemand eventuell als Nächster gelten, unter welchen Bedingungen das Liebesgebot überhaupt zur Anwendung kommen könne. Stattdessen erzählt Jesus eine einfache, kleine Geschichte, für jedes Kind verständlich, und trägt so die Botschaft wieder ganz hin zu seinem Gegenüber. Niemand, auch der Schriftgelehrte nicht, kommt mehr daran vorbei, zu begreifen, dass er gemeint ist, dass er persönlich angefragt ist, wenn Jesus fragt:
„Wer von diesen dreien, meinst du, ist der Nächste gewesen dem, der unter die Räuber gefallen war? Er sprach: Der die Barmherzigkeit an ihm tat. Da sprach Jesus zu ihm: So geh hin und tu desgleichen!" (V. 36 – 37)

In dieser Weise verändert Jesus die Erkenntnisfrage, macht deutlich, dass es darum geht, dass ich in jeder Situation, in jeder Begegnung, nach der Botschaft Gottes für mich frage, dass ich bereit bin, Stellung zu beziehen, der Anfrage Gottes in meinem Inneren Raum gebe.

Die Aufforderung, den Zuschauerplatz zu verlassen

Die ganze Person ist gefordert, der Erkennende muss den Zuschauerplatz verlassen: „Diese Form der Erkenntnis verlangt nicht eine möglichst distanzierte Grundeinstellung zur zu erforschenden Wirklichkeit. Hier geht es vielmehr um den Menschen selbst, und dieser wird nur erkennen, wenn er sich dabei engagiert, wenn er sich betroffen weiß, wenn er sich nicht zurück nimmt, sondern sich in seinem Erkenntnisinteresse ganz einbringt und sich herausgefordert weiß. Erkenntnis wird hier nur möglich, wenn der Erkennende sich in die Bresche wirft, wenn er selbst betroffen ist, wenn er weiß, dass es ernst wird und dass es sich um ihn selbst dreht, nicht allein um fremde Wirklichkeiten ... Wer sich nicht selbst in die Bresche wirft, wer nur und nichts als Zuschauer bleiben will, der wird und kann nichts erkennen. Erkennen setzt hier immer voraus, dass ich mich selbst einsetze."[11]

Überlegen Sie, welchen Erkenntnisgewinn Sie bisher durch „persönliches Einbezogensein" erreicht haben.
(z.B. wenn Sie nicht nur Erziehungsbücher gelesen, sondern sich auf Kinder eingelassen haben; wenn Sie nicht nur Bücher über Krankheit und Heilung gelesen haben, sondern im Kontakt mit eigener Krankheit oder kranken Menschen gefordert waren, zu handeln und zu glauben ...)
Wie erleben Sie das Zusammenspiel von „Lernen aus der Distanz" und „Lernen durch Einbezogensein"?

b. Wechselseitige Anteilnahme und Veränderungsbereitschaft

Was heißt es nun für den Bereich der Personerkenntnis, für unser Ziel der Vertrautheitserkenntnis, den Zuschauerplatz zu verlassen, in die Bresche zu springen? Sicherlich ist eine solche Erkenntnis „mehr als bloße *Informations*verarbeitung; sie ist Anteil geben am eigenen Leben und Anteil nehmen am Sein des anderen. Erkenntnis vollzieht sich ... als mich und den anderen elementar herausfordernde Mit-Teilung."[12]

11 Neuner, 1984, S. 69f
12 Hempelmann, 1987, S. 20

Anteil nehmen

Es geht um ein wirkliches Anteil nehmen am Sein des anderen, das Wohl und die Not des anderen sollen mir existenziell wichtig werden. Ich stehe, als Seelsorger ebenso wie als Forscher, nicht „außen vor", versuche lediglich, ein paar Fakten zu sammeln und Informationen weiterzugeben. Sondern ich werde z.B. bereit, eine scheinbar irrationale Angst des Nächsten ernst zu nehmen, sie nicht von oben her zu belächeln. Ich versuche, mich einzufühlen, von innen her nachzuspüren, wie es im anderen aussieht, wie sich diese Angst anfühlt, was diese Angst in seinem Leben bedeutet.

Anteil geben

Außerdem werde ich auch bereit, Anteil zu geben am eigenen Leben, mich selbst zu zeigen, eigene Not und Bedürftigkeit nicht zu verstecken, Schwächen und Fragen nicht zu verheimlichen, mein Herz zu öffnen, mich zu offenbaren.

Zwar fühlen wir uns oft reichlich unfähig, diese „Krümel und Fischgräten" einzusetzen, und wissen, dass wir aus uns selbst zu einem solchen Einlassen nicht befähigt sind. Doch in uns darf die Gewissheit wachsen, dass Gott uns hält, und weil er bereits Vertrauen in uns investiert hat, kann jeder von uns, egal wie er sich fühlt, zumindest diese Krümel und Fischgräten geben.

Einlassen und Abgrenzen

Vielleicht hat der eine oder andere bei solchem Werben um Anteilnahme gerade in Bezug auf seelsorgerliche Beziehungen etwas Unbehagen. Besteht hier nicht die Gefahr, dass der Seelsorger so einbezogen wird, dass er quasi von der Not überwältigt wird, sich mit dem Klienten in dieser Not verliert? Wenn er keinen „objektiven", nüchternen Standpunkt „von außen" her einnehmen kann, wie soll er dann „herausführen"?

Nicht umsonst warnen einige therapeutische Richtungen vor diesem (im Fachjargon als *Konfluenz* bezeichneten) Problem und fordern eine „professionelle Distanz", bei der man einen klaren Kopf behält und sich außerdem selbst schützt. Denn man kann sich vereinnahmen, manipulieren, ausbeuten lassen, als Seelsorger aus einem Helfersyndrom, einem übergroßen Harmoniebedürfnis heraus handeln.

Man kann aber auch zu unnahbar sein, sich ständig abgrenzen, eine professionelle Routine entwickeln und sich weigern, Anteil zu nehmen. Beides ist von Übel. Beim Ringen um ein Gleichgewicht stellt sich die Frage, ob die Lösung darin besteht, feste Richtlinien aufzustellen, wann, wo, bei wem man sich wie weit einlässt, oder ob es vielmehr um ein Lernen des Seelsorgers geht, falsche und echte Herstellung von Nähe unterscheiden zu lernen. Dazu gehört es, seine Identität radikal in Jesus festzumachen und sich so gegen falsche Tendenzen des Einlassens zu schützen.

Natürlich müssen wir es lernen, uns in einer von Gott gewirkten Art und Weise einzulassen, aber wir vertrauen dabei:
Es gibt kein Zuviel an echter Liebe, an echter Nähe und Einlassen, sondern nur ein Zuviel an falscher Nähe.

Anteil nehmen und geben als Voraussetzung für Selbstoffenbarung und Vertrautheit

Die Möglichkeit der Vertrautheit basiert immer auf der **gegenseitigen Bereitschaft zum Anteil nehmen**. Da, wo der andere unser ehrliches Interesse an ihm spürt, unsere Liebe, unsere Annahme seiner Person, da, wo wir auch unsere eigene Bedürftigkeit nicht verheimlichen, wird es unserem Gegenüber leichter fallen, sich ohne Angst und Selbstschutzmechanismen zu zeigen. Wenn mein Gegenüber diese Haltungen spürt, er genug Vertrauen gefasst hat, wird es ihm möglich, sich *selbst zu offenbaren*.

Doch er muss es nicht tun. Meine Offenheit erzwingt nicht die Offenheit des anderen, kann sie nicht erzwingen. Sie ist Geschenk. Der Zugang zum Inneren einer Person, „Erkenntnis" über diesen Bereich basiert immer auf der **freiwilligen Selbstoffenbarung** dieser Person.
„Erkenntnis braucht den anderen. Damit sie gelingt, ist es notwendig, dass ich mich völlig auf den anderen einlasse, dass ich mich umgekehrt dem anderen völlig aussetze. Erkenntnis als Kommunikation vollzieht sich als Mit-teilung des anderen und an den anderen."[13]

Die Bereitschaft zur Veränderung

Sich Einlassen beinhaltet außerdem die *Bereitschaft zur eigenen Veränderung*. Als Erkenntnissubjekt den Zuschauerplatz zu verlassen fordert uns konkret heraus, uns selbst, das eigene Verhalten, Wollen und Tun in Frage stellen zu lassen.

Der andere ist so anders, er denkt, fühlt und lebt anders. Das hinterfragt mich. Ich bin aufgefordert, Stellung zu beziehen, mich in meiner Existenz, meiner Seins- und Denkweise auf den Prüfstand zu begeben, zu fragen, ob und wenn ja, welche Botschaft der andere für mich hat und welche Botschaft Gott vielleicht durch den anderen, durch diese Situation an mich richtet.

Beziehung, Begegnung soll uns nicht unverändert auseinandergehen lassen, man kann sagen, sie *fängt sogar dort erst wirklich an, wo zwei so miteinander in Berührung kommen, dass sie nicht mehr in ihrem Wissen über- und umeinander unverändert auseinandergehen können.*[14]
Echte Begegnung lässt uns nie mehr dieselben sein wie vorher.

Aufruf zu existenzieller Bezogenheit aufeinander

All dies wird möglich, wo wir in existenzieller Weise die Distanz voneinander aufgeben, wo wir bereit sind, unser Leben für den anderen einzusetzen.
Auch wenn sicher allgemein gilt, „dass es Wahrheiten gibt, die erst dadurch erkannt werden können, dass ich mich ganz für sie einsetze, dass ich mich selbst vorbehaltlos ins Spiel bringe"[15], gibt es Beziehungen, in denen noch ein anderer Grad der existenziellen Bezogenheit gegeben ist und so auch ein anderer Grad an Erkenntnis, an Vertrautheit möglich wird. Es sind Beziehungen, in denen *„jeder durch den anderen in seiner Existenz entscheidend bestimmt ist."*[16]

Allen voran in der Ehe eröffnet neben der gemeinsamen Zeit, dem normalerweise vorliegenden Wunsch nach gegenseitigem Einlassen, gerade auch der Faktor der existenziellen Angewiesenheit aufeinander die Möglichkeit tieferer Erkenntnis.
Durch das gemeinsame Haus und Konto, die gemeinsamen Kinder sowie die Tatsache, dass man in seiner Identität stark mit dem anderen verbunden ist, als Einheit identifiziert wird, kommt man in Situationen, in denen man sich dem anderen in ganz anderer Weise zeigt, „offenbart".

13 Hempelmann, 1987, S. 19
14 nach Werner May, Dozent an der IGNIS-Akademie
15 Neuner, 1984, S. 70
16 Kittel, 1933, Bd I, S. 711

„Wer der andere, der Freund, der Ehepartner ist, erkennt man erst in der Ehe. Von außen, aus der Distanz lässt sich diese Erkenntnis einfach nicht gewinnen."[17]
Nur da wo Menschen füreinander zum Schicksal werden, ist der oberste Grad menschlicher Vertrautheit möglich. Dies macht Angst und ist doch die Sehnsucht unseres Herzens.

Übrigens ...
benutzt die Bibel das hebräische Wort yada „erkennen", wenn sie den Geschlechtsakt zwischen Mann und Frau beschreibt: „Und Adam erkannte sein Weib Eva." (1 Mose 4, 1)
Das weist darauf hin, dass es im Geschlechtsakt nicht nur um einen „Verkehr", einen Umgang miteinander geht, um etwas, was man tut, sondern um ein Erkennen, eine echte Begegnung mit dem anderen.
Umgekehrt drückt yada, erkennen, etwas aus von tiefster, innigster Vertrautheit, die es zwischen zwei Menschen geben kann, wobei der Geschlechtsakt hierfür sicher ein Bild ist, im Kern aber die auf allen Ebenen stattfindende Nähe und Intimität gemeint ist, die Ziel der Ehe sein soll.

5. Existenzielle Anerkennung Gottes

Vor jedem Einlassen auf das Erkenntnisobjekt ist das Einlassen auf die Beziehung zu Gott die noch grundsätzlichere Voraussetzung für echte Vertrautheitserkenntnis. Denn die Grundlage all unserer Erkenntnisbemühungen ist die Möglichkeit, Gottes Offenbarungen aus der Vertrautheitsbeziehung zu ihm zu empfangen.

Gewiss gibt es im Einlassen auf Gott eine ganze Reihe von Parallelen, z.B. den Zuschauerplatz zu verlassen, nach den Botschaften *für mich* zu fragen, wirklich ehrlich zu werden. Doch unübersehbar ist die Ausgangslage eine ganz andere, stehen sich hier nicht wie in der menschlichen Beziehung gleichwertige Partner gegenüber, sondern GOTT und Mensch.

a. Gottes-Herrschaft statt Selbst-Herrschaft

Gott als GOTT anerkennen

Damit zu Gott Vertrautheitsbeziehung und darin das von Ihm Geplante möglich wird, ist es unsere erste Aufgabe, genau den Tatbestand **anzuerkennen und anzunehmen**, dass **GOTT GOTT ist und der Mensch Mensch**.

Wir werden nur in Gottes Sinn erkennen können, wenn wir uns mit unserem ganzen Sein, unserem ganzen Wesen auf ihn einlassen, in der Bereitschaft, ihn so anzuerkennen, wie er ist. Wir werden nur in seinem Sinn erkennen können, wenn wir anerkennen, dass er der Wissende ist, wenn wir die Demut aufbringen, uns von ihm belehren zu lassen.

17 Neuner, 1984, S.70

Grundfrage 4: Erkenntnismethodik
Vertrautheitserkenntnis – Die Widerfahrensebene:
Gott tut das Eigentliche. Das Eigentliche wird geschenkt.
Der Mensch antwortet: einwilligen, „Krümel und Fischgräten" einbringen
einlassen, die Botschaft für mich aufnehmen
Anerkennung Gottes als Herrn

Gott bestimmen lassen

Das klingt ganz einfach, selbstverständlich und ist doch die härteste Aufgabe, vor die der Mensch gestellt ist: anzuerkennen, dass nicht er die Dinge unter Kontrolle hat, nicht er den richtigen Blick auf alles hat, sondern dass er angewiesen ist auf ihn und anerkennen muss, dass Gott der HERR ist vor dem der Mensch sich beugen muss.

Wir haben bereits von der Bereitschaft zur Veränderung in der Begegnung mit unserem menschlichen Gegenüber gesprochen. Wie viel mehr soll dies in der Beziehung zwischen Gott und Mensch geschehen! Da ist es nicht mit einer Hinterfragung meines Lebens getan, mit ein wenig Veränderung so weit es mir passt, sondern es geht um einen grundlegenden **Herrschaftswechsel**. Ich soll mich von ihm führen lassen, meine ganze Existenz von ihm vorgeben lassen.

Das Problem der Sünde: Selbst-Herrschaft statt Gottes-Herrschaft

Doch wie reagieren wir, wenn er zu uns spricht, wie damals zu dem reichen Jüngling: *„Es fehlt dir noch eines.* ***Verkaufe alles,*** *was du hast, und gib's den Armen, so wirst du einen Schatz im Himmel haben, und komm und folge mir nach."* (Lk 18, 22)? DAS klingt schon nicht mehr so einfach, wir alle wissen, wie uns das innerlich widerstrebt. Seit dem Sündenfall, der ersten Entscheidung für **Eigenherrschaft** und **Selbstbestimmung**, lebt im Menschen „die Möglichkeit, wenn nicht sogar die Neigung, den Eintritt Gottes in seine Welt als Störung, als Zumutung zu empfinden. Er will sein eigener Herr sein, die Welt für sich haben."[18]

Wie damals denken wir bei solchen Anforderungen oft tief in uns, wir könnten schon selbst am besten für uns sorgen, wüssten besser, was gut für uns ist, was wir brauchen. Oder wir haben Angst, Gott würde uns im Stich lassen, würde uns zu Hingabe und Liebe für andere auffordern, während wir selbst auf der Strecke bleiben.

Dieses tiefe **Misstrauen**, der tief in uns verankerte Drang nach **Autonomie**, ist Kernpunkt unseres Widerstandes gegen die Überantwortung unseres gesamten Seins, gegen die Anerkennung einer Gottesherrschaft in unserem Leben. *„Der Mensch setzt sich selbst als notwendig und denkt das Dasein von sich aus."*[19]

Grundsätzlich haben wir uns als Christen von dieser Haltung abgewandt. Doch der wirkliche Herrschaftswechsel ist nicht allein durch ein Übergabegebet zu erreichen. Wichtig ist, dass sich ein tatsächlicher, ein immer radikalerer Herrschaftswechsel in unserem Leben vollzieht. So entscheidend und grundlegend die Predigt von Gottes Liebe und Gnade ist und das Eigentliche wirklich nur widerfahren kann, so müssen wir doch auch sehen, dass es bei der Bekehrung um den Tod des eigenen Ichs, um die völlige Unterordnung unter den göttlichen Willen geht.

18 Guardini, 1976, S. 23
19 Guardini, 1976, S. 437

Wie ist es bei uns bestellt um diesen härtesten Kampf im Leben eines Menschen, die Übergabe unseres Willens? Sprechen wir zwar viel darüber, Gott zu folgen, klammern ihn aber letztlich aus, wenn es Montagmorgen zur Sache geht? Neigt unser Wille dazu, „die Welt zur rein profanen Tatsache zu machen, um über sie verfügen zu können, wie man das nur mit dem Profanen kann."[20] Sind wir auf der Flucht vor einer Unterordnung unseres Willens unter Gott, stimmt für uns, was **Helmut Gollwitzer** den Philosophen vorwirft: „Die Philosophen sprechen von der Suche nach Gott; aber das ist, wie wenn man von der Suche der Maus nach der Katze spräche. Wir sind auf der Flucht – und es wird uns auf die Dauer nicht gelingen."[21]

Überlegen Sie:
Wo kenne ich ein Suchen nach Gott wie die Maus nach der Katze – aus sicherer Entfernung, eigentlich auf der Flucht und jederzeit bereit, sofort ins sichere Mauseloch meines bisherigen, geordneten Lebens zurückzuschlüpfen?
Was geht mir als erstes durch den Kopf, wenn ich höre, ich soll meinen Willen dem Willen Gottes unterordnen?
Welche positiven Erfahrungen habe ich bisher mit Gottes Führung gemacht?
Wo möchte ich mehr Vertrauen wagen?

Gottes Willen anerkennen als Voraussetzung von Vertrautheitserkenntnis

Solange der Mensch sein „Leben auf der Flucht" nicht aufgibt, am *Misstrauen gegen Gott*, am *Autonomiestreben* festhält, wird Vertrautheitserkenntnis nicht möglich sein. Das liegt nicht daran, dass Gott sich zu einer Vertrautheitsbeziehung nicht „herablassen" würde, falls er nicht Herr sein darf. Es kommt ihm bestimmt nicht darauf an, Herr zu sein, vielmehr geht er uns nach und hat mit uns Beziehung, wenn wir, auch als Christen, noch reichlich Selbstbestimmungstendenzen in uns tragen.

Doch dieser Beziehung sind Grenzen gesetzt. So wie man nur dann davon spricht, dass Menschen „ein Herz und eine Seele" sind, wenn sie ein und dieselbe Willensausrichtung haben, so kann auch zwischen Gott und Mensch wirkliche Nähe und Herzensverbundenheit nur dort erreicht werden, wo sich eine Einheit des Willens ausformt.
Und in Bezug auf Gott gehört zu dieser Einheit des Willens, dass der Mensch die Unfähigkeit, selbst Herr zu sein, anerkennt und sich Gott unterordnet, dass er seinen Willen nach Gottes Willen ausrichtet. „Es geht um die Bereitschaft ... das eigene Wollen unbedingt und in jedem Fall Gottes Willen anzugleichen, diesen gleichsam in den eigenen Willen aufzunehmen ... weil nur so Gott als Gott vom Geschöpf anerkannt wird. Jedes Angesprochenwerden schafft ja eine erste Nähe zwischen Sprechendem und verstehend Anerkennendem. *Diese Nähe schließt aber Übereinstimmung ein. Gott gegenüber kann solche Nähe nur bedeuten, daß der Mensch anerkennend auf seinen Willen eingeht.*"[22]

Bei jeder Selbstbestimmtheit bleibt man letztlich bei sich.

Wo dagegen Unabhängigkeit und Selbstbestimmung höchsten Wert haben, **bleibt jeder letztlich bei sich selbst**.

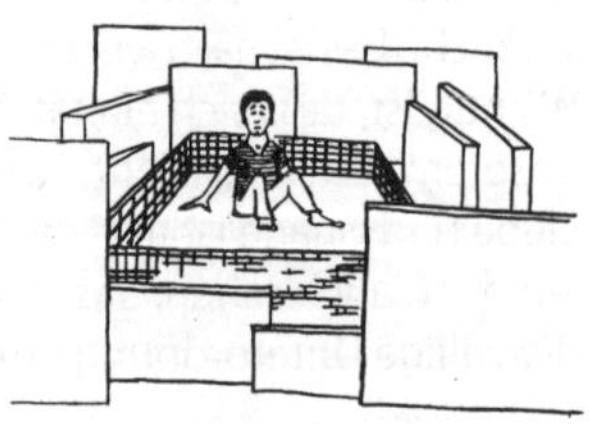

Deshalb ist Beziehungsbegrenzung im Falle eines Beharrens auf Selbstherrschaft **nicht Strafe Gottes, sondern Folge davon, dass unsere Augen auf uns**

20 Guardini, 1976, S. 454
21 Gollwitzer in Pöhlmann, 1990, S. 103
22 A. Brunner, 1985, S. 131f

selbst gerichtet sind. Wenn wir um uns selbst kreisen, führt das zum Aufbau von Mauern um uns herum, sodass unser Herz weit von Gott entfernt ist – echte Vertrautheit wird verhindert.
Dies gilt nicht nur, wenn jemand wirklich weggeht, nichts mehr mit Gott zu tun haben will, sondern auch dann, wenn jemand an Gemeinschaft mit Gott interessiert ist, doch dabei nicht von seiner Eigenherrschaft ablassen will. Das widerstrebt zwar einer typischen Vorstellung unseres modernen Denkens bezüglich Gemeinschaft (und Vertrautheit), nach der sich immer autonome Wesen begegnen sollen, die sich austauschen, aber keinesfalls über den Tisch ziehen lassen, sich der Meinung des anderen anpassen.

Doch jemand, der sein Leben selbst bestimmen will und gleichzeitig an Gemeinschaft mit Gott interessiert ist, würde einem „verlorenen Sohn" gleichen, der, wenn wir das Gleichnis einmal abändern, zwar physisch im Hause des Vaters bliebe, sich aber dennoch sein Erbe auszahlen ließe, seine Entscheidungen unabhängig vom Vater träfe und das gesamte Geld verprasste. Physisch wäre er wohl da, aber vom Herz des Vaters wäre er meilenweit entfernt. Wirkliche Vertrautheit, Intimität der beiden wäre so wohl kaum denkbar.

> *1 Joh 1, 6f:*
> *„Wenn wir sagen, dass wir Gemeinschaft mit ihm haben, und wandeln in der Finsternis, so lügen wir und tun nicht die Wahrheit. Wenn wir aber im Licht wandeln, wie er im Licht ist, so haben wir Gemeinschaft untereinander, und das Blut Jesu, seines Sohnes, macht uns rein von aller Sünde."*

Nur wenn wir unseren Stolz zugeben, unsere Autonomie und Selbstherrschaft zur Disposition stellen, kann Gott die Beziehung wiederherstellen und damit auch wieder anfangen uns zu führen.

b. Erkennen, gehorchen, handeln

Neue Erkenntnismöglichkeiten in der Beziehung zu Gott

Die Abkehr von der Sünde, das Anerkennen und wachsende Annehmen der Herrschaft Gottes haben direkte Auswirkungen auf unser Erkenntnisvermögen, denn „... in der Beugung unter Gott sind die knechtenden Mächte der Lüge und der Illusion zu überwinden."[23]

Um wirklich verstehen zu können, braucht man dafür geeignete Sinne. Jedes Erkennen setzt, wie Guardini sagt, voraus, „daß der Angerufene dafür Auge und Ohr habe. Damit ist nichts Phantastisches gemeint. Das herrlichste Kunstwerk kann da stehen; wer nur Blick für Technisches oder Ökonomisches hat, schaut wohl hin, sieht aber nicht, was eigentlich da steht ... Zu allem Sehen gehört ein Auge; zu jedem wesentlichen neuen Bereich der Wirklichkeit ein neues Auge. Wo das fehlt, wird, worum es sich handelt, nicht aufgefasst."[24]

Dieses „neue Auge" schenkt Gott und leitet uns an, damit zu sehen. „Da Sünde die eigentliche Ursache für das fehlende, zerstörte Orientierungsvermögen ist, da der Gott dieser Welt die *noemata* der Ungläubigen verblendet hat (2 Kor 4, 4), ist Gott selber, indem er den Glauben zu ihm schenkt, in der Beziehung zu sich neues Leben gibt, derjenige, der den Menschen öffnet für die Erkenntnis Gottes und das Verständnis seiner Wege."[25]

23 Hempelmann, 1988, S. 16
24 Guardini, 1976, S. 22
25 Hempelmann, 1994, S. 2538

„Die Furcht des HERRN ist der Weisheit Anfang ..." (Psalm 111,10)

Mit wachsender Vertrautheit nimmt die Verblendung unseres (eigenmächtigen) Erkenntnisvermögens ab und der Zugang zu Gottes offenbarter Wahrheit wird immer leichter.

Eph 4,17ff:
„So sage ich nun und bezeuge in dem Herrn, dass ihr nicht mehr leben dürft, wie die Heiden leben in der Nichtigkeit ihres Sinnes. Ihr Verstand ist verfinstert, und sie sind entfremdet dem Leben, das aus Gott ist, durch die Unwissenheit, die in ihnen ist, und durch die Verstockung ihres Herzens. ... Ihr aber habt Christus nicht so kennengelernt; ihr habt doch von ihm gehört und seid in ihm unterwiesen, wie es Wahrheit in Jesus ist."

Gehorsam ist wichtiger als unsere Erkenntnismethoden.

Bei diesem Erkenntnisvermögen geht es nicht primär um unsere üblichen menschlichen Erkenntniswege, um die Schulung unseres Denkvermögens oder die Präzisierung unserer Instrumente zur Wirklichkeitsbefragung. Erkenntnisgewinn hängt nicht primär von unserem Forschen und Suchen ab, nicht von unserem „guten Willen" zum Erkennen. Vielmehr spielen die Anerkennung Gottes und damit der **Gehorsam** ihm gegenüber die entscheidende Rolle.

Der Begriff Gehorsam mag im Zusammenhang mit Erkenntnis überraschend wirken, da er für viele eher negativ belastet nach „blindem Gehorsam" klingt, ohne eigenes Nachdenken (dürfen). Doch wir müssen neu lernen, den positiven Zusammenhang von Hören und Gehorchen als angemessene Antwort auf Gottes Reden zu verstehen, denn:
„Die Offenbarungen Gottes bleiben uns so lange versiegelt, bis sie uns durch unseren Gehorsam erschlossen werden. Sie werden sich dir nie durch Philosophieren und Nachdenken erschließen."[26]

?

Welche Erfahrungen (z.B. aus Ihrer Schulzeit) fallen Ihnen ein, wie Sie Erkenntnis gewinnen (lernen) konnten von Personen, die Sie geachtet haben?
War es nicht leichter, von einem Lehrer zu lernen, den man anerkannte, als von einem, bei dem man von vornherein dachte: Der hat mir nichts zu sagen. Ich weiß es besser, muss ihn kritisch hinterfragen?

Haben Sie am Arbeitsplatz schon einmal erlebt, wie das Aufeinandereinlassen und die gegenseitige Achtung die Kommunikation und das Verstehen des anderen verbesserten und dadurch mehr Erkenntnis (z.B. bessere Problemlösungen) möglich wurde?

26 Chambers, 1961, S. 284

Gehorchen, Handeln und Erkennen

Offenbarung im Gehorsam anzunehmen ist immer auch ein **Anspruch** Gottes, der uns zum **Handeln** herausfordert, und gerade in diesem Handeln wird unsere Erkenntnis vertieft.

„So kann eine verstehende Übereinstimmung mit dem personhaften Gott nur dadurch zustande kommen, dass man ihn so anerkennt, so annimmt, wie er sich offenbarend zeigt. ... Mit der wachsenden Anerkennung durch die Lebensführung wächst auch die lebendige Gotteserkenntnis zu innigerer Vertrautheit."[27]

Grundfrage 4: Erkenntnismethodik
Vertrautheitserkenntnis – Die Widerfahrensebene:
Gott tut das Eigentliche. Das Eigentliche wird geschenkt.
Wir antworten: einwilligen, „Krümel und Fischgräten" einbringen
einlassen: Stellung beziehen, Anteil nehmen und geben
Gott existenziell anerkennen: erkennen, gehorchen, handeln

Nicht aus der Distanz, nicht im nüchternen, über die Möglichkeit Gottes und seines Wesens distanziert überlegenden Nachdenken, sondern nur im **Handeln**, indem wir unser ganzes Leben vorbehaltlos einsetzen, wird die Botschaft Gottes unser Herz erreichen, werden wir **Verstehende**. Biblisch gesehen gehören die Begriffe **erkennen und handeln** ganz eng zusammen (vgl. Abschnitt I.1.c), und Offenbarung ist nicht nur Mitteilung, sondern **Forderung**:
„Die Wahrheiten der Offenbarung sind nicht nur Mitteilungen, die zur Kenntnis genommen werden, sondern auch Normen, Werte, welche die Existenz bestimmen. So werden sie zu Forderungen, die realisiert werden sollen. Das Denken soll sie aufnehmen und die Gedanken ... nach ihnen orientieren. Die personale Haltung soll sich nach ihnen richten. Das Gewissen soll sie als Ordnung seiner Verantwortlichkeit nehmen."[28]

Besonders Jakobus betont diesen Sachverhalt, wenn er schreibt:
*„So ist auch der Glaube, wenn er nicht **Werke** hat, tot in sich selber."* (Jak 2, 17) und *„Seid aber **Täter** des Worts und nicht Hörer allein; sonst betrügt ihr euch selbst."* (Jak 1,22)

Der Zusammenhang zwischen Erkennen und Handeln:

Tit 1, 16:
„Sie sagen, sie kennen Gott, aber mit den Werken verleugnen sie ihn;"
Jak 3, 13:
„Wer ist weise und klug unter euch? Der zeige mit seinem guten Wandel seine Werke in Sanftmut und Weisheit."
Mt 7, 24:
„Darum, wer diese meine Rede hört und tut sie, der gleicht einem klugen Mann, der sein Haus auf Fels baute."

27 A. Brunner, 1985, S. 114
28 Guardini, 1976, S. 457

Wir haben nur dann erkannt, wenn wir handeln.

Pointiert können wir sagen, dass **Erkennen** in der Bibel **über das Handeln** definiert wird. Wenn wir noch einmal auf das Gleichnis des barmherzigen Samariters (Lk 10, 25 – 37) sehen, so stellen wir fest, dass Jesus das Liebesgebot, den Begriff „Nächster" nicht theoretisch definiert („ein Nächster ist eine Person, die...."/ „Liebe ist eine Haltung, die ..."). Er erzählt vielmehr eine Geschichte und macht deutlich, dass die handelnde Tat selbst die Definition ist.

Liebe ist, wenn wir so und so handeln, wenn wir so handeln wie Jesus selbst! Und erkannt hat nur der, der entsprechend handelt.

Wenn wir uns der Handlung verweigern, ist es nicht nur so, dass wir nicht bereit sind, Erkanntes umzusetzen. Von solch einem Menschen würde die Bibel sagen, dass er überhaupt nicht erkannt, bzw. das Erkannte sofort wieder vergessen hat:

> *„Denn wenn jemand ein Hörer des Worts ist und nicht ein Täter, der gleicht einem Mann, der sein leibliches Angesicht im Spiegel beschaut; denn nachdem er sich beschaut hat, geht er davon und vergißt von Stund an, wie er aussah." (Jak 1, 23f)*

Der wahre Sinn der göttlichen Anrede, die tatsächliche Bedeutung des biblischen Wortes, wird uns nur dann bewusst, wenn wir unser Verhalten danach ausrichten. NUR dann kann sie uns zur Offenbarung werden:

Erkennen in der ganz alltäglichen Handlung

Dabei, und auch das macht das Gleichnis vom barmherzigen Samariter deutlich, geht es nicht nur oder auch gerade nicht um die großen Taten, um die großen geistlichen Aktivitäten, um Predigt, Evangelisationsveranstaltungen etc. Täglich offenbart Gott und soll unsere Erkenntnis wachsen, in der ganz konkreten Liebestat im Alltag, im berühmten „Kloputzen" in der Gemeinde, im Erledigen trockener buchhalterischer Aufgaben, beim Besuch bei der Oma, beim Wäschewaschen oder Essenkochen, denn:

> *„Wer im Geringsten treu ist, der ist auch im Großen treu; und wer im Geringsten ungerecht ist, der ist auch im Großen ungerecht." (Lk 16, 10)*

Wer nicht im Kleinen treu ist, dem kann auch nicht mehr anvertraut werden.

Wer nicht im Kleinen treu ist, wer nicht das bereits Begriffene, das bereits Erkannte umsetzt, wie soll Gott dem Neues schenken, wie soll neue Offenbarung in seinem Leben möglich sein?

„Gott offenbart niemals eine Wahrheit über Sich Selbst, bis du in dem gehorsam bist, was du schon weißt."[29]

?

Aus Erziehungssituationen kennen wir die Frage: „Hast du mich verstanden?", die immer mit einschließt: „Hast du die Ermahnung/Anweisung verstanden und wirst in Zukunft entsprechend handeln?"

Überlegen Sie:

Wo war für mich die letzte Situation, in der Gott mir sozusagen diese Frage gestellt hat?

Wie groß war der Abstand zwischen Verstehen und Handeln?

Lag eine längere Diskussion mit Gott/mit mir selbst dazwischen, wie viele Anläufe brauchte ich für Gehorsam?

Habe ich auch Ablenkungsfragen (wie der Schriftgelehrte: Wer ist denn mein Nächster?) dazwischengeschaltet?

29 Chambers, 1961, S. 284

FAZIT

Wir haben die Grundzüge eines biblischen Erkenntnisbegriffs kennengelernt und wollen diese anhand der zentralen Stelle in Johannes 14 noch einmal in den Zusammenhang stellen.

Joh 14, 21–23:
„Wer meine Gebote hat und hält sie, der ist's der mich liebt. Wer mich aber liebt, der wird von meinen Vater geliebt werden, und ich werde ihn lieben und mich ihm offenbaren. Spricht zu ihm Judas, nicht der Iskariot: Herr, was bedeutet es, dass du dich uns offenbaren willst und nicht der Welt? Jesus antwortete und sprach zu ihm: Wer mich liebt, der wird mein Wort halten; und mein Vater wird ihn lieben, und wir werden zu ihm kommen und Wohnung bei ihm nehmen."

Nicht wir haben Gott zuerst geliebt, sondern er uns, die Initiative geht von ihm aus. Er hat das Eigentliche getan, hat durch den Tod seines Sohnes die Möglichkeit für eine Vertrautheitsbeziehung geschaffen, in der er uns Offenbarung schenken will.

Selbst die Interpretation der geschenkten Botschaft gelingt nicht allein von mir aus, ich kann Erkenntnis oder Gehorsam, Liebe und Hingabe nicht herstellen. Das Wichtigste im Leben kann ich nicht machen, es geschieht an mir. Ich kann es mir nicht nehmen, nur empfangen.

Das Eigentliche **widerfährt** mir
Erkenntnissubjekt ← – – – – – – – –
Die Offenbarungsbotschaft

Gott tut das Eigentliche. Doch was tun wir? Wir stellen unsere Krümel und Fischgräten zur Verfügung, lassen zu, dass geschieht: Wir antworten.

Auf der Basis, dass er uns zuerst geliebt hat, als Antwort auf das bereits Geschehene sind wir aufgefordert, uns als Erkenntnissubjekt einzulassen, d.h., die Distanz aufzugeben, Stellung zu beziehen.

Antwort: **Einlassen auf den anderen**
Erkenntnissubjekt ••••••••••••••••••••••→

Wir sollen auf den anderen zugehen, Anteil nehmen und geben, uns verändern lassen, auch existenziell aufeinander angewiesen sein.

Doch erst da, wo wir bereit sind, Gott als Herrn anzuerkennen, unsere Selbstbestimmtheit aufzugeben, kann er uns wieder in eine Vertrautheitsbeziehung zurückführen, in der wirkliche Herzensoffenbarung möglich ist.

Antwort: **Anerkennen von Gottes Herrschaft**
Erkenntnissubjekt ••••••••••••••••••••••→

FAZIT

Dieser Herrschaftswechsel führt uns aus der Verblendung unseres Erkenntnisvermögens und schließt ein, dass wir dem Anspruch Gottes, seinen Forderungen in unserem Leben Raum geben. Zu biblischem Erkennen gehört ganz wesentlich das Handeln im Gehorsam zu Gottes Wort.

Unser Antworten soll als Kreislauf verstanden werden. Gott offenbart, lässt uns Botschaften zuteil werden, tut das Eigentliche, liebt zuerst. Wenn wir uns nicht verweigern, unsere Krümel und Fischgräten hinhalten, das Wenige, was wir verstanden haben, gehorsam in die Tat umsetzen, so viel Anteil nehmen etc., wie uns schon möglich ist, kommt der Kreislauf in Bewegung und Gott kann uns weiter führen.

Wir sollen, wie im Gleichnis mit den Talenten (Mt 25, 14–30) ausgedrückt, mit dem arbeiten, was wir haben, was uns anvertraut ist, egal, wie viel oder wenig es ist. Hauptsache, wir vergraben es nicht, sondern „wuchern" mit unserem Pfund, dann kann uns mehr geschenkt werden, dann kann der Raum der Vertrautheitserkenntnis größer werden.
Wenn uns bereits mehr widerfahren ist, wir mehr verstanden haben, kann Gott sein Beziehungsangebot intensivieren, tiefere Aspekte seines Wesens offenbaren, und wir können ebenfalls ein vertieftes Ja zu ihm sprechen. Der Kreislauf geht in eine zweite Runde.
Ein echtes Wachstum an Vertrautheitserkenntnis kann entstehen.

II. Heiligung und Liebesfähigkeit des Erkenntnissubjekts (zu Grundfrage 2)

Wir wollen unsere Überlegungen zum Eigentlichen biblischer Erkenntnis fortsetzen, indem wir die Rolle des Erkenntnissubjekts und die „Voraussetzungen", die es mitbringen muss, näher betrachten.

Eine grundlegende Verschiebung hin zur Grundfrage 2

Es wird nicht überraschen, wenn hier die Akzente anders gesetzt werden als wir es vom naturwissenschaftlichen Vorgehen aus Band 1 kennen. Während moderne Wissenschaft fordert, Erkenntnis müsse unabhängig vom konkreten Beobachter geschehen, ist ein Forscher, der sich einlassen und Gott anerkennen soll, um zu erkennen, in starkem Maß persönlich gefordert. Ja, in einem biblisch begründeten Erkenntnisprozess kommt das Erkenntnissubjekt als Person mit seinen Motiven, Haltungen, der Ausrichtung seines Herzens, aber vor allem mit seinem Verhältnis zu Gott geradezu in den Mittelpunkt der Betrachtung. Die Erkenntnisfrage wird zur Frage, wie und in welchen Beziehungen das Erkenntnissubjekt lebt. Deshalb haben wir, vielleicht ist es aufgefallen, bereits das gesamte Kapitel hindurch immer auch über Grundfrage 2, über die Person des Erkenntnissubjekts, gesprochen.

Grundfrage 1: Was ist Wahrheit?

Grundfrage 2:
Erkenntnissubjekt
Wie und in welchen Beziehungen lebt es?

Grundfrage 3:
Erkenntnisobjekt
Der Wirkliche vor der Wirklichkeit
Person vor Sache

Grundfrage 4: Erkenntnismethodik
Vertrautheitserkenntnis
Gott tut das Eigentliche und wir antworten.

1. Die Erkenntnisfrage wird zur Lebens- und Relations-Frage

a. Veränderung der Person des Erkenntnissubjekts (Heiligung)

Personale Veränderung statt Modelle der Wirklichkeit

Da es Gott bei seiner Offenbarung nicht vorrangig um den reinen Akt des Erkennens geht, sondern darum, sich und sein Beziehungsangebot bekannt zu machen, ändert sich die gesamte Zielrichtung christlicher Erkenntnissuche:
Nicht die Suche nach Modellen der Wirklichkeit, nach Konzepten und Inhalten ist primäre Aufgabe, sondern Erkenntnis hat existenziell mit der Person des Erkenntnissubjekts selbst zu tun, mit ihrer Veränderung in Gottes Sinn, mit ihrer Heiligung.

Vielleicht können wir schon jetzt erahnen, welche Auswirkungen diese zentrale Fundamentsentscheidung mit sich bringt, wenn es nicht nur um das ganz private Erkenntnisvermögen eines jeden Einzelnen geht, sondern um den Aufbau einer Christlichen Psychologie (mit einem wissenschaftlichen Anspruch).

Auch hier werden wir nur, wenn in der Tiefe unseres Herzens Veränderung geschieht, den rechten Blick geschenkt bekommen. Denn nur dann können wir den Anruf Gottes, die Offenbarung erkennen, wenn wir etwas vom Wesen dessen in uns tragen, der ruft, der die Offenbarung schenkt. Wir brauchen einen Gleichklang der Herzen mit Gottes Herzen, wir brauchen eine Antenne für sein Reden, damit uns das nötige Wissen für die Fragen einer Christlichen Psychologie und Therapie zuteil wird: „Der Glaube kann als Antenne verstanden werden, durch welche die Offenbarung Gottes empfangen wird. Wenn die Antenne nicht am richtigen Platz steht oder nicht funktioniert, kann die von Gott ausgegangene Offenbarung ... nicht erkannt werden."[30]

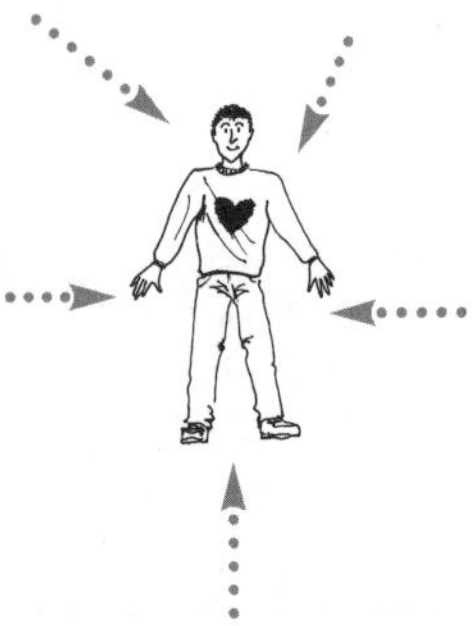

Ein Christlicher Psychologe wird sich also *in erster Linie* nicht mit immer besseren Strategien der Wirklichkeitsbefragung, mit der Erstellung eines immer exakteren therapeutischen Methodenarsenals befassen. Er wird vielmehr Gott an sich arbeiten lassen, damit *das Herz zu gutem Ackerboden wird, der Frucht bringt. (s. Mt 13)*

Wahre Erkenntnis hängt von der Qualität unseres Herzens als Ackerboden ab. „Das Verhältnis des Menschen zur Wahrheit Gottes und damit auch sein Erkennen kann nur durch eine Veränderung seines Seins in Ordnung kommen."[31]

?

„Wahre Erkenntnis hängt von der Qualität unseres Herzens als Ackerboden ab."

Nehmen Sie sich fünf Minuten Zeit, diese Aussage auf sich persönlich – auf Ihr Suchen nach Erkenntnis, auf Ihr Lernen in diesem Buch – wirken zu lassen!

Haben wir damit schon den Höhepunkt erreicht? Ist die Erkenntnisfrage zu einer Frage nach der wesensmäßigen Veränderung des Erkenntnissubjekts geworden?

Das Erkenntnissubjekt wird zum Mittelpunkt, nur um diese Position sofort wieder zu verlieren.

Einerseits ja, das Erkenntnissubjekt gelangt, wie gehört, in den Mittelpunkt der Betrachtung, aber andererseits auch nein, denn, und hier erfolgt eine neuerliche Wendung, **das Erkenntnissubjekt wird seine Mittelpunktsposition sofort wieder verlieren.**

So wie biblisch gesehen Erkenntnis nicht um ihrer selbst willen wertvoll ist, sondern auf die Heiligung des Erkenntnissubjekts verweist, so kann auch die Frage der Veränderung des erkennenden Subjekts nicht „für sich" betrachtet werden. Heiligung kann und darf nie um ihrer selbst willen betrieben werden, die Veränderung unseres Herzens ist noch nicht das oberste Ziel, das Gott verfolgt. **Als wahrhaft letztes Ziel kann allein die Liebe zu Gott und dem Nächsten gelten.**

30 Williams, 1995, S. 59
31 v. Padberg, 1986, S. 89

Wo Heiligung zum Selbstzweck betrieben wird, wo meine Vollkommenheit oberste Priorität hat, werde ich scheitern, weil ich das wirkliche Ziel der Heiligung außer Acht lasse. Nur wo ich das Anliegen der Heiligung beinahe vergesse, weil ich so vertieft bin in die Liebe, in den Dienst am anderen, kann es letztendlich erfüllt werden. Dies ist eine jener paradoxen Herausforderungen im Leben mit Gott, dass uns hier ein Ziel gegeben ist, das wir nicht in typisch menschlicher Manier direkt ansteuern können. Vielmehr wird es einem erst dann widerfahren, wenn wir die Sorge darum loslassen, den Blick von uns wenden, auf Gott und den Nächsten.

b. Das Ziel: Erkennen in Liebe und Gehorsam

Damit sind wir bei DEM Ziel aller Offenbarung Gottes angelangt, der Liebe:
„Die Hauptsumme aller Unterweisung aber ist Liebe aus reinem Herzen und aus gutem Gewissen und aus ungefärbtem Glauben." (1 Tim 1, 5)

Wenn wir auf die bisher von Gott erfasste Offenbarung so reagieren, dass wir Liebe investieren, wird er, selbst wenn es nur Krümel und Fischgräten waren, uns weiterführen, uns neue Offenbarung schenken, uns den Weg der Liebe erschließen.

> *Eph 1, 15-19a:*
> *„Darum auch ich, nachdem ich gehört habe von dem Glauben bei euch an den Herrn Jesus und von eurer **Liebe** zu allen Heiligen,*
> *höre ich nicht auf, zu danken für euch, und gedenke euer in meinem Gebet, dass der Gott unseres Herrn Jesus Christus, der Vater der Herrlichkeit, euch gebe den Geist der Weisheit und der Offenbarung, ihn zu erkennen.*
> *Und er gebe euch **erleuchtete Augen des Herzens, damit ihr erkennt**, zu welcher Hoffnung ihr von ihm berufen seid, wie reich die Herrlichkeit seines Erbes für die Heiligen ist und wie überschwenglich groß seine Kraft an uns, die wir glauben."*

Umgekehrt müssen wir, da Liebe und Erkenntnis so eng zusammenhängen, bei Verwirrung und Unklarheit bezüglich der Wege Gottes immer auch fragen, wie es um das Maß der Liebe bestellt ist (und hier gibt es sicher keine Pauschalantworten!). Gott ist nicht hart, er will uns nicht bestrafen, er verweigert uns nicht trotzig Führung und Wegweisung, wenn wir unsere Krümel und Fischgräten zurückhalten. Gott KANN uns weitere Offenbarung nicht zuteil werden lassen, wenn unser Herz nicht in der Wachstumsdynamik in Richtung Liebe befindlich ist.

Nur wo wir das rechte Auge für etwas haben, können wir sehen. Erkennen „setzt freilich voraus, dass der Angerufene dafür Auge und Ohr habe. Damit ist nichts Phantastisches gemeint. Das herrlichste Kunstwerk kann da stehen; wer nur Blick für Technisches oder Ökonomisches hat, schaut wohl hin, sieht aber nicht, was eigentlich da steht ... Zu allem Sehen gehört ein ‚Auge'; zu jedem wesentlich neuen Bereich der Wirklichkeit ein neues Auge. Wo das fehlt, wird, worum es sich handelt, nicht aufgefasst."[32]

Es geht nicht anders, Gott KANN uns keine tiefe Herzensoffenbarung zuteil werden lassen, wenn wir uns von der Liebe abgewandt haben. Denn er selbst ist Liebe, und nur wer liebt, kennt ihn.

32 Guardini, 1976, S. 22

1 Joh 4,7–8:
„Ihr Lieben, lasst uns einander lieb haben; denn die Liebe ist von Gott, und wer liebt, der ist von Gott geboren und kennt Gott. Wer nicht liebt, der kennt Gott nicht; denn Gott ist die Liebe."

Damit ist auch der letzte und wichtigste Aspekt unserer Kernstelle in Joh 14 deutlich: die Liebe. Die Liebe öffnet uns die Augen. Nur wenn sie in unserem Herzen Raum findet, kann Gott bei uns Wohnung nehmen, wird eine Vertrautheitsbeziehung möglich, in der wir mehr und mehr Verstehende werden.

Der Zusammenhang von Liebe und dem Erfüllen der Gebote

Und zusätzlich sagt Jesus klar und schließt damit den Kreis zu unserem Thema „Anerkennung": **Diese Liebe hängt unmittelbar mit der Erfüllung von Gottes Geboten zusammen.**

Denn was es im konkreten Fall heißt, zu lieben, kann der Mensch nicht autonom bestimmen. Weder sein Gefühl noch seine moralischen Überzeugungen genügen als alleinige Richtschnur, denn Liebe kann sanft, aber auch hart sein. Es kann Liebe sein, zu schenken, aber auch einen sehnsüchtigen Wunsch abzuschlagen, jemanden zu fördern, aber auch ihn zu konfrontieren oder gar ihn einzusperren, etwa um ihn vor sich selbst zu schützen.

Wir haben als Menschen nicht den vollen „Durchblick", was Liebe ist, sondern müssen uns dafür nach der Sicht Gottes ausstrecken. Seine Weisung, sein Gebot für eine Situation umzusetzen ist das direkte Kennzeichen von Liebe, oder um es noch klarer auszudrücken,
die Bibel ***definiert*** *Liebe regelrecht als Erfüllen seiner Gebote und Weisungen:*
„Liebt ihr mich, so werdet ihr meine Gebote halten." (Joh 14,15)
„Denn das ist die Liebe zu Gott, dass wir seine Gebote halten … ." (1 Joh 5,3)

Liebe IST, den Willen des Vaters zu tun.
Auch die Liebe Jesu zeigt sich im Gehorsam gegen den Vater: „… aber die Welt soll erkennen, dass ich den Vater liebe und tue, wie mir der Vater geboten hat." (Joh 14,31a)

Dies, die ganz konkrete Gehorsamstat, soll auch uns zum Indiz werden, ob wir den Vater lieben:
„Und daran merken wir, dass wir ihn kennen, wenn wir seine Gebote halten. Wer sagt: Ich kenne ihn, und hält seine Gebote nicht, der ist ein Lügner, und in dem ist die Wahrheit nicht. Wer aber sein Wort hält, in dem ist wahrlich die Liebe Gottes vollkommen. Daran erkennen wir, dass wir in ihm sind. Wer sagt, dass er in ihm bleibt, der soll auch leben, wie er gelebt hat." (1 Joh 2,3–6)

Gottes Gebote sind gut.

Dabei, und das ist noch einmal wichtig, um den engen Zusammenhang zwischen Liebe und der Erfüllung der Weisungen Gottes zu sehen, geht es nicht um einen irgendwie gearteten „äußeren" Gehorsam, um das bloße Befolgen eines Regelwerks. Gott will uns **sein Gesetz ins Herz geben** und seine Weisungen sind gut, sie sind Leben, sie sind **Licht auf dem Weg**. Sie sind für den, der Gott liebt, kein Korsett, in das er sich hineinpressen müsste, sondern er kann sagen:
„Das ist mein Schatz, dass ich mich an deine Befehle halte." (Ps 119,56)

Es ist also ein Zeichen einer Person, die Gott liebt, dass sie nicht nur (widerwillig) äußerlich, ohne wirkliche Herzensbeteiligung „gehorcht", Gottes Gebote als Einschränkungen *miss*-versteht. Ihr sind die Augen des Herzens aufgetan, sodass sie in der Tiefe verstanden hat, *wie gut* die Weisungen Gottes sind, *wie sehr* sie dem Leben dienen, *wie sehr* sie Seine Liebe in der Situation vermitteln.

Aus der Vertrautheits- und Liebesbeziehung zu Christus wird ein solcher Mensch „immer mehr ... spontan so denken, wollen und empfinden, wie Christus es an seiner Stelle und in seiner Lage tun würde, eingestellt sein wie Christus. Auf alles, was ihm begegnet, antwortet er immer vollkommener in christlicher Weise. Es ist eine alles durchdringende Geneigtheit ..., das zu tun, was Christus gefällt. Er fragt nicht mehr: Muss ich das tun? Ist das meine Pflicht?
sondern: Was würde Christus hier und jetzt tun? Wie kann ich Christus Freude machen?"[33]

Sicher kennen Sie die Spannung zwischen äußerem Gehorsam und innerer Einsicht in Gebote – gerade auch in Bezug auf Beziehungen und Nächstenliebe.

Welche konkrete schwierige Situation fällt Ihnen in diesem Zusammenhang ein? Welche positiven Erfahrungen hatten Sie bisher, Taten der Liebe und echte Herzenshinwendung zu anderen in Einklang zu bringen und darin zu wachsen?

Nehmen Sie jetzt Ihre Bibel zur Hand und lesen Sie zur Ermutigung Jer 31, 31ff:
Gott selbst will in einem neuen Bund sein Gesetz in unser Herz geben. Er will uns führen, damit wir auch können, was wir sollen.

2. Haltungen der Liebe in der Vertrautheitsbeziehung

Wenn wir uns mit dem biblisch orientierten Erkenntnisvermögen beschäftigen, so steht also die Person des Erkenntnissubjekts, ihre Veränderung hin zur Liebe des anderen im Mittelpunkt.

In der Bibel finden sich viele Aufforderungen und Beispiele, wie wir lieben können und sollen. Bevor wir auf die tiefste Haltung der Liebe, die Selbstentäußerung und Hingabe Jesu zu sprechen kommen, werden wir in einem Ergänzungstext Gedanken zweier bekannter Denker vorstellen, die sich mit Haltungen der Liebe beschäftigt haben. **Martin Buber** (1878 – 1965) und **Emmanuel Levinas** (1906 – 1995) waren in Bezug auf zwischenmenschliche Beziehungen im 20. Jahrhundert wichtige Impulsgeber, haben auch unsere Vorstellung von Liebe und Erkenntnis in einer Vertrautheitsbeziehung befruchtet. Sie können helfen, Aspekte der Liebe neu zu bedenken, zu verstehen, wie Begegnung und echte Vertrautheitsbeziehung entstehen kann.

33 A. Brunner, 1985, S. 144f

Ergänzungstext

a. Impulse aus der modernen Philosophie (durch Martin Buber und Emmanuel Levinas)

Vom ICH-ES zum ICH-DU (nach Martin Buber)

Das dialogische Prinzip

Martin Buber beschäftigt sich in seinem Werk zentral mit Haltungen, die für eine Begegnung förderlich bzw. hinderlich sind, und er nennt **zwei grundsätzliche Haltungen**, in denen der Mensch stehen kann, das **Ich-Du** und das **Ich-Es**. Diese beiden Haltungsweisen kennzeichnen für ihn zwei gegensätzliche „Reiche". Je nachdem, in welcher Haltung der Mensch steht, wird er alles um sich herum entsprechend wahrnehmen:
„Die Welt ist dem Menschen zwiefältig nach seiner zwiefältigen Haltung."[34]

Was kann man sich unter diesen Haltungen oder Reichen des Ich-Du bzw. des Ich-Es vorstellen?
Zunächst einmal fällt auf, dass sie als *Wortpaare* und nicht als *Einzelworte* ausgedrückt sind. In dieser Wortwahl teilt sich schon etwas vom grundsätzlich **dialogischen Prinzip** Bubers mit. Das ganze Wesen des Menschen ist auf Beziehung, auf Begegnung, auf Dialog mit dem anderen angelegt und von dieser Beziehung her bestimmt.
„Alles wirkliche Leben ist Begegnung."[35]

Noch allgemeiner formuliert, möchte Buber durch die Wahl solcher Wortpaare verdeutlichen, dass man nicht davon ausgehen kann, dass es hier ein Ich gäbe und da ein Du, die für sich stehen und eigenständig als solche definiert werden könnten, sondern:
„Es gibt kein Ich an sich, sondern nur das Ich des Grundwortepaares ICH-DU und das Ich des Grundwortepaares ICH-ES."[36]

ICH hat also, je nachdem, in welchen Bezug ich es setze, eine andere Bedeutung, ist nicht für sich genommen versteh-, erklär- oder definierbar. Ein Mensch, der im Ich-Du-Verhältnis zum anderen steht, ist ein anderes Ich als in einem Ich-Es-Verhältnis.

„Die Haltung des Menschen ist zwiefältig nach der Zwiefalt der Grundworte, die er sprechen kann. Die Grundworte sind nicht Einzelworte, sondern Wortpaare.
Das eine Grundwort ist das Wortpaar Ich-Du.
Das andere Grundwort ist das Wortpaar Ich-Es; wobei, ohne Änderung des Grundwortes, für Es auch eins der Worte Er und Sie eintreten kann.
Somit ist auch das Ich des Menschen zwiefältig.
Denn das Ich des Grundwortes Ich-Du ist ein andres als das des Grundworts Ich-Es."[37]

Die beiden Grundhaltungen Ich-Du und Ich-Es

Doch worin sind diese beiden Grundhaltungen, das Ich-Du und das Ich-Es zu unterscheiden?
Ich-Du ist die Welt der Begegnung,
Ich-Es die Welt der Dinghaftigkeit.
Trete ich dem Du im Reiche des Ich-Du gegenüber, sehe ich den anderen als Person in seiner Einzigartigkeit und komme seinem Innersten in aktueller, gegenwärtiger Berührung wirklich nahe.

34 Buber, 1994, S. 9
35 Buber, 1994, S. 18
36 Buber, 1994, S. 10
37 Buber, 1994, S. 9

In der Ich-Es-Haltung dagegen nehme ich den anderen als Objekt, das ich benutzen will, das meiner Verfügbarkeit anheimgestellt ist.

Die Erfahrung von „etwas" im Reich des Ich-Es

Der Mensch lebt meist in der Welt der Dinghaftigkeit.
Mag dies für die Welt der tatsächlichen Dinge (auch wenn Buber selbst diesen Bereich differenzierter sieht) bis zu einem gewissen Grad gestattet sein, so beginnt spätestens beim Bereich zwischenmenschlicher Kontakte die Anfrage. Können wir den Mitmenschen zum *Dingwesen unter Dingwesen* degradieren, das wir benutzen, das unserer Bedürfnisbefriedigung zu dienen hat?
Wie sieht unsere Welt dabei aus, was werden wir erfahren?
„Man sagt, der Mensch erfahre seine Welt. Was heißt das? Der Mensch befährt die Fläche der Dinge und erfährt sie. Er holt sich aus ihnen ein Wissen um ihre Beschaffenheit, eine Erfahrung. Er erfährt, was an den Dingen ist. Aber nicht Erfahrungen allein bringen die Welt dem Menschen zu. Denn sie bringen ihm nur eine Welt zu, die aus Es und Es und Es ... besteht. Ich erfahre etwas ... Die Welt als Erfahrung gehört dem Grundwort Ich-Es zu."[38]

Ich nehme etwas wahr, ich erfahre etwas über die Beschaffenheit der Dinge, ich empfinde etwas, ich fühle etwas, ich kann eine Fülle von kategorisierbaren Einzelfakten bezüglich des „Dings" angeben. Ich kann ganze Eigenschaftslisten zum „Ding" Mensch aufstellen, kann seine Funktionsweisen, seine Verhaltensmuster bis ins Letzte kennen.

Doch im Ich-Es entsteht nichts „Eigentliches", keine Vertrautheitsbeziehung, keine Begegnung. Vielmehr ist das „Wort der Trennung" gesprochen, ich und der andere stehen in der Distanz. Auch wenn Buber ausdrücklich darauf verweist, dass wir ein Stück weit in der Es-Welt leben müssen, so werden wir, so wir allein darin verharren, des wahrhaften Menschseins nicht teilhaftig.
„... ohne Es kann der Mensch nicht leben. Aber wer mit ihm allein lebt, ist nicht der Mensch."[39]

Das Reich des Ich-Du

Um Mensch im wahren Wortsinn zu werden, müssen wir das Reich des Es immer wieder hinter uns lassen und in das Reich des Ich-Du eintreten, in die unmittelbare Begegnung mit unserem Gegenüber.

Hier wollen wir nicht mehr „etwas" über den anderen erfahren. Vielmehr geht es darum, den Einzelnen in seiner Einzigartigkeit und Andersartigkeit, in seiner Ganzheit unmittelbar und ausschließlich wahrzunehmen, seiner *innezuwerden*, im Prozess der **personalen Vergegenwärtigung:**

„Eines Menschen innewerden heißt also im besonderen seine Ganzheit als vom Geist bestimmte Person wahrnehmen, die dynamische Mitte wahrnehmen, die all seiner Äußerung, Handlung und Haltung das erfahrbare Zeichen der Einzigkeit aufprägt. Solch ein Innewerden ist aber unmöglich, wenn und solang der andere mir das abgelöste Objekt meiner Betrachtung oder gar Beobachtung ist, denn ihr gibt sich diese Ganzheit und gibt sich diese Mitte nicht zu erkennen; es ist erst möglich, wenn ich zu dem anderen elementar in Beziehung trete, wenn er mir also Gegenwart wird. Darum bezeichne ich das Innewerden in diesem besonderen Sinne als personale Vergegenwärtigung."[40]

38 Buber, 1994, S. 11f
39 Buber, 1994, S. 44
40 Buber, 1954, S. 270

Nicht in analytischen Untersuchungen, sondern in der unmittelbaren **Schau** erhebt sich der andere aus der Dinghaftigkeit hin zum wirklichen Gegenüber, zum DU:
„Im Schauen des Gegenübers erschließt sich dem Erkennenden das Wesen ... Aber im Schauen war es kein Ding unter Dingen, kein Vorgang unter Vorgängen, sondern ausschließlich gegenwärtig."[41]

Die Ich-Du Begegnung ist gegenwärtig.

Das Reich des Ich-Es ist das Reich der Vergangenheit, Ich-Du-Begegnung dagegen geschieht *jetzt, hier,* im Moment der direkten Berührung. Nur hier, wenn dieser eine Moment gefüllt, ja erfüllt ist vom Du, verdient er die Bezeichnung Gegenwart:

„Das Ich des Grundworts Ich-Es, das Ich also, dem nicht ein Du gegenüber leibt, sondern das von einer Vielheit von ‚Inhalten' umstanden ist, hat nur Vergangenheit, keine Gegenwart. Mit anderm Wort: insofern der Mensch sich an den Dingen genügen lässt, die er erfährt und gebraucht, lebt er in der Vergangenheit, und sein Augenblick ist ohne Präsenz. ...
Wesenheiten werden in der Gegenwart gelebt, Gegenständlichkeiten in der Vergangenheit."[42]

Die Ich-Du Begegnung ist unmittelbar.

Die Begegnung von Ich und Du ist außerdem *unmittelbar.* Keine „Mittel", nicht meine Bilder vom anderen, das, was ich meine über ihn schon in Erfahrung gebracht zu haben, meine Phantasiegebäude, die ich mir über ihn zusammengereimt habe, spielen noch irgendeine Rolle. Diese Trennungen, Barrieren sind niedergerissen.
„Die Beziehung zum Du ist unmittelbar. Zwischen Ich und Du steht keine Begrifflichkeit, kein Vorwissen und keine Phantasie."[43]

Während das Reich des Ich-Es dadurch konstituiert wird, dass es verschiedene, voneinander abgrenzbare „Es" gibt, dass der Mensch zwischen „mein" und „dein" trennt und vor allem das „mein" sorgfältig hütet, ist dem Reich des Ich-Du solcherlei völlig fremd. Dort ist die Trennung überwunden, keiner hat „etwas", es gibt ja gar keine „Gegenstände" mehr, sondern wir stehen in Beziehung:
„Wer Du spricht, hat kein Etwas zum Gegenstand, denn wo etwas ist, ist etwas anderes, jedes Es grenzt an anderes Es, Es ist nur dadurch, dass es an andere grenzt. Wo aber Du gesprochen wird, ist kein Etwas. Du grenzt nicht. Wer Du spricht, hat kein Etwas, hat nichts. Aber er steht in der Beziehung."[44]

Das Reich des Ich-Du ist ausschließlich.

Mein Sinn ist in der Ich-Du-Begegnung nicht mehr erfüllt von tausend Gedanken, von unzähligen Dingen, nein, all mein Sinn ist aufgesogen allein vom Du, und nehme ich etwas anderes wahr, so erscheint es mir in einem völlig anderen Licht, es strahlt im Licht des Du:
„Stehe ich einem Menschen als meinem Du gegenüber, spreche das Grundwort Ich-Du zu ihm, ist er kein Ding unter Dingen und nicht aus Dingen bestehend. Nicht Er oder Sie ist er, von andern Er und Sie begrenzt, im Weltnetz aus Raum und Zeit eingetragner Punkt; und nicht eine Beschaffenheit, erfahrbar, beschreibbar, lockeres Bündel benannter Eigenschaften. Sondern nachbarnlos und fugenlos ist er Du und füllt den Himmelskreis. Nicht als ob nichts andres wäre als er: aber alles andre lebt in ***seinem*** *Licht."*[45]

41 Buber, 1994, S. 50f
42 Buber, 1994, S. 19f
43 Buber, 1994, S. 18
44 Buber, 1994, S. 10f
45 Buber, 1994, S. 15

Im Reich des Ich-Du weiß ich um nichts Einzelnes mehr.

Und so weiß ich um den anderen auch nichts Einzelnes mehr, er ist kein Ding, bestimmt durch die Summe seiner Eigenschaften:
„Was erfährt man also vom Du? Eben nichts. Denn man erfährt es nicht.
Was weiß man also vom Du? Nur alles. Denn man weiß von ihm nichts Einzelnes mehr."[46]
„Wie die Melodie nicht aus Tönen sich zusammensetzt, der Vers nicht aus Wörtern und die Bildsäule nicht aus Linien, man muss dran zerren und reißen, bis man die Einheit zur Vielheit zubereitet hat, so der Mensch, zu dem ich Du sage. Ich kann die Farbe seiner Haare oder die Farbe seiner Rede oder die Farbe seiner Güte aus ihm holen, ich muss es immer wieder; aber schon ist er nicht mehr Du."[47]

Im Reich des Ich-Du scheint die Einzigartigkeit und Andersartigkeit des Gegenübers.

Für eine Ich-Du-Begegnung muss ich bereit sein, mich der Einzigartigkeit und der Andersartigkeit meines Gegenübers zu stellen. Nur wenn ich ihn annehme in seinem Anderssein kann wirkliche Begegnung entstehen:
„Die Hauptvoraussetzung zur Entstehung eines echten Gesprächs ist, dass jeder seinen Partner als diesen, als eben diesen Menschen meint. Ich werde seiner inne, werde dessen inne, dass er anders, wesenhaft anders ist als ich, in dieser bestimmten ihm eigentümlichen einmaligen Weise wesenhaft anders als ich, und ich nehme den Menschen an, den ich wahrgenommen habe, so dass ich mein Wort in allem Ernst an ihn, eben an ihn, richten kann."[48]

Am Du werde ich zum Ich.

Und noch etwas geschieht in der Ich-Du Begegnung. Die beiden bleiben nicht mehr dieselben Partner, sie werden wesenhaft verändert, denn sie nähern sich immer mehr der Seinsweise des Ich-Du Reichs. Der uneigentliche Mensch wird zum eigentlichen, Buber formuliert markant, dass der Mensch erst durch die Begegnung überhaupt zur Person, überhaupt erst zum Ich wird:
„Der Mensch wird am Du zum Ich."[49]

Folgende Begriffe kennzeichnen das Reich des ICH-DU:
Gegenwart – personale Vergegenwärtigung – dynamische Mitte – unmittelbare Begegnung – Du grenzt nicht – ausschließlich – nichts Einzelnes sondern alles

Versuchen Sie, sich die Bedeutung dieser Begriffe für eine konkrete Begegnung mit einem Menschen vorzustellen:
Was heißt es, in der Gegenwart zu begegnen ... ohne Hilfsmittel ... den anderen als Ganzes, nicht im Einzelnen wahrzunehmen...?

Wie finde ich den Weg zum Ich-Du?

All dies klingt verheißungsvoll. Doch wie gelingt es, dass ich dieses Ich-Du sprechen kann?
Sehr ähnlich zu unseren Ausführungen zur Widerfahrensebene formuliert Buber, dass es nicht mach-, nicht planbar ist, dass wir es nicht erzwingen oder einfordern können – es ist ***Gnade!***
„Das Du begegnet mir von Gnaden – durch Suchen wird es nicht gefunden."[50]

46 Buber, 1994, S. 17f
47 Buber, 1994, S. 15
48 Buber, 1954, S. 269
49 Buber, 1994, S. 37
50 Buber, 1994, S. 18

Aber wir können es uns wünschen, können uns von der Haltung des Ich-Es abwenden, das Verlangen nach echter Begegnung kann wachsen. Und wir können störende Haltungen bewusst machen und meiden, die das Ich-Du behindern.

Sein statt Scheinen

Buber unterscheidet im Zugehen auf andere Menschen zwischen zwei Weisen: *„Die eine mag als Leben vom Wesen aus, Leben bestimmt von dem was einer ist, die andre als Leben vom Bilde aus, Leben bestimmt von dem wie einer erscheinen will, bezeichnet werden."*[51]

Ist es nicht so, dass wir vor anderen *scheinen* wollen, groß dastehen wollen, um jeden Preis als gut, liebevoll, freundlich gelten wollen? Verstecken wir uns nicht oft vor uns selbst und erst recht vor den anderen, verbergen, wer wir wirklich sind? Wollen wir nicht lieber akzeptable Bilder unserer selbst vermitteln, als unser wirkliches Sein, unser Wesen zuzumuten?
Buber verurteilt den Betrug, die „Lüge", die damit verbunden ist, und bezeichnet dieses **„Scheinenwollen"** als eines der größten Hindernisse der Ich-Du-Beziehung.

Mittel und Zweck dürfen das Reich des Ich-Du nicht trüben.

Als zweites zentrales Hindernis erkennt Buber die erwähnte Mittel- und Zweckorientierung, das Ausnutzen des anderen zur eigenen Bedürfnisbefriedigung, das Prinzip „Liebe gegen Leistung", die Orientierung an der Funktionalität und Zweckmäßigkeit.
Wo dies vorherrscht, wird jede Begegnung im Keim erstickt, erst die radikale Abwendung ermöglicht den Eintritt ins Reich des Ich-Du.
„Zwischen Ich und Du steht kein Zweck, keine Gier und keine Vorwegnahme; ... Alles Mittel ist Hindernis. Nur wo alles Mittel zerfallen ist, geschieht die Begegnung."[52]

Erst da, wo es mir wirklich um den anderen geht und nicht um *mein* Spüren, Erleben, erst da, wo ich den anderen nicht als Objekt genieße, erst da kann ein unmittelbares Gewahrwerden des anderen Wirklichkeit werden.

Beispiel einer persönlichen Erfahrung der beiden Reiche im Leben Bubers:

„Elfjährig, auf dem Gut meiner Großeltern den Sommer verbringend, pflegte ich mich, sooft ich es unbeobachtet tun konnte, in den Stall zu schleichen und meinem Liebling, einen breiten Apfelschimmel, den Nacken zu kraulen. Das war für mich nicht ein beiläufiges Vergnügen, sondern eine große, zwar freundliche, aber auch tief erregende Begebenheit.
Wenn ich es jetzt, von der sehr frisch gebliebenen Erinnerung meines Handelns deuten soll, muss ich sagen: was ich an dem Tier erfuhr, war das Andere, die ungeheure Andersartigkeit des Anderen, die aber nicht fremd blieb, wie die von Ochs und Widder, die mich vielmehr ihr nahen, sie berühren ließ.
Wenn ich aber die mächtige, zuweilen verwunderlich glattgekämmt, zu andern Malen ebenso erstaunlich wilde Mähne strich und das lebendige unter meiner Hand leben spürte, war es als grenzte mir an die Haut das Element der Vitalität selber, etwas, das nicht ich, sondern ein anderes bloß, wirklich das Andere selber und mich doch heranließ, sich mir anvertraute, sich elementar mit mir auf Du und Du stellte!

51 Buber, 1954, S. 263
52 Buber, 1994, S. 18f

Der Schimmel hob, auch wenn ich nicht damit begonnen hatte ihm Hafer in die Krippe zu schütten, sehr gelind den massigen Kopf, an dem sich die Ohren noch besonders regten, dann schnob er leise, wie ein Verschworener seinem Mitverschworenen ein nur diesem vernehmbar werden sollendes Signal gibt, und ich war bestätigt.

Einmal aber – ich weiß nicht, was den Knaben anwandelte, jedenfalls war es kindlich genug – fiel mir über dem Streicheln ein, was für einen Spaß es mir doch mache, und ich fühlte plötzlich meine Hand. Das Spiel ging weiter wie sonst, aber etwas hatte sich geändert, es war nicht mehr das. Und als ich tags darauf, nach einer reichen Futtergabe, meinem Freund den Nacken kraulte, hob er den Kopf nicht."[53]

Sein vom Anderen her (nach Emmanuel Levinas)

Das Heraustreten des Menschen aus dem Ich-Es hinein in ein Reich der echten, eigentlich menschlichen Begegnung des Ich-Du ist ein Impuls, der Vertrautheit und Vertrautheitserkenntnis fördert. Gedanken von Emmanuel Levinas schließen uns jetzt einen weiteren Aspekt auf:
Das Du, das mir gegenübersteht (ebenso wie ich selbst) ist kein heiles Du, dem ich nur zu begegnen brauche, damit meine oder unsere Welt vollkommen wird.

Nein, jedes Ich, jedes Du und auch **jedes Ich-Du ist unvollkommen**, um nicht zu sagen **hilfsbedürftig**, und dieser Mangel wird in jeder Begegnung sehr schnell zum Tragen kommen.

Deshalb bevorzugt der jüdische Philosoph Emmanuel Levinas für die tiefe Begegnung mit dem Du, mit **dem Anderen**, wie er sagt, den Begriff *Barmherzigkeit*.
„... misericorde, Barmherzigkeit, wenn man für das Leiden des Anderen einsteht."[54]

Die teilweise sehr radikalen Gedanken von Levinas sollen uns helfen, noch tiefer zu verstehen, was ein Einlassen auf den Anderen, was Stellung beziehen, wechselseitige Anteilnahme, Veränderungsbereitschaft und existenzielle Bezogenheit bedeuten können.

Sein Ausgangspunkt ist, ähnlich wie bei Buber, dass er den Menschen sehr stark vom Anderen her sieht. Genauer gesagt geht es ihm um die ethische Verpflichtung *für den Anderen zu sein:* ***Ich bin, weil ich gerufen bin!*** Deshalb spricht Levinas auch davon, dass es eigentlich um das Mich, nicht um das Ich geht. Ich bin, weil *mich* jemand gerufen hat.

Ich bin, weil ich gerufen bin!

Ich bin, weil es Situationen gibt, in denen der Andere mich anruft, und in denen ich verantwortlich bin, weil nur ich antworten kann.
„Die Einzigkeit des Ich, das ist die Tatsache, dass niemand an meiner Stelle antworten und verantwortlich sein kann."[55]

Dieser Anruf des Anderen ist nun jedoch nicht ein nettes: „Hallo, schön dass du da bist!" – sondern es ist der Anruf des Anderen in seiner Not, Nacktheit und Bedürftigkeit, der Anruf des Anderen, der mich braucht.

53 Buber, 1992, S. 171
54 Levinas, 1989, S. 137
55 Levinas, 1989, S. 43

Das „Antlitz"

Levinas hat einen eigenen Ausdruck für diesen ungeschützten Anruf des Anderen geprägt: das „Antlitz".
Im „Antlitz" zeigt sich die Bedürftigkeit, Nacktheit, Unbeholfenheit ... die tiefe Todes- und Verlassensangst im Inneren des Menschen, all das, was wir normalerweise gut verstecken hinter einer Fassade der Stärke und des Überleben-Könnens.
Deshalb sind die Situationen des Angerufenseins nicht die alltäglichen Situationen, in denen wir uns oberflächlich, im Scheinen würde Buber sagen, begegnen. Sie sind da, wo der Andere seine Angewiesenheit auf mich durchbrechen lässt und mir gleichsam in Todesangst zuruft:
„>Du sollst mich nicht töten<, und: >Du sollst mich in meinem Sterben nicht alleine lassen<."[56]

Es ist unmöglich, dem Anderen gegenüber gleichgültig zu bleiben.

In diesen Situationen versuche ich nicht, dem Anderen zu begegnen, weil dies in die „eigentliche" Welt führt. Ich werde vielmehr so angerufen, dass ich nicht gleichgültig an ihm vorübergehen kann, dass ich nicht ausweichen kann.

Levinas meint, wenn das „Antlitz" spricht, **können** wir uns gar nicht verweigern, wir **können** seinem Anruf gegenüber nicht taub sein.
Wir können dem Anderen einfach nicht indifferent – unbestimmt und unentschieden – gegenüberstehen, sondern nur in einer Haltung der **„Non-indifference"**, der Nicht-Gleichgültigkeit, Nicht-Teilnahmslosigkeit, Nicht-Unachtsamkeit.

Noch radikaler und unbedingter: Es bleibt mir keine Wahl, ob ich meine scheinbar sichere Ich-Es-Welt zu einem kurzen Ausflug verlassen will, denn ich selbst werde unwichtig:
„Das Verhältnis zum Anderen stellt mich in Frage, entleert mich meiner selbst ...", allerdings nicht, um nur noch leer zu sein, sondern: „... indem es mir immer neue Ressourcen entdeckt. Ich wusste gar nicht, dass ich so reich bin, aber ich habe nicht mehr das Recht, etwas zu behalten."[57]

Das Verhältnis zum Anderen ist also kein „ausgewogenes", abwägendes, sondern es ist ein verpflichtendes: „... ich habe nicht mehr das Recht, etwas zu behalten."

„Ich habe nicht mehr das Recht, etwas zu behalten?", mag jetzt mancher fragen. „Wie kann es sein, dass der Andere so über mich bestimmen kann? Ich brauche doch selbst auch etwas!" Da regt sich unser (Selbst-)Bewusstsein, unser bewusstes Denken und Planen, die Sorge um unser eigenes Leben.

Das Bewusstsein verliert seinen ersten Platz.

Doch genau dieses Bewusstsein, das Nachdenken darüber, wer ich bin und was ich brauche, das theoretische Abklären, was ich tun soll, tritt zurück, wenn das „Antlitz" spricht. Das Bewusstsein verliert seinen ersten Platz, sagt Levinas. Ohne einen „Umweg" über das Bewusstsein wendet man sich dem Anderen zu, hat nicht die Zeit, **„einen Umweg über sich selbst einzuschlagen."**[58]

Ist das möglich, sich so zu vergessen, zu verleugnen?
Wahrscheinlich kennen wir alle Situationen, in denen wir genau so, ganz spontan und selbstverständlich, auf eine offensichtliche Not des Anderen reagieren – wer überlegt, wenn sein Kind von der Schaukel fällt, ob er hinrennen soll, es aufzuheben oder ob er gerade das Recht auf eine Ruhepause hat oder keine schmutzigen Schuhe möchte?

56 Levinas, 1989, S. 136
57 Levinas, 1989, S. 38
58 Levinas, 1989. S. 46

Immer wieder können wir in deutlicher und auffordernder Weise den Hilferuf des „Antlitzes", sein „Töte mich nicht und verlass mich nicht!" empfinden, bei einem aggressiven Kollegen, einem geschwätzigen Nachbarn, einem rebellischen Teenager, einem trotzigen Kind oder auch bei einem angepassten, erfolgreichen Menschen – wenn plötzlich deren eigentliche Angst und Verletzlichkeit durchbricht und wir merken, dass wir zu ihnen halten müssen. Denn da wäre niemand, der an unserer Stelle antworten und verantwortlich sein könnte.
Levinas sagt, wir erleben dann, wie unsere eigene „Angst vor dem Tod sich umkehrt in die Angst, einen Mord zu begehen", wir erleben, **„den Mord mehr zu fürchten als den Tod."**[59]

Das Werk

Diese Bewegung von mir auf den Anderen hin nennt Levinas **„Werk"** und er sagt, dass diese Bewegung nicht mehr zu mir selbst zurückkehrt (in Form von Lohn, Dankbarkeit, gerechtem Austausch ...). Ein „Werk", vor dem ich nicht die Zeit hatte, „einen Umweg über mich selbst zu machen", wird mir keinen Lohn einbringen.
Denn ich handle nicht aus eigenem Bedürfnis, um einen eigenen Mangel zu stillen, um als der Starke meine Stärke und Bedeutung zu vermehren, mich herauszustellen, unentbehrlich zu machen, mir meinen „Platz in der Geschichte" zu sichern.
Vielmehr handle ich aus Erbarmen, aus Hingabe, in einer „Knechtsdemut".

Deshalb weist das „Werk" über meinen Tod hinaus auf mein **„Sein-für-das-Jenseits-meines-Todes"**. Ich werde im Leben nicht an einem Ziel ankommen, weder für mich noch für den Anderen, ich werde **nicht „der Zeitgenosse meines Triumphes" sein.**[60]

Wird man sich dieser Herausforderung durch das „Antlitz" des Anderen zu einem „Werk" ohne Belohnung bewusst, so sagt Levinas: „Und das ist vielleicht der Punkt, an dem man wahrnehmen kann, dass eine philosophische Meditation notwendigerweise auf Begriffe wie >Unendliches< oder >Gott< zurückgreifen muss."[61]

Diese Dimension deutet er als Philosoph eher abstrakt an, auch wenn sein jüdisches Erbe, seine Verbindung zu dem „Gott Abrahams, Isaaks und Jakobs" in seinem Denken durchscheint.

Impulse für ein Wachsen in der Liebe

Welche Impulse für unsere Haltung dem Nächsten gegenüber, für ein Wachsen in der Liebe können wir den ausgewählten Gedanken von Levinas entnehmen?

- Die grundlegende Einsicht, dass wir nicht für uns, sondern **für den Anderen** sind. Wir haben **Verantwortung** für ihn, sind aufgerufen zu handeln.
  Unser Menschsein vollzieht sich, indem wir für den Anderen sind („mich" vor „ich").
- Der Mensch ist im Grunde genommen nicht der Starke, Tüchtige, Perfekte ..., sondern **nackt, hilfsbedürftig, schwach ...** Er hat Angst, getötet und verlassen zu werden.
- Unser Handeln, unser **„Werk"**, soll und kann nicht unsere Bedürfnisse stillen, es ist ganz auf den Anderen gerichtet, ja, über ihn und die Zeit hinaus. Ich handle nicht, um Dank, Ruhm oder Anerkennung zu bekommen, sondern aus **Barmherzigkeit.**

Levinas erinnert uns: „Niemand kann in sich selbst bleiben: die Menschlichkeit des Menschen, die Subjektivität, ist Verantwortung für den Anderen, eine äußerste Verwundbarkeit. Die Rückkehr zu sich selbst wird zum unbeendbaren Umweg."[62]

59 Levinas, 1989, S. 35
60 nach Levinas, 1989, S. 35
61 Levinas, 1989, S. 47
62 Levinas, 1989, S. 100

?

Sein für den Anderen –
Die Rückkehr zu mir selbst wird zum unbeendbaren Umweg.
Notieren Sie spontan, was Ihnen zu diesen Aussagen einfällt, wenn Sie sie als Anspruch an sich stellen:
Bin ich zutiefst für den Anderen?
Kann ich auf eine Rückkehr zu mir selbst verzichten und mich immer wieder zum Anderen hin aufmachen, seiner Not begegnen, ihm antworten?

Der Christ Hamann führt über die Philosophen Levinas und Buber hinaus.

Wie wir im weiteren Text sehen werden, stellt auch **Johann Georg Hamann** den anderen in radikaler Weise in den Mittelpunkt, betont die Nacktheit, die Bedürftigkeit, die Blöße des anderen, die uns zu Hingabe herausfordert. Doch daneben finden wir wichtige Ergänzungen zu den vorangegangenen Gedanken.

Während der jüdische Philosoph **Levinas** die Zuwendung zum Nächsten als Antwort auf das „Antlitz" schlichtweg fordert, kann uns Hamann als gläubiger Christ einen weiteren wichtigen Impuls geben. Denn was ist mit dem Hauptproblem, wie es dem Ich wirklich gelingt, den „Umweg über das Bewusstsein" zu überwinden? Woher kommt die Kraft, sich selbst zu vergessen? Genügt der Anruf durch das „Antlitz"?

Oder können wir uns nicht nur deshalb dem anderen (längerfristig) zuwenden, uns seiner Bedürftigkeit annehmen, **weil Gott sich uns zuerst zugewandt hat**?

Auch in Bezug auf die Gedanken **Bubers** finden wir bei Hamann eine wichtige Korrektur. So schön eine Ich-Du Beziehung auch ist, kann doch das Eigentliche nie allein hier geschehen. Wird Begegnung zum letzten Heilmittel gemacht, so wird darin die humanistische Hoffnung transportiert, der Mensch könne aus sich, hier eben in der Begegnung mit dem anderen, Anteil am Echten haben, zu seinem eigenen Wachstum, der eigenen Heilung beitragen. Es wird nicht mit der Gefallenheit des Menschen, seiner Schuld, seinem Leid, seiner grundsätzlichen Unfähigkeit gerechnet, den Weg allein zu finden. Doch im Letzten gilt, dass der Mensch nicht Begegnung, **sondern Erlösung braucht.**

b. Entäußerung (nach Johann Georg Hamann)

Die Entäußerung Christi als zentrale Liebeshaltung

Als eine zentrale Haltung der Liebe in der Vertrautheitsbeziehung werden wir jetzt auf Jesu Hingabe eingehen. Wir greifen dabei auf Ausführungen von **Johann Georg Hamann**[63] zurück, der uns direkt zum Beispiel Jesu führt und sagt, dass wir an dessen Leben unmittelbar erkennen, was Liebe vom Kern her ist.
Ähnlich wie wir bereits festgehalten haben, weist auch er darauf hin, dass Liebe primär nichts Romantisches ist, nicht einfach „Liebesgefühle", nichts Leichtes, kein angenehmes Spiel, sondern sich an der konkreten Tat dem Nächsten gegenüber erweist. Dabei präzisiert und radikalisiert er unsere Vorstellungen von Liebe, indem er die **Entäußerung Christi** zum vorrangigsten Kennzeichen erhebt:
„Er, der in göttlicher Gestalt war, hielt es nicht für einen Raub, Gott gleich zu sein, sondern entäußerte sich selbst und nahm Knechtsgestalt an, ward den Menschen gleich und der Erscheinung nach als Mensch erkannt. Er erniedrigte sich selbst und ward gehorsam bis zum Tode, ja zum Tode am Kreuz." (Phil 2, 6–8)

63 Johann Georg Hamann (1730-1788), Magister, Hofmeister, Kaufmann und Packverwalter; war nach einem persönlichen Bekehrungserlebnis als Publizist und Schriftsteller tätig und bezog zu vielen wichtigen theologischen Fragen Stellung.

Jesus war Gott gleich, war Gott, er war in völliger Verbundenheit mit dem Vater an „himmlischen Orten", in ewiger Seligkeit. Doch er hielt all das nicht fest, er verließ diesen Ort freiwillig, gab alles auf, nahm Knechtsgestalt an, erklärte sich bereit, Mensch („Ameise") zu werden, sich an den Ort des Schmerzes, des Leids zu begeben.
Nicht genug damit, als Mensch hätte er ja zumindest als Kind des Königs, im Schloss, unter besten Bedingungen auf die Welt kommen können. Doch er kam in einem Stall auf die Welt, seine erste Ruhestatt war eine Krippe, und das hat nichts zu tun mit verklärten Weihnachtsvorstellungen. Das war stinkende, elende Realität, das bedeutete, hochschwanger auf der Reise zu sein, abgewiesen zu werden, keinen Platz zu haben, nicht gewollt zu sein. Die letzten, die allerletzten Bedingungen, um ein Kind zu bekommen, und das für den Sohn Gottes?

Dies war nur der Anfang. Der Sohn Gottes ging auch in seinem Leben den untersten Weg, strebte nicht nach Herrschaft und Reichtum, sondern er, der Sohn des Höchsten, wurde zum Diener, zum Knecht der Menschen, er wusch ihnen die Füße (Joh 13, 1–15).
Mk 10, 45: „... der Menschensohn ist nicht gekommen, dass er sich dienen lasse, sondern dass er diene und sein Leben gebe als Lösegeld für viele."

Jesu Entäußerung reicht bis zu einer Bereitschaft, die Leiden, Qual, Tod beinhaltet. Er lässt sich schlagen, geißeln, er nimmt auf sich die Schuld der Welt und wählt den Fluchtod am Kreuz, die schlimmste, schändlichste Art, wie man in der damaligen Welt sterben konnte.
Darin, in nicht weniger, wird die Liebe Gottes zur Welt sichtbar.

Wenn also dies das tiefste Kennzeichen von Liebe ist, was heißt das für uns, die wir auch zur Liebe aufgerufen sind?
Heißt es nicht, auch wenn das nicht für jeden von uns einen Märtyrertod, einen Tod am Kreuz einschließt, dass mit dem Aufruf zur Liebe auch für uns der Aufruf verbunden ist, Jesus in dieser Entäußerungshaltung nachzufolgen? Soll nicht auch in uns die Bereitschaft wachsen, den unteren Weg zu gehen, zum Diener für andere zu werden, „Ja" auch zum Leiden auf diesem Weg zu sagen?

„... in Demut, achte einer den andern höher als sich selbst, und ein jeder sehe nicht auf das Seine, sondern auch auf das, was dem andern dient. ***Seid so unter euch gesinnt****, wie es auch der Gemeinschaft in Christus Jesus entspricht: Er, der in göttlicher Gestalt war, hielt es nicht für einen Raub, Gott gleich zu sein, sondern entäußerte sich selbst und nahm Knechtsgestalt an ..."* (Phil 2, 3ff)

„Wenn nun ich, euer Herr und Meister, euch die Füße gewaschen habe, so sollt auch ihr euch untereinander die Füße waschen. **Ein Beispiel habe ich euch gegeben, damit ihr tut, wie ich euch getan habe.**" (Joh 13, 14f)

Genau das Gegenteil unserer üblichen Bestrebungen nach Macht und Einfluss, nach Erfolg, Berühmtheit, nach einem gemütlichen, möglichst leidfreien Leben wird hier gefordert.
Doch wollen wir das? Wollen wir Liebe wirklich so verstehen, wollen wir sie als so hart anerkennen? Streben wir als unser grundlegendes Ziel an, der „Diener aller" zu sein, Knecht zu werden? Wollen wir uns in dieser Weise zu unserem Nächsten hinunterlassen, uns seinen stinkenden Wunden, seiner seelischen Not, seinen teilweise widerwärtigen Verhaltensweisen zuwenden und sein Diener werden?

„Zu dieser Herablassung bedarf es allerdings der Liebe, ... nach dem Vorbild Christi."[64]

„Da rief Jesus sie zu sich und sprach zu ihnen: Ihr wißt, die als Herrscher gelten, halten ihre Völker nieder, und ihre Mächtigen tun ihnen Gewalt an. Aber so ist es unter euch nicht; sondern wer groß sein will unter euch, der soll euer Diener sein; und wer unter euch der Erste sein will, der soll aller Knecht sein. Denn auch der Menschensohn ist nicht gekommen, dass er sich dienen lasse, sondern dass er diene und sein Leben gebe als Lösegeld für viele." (Mk 10, 42 – 45)

Die Entäußerungshaltung ist Voraussetzung für Vertrautheitserkenntnis.

Hamann setzt diese Haltung der Entäußerung auch in Beziehung zu unserem Erkenntnisvermögen. Nur wo wir in dieser Haltung stehen, kann es zu einer Vertrautheitsbeziehung oder wie Hamann es ausdrückt, zu echter Kommunikation kommen. Nur hier kann echte Mitteilung, personale Selbstoffenbarung und damit Personerkenntnis möglich werden.

„Diese Entäußerung Gottes, wie sie in der Bibel bezeugt wird ..., ist das ... Handeln und Denken bestimmende und damit auch für [den] ... Umgang mit Erkenntnis ... normative Grunddatum. Diese Entäußerung, dieses Sich-Herunterlassen gilt es nachzuvollziehen."[65]

„Erkenntnis ist hier mehr als bloße Informationsverarbeitung; sie ist Anteil geben am eigenen Leben und Anteil nehmen am Sein des anderen. Erkenntnis vollzieht sich nach Hamann ..., als mich und den anderen elementar herausfordernde Mit-Teilung."[66]

Ergänzungstext

Die Auseinandersetzung Hamanns mit Kant über die Frage der Entäußerung

Über die Frage der Entäußerung hatte Hamann eine längere Auseinandersetzung mit ***Immanuel Kant***. Er war einige Zeit in regelmäßigem Austausch mit ihm, redete ihn mitunter als seinen „Freund" an, auch wenn die beiden sehr unterschiedliche Lebenshaltungen hatten, ihre Beziehung wohl eher von Kontroversen gekennzeichnet war.

„Hamann klagt Kant an, dass dieser sich abstrakt, unabhängig, losgelöst vom anderen, einen Begriff vom anderen macht, anstatt sich persönlich auf den anderen einzulassen, sich ihm in kontroverser Rede und Widerrede auszusetzen und so den einzigen Weg zu beschreiten, der wirklich zum Verstehen des anderen führen kann."[67]

„Sie müßten mich fragen und nicht Sich, wenn Sie mich verstehen (!) wollen."[68]

„Sie müßten mich daher mit eben dem Nachdruck zurückstoßen, womit ich sie angreife; und mit eben der Gewalt sich meinen Vorurteilen widersetzen, womit ich die Ihrigen angreife."[69]

Hamann bedauert sehr, dass Kant zu diesem Sich-Einlassen auf den anderen, zu diesem Verlassen der eigenen Position, zu dieser Preisgabe seiner „Eitelkeit"[70] nicht bereit ist:

„Ich wünschte ..., dass sie mich über meine zwei Briefe ... zur Rede gesetzt hätten. Es ist Ihnen aber nichts daran gelegen, mich zu verstehen, oder nicht zu verstehen; wenn Sie mich nur so ungefehr erklären können, dass die dabey nicht zu Schanden werden, noch ich nicht alle gute Meynung verliere."[71]

64 Hempelmann, 1987, S. 22
65 Hempelmann, 1987, S. 21
66 Hempelmann, 1987, S. 20
67 Hempelmann, 1987, S. 19
68 Hamann in Hempelmann, 1987, S. 11-15
69 Hamann in Hempelmann, 1987, S. 15f
70 Hamann in Hempelmann, 1987, S. 35 und S. 11
71 Hamann in Hempelmann, 1987, S. 27-31

Der Demut Hamanns, der bereit ist, sich zu erniedrigen, steht – so Hempelmann – Kants ausschließliches Bestreben gegenüber, eine irgendwie befriedigende Lösung zu finden. „Kants Haltung will nicht ‚verstehen', sie will nur ‚erklären'; sie ist nicht beim anderen, sondern bleibt mit ihren, das eigene Ich zufriedenstellenden Versuchen, den anderen zu erklären, bei *sich*!"[72]

Der Gegensatz könnte nicht größer sein, Hamann, der ehemals einfache Packhofverwalter, der sich für ein radikales Einlassen, für eine echte Entäußerung dem Vorbild Christi nach einsetzt, und Kant, der abstrakt denkende Professor jenseits des Lebens, dessen Ort der Reflexion der *„eines abstrakt jenseits der wirklichen politischen und ökonomischen Verhältnisse lebenden, bloß zuschauenden, aber nicht betroffenen und eben darum nicht begreifenden Gelehrten"*[73] ist.

Betrachten wir ein Beispiel, an dem Hamann den von ihm angenommenen engen Zusammenhang zwischen Entäußerung und Erkenntnis verdeutlicht.

Einmal kamen er und Kant auf den Gedanken, dass Kant sich an einem Physikbuch für Kinder versuchen solle. Doch der gelieferte Entwurf fand keinerlei Anklang bei Hamann, der in dem hochkomplexen Vorschlag jegliches Eingehen auf die Seele des Kindes vermisst:
„Wer Kinder in wirklich fruchtbarer und ihnen weiterhelfender Weise erreichen will, der kann dies nicht anders als ‚mit einer freywilligen Entäußerung aller Überlegenheit an Alter und Weisheit'[74]*...*
‚Das größte Gesetz der Methode für Kinder', ... ‚besteht also darin, sich zu ihrer Schwäche herunterzulaßen, ihr Diner zu werden, wenn man ihr Meister seyn will; ihnen zu folgen, wenn man sie regieren will; ihre Sprache und Seele zu erlernen, wenn wir sie bewegen wollen die unsrige nachzuahmen.'[75] *Freilich, ein solches Sich-Einlassen auf die Kinder, die Adressaten, verlange eine ‚Verläugnung aller Eitelkeit'*[76]*, oder positiv gewendet: eine Liebe zu denen, die man erreichen will."*[77]

Nur wer bereit ist, freiwillig auf all seine beredte Ausdrucksweise, die Kühnheit seiner Gedankengänge, auf die eigene Formelakrobatik zu verzichten, nur wer sich all seiner Überlegenheit entäußert und sich herablässt, in diesem Fall bis zur Stufe des Kindes, dem wird es gelingen, Erkenntnis zu vermitteln.
Hamann schlägt vor, er selbst wolle in die Rolle eines Kindes schlüpfen, damit Kant eine bessere Vorstellung seiner zukünftigen Leser bekäme. Doch Kant, der stolze Gelehrte, scheint hierzu nicht bereit gewesen zu sein, er scheint mehr um seinen Ruf, denn um das wirkliche Verstehen des Gegenübers besorgt gewesen zu sein. Trotz brieflicher Bemühungen – *„über die Realisierung eines solch ‚kindischen' Einfalls*[78] *... ob Sie so viel Herz (!) haben, der Verfasser einer einfältigen, thörichten und abgeschmackten Naturlehre zu sein'"*[79], – kann Hamann das Herz Kants nicht gewinnen. Das Projekt „Kinderphysik" scheitert. (Vielleicht wäre auch unser Projekt „Tom und Lucy unterhalten sich mit Kant" aus Band 1 gescheitert, hätten wir wirklich Kant als Gesprächspartner gewinnen wollen?)

72 Hempelmann, 1987, S. 18f
73 Hempelmann, 1987, S. 14f
74 Hamann in Hempelmann, 1987, S. 33f
75 Hamann in Hempelmann, 1987, S. 14f
76 Hamann in Hempelmann, 1987, S. 35
77 Hempelmann, 1987, S. 17
78 Hamann in Hempelmann, 1987, S. 19
79 Hamann in Hempelmann, 1987, S. 1f und S. 17f

Nur von der Entäußerung her können wir die Welt „lesen".

Aufs Deutlichste weist Hamann immer wieder darauf hin, dass wir nur da, wo wir zu einem Leben in der Nachfolge des sich entäußernden Christus bereit sind, zu Verstehenden werden. Nur da, wo wir uns selbst aufs Spiel setzen, zu Dienern werden, werden unsere Augen geöffnet:

„Die Welt kann also nach Hamann nur verstanden, nur entziffert werden, wenn man sie als **philologus crucis**[80], wenn man sie von dem Geschehen der Erniedrigung und Erhöhung her, wenn man sie von der Entäußerung des Sohnes Gottes bis hin zu seiner Kreuzigung ‚liest'".[81]

Schließen wir mit einigen zusammenfassenden Worten des Theologen **Heinzpeter Hempelmann** zu den Gedanken Hamanns:
„Wenn Gott die Menschen erkennt, indem er sich ihnen mit-teilt, wenn Gott zu den Menschen redet, indem sich sein Sohn seinsmäßig entäußert, dann vollzieht sich auch das menschliche Erkennen von Gott und Welt nicht als ein existenzunabhängiges, rein abstraktes Geschehen...
Wenn Gott sich am tiefsten in dem furchtbaren, abstoßenden und unbegreiflichen Tod Jesu am Kreuz vor den Toren Jerusalems ausspricht, dann kann der Mensch Gott nur wahrnehmen, wenn er sich alle eigenen Begriffe von Gott zerbrechen lässt. Wenn ein ‚Begreifen' dessen, was es mit dieser Welt auf sich hat, nur möglich ist als philologia crucis, eben von diesem unbegreiflichen Geschehen her, dann kann diese Welt nur entziffern, wer ihr möglichst begrifflos, möglichst offen begegnet und sich ohne Vorbehalte auf sie einlässt, ja: bereit ist, an ihr zu leiden ...
Philologia crucis ist nicht Philosophie des Kreuzes, sondern eine Lebens- und Erkenntnisakt verbindende Nachfolge des Gekreuzigten."[82]

80 Kreuzesgelehrter
81 Hempelmann, 1987, S. 32
82 Hempelmann, 1987, S. 33

Ich-Du – Für den Anderen Sein
Entäußerung, wie Christus sich entäußert hat

Denken Sie noch einmal über diesen Ansatz oder, wenn Sie den Ergänzungstext gelesen haben, über alle drei Ansätze nach:
Was ist mir von diesen Impulsen wichtig geworden?
Welchen konkreten Anstoß für mein eigenes Verhalten anderen gegenüber, für meine Liebesbereitschaft und -fähigkeit gibt es?

FAZIT

Bei der Suche nach Erkenntnis im biblischen Sinn rückt das Erkenntnissubjekt in den Mittelpunkt der Betrachtung. Seine Bereitschaft, sich verändern zu lassen, ist gefordert.

Doch diese Mittelpunktsposition verliert es sofort wieder. Die Heiligung des Erkenntnissubjekts ist nicht letztes Ziel, Selbstzweck. Vielmehr geht es um die Hinwendung zum anderen, um die Liebe zu Gott und dem Nächsten.

Diese Liebe ist nicht ein nebulöses Gefühl der Zuneigung, sondern zeigt sich im Gehorsam Gott gegenüber.

Aspekte einer Haltung der Liebe sind die Ich-Du Zuwendung (Buber), das Erbarmen mit dem Anderen in Nacktheit und Todesangst (Levinas), die Nachfolge Christi in seiner Entäußerung (Hamann).

III. Was ist Wahrheit?
(zu Grundfrage 1)

Nachdem wir in Abschnitt I und II „das Eigentliche" in Bezug auf Grundfrage 2 und 4 erarbeitet haben, werden wir dieses Kapitel abschließen, indem wir auf Grundfrage 1 eingehen: Was können wir, biblisch gesehen, unter Wahrheit verstehen?

Grundfrage 1: Was ist Wahrheit?

Grundfrage 2:
Erkenntnissubjekt
Grundhaltung der Liebe

Grundfrage 3:
Erkenntnisobjekt
Der Wirkliche vor der Wirklichkeit

Grundfrage 4: Erkenntnismethodik
Vertrautheitserkenntnis
Gott tut das Eigentliche und wir antworten.

1. Ein personaler Wahrheitsbegriff

Als wir im letzten Kapitel von Band 1 verschiedene säkulare Wahrheitsvorstellungen diskutiert haben, lag bei diesen Theorien, trotz auftretender Diskrepanzen, ein Grundtenor vor: Wahrheit wurde verstanden als **Eigenschaft von Sätzen**. Besonders in der *Korrespondenztheorie* tritt dies deutlich zutage, denn hier wird genau dann von Wahrheit gesprochen, wenn ein Begriff oder eine Aussage über die Wirklichkeit mit dieser *übereinstimmt*. So ist der Satz „Das ist eine Pfeife" genau dann wahr, wenn wir es mit einer Pfeife zu tun haben.

Ebenso geht es bei der *Kohärenztheorie* um den Vergleich von Aussagen. Der Wahrheitsgehalt von Sätzen ist dadurch gegeben, dass eine Aussage in das bisherige System an Aussagen zum betreffenden Sachverhalt nahtlos eingepasst werden kann.
Auch wenn die *Konsenstheorie* auf den ersten Blick personaler erscheint, handelt es sich beim fachlichen Austausch der Personen doch wieder um den Vergleich ihrer verschiedenen Aussagen und Deutungsweisen, sodass auch hier der Wahrheitsgehalt von Sätzen auf dem Prüfstand steht.

Nur der Pragmatismus hinterfragte Wahrheit als Eigenschaft von Sätzen, wobei der Pragmatiker mit seinem „Wahrheit ist, was sich im Leben bewährt" ebenfalls zu einer anderen Alternative der Wahrheitsdefinition kommt, als wir es aus christlicher Sicht vorschlagen.

Wie im Rahmen unserer Betrachtungen zum biblischen Denken schon deutlich wurde, stoßen wir in der Bibel auf ein **personal geprägtes Wahrheitsverständnis**, bei dem sich die Person Gottes als eigentlicher Träger der Wirklichkeit und somit der Wahrheit im Mittelpunkt des Geschehens findet.

a. Wahrheit ist eine Person

Gott unter uns als Person, das ist DIE Wahrheit in Person.

Der Gott der Bibel offenbart sich persönlich. Kein Lehrbuch fällt vom Himmel, kein System von Sätzen wird dem Menschen als *die* Wahrheit präsentiert, sondern Gott erwählt Menschen, er schreibt Geschichte mit ihnen. Schließlich kommt er selbst in der Person Jesu. ER ist die Offenbarung, die alle Worte übersteigt.
„Er ist kein Wort, keine Rede, kein Inbegriff von Sätzen wie die prophetische Rede. Und gerade das ist ja nun das jubelnd Bezeugte: dass er gerade darum, weil er etwas ganz anderes ist als eine Rede, nämlich Gottes handelnde Person in Selbstvergegenwärtigung, die Vollendung der Offenbarung Gottes sei."[83]

Wenn Jesus selbst von sich sagt: **„Ich bin der Weg, die Wahrheit und das Leben"** (Joh 14,6), so macht er damit nicht nur seinen Wahrheitsanspruch gegenüber anderen religiösen Führern deutlich, sondern er macht auch ein für allemal klar, dass Worte ÜBER ihn, eine Lehre von ihm, allgemein Aussagen und Sätze niemals letzten Wahrheitscharakter haben können. Nur er selbst ***als Person*** ist DIE leibhaftige Wahrheit. Wir stehen nicht wahren Sätzen gegenüber, wir glauben nicht an „etwas", sondern an „jemanden", an den lebendigen Gott, die Wahrheit selbst.

Grundfrage 1: Was ist Wahrheit?
Gott selbst als Person

Grundfrage 2:
Erkenntnissubjekt
Grundhaltung der Liebe

Grundfrage 3:
Erkenntnisobjekt
Der Wirkliche vor der Wirklichkeit

Grundfrage 4: Erkenntnismethodik
Vertrautheitserkenntnis
Gott tut das Eigentliche und wir antworten.

Wohl sind Sätze wie „Das ist eine Pfeife" *richtig*, sie haben einen gewissen Realitätscharakter, ähnlich wie Glaubensaussagen der Art „Es gibt einen Himmel"/„Es gibt eine Hölle". Wohl mögen Lehren, Aussagen über Gott richtig und angemessen sein. DIE Wahrheit ist dennoch immer nur er selbst und nie die Eigenschaft eines Satzes.

Wahrheit ist in der Zuverlässigkeit und Glaubwürdigkeit der Person verankert.

Wie sieht es nun bei dieser personalen Wahrheitsvorstellung mit dem eigentlichen **Wahrheitskriterium** aus, was ist der letzte Grund, der einen Wahrheitsanspruch zu sichern sucht? Die Eigenschaft eines Satzes, etwa seine gelungene Widerspiegelung eines Sachverhalts in der Wirklichkeit, kann uns hier nicht weiterhelfen. Das zugrundeliegende Kriterium, die Sicherung des Wahrheitsanspruchs kann nur in der Person selbst liegen, es ist zutiefst mit der **Zuverlässigkeit, der Glaubwürdigkeit** der betreffenden Person verbunden.

83 E. Brunner Bd. 1, 1960, S. 33

Wir erleben diese Art von Wahrheit auch in menschlichen Beziehungen: Trauen wir doch dann einer Person und erachten ihre Aussagen als wahr, wenn sie sich als zuverlässig, als vertrauenswürdig erwiesen hat. So glauben wir dem Bericht der Jünger, der Zeugen der Himmelfahrt Jesu, während die Aussage eines römischen Prätors, der sich eidlich dafür verbürgte, er habe den großen Kaiser Augustus in den Himmel aufsteigen sehen, bei den meisten längst vergessen ist.[84]

Während wir also bei einem Verständnis von Wahrheit als Sätzen das betreffende „etwas", den Satz glauben, weil er logisch ist, unserer Meinung nach mit der Wirklichkeit übereinstimmt etc., steht das personale Wahrheitsverständnis auf einem anderen Grund. Letzte Kriterien sind hier nicht die Logik des Gesagten, die Übereinstimmung mit unserer Erfahrung oder die Möglichkeit der eigenen Überprüfung, sondern das Vertrauen in die Person.

Hinweis:
Damit ist ***nichts*** *gegen den Gebrauch von Logik und das zu-Rate-Ziehen der Erfahrung als Christ gesagt. Mit diesen Komponenten und ihrem Zusammenspiel mit einem personalen Wahrheitsverständnis werden wir uns noch beschäftigen.*

Wenn eine Person behauptet, selbst DIE Wahrheit zu sein, so kann der damit verbundene Anspruch allein durch ihre Glaubwürdigkeit gerechtfertigt werden. Nur wo der Wahrheitsanspruch tatsächlich durch die Person selbst gesichert ist, wo es sich also nicht einfach um irgendjemand handelt, können wir diesen Anspruch auch annehmen:
„Biblisch ist die Grundlage des Wahrheitsgedankens in der beständigen und verläßlichen Treue und Liebe Gottes gegeben. Darum ist sein Wort Wahrheit, und alle Verpflichtung des Menschen auf die Wahrheit erwächst aus seiner Bindung an den Gott, dessen Beständigkeit und Verläßlichkeit sein Leben und alle Dinge trägt."[85]

Die Sicherung des Anspruchs, als Gottes Sohn anerkannt zu werden, findet sich bei Jesus zum Beispiel auch darin, dass er auf seine Taten verweist, die den Menschen als Zeichen der Gottheit geschenkt sind:

> *„Tue ich nicht die Werke meines Vaters, so glaubt mir nicht; tue ich sie aber, so glaubt doch den Werken, wenn ihr mir nicht glauben wollt, damit ihr erkennt und wisst, dass der Vater in mir ist und ich in ihm." (Joh 10, 37–38)*
> *„Glaubt mir, dass ich im Vater bin und der Vater in mir; wenn nicht, so glaubt mir doch um der Werke willen." (Joh 14, 11)*

b. Wahrheit ist relational

Eine wichtige Folgerung unseres personalen Wahrheitsbegriffs ist: Wenn wir nicht mehr primär Sätzen, Aussagen gegenüberstehen, so dürfen vor allem unsere notwendigen Grundsatzentscheidungen auf der Fundamentsebene nicht in erster Linie von Sätzen, von „Glaubens*inhalten*" bestimmt sein.
Wenn jemand fragt: „***Was*** glaubst du, was sind deine Grundsätze? Was ist das Fundament deiner Überzeugungen?", so müssen wir ihm antworten, dass er zunächst eine

84 nachzulesen bei Sveton: Das Leben der Caesaren
85 Hafner, 1994, S. 2123

andere Frage stellen müsse. Denn wir glauben ja nicht „etwas", sondern wir glauben „jemandem". Die zentrale Frage muss deshalb lauten: „**Wem** glaubst du?"

Ein christliches Weltbild kann sich nicht letztinstanzlich von den Glaubens**inhalten** her definieren. Es muss aufhören, sich unmittelbar auf *Dass-Aussagen* zu beziehen, also auf Aussagen der Art „ich glaube, *dass* Gott gut ist", „ich glaube, *dass* es Himmel und Hölle gibt". Da uns eine Person gegenübersteht, geht es um eine *personale Beziehung*, die davon lebt, dass der Gläubige sagen kann: „Weil DU es bist, *glaube ich **dir**, glaube ich **an dich**.*"

Und so steht auf unserer Fundamentsebene „zunächst nicht ein Für-wahr-Halten von Sätzen, sondern eine vertrauende Begegnung mit einem Gegenüber, einem Du, im christlichen Sinne formuliert: eine Begegnung mit Jesus dem Christus, und in ihm mit Gott"[86].
Damit ist aber auch direkt die Haltung, die unserer Wahrheitssuche angemessen ist, vorgegeben. Denn wenn Gottes Wahrheit keine Lehre ist, wie Rohrbach prägnant formuliert, dann kann man auch nicht so an sie herantreten, als wäre es eine:
„Gottes Wahrheit ist **keine Lehre**, die man formulieren und begreifen kann. Sie ist eine **Person**, die nur in der Begegnung erfahren werden kann."[87]

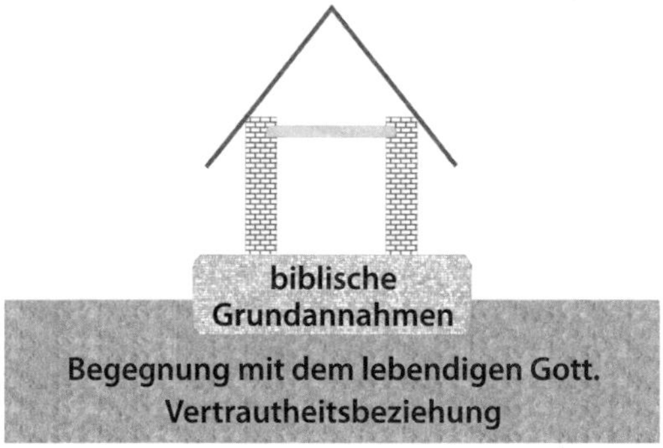

Während man sich Sätzen, Lehraussagen denkerisch nähert und sich bemüht, ihren Inhalt zu erfassen, kann unsere Antwort auf die Anrede einer Person allein darin bestehen, in die Haltung einzutreten, die der personalen Beziehung angemessen ist: in den Aufbau einer Vertrautheitsbeziehung.

„Es geht jetzt nicht mehr um ein Wortverhältnis, sondern um ein Personverhältnis, nicht mehr um ein ‚es Glauben', sondern um ein ihm Vertrauen, zu ihm Kommen, mit ihm Verbundensein, sich ihm Hingeben. Offenbarung und Glaube hat jetzt den Charakter der Personbegegnung, der Persongemeinschaft."[88]

Wahrheit ist ein Ausdruck der Qualität von Beziehung

Im Rahmen eines solchen Personverhältnisses weist Wahrheit ein weiteres Merkmal auf: Wahrheit ist kein Ausdruck der Qualität unserer denkerischen Erfassung (auch der biblischen Inhalte), sondern **Wahrheit ist relational, also ein Ausdruck der Qualität der Beziehung zwischen Gott und Mensch.**

Das griechische Wort für Glaube *pistis* macht das sehr schön deutlich, da es in der ursprünglichen Bedeutung Vertrauen heißt, also den personalen Charakter von Glauben enthält: Glaube nicht als ein Für-wahr-Halten von etwas, sondern als ein

86 Neuner, 1984, S. 63
87 Rohrbach, 1967, S. 72
88 E. Brunner, 1960, Bd. 1, S. 36

Vertrauen in jemanden, als eine Beziehung. Meine Antwort auf Gottes Liebe ist die der Treuebindung an seine Person, ist das Treusein, das Treutun ihm gegenüber.

Und so wird auch verständlich, „dass Unglaube nicht einfach nur das Zurückweisen von einzelnen Sätzen ist, sondern ein Ausdruck von Geringschätzung einer Person, von Verachtung. Unglaube ist in diesem Verständnis Kränkung und Beleidigung."[89]

2. Konsequenzen für die christliche Erkenntnissuche

Was ergeben sich für Konsequenzen, wenn Wahrheit personal und relational zu verstehen ist, wenn Gott selbst die Wahrheit ist? Muss eine Christliche Psychologie, die Wissenschaft sein will, auf „Dass-Aussagen" verzichten? Oder wie kann sie doch etwas Systematisches über ein biblisches Menschen- und Weltbild aussagen, in diesem Bereich grundsätzliche Lehrfragen klären?

Der vollständigen Diskussion zu dieser Frage werden wir uns erst in Kapitel D stellen, doch sollen an dieser Stelle schon einmal die wesentlichen Aspekte des **Eigentlichen** beleuchtet werden.

a. Lebendige Briefe, nicht „Christianismus"

Unsere Antwort wird um einiges „personaler" ausfallen, als manch einer das erwartet – *auch das Ziel und die Ergebnisse einer Christlichen Psychologie sollen durch und durch personal bestimmt sein.*

Die Gefahr des christlichen „Häuschenbaus"

Denn unserer Meinung nach liegt eine Gefahr darin, dass man, obwohl man von einem personalen Verhältnis, einer persönlichen Vertrautheitsbeziehung zwischen Gott und Mensch spricht, doch wieder sehr schnell an „Dass-Aussagen" interessiert ist. Als Ergebnis wünscht man sich, sein eigenes „christliches Haus" zu bauen.
Kaum hat sich uns aus der Beziehung zu Gott Erkenntnis mitgeteilt, neigen wir dazu, ein Modell zu diesem Thema zu erstellen, ein Lehrgebäude um diese Erkenntnis herum aufzubauen, sie in unser bisheriges Glaubenssystem zu integrieren: So und so funktioniert Heiligung, auf diese Weise wird man gerettet, das ist die Basislehre zur Tauffrage, und dies sind die wesentlichen Heilungsprinzipien…

Ist das nicht vielfach unser Ziel, wünschen wir uns als Ergebnis unseres Bibelstudiums, unseres Umgangs mit Gott nicht, dass wir endlich verstehen, wie alles in seinem Reich funktioniert, wie wir uns verändern, wie wir Gottes Handeln besser begreifen können?

Stopp! mag jetzt mancher sagen: Sollen wir wirklich nicht darum bemüht sein, den Bau unserer Überzeugungshäuser zu verbessern, uns geeignete Baustrategien anzueignen? Sollen wir gänzlich auf christliche Lehrgebäude verzichten?

Zumindest soll und darf all dies nicht unser *letztes Ziel* sein, darf eine Beantwortung all unserer Verständnisfragen, darf ihre systematische Aufbereitung **nie zum eigentlichen Ziel werden.**

89 Neuner, 1984, S. 63

Lehrgebäude sind nicht das letzte Ziel einer Christlichen Psychologie.

Dies gilt sowohl für jeden Einzelnen als auch und gerade für die Christliche Psychologie. Obwohl sie ja mit einem wissenschaftlichen Anspruch auftritt oder besser formuliert, gerade weil sie mit einem vom biblischen Fundament her kommenden wissenschaftlichen Anspruch auftritt, gilt es Abschied zu nehmen von den üblichen Vorstellungen, es sei das *primäre* Ziel einer solchen Wissenschaft, all unsere Verständnisfragen zu beantworten.
Veröffentlichungen, Seminare, Konzepte, Theorien, Fernkurse ... sind nicht das Primäre!
Sie treten zurück hinter Gott selbst und das, was er persönlich sagt und tut:
„Das Christentum ist ... keine ‚Summe von Lehrsätzen', sondern ein ‚Paradox', keine objektive Wahrheit, sondern die ‚Innerlichkeit' der Existenz. Existenz contra System"[90], wie der christliche Philosoph Sören Kierkegaard betont.

?

Es mag erstaunen, auf das zentrale Ziel des Häuserbaus zu verzichten, obwohl wir doch selbst dieses Bild eingeführt haben und immer wieder vom Bau des Hauses der Christlichen Psychologie auf einem biblischen Menschen- und Weltbild gesprochen haben. Wir hoffen, dass Sie jetzt nicht enttäuscht dieses Buch beiseite legen, sondern möchten Sie bitten zu überlegen:

Welche Gründe für diesen Schritt, Lehrgebäude nicht als zentrales Ziel zu sehen, wurden auf den letzten Seiten angeführt? Welche Fragen bleiben Ihnen, weshalb Sie eigentlich nicht auf christliche Lehrgebäude verzichten möchten?

Die Förderung des Chrtistlichen Psychologen als Person wird zum zentralen Anliegen.

Wenn im „Hausbau" nicht mehr das letzte Ziel der Christlichen Psychologie zu suchen ist, so stellt sich unmittelbar die Frage, was Arbeits- und Ausbildungsschwerpunkte stattdessen sein sollen.

Und hier kann nur eines genannt werden, will die Christliche Psychologie mit dem biblischen Erkenntnisbegriff, wie wir ihn in diesem Kapitel erarbeitet haben, ernst machen:
die Förderung der erkennenden Person selbst, die Ausbildung des Christlichen Psychologen hin zu dem Ziel, das uns die Bibel als Ziel aller Erkenntnis vorschlägt.

90 nach Pöhlmann, 1990, S. 90

Wenn die Erkenntnisfrage zur Lebens- und Relationsfrage wird, die Person des Erkenntnissubjekts in den Mittelpunkt gerückt wird, es um die Heiligung des Erkenntnissubjekts geht, die den anderen in den Blick nimmt, ihm in Liebe gegenübersteht, so ist damit auch das Ziel der Christlichen Psychologie definiert. **Der Weg führt von einer Christlichen Psychologie als Lehre hin zum Christlichen Psychologen als Person.**

Nicht **Christianismus**, kein „Christentum als System" darf im Zentrum unserer Arbeit stehen, sondern immer muss es um die **Förderung lebendiger Briefe** (2 Kor 3, 3) gehen, um den Dienst an Menschen, die ihrerseits befähigt werden sollen, anderen in Liebe zu dienen.

b. Verankerung in der „Torheit des Kreuzes"

Die Zieländerung hin zur Person des Christlichen Psychologen wirft eine weitere Frage in Bezug auf Konzepte auf. Lehrgebäude und Modellvorstellungen erheben in der Regel den Anspruch, allgemein zu gelten, allgemeine Gesetzmäßigkeiten wiederzugeben. Dies ist bei einem personalen Wahrheitsbegriff nicht unbedingt zu erwarten. Doch gibt es etwa gar keine allgemeinen Beschreibungsmöglichkeiten eines biblischen Welt- und Menschenbildes, gar keine typischen Verläufe von Heiligungs- oder Reifungsprozessen?

Einige Gedanken von J.G. Hamann, der sich intensiv mit diesem Thema befasst hat, zeigen auf, worauf es ankommt.

Das übliche Ziel dieser Welt kennen wir:
„Die griech. Philosophie sucht die Wahrheit auf dem Wege des Denkens, das über den Wechsel der Erscheinungen hinausgreift und im Begriff das ‚Wesen' der Dinge zu erfassen sucht: die hinter den Erscheinungen liegende eigentliche und unveränderliche Wirklichkeit, in der die unbeständigen und wechselnden Erscheinungen gründen."[91]

Hamann betont in eindrücklicher Weise, wie sehr Gott diese übliche Suche nach allgemeinen Gesetzmäßigkeiten frustriert, wie sehr Gott DEM Ziel säkularen Denkens, Sicherheit, Konstanz und Beständigkeit im Allgemeinbegriff zu suchen, eine deutliche Absage erteilt. Gott wählt, wie wir wissen, den Weg personaler Offenbarung.

Wahrheit ist das konkrete Leben Jesu.

Das Radikalste dieser Offenbarung, DAS Skandalon schlechthin, das den Aufschrei des säkularen, philosophischen Denkens hervorrufen muss, ist für Hamann die Tatsache, dass in einem einzelnen, historischen Ereignis, biblisch gesehen, DAS zentralste, DAS eigentliche Geschehen der gesamten Welt gegeben ist: „... nicht in der zeitlosen Allgemeinheit des Begriffs begegnen wir der Wahrheit in ihrer eigentlichen Gestalt, sondern im konkreten, einmaligen Kommen Jesu; nicht der abstrakte Begriff trägt und regiert die Welt, sondern das konkrete Handeln Gottes."[92]

Vom Leben Jesu her und zugespitzt formuliert, von der Kreuzigung und Auferstehung her, wird die Welt verstanden und nicht durch das Finden allgemeiner Gesetzmäßigkeiten oder ewiger, philosophischer Ideen.

91 Hafner, 1994, S. 2123
92 Hafner, 1994, S. 2126

Wahrheit ist, was am Kreuz geschehen ist.

Nur wenn wir, wie gehört, die Welt von der Entäußerung, von der Kreuzigung Jesu her „lesen“, können wir Verstehende werden:
„Die Welt kann also nach Hamann nur verstanden, nur entziffert werden, wenn man sie als philologus crucis, wenn man sie von dem Geschehen der Erniedrigung und Erhöhung her, wenn man sie von der Entäußerung des Sohnes Gottes bis hin zu seiner Kreuzigung ‚liest‘“.[93]

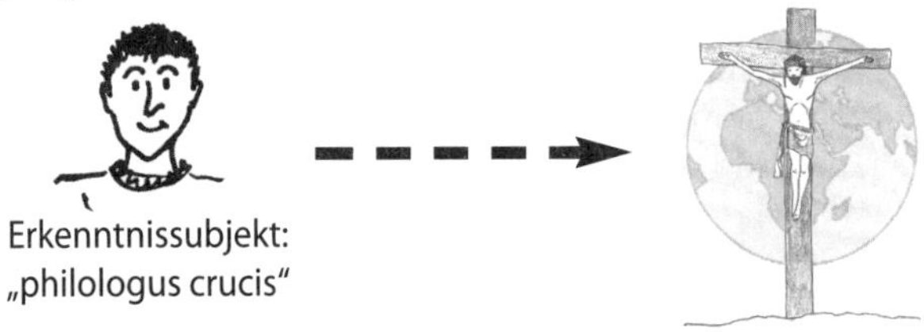

Doch wie sollen denn *einmalige* historische Ereignisse, gar **ein** historisches Ereignis, sprich das Kreuz und die Auferstehung, zu DEM Grundparameter werden, von dem her alles andere interpretiert wird?

Dafür müssen wir die unmittelbare Bedeutung dieses Geschehens für unsere Welt, für uns, für mich hier und heute anerkennen. Wir müssen verstehen lernen, wie sehr die menschliche Wirklichkeit vom Verhältnis zu diesem Ereignis bestimmt ist. Das heißt, dass unsere Lebenswirklichkeit, unsere psychische Innenrealität, die Ausprägung auch von Störungen mit unserer Annahme des am Kreuz Geschehenen zu tun hat.

Vom Kreuz her interpretieren wird nur möglich, wenn ich in die Nachfolge der dort zentral geschehenen, konkreten Entäußerung Gottes eintrete und meinerseits zur Entäußerung bereit bin. Hamann schließt dabei die Möglichkeit allgemeiner Begriffe, allgemeiner Zusammenhänge nicht aus, doch er betont, dass sie nicht auf direktem Weg, abstrakt denkerisch zu erreichen sind, sondern immer nur mittels des „Umwegs“ über das Kreuz.

Wer sie erkennen will, darf sich nicht erheben über die Welt, sondern muss sich herabneigen zum Konkreten, zur Geschichte des Volkes Israels, zum Leben Jesu, zum Kreuz, zur Auferstehung selbst. Er muss in demütiger Haltung von diesen Geschehnissen lernen, muss die Welt aus diesem Blickwinkel betrachten. Dann kann sich aus dem Konkreten (aber muss nicht) im Nachhinein „Allgemeines“ ergeben.

Vielleicht, so Hamann, ist Verzichten auf die Suche nach dem Allgemeinen genau die **Torheit des Kreuzes**, die im ersten Korintherbrief beschrieben ist:

> *„Denn **das Wort vom Kreuz ist eine Torheit** denen, die verloren werden; uns aber, die wir selig werden, ist's eine Gotteskraft. Denn es steht geschrieben: ‚Ich will zunichte machen die Weisheit der Weisen, und den Verstand der Verständigen will ich verwerfen.‘ Wo sind die Klugen? Wo sind die Schriftgelehrten? Wo sind die Weisen dieser Welt? Hat nicht Gott die Weisheit der Welt zur Torheit gemacht? Denn weil die Welt, umgeben von der Weisheit Gottes, Gott durch ihre Weisheit nicht erkannte, gefiel es Gott wohl, durch die Torheit der Predigt selig zu machen, die daran glauben. Denn die Juden fordern Zeichen, und die Griechen fragen nach Weisheit, wir aber predigen den gekreuzigten Christus, den Juden ein Ärgernis und den Griechen eine Torheit; denen aber, die berufen sind, Juden und Griechen, predigen wir Christus als Gottes Kraft und **Gottes Weisheit**.“*
> *(1 Kor 1, 18–24)*

93 Hempelmann, 1987, S. 32

Das Allgemeine – die Weisheit der Welt?

Ist es der Welt nicht wirklich eine Torheit, alles vom einmaligen, historischen Ereignis der Kreuzigung irgendeines Juden her zu verstehen? Doch nur denen, die verloren gehen ist es eine Torheit (V. 18).
„Dem sich der Weisheit dieser Welt entziehenden (1 Kor 1, 25), nicht in allgemeinen Begriffen und Wahrheiten, sondern geschichtlich konkret werdenden Gott ist nur angemessen zu entsprechen mit der größten uns möglichen Begriffslosigkeit, mit der größten uns möglichen Offenheit. Diese Begriffslosigkeit und Offenheit bedeuten aber einen Verzicht auf jede erkenntnismäßige, sich in Begriffen und Urteilen vollziehende Sicherung. Sie bedeuten eine Kritik an denen, ‚die die Begreiflichkeit einer Sache der Wahrheit vorziehen.' Begriffslosigkeit und Offenheit fordern damit von uns die Bereitschaft, sich gegenüber dem sich uns mit-teilenden, sich uns aussetzenden Gott selbst ganz ‚aufs Spiel zu setzen'...
Das philosophisch Unbefriedigende dieser hermeneutischen Weisung liegt auf der Hand. Während es dem Menschen ‚von Natur aus' ein elementares Bedürfnis ist, sich an Begriffen und Theorien zu orientieren, führt gerade das Ernstnehmen der Kondeszendenz [Herablassung] Gottes zu der hermeneutischen Weisung, Gott gegenüber auf solche, den Menschen befriedigende, ihn in sich ruhen lassende Orientierung zu verzichten."[94]

Für uns bedeutet eine „Interpretation vom Kreuz her" keinen Angriff auf unser Denkvermögen, sieht nicht im Denken an sich etwas Schlechtes. Wenn wir unsere Knie beugen vor dem Kreuz erschließt sich uns diese Wahrheit, dass gerade in der Torheit des Kreuzes die Weisheit Gottes liegt (V. 24).

c. Wahrheit ist nicht, sie wird gelebt!

Wenn es bei Erkenntnis um „lebendige Briefe" geht, um die Investition in Menschen, die ihrerseits anderen dienen wollen, um Entäußerung in der konkreten Nachfolge anstatt um die Begründung eines Systems von Denk- und Lehrgebäuden, so lässt sich noch ein weiterer Aspekt zum Charakter von „Wahrheit" anführen.

Wahrheit ist etwas Dynamisches. Sie wird nicht über ein Satzsystem definiert, sondern so wie Gott selbst lebendig und dynamisch ist, so ist auch die entsprechende Vorstellung von Wahrheit: **Wahrheit IST nicht, sie wird gelebt.**

Sie geschieht in der Beziehung zwischen Gott und Mensch.
Wenn Gott dem Menschen „Wahres" zuteil werden lässt, wenn die Augen des Herzens beim Menschen aufgetan werden und dabei nicht nur „Erkenntnis" in unserem landläufigen Sinne entsteht, sondern das Ziel aller Erkenntnis, die Veränderung der Haltungen des Herzens, Realität wird, dann hat Wahrheit gewirkt, dann ist Wahrheit geschehen.

Sie geschieht, wenn der Mensch Wahrheit TUT.
Wenn der Mensch das Ziel der Veränderung seiner Haltungen erkennt, wenn die Bereitschaft wächst, sich zu entäußern, aus Liebe zu dienen, sich an den anderen zu verschenken, wenn er zur konkreten Handlung, zur Nachfolge Jesu in der Tat bereit ist, dann geschieht Wahrheit.

94 Hempelmann, 1988, S. 149f

Wahrheit ist in Gottes Sinne nie etwas Theoretisches, nie eine reine, satzmäßige Beschreibung von Sachverhalten, sondern Wahrheit geschieht, indem Gott selbst, der die Wahrheit ist, sich an diese Welt verschenkt. Diese geschenkte Wahrheit verändert die Herzen der Menschen und ermutigt sie zur Weitergabe des Empfangenen an andere.
Gottes Wahrheit vollzieht sich so in der konkreten Entäußerungstat, ja sie wird dem Menschen nur insofern Wahrheit, als sie konkret nachvollzogen wird, sie kann als **Vollzugswahrheit** bezeichnet werden.

Nicht daran, dass ein Mensch über Gott redet, dass er mit christlichen Lehrkonzepten vertraut ist, zeigt sich, dass er Gott und seine Wahrheit kennt, sondern die Frucht, die sein Herz im konkreten Nachvollzug der Wahrheit Gottes erkennen lässt, gibt Zeugnis.

Gottes Wahrheit wird nicht gedacht oder gesagt, sondern sie wird GELEBT!!!

FAZIT

Das Zentrale eines biblischen Wahrheitsbegriffs ist,
dass Wahrheit keine Eigenschaft von Sätzen ist, sondern eine **Person**, die Person Gottes selbst,
dass Wahrheit ***relational*** ist, ein Ausdruck der Qualität der Beziehung zwischen Gott und Mensch.

Ziel einer Christlichen Psychologie ist somit, zumindest als **Eigentliches**, nie die Begründung systematischer Lehrgebäude, die Sammlung umfassender Konzepte. Wesentliches Anliegen ist die **Förderung der erkennenden Person selbst, die Ausbildung der lebendigen Briefe hin zum Dienst am anderen.**
Ziel ist auch nicht, allgemeine Gesetzmäßigkeiten zu entdecken, sondern in der **„Torheit des Kreuzes"** verankert zu sein.
Und so **ist Wahrheit nicht, sondern sie wird gelebt!**

Grundfrage 1: Was ist Wahrheit?
Gott selbst als Person
Relation zum Schöpfer
Wahrheit wird gelebt.

Grundfrage 2:
Erkenntnissubjekt
Grundhaltung der Liebe
Für den anderen sein

Grundfrage 3:
Erkenntnisobjekt
Der Wirkliche vor der Wirklichkeit

Grundfrage 4: Erkenntnismethodik
Vertrautheitserkenntnis:
Gott tut das Eigentliche und wir antworten.

D

Das Eigentliche und das Nachgeordnete:

Die Rolle von Konzepten in der Christlichen Psychologie

I. Voraussetzungen für das Erstellen allgemeiner Konzepte ... 181

1. Der Zusammenhang von Person- und Satzwahrheit ... 182

a. Glaube und Glaubensinhalt ... 182
b. Der Du-Glaube umfasst den Dass-Glauben ... 186

2. Zum Verständnis von personaler Freiheit und Regelmäßigkeiten
(am Beispiel der menschlichen Störungs-Heilungs-Dynamik) ... 191

a. Zunahme kausalgesetzlich anmutender Abläufe infolge des Sündenfalls ... 193
b. Die zentrale Lebensdynamik des Menschen zwischen zwei Polen ... 196

II. Die Art und der Gebrauch von Konzepten im Rahmen Christlicher Psychologie ... 205

1. Die Möglichkeit allgemeiner Konzepte vor dem Hintergrund der Kausalgesetzlichkeits-/Person-Dynamik ... 205

a. Modelle der Christlichen Psychologie sind Prozessmodelle ... 205
b. Prozessmodelle im Bereich der Störungsmechanismen ... 207
c. Prozessmodelle im Bereich von Heilung ... 210
d. Beispiel eines Prozessmodells: Der innere Vergebungsprozess ... 213

2. Person- und Sachkompetenz im Umgang mit Konzepten ... 219

a. Ausbildung der Person in zwei Kompetenzbereichen ... 219
b. Konzepte als „Finderegeln" ... 224

ZIEL

In diesem Kapitel wird erarbeitet, dass auch Konzepte für die Christliche Psychologie eine Bedeutung haben, wenn wir sie im Vertrauen auf Gott entwickeln und nutzen, und sie als Prozessmodelle der Dynamik des Lebens möglichst gerecht werden. Wir werden dabei sehen, warum es Unterschiede in Bezug auf Konzepte für Störungs- oder Heilungsprozesse gibt.

Hinführung:

Nachdem wir in Kapitel C den wichtigen Aspekt der Vertrautheitserkenntnis im Rahmen einer biblisch begründeten Erkenntnissuche herausgearbeitet haben, wird Kapitel D sich einer der „nachgeordneten" Fragen stellen, der Frage nach der Rolle von Konzepten.

Wie wir schon angedeutet haben, geht es bei „Eigentlichem" und „Nachgeordnetem" um eine Frage der Perspektive: Das Eigentliche unserer Erkenntnissuche und Wahrheitsfindung ist das Vertrauen zu Gott. Aus dieser Vertrautheitsbeziehung werden Welt und Wirklichkeit erschlossen. Aus dieser Vertrautheitsbeziehung werden wir jetzt also fragen, wie wir im Rahmen Christlicher Psychologie Konzepte entwickeln können.
Dazu müssen wir prüfen, welche Bedeutung, auf der Basis von personaler Wahrheit, in Sätzen formulierte Wahrheit für uns hat – denn nur, wenn Wahrheit sich auch in zutreffenden Sätzen „festhalten" lässt, können wir Konzepte niederschreiben und für eine wiederholte Anwendung vermitteln.
Darauf folgen Überlegungen zur Deutung von Regelmäßigkeiten und allgemeinen Gesetzmäßigkeiten angesichts eines personalen Wirklichkeitsverständnisses – denn ein gewisses Maß an „allgemein Zutreffendem" ist eine weitere Voraussetzung, sollen Konzepte nicht nur einen Einzelfall widerspiegeln, sondern in vielen Fällen eingesetzt werden können.

Neben diesen Voraussetzungen werden wir außerdem den angemessenen Umgang mit Konzepten bedenken. Haben wir im letzten Kapitel schon betont, dass das Erkenntnissubjekt in der Vertrautheitserkenntnis eine entscheidende Rolle spielt, so gilt das auch im Bereich des „Nachgeordneten": Konzepte – als „die Krümel und Fischgräten", die wir haben – müssen in rechter Weise verstanden und für den Einzelfall umgesetzt werden.

I. Voraussetzungen für das Erstellen allgemeiner Konzepte

Wenn wir im letzten Kapitel zu der Einsicht hinführten, dass Gott selbst der Träger der Wahrheit ist, und daraus schlossen, dass Wahrheit relational, ein Ausdruck der Qualität der Beziehung zwischen Gott und Mensch ist, so war diese neue Definition von Wahrheit Ergebnis unserer veränderten Sicht auf die Wirklichkeit: Der Wirkliche statt die Wirklichkeit.

Dieses personale Verständnis von Wirklichkeit bleibt „das Eigentliche", unser tragendes Fundament, wenn wir nun zwei Voraussetzungen für das Erstellen von Konzepten bedenken, die Bedeutung von in Sätzen festgehaltener Wahrheit und von typischen Regelmäßigkeiten.

1. Der Zusammenhang von Person- und Satzwahrheit

Vertrautheitserkenntnis gewinnen wir, wie gesehen, in der Begegnung, im vertrauten, offenen Umgang mit einem Gegenüber. Diese Begegnung ist unmittelbar, umfasst aber auch viele Elemente. Ein ganz wesentliches ist die verbale Kommunikation, Mitteilungen mit Hilfe von Worten. Und diese Worte gelten wiederum nicht nur im Augenblick, sondern auch als längerfristige Mitteilung. Auch bei einem personalen Wahrheitsverständnis spielt deshalb Satzwahrheit, ein Inhalt in Form von Sätzen eine Rolle.

Wir werden die Frage nach der Bedeutung von Satzwahrheit im Rahmen von Personwahrheit jetzt hauptsächlich an der Frage erörtern, welche Rolle die Bibel als das geschriebene Wort Gottes im Vergleich zur persönlichen Beziehung zu Gott in unserer Erkenntnissuche als Christ zu spielen hat. Diese Überlegungen lassen sich grundsätzlich auf andere Bereiche übertragen, in denen wir uns entscheiden müssen, ob unsere Überzeugungen eher in der Richtigkeit von Sätzen oder in dem Vertrauen in eine Person verankert sind, und in welcher Richtung wir unsere Sicherheit suchen.

?

Denken Sie kurz darüber nach:
In welcher Situation verlasse ich mich vor allem auf Worte
(Wir haben gesagt/wir haben vereinbart ..., also wird es stimmen.)?
In welcher Situation verlasse ich mich vor allem auf die Person
(Was diese Person sagt, wird stimmen.)?
Wie würden Sie spontan das Verhältnis von Person- und Satzwahrheit bestimmen?

a. Glaube und Glaubensinhalt

Tom: Für mich war die Vorstellung von „Wahrheit als Person" schon ziemlich herausfordernd. Ich tendiere eher dazu, etwas gut strukturiert und aufgeschrieben zu haben, während ich die Qualität von Begegnung und Beziehung nicht unbedingt als Gradmesser von Wahrheit und schon gar nicht von wissenschaftlicher Erkenntnis nehmen würde. Aber erinnert zu werden, dass wir zuallererst **an Gott** glauben, hat mich für den Umgang mit Bibelwissen und christlichen Lebensregeln, aber überhaupt mit Sätzen, von denen ich überzeugt bin, vorsichtiger werden lassen. Ich frage mich jetzt öfters: „Vertraue ich auf jemanden oder auf etwas?"

Lucy: Ach, deswegen hast du uns beim letzten Hauskreis endlich einmal ausreden lassen, obwohl wir nicht in allem deine theologische Meinung vertreten haben!

Tom: Ja, ich habe es zumindest versucht. Und der persönliche kurze Erfahrungsaustausch schien mir dieses Mal auch weniger „gefährlich".

Jeder Du-Glaube hat einen Glaubensinhalt.

Aber trotzdem bin ich überzeugt, dass wir unseren **Du-Glauben** nicht ohne jegliche **Dass-Aussagen** leben können. Wenn ich an Jesus glaube, dann ist damit nicht nur die Anerkennung Seiner Person verbunden, sondern ich glaube auch das, was er sagt. Unser Glaube wäre ganz schön leer, wenn wir zwar eine Person hätten, der wir vertrauen, aber keinerlei bleibenden **Glaubensinhalt**.

Im Glaubensbekenntnis bekennen wir z.B. solche grundsätzlichen Inhalte: Wir glauben, *dass* Jesus von einer Jungfrau geboren wurde, unter Pontius Pilatus gelitten hat, gestorben ist, begraben wurde und am dritten Tage wieder auferstanden ist von den Toten ...

Lucy: Aber zuerst bekennen wir: „Ich glaube *an* Gott den Vater ... und *an* Jesus Christus, seinen eingeborenen Sohn, unsern Herrn ..."

Tom: Ja – aber was bedeutet das „*an* Gott" für all die inhaltlichen Aussagen der Bibel, für die Lehre Jesu und der Apostel? Auch heute lesen wir die Bergpredigt und glauben, *dass* es nicht gut ist, Schätze auf Erden zu sammeln (Mt 6,19–21), zu richten (7,1–5) oder Auge um Auge zu vergelten (5,38). Und wenn Jesus über die Endzeit redet (Mt 24–25), so sollen wir doch glauben, *dass* alles, der gegenseitige Verrat, der große Abfall, das Erkalten der Liebe usw. so geschehen wird, wie er es sagt.
Oder wenn Paulus im Römerbrief (Röm 2–8) über Gesetz und Gnade lehrt, will er uns „etwas" mitteilen (*dass* wir mit Jesus bereits in den Tod getauft sind, *dass* wir mit Jesus gekreuzigt sind, *dass* wir der Sünde gestorben sind, *dass* da keine Verdammnis in Christus Jesus ist)? Wozu all die Worte, wenn dabei nicht ein längerfristig wichtiger Inhalt „rüberkommen" soll, den ich glaube?

Ich denke, **jeder Glaube hat und braucht einen Inhalt, der in Sätzen ausgedrückt wird** und so eine **beständige Grundlage** für das gemeinsame ebenso wie für das konkrete tägliche Glaubensleben bildet. Beim Theologen **Eckhard Schnabel** habe ich z.B. gelesen: *„Geschriebene Sprache ist dauerhaft, objektiv und übermittelbar"*[1].

Der Glaubensinhalt wird in langfristig gültigen Sätzen ausgedrückt.

Für ihn hat Wahrheit in der Bibel durchaus auch etwas mit unseren „alten" Wahrheitskriterien zu tun: *„Wahrheit im Sinne von Richtigkeit, d.h. im Sinne von der Übereinstimmung von Erkenntnis oder Information mit einer dem Erkennen oder der Information gegenüberstehenden Wirklichkeit ist somit eindeutig ein wichtiges und wesentliches Bedeutungselement der biblischen Gedankenwelt."*[2]

Hinweis:
Schnabel selbst – ebenso wie manch andere Theologen – betont nicht nur die Bedeutung von Satzwahrheit, sondern warnt sogar vor einem personalen Wahrheitsbegriff:
„Es wird immer wieder behauptet, das fundamentale Konzept des biblischen Wahrheitsbegriffes habe nichts mit Konformität oder Korrelation zwischen Aussage und objektiver Realität zu tun, sondern sei im Sinne von Zuverlässigkeit, Beständigkeit und Begegnung zu verstehen ...
Diesen unterschiedlichen Wahrheitsbegriff versuchte man häufig auf den Unterschied zwischen griechischem (‚theoretischem') und hebräischem (‚praktischem') Denken zurückzuführen. Es war vor allem J. Barrs Verdienst, den Nachweis zu führen, dass diese Differenzierung und Schematisierung ... nicht gerechtfertigt ist, weil sie u.a. den semantischen Kontext völlig außer acht lässt. Die Annahme, die Hebräer hätten einen besonderen Wahrheitsbegriff gehabt, ist falsch: sie verwandten lediglich den Begriff der Wahrheit häufiger in bestimmten Kontexten als die Griechen dies taten."[3]

Seiner Warnung vor einem einseitig personalen Wahrheitsbegriff (ebenso wie vor einem starr verstandenen Schema von griechischem und hebräischem Denken) können wir zustimmen. Wie wir dagegen das Verhältnis von Satz- und Personwahrheit verstehen, wird in Abschnitt 1b erarbeitet.

1 Schnabel, 1986, S. 141
2 Schnabel, 1986, S. 136
3 Schnabel, 1986, S. 134

Zur Personbegegnung gehört Sprache.

Tom: Personwahrheit erschöpft sich also nicht in der Erfahrung von Beziehung. Jede aktuelle Personbegegnung lebt neben dem Zusammensein vom miteinander Reden und davon, dass man sich **auf bisher Gesagtes und Vereinbartes verlassen kann, dass Worte mit der Wirklichkeit übereinstimmen**. An unseren Worten können wir uns als zuverlässig und vertrauenswürdig erweisen.
Und das gilt **auch in Bezug auf Gott**. Auch er hat sich immer wieder in Worten mitgeteilt, er hat uns **sein Wort** anvertraut, dass wir es hören, verstehen und danach handeln. Er rechnet damit, dass sein Wort wirkt und bleibt, dass auch dessen geschriebene Form von ihm Zeugnis ablegt (vgl. Kap B, Wege der Offenbarung).

Die Autorität von Gottes Wort achten!

Vor allem wäre es für mich eine falsch verstandene Vertrautheitserkenntnis, die persönliche Begegnung mit Gott über die **Aussagen und die Autorität der Bibel** zu stellen. Wir dürfen nicht der mitunter herausfordernden biblischen Botschaft ausweichen und die Gültigkeit der Worte Jesu (bewusst oder unbewusst) relativieren: „Damals hat er den Jüngern dies und jenes gesagt, aber heute bei mir, da ist das eine ganz andere Situation, da merke ich, dass er mir in der Begegnung etwas ganz anderes mitteilt."

Ich halte mich da lieber an die *„Chicago-Erklärung zur Irrtumslosigkeit der Bibel"*, die in Artikel III ausdrücklich betont:
„Wir bejahen, dass die Bibel als geschriebenes Wort in ihrer Ganzheit die von Gott gegebene Offenbarung ist. Wir verwerfen die Ansicht, dass die Bibel lediglich ein Zeugnis der Offenbarung sei oder nur in der Begegnung Offenbarung würde, oder im Blick auf ihre Gültigkeit von menschlicher Aufnahme abhinge."[4]

So frage ich mich ernsthaft: Ist für uns als Christen doch nicht Vertrautheitserkenntnis das letztendlich Zentrale, sondern Gottes niedergeschriebene Botschaft, sein Wort? Brauchen wir nicht diesen Inhalt des Glaubens als Schlüssel für einen fundierten Du-Glauben?

?

Überlegen Sie vor dem Weiterlesen:
Was würden Sie spontan auf diese Fragen erwidern?

4 nach Cochlovius/Zimmerling, 1987, S. 315

Ergänzungstext

Kurzer kirchengeschichtlicher Abriss: Du- und Dass-Glauben

Im Neuen Testament selbst kann man feststellen, dass die Synoptiker[5] und vor allem Jesus selbst den personalen Vertrauensglauben betonen, während sich bei Johannes und Paulus stärker auch Elemente eines mehr satzorientierten „Erkenntnisglaubens" finden.

Die *Alte Kirche* knüpft unmittelbar an Jesus an. Der Glaube als Vertrauen auf eine Person steht zunächst unangefochten im Vordergrund. Als vorrangiges Bestimmungsstück von Glaube und Wahrheit bleibt dieses Verständnis lange erhalten, doch mehren sich im Laufe der Zeit die Stimmen, die *zusätzlich* eine stärkere Inhaltsbestimmung des Glaubens sehen wollen.

Der große Umschwung vollzieht sich im *Mittelalter*. In diesem, theologiegeschichtlich auch als *Scholastik* bezeichneten Zeitabschnitt wird die Schrift das erste Mal als tatsächlich vorrangige Offenbarung betrachtet, Wahrheit wird mehr und mehr als Eigenschaft der Glaubensaussagen verstanden:
„Anders als in der Alten Kirche, die Offenbarung vor allem und zuerst auf Christus bezog, wird der Begriff jetzt jedoch stärker auf die Inspiration der bibl. Schriften verengt und Offenbarung mehr als etwas Vorliegendes, Gegenständliches verstanden. Entsprechend ist Glaube in erster Linie Anerkennung von Glaubenssätzen."[6]
Folgerichtig bewegen sich die theologischen Bemühungen auch zunehmend in Richtung der Begründung großer theologischer Systeme, etwa bei *Thomas von Aquin*, der versucht, grundlegende Glaubensfragen denkerisch zu begründen, systematisch aufzubereiten und zu durchdringen.

Erst in den großen Umbrüchen der *Reformation* (in der ersten Hälfte des 16. Jahrhunderts) kommt es zu einer Rückwendung, die „Reformation bringt den persönlichen Vertrauensglauben ganz neu zur Geltung."[7]
Vor allem bei *Luther* selbst steht die personale Bindung an Gott, die „Zuversicht" auf Gott als Person im Mittelpunkt. Es geht nicht mehr vor allem um „Übermittlung von Wahrheiten, sondern der Akzent liegt wieder auf der personalen Anrede des Menschen durch Gott. Glaube ist nicht mehr in erster Linie Zustimmung zu Glaubenssätzen, sondern Vertrauen. Die Verengung der Offenbarung auf die Bibel ist überwunden, die Autorität der Bibel wird von ihrer Mitte, Christus, her begründet."[8]

Doch diese Sichtweise kann sich nicht durchsetzen. Vor allem die *katholische Tradition* steht in Opposition zum reformatorischen Denken:
„Katholischerseits hat man dieser Vorstellung vorgeworfen, hier handle es sich um eine letztlich inhaltslose Gläubigkeit im Sinne eines bloßen Vertrauens, wie es sich in dem Satz ausdrückt: Hauptsache man glaubt, gleich was man glaubt."[9]
Jahrhundertelang lebt der Katholizismus vom theologischen Erbe des Mittelalters, genießt die scholastische Vorstellung vom „Dass-Glauben" uneingeschränkte Anerkennung. So wird der Glaube noch beim I. Vatikanischen Konzil (1869/70) eindeutig als Fürwahrhalten von Sätzen beschrieben. Erst in neuerer Zeit findet ein Ausgleich statt, der seinen Niederschlag im II. Vatikanischen Konzil (1962-65) fand, in dem beide Elemente des Glaubens als wichtig und untrennbar miteinander verbunden gesehen wurden.

5 die Schreiber des Matthäus-, Markus- und Lukasevangeliums
6 Glatz, 1994, S.1461
7 Pöhlmann, 1990, S.87
8 Glatz, 1994, S.1461
9 Neuner, 1984, S.65

Doch auch in evangelisch geprägten Kreisen findet gleich in der Zeit der *altprotestantischen Orthodoxie* (ab Mitte/Ende des 16. bis ca. Mitte des 17. Jahrhunderts) eine Abwendung von Luthers Grundposition statt:
„Offenbarung wird wieder als deckungsgleich mit ‚Bibel' gesehen ... als vergegenständlichte Offenbartheit in der inspirierten Schrift .... Ihr personaler und existenzieller Charakter und die Konzentration auf Christus treten wieder in den Hintergrund, und der Glaube bekommt wieder einen Zug zum Fürwahrhalten."[10]
Dem Glauben als personale Anerkennung *(fides qua)* wird zwar auch Bedeutung beigemessen, aber der Glaube als Inhalt *(fides quae)* steht eindeutig im Vordergrund.

Bis in die heutige (evangelische) Diskussion, auf die aufgrund der Fülle von Einzelpositionen nicht mehr eingegangen werden kann, findet sich immer wieder eine Präferenz für die eine oder andere Position. Im Allgemeinen kann man von einem größer werdenden Ausgleich zwischen beiden Richtungen sprechen, der Bedeutung beider Aspekte wird zunehmend Rechnung getragen.

b. Der Du-Glaube umfasst den Dass-Glauben

In der Kirchengeschichte gab und gibt es (vgl. Ergänzungstext) Diskussionen über das rechte Verhältnis von Glaube und Glaubensinhalt, Person- und Satzwahrheit, Du- und Dass-Glauben. Wie können wir unsere Position hier – angesichts der im letzten Kapitel formulierten Betonung der Personwahrheit und der gerade in Abschnitt a berechtigt geäußerten Anfragen – noch etwas genauer klären?

Eine Person anerkennen heißt ihre Worte anerkennen.

Zum einen ist es uns wichtig, dass „Dass- und Du-Glaube" sich wirklich nicht ausschließen, dass eine Person und ihre Worte untrennbar zusammengehören. Wenn ich eine Person anerkenne, muss ich auch ihre Worte anerkennen: „Wenn ich jemandem sage: ‚Ich glaube Dir, glaube an Dich', dann schließt dies mit ein, dass ich glaube, **was** er sagt, also die Inhalte seiner Aussage, seiner Botschaft an mich als wahr ansehe. Andernfalls wäre der Glaube auch als personaler Akt in Frage gestellt."[11]

Beide Aspekte müssen berücksichtigt werden, will man nicht in Extreme abdriften, will man sich nicht schwärmerisch seine Glaubensinhalte selbst zusammenreimen oder in seinem Glauben nur intellektuell auf Worte bezogen sein:
„Glaube ist immer fides qua und fides quae[12], *Halt* und *Inhalt, Zuversicht* und *Einsicht, Duglaube* und *Dassglaube*, Vertrauen und Wissen zugleich und keines ohne das andere, will er nicht aufhören, Glaube zu sein. Eine fides qua, die nicht zugleich fides quae sein will, führt zur Schwärmerei; eine fides quae, die nicht zugleich fides qua sein will, entartet zum äußerlichen Führwahrhalteglauben, der aus einer neutralen Abstandshaltung heraus nur auf Beweise hin, oder ... nur auf eine Autorität hin glaubt, der entweder nur glaubt, was er *vorher* versteht oder glaubt, was er *nicht* versteht."[13]

Doch der Dass-Glaube muss vom Du-Glauben ausgehen, die Achtung vor den Worten und die Liebe zum Wort gründet in der Liebe zur Person. Das Wort wird durch diese Beziehung lebendig. Wir lesen die Bibel nicht einfach als Buch, sondern als Mitteilung Gottes, als so etwas wie **seinen Liebesbrief an uns**. Wie eine Braut

10 Glatz, 1994, S. 1461
11 Neuner, 1984, S. 66
12 fides qua – Glaube als personale Anerkennung; fides quae – etwas glauben
13 Pöhlmann, 1990, S. 91

schätzen wir, was der Bräutigam schreibt, legen es nicht ungeöffnet beiseite oder lesen nur oberflächlich mit dem Argument „Das ist ja nur ein Brief, das ist ja nicht er selbst, das ist ja nicht wichtig ..."
Und auch Gott wünscht sich unsere *Liebe zu seinem Wort*, er möchte uns glänzende Augen schenken, wenn wir an sein Wort denken, es lesen.

Die Liebe zum Wort fußt in der Liebe zur Person.

Hinweis:
Da uns Gottes Wort meist durch andere Menschen zugesprochen wird, kann es sein, dass der Charakter als Liebesbrief verfälscht erscheint, ja, der Brief sich manchmal in einen tonnenschweren Normenkatalog verwandelt.
Wenn wir an die Bibelstelle aus dem letzten Kapitel denken, Joh 14, 21–23, dann kam als eine mögliche Auslegung: „Wenn du gehorsam bist und alle Gebote erfüllst, dann wirst du auch geliebt und dann hat Gott Gemeinschaft mir dir ... aber wehe, du machst etwas falsch, dann folgt die Strafe auf dem Fuß." Jemand, der diese Bibelstelle von ihrer Verbindung zum liebenden Vater trennt, von dem Vater, der sich jeden Tag nach seinem verlorenen Sohn sehnt, hat es schwer, sie als Teil des Liebesbriefes zu lesen. So wird sie leicht auch ein Wort, das „tötet", wenn ich es mir selbst oder anderen überbrate.

Ein Problem ist, dass eine Vorliebe für den Satzglauben öfters mit eher distanzierten Gottesbildern einhergeht. Ohne eine Beziehung zu Gott, die von Liebe und Vertrauen geprägt ist, orientiert man sich an Worten, an Richtigkeiten, an Normen, an christlichen Regeln und Glaubenssystemen, die zwar ***in*** *der Beziehung zu Gott wahr und voller Liebe sind, aber für sich genommen viel Schaden anrichten können. (Z.B. wird der Gedanke, Gott kommt nicht zu mir, weil ich nicht brav genug bin, weil ich seine Gebote nicht halte, erst in der vertrauenden Beziehung zu ihm zu der Einsicht: Er wartet schon, aber er kann nicht eintreten, weil er in seiner Liebe wartet, bis ich ihn einlasse.)*
Beim Lesen von Joh 14 geht man vielleicht von bisherigen zwischenmenschlichen Erfahrungen aus, von Kindheitserinnerungen, dass man nur als braves Kind geliebt wurde, oder auch von der Erfahrung, dass Gott als Erziehungshelfer gebraucht wurde, der alles sieht. Die Worte alleine sagen uns noch nicht, ob dieser Sinn der richtige ist.

In der Liebe zur Person gründet also auch eine Liebe zu ihrem Wort. Beides, die Person und ihre Worte, sind wichtig, doch dazu kommt die Frage der *Priorität*. Woran mache ich meinen Glauben, mein Wahrheitsverständnis primär fest? Hier sehen wir, dass beides nicht gleichberechtigt nebeneinander steht. Vielmehr hat der Du-Glaube, all das, was wir in Kapitel C gelernt haben, Priorität. Er ist das **Eigentliche**, zuerst stehe ich meinem Gott als Person in der Liebesbeziehung gegenüber.

„Wahrheit als Person" bleibt das Eigentliche.

Mein Glaube *basiert* nicht auf Bibelwissen, auf Erkenntnissen über ihn. Doch **nachgeordnet** höre ich natürlich, was Gott mir sagt, und es ist mir wichtig.
„Glaube ist also zunächst eine persönliche Begegnung mit Gott, der sich in Christus geoffenbart hat. Er ist in abgeleiteter Form dann Bekenntnis zu Inhalten, die Anerkenntnis, dass bestimmte Tatsachen, die mir zum Heil dienen wahr sind: dass er der Sohn ist, der Kyrios, dass er auferstanden ist usw."[14]

14 Neuner, 1984, S. 64

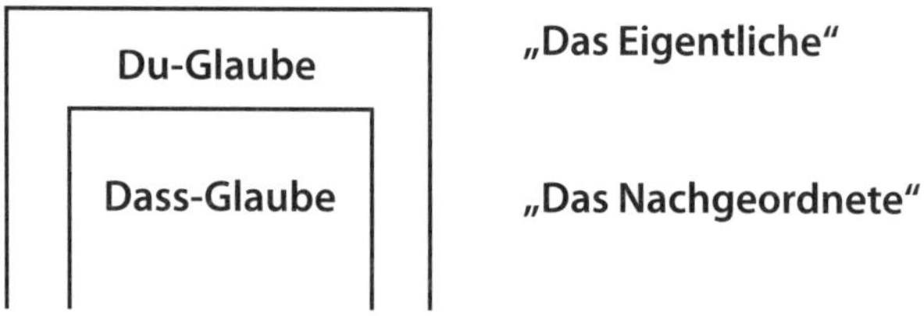

Der „Du-Glaube als Ja zur Person des sich offenbarenden Gottes umgreift gleichzeitig das Offenbarte und kann so als Dass-Glaube oder Aussage-Glaube bezeichnet werden. Der Aussage-Glaube gründet im Du-Glauben, während der Du-Glaube sich im Aussage-Glauben artikuliert und bewährt."[15]

Weder Sprachskepsis noch Sprachgläubigkeit

Unsere Haltung in Bezug auf Satz- und Personwahrheit ist somit weder Sprachskepsis noch Sprachgläubigkeit. Wir sind überzeugt, dass Sprache fähig und geeignet ist, Informationen im Bereich der Personoffenbarung und des Göttlichen zu vermitteln. Es ist uns klar, dass personale Beziehung ohne Sprache schwer möglich ist. Worte spielen in der Kommunikation eine große Rolle, und auch Gott hat sich der menschlichen Sprache bedient und Menschen veranlasst, sein Wort aufzuschreiben.
Doch Sprache *allein* kann nicht alles transportieren und festhalten, was in Begegnung geschieht. Die Tatsache, dass Gott Sprache benutzt, rechtfertigt nicht, Sprache zum Eigentlichen zu machen und Wahrheit nur als Fürwahrhalten von Sätzen zu definieren. Sprache ist ein wichtiges *„Instrument"*, aber das Eigentliche ist die Person, die spricht.

Kein Freibrief für „Privattheologien"

Damit möchten wir auf keinen Fall zu beliebigen Privattheologien ermutigen oder Begegnung gegen Bibellesen und -wissen ausspielen. Ganz im Gegenteil gehören sie zusammen, damit man nicht Begegnung und Vertrautheit falsch versteht bzw. falsch verstehen will. Wir haben ja bereits in Kapitel B betont, dass **Gott nicht mit sich selbst im Widerstreit liegt**, dass Jesus mir heute kaum etwas mitteilt, was seinen eigenen Aussagen von früher widerspricht! Wir brauchen die **Bibel als Deutungsrahmen und Maßstab** für alle heutige Prophetie, Verkündigung und eben auch für private Einsichten (Kap. B, „Wege der Offenbarung").
Doch Vertrautheitserkenntnis bleibt das Eigentliche.

Vertrautheitserkenntnis und Begegnung im weiteren Sinn

In Bezug auf die Mittel unserer Erkenntnissuche kann es uns außerdem helfen, zwischen Grundfrage 1 (Wahrheit) und Grundfrage 4 (Erkenntnismethoden) zu unterscheiden.
Im Blick auf Grundfrage 1, auf die Frage nach dem letztendlichen Verständnis von Wahrheit, gilt ohne Einschränkung Vertrautheitserkenntnis und ein personales Verständnis von Wahrheit. Hier sind nicht Bibelwissen, Sachwissen, Wissen um theologische Konzepte, sondern eine tiefe Vertrautheit mit Gottes Herzen, eine tiefe Kenntnis seiner Person unser Ziel. Nicht die intellektuelle Aneignung von Erkenntnisinhalten steht im Vordergrund, sondern die Heiligung des Herzens des Erkenntnissubjekts. Es geht um Einlassen, Anerkenntnis, Handlung, um eine Haltung der Liebe zum anderen.

Grundfrage 1 / unser tiefstes, tragendes Fundament:
Personales Wahrheitsverständnis – Vertrautheitserkenntnis

15 Seckler, 1974, S. 173

Betrachten wir hingegen **Grundfrage 4**, den Weg der Erkenntnisgewinnung, so dürfen wir uns hier **Begegnung im engeren Sinne**, also Gebet und direktes Hören auf Gott, nicht als einzig mögliche „Methoden" vorstellen.
Hier kann es **zusätzliche Wege** geben, wie Gott sich uns mitteilt. Vorrangig kann und wird er sein Wort, seinen Liebesbrief an uns nutzen, in dem wir ihm begegnen, in dem er sich uns zeigt. Darüber hinaus sind es andere Menschen, Bücher, seine Schöpfung und manchmal ungewöhnliche Wege, wie der Titel eines Buchs von Bill Hybels andeutet: „Ins Kino gegangen und Gott begegnet".

Es geht also um **Begegnung im weiteren Sinn**. Doch all diese „Botschaftswege" Gottes sind immer Einladung zur Kommunikation mit ihm, zum Gespräch, zur Begegnung aus dem Alltag und im Alltag.

Grundfrage 4: Welche Methoden sind angemessen?
„Begegnung im weiteren Sinn"
(Gebet, Bibel, Menschen, Schöpfung, Alltagserfahrungen...)

Die Schrift zu lesen, sie zu studieren, ist noch keine Garantie, zu echter Herzenserkenntnis durchzudringen, wie **Jack Deer** aus seinem Leben berichtet:
„... schließlich liebte ich die Bibel mehr als ihren Autor. Ich steckte länger in dieser Falle, als ich zugeben möchte. Ohne es zu merken, begann ich, Bibelstudium und Wissen über die Bibel als die Essenz des christlichen Lebens zu betrachten. Es brauchte eine ganze Weile, bis ich lernte: Die Bibel zu kennen ist nicht das gleiche, wie Gott zu lieben, und die Bibel zu lesen nicht das gleiche, wie auf Gott zu hören. Die Pharisäer kannten, liebten und lasen die Bibel – doch sie kannten, liebten und hörten Gott nicht."[16]

> *„Und der Vater, der mich gesandt hat, hat von mir Zeugnis gegeben. Ihr habt niemals seine Stimme gehört noch seine Gestalt gesehen, und sein Wort habt ihr nicht in euch wohnen; denn ihr glaubt dem nicht, den er gesandt hat.*
> *Ihr sucht in der Schrift, denn ihr meint, ihr habt das ewige Leben darin; und sie ist's, die von mir zeugt; aber ihr wollt nicht zu mir kommen, dass ihr das Leben hättet." (Joh 5, 37–40)*

Nur in der Beziehung zu Gott, aus der Begegnung mit ihm gelesen, entfaltet die Schrift ihre Botschaft, kann echte Herzensveränderung stattfinden.

16 Aufatmen 1/96, S. 29

?

Beim Vorstellen des Überzeugungshauses in Band 1 haben wir von zwei Fundamentsschritten gesprochen:
Der Frage nach unseren Welt-, Menschen- und Selbstbildern als erstem Schritt und der Frage nach Wahrheit und Erkenntnis als noch darunterliegendem Fundament.

Verdeutlichen Sie sich das gerade Gelesene noch einmal an dieser Graphik.
Das tiefste Fundament, Wahrheit und Erkenntnis, wird in der Beziehung zu Gott selbst als Vertrautheitserkenntnis gelegt. Darauf aufbauend können auf verschiedenen Wegen weitere Grundannahmen über die Welt und den Menschen gewonnen werden.

FAZIT

Personwahrheit, Gott selbst als Wahrheit in Person, ist unser tiefstes Fundament. Der Du-Glaube ist das Eigentliche.
Aber was wir in der Beziehung zu ihm erfahren, was Gott mitteilen will, hat einen Inhalt und lässt sich in Sprache formulieren. Nachgeordnet ist auch ein Dass-Glaube, ist Satzwahrheit wichtig.
Besonders durch Gottes Wort in der Bibel erfahren wir, was ihm wichtig ist. Er spricht zu uns, wenn wir seinen Liebesbrief aufmerksam und mit Hingabe lesen.

Dabei dürfen wir bei der Frage nach rechter Erkenntnis von Gott her nicht auf einer der Seiten des Pferdes herunterfallen.
Einerseits dürfen wir uns nicht zu sehr auf die Erkenntnisse aus unseren unmittelbaren Begegnungszeiten mit Gott verlassen und daraus eine Art „Privattheologie" aufbauen,
aber andererseits liegt auch eine Gefahr in einem fortwährenden Schriftstudium, das nicht in die Beziehung zu Gott selbst eingebettet ist, sich nicht in und aus der unmittelbaren Begegnung mit ihm vollzieht.

Vertrautheitserkenntnis ist und bleibt das letztendliche Ziel.
Der Weg zu Erkenntnis ist jedoch nicht ausschließlich „Begegnung im engeren Sinn", sondern Gott geht vielfältige, teils ungewöhnliche Wege, um sich uns mitzuteilen.

2. Zum Verständnis von personaler Freiheit und Regelmäßigkeiten

(am Beispiel der menschlichen Störungs-/Heilungs-Dynamik)

Wir haben gesehen, dass ein personaler Wahrheitsbegriff nicht aus-, sondern einschließt, dass uns längerfristig gültige Inhalte in Form von Sätzen gegeben sind. Dies deutet auf die Möglichkeit hin, dass es auch so etwas wie Allgemeines, allgemein Gültiges gibt. Deshalb werden wir im Folgenden der für Konzeptentwicklung so entscheidenden Frage nachgehen, ob die Suche nach allgemeinen Gesetzmäßigkeiten, recht verstanden, nicht doch einen wichtigen Schritt zur Wahrheitsfindung darstellen könnte.
Wir werden diese Frage für die Bereiche von Störung und Heilung stellen und prüfen, ob Regelmäßigkeiten, die wir zweifellos im Ablauf des Lebens feststellen, auf (kausale) Gesetzmäßigkeiten zurückzuführen sind oder anders gedeutet werden sollten.

Hinweis:
Wir werden unser Thema Personalität und Regelhaftigkeit am Beispiel der menschlichen Störungs-/Heilungs-Dynamik darstellen, denn dies ist eine wichtige Frage im Rahmen Christlicher Psychologie, für die wir an Deutungen der zu beobachtenden Phänomene interessiert sind.
Außerdem haben wir dieses Thema gewählt, weil sich hier der zentrale menschliche Grundkonflikt aufzeigen lässt, der – auch – für die Deutung von regelmäßigen Abläufen von entscheidender Bedeutung ist.

Zur Verdeutlichung nehmen wir Problematiken aus dem Bereich Sucht, weil sich die zugrunde liegenden Thematiken hier am besten aufzeigen lassen.

Lucy: Moment mal. Gehen wir jetzt etwa zurück zu einem „Christianismus", wollen doch wieder „Häuschen" mit allgemein festgelegten Abläufen für Störung und Heilung bauen?
Bisher habe ich Satzwahrheit so verstanden, dass ich eine einzelne inhaltliche Glaubensaussage annehme, etwa „ich glaube, *dass* Jesu Blut mich von meinen Sünden reinigt". Aber daraus ein ganzes theologisches Lehrgebäude aufzurichten, ein Rettungs- und Heiligungskonzept, in dem möglichst alle Fälle möglichst allgemein behandelt werden, in dem genau beschrieben wird, wann Gott warum handelt, wie er was tut, wie er reagiert, wenn der Mensch dies und jenes tut, wie er dem Menschen das und jenes beibringt…?
Was ist mit unserer Entscheidung „Voluntarismus statt Naturgesetzlichkeit" (Kap B)? Gerade Gott als derjenige mit „Durchblick" kann doch wohl ganz individuell auf den einzelnen Menschen eingehen. Er kennt unser Herz, überblickt die Gesamtsituation, weiß, was wir brauchen, was hier und jetzt hilfreich ist. Gottes Handeln und Wirken kann man doch nun wirklich nicht in pauschale, allgemeine „Gesetzmäßigkeiten" pressen.

Tom: Klar kann man Gott nicht in eine Box stecken, aber auch nach Kapitel B und C sehe ich immer noch nicht ein, dass bei ihm alles völlig beliebig und individuell verschieden sein sollte. Gott hat z.B. nicht für jeden einen völlig anderen Heilsplan parat, rettet den einen aufgrund der Erlösungstat Jesu und den anderen aufgrund seiner eigenen Werke und einen dritten vielleicht, weil andere so viel für ihn gebetet haben.

Lucy: Okay, da mag es so grundlegende Inhalte geben, aber trotzdem führt Gott jeden einen ganz individuellen Weg dahin, das annehmen zu können, geht speziell auf den Einzelnen ein, grad' so, wie's der braucht. Und wenn wir schon bei den säkularen Fachleuten in Fernkursordner 1 gesehen haben, wie viel mehr dieses Individuelle dem Menschen gerecht wird, können wir erst recht bei Gott annehmen, dass er sich ganz um den Einzelnen kümmert!

Tom: Was dem Menschen wirklich mehr gerecht wird, ließ sich nicht ganz so eindeutig bestimmen! Und ich frage mich, ob es nicht letztlich besser für den Menschen ist, wenn Gottes Wort uns ein Stück weit „Allgemeines" liefert, sein Umgang mit uns dadurch „verlässlich" ist, er uns hilft, bestimmte Regelmäßigkeiten systematisch zu erfassen, sie zu beschreiben und Konzepte darauf aufzubauen...

Kausalgesetzliche Deutung oder voluntaristische Deutung

Kathrin: Es scheint wirklich gut, dass wir uns diesem Thema des **„Allgemeinen und Besonderen"** weiter zuwenden. Denn wir alle beobachten und erwarten Regelmäßigkeiten, gleichmäßig oder zumindest ähnlich ablaufende Prozesse. Es erstaunt uns nicht, wenn jemand Hunger bekommt, wenn er lange nichts gegessen hat, oder wenn ein Kind ohne menschliche Zuwendung nicht emotional heil aufwächst, oder wenn uns durch das Blut Jesu Vergebung der Sünden zugesprochen wird. Das erwarten wir.

Doch wie wir gelernt haben (Band 1, Kap B), gibt die Beobachtung eines Phänomens noch keine Antwort darauf, *warum* etwas so ist, wie es ist. Das eine ist es also, Regelmäßigkeiten wahrzunehmen, etwas anderes ist es zu fragen, wie ich diese Beobachtung **interpretieren und wie ich sie in Konzepten umsetzen** kann.

Als wir über die Grundlagen allen Seins nachdachten, haben wir zwei grundsätzliche Deutungsweisen für die Beobachtung von Regelmäßigkeiten in dieser Welt schon kennengelernt (Kap B): entweder Naturgesetze legen alle Abläufe fest oder Gott und andere personale Wesen bestimmen durch ihren Willen, was geschieht. Wir haben uns **für eine voluntaristische Sicht entschieden**. Dabei haben wir es ein Stück weit offen gelassen, wie Gottes Wille alles bewirkt,

ob Gott **aus freiem Willen Naturgesetze installiert** hat
oder ob er jedes einzelne Geschehen **neu entscheidet**,
ob Regelmäßigkeit schon immer als **Ausdruck seines treuen, zuverlässigen Wesens** zu erfahren war
oder ob er sie eher nach dem Sündenfall **als Zugeständnis an den Menschen** in seiner Begrenztheit eingeführt hat.

Diese Fragen werden wir jetzt weiter klären, indem wir etwas differenzierter unterscheiden, wie **das Zusammenspiel von menschlicher Freiheit und gesetzmäßig erscheinenden Abläufen** sich in unserer Lebenssituation nach dem Sündenfall gestalten kann.

a. Zunahme kausalgesetzlich anmutender Abläufe infolge des Sündenfalls

Das Erleben kausalgesetzlicher Eingebundenheit

In Bezug auf psychische Störungen (z.B. eine depressive Problematik) haben wir in Band 1 schon davon gesprochen, dass es eine ganze Reihe von Phänomenen unseres menschlichen Erlebens gibt, bei denen wir eine gewisse „Unfreiheit" empfinden, bei denen wir nicht unbedingt das Gefühl haben, ihnen einfach die Tür weisen zu können. Wir können gewisse Konflikte, Gefühle, ein inneres Getriebensein scheinbar nicht „abstellen" und erleben uns **wie ein Gefangener** der eigenen krankhaften Strukturen.
Leicht nehmen wir deshalb Bestimmungsfaktoren aus Vergangenheit oder Umgebung an, die zumindest *mit* dafür verantwortlich sind, die zumindest mit bewirken, dass wir gar nicht anders können – etwa unsere Gene, Erlebnisse der Kindheit oder Bedingungen unserer aktuellen Lebenssituation ...

Eine ganze Reihe von Therapieformen, **kausalgesetzlich orientierte Verfahren**, wählen ihren Hauptansatzpunkt genau auf dieser Ebene, stellen einen Wenn-dann-Zusammenhang her zwischen Störungssymptomen und körperlichen Ursachen (z.B. biologisch orientierte Psychiatrie), Faktoren der Vergangenheit (Psychoanalyse) oder der Lerngeschichte (Verhaltenstherapie).

Den Menschen grundsätzlich top-down betrachten

Andere Therapieformen, die **intentional orientierten Therapien**, streiten solche kausalen Zusammenhänge ab und betrachten den Menschen nicht als Opfer, sondern als frei gegenüber diesen beeinflussenden Faktoren. Sie fordern ihn zur Übernahme von Verantwortung für sein Leben auf. Manche wollen dabei die Ebene kausaler Abläufe ganz abschneiden, während wir gesagt haben, dass es darum geht, dass wir **alles top-down betrachten** müssen und die untere Ebene der gesetzmäßigen Abläufe von der oberen her neu erobern wollen.

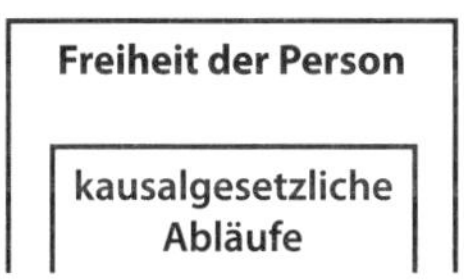

Wie damals schon angekündigt, steht noch einiges zu der Frage aus, wie wir diese top-down Sichtweise als Christen sehen können und wollen.

Die Normalität des Lebens aus der Liebe Gottes

Werfen wir dazu zunächst einen kurzen Blick auf die *„Normalität"*, d.h. auf den Zustand, wie er wahrscheinlich von Gott her ursprünglich gedacht war. Auch wenn wir natürlich nicht genau über die menschliche Befindlichkeit vor dem Sündenfall Bescheid wissen, so dürfte zumindest kaum anzunehmen sein, dass der Mensch von kausalgesetzlich anmutenden Dynamiken zu etwas gezwungen wurde, was nicht gut für ihn war und was er nicht beherrschen konnte. Kaum denkbar ist die Vorstellung, er habe sich schon damals, in einer Zeit der ungetrübten Nähe zum Vater, als Opfer der eigenen Suchtstrukturen, Ängste und inneren Konflikte gefühlt, habe innere Dynamiken erlebt, die sich seinem Veränderungswunsch entzogen.
Vielmehr nehmen wir an, dass der Mensch damals gerne in der Beziehung zu Gott und in ungetrübtem Einklang mit dessen Willen lebte und arbeitete und dem keine Zwänge entgegenstanden.

Sturz in die Gebundenheit der Sünde

Wenn unser Erleben heute leider häufig anders ist, so können wir annehmen, dass dies in Zusammenhang mit dem Sündenfall steht. Das Abwenden des Menschen von Gott hatte entscheidende Konsequenzen für seine Freiheit.
Um direkt mit der Hauptthese zu beginnen, ist dazu **erstens** zu sagen:

> **Wenn Gott nicht mehr Herr ist,**
> **wir Herr sein wollen,**
> **verlieren wir eigentlich die Herrschaft,**
> **werden wir Gebundene der Macht der Sünde**
> **und ihrer eigendynamischen Prozesse.**

Denn die Kraft, sich gegen die Sünde, gegen ihre lustvollen Angebote zu wehren, liegt letztlich nicht in uns selbst. *Wir selbst* ***können nicht*** *Herr sein.* Wenn wir uns von der Beziehung zu Gott abwenden, dann ist der „Platz" echter Herrschaft in unserem Leben verwaist, dann wird unser Ich (und/oder andere „Pseudoherren") auf dem Thron unseres Lebens Platz nehmen.

Diese „Herrschaft" führt uns in die Sklaverei. Wir werden mehr und mehr von dem bestimmt, wozu uns unsere Vergangenheit machen, oftmals „verdammen" will, wozu Umgebungsfaktoren uns beeinflussen. Immer weniger bringen wir den Willen auf, besitzen die innere Kraft, z.B. auf die Anerkennung durch andere Menschen zu verzichten. Immer mehr geben wir den Wünschen und Manipulationsversuchen unserer Umgebung nach, geraten in den Strudel der Außensteuerung, werden unfrei, uns gegen die möglichen Bedingungsfaktoren unseres Lebens zu wehren.

Pointiert formuliert bedeutet dies, *dass wir uns mehr und mehr in Richtung „Maschine" bewegen, in immer größerem Ausmaß in unserer Personhaftigkeit reduziert, in unserer Willensfähigkeit eingeschränkt leben, fast möchte man sagen vegetieren.* ***Personalität und Wille nehmen ab,*** *die* ***Verführbarkeit nimmt zu,*** *und wir verfangen uns immer mehr in* ***kausalgesetzlichen Abläufen*** *(ob wir es merken oder nicht).*

Der Herrschaftsverlust kann sehr offensichtliche Folgen mit sich bringen. Es kann zur Ausprägung regelrechter Suchtstrukturen kommen, Fernsehen, Sexualität, Alkohol, Macht. Man kann zu dem Punkt kommen, dass man dem Druck hin zur unmittelbaren Lustbefriedigung immer schlechter widerstehen kann, dass die Mittel zur eigenen Identitätssicherung, zur eigenen Konfliktbewältigung, die Lügen, die Strategien zur Beschaffung des Suchtmittels, die Verdrängungsmechanismen immer destruktivere Formen annehmen, bis man sich tatsächlich eingestehen muss, nicht mehr „Herr" über sich selbst zu sein.

All dies kann aber auch versteckter ablaufen, gesellschaftlich angepasster. Auch Arbeit, Leistung, Anerkennung, eine gesetzliche Frömmigkeit, in der das Lob der anderen Gemeindeglieder zum Fixpunkt des eigenen, „christlichen" Handelns wird, auch „Gutes tun", „hilfsbereit sein" kann zum inneren Zwang werden. Es kann als Mittel der Identitätssicherung dienen, über das ich die Herrschaft verliere, das mich treibt, anstatt dass ich handle und aus Freiheit heraus Gutes tue.

Hinweis:
Wenn wir sagen, der Mensch sei aus sich nicht zur Herrschaft fähig, er gerate unweigerlich in kausalgesetzlich anmutende „Suchtprozesse", so er sich nicht mehr der Herrschaft Gottes unterstelle, so ist damit keinesfalls die Unmöglichkeit von Machtausübung, Durchsetzungsvermögen usw. gemeint, ganz im Gegenteil!

Sehr wohl besitzt ein Mensch, der bewusst die Unabhängigkeit von Gott gewählt hat, die ***Fähigkeit zur Machtausübung****, zur Durchsetzung seiner „Rechte", doch macht dies nicht im biblischen Sinne „frei". Vielmehr regiert hier nur eine Pseudofreiheit, denn in Wirklichkeit steht derjenige unter der Herrschaft eines Götzen (Macht, Anerkennung usw.).*
Auch wenn sein Verhalten sehr autonom, mächtig, herrschend wirkt, ist es im Kern zutiefst von „Herrschaftslosigkeit", von Unfreiheit und Gebundenheit gekennzeichnet. Es bietet die üblichen Kennzeichen von Sucht, z.B. Selbstlügen, die Ausrichtung des ganzen Lebens auf die Sucht, die notwendigen Steigerungen des Suchtmittels, d.h. den Zwang, immer mehr „davon", sprich von der Macht, zu erlangen, um das gleiche Befriedigungserlebnis zu erzielen.

Frei im biblischen Sinn ist, wer zum Guten frei *ist (vgl. Kap B),*
wer will, was er soll, wer frei ist zu einer Liebe, die nichts für sich selbst verlangt.

Wenn wir also von Herrschaftsverlust sprechen, davon, dass unsere Willensfähigkeit eingeschränkt ist, so ist damit nicht menschliches Herrschen gemeint, der menschliche Wille, sich durchzusetzen, sondern das Herrschen gegen die Macht der Sünde, der Wille, das Gute zu tun –
dies *ist dem Menschen unabhängig von Gott nicht gegeben!*

Gesetz statt Person als Gegenüber

Der Abfall von Gott, die Abwendung von seiner Person bringt noch eine **zweite Konsequenz**, die zwar nicht von gleicher Bedeutung wie der Herrschaftswechsel ist, aber doch einen wichtigen Erklärungsfaktor für die Beobachtung stark kausalgesetzlich geprägter Prozesse im Menschen liefert.

> **Wenn wir nicht aus der personalen Liebesbeziehung zu ihm leben,**
> **werden wir uns andere Verankerungen suchen,**
> **unsere Sicherheit in Regeln und Prinzipien suchen.**
> **Damit verlieren wir unsere eigentliche „Personhaftigkeit", die Möglichkeit, unser Leben durch unseren freien Willen zu gestalten,**
> **werden immer mehr von der Ebene der Regeln und Prinzipien bestimmt.**

Wenn wir aus der Beziehung zu Gott heraustreten, uns abwenden, verlieren wir unseren Halt, unsere Geborgenheit, die Sicherheit, die unser Leben wirklich tragen kann. Doch ohne Halt, völlig autonom, kann der Mensch nicht leben. Im Versuch, aus eigener Kraft das Leben zu meistern, die Wirklichkeit in den Griff zu bekommen, steigt die Sehnsucht nach Regeln, nach Gesetzmäßigkeiten, die Orientierung zu bieten scheinen, mit deren Hilfe man weiß: „unter den Umständen geschieht dies und jenes", „in solchen Situationen kann man mit dem und jenem rechnen, ist es normal, dass der Mensch so und so reagiert"...

Wenn der Mensch nicht mehr aus der Beziehung zu Gott sich dessen Willen zeigen lassen will, wenn er in Selbstherrschaft definieren will, was gut und was böse ist, so wird er sich selbst Regeln, Richtlinien, menschlich-ethische Grundprinzipien schaffen, anhand derer er sein eigenes und das Verhalten anderer bewerten kann.

Wenn der Mensch die lebendige Quelle verlässt, sie gegen löchrige Zisternen eintauscht, so muss sich der Mensch Regeln suchen, um mit dem bisschen Wasser umzugehen.

> *„Entsetze dich, Himmel, darüber, erschrick und erbebe gar sehr, spricht der HERR. Denn mein Volk tut eine zwiefache Sünde: mich, die lebendige Quelle, verlassen sie und machen sich Zisternen, die doch rissig sind und kein Wasser geben." (Jer 2, 12f)*

Wenn ich als Christ nicht wirklich in der Liebesbeziehung zu Jesus lebe, so besteht die Gefahr, dass die eigene, geistliche Lebensausrichtung mehr und mehr von Gesetzen gesteuert wird. Die Worte Jesu werden als starre Regeln missverstanden. In einem „Buchstabengehorsam" will man als möglichst guter Christ, als artiges Kind erfunden werden, ohne dass es bei allem Engagement wirklich um den Menschen geht. Man unterlässt eine bestimmte „verbotene" Tat, weil sie auf der Verbotsliste steht, nicht deshalb, weil sie Gott, dem anderen und letztlich einem selbst Schmerz zufügt.

„Gesetzliche" Menschen, überpflichtbewusste Regelfanatiker, gibt es im christlichen wie im nicht-christlichen Bereich, wo man sich dann auf die Ansprüche und Regeln der Familie, der Gesellschaft, der eigenen Subkultur bezieht (sein Heil in Öko-Produkten, dem Kampf gegen die Atomkraft oder im Aufrechterhalten der Tradition, der bisherigen moralischen und kulturellen Werte sieht).

Im Zusammensein mit Menschen, die ihre Sicherheit sehr viel mehr aus der Erfüllung von Ordnungen und Anweisungen beziehen als aus echten Beziehungen, erleben wir mitunter, wie wir es nur in eingeschränkter Weise mit einer lebendigen, kreativen Person zu tun haben. Stärker tritt uns ein funktionierendes „Etwas" entgegen, das mechanisch seine „Pflicht" tut, das auf alle möglichen „Richtigkeiten" ausgerichtet ist, auf jeden Fall „rechtgläubig" ist, seine gesamte Lebensorientierung aus der Kenntnis möglichst exakter Lehren und Modelle bezieht, dem es aber ein Stück weit am Eigentlichen, am wirklichen Kern des „Personhaften" mangelt.

?

Als Konsequenz des Sündenfalls und der autonomen menschlichen Herrschaftsbemühungen haben wir genannt:
Sturz in die Gebundenheit der Sünde
Gesetz anstatt Person als Gegenüber
Welche Beobachtungen aus Ihrem Lebensumfeld sind Ihnen beim Lesen eingefallen?

b. Die zentrale Lebensdynamik des Menschen zwischen zwei Polen

Kommen wir zurück zu unserer Frage, wie wir als Christen zu einer angemessenen Deutung von personaler Freiheit und kausalgesetzlich anmutenden Abläufen gelangen können.

Wenn wir die Situation des Menschen nach dem Sündenfall betrachten, so können wir feststellen, dass beides gegeben ist. Der Mensch kann bis zu einem gewissen Grad aus freiem Willen handeln, so wie Gott ihn geschaffen hat, doch der Sündenfall führt zu einem Sturz in Richtung Kausalgesetzlichkeit, in Richtung größerer Unfreiheit.

Freiheitsgrade werden einerseits eingeschränkt, bleiben andererseits erhalten.

Wo Gott nicht mehr Herr ist, kann der Mensch allein nicht diesen Platz übernehmen und ausfüllen. Es fehlt ihm der wirkliche Wille zum Guten, er kann das Gute, das er sich vorgenommen hat, nicht zu Ende bringen. **Er ist nicht völlig „frei"**, kann sich aus dem Strudel der inneren Gebundenheiten nicht selbst befreien, sich aus eigener Willenskraft nicht selbst am Schopf aus dem Sumpf ziehen.
Doch auch nach dem Sündenfall ist der Mensch **nicht völlig „unfrei"**. Sogar bei einem Lebensweg, der z.B. tief in die Gebundenheit der Suchtdynamik geführt hat, ist der Betreffende nicht so eingeschränkt, ist die Willensfähigkeit nicht derart begrenzt, dass ihm gar keine Entscheidungsfähigkeit mehr bliebe. Zumindest kann er sich immer noch dafür entscheiden, sich helfen zu lassen, sich dem zuzuwenden, der alleine ihn herausführen kann.

Der Weg in die wirkliche Freiheit

Für jeden, egal an welchem Ausgangspunkt, ist der einzige Weg, wirklich in Freiheit zu leben:
sich von Gottes Liebe ansprechen zu lassen,
(zaghaft) zu beginnen, das Wirken dieser Liebe zuzulassen,
(irgendwann) so weit zu sein, dass wieder ein „Herrschaftswechsel" stattfinden kann, um sich damit in die einzige Gebundenheit hineinzubegeben, die wirklich frei macht:
ein Sklave Christi zu sein.

Echte Freiheit ist nur möglich, wo wir die Liebe Gottes in unserem Leben zulassen, Antwort geben auf sein Liebesangebot. Es geht um ***Freiheit in Verbundenheit.***

Jedem ist dieser Weg zur Freiheit angeboten, um so wieder aus der Gebundenheit der Sünde, aus der kausalgesetzlichen Einbindung, in die echte Freiheit der Kinder Gottes erhoben zu werden.

Dies ist ein Prozess, wir werden uns auf dieser Erde nicht völlig über kausalgesetzliche Eingebundenheit erheben, wir werden keinen Zustand der völligen Freiheit vom Einfluss der Umgebungsfaktoren erreichen. Doch das Maß unserer Verführbarkeit kann geringer werden.

DIE zentrale Lebensdynamik des Menschen

Der Mensch steht also in einer **Lebensdynamik mit zwei Polen**, mit zwei Richtungen, entweder er ordnet sich dem wahren Herrscher unter oder er verweigert sich.

Lebt er im Widerstreit zu Gott, ohne Unterordnung unter Seine Herrschaft, verstrickt er sich über kurz oder lang immer mehr in die kausalgesetzlichen Gebundenheiten. Die „untere" Ebene des Menschseins bestimmt sein Leben; die „oberen" Bereiche, seine Entscheidungsfähigkeit, seine Personhaftigkeit, seine Beziehungsfähigkeit sind eingeschränkt. Er bewegt sich in Richtung „Maschine", erscheint zunehmend wie ein funktionierendes „Etwas" statt einer kreativen, lebendigen Person.

Dagegen wird derjenige, der sich mehr und mehr Gottes Liebe und Herrschaft überlässt, den Weg aus den Verstrickungen der Sünde finden. Seine Willenskraft, die ursprünglich von Gott geplante Fülle seines Menschseins, seine von Gott gegebene Personhaftigkeit, seine Beziehungsfähigkeit wird mehr und mehr wiederhergestellt.

Jeder Mensch bewegt sich irgendwo in dieser Lebensdynamik zwischen

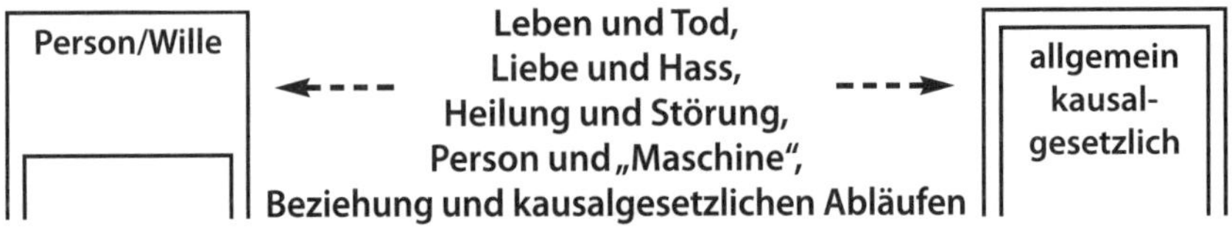

Den Menschen immer top-down verstehen

Für diese menschliche Bewegung in der Lebensdynamik zwischen den Polen sehen wir für unseren therapeutischen Ansatz als Christliche Psychologen, dass wir den Menschen auf jeden Fall top-down betrachten müssen. Denn der Mensch ist niemals völlig determiniert, die Personebene wird nie komplett abnehmen, es bleibt immer noch Entscheidungsfähigkeit.

Auch wenn es vom Erscheinungsbild so aussieht, wenn es sich so anfühlt, dass wir Depressionen oder suchtartigen Bindungen machtlos gegenüberstehen, so heißt dies nicht, dass wir wirklichen kausalen Gesetzmäßigkeiten unterworfen wären. Umgebungsfaktoren, etwa eine plötzliche Arbeitslosigkeit, eine verfahrene Familiensituation, die verschiedenen biographischen Ereignisse, frühkindliche Vernachlässigung, ein erlittenes Trauma haben sehr wohl Einfluss auf die menschliche Psyche. Doch sie haben, auch in ihrer Gesamtheit, keinen letztendlichen Verursachungscharakter. Wir können **keine echte Kausalität** annehmen.

Hinweis:
Dem Gedanken, nicht von direkter Kausalität zu sprechen, würden heute auch viele Vertreter kausalgesetzlicher Therapien zustimmen, denn insgesamt spricht man in der Psychotherapie eher von Bedingungsfaktoren oder Risikofaktoren als von immer auftretenden, notwendigen kausalen Verknüpfungen.

Störungen von der Personebene her verstehen

Das Wissen um die Dynamik zwischen zwei Polen weist noch auf einen weiteren Punkt. Die Wurzel von Störung, auch der scheinbar kausalgesetzlichen Prozesse, liegt nicht „unten", sondern „oben". **Störung ist immer Störung auf der Person-, auf der Beziehungsebene**, *nur hier werden die eigentlichen Zusammenhänge* ***verstehbar***.

Wenn eine Beziehungsstörung zu Gott vorliegt, wenn wir nicht aus seiner Liebe leben, uns nicht seiner Herrschaft unterordnen wollen, so kommt es zu Problemen auf der eigentlichen Ebene unseres Menschseins. Es kommt zu einer Reduktion unserer Personhaftigkeit, zu einer eingeschränkten Willensfähigkeit.
Als Konsequenz werden Prozesse auf der „unteren" Ebene, die wir als Gesetzmäßigkeiten erleben, stärkeres Gewicht bekommen. Doch dies ist nur Konsequenz, der Kern sitzt an anderer Stelle.

Deshalb liegt auch der Hauptansatzpunkt Christlicher Therapie „oben", auf der intentionalen, auf der Personebene, am Kern der Beziehungsstörung mit Gott.

Der Ansatzpunkt Christlicher Therapie liegt auf der intentionalen Ebene.

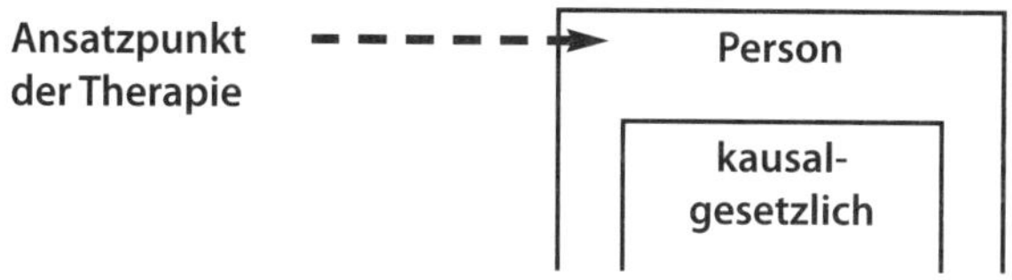

Dies führt, in Abgrenzung zu einigen säkularen ganzheitlichen Vorgehensweisen, nicht zu einer Leugnung der Macht der kausalgesetzlich anmutenden Abläufe. Denn wir können dem Menschen nicht vermitteln, dass er es allein schaffen kann, dass er die Fähigkeiten und nötigen „Ressourcen" schon in sich trägt.
Wir wissen, dass allein Gottes Kraft, allein die wachsende Aufrichtung seiner Herrschaft in unserem Leben, ein Erkennen und Erfahren seiner Liebe uns aus der Gebundenheit in die echte Freiheit der Kinder Gottes führen kann. Deshalb wird unsere Therapie die Ermutigung beinhalten, sich in der Lebensdynamik neu oder vermehrt für das Angebot Gottes zu Liebe, Heilung und Beziehung zu Ihm zu entscheiden.

Betrachten Sie noch einmal die Graphik des letzten Abschnittes zum Verhältnis der Bereiche Person/Wille - Allgemeines/Kausalgesetzliches und überlegen Sie:
Was sehe ich für Konsequenzen für mein Menschenbild und für mein persönliches Handeln, wenn ich überzeugt bin, dass das Größenverhältnis „eigener Wille/kausalgesetzliche Eingebundenheit" nicht festgelegt ist, und dass der freie Wille wesentlich aus der Beziehung zu Gott freigesetzt wird?

Noch einige Anmerkungen zu der Frage:
Gibt es tatsächlich einen pauschalen Zusammenhang der Art:
Abwendung von Gott => Kausalgesetzliche Störung?

Wir haben eine doch als provokant zu bezeichnende These in den Raum gestellt, wenn wir die Frage nach der Art der Beziehung zu Gott, nach dem Maß des Lebens aus seiner Liebe, der Unterordnung unter seine Herrschaft, zum Dreh- und Angelpunkt für das gesamte Maß an kausalgesetzlicher Eingebundenheit im Leben eines Menschen und auch für das Ausmaß seiner psychischen Störungsdynamik machen.

Die sicher naheliegende Anfrage lautet, ob es wirklich so einfach ist, eine mangelnde Unterordnung unter Gottes Herrschaft direkt für das Maß des Erlebens von Störung in unserem Leben verantwortlich zu machen. Und stimmt es wirklich, dass jeder Mensch ohne Beziehung zu Gott sich in Richtung „Maschine" bewegt, man es mehr mit einem „Etwas" denn einer lebendigen, kreativen Person zu tun hat?
Wahrscheinlich kennen wir alle eingefleischte „Heiden", die sehr viel Leben ausstrahlen, sehr frei zu sein scheinen und denen man wenig Gebundenheit, wenig Gefangenschaft in Suchtschleifen anmerkt. Und andererseits erleben wir immer wieder Christen, bei denen das genaue Gegenteil zutrifft, die trotz ihrer Beziehung zu Gott seit Jahren in Problemen stecken, ohne dass sich ein Ausweg zeigt.

Kann also wirklich die Beziehung zu Gott in solch engem Zusammenhang zum Maß der Störungsausprägung stehen, wenn manche „Heiden" weniger psychische Beeinträchtigungen als Christen aufweisen, oder wenn wir Sonntag für Sonntag Christen mit offensichtlich weniger Hingabe sehen, die dennoch ihr Leben mehr im Griff haben als andere, bei denen man eine enge Beziehung zu Gott, viel Liebe wahrnimmt, und die trotzdem nicht aus ihren Suchtschleifen herauskommen?

Führt dies nicht zu recht pauschalen Urteilen, gerade wenn man an die Unterschiedlichkeit der verschiedenen Biographien denkt? Spielen die Traumata der Vergangenheit nicht doch eine größere Rolle, kommt es hier nicht doch zu Verletzungen, die sich nicht sofort per „guter Gottesbeziehung" egalisieren lassen? Stellen wir hier nicht gar einen neuen, fast gesetzesartigen Zusammenhang auf:
„Abwendung von Gott, Beziehungsmangel => Kausalgesetzlichkeit, Störung"?
Zu diesen Anfragen wollen wir kurz Stellung nehmen, ohne damit schon eine „Störungslehre" und einen umfassenden Überblick zur Entstehungsweise psychischer Symptomatiken zu formulieren.

- **Die unterschiedlichen Voraussetzungen**

Gewiss propagieren wir keine starren Zusammenhänge der Art „Abwendung von Beziehung => Störung". Insbesondere wollen wir nicht allein die individuelle Abwendung von Gott, den Mangel an Beziehung der betreffenden Person beachten.
Wir achten den Einfluss der Biographie und der Umgebungsfaktoren, doch steht gerade auch die Art ihres Einflusses wieder in Verbindung mit unserem Thema. Denn als Kern, als eigentlich entscheidende Frage zur Art des Einflusses, ist die Frage zu stellen, welche Art von Beziehung zu Gott, welches Maß der Liebe im Leben der engen Bezugspersonen eines Menschen, seiner Umgebung oder auch in der gesamten Gesellschaft gegeben ist.

Jeder Mensch „beginnt" seinen Weg an unterschiedlichen Ausgangspunkten und erlebt höchst Unterschiedliches auf dem weiteren Weg.
Es gibt Menschen, die viel unter der Schuld anderer, unter der Beziehungslosigkeit, unter der Abwendung von Gott in ihrer unmittelbaren Umgebung gelitten haben, die wenig Liebe in ihrer Familie, ihrer Kindheit (oder später) empfangen haben, die in einem sehr gesetzesartigen, wenig lebendigen Milieu aufgewachsen sind. Und es gibt Menschen, die den Segen einer ganz anderen, einer von Liebe, von Gottes Gegenwart geprägten Familie und Umgebung erleben durften.
Ist es nun erstaunlich, wenn sich jemand aus sehr destruktiven Verhältnissen zu Jesus wendet und mehr und mehr wirkliche Hingabe lebt, dass er dennoch sein Leben nicht so „im Griff" hat, seine kausalgesetzliche Eingebundenheit, seine Störungssymptomatik „objektiv" gesehen noch erheblich größer wirkt als die des Menschen aus begnadeten Verhältnissen?
Selbst wenn einer „schneller läuft", kann er noch „hinterherhinken", kann sein Leben noch weit chaotischer aussehen.

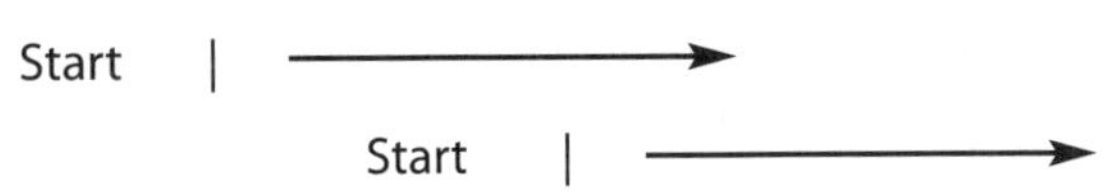

Ein Beispiel für die Bedeutung der „Startbedingungen":
Rick Joyner schreibt in seinem Buch „Der letzte Aufbruch" von einer Vision:
„In dieser Vision sah ich einen Mann, der dem Herrn diente. Ständig gab er anderen Zeugnis, lehrte und besuchte die Kranken, um für sie zu beten. Er war voller Eifer für den Herrn und hatte eine echte Liebe für die Menschen. Dann sah ich einen anderen Mann, offensichtlich einen Stadtstreicher oder einen Obdachlosen. Ein kleines Kätzchen lief ihm über den Weg, und er fing an, danach zu treten, hielt sich dann aber doch zurück. Trotzdem schob er das Kätzchen mit seinem Fuß ziemlich unsanft aus dem Weg.
Dann fragte mich der Herr, welcher der beiden Männer ihm wohl besser gefalle.
‚Der erste', antwortete ich ohne Zögern.
‚Nein, der zweite', sagte er und erzählte mir die Geschichte der beiden.

Der erste Mann war in einer wunderbaren Familie aufgewachsen, die schon immer den Herrn kannte. Er besuchte von klein an eine blühende Gemeinde und ging später auf eine Bibelschule. Ihm waren sozusagen hundert Portionen göttlicher Liebe gegeben worden, aber er benutzte nur fünfundsiebzig davon.
Der zweite Mann war taub geboren. Er wurde misshandelt und in einer dunklen, kalten Dachkammer gehalten, bis er schließlich im Alter von acht Jahren von den Behörden gefunden wurde. Dann wurde er von einem Heim ins andere abgeschoben; misshandelt wurde er weiterhin. Schließlich warf man ihn auf die Strasse. Um all das zu überwinden, hatte er sozusagen nur drei Portionen göttlicher Liebe zur Verfügung. Aber davon hatte er jedes Quäntchen eingesetzt und die Wut in seinem Herzen bekämpft, um dem Kätzchen nicht ernstlich weh zu tun...
Er überwand die Welt durch meine Liebe. Nur sehr wenige haben so viel mit so wenig vollbracht. Viele meiner Kinder wohnen in Häusern, um deren Bequemlichkeit sie vor hundert Jahren noch Könige beneidet hätten, aber sie schätzen sie nicht. Angelo hingegen war für einen Pappkarton in einer kalten Nacht so dankbar, dass er ihn in einen Tempel meiner Herrlichkeit verwandelte. Er fing an, alles und jeden zu lieben. Er freute sich mehr über einen Apfel, als einige aus meinem Volk über ein ganzes Fest. Er war treu in allem, was ich ihm gab, auch wenn es nicht sehr viel war, verglichen mit dem, was andere bekommen haben, dich eingeschlossen."[17]

- **Die versteckten, gesellschaftsangepassten Störungen**

Wir sind außerdem oft sehr blind für die Zusammenhänge, wie Gott sie sieht. Nicht nur, dass wir die unterschiedlichen Startbedingungen übersehen, so wie bei Angelo, wir nehmen auch manche „Suchtschleifen" nicht wahr und bemerken deshalb in manchen Fällen keine Konsequenzen einer mangelhaften Beziehung zu Gott. Wir urteilen nach dem, was vor Augen ist, und sehen nicht das Herz an.

Denn kausalgesetzliche Dynamiken sind unterschiedlich offensichtlich. Wir alle erkennen und verurteilen die offensichtliche Sucht, den Alkoholiker, den Drogenabhängigen sehr viel schneller als den Manager, der seine Familie vor lauter Arbeit zugrunde richtet.
Wir alle sind ein Stück weit blind für die Sucht der Menschen, die ihr Leben doch so wunderbar im Griff haben, wir merken nicht, dass oft gerade auch disziplinierte, kontrollierte Menschen, die alles „richtig" machen wollen, in Wirklichkeit Gebundene ihrer eigenen Regeln und Gesetzmäßigkeiten sein können.
An manche „Störung", wie Leistungssucht oder Lieblosigkeit, haben wir uns so gewöhnt, dass wir sie nicht mehr wahrnehmen. Wir selbst sind so sehr Teil dieser

17 Joyner, 1998, S. 150f

Gesellschaft, ihrer Normen, ihrer Werte, wir selbst sind ebenfalls in die verschiedensten Gebundenheiten verstrickt, sodass wir oft blind sind für Gottes „Normalität", für das, was bei Gott „Symptom" ist.

- **Ist diese Haltung gegenüber Nicht-Christen nicht reichlich arrogant?**

Trotz aller bisherigen Gedanken bleibt die Frage, ob es nicht doch arrogant ist, die Gottesbeziehung in so engen Zusammenhang zur psychischen Gesundheit zu stellen, und ob es der Lebenswirklichkeit von Christen und Nichtchristen entspricht. Haben wir nicht schon die Positionen der säkularen, ganzheitlichen Psychologie kennengelernt, die doch in starkem Maße die Personebene betonen, die Orientierung an starren Gesetzmäßigkeiten dagegen anprangern? Können wir gerade sie als „Mangelhabende" auf dieser Ebene bezeichnen?

Neben dem Verweis auf die Gültigkeit des bisher Gesagten, auch für diesen Bereich, wollen wir kurz an den verzerrten Freiheitsbegriff erinnern, der sich immer wieder bei uns einschleicht. Oft erleben wir gerade einen autonomen, auf Selbstverwirklichung ausgerichteten Menschen als besonders „frei" und sehen nicht, dass man auch die eigene Selbstverwirklichung zum Götzen machen kann, dem alles unterworfen ist. Auch hier kann eine Gebundenheit entstehen, eine Ausrichtung des ganzen Lebens, aller Beziehungen an dem, was mir dient, ein Bekämpfen all dessen, was meine (scheinbare) Freiheit und Autonomie beeinträchtigt etc.

Doch unser Hauptpunkt lautet:
Wenn etwas trägt, von Gebundenheit befreit, dann ist es echte Liebe. Echte Liebe entspringt immer der Liebe Gottes, auch wenn es manchmal die versteckte Liebe Gottes ist.

Wir glauben, dass die Liebe Gottes überall in dieser Welt am Wirken ist und die ganze Welt zerfallen würde, wenn sie nicht von seinem Liebeswillen gehalten würde. Wir glauben, dass Gottes Liebe jedem Menschen gilt, und dass kein Mensch ganz ohne seine Liebe leben kann.
Jeder Mensch, auch jeder Nicht-Christ, der größte Atheist, der größte Gottesleugner, ist noch von Gottes Liebe getragen, auch wenn er es nicht erkennt, sonst könnte er gar nicht existieren, sonst würde er zu Staub, ja zu weniger als Staub zerfallen.
Auch wenn wir für die Erlösung an die Notwendigkeit einer Bekehrung, einer Herrschaftsübergabe an Christus glauben, so denken wir dennoch nicht, dass Gottes Liebe überhaupt nicht wirken könnte, wo sie noch nicht als seine Liebe erkannt wird. Menschen können in ihren Familien Echtes erlebt haben, ohne dass die Betroffenen gesagt oder erkannt hätten, dass Gott dahintersteht – genauso, wie es leider manchmal eine Liebe gibt, die als Gottes Liebe bezeichnet wird, und reichlich wenig mit seiner echten, barmherzigen, vergebenden Liebe zu tun hat.
Es gibt Menschen, die Jesus nicht kennen, aber echte Liebe (und damit Jesus) erlebt haben und sich nicht gegen diese Liebe gewandt haben. Wir wünschen, dass sie, wenn sie auf diesem Weg bleiben, eines Tage auch erkennen werden, wer Jesus selbst ist, und dass es schon immer seine Liebe war, die hinter aller menschlichen Liebe stand, und dass sie ihn annehmen werden.

Wir glauben, dass grundsätzlich da und nur da, wo das Echte – und echt ist allein Gottes Liebe mit der er diese Welt trägt und hält – wirkt, es möglich ist, dem Sog der Kausalgesetzlichkeit zu widerstehen. Echtes Leben, Lebendigkeit, die Freiheit eines

Menschen, Liebe zu üben, wurzeln immer in Gott.
Jeder Freiheitsgrad ist von der Liebe Gottes abhängig.
Aber sie kann eben auch da wirksam sein, wo jemand die Quelle dessen (noch) nicht beim Namen nennen kann.

- **Wird der Mensch wirklich zur Maschine?**

Provoziert hat vielleicht auch die Formulierung, der Mensch bewege sich mehr und mehr in Richtung Maschine, man habe das Gefühl, nur noch einem funktionierenden „Etwas" gegenüberzustehen, das lieblos-mechanisch seine Pflicht tut. Denn erleben wir nicht immer wieder Menschen mit psychischen Problemen, auch Süchtige, wohl in bestimmten Bereichen eingeschränkt, aber doch als Person voller Leben?

Fest steht, der Mensch *wird* natürlich nicht zur Maschine, aber er bleibt in einer Störungsdynamik auch nicht der *eigentliche* Mensch, jedenfalls nicht so, wie sich Gott das gedacht hat, sondern viele Abläufe werden starrer, gesetzesmäßiger.
Dennoch bleibt er *Mensch*. Auch bei dem, der sich tief in Gebundenheiten verstrickt hat, ist immer noch Personalität und Lebendigkeit da. Wie wir eben gehört haben, könnten wir gar nicht existieren, ohne dass noch Liebe Gottes da ist, die uns trägt, die unser eigentliches Menschsein bewahrt.

In der Bibel heißt es immer wieder, dass eine Abkehr von Gott, was die Sünde in ihrem Kern ist, zum Tode führt:
„... wie die Sünde geherrscht hat zum Tod ..." (Röm 5, 21a)
„Denn der Sünde Sold ist der Tod ..." (Röm 6, 23a)
„Danach, wenn die Begierde empfangen hat, gebiert sie die Sünde; die Sünde aber, wenn sie vollendet ist, gebiert den Tod." (Jak 1, 15)

Diese Texte bedeuten zunächst natürlich, dass wir aufgrund unserer Sünde (ohne die Erlösungstat Jesu) die Ewigkeit getrennt von Gott im Tod verbringen müssen. Doch diese Bibelstellen betreffen auch ganz konkret unser Leben auf dieser Erde. Sünde als Trennung von Gott bringt ganz konkret Zerstörung, Zerfall, eine Richtung zum Tode mit sich.
Denn was ist Tod im physikalischen Sinne, was zieht er nach sich?
Wenn die Temperatur sinkt, bewegen sich die Teilchen immer weniger, es herrscht immer weniger Leben, alles wird starrer, bis hin zum absoluten Nullpunkt, bis zum Punkt völliger Bewegungslosigkeit – absoluter Tod!

Richtig ist wohl, dass man Süchtige erlebt, die voller Leben sind, doch dies ist meist eine Mischung aus echtem und aus Pseudoleben. Gerade die Sucht ist am Anfang oft gemischt mit Lebensfreude, ja, man kann die Sucht sogar bezeichnen als (verfehlte) *„Suche nach Leben"*.
Dabei gibt es einige Formen, die besonders „lebendig" wirken, denken wir an einen „Adrenalinjunkie", an eine Aktivitätssucht oder auch eine Romanzen- oder Beziehungssucht.
Diese Menschen sind ständig in Bewegung, auf der Suche nach dem Kick, unterwegs auf der Suche nach Leben, verliebt, voller Kreativität...
Doch wie leicht zu ersehen ist, hat diese Suche nach Leben eine Tendenz zum Tod ...

Dies wird oft erst im Zuge der *Entwicklung* deutlich, wenn die Sucht mehr und mehr ihre Krallen zeigt, die Gebundenheit mehr und mehr sichtbar wird, bis man sich jeden Tag nur noch darum dreht, wie man an sein Suchtmittel kommt. Im Zuge der Entwicklung entfernt man sich immer mehr vom Leben, die Tage laufen starrer, gleichförmiger ab, manchmal wirken die Gesichtszüge regelrecht gespenstisch, der schleichende Tod ist am Werk.

Zum Schluss noch eine Mahnung zur Liebe – für uns ALLE:
Es geht nie um ein Verurteilen, gar um den Rückschluss „schaut, welche Probleme der noch hat, da kann ja was in der Gottesbeziehung nicht stimmen".
Wir alle leben nicht wirklich aus Gottes Liebe, in unser aller Leben findet sich Beziehungsstörung zu ihm und zu anderen, wir alle haben Götzen, wir alle sind mehr oder weniger „süchtig", kennen Bereiche, wo wir uns aus dem Gesetz heraus verstehen. Wir sollten nicht kritisch abwägen, wo der andere steht, sondern wir sollten gemeinsam vor den Thron Gottes treten und um seine Liebe für unser und das Leben des anderen bitten. Ganz egal, wo wir stehen, wir haben es alle nötig, dass er uns den **Weg der Liebe** führt.
Denken wir an Angelo!

FAZIT

Will man die Frage nach der *Rolle von Konzepten oder Modellen im Rahmen einer Christlichen Psychologie* beantworten, muss man zunächst die Möglichkeiten für die Deutung von Regelmäßigkeiten überhaupt klären.

Die Christliche Psychologie zieht eine voluntaristische Deutungsweise der kausalgesetzlichen vor. Dabei sind Regelmäßigkeiten zum Teil *Ausfluss der Treue Gottes*. Außerdem führt der *Sündenfall* zu einer Zunahme kausalgesetzlich anmutender Dynamiken, denn der von Gott getrennte, autonome Mensch kann nicht wirklich Herr sein.

Aus der Entscheidung, wer Herrscher im Leben ist, entsteht für den Menschen eine zentrale *Lebensdynamik* zwischen zwei Polen:
In eigener Regie verstrickt er sich zunehmend in kausalgesetzlich anmutende Dynamiken, bewegt sich in Richtung „Maschine".
Unter Gottes liebender Herrschaft ist er auf dem Weg der Wiederherstellung der Fülle seines Menschseins, kann aus der Beziehung zu Gott Leben in personaler Freiheit gestalten.

In jedem Fall wollen wir den Menschen top-down verstehen. Er ist nicht vollständig determiniert, selbst wenn Freiheit im Fall von Störung eingeschränkt ist, sind die eigentlichen Zusammenhänge nur von der Person-/Beziehungsebene her erkennbar.

II. Die Art und der Gebrauch von Konzepten im Rahmen Christlicher Psychologie

Nachdem wir nun geklärt haben, wie wir im Rahmen unseres personalen Wirklichkeitsverständnisses in Sätzen formulierte Wahrheit und allgemein regelmäßig ablaufende Prozesse verstehen, haben wir eine Grundlage für das Erstellen von Konzepten auf der Basis von Vertrautheitserkenntnis. So können wir jetzt die Art dieser Konzepte näher bestimmen und erarbeiten, wie ein Christlicher Psychologe sie in seiner Arbeit einsetzen soll.

1. Die Möglichkeit allgemeiner Konzepte vor dem Hintergrund der Kausalgesetzlichkeits-/Person-Dynamik

Aus der Kausalgesetzlichkeits-/Person-Dynamik ergeben sich zwei ganz wesentliche Folgerungen für Modelle und Konzepte in der Christlichen Psychologie:

- Diese Dynamik legt nahe, dass wir in der Christlichen Psychologie sogenannte **Prozess- oder Entwicklungsmodelle** bevorzugen.
- Wir müssen darauf achten, **auf welche Bereiche sich die Konzepte beziehen**. Konzepte im Bereich von Störungen und destruktiven Abläufen werden anders ausfallen als im Bereich Heilung.

a. Modelle der Christlichen Psychologie sind Prozessmodelle

Wir haben es als zentrale Lebensdynamik des Menschen bezeichnet, auf dem Weg zu sein zwischen Leben und Tod, Liebe und Hass, Störung und Heilung, Person und „Maschine", Beziehung und kausalgesetzlichen Abläufen...

Prozess- statt Zustandsmodelle

Wenn es aber der zentralen Wirklichkeit des Menschen entspricht, nicht nur irgendwie zu „sein", sondern ein *„Wesen auf dem Weg"* zu sein, wenn sein Leben von **Entwicklung** in einer Lebensdynamik zwischen zwei Polen (Leben und Tod...) bestimmt wird, so kann es auch nicht das zentrale Anliegen der Christlichen Psychologie sein, Menschen zu einem punktuellen Zeitpunkt in ihrem „So-Sein" zu untersuchen. Nicht die möglichst genaue Beschreibung von „Zuständen", sondern **Entwicklungs- und Prozessverläufe** interessieren uns.

Denn was nützen Momentaufnahmen, was nützt es zu wissen, dass der Mensch gerade an einem bestimmten Punkt steht? Dies bildet nicht seine tatsächliche Lebensrealität ab, derselbe Punkt kann die Momentaufnahme von höchst unterschiedlichen Abläufen sein. Geht es gerade „bergauf" oder „bergab"? Stagniert es schon lange an diesem Punkt…?

Deshalb ist Christliche Psychologie nicht vorrangig um **Zustandsmodelle** bemüht, sondern um **Prozessmodelle**, die helfen, Entwicklungsverläufe und Veränderungsdynamiken zu entdecken.

> *Hinweis:*
> *Prozessmodelle sind nicht etwa allein ein Anliegen der Christlichen Psychologie, sondern werden aus den oben genannten Gründen natürlich auch von säkularen psychologischen Schulen entwickelt, die den Menschen mehr in seiner Lebendigkeit und Bewegung sehen.*

Das erinnert an das, was wir bereits zur **Substanz-** und **Relationenontologie** gehört haben. Das ganze Beschreiben von Zuständen ist im biblischen Denken weniger ausgeprägt, es geht grundsätzlich mehr um Beziehung als um ein wie auch immer geartetes IST:
„Der Mensch IST nicht, sondern er steht in Beziehung."
Oder noch etwas prozesshafter ausgedrückt:
„Der Mensch IST nicht, sondern er ***geht*** *in Beziehung".*

Das Erfassen der Beziehungsdimension

Damit ist ein weiterer Aspekt der Prozessmodelle angesprochen. Die eigentliche Wirklichkeit des Menschen ist nicht nur die der Entwicklung in *irgendeinem* Raum, sondern die Entwicklung findet in Beziehungen statt, sie hat also eine Beziehungsdimension.
Der Mensch ist sogar stark von der Art seiner Beziehungen bestimmt, ob er in liebevoller Beziehung zu Gott und anderen Menschen steht oder ob er Beziehungen eher ausweicht. Er befindet sich entweder auf dem Weg zu mehr, vor allem mehr von Liebe geprägter Beziehung zu Gott und damit auf dem Weg zu Leben, zu Heilung, zum eigentlichen Personsein, oder er bewegt sich in die Gegenrichtung und damit auch hin zu einem Mehr an Zerstörung.
Und somit besteht ein zentrales Interesse der Christlichen Psychologie in Entwicklungsmodellen zur Erforschung und Beschreibung der Entwicklung, die in der Beziehungsdimension abläuft.

Für weitere Überlegungen zur Beschaffenheit dieser Modelle müssen wir jetzt **zwischen den Bereichen von Störung oder Heilung unterscheiden**. Denn für den Bereich der Entwicklung hin zu mehr Leben ist die Frage nach der Möglichkeit von allgemeinen Beschreibungsmodellen ganz anders zu beantworten als für die Gegenrichtung, also für den Verlauf in Richtung Zerstörung.

Machen Sie sich noch einmal bewusst, was mit einem Prozessmodell als „Entwicklung in Beziehung" im Gegensatz zu einem statisch beschreibenden Modell gemeint ist, indem Sie für das Beispiel „Angelo" aus dem letzten Abschnitt überlegen:
Was hieße „statisch beschreiben"?
(z.B. Fakten über sozial schwache Familie, Gewalt in Familien, über Nicht-Sesshafte ... sammeln)
Wie kann man ihn aus dem Entwicklungsprozess und den Beziehungen, in denen er im Moment steht, verstehen?

?

b. Prozessmodelle im Bereich der Störungsmechanismen

Kausalgesetzlich anmutende Prozesse lassen sich allgemeiner beschreiben.

Wenn wir nach Konzepten für die Entwicklungsrichtung der destruktiven Abläufe fragen, so behaupten wir, dass wir hier leichter allgemeine Konzepte erstellen können als für Entwicklungen in Richtung Heilung. Denn wir erwarten, dass die Personebene eingeschränkt wird und damit die kausalgesetzlichen Faktoren stärker durchschlagen, also mehr „Typisches", bei vielen Leuten Ähnliches auftritt.

Zumindest dürfte dies ein Stück weit deutlicher sein als in den Bereichen der echten Lebensdynamik, wobei wir aufpassen müssen, dass wir nicht auf den ganzen Menschen beziehen, was **nur die Beschreibung bestimmter zerstörerischer Entwicklungsverläufe ist**. Nur in Bezug auf die **Krankheitsverläufe** stellen wir fest, dass sie im Zuge der Verschlechterung der Problematik immer **ähnlicher werden**, sodass man das Gefühl hat, die Entwicklung von Störung läuft auf einen gemeinsamen Punkt zu.

Grundmuster einer Störung

Natürlich wird dabei kein Mensch wirklich zur Maschine und den anderen völlig gleichförmig. Doch in jeder Störung gibt es so etwas wie **tiefer liegende Zusammenhänge, wiederkehrende Dynamiken, typische Grundmuster**.

So erleben wir bei Süchtigen in zunehmendem Verlauf ein typisches Grundmuster, das man an fünf grundlegenden Dimensionen festmachen kann, die jeweils eine Entwicklung charakterisieren:

1. Zunahme des Suchtmittelgebrauchs mit zunehmender Schwierigkeit zu verzichten und mit zunehmendem Kontrollverlust.
2. Die Sucht verdrängt andere Interessen, mit der Zeit alle normalen Lebensvollzüge.
3. Die Einsicht in die Schädlichkeit der Sucht führt nicht zu einem Suchtausstieg, eine Gefangenschaft in der Sucht wird erlebt.
4. Es kommt zu einer Zunahme an lebensgefährlichen Situationen, sei es durch Vergiftung, riskantes Verhalten, Suizidalität etc.
5. Der Lüge als zentraler „Bewältigungsstrategie" wird immer mehr Raum gegeben, der Betroffene verstrickt sich zunehmend in Selbstlügen, Verschleierungstaktiken (z.B. periodischer Wechsel des Suchtmittels), „Notlügen", „Beschaffungslügen".

Individuell unterschiedliche Ausprägung einer Störung

Neben dem Grundmuster nehmen wir bei jedem eine unterschiedliche, **individuelle Ausprägung der Störung** wahr, z.B. welches **Suchtmittel** jemand konkret wählt, ob es eher eine Substanz ist (Alkohol, Drogen) oder mit dem Verhalten zu tun hat (Sex, Arbeit, Beziehungen, Glücksspiel, Essverhalten ...). Der eine kann auf Alkohol nicht warten, der andere hält es ohne romantische Beziehungserfahrungen nicht aus, ein Dritter kommt nicht vom Computer los oder verausgabt sich in der Arbeit.

Auch wie deutlich **süchtiges Verhalten nach außen gezeigt wird**, ist von Individualität geprägt. So kann sich etwa eine Sexsucht vom direkten Erscheinungsbild recht unterschiedlich darstellen, einmal kann jemand sie in offener, manifester Weise ausleben, während ein anderer in einer Art Doppelleben heimliche Wege findet oder doch auf andere Suchtmittel ausweicht (wo ihn z.B. moralische Bedenken nicht so stark plagen). Auch ein Weg der A-Sexualität ist denkbar, hinter einer (krampfhaften) Kontrolle oder Unterdrückung der eigenen Sexualität kann in Wirklichkeit eine Sexsucht stehen, mit der auf diese Art umgegangen wird. Je nachdem wirkt eine Person wie ein klassisch Süchtiger und die Sucht lässt sich am alltäglichen Verhalten direkt ablesen, während der Störungsverlauf einer anderen versteckt bleibt.

Doch in allen Fällen wird keine erfüllte, befreite, von Gottes Gegenwart durchdrungene Sexualität gelebt. Die Suche nach dem Leben bleibt vergeblich. Die Vergötzung des Suchtmittels, diverse Lügen- und Verschleierungstaktiken, um die Sucht nicht vor sich und anderen zugeben zu müssen, zeugen davon, dass in allen Varianten der Kern der Sucht, ihr Grundmuster, enthalten ist.
Es gibt also eine **individuelle Ausprägung „an der Oberfläche"**, in die Persönlichkeit, viele individuelle und umgebungsbedingte Faktoren mit einfließen. Doch darunter liegt der eigentliche **Kern der Störung**, in dem sich **gemeinsame Muster** finden lassen.

?

Wo haben sie schon einmal Erfahrungen mit dem Unterschied zwischen der Grundstruktur einer Sucht und deren konkreter Ausprägung gemacht, damit, dass die konkrete Ausprägung sich leichter ändern lässt, während die Grundstruktur sich in anderer Form wieder durchsetzt (z.B., wenn man sich das Rauchen abgewöhnt und stattdessen mehr Süßigkeiten isst oder anschließend alle Raucher kategorisch verurteilt ...)?

Es geht immer um Entwicklungen.

Bei allen Grundmustern von Störungen haben wir es mit Entwicklungen zu tun, bei denen am **Anfang** noch sehr **viel Lebendigkeit** da ist, sehr viel Individuelles.
Erst **im weiteren Verlauf** bekommt das Ganze immer mehr den Zug zum Tod hin. Erst wenn man ein ganzes Stück Weg in Richtung Destruktion gegangen ist, erst wenn, um auf das physikalische Beispiel zurückzukommen, es ein ganzes Stück kälter geworden ist, wird man bemerken können, dass sich die Teilchen langsamer bewegen, die Starrheit größer wird. Also, erst im längeren Verlauf werden die Störungen bei verschiedenen Menschen immer ähnlicher, werden **die pathologischen Grundmuster immer sichtbarer**.

Zum Abschluss noch ein ganz wichtiger Punkt. Der größte und wichtigste Unterschied zwischen Störungs- und Heilungsmodellen ist im **„Entwicklungsmotor"** gegeben, darin, wodurch die im Modell beschriebene Entwicklung zustande kommt.

Der „Entwicklungsmotor" einer Störung ist annähernd kausalgesetzlich.

Der **Weg in eine Störung** hinein ist **nicht personal geführt**, liegt jedenfalls nicht in der Hand einer liebenden Person, die führt, anleitet, schützt, sondern gerade durch den Mangel einer solchen personalen Wegweisung wird der Betreffende immer mehr zum **Spielball** der Umgebungsfaktoren und der eigenen Lüste.
Ohne personale Beziehung und Führung verkümmert die eigene Person- und Entscheidungsebene, der Mensch verstrickt sich immer tiefer in Gebundenheiten. Diese sind zwar nicht wirklich als kausalgesetzlich zu bezeichnen, der Mensch ist ihnen nicht ausgeliefert, aber durch die Störung auf der Personebene hat er **eigene Einflussmöglichkeiten reduziert.**

Weg in eine Störung:
Zunahme der Kausalgesetzlichkeits-Dynamik

allgemein

kausal-
gesetzlich

Hinweis:
Solche Abläufe in Richtung Destruktion verlaufen trotzdem nie völlig jenseits von Gottes Veränderungsmöglichkeit. Gott geht den Menschen nach, egal wie weit sie sich in zerstörerische Strukturen verfangen haben. Wenn ihm nur die kleinste Erlaubnis dazu eingeräumt wird, kann er auch die größten kausalgesetzlichen Abläufe radikal umdrehen.

Dies zeigt sich in der Therapie etwa am sogenannten „Schweinetrog-Phänomen". Kommt es in einem destruktiven Prozess in immer stärkerem Maße zur Einschränkung der Lebendigkeit, wird der Lebensraum eines Menschen buchstäblich immer enger, wächst auch die Chance, dass der Betreffende sich seiner misslichen Lage zunehmend bewusst wird. Sein Leiden an der Gefangenschaft wird immer größer und wie beim verlorenen Sohn, als dieser bei den Schweinen saß, ganz unten, im Dreck, so steigt auch bei ihm die Chance, dass er bereit wird, sich helfen zu lassen, nach Hilfe schreit, sich wieder aufmacht zum Vater. So wird Gott die Möglichkeit zum Eingreifen gegeben.

Der destruktive Weg kann zu einem Weg der Heilung umschlagen und gerade weil man so tief unten saß, die kausalgesetzliche Verstrickung deutlich am eigenen Leibe gespürt hat, weiß man, wo man herkommt, kennt den Preis, und das oft besser als der „ältere Sohn", der nicht wahrnimmt, dass alles, was dem Vater gehört, auch sein ist (Lk 15,31).

c. Prozessmodelle im Bereich von Heilung

Nachdem wir uns mit den Entwicklungsmodellen im Rahmen der Störungsdynamik befasst haben, werden wir uns jetzt auch die andere Seite ansehen und uns mit den **„Heilungs-/Heiligungs-/Wachstumsprozessen“**, mit den „Wegen in der Beziehung zu Gott“ beschäftigen. Diese sind viel stärker von der Personebene her bestimmt, weshalb zu erwarten ist, dass sie ein ganzes Stück individueller ablaufen.

Der personale „Entwicklungsmotor“

Ein wichtiger Punkt für Modelle in diesem Bereich ist, dass wir „Allgemeines“ nicht im bisherigen Sinne deuten dürfen, sondern berücksichtigen müssen, dass wir es mit einer ganz anderen Art von **Entwicklungsmotor** zu tun haben.
Der „Steuerungsmechanismus“ hinter heilsamen Prozessen ist ein anderer. Als Christen glauben wir, dass Wachstum und Heilung nur da möglich wird, wo **die „Steuerung“ von Gott selbst übernommen wird**, wo wir, statt nach eigener Autonomie zu streben, ihm wieder die Führung übergeben.

Auch in diesen Prozessen lassen sich Regelmäßigkeiten finden, aber es geht um eine andere Art von Regelmäßigkeit und Konstanz als bei einem Störungsverlauf. Unmittelbar einsichtig ist, dass die Konstanz hier nicht auf einer naturgesetzlichen Kausaldynamik beruht. Doch auch eine Deutung dieser Konstanz als Ergebnis geistlicher Prinzipien, geistlicher Gesetzmäßigkeiten trifft nicht zu.

Unsere Heilung, unser Wachstum, unser Weg mit Gott vollzieht sich nicht primär entlang solcher „Leitlinien“, sondern **er selbst ist unser Weggefährte**, der uns ganz persönlich an der Hand nehmen möchte und uns seinen Weg zeigen will.

Wenn wir bedenken, dass er als liebende Person uns nicht diktatorisch irgendwo „hinzerren“ wird und sich auch nicht damit zufrieden gibt, wenn wir ihm nur rein äußerlich folgen, sondern dass er echte Herzenseinsicht, echtes Verstehen in uns wachsen lassen will, so ist klar, dass er mit uns über diesen Weg sprechen wird. Er wird einen Austausch über unsere Heilungs- und Wachstumswege beginnen, wird uns erklären, welche Schritte nötig sind ...

Diese Wege werden nicht von Prinzipien, von unabänderlichen Regeln gesteuert, sondern entwickeln sich in der **individuellen Kommunikation mit Gott**.
Mitunter kommt es dabei sogar zu einem „Handel“ mit Gott, zum persönlichen Aushandeln des Weges mit Gott für sich selbst oder für andere, wenn wir etwa an Abrahams Handel um die Zahl der Gerechten in Sodom und Gomorra denken (1 Mose 18, 22b – 33) oder an Mose, der wegen der Vernichtung des Volkes Israel wegen des goldenen Kalbs mit Gott verhandelt (2 Mose 32, 9 – 14).

Weg zu Leben und Wachstum:
Personales Beziehungsgeschehen

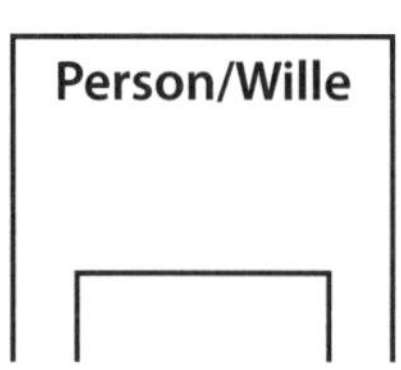

Damit soll nicht gesagt sein, dass wir Gottes Wege immer vollständig begreifen könnten. Unser Verstehen ist begrenzt und manchmal gibt es auch Gründe, warum er uns manche Deutungen zu Geschehnissen vorenthält, Vertrauen in seine Führung wünscht, einen „Blindflug" mit uns vollführt. Doch im Allgemeinen will er uns seine Wege verständlich machen.

Hinweis:
Ein Vergleich mit deutschen Essensgewohnheiten kann die Bedeutung des „Entwicklungsmotors" eines Prozesses, den Unterschied zwischen Regelmäßigkeit durch einen „personalen Entwicklungsmotor" oder eine kausalgesetzliche Notwendigkeit veranschaulichen:

In Deutschland ist es meist üblich (Regelmäßigkeit), dass zwischen 12.00 Uhr und 14.00 Uhr zu Mittag gegessen wird. Ob in einem Hotel, einem Tagungshaus, einem Betrieb, bei einer privaten Einladung oder im Familienalltag, diese Ordnung ist ziemlich zuverlässig und konstant.

Doch wer würde sagen: Weil es 12.00 Uhr ist, muss jeder Deutsche essen?

Dieser Zusammenhang ist kein kausalgesetzlicher, kein Naturgesetz, dem sich jeder in Deutschland beugen müsste. Er wird nur aus verschiedenen Gründen meistens eingehalten.
Er kann sinnvoll sein, um sich gesund zu ernähren.
Er kann manchmal als Zugeständnis notwendig sein, z.B. für Menschen, die eine Diät einhalten oder wegen Krankheit sehr regelmäßig essen müssen oder für diejenigen, die für viele kochen und anders ihre Arbeit nicht richtig einteilen könnten oder auch für Menschen, die so sehr an eine feste Zeiteinteilung gewöhnt sind, dass ihr ganzes Lebensgefüge durcheinander käme, wenn Punkt 12.00 kein Essen auf dem Tisch stünde und denen man aus Liebe diese Gewohnheit lässt.

Ein Beobachter von außen könnte vielleicht ein Kausalgesetz annehmen, aber im Grunde ist es die tägliche freie Entscheidung eines jeden Deutschen, wann er isst. Die regelmäßige Uhrzeit ist hilfreich, weshalb wir uns meistens dafür entscheiden, aber wir haben grundsätzlich die Freiheit, auch anders zu entscheiden.

Und ist es nicht sehr viel besser und angenehmer, wenn die Einteilung der Essenszeiten ein personal gesteuerter Prozess ist – weder willkürlich, irgendwann, mal so, mal so, noch stur nach Regel: Immer Punkt Zwölf! – sondern in Liebe, Achtung und Rücksicht aufeinander.

Wie geht es Ihnen, welcher „Entwicklungsmotor" prägt Ihre Lebensgewohnheiten, Ihre Tageseinteilung?

?

Konstanz ist Personkonstanz.

Ein Prozess mit Gott als „personalem Entwicklungsmotor" ist nun nicht etwa vollkommen „unberechenbar". Da wir es bei Gott mit einer *beständigen, treuen* Person zu tun haben, die uns nicht verwirren will, die sich nicht selbst widerspricht, die nicht heute so oder morgen so handelt, sondern gestern, heute und in Ewigkeit dieselbe ist, werden wir Regelmäßigkeiten erleben. Doch die Art der *Konstanz* ist in diesem Geschehen eine **Personkonstanz**. Die Konstanz liegt ***in** der Person selbst*.

Für unsere Heilungs- und Wachstumsprozesse und deren allgemeine Beschreibbarkeit bedeutet dies, dass wir erwarten können, dass Gottes ewiges Wesen auch im Prozess selbst deutlich wird.

Personkonstanz wird im Prozess in „allgemeinen" Zielen sichtbar.

Weil er Liebe ist, wird er nicht irgendwelche Wege mit uns gehen, sondern wird auch uns hin zur Liebe führen, wird eine Liebesbeziehung herstellen wollen. Er verfolgt also **Ziele**, und die sind für alle Menschen (zumindest von den Hauptzielen her) gleich: Er will das Herz des Menschen hin zur Liebe verändern, er will ihn zur echten Personalität wiederherstellen.
*In diesen universellen Zielen Gottes für den Menschen liegt eine **Konstanz**, die im Prozess gegeben ist.*

> *Hinweis:*
> *In diesem Sinn spielt „Allgemeines" also auch für die Ebene des „Eigentlichen" eine Rolle. Damit widersprechen wir der Deutung, alle Regelmäßigkeit sei Folge des Sündenfalls. Wir glauben nicht, dass alle gleichmäßig ablaufenden Prozesse ein Produkt dieses Ereignisses sind, es davor keinerlei Regelmäßigkeit gegeben hätte.*
> *Dennoch spielt der Sündenfall eine Rolle, es hat so etwas wie einen Sturz in größere kausalgesetzliche Orientierung gegeben.*
>
> *So hat weder die Deutung von Regelmäßigkeit als Folge des Sündenfalls, noch die Deutung, alle Regelmäßigkeit sei ein Ausdruck von Gottes Treue, universelle Gültigkeit.*

Personkonstanz wird in individuellen Zielen und Wegen deutlich.

Neben den großen, allgemeinen Zielen hat Gott in seinem ewigen Wesen Raum auch für einen ganz individuellen Weg mit jedem einzelnen Menschen, verfolgt auch ganz spezielle, **individuelle Ziele**, etwa, wenn er jemanden in eine auf ihn zugeschnittene Berufung führen will.

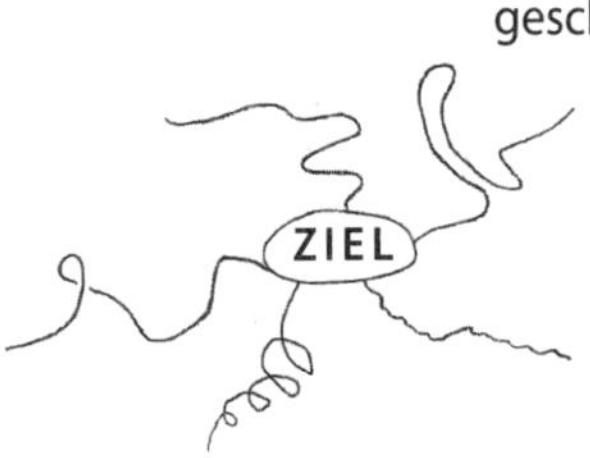

Außerdem führt er jeden Menschen, für die individuellen Ziele ebenso wie für die generellen Ziele, einen **individuellen Weg**, geht auf jeden Einzelnen, auf seine Persönlichkeit, seine von Gott gedachte individuelle Seinsweise ein, geht einen so persönlichen Prozess, dass sich nicht zwei dieser Wege gleichen werden.

> *Hinweis:*
> *Einiges dieser großen „Vielfalt" an Wegen ist nicht nur durch die Vielfalt unserer Persönlichkeiten, wie sie von Gott gedacht waren, bestimmt, sondern auch durch unser „Nicht-Einlassen", unsere Verweigerung Gott gegenüber. Wir laufen ihm davon, doch er geht uns nach, bietet uns Alternativpläne an und führt uns, trotz eines Umwegs, zurück.*

Gott führt also individuelle Wege, hat individuelle Ziele mit dem Einzelnen. Doch alle individuellen Wege und Ziele sind bezogen auf seine Person selbst, auf seine übergeordneten Liebesziele mit uns. So werden wir auch hier Personkonstanz erleben.

Was heißt das für uns als Christliche Psychologen, die wir Gottes Wege mit uns ein Stück weit beschreiben wollen, die wir an Modellen der Heilungs- und Wachstumsprozesse des Menschen interessiert sind?

Heilsame Beziehungsabläufe – nicht Heilungsprinzipien

Zum einen werden wir in unseren Modellen bemüht sein, dem personalen Entwicklungsmotor des zugrunde liegenden Prozesses gerecht zu werden. Wir werden also weniger nach den Heilungs- und Heiligungsprinzipien im Reich Gottes suchen, sondern nach einem Verständnis der „eigentlichen Wirkung" hinter Heilung, hinter Wachstum und Heiligung, nach einem Verständnis der Beziehungsabläufe zwischen Gott und Mensch (und auch unter Menschen), denen wir das heilende, Liebe fördernde Ergebnis zuschreiben.

Prozessvariable auf den individuellen Wegen

Außerdem werden unsere personalen Prozessmodelle genau von der Dynamik zwischen den allgemeinen, generellen Zielen Gottes und seinen individuellen Zielen und Wegen bestimmt sein.

So ist einerseits klar, dass wir hier sehr viel individueller formulieren müssen als dies bei den Störungsmodellen der Fall war, Gottes liebende Herabneigung zum Einzelnen, sein persönliches Führen berücksichtigen müssen.

Doch ist andererseits auch deutlich, dass seine Wege nicht beliebig sind, dem Weg mit seinem Ziel auch „feste Vorgaben", eine klare Richtung mitgegeben sind. Und so glauben wir doch, dass sich diese Ziele im Heilungsprozess in der Art von **„Prozessparametern", „Prozessvariablen"** zeigen. Man wird hinter dem individuellen Erleben, dem unmittelbaren Erscheinungsbild eines echten Heilungsprozesses immer Gottes Handschrift erkennen, in den Prozessvariablen die Eichung eines wohl sehr vielfältigen Weges auf ein Ziel hin erblicken.
Prozessvariable sind keine starren „Grundmuster" wie im Störungsverlauf, sondern viele kleine oder größere Richtungsweisungen Gottes in jedem Moment des Weges, mit denen man ein Stück weit(!!) die Prozesssteuerung Gottes sichtbar machen kann:
Prozessvariablen, im Bild gesprochen, sind Leuchtmarkierungen in der Wegschneise Gottes.

d. Beispiel eines Prozessmodells: Der innere Vergebungsprozess

Ein Beispiel soll die Möglichkeit eines Prozessmodells verdeutlichen. Es ist etwas komplexer, da personale Prozesse ja davon gekennzeichnet sind, dass man sie nicht auf wenige Begriffe bringen kann. Doch in diesem **„Modell des inneren Vergebungsprozesses"** von **Wolfram Soldan** können wir sehr schön das Zusammenspiel zwischen Gottes generellem Ziel und seinen individuellen Wegen erkennen.

Unser Herz an den Ort zu führen, wo wir erlittenes Unrecht wirklich umfassend vergeben können, ist sicher ein generelles Ziel Gottes mit dem Menschen, ist sicher ein Teil der Heilung, des Wachstums eines Menschen. Doch für den Weg des Einzelnen dahin gibt es individuelle Spielräume ebenso wie typische Prozessvariable, die einen solchen „Leuchtmarkierungscharakter" haben, Eckpfosten des individuellen Weges auf das Ziel hin abstecken.

> *Hinweis:*
> *Wenn wir das Vergebungsmodell hier als ein Beispiel verwenden, so können wir leider nicht allen wichtigen dazugehörigen Punkten und der angemessenen Umsetzung dieses Modells in die Praxis entsprechend gerecht werden.*
> *Wir beschränken uns auf die Darstellung des inneren Vergebungsprozesses, der inneren Prozesse im Herzen des Vergebenden, während weitere Punkte, z.B. Schritte der äußeren Vergebung, die zu einer realen Beziehungsherstellung zum „Täter" nötig sein könnten, nicht ausgeführt werden.*

Das Modell des inneren Vergebungsprozesses fußt auf drei Hauptthesen:

1. Vergebung ist keine allein kognitive Willensentscheidung der Art, „So, hiermit vergebe ich", sondern sie ist eine Herzenssache, d.h. „Die Emotionen müssen nachfolgen", es muss auch eine echte Befreiung von Bitterkeit und Groll stattfinden.
2. Vergebung ist ein (manchmal langer) Weg, ein Prozess, in dem sich fünf Phasen unterscheiden lassen (von denen aber nicht alle bewusst ablaufen müssen. Entscheidend ist der ehrliche Wille, diesen Weg zu gehen, nicht der Anspruch, als Christ jederzeit bereits vergeben zu haben).
3. Anderen zu vergeben ist unmöglich ohne eigenes Empfangen der Vergebung Gottes generell sowie gegebenenfalls für eigene Schuldanteile in der betreffenden Situation.

Die Grundschritte des Modells werden am Gleichnis vom Schalksknecht (Mt 18, 23–35) abgeleitet. In einer möglichst wortgetreuen Arbeitsübersetzung lauten die Kernverse:

„Deswegen gleicht das Himmelreich einem König, der wollte Abrechnung[18] halten mit seinen Knechten.	**Phase I**
Als er begonnen hatte, sie zu halten, wurde ihm ein Schuldner von Zehntausend Talenten[19] gebracht. (V. 23.24)	**Phase II**
Sich erbarmt habend[20] aber der Herr jenes Knechtes,	**Phase III**
gab ihn los und	**Phase IV**
erließ ihm die Schuld (V. 27)."	**Phase V**

18 griech. logos
19 entspricht Millionen von Tageslöhnen
20 griech. splanchnizomai (in den Eingeweiden berührt sein)

<table>
<tr><th>B. Vergebung empfangen</th><th></th><th>A. Vergeben</th></tr>
<tr><td>Ich beschließe, dass Gott und Mitmenschen mir meine Schuld genau und ganzheitlich (Verstand und Gefühl) aufzeigen dürfen/sollen.
Der Heilige Geist wird mich nicht überfordern oder bloßstellen.</td><td>I.
Entschluss zur Abrechnung
Licht
Aufdeckung</td><td>Ich will die Schuld des „Täters" an mir und damit die bösen Erlebnisse selbst genau und ganzheitlich (Gefühl und Verstand) ansehen.
Oft auch gegen inneren Widerstand, aus Kenntnis der Notwendigkeit heraus.</td></tr>
<tr><td>Ich lasse die Überführung zu und akzeptiere den Schuldspruch, verzichte auf „Entschuldigungen", kapituliere.
Der alte Mensch wehrt sich gegen die Erkenntnis.</td><td>II.
Abrechnen
(„Logos")
Wahrheit
Heiligkeit</td><td>Ich benenne die Schuld des „Täters", wie ich sie subjektiv erlebe und ich suche nach der objektiven biblischen Bezeichnung/ Beschreibung.
Vertrauen zu Gott und Menschen ist dafür nötig.</td></tr>
<tr><td colspan="3">Hier kommen normalerweise Gefühle hoch wie Unbehagen,
Ekel, Angst, Scham, Zorn, Schmerz, Schadenfreude
Beide Seiten werden oft mehrmals durchlaufen mit verschiedenen Themen und zunehmender Herzenstiefe.</td></tr>
<tr><td>Ich lasse Gottes Liebe einschließlich seines Schmerzes über meine Einheit mit der Sünde (2 Kor 7,10) an mich heran.
Dadurch wird der Aufbau von gesundem Selbstempfinden erst möglich.</td><td>III.
Erbarmen,
„Eingeweide"
(d.h. Haltung einschl. Gefühl),
Liebe, Güte,
Tröstung</td><td>Ich erfahre Gottes Liebe/Nähe als Tröstung/Heilung und kann dem Täter mit Gottes Erbarmen nahen (setzt linke Seite voraus, damit ich begreife, dass ich nicht besser bin).</td></tr>
<tr><td>Ich nehme an, dass Gott mich losbindet von dem Gesetz der Sünde:
● statt „ich bin/bleibe so"
● gilt „ich/Gott kann mich ändern"
● statt „ich darf/als Christ darf man nicht so sein"
● gilt „ich bin/er ist (bisher/zur Zeit) so"
Gott bereitet mir den besten Weg vor, ohne mich zu zwingen, ihn zu gehen.</td><td>IV.
Freigeben,
Loslassen,
Gnade
Heilung</td><td>Ich nehme an, dass Gott ihn/sie losbindet von dem Gesetz der Sünde
● statt „er ist/bleibt so"
● gilt „er/Gott kann ihn ändern"
● statt „er/es darf nicht (so) sein" gilt „er/es ist (bisher/zur Zeit) so"
Ich verzichte auf alle Ansprüche und werde dadurch frei, für den anderen Hoffnung zu haben.</td></tr>
<tr><td>Ich erlebe Freiheit von vergangener Sünde und Freiheit für Neuanfang.
Für Gott existiert meine Sünde nicht mehr!</td><td>V.
innere Versöhntheit
Schuld erlassen/ wegschicken
Erneuerung
Gerechtigkeit</td><td>Ich kann den anderen ohne seine Schuld, unabhängig bzw. getrennt von seiner Schuld sehen/erleben.
Ich muss mich nicht mehr unfreiwillig und schmerzhaft an Erlittenes erinnern!</td></tr>
<tr><td colspan="3">Erst jetzt wird eine tatsächlich objektive Haltung/Sicht von mir und dem anderen möglich!
Erst jetzt sehe ich den anderen ohne Sünde. Sünde aber ging einher mit Lüge.</td></tr>
</table>

Phase I A: Entschluss zur Abrechnung

Beginnen wir rechts oben, mit dem **Entschluss zur Abrechnung**. Gemeint ist der Entschluss, die an mir begangene Schuld präzise aus der Nähe zu betrachten, statt sie zu verdrängen, auch wenn mich dieses Hinsehen mit unangenehmen Erinnerungen und Gefühlen konfrontiert.

Phase II A: Abrechnen („Logos")

Dem Entschluss dazu soll die eigentliche Phase des **Abrechnens** folgen, in der ich möglichst präzise und umfassend formuliere, worin die Schuld des „Täters" besteht. Zum einen tue ich dies gemäß meines subjektiven Erlebens, zum anderen mühe ich mich aber auch darum herauszufinden, was das „logos", was Gottes Wort über diesen Tatbestand aussagt.

Als Resultat dieses genauen Hinsehens beim Abrechnen entstehen meist heftige Gefühlsreaktionen, das an einem begangene Unrecht wird gefühlsmäßig erlebt.

Nun meint man zu Phase III fortschreiten zu können, doch zeigt sich, so eine der Grundthesen des Modells, dass wir aus uns heraus zu einem echten, ehrlichen Herzenserbarmen dem Täter gegenüber nicht fähig sind, zumal ja, gerade in der Phase des Abrechnens, (neu) Gefühle der Art präsent wurden, die dem besonders entgegenstehen.

Phase I/II B: Vergebung empfangen

Der direkte Weg nach unten ist, als ganzheitliches und nicht nur kognitives Geschehen, versperrt. Erst wenn ich auf die linke Seite wechsle, die Bereitschaft zeige, dass Gott mir meine eigene Schuld zeigen darf, erst wenn ich dadurch auf (verharmlosende) Entschuldigungen verzichte, seinen Hass und seinen Schmerz über die Sünde spüre, kann der eigentliche Durchbruch im Vergebungsprozess geschehen.
Die Schuld, der ich in Phase I/II B begegne, ist mein Schuldigwerden vor Gott insgesamt, nicht nur das, was speziell mit der zu vergebenden Sache und meiner Haltung dem „Täter" gegenüber zu tun hat. (In einigen Fällen muss man als Seelsorger sogar darauf achten, dieses direkte Suchen nach eigenen Schuldanteilen nicht zu fördern, z.B. bei Ratsuchenden mit frühkindlicher Traumatisierung, denen eingeredet wurde, sie seien an dem erlittenen Unrecht schuld.)
Immer wieder muss jeder selbst zulassen und erleben, wie Gott mit ihm „abrechnet". Nur durch die tiefe Herzenserkenntnis, dass ich nicht besser bin als der andere, dass ich kein „harmloserer" Sünder bin als der andere, kann eine tiefe Bereitschaft, dem anderen zu vergeben, in mir wachsen.

Phase III: Erbarmen

Besonders das eigene Erleben der Barmherzigkeit, des Erbarmens Gottes mit mir macht mich „weich", ermöglicht eine „Berührung in meinen Eingeweiden" (vgl. Fußnote Nr. 20), sodass dem anderen gegenüber in mir tiefes, stabiles, ganzheitlich emotionales und kognitives Erbarmen entstehen kann.

Phase IV/V: Freigeben, Schuld erlassen

In Konsequenz wird ein Erleben der zwei letzten Phasen auf beiden Ebenen möglich. Ich erlebe, dass Gott mir nichts nachträgt, er mir wirklich meine Schuld vergibt und mich zeitlich von den meisten und ewig von allen gerechten Konsequenzen meines Handelns befreit.
Und so wird es auch möglich, dass ich meine Ansprüche an den anderen, mein „Das kann man doch nicht so stehen lassen!", meine Ansprüche an Wiedergutmachung, Reue und Wohlverhalten loslasse. Wir binden andere Menschen mit Vorstellungen, wie sie zu sein haben, mit Ansprüchen, wie sie zu reagieren haben, und auf diese kann ich nun verzichten.
Ich habe dem anderen seine Schuld vergeben und kann ihn getrennt von dieser (neu) sehen.

Versuchen Sie – soweit das nach dieser kurzen Übersicht möglich ist – die Phasen des Vergebungsmodells auf eine persönliche Erfahrung von Schuld und Vergebung zu übertragen und daran diese Phasen in ihrer Bedeutung nachzuvollziehen!
Machen Sie sich dabei bewusst, dass die Phasen nicht automatisch Schritt für Schritt aufeinander folgen müssen...
Vergebung ist ein Prozess in einem personalen Geschehen, in dem jeder freiwillig mitgeht, Gott Sie aber treu und verlässlich begleitet.

?

Das Vergebungsmodell, ein typisches, personales Prozessmodell

Mit dem Vergebungsmodell haben wir ein Beispiel für ein typisches, *personales Prozessmodell* kennengelernt.
Zum einen wird es dem Entwicklungsmotor in personalen Prozessen, in Heilungs- und Wachstumsprozessen gerecht, geht es doch primär um ein Verständnis von Beziehungsabläufen und nicht um irgendwelche „Wegprinzipien" (wie man sie etwa in einem mehr moralisch argumentierenden Modell erwarten dürfte).

Außerdem sieht man, dass es sich hier nicht um ein festgelegtes Modell handelt, sondern um ein sehr *dynamisches Schaubild*, im dem solche „leuchtmarkierungsartigen" Prozessparameter beschrieben sind, an denen sich der individuelle Prozess orientiert. Denn die fünf Phasen darf man nicht starr, gar als „Ablaufgesetz" (miss-) verstehen. Jeder Einzelne darf sich in jedem seiner Vergebungsprozesse ganz individuell durch die Möglichkeiten dieser „Wegschneise" hangeln und kann (wie im Modell mittels der dünneren Pfeile angedeutet) den ganzen Prozess oder einzelne Teile mehrfach durchlaufen. Vergebung kann auch (zu unserer Schonung) schichtweise erfolgen (Marke „Zwiebelschalenmodell") und es kann, etwa in Abhängigkeit von bereits gemachten Erfahrungen in früheren Vergebungsprozessen, zu einer individuell ganz unterschiedlichen Geschwindigkeit kommen (von wenigen Sekunden bis vielen Jahren).
So ist das Modell des Vergebungsprozesses ein Abbild realer Beziehungsdynamik mit all seinen „Loopings", Schleifen, seinem „Vor" und „Zurück"...

Hinweis:
Vielleicht taucht die Frage auf, ob wirklich alle Modelle in der Christlichen Psychologie Prozessmodelle sind, ob manche der klassischen Felder der theoretischen Psychologie z.B. das Erforschen der Grundfunktionen des Menschen wie Gedächtnis, Wahrnehmung ... nicht weniger stark von der zentralen Lebensdynamik betroffen sind und deshalb „statischer" beschrieben werden können.
Dazu kurz:
In diesem Kapitel haben wir uns ja hauptsächlich mit der Störungs-/Heilungsdynamik beschäftigt, einem Bereich, der sicher besonderen Prozesscharakter hat.
Daneben gibt es Bereiche unserer Arbeit, die weniger (nicht nichts) mit der großen, menschlichen Lebensdynamik zu tun haben, wie etwa die angesprochenen Grundfunktionen des Menschseins, aber auch psychologische Modelle, die bestimmte Ist-Merkmale verschiedener Gruppen vergleichen.
In solchen Untersuchungen geht es weniger um ein Prozessgeschehen, bei derartigen Fragestellungen würden auch wir verstärkt mit Ist-Modellen arbeiten.
Da es sich hierbei jedoch nicht um das Hauptinteresse der Christlichen Psychologie handelt, sind wir vom Schwerpunkt her tatsächlich an Prozessmodellen interessiert.

FAZIT

Aus der grundsätzlichen Lebensdynamik des Menschen zwischen Leben und Tod folgt für Modelle in einer Christlichen Psychologie, dass sie zum einen *Prozess- oder Entwicklungsmodelle* sein sollten und zum anderen, dass man zwischen *zwei unterschiedlichen Modellarten differenzieren* muss.

Denn will man die zwei Entwicklungsrichtungen der Lebensdynamik des Menschen modellhaft beschreiben, so stellt man fest, dass die in der jeweiligen Richtung ablaufenden Prozesse von so unterschiedlicher Natur sind, dass sich auch die darauf beziehenden Modelle und Konzepte unterscheiden müssen.

Der Hauptunterscheidungspunkt liegt im *Entwicklungsmotor*, der bei Modellen, die sich auf die *Prozessrichtung „von Gott weg"* beziehen, annähernd kausalgesetzlich ist (in Wirklichkeit ist er in einem voluntaristisch geprägten Weltbild wie alles personal zu verstehen, erscheint aber hier, da eine Störung auf der Personebene vorliegt, quasi kausalgesetzlich).
So lassen sich in diesem Bereich recht „feste" Modelle erstellen. Störungen werden im Zuge ihrer Entwicklung immer ähnlicher und damit leichter allgemein beschreibbar, wobei jedoch sorgsam zwischen *Grundmuster* und individueller *Ausprägung* unterschieden werden muss.

Der Entwicklungsmotor der anderen *Prozessrichtung „hin zu Gott"* ist hingegen personal, obliegt der individuellen Führung Gottes.
Hier ist Konstanz im Prozess durch seine Person selbst, durch seine *universellen Ziele (z.B. Liebe)* gegeben.
Doch weitere, individuelle Ziele, sowie der höchst *individuelle* Weg, den Gott mit jedem Einzelnen geht, sorgen für eine sehr große *Variabilität im Entwicklungs- und Prozessgeschehen*.
Unsere Modelle in diesem Bereich müssen sowohl den personalen Entwicklungsmotor als auch diese große Variabilität widerspiegeln, es geht mehr um ein *„Verständnis von Beziehungsabläufen"* als um „Heiligungsprinzipien". So suchen wir nach *Prozessparametern/-variablen*, mit denen keine starren Grundmuster gemeint sind, sondern eine Wiedergabe der vielen kleinen Richtungsweisungen Gottes in jedem Moment des Prozesses auf sein universelles Ziel hin versucht wird.

2. Person- und Sachkompetenz im Umgang mit Konzepten

Nachdem wir uns angesehen haben, welche Art von Konzepten eine Christliche Psychologie anstrebt und warum diese für den Bereich der Störung allgemeiner formuliert werden können als für den Bereich der Heilung, werden wir uns mit der Frage beschäftigen, *wie wir diese Konzepte* ***anwenden****, welche Voraussetzungen ein Christlicher Psychologe dafür braucht.*

Denn auch wenn wir durch Prozessmodelle bereits ein möglichst hohes Maß an Lebensdynamik abzubilden versuchen, sind sie natürlich nur Werkzeug. Und wie bei jedem Werkzeug müssen wir nicht nur wissen, wie es richtig hergestellt wird, sondern genauso, wie man es kompetent benutzen kann. Sind wir hier nicht achtsam, stehen wir in der Gefahr, trotz aller Bemühungen den „Christianismus" wieder einzuführen, indem wir unsere Prozessmodelle wie letztinstanzliche „Häuser" nutzen.

Damit ginge der grundsätzliche Wechsel wieder verloren, den wir im Kapitel C vollzogen haben, die zentrale Zielverschiebung vom letztinstanzlichen Bau von Überzeugungshäusern hin zur Ausbildung des Christlichen Psychologen, anderen in Liebe zu dienen.

a. Ausbildung der Person in zwei Kompetenzbereichen

Kathrin: Nach all unserem Nachdenken über Modelle und Konzepte, möchte ich daran erinnern, dass wir das Gelernte aus Kapitel C nicht etwa gleichberechtigt neben die Erkenntnisse aus diesem Kapitel stellen, nach dem Motto: Christlicher Psychologe in Vertrautheitsbeziehung zu Gott + Prozessmodell.

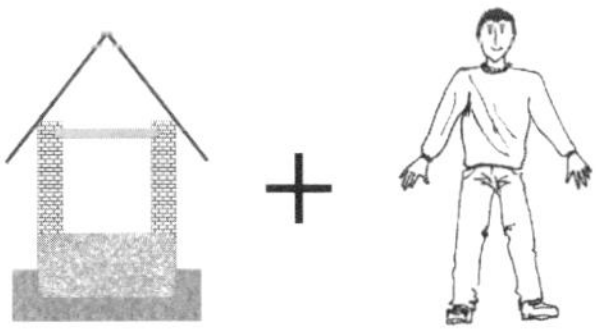

Vielmehr muss uns deutlich sein, dass in der Christlichen Psychologie immer die Person das **Eigentliche** ist. Alles andere, also auch der Bereich Konzepte, ist als **Nachgeordnetes** zu verstehen.

Die Förderung der Person bleibt im Mittelpunkt.

Bei einer Ausbildung in Christlicher Psychologie geht es folglich immer ganz um die Person, um deren Förderung und Ausbildung in allen Bereichen, um den Dienst an ihr. Denn das **eigentliche Instrument Christlicher Psychologie und Therapie ist der Wissenschaftler bzw. Therapeut selbst**. Aber genau in dieser Ausbildung der Person geht es auch um den rechten Umgang mit Konzepten. In die Förderung der Person ist die Vermittlung von Wissen, von Konzepten, von entsprechenden therapeutischen Techniken eingeschlossen.

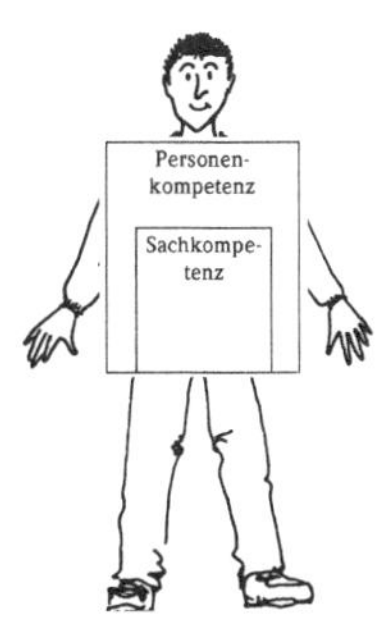

Oder, um es anders auszudrücken, es geht um zwei Arten von Kompetenz, zunächst primär um das Erlernen von **Personkompetenz**, dann aber auch um eine angemessene **Sachkompetenz**.

Personkompetenz

Lucy: Und mit dem Eigentlichen, der Personkompetenz, meinst du das, was wir in Kapitel C gehört haben, das **Wachstum des Herzens** hin zur Liebe des anderen, die Bereitschaft zur **Hingabe**, zum echten Einlassen auf den anderen, das Ziel eines Lebens in der **Entäußerungshaltung**.
Aber – kann man das denn den Leuten in einem Kurs antrainieren?

Kathrin: Solche *„Personfähigkeiten"* sind natürlich nicht einfach in einem Trainingsprogramm erlernbar. Sie sind **nicht machbar**, denn das Wesentliche kann nur in der ganz persönlichen Vertrautheitsbeziehung zu Gott **widerfahren**.
Dennoch, ihr wisst ja, es gibt unsere Krümel und Fischgräten, wir können die Pflanze gießen und düngen, auch wenn Gott allein sie wachsen lässt. Und so ist es doch wieder unser Anliegen, im Studium der Christlichen Psychologie und in unseren Ausbildungen einen **Wachstumsraum zu schaffen**, sodass es uns leichter fällt, Gott wirken zu lassen.

Durch die Vermittlung des Eigentlichen, so wie ihr es in Kapitel C erlebt habt, versuchen wir, Verlangen nach diesem Eigentlichen zu wecken und außerdem den Raum zu schaffen für die persönliche Begegnung mit Gott. Wir vermitteln nicht nur Wissen, sondern geben Zeit für die ganz persönliche Reflexion in seiner Gegenwart, machen Mut und sind (hoffentlich!) auch Vorbild darin, sich Gott ganz neu zu stellen. Deshalb gehören zur Ausbildung z.B. die sogenannten „Basislehren"[21] und Austausch- und Gebetsgruppen, in denen Gelerntes auf das eigene Leben bezogen wird.

Sachkompetenz

Tom: Und was vermittelt ihr in Bezug auf eine Ausbildung im Bereich der Sachkompetenz? Da geht es ja um Kenntnisse und Fertigkeiten, die zumindest zu einem guten Teil lern- und trainierbar sind.

Kathrin: Dazu fördern wir zuerst einmal ganz allgemein die **menschlichen Grundfähigkeiten**, also etwa das Denkvermögen, die kognitive Beurteilungs- und Differenzierungsfähigkeit, das Abstraktionsvermögen oder die Fähigkeit, eigene Argumentationsketten logisch und stringent zu präsentieren. In diesem Bereich werdet ihr z.B. durch den Fernkurs geschult, indem ihr euch mit all den Denkrichtungen und Argumentationen aus säkularer Wissenschaft und theologischen Richtungen auseinandersetzt.

Sachkompetenz umfasst zweitens den gesamten Bereich des **Wissens**.
Dazu gehört in der Christlichen Psychologie ein **biblisch-theologisches Grundwissen**, ein fundiertes Bibelwissen zum biblischen Gottes- und Menschenbild. Ebenso sind Grundkenntnisse zur Bibel allgemein wichtig, zu ihrer Entstehungsweise, ihrem historischen Hintergrund und natürlich zu einer angemessenen Interpretation der Bibel, um herausfinden zu können, was sie eigentlich sagt, wie ich sie angemessen verstehen kann.
Daneben ist für uns das **psychologische Grundwissen** von Bedeutung, d.h. ein guter Überblick zu methodischem Arbeiten und grundlegenden Forschungsergebnissen der säkularen Psychologie, zu Grundannahmen und Arbeitsweisen der wichtigsten psychotherapeutischen Schulen und zu bereits vorliegenden Ergebnissen im Rahmen einer Christlichen Psychologie (Fundamentswissen, Ergebnisse eigener Forschung, rekonstruierte Modelle…).

Als Drittes lehren wir **therapeutische Grundfähigkeiten / -techniken**, die praktischen Möglichkeiten der Umsetzung von Konzepten in die konkrete Tätigkeit im

21 Lehren zu christlichen Grundlagenthemen wie Vergebung, Heilung, auf Gott hören ...

beratenden oder therapeutischen Bereich. Miteinander trainieren wir verschiedene therapeutische Grundfertigkeiten, z.B. im Bereich der Wahrnehmungs- und Kommunikationsfähigkeit, üben zentrale Interventionsstrategien (also grundlegendes Handwerkszeug zur Frage, wie man in bestimmten therapeutischen Situationen konkret vorgehen kann, sogenannte therapeutische Skills).

Die Intensität der Ausbildung im Bereich Sachkompetenz hängt von der Berufung ab.

Wir geben also der Förderung des Bereichs der Personkompetenz Präferenz, doch auch die Ausbildung im Bereich Sachkompetenz darf nicht vernachlässigt werden.

Dazu soll noch kurz betont werden, dass es bei der Frage, wie stark sich jemand in das Training der Sachkompetenzebene vertiefen sollte, auf die konkrete **Berufung** des Einzelnen ankommt. Es ist ja etwas anderes, ob jemand Christliche Psychologie studiert, ob er über diese Themen lehren will, ob er therapeutisch arbeitet oder sich aus eigenem Interesse für sich persönlich mit psychologischen Fragen auseinandersetzt.

Für alle gilt jedoch, dass man sich nie von der Fülle an Lernbarem auf der Ebene der Sachkompetenz unter Druck bringen lassen darf. Es muss nicht unser Ziel sein, es ist gar nicht möglich (auch für „Profis" nicht), alles auf dieser Ebene Mögliche auszuschöpfen, sondern es gilt immer, von der Personebene her, aus der Verbindung mit Gott zu fragen, wo, für welche Themen, für welche Bereiche man einen Ruf Gottes besitzt. Wir können und sollen in Unterordnung unter Gottes Ziele und Pläne für unser Leben fragen, was dran ist – egal auf welcher Berufungsebene wir uns nun befinden!

Überlegen Sie einmal, in welchen Bereichen von Person- oder Sachkompetenz der Fernkurs für Sie bisher eine Hilfe war, zu lernen und zu wachsen. Welche Lern- und Wachstumsbereiche haben Sie außerdem in Ihrem Leben?

?

Lucy: Wenn ich den Gedanken von Eigentlichem und Nachgeordnetem jetzt richtig interpretiere, heißt das wohl, dass wir in Bezug auf alle Sachkompetenz top-down vorgehen müssen, aus der Vertrautheitheitsbeziehung an unser Wissen, an die gelernten Modelle herangehen.

Modelle aus der Herzenshaltung des Vertrauens in Gott gebrauchen

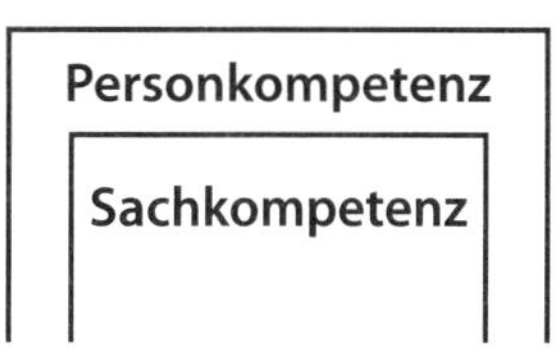

Tom: Muss man das noch betonen? Schlägt nicht in christlichen Prozessmodellen die Grundhaltung „von oben her" schon deutlich genug durch?

Kathrin: Sicher sind diese Modelle so geprägt, trotzdem erleben wir, dass wir auch Prozessmodelle missverstehen oder missbrauchen können. Wenn die Prioritäten bei der Anwendung nicht richtig sind, wenn man nicht von der Vertrautheitsebene her mit den Modellen umgeht, kann man am eigentlichen Ziel Gottes auch mit diesen Modellen vorbeigehen.

Kennt ihr die *„Suppenparabel"*? Wenn wir Suppe essen, ist die Suppe das Eigentliche, der Löffel ist nur das *Instrument*, eine Hilfe, um Suppe zu transportieren. So sollen Konzepte, Interventionstechniken, ... hilfreiche Instrumente sein, mit denen Suppe transportiert wird. Doch manchmal dreht sich alles nur noch um die Löffel, alle sind damit beschäftigt, Modelle und Interventionsmethoden herzustellen und zu bewundern oder zu verteidigen, während sie dabei beinahe verhungern.

Lucy: Du meinst, unsere „Löffel" könnten uns so faszinieren, dass wir unser Herz an sie binden, unsere **Sicherheit** aus den guten Löffeln ziehen und dabei Gottes Suppe stehen lassen?

Kathrin: Genau. Und wenn wir uns so nicht von Gott ernähren und diese Nahrung weitergeben, werden auch Prozessmodelle zu einer toten „Löffelsammlung". Nur scheinbar bringt es uns großen Gewinn, dass wir über dieses Repertoire an Modellen verfügen, um die Erlebnisse des Lebens einordnen zu können, um zu wissen, wie der Mensch funktioniert, um geeignete Strategien für eine erfolgreiche Therapie zu haben.

Zur Erinnerung:
Die Suche nach Sicherheit nicht „bei den Löffeln", sondern bei Gott

Das Thema „Sicherheit" kennen wir bereits aus Band 1, als wir uns mit unserer Tendenz beschäftigt haben, einfache, widerspruchsfreie Häuser zu bauen, nach festen Erklärungsmustern zu suchen, um die Phänomene um uns herum einordnen zu können. Wir suchen Orientierung und Halt in Erklärungsmustern, wir wollen Verunsicherung vermeiden, die sich einstellt, wenn wir mit Erfahrungen konfrontiert werden, die unseren bisher gewohnten Grundannahmen widersprechen.

Und geht es uns als Christen denn für den Bereich des Glaubens anders? Sind wir nicht auch auf der Suche danach, wie das christliche Leben „funktioniert"? Wollen wir nicht gerne lernen, wie man bitten muss, um auch wirklich erhört zu werden, welche „Erweckungsprinzipien" erfolgreich sind? Wie betet man für Kranke, wie funktioniert das mit den Gaben des Geistes, was sind die grundlegenden Prinzipien des Reiches Gottes, was muss ich tun, damit Gott das und das wirken kann, mir den Ehepartner, die neue Stelle schenken kann?

Ebenso suchen wir danach, wie Christliche Therapie funktioniert, welche Interventionsstrategien ein Therapeut anwenden soll, welche Tricks und Kniffe, welche therapeutischen „Skills", welche Gesprächstechniken erfolgreich sind.

Egal, welche Modelle wir anwenden, und seien es die besten Prozessmodelle, wenn wir doch wieder unsere Sicherheit aus ihnen beziehen, wenn wir damit unsere Umwelt, andere Menschen, unser Leben, auch unser Leben als Christ und damit (sicher unbewusst) auch Gott ein Stück im Griff haben wollen, wenn wir mit geistlichen Prinzipien Kontrolle ausüben wollen, wenn wir uns selbst und anderen beweisen wollen, wie gut wir sind, welch fähige Therapeuten oder reife Christen, so sind wir auf dem Holzweg.

Wir dürfen und können durch Konzepte und Strategien nicht den anstrengenden Überraschungen des Lebens ausweichen. Nicht Konzepte bieten Sicherheit, sondern wir müssen bereit sein, uns auf unser Gegenüber wirklich einzulassen, sein Leid mitzutragen, mit ihm nach den individuellen Wegen Gottes zu suchen, zu fragen, um Antworten zu ringen.
Gott kann so unterschiedlich handeln, deshalb sollten wir uns nie in der falschen Sicherheit fester therapeutischer Strategien zur Ruhe setzen, sondern immer offen bleiben für die direkte Beziehung zu ihm und zum anderen Menschen, der uns gegenübersteht.

Wo steht unser Herz?

Kathrin: Wir müssen uns also immer wieder prüfen: Gebrauchen wir unsere Konzepte, auch Prozessmodelle, als Garanten für Therapieerfolg, als feste Wegweiser, sodass sie zu Götzen, zum Instrument unserer eigenen Kontrolle, unseres Machbarkeitswahns, unserer Selbstherstellung gegen Gott werden?
Oder ist unser Herz klar auf Gott ausgerichtet, sodass wir aus dieser Beziehung darangehen, uns systematisch Gedanken zu machen zu den Fragen unserer Zeit, unseres Glaubens, der Psychologie?
Problematisch ist es nicht bereits, Modelle zu entwickeln und zu vermitteln, Bücher, Fernkurse zu veröffentlichen, sondern die Gefahr beginnt, wenn wir **letztinstanzlich** unsere Sicherheit in diesen Konzepten und Modellen suchen. Erst dann ist der Tatbestand des **Christianismus**, wie wir das Unterfangen des „Christentums als System" in Kapitel C genannt haben, gegeben.

Das Problem des rechten Umgangs, der rechten Anwendung der Modelle ist also vom Kern her eine Frage des ***Motivs****.*

Verlassen wir uns auf Gott oder auf unser Wissen?

Tom: Aber ist es nicht trotzdem in Ordnung, dass Konzepte uns eine gewisse Orientierung geben können?
Kathrin: Ja, wenn wir dabei wissen, dass Sicherheit und Orientierung letztlich in der Person Gottes, in der Beziehung zu ihm liegen und nicht im Konzept. Nur in seiner Treue können wir Konstanz, eigentliche Sicherheit, wirkliches Gehaltensein in unserem Leben finden. Nicht auf Gesetzmäßigkeiten, sondern nur auf seine Treue können wir uns wirklich verlassen.
Das letzte Ziel muss immer sein, dass der **Schatz unseres Herzens** im Eigentlichen liegt, wir unser Vertrauen allein in Jesus investieren, wir zutiefst von der Überzeugung her leben, dass nicht unser Wissen hilft, nicht unsere Kompetenz heilt, sondern dass Jesus der allein Wirkende ist.

Christlich-psychologische Konzepte

Biblisches Menschen- und Weltbild

Gott als Person

Wir sollten bescheiden sein: Gott kann durch ein kleines Kind helfen, er kann durch einen Esel reden. Im Grunde genommen *braucht* er uns mit all unseren schlauen Konzepten, psychologischen Modellen, Therapiestrategien, theologischen Konzepten nicht. Kein Studium der Christlichen Psychologie, keine fünfjährige Therapieausbildung kann uns das Eigentliche geben.

Aber er *gebraucht* uns doch, mit all dem, was wir sind und haben, und in diesem Dienst werden wir vor allem dadurch wachsen, dass das Eigentliche zunimmt, seine Liebe in unserem Herzen Raum gewinnt, Personkompetenz heranreift, Liebe zum anderen!

?

„Wo steht unser Herz?"
Diese Frage stand auch schon in Kapitel A.
Was haben Sie seitdem dazugelernt, welche Erfahrungen haben Sie gemacht, die die Wichtigkeit dieser Frage bestätigen?

b. Konzepte als „Finderegeln"

Modelle können also zum Götzen werden (egal wie gut sie sind), wenn der Schatz unseres Herzens nicht uneingeschränkt in Jesus ruht. Doch wie sieht es jetzt aus, wenn jemand angemessen mit Modellen umgeht, wenn er von Jesus her die Sachkompetenz-Ebene erobert?

Konzepte loslassen können

Es mag provokativ klingen, aber wenn mein Schatz wirklich in Jesus ruht, dann wird sich dies z.B. in der Bereitschaft äußern, all meine Modelle **loszulassen**.

In einer Beratungssituation kommt, schon während der Ratsuchende erzählt, das eigene Wissen, kommen die gelernten „Muster" hoch („So wie das klingt, hat es mit einer nicht aufgearbeiteten Situation zu tun." – „Diese körperliche Symptomatik scheint auf einen verdrängten, psychischen Konflikt hinzuweisen."...). Doch statt spontan dementsprechend zu reagieren, ist es zuerst wichtig, diese Muster erst einmal loszulassen, ganz frei davon zu werden und die konkrete Situation Gott hinzuhalten: „Sag du mir, wie es in diesem Fall aussieht ..."
Oft gibt Gott die gelernten Modelle und Strategien zurück, gibt die innere Freiheit, auf deren Spur weiterzugehen. Manchmal zeigt Gott aber auch einen ganz anderen, auch einen ungewöhnlichen, einen nicht in den Lehrbüchern zu findenden Weg.

Mitunter ist es auch so, dass der von Gott gezeigte Weg nicht die Gültigkeit eines Modells in Frage stellt (z.B. dass das Problem mit einer nicht aufgearbeiteten Situation zu tun hat), aber trotzdem in eine andere konkrete Vorgehensweise hineinführt. Denn auch wenn z.B. ein Problem etwas mit der Vergangenheit zu tun hat, muss nicht sofort mit der Aufarbeitung begonnen werden. Reihenfolge und Dringlichkeit bestimmter Schritte können von Gott her ganz anders bewertet werden.

Außerdem kann das Ablegen einer erlernten Brille helfen, plötzlich Aspekte der Situation des Gegenübers, Nuancen in der Gestik, im Verhalten des Klienten wahrzunehmen, die vorher, solange die „Sinne" noch vom Muster mit Beschlag belegt waren, verborgen geblieben waren.

Modelle, Muster, Theorien, Hypothesen, Diagnosen müssen also erst einmal zurücktreten. Wie weit? So weit, dass wir dem Einzelnen begegnen und frei sein können für Gottes individuelles Wirken, so weit, dass das Besondere des Einzelfalls zu 100% sichtbar wird.
Gott kann das Gelernte wiederschenken, aber nur durch einen solchen „Loslassprozess" Gereinigtes kann zur Hilfe werden im konkreten Verständnis eines Klienten, einer Situation.

Hinweis:
Sicher gibt es Unterschiede in meiner Bereitwilligkeit etwas loszulassen. So werde ich niemals Gottes deutlich offenbarte grundsätzliche Zielsetzungen, unser Herz zur Liebe zu führen, loslassen. Wohl aber werde ich meine Vorstellungen loslassen, was das im konkreten Fall heißt. Denn dieses Ziel muss nicht immer auf den Wegen erreicht werden, die ich gewohnt bin. Seine Liebe kann sich anders äußern, als ich es erwarte, kann im zunächst Unangenehmen (in der Züchtigung) sichtbar werden oder viel mehr schenken, als ich für angemessen halte.

Natürlich gibt es auch den Fall, dass Gott mich ganz explizit auf einen Zusammenhang hinweist, er mir ganz neu etwas offenbart oder mich an ein gelerntes Muster erinnert, das ich als Möglichkeit für diese konkrete Situation noch gar nicht wahrgenommen habe.

Bereitschaft haben, Verunsicherung auszuhalten

Loslassen ist schwer, müssen wir uns doch der damit verbundenen Verunsicherung stellen, „nichts in der Hand zu haben". Doch genau hier, im Zulassen, dass Gott uns auch jenseits all unseres Verstehens und Wissens führen darf, im Verzichten darauf, dass der Klient unseren Mustern folgen muss, in der Bereitschaft zu möglichen „Blindführungen" zeigt sich ein weiteres Kriterium, ob unser Herz wirklich an Jesus hängt.

Manchmal kann es so sein, wie in einem Gebetseindruck, den **Karsten Wagner**, einer unserer Mitarbeiter, einmal hatte. Gott zeigte ihm das Bild eines Mannes, der sich in einer fremden Stadt nach Führung sehnte und Gott inständig um einen **Stadtplan** bat – ihn aber trotz seines lauten Rufens nicht bekam. Dann bat er darum, doch wenigstens die **Verkehrsregeln** dieser fremden Stadt erklärt zu bekommen, sodass er Hilfen an der Hand hätte, wenn er sich selbst auf die Suche nach dem Weg machen würde – doch auch das verweigerte der Herr. Als er schließlich ganz verzweifelt zu Gott schrie, ob er ihm denn gar nicht helfen wolle, da antwortete der Herr, er solle einfach losgehen und **bei jeder einzelnen Kreuzung wieder nachfragen**, welche Richtung es einzuschlagen gelte. Er werde immer da sein und ihm den Weg im jeweiligen Fall klar machen, auch wenn dies in ganz unterschiedlicher Weise geschehe.

So ein Weg ist nicht leicht! Wir wollen Muster, klare Gebrauchsanweisungen, Modelle, Stadtpläne, um genau zu wissen, wie der Mensch funktioniert, wie wir unser Leben als Christ und unser ganz persönliches Leben führen sollen. Zumindest wollen wir Verkehrsregeln, um selbst zu wissen, wie wir uns an der nächsten Ecke orientieren können. Doch manchmal zerschlägt Gott all das, stellt uns existenziell seiner Person gegenüber und fordert uns zum Einlassen auf eine „Blindführung" auf. Dann müssen wir vertrauen, dass er uns irgendwie den nächsten Schritt klarmacht, auch wenn wir nie wissen, auf welchem Weg er das tut, und wir bei einer solchen Führung nicht automatisch von den Erfahrungen der vorherigen Kreuzungen auf die nächste schließen können, vielleicht nicht einmal im Nachhinein wissen, warum er einen bestimmten Weg mit uns gegangen ist.

Wollen wir wirklich so sehr von Jesus her leben, dass wir auch zu einem solch radikalen Weg bereit sind, wenn er ihn von uns fordert? Können wir unser eigenes Wissen, das bloße Verstehen des Weges oder die Absicherung durch Prozessvariable loslassen? Können wir individuell, in jeder unserer Lebenssituationen neu nach Gottes Willen fragen, statt einem theologischen Stadtplan zu folgen, der uns für jede (christliche) Lebensentscheidung mit einer Pauschalantwort versorgt?
Können wir es aushalten, dass die Konstanz, auf die wir uns verlassen, vor allem die Personkonstanz Gottes ist?

Konzepte sind Finderegeln.

Ist dieses Vertrauen und die Bereitschaft zum Loszulassen gegeben, können Konzepte uns dienen. Dann kann unser Fragen an Gott, unser Einstieg ins Gebet durch ein breites Wissen an Modellvorstellungen sogar zu einer größeren Offenheit gelangen, wir können auf Gottes Reden mit mehr Verständnis reagieren.

Denn Konzepte geben z.B. eine **Suchrichtung** an, sie dienen als **Finderegel**. Das heißt, man kennt für bestimmte Situationen mögliche Zusammenhänge, etwa zwischen aktueller Störung und nicht aufgearbeiteter Vergangenheit, und weiß eine mögliche Vorgehensweise. So beginnt man, auf diese Art in dieser Richtung zu suchen. Mit Hilfe einer erlernten Regelmäßigkeit prüft man, was man für die konkrete Situation finden kann.

Konzepte deuten auf etwas Typisches hin, das bereits in anderen Fällen gefunden und nach christlich-psychologischen Kriterien überprüft und verarbeitet wurde. Und so liegt in ihnen eine Chance, im konkreten Einzelfall eine Art „Raumöffner" für den speziellen Dialog mit Gott zu sein. Das Ergebnis dieses Dialogs ist jeweils offen. Von der Aufforderung Gottes, alles beiseite zu stellen und sich auf einen radikalen Blindflug einzulassen, bis zur Ermutigung, die im Konzept vorgegebene Richtung zu beschreiten, ist alles drin.

Im Letzten stehe ich immer vor Gott und vor dem jeweiligen Einzelfall. Konzepte sind nicht die letzte Messlatte, aber sie dienen mir ***als Erkenntnishilfe, als Finderegel.*** *Sie geben die Richtung an, in der ich mit einer größeren Wahrscheinlichkeit etwas finden kann.*

> *Hinweis:*
> *Als Finderegel können übrigens nicht nur Prozessmodelle dienen, sondern auch Ist-Modelle, statistische Werte...*

Modelle als Finderegel – Die Bereitschaft, sie loszulassen
Wie sieht es in Ihrem Leben aus? Können und wollen Sie „Modelle“ (Erziehungskonzepte, Arbeitsstrategien, Höflichkeits-Umgangsformen ...) als Finderegel sehen, die Sie bereit sind loszulassen?
Wo spüren Sie Widerstand, wo beginnen die „unantastbaren“ Grundprinzipien (die es auch geben muss, wenn auch nicht immer da, wo wir die Grenze ziehen)?
Haben Sie sich schon einmal auf einen Blindflug mit Gott eingelassen, wären Sie grundsätzlich bereit dazu?

FAZIT

Auf die richtige Art der Modelle zu achten, primär Prozessmodelle zu entwickeln, ist wichtig, doch das allein genügt nicht. Wie gut auch immer unsere Modelle sein mögen, wenn sie falsch angewandt werden, verkommen sie zu Götzen.

Im Ringen um einen angemessenen Umgang mit Konzepten ist nicht allein die möglichst umfassende Ausbildung auf der Ebene der Konzepte, der **Sachkompetenzebene** entscheidend, sondern es geht vor allem um eine Förderung der Person selbst, ein Lernen auf der **Personkompetenzebene**.
Denn nur wenn das **Herz fest an Jesus gebunden** ist, kann man den „Sicherheitsverlockungen“ der Modelle widerstehen.

Ob unser Herz hier wirklich in Jesus ruht, wird sich unter anderem an unserer Bereitschaft zeigen, unsere Modelle in der konkreten Situation loszulassen, uns möglicherweise der Verunsicherung zu stellen, uns **auch auf Blindführungen** einzulassen, wenn Gott es von uns wünscht.

Bedeutet dies nun einen völligen Verzicht auf Modelle?
Nein, denn es gibt allgemeine Zusammenhänge, und die sollen wir untersuchen. Wir brauchen Konzepte und die sollen wir erstellen und nutzen.

Bücher, Modellvorstellungen, therapeutische Konzepte ... sind eine **Hilfe**, wenn wir sie im Vertrauen auf Gott als **Finderegel** nutzen.
Zum Problem werden sie nur, wenn wir von ihnen letztinstanzlich Sicherheit und Wirksamkeit erwarten.

E

Das Eigentliche und das Nachgeordnete:

Der Einsatz von Wirklichkeitsbefragung und Vernunft im Rahmen christlich-psychologischer Erkenntnissuche

I. Erkenntnissuche durch Wirklichkeitsbefragung 232

1. Die Wirklichkeit als allgemeine Offenbarung 232
- a. Gottes Mitteilungen durch seine Schöpfung 232
- b. Das Problem der „gefallenen Schöpfung" 234
- c. Die spezielle Offenbarung als Deutungsrahmen 235

2. Die Welt als Botschaft verstehen 243

3. Erfahrungen im Rahmen des Glaubens auswerten 246

II. Erkenntnissuche mithilfe der Vernunft 252

1. Grenzen und Möglichkeiten der menschlichen Vernunft 253
- a. Die Unzulänglichkeit des Denkens 253
- b. Vernunft als Gabe Gottes 257

2. Denken in Unterordnung 261
- a. Credo, ut intelligam 261
- b. Blinder Glaube und begründetes Wagnis 267

III. Christliche Psychologie und säkulare Wissenschaften 272

1. Zusammenfassung: Was ist wirklich säkular? 272
- a. Die Prägung durch die Herzensausrichtung der Forschenden 272
- b. Die Prägung durch das Fundament der Grundannahmen 274

2. Das Verhältnis Glaube – Wissenschaft 276
- a. Geschichtlicher Rückblick 276
- b. Unsere Positionierung gegenüber naturwissenschaftlich und ganzheitlich geprägter Psychologie 280
- c. Präzisierung des Unterscheidungspunktes zwischen säkularer und christlicher Haltung 285

Typische Erkenntnismittel des Menschen sind das empirische Erforschen und das denkerische Ergründen der Wirklichkeit. Auch wenn „das Eigentliche" christlich-psychologischer Erkenntnis Vertrautheitserkenntnis ist, werden wir in diesem Kapitel begründen, wie wir „nachgeordnet" auch Wirklichkeitsbefragung und Vernunft als von Gott geschenkte Wege der Erkenntnis nutzen können.

ZIEL

Hinführung:

Nachdem wir unsere Betrachtungen über die Grundlagen einer Christlichen Psychologie in Kapitel A mit einem Überblick möglicher Positionen zum Verhältnis von Glaube und Psychologie eröffnet haben, lieferte Kapitel B erste wesentliche Bausteine zum Fundament dieser Christlichen Psychologie: Gottes Offenbarung zum Wesen des Menschen und des Seins an sich.
Kapitel C führte uns dann zum *Eigentlichen*, zu den Fundamentsaussagen bezüglich des biblischen Erkenntnisbegriffs selbst. Kernpunkte wie „Personerkenntnis ist Vertrautheitserkenntnis", „das Ziel über aller Erkenntnis ist die Liebe zum anderen", „Wahrheit ist eine Person", „die Förderung der Person statt Christianismus" wurden uns deutlich.

Doch neben dem *Eigentlichen* gibt es auch das *Nachgeordnete*, mit dem wir uns seit Kapitel D beschäftigen. Wir haben dabei gesehen, dass auch Sätze, dass auch der Inhalt des Glaubens wichtig ist, und dass es möglich ist, Regelmäßigkeiten zu benennen und in Form von Konzepten zu formulieren, solange man diese aus dem Vertrauen zu Gott nutzt und ihre legitimen Anwendungsgebiete beachtet.

In diesem Kapitel werden uns weitere Punkte des Nachgeordneten beschäftigen.
Wir wollen prüfen, wie es mit dem gesamten Bereich der **Wirklichkeitsbefragung** steht, ob eine empirische Erforschung der Welt und des Menschen im Rahmen Christlicher Psychologie angemessen ist.
Ebenso fragen wir in Bezug auf das eigenständige, denkerische **Vernunftvermögen** des Menschen, in welcher Weise wir als nach Erkenntnis suchende Christen davon Gebrauch machen wollen.

Die Klärung der Bedeutung eines Erkenntnisgewinns durch Wirklichkeitsbefragung und das menschliche Vernunftvermögen werden wir außerdem mit der Frage verknüpfen, was eigentlich **„säkular"** ist und was nicht und wie wir uns zu den **„säkularen Wissenschaften"** positionieren.

I. Erkenntnissuche durch Wirklichkeitsbefragung

Beschäftigen wir uns damit, ob Wirklichkeitsbefragung als Erkenntnisweg für uns in Frage kommt, so müssen wir zunächst diese *Wirklichkeit* genauer unter die Lupe nehmen. Ist sie überhaupt ein zulässiger und zuverlässiger Erkenntnisbereich? Dürfen und können wir aus der uns umgebenden Welt – und nicht nur aus Gottes spezieller Offenbarung, wie sie im Wort der Bibel niedergeschrieben ist – Erkenntnis gewinnen, die Gott entspricht? Kann „die Welt" uns zu einer sogenannten „allgemeinen Offenbarung" werden, wie manche Theologen es behaupten?

1. Die Wirklichkeit als allgemeine Offenbarung

a. Gottes Mitteilungen durch seine Schöpfung

Leicht kommen uns als Christen bei der Frage nach der Welt zunächst biblische Antworten in den Sinn, die *Welt* abwerten, die uns vor der Welt warnen, ihr das Attribut des „Widergöttlichen" zuweisen. Wir fühlen uns aufgefordert, unseren Blick weg von der Welt mit ihrem Glanz und ihren Verlockungen und hin zu Gott zu lenken.

„Stellt euch nicht dieser Welt gleich ..." (Röm 12, 2)
„ ... dieser Welt Weisheit ist Torheit vor Gott ..." (1 Kor 3, 19)

Aufgrund solcher Aussagen bezeichnen wir Welt häufig als *säkular* (von lat. *saeculum – Zeitalter*) und meinen damit, dass alles, was uns umgibt, nur diesem irdischen, begrenzten Zeitalter angehört und im Gegensatz steht zu dem heiligen Bereich von Gottes ewigem Reich.

Gott ist und bleibt Herr seiner Schöpfung.

Doch ebenso stoßen wir in der Bibel auf positive Aussagen über die Welt:
„ ... dass die Welt durch Gottes Wort geschaffen ist ..." (Hebr 11, 3)
„ ... Gott, der die Welt gemacht hat ..." (Apg 17, 24).

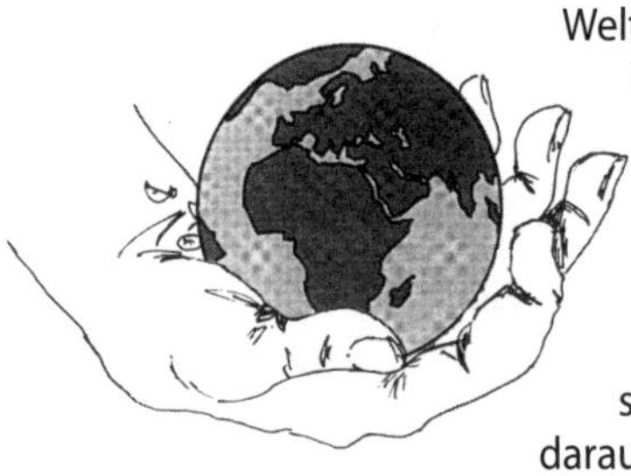

Welt stellt also nicht wirklich einen gottfernen Raum dar, sondern Gottes Wort selbst weist darauf hin, dass die uns umgebende Realität von Gott geschaffen ist. Sie war und ist seine „Idee", er ist bis heute der HERR dieser Welt. Auch wenn einige Dinge nicht mehr so sind wie am Anfang, die Sünde Trennung von Gott gebracht hat und andere Mächte gewisse „Herrschaftsansprüche" anmelden, so bleibt doch unverrückbar stehen, dass die Welt Gottes Plan war und bis heute uneingeschränkt in seiner Hand ruht. „Die biblischen Erzählungen bestehen ... darauf, dass alle Schöpfung Ihm gehört. Und so ist der Gedanke einer säkularen Welt unvereinbar mit der biblischen Vorstellung von Gottes Souveränität über alle Schöpfung."[1]

1 Cole, 1998, S. 211

Erweiterung des Offenbarungsbegriffs

Ist nun diese Welt nicht grundsätzlich gottfern oder gar gottlos, sondern der von Gott für uns bereitete und getragene Lebensraum, so kann Gott auch auf diesem Weg zu uns sprechen. Neben dem personalen Weg, mit dem wir uns in Kapitel B vertraut gemacht haben, durch die Geschichte mit seinem Volk, durch Jesus, durch sein Wort ... – theologisch wird dieser Weg oft als die **spezielle Offenbarung** bezeichnet – entsteht also ein weiterer „Erkenntnisraum". Der Wirkliche offenbart auch durch die von ihm geschaffene Wirklichkeit, was theologisch als **allgemeine Offenbarung** (oder auch *natürliche* oder *Schöpfungsoffenbarung*) bezeichnet wird.

Denn die Schöpfung zeugt von dem, der sie geschaffen hat, sie trägt seine „Handschrift", verrät etwas von seinen Plänen und Absichten.

Psalm 19,2–5:

„Die Himmel erzählen die Herrlichkeit Gottes, und das Himmelsgewölbe verkündet seiner Hände Werk. Ein Tag sprudelt dem anderen Kunde zu, und eine Nacht meldet der anderen Kenntnis – ohne Rede und ohne Worte, mit unhörbarer Stimme. Ihr Schall geht aus über die ganze Erde und bis an das Ende der Welt ihre Sprache. Dort hat er der Sonne ein Zelt gesetzt."

Erkenntnis aus der allgemeinen Offenbarung

Damit können wir auch in der Schöpfung aktiv nach **Botschaften Gottes** suchen, dürfen uns als Geschöpfe, denen Gott selbst den Auftrag gegeben hat, zu bebauen und zu bewahren, untertan zu machen und zu herrschen, **zur Wirklichkeitsbefragung aufgerufen** wissen. Es ist im Prinzip nichts „Säkulares", die Welt zu beobachten, in ihr nach Erkenntnis zu suchen – ganz im Gegenteil, wir nutzen ein Geschenk Gottes an uns, ein Geschenk, mit dem er uns ebenfalls die Fülle seiner Herrlichkeit, seiner Größe zeigen möchte – jetzt eben mit Hilfe dieses zweiten Offenbarungsweges.

Konsequenzen für die Christliche Psychologie

Dies gilt auch für die Christliche Psychologie. Denn ebenso wie die ganze Schöpfung ist auch **der Mensch** in all seinen Aspekten **als etwas von Gott Geschaffenes eine Botschaft Gottes und als solche zu befragen**. „Der Gegenstand der Psychologie, die Psyche, ist bereits christlich in der Hinsicht, dass sie Teil von Gottes Schöpfung ist – sie wurde von Gott geschaffen."[2]

Eine Christliche Psychologie muss sich also nicht ausschließlich auf direkte Aussagen der Bibel beziehen, sondern kann auch **den Menschen selbst untersuchen**.

Die Tatsache, dass die Bibel eine ganze Reihe psychologisch relevanter Themen (z.B. aus den Bereichen Wahrnehmung, Gedächtnis oder physiologische Aspekte) nicht oder nur teilweise behandelt, muss nicht bedeuten, dass Gott darüber nichts sagen will und wir hier deshalb nicht forschen dürfen. Vielmehr ist dies durchaus christlich, „eben weil dies bedeutet, dass wir eine Dimension der göttlichen Schöpfung damit offen legen. In anderen Worten, der Christliche Psychologe ist jemand, der von Gott gerufen wurde ... die psychologische Dimension ... der göttlichen Schöpfung aufzuschließen."[3]

Der gesamte Gegenstand der Psychologie „liegt nicht außerhalb des Herrschaftsbereichs Gottes"[4] und **die systematische Erforschung psychischer Prozesse sollte grundsätzlich in seinem Herrschaftsraum angesiedelt werden und so zu „Gottes Wissenschaft" werden.**

2 Cole, 1998, S. 214
3 Cole, 1998, S. 214
4 Cole, 1998, S. 213

b. Das Problem der „gefallenen Schöpfung"

Doch wenn wir Gottes Schöpfung als allgemeine Offenbarung erforschen wollen, so müssen wir uns sogleich einer schwerwiegenden Einschränkung stellen. Betrachtet man die große Zahl an Naturkatastrophen, an Vulkanausbrüchen und Erdbeben, denkt man an das Grundprinzip der Tierwelt, das „Fressen und Gefressenwerden", erinnert sich an die vielen seltsamen Gegebenheiten des Lebens, an Schicksalsschläge im eigenen Leben oder im Leben anderer, an die vielen willkürlich anmutenden Abläufe der Geschichte, verschließt man die Augen nicht vor dem Hunger und Elend vieler Menschen, so drängt sich die Frage geradezu auf, ob man diese Welt tatsächlich als Botschaft Gottes bezeichnen kann.

Auch wenn diese Welt Gottes Schöpfung ist und er bis heute der Herr allen Seins bleibt, so ist sie durch die Verweigerung seiner Geschöpfe, ihn als Herrn anzuerkennen, leider aus Gottes Originalplan, aus seinem ursprünglichen „Originaldesign" herausgefallen. Und in dieser zerstörten, zerrütteten Welt „besteht eine tiefe Kluft zwischen dem, was ist, und dem Idealzustand."[5]

Wir erhalten nur Botschaften des deformierten Zustands.

Was wir im Rahmen der allgemeinen Offenbarung herausfinden können, betrifft das **momentane Sein**, so wie es sich im deformierten Zustand präsentiert. Wir können die *heutige* Funktionsweise unseres Denkens untersuchen, die Art und Weise, wie menschliche Beziehungen *aktuell* in dieser Welt ablaufen, können die Grundkonflikte, die sich im Bereich psychischer Störungen zeigen, beschreiben. All das, was im Moment ist, das reine *So-Sein* können wir beobachten und ein Stück weit (unter Berücksichtigung aller natürlichen Grenzen) erkennen.

Doch woher sollen wir wissen, was darin noch von Gottes Originalbotschaft stammt, wie können wir unterscheiden, was durch Gottes Handschrift geprägt und was von seinem Gegenspieler hervorgerufen wurde?

Es ist uns prinzipiell **unmöglich, vom momentanen Zustand aus mit Sicherheit auf den Ursprungszustand zu schließen**, aus dem reinen Wissen um den Ist-Zustand den Soll-Wert, den ursprünglich geplanten Zustand abzuleiten. Solange uns das Original nicht zugänglich ist, können wir die Frage, wie gut die Qualität noch ist, wie stark die Deformierung durchgeschlagen hat, prinzipiell nicht (bzw. zumindest nicht allein aus der Betrachtung der allgemeinen Offenbarung im jetzigen Ist-Zustand) beantworten.

5 Johnson, 1997, S. 14

Hinweis:
Wenn wir nach Verzerrungen des aktuellen Zustands durch die Sünde suchen, können wir uns vorstellen, dass verschiedene Erkenntnisbereiche in unterschiedlichem Maß betroffen sind.
Emil Brunner z.B. vermutet: „Je mehr es sich aber um das Innerste des Menschen, um seine Stellung zu Gott und seine Bestimmtheit durch Gott handelt, desto mehr erweist sich die sündige Verblendung als wirksam...
Das Maximum der sündigen Verblendung ist ... zu finden in der Erkenntnis Gottes selbst. Darum sind die Mathematik und die Naturwissenschaften von diesem negativen Faktor viel weniger betroffen als die Geisteswissenschaften, und diese weniger als die Ethik und gar die Theologie."[6]

c. Die spezielle Offenbarung als Deutungsrahmen

Keine letztgültige Erkenntnis innerhalb der allgemeinen Offenbarung

Auch wenn wir Welt als allgemeine Offenbarung verstehen und Wirklichkeitsbefragung nichts Säkulares, sondern ein Angebot Gottes auch für uns Christen darstellt, müssen wir uns also gewissen Schwierigkeiten dieses Weges stellen. Auch wenn wir innerhalb des Herrschaftsbereichs Gottes erforschen, was er geschaffen hat, wird uns der direkte, unmittelbare Umgang mit dem „Erkenntnisobjekt Mensch" nicht den vollen Duchblick verschaffen. Wirklichkeitsbefragung ist **keine Quelle, auf die allein wir uns verlassen können**.

Dies liegt zum einen an der möglichen **Differenz zwischen Ist- und Ursprungszustand** aufgrund der Sünde. Es liegt außerdem an der grundsätzlichen **metaphysischen Eingebundenheit** des Menschen. Wie schon in Band 1 festgestellt und durch das biblische Menschenbild noch erheblich verdeutlicht, ist klar, dass der Mensch in seinem Wesen und Sein nicht rein auf der Faktenebene erkennbar, sondern „metaphysisch letztgebunden" ist. Somit gibt uns eine Psychologie aus Erkenntnissen der Wirklichkeitsbefragung nur Teilauskünfte, eine Lehre der Seele *ganz* aus den Fakten, eine Lehre der Seele **allein aus der Natur ist nicht denkbar**.

Wichtige Informationen durch spezielle Offenbarung

In Kapitel B haben wir bereits angesprochen, welcher Weg zu einer nicht vollständigen, aber doch qualitativ sehr viel höherstehenden Lösung führt. Denn neben der allgemeinen Offenbarung haben wir ja den Zugang zu genau den Informationen, die uns fehlen, in Gottes *spezieller Offenbarung*.

Durch die spezielle Offenbarung zeigt uns Gott seine Pläne, seine Absichten, hier offenbart er uns etwas von seinem ursprünglichen Plan für die Welt und den Menschen, zeigt uns seine Zielrichtung, sein Herz. So erfahren wir etwas von **seinen Sollwerten**, z.B., dass das Prinzip „Löwe neben Schaf" und nicht „Fressen und Gefressenwerden" sein Ideal für sein Reich widerspiegelt.

> *„Da werden die Wölfe bei den Lämmern wohnen und die Panther bei den Böcken lagern. Ein kleiner Knabe wird Kälber und junge Löwen und Mastvieh miteinander treiben. Kühe und Bären werden zusammen weiden, dass ihre Jungen beieinander liegen, und Löwen werden Stroh fressen wie die Rinder. Und ein Säugling wird spielen am Loch der Otter, und ein entwöhntes Kind wird seine Hand stecken in die Höhle der Natter."* (Jes 11, 6 – 8)

6 E.Brunner, Bd. 2, 1960, S. 38

In der speziellen Offenbarung erst wird echte Personerkenntnis möglich. Gott zeigt sich selbst – im Sohn, wir lernen **sein Wesen** kennen.

„Wer mich sieht, der sieht den Vater!" (Joh 14,9)

Außerdem erhalten wir hier umfassende **Informationen zur metaphysischen Eingebundenheit**, zum **Wesen des Menschen**. Hier zeigt Gott uns, wie er sich den Menschen gedacht hat, wie er sich das Zusammenspiel menschlicher Beziehungen vorstellt, was er als Lebens- und Wachstumsziele, als „Therapieziele" für uns auf dem Herzen hat, wie beispielsweise:

„Ihr habt gehört, dass gesagt ist: ‚Auge um Auge, Zahn um Zahn.' Ich aber sage euch, dass ihr nicht widerstreben sollt dem Übel, sondern: wenn dich jemand auf deine rechte Backe schlägt, dem biete auch die andere dar ..." (Mt 5,38f)

Auch bezüglich der **typischen Taktiken des Feindes** hat er uns Offenbarung geschenkt, sodass es uns (zumindest teilweise) gelingen kann, die destruktiven, vom Feind verzerrten Teile der Botschaft herauszufiltern und unschädlich zu machen.

„Daran sollt ihr den Geist Gottes erkennen: Ein jeder Geist, der bekennt, dass Jesus Christus in das Fleisch gekommen ist, der ist von Gott; und ein jeder Geist, der Jesus nicht bekennt, der ist nicht von Gott. Und das ist der Geist des Antichrists, von dem ihr gehört habt, dass er kommen werde, und er ist jetzt schon in der Welt." (1 Joh 4,2–3)

Die spezielle Offenbarung als Deutungsrahmen für die allgemeine Offenbarung

„Gott kennt den Soll-Zustand. In einer zerrütteten Welt besteht eine tiefe Kluft zwischen dem, was ist, und dessen Idealzustand. Gott weiß, wie er sich seine Schöpfung vorgestellt hat, und so kann auch er allein seine ursprüngliche Idealvorstellung offenbaren."[7]

Nehmen wir die spezielle Offenbarung als Deutungsrahmen für alle Fakten, die wir der allgemeinen Offenbarung entnehmen, gelingt ein Durchbruch bezüglich unserer zwei großen Erkenntnisprobleme. Die **Fakten können auf wesentliche Grundannahmen aus der speziellen Offenbarung bezogen werden** und für die verzerrte Botschaft haben wir ein wesentliches **„Entschlüsselungs-** oder **Entzerrungsinstrument"** zur Wiederherstellung der Originalbotschaft in der Hand.

Dabei kommt es natürlich darauf an, die Rollenverteilung zu beachten. Wir müssen, wie Calvin es ausdrückt, Gottes Botschaft in der Schöpfung durch die „Brillengläser" der speziellen Offenbarung betrachten.[8] Die spezielle Offenbarung ist der **Deutungsrahmen** der allgemeinen Offenbarung, nicht umgekehrt: Die „vorgegebene Gewißheit über das, was der Mensch sei, bildet den Rahmen für alles das, was ich nun an empirischen Einzelheiten erfahre. Von diesem A-priori Rahmen aus interpretiere ich auch die einzelnen Fakta."[9]

Beispiele für die Interpretation der allgemeinen an der speziellen Offenbarung

Nennen wir zwei Beispiele für das konkrete Zusammenspiel der beiden Offenbarungsarten, für die Deutung der Fakten anhand des biblischen Befunds.

Betrachten wir die **Gegebenheiten der Natur, die Abläufe des Lebens** mit Katastrophen, zerstörerischen Geschehnissen, tragischen Ereignissen einerseits und Schönheit, Erhabenheit der Natur, wundersamen Fügungen andererseits, so könnten wir all das einem „wankelmütigen" Gott zuschreiben, der heute Lust auf Gutes hat, sich aber morgen in „Straflaune" befindet. Ebenso könnten wir den reinen

7 Johnson, 1997, S. 14
8 in Johnson, 1997, S. 18
9 nach Brändl, 1991, S. 83

Zufall oder ein ominöses Schicksal dafür verantwortlich machen oder an einen universellen Kampf des Guten gegen das Böse denken.

Durch die Deutung anhand der Schrift wird uns ein wirkliches Verstehen der beobachtbaren Fakten ermöglicht. Durch diese „Brillengläser" sehen wir, dass es da einen durch und durch gnädigen, liebevollen Gott gibt. Wir erkennen den ursprünglichen Liebeswillen Gottes mit dieser Welt und erfahren, welche Konsequenzen der Sündenfall für die Welt und ihren heutigen Zustand brachte...

Auch **in Bezug auf den Menschen** werden manche Fakten ins rechte Licht gerückt. Die reine Beobachtung ist, dass der Mensch Gutes und Böses tut, liebevoll und unversöhnlich handelt. Doch tut er dies, weil er Gutes und Böses in sich trägt, mit sich selbst im Widerstreit liegt? Oder ist er, so die humanistische Deutung, von Grund auf gut, doch durch die Umstände so beeinträchtigt, dass das Gute bislang nicht entsprechend sichtbar werden kann?
Erst die Bibel liefert uns, unserem Glauben nach, die rechtmäßige Deutung dieses empirischen Befundes. Der Mensch ist als Sünder seinem Wesen nach böse, aber aufgrund der Wirkung der Liebe Gottes in seinem Leben auch zur Liebe fähig.

Als Deutungsrahmen besitzt die spezielle Offenbarung die *übergeordnete* Bedeutung, sie ist **das Eigentliche**. Der allgemeinen Offenbarung als Quelle der Fakten kommt eine wichtige, aber **nachgeordnete** Position zu.

Die spezielle Offenbarung ist das Eigentliche.

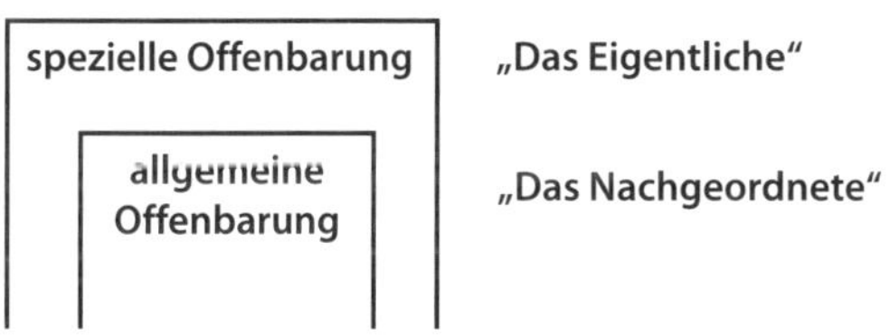

Und diese Zuordnung ist entscheidend. Würden wir die Welt als „eigentliche Erkenntnisquelle" nutzen, so würden uns notwendigerweise gewaltige Irrtümer unterlaufen, denn „kein Gebiet, kein Faktum kann ... richtig und wahrhaftig interpretiert werden, wenn es nicht in seiner absoluten Abhängigkeit von Gott verstanden wird."[10]

Nur wenn wir auf unsere autonome Haltung verzichten, nur wenn wir, wie es Hamann formuliert, *„die Welt vom Kreuz her lesen"*, werden wir sie auch in Gottes Sinne verstehen lernen:
„Für Hamann resultiert diese Erkenntnishaltung aus seinem Sein als ‚Philologus crucis'. Wahrnehmung der Wirklichkeit vollzieht sich für ihn als philologia crucis, als Lesen der Welt von der Kreuzigung des Sohnes Gottes her. ... Als Resultat des schöpferischen Redens Gottes ist die Welt auch Rede Gottes an den Menschen. Als Schöpfung bezeugt sie den, der sie geschaffen hat. Die Sprachlichkeit der Welt, die Rede Gottes durch die Kreatur erschließt sich aber nicht an sich, sondern allein dem, der sie lesen, der sie entziffern kann. ... Die Welt kann ... nach Hamann nur verstanden, nur entziffert werden, wenn man sie als philologus crucis, wenn man sie von dem Geschehen der Erniedrigung und Erhöhung her, wenn man sie von der Entäußerung des Sohnes Gottes bis hin zu seiner Kreuzigung ‚liest'."[11]

10 in Johnson, 1997, S. 16
11 Hempelmann, 1988, S. 32

> *Hinweis:*
> *Wenn wir hier vom biblischen Deutungsrahmen für die Interpretation der Faktenwelt sprechen, so meinen wir damit nicht, es gäbe in jedem Fall, für jegliche Fragen, einen gleichermaßen klar abgesteckten biblischen Rahmen. Wir können drei Bereiche unterscheiden:*
>
> *Einmal gibt es Fragestellungen, zu denen uns die* ***Schrift direkte Aussagen****, konkrete Grundannahmen liefert, etwa zu Fragen der Sündhaftigkeit und Erlösungsbedürftigkeit des Menschen.*
>
> *Daneben gibt es den Fall, dass uns die Schrift nichts Direktes sagt, wir aber* ***Anhaltspunkte aus dem Gesamtzeugnis der Schrift ableiten*** *können. So ist uns zu der Frage nach der Deutung von Regelmäßigkeiten, zur Frage, ob man hier von Gott installierte Naturgesetze oder eher eine voluntaristische Position annehmen sollte, keine direkte, biblische Aussage gegeben. Doch wird man, aufgrund der grundlegend personalen Sicht der Bibel, der immer wieder deutlichen Hinweise auf eine mehr von personaler Bindung als von Gesetzmäßigkeiten geprägte Seinsweise der Welt, wahrscheinlich eher zu einer voluntaristischen Sichtweise tendieren.*
>
> *Und dann gibt es Dinge, die wir auch* ***anhand biblischer Grundannahmen nicht klären können****.*
> *So schweigt sie sich (unseres Wissens nach) darüber aus, ob uns Engel deshalb (normalerweise) unsichtbar sind, weil sich ihre „Farben" jenseits des für unsere Augen sichtbaren Bereichs befinden (so wie es auch bei ultraviolettem Licht der Fall ist) oder ob sie einer höheren „Dimension" angehören und wir sie deshalb genauso wenig erkennen können, wie die Flachländer uns dreidimensionale Wesen.*
> *So nett es auch immer sein mag, die Beantwortung derartiger Fragen ist und bleibt Spekulation.*
> *Unser Wissen ist Stückwerk...*

Der Gesamtraum des Wissens erschließt sich uns also im **Zusammenwirken von allgemeiner und spezieller Offenbarung:**

- Zu manchen Fragen und Sachverhalten äußert sich allein die spezielle Offenbarung, man denke etwa an die Schöpfungsberichte, die Lebensgeschichte Jesu oder die Beschreibungen des himmlischen Jerusalems.
- Bezüglich anderer Sachfragen gibt uns vor allem die allgemeine Offenbarung Auskunft, etwa im Umfeld vieler technischer Fragen, z.B. im Finden einer aerodynamischen Autokarosserie oder eines großräumigen Nutzlastflugzeugs.
- Wieder andere Fragen lassen sich mittels der Offenbarungen aus beiden Quellen erhellen, wobei vor allem der Mensch, sein Innenleben, seine geistig-psychischen Realitäten Thema beider Quellen ist.
- Und dann gibt es Fragen, zu denen sich keine der beiden, weder spezielle noch allgemeine Offenbarung äußert, man denke etwa an Details aus dem alltäglichen Leben von Adam und Eva im Paradies, an genauere (als in der Schrift enthaltene) Beschreibungen des Lebens nach dem Tod oder genauere Erkenntnisse zur Bedeutung der Dreieinigkeit Gottes.

Wir brauchen beide Offenbarungsweisen, Gott hat beide gewählt, um uns Offenbarung zu schenken. Doch immer gilt, dass wir **die allgemeine von der speziellen Offenbarung her deuten**, die Welt vom Kreuz her lesen.

Ergänzen sich die beiden Offenbarungsarten immer?

Vielleicht regt sich Skepsis, ob es, gerade für den Bereich der „Überlappung" so einfach ist, die Welt vom Kreuz her zu lesen. Denn steht nicht Welterkenntnis immer wieder im Widerstreit zur biblischen Botschaft, werden wir nicht mit Widersprüchen zwischen biblischen Aussagen und diversen wissenschaftlichen Ergebnissen konfrontiert?

Dazu lässt sich anmerken, dass **menschliche Deutungen der allgemeinen Offenbarung** (seien sie von „Alltags-" oder von „wissenschaftlicher" Qualität) immer wieder im Widerspruch zum biblischen Befund stehen werden. Natürlich kann eine autonome Interpretation der Natur, eine Forschung, die nicht aus der Unterordnung heraus, nicht als Lesen vom Kreuz her geschieht, zu der Bibel widersprechenden Ergebnissen führen.

Doch treten diese Widersprüche als Resultat der Deutung der Fakten an zur Bibel widersprüchlichen Grundannahmen auf und nicht als Resultat eines echten Widerspruchs zwischen Fakt und biblischer Aussage selbst.
Das rein Beobachtbare, dass der Mensch Gutes und Böses tut, steht nur auf den ersten Blick im Widerspruch zur biblischen Botschaft vom sündigen, gefallenen Menschen. Es lässt sich, wie gesehen, ohne Probleme ins biblische Menschenbild integrieren, an diesem deuten. Die humanistische Deutung desselben Fakts („Der Mensch ist gut") steht im Widerspruch zur biblischen Aussage, nicht jedoch der Fakt selbst.

Es können sich aber auch Sachverhalte ergeben, bei denen wir meinen, den Widerspruch zwischen reinem Fakt und biblischer Botschaft nicht auflösen zu können, etwa, um wieder ein heißes Eisen zu nennen, wenn Evolutionsforscher das Alter der Erde auf Jahrmillionen ansetzen, die Bibel jedoch von erheblich kürzeren Zeiträumen spricht.
In so einem Fall glauben wir, dass einer von zwei Tatbeständen gegeben sein muss. Entweder wir haben die Bibel falsch verstanden (sprich, sie legt gar keine so kurzen Zeiträume fest) oder in den wissenschaftlichen Untersuchungen zur Bestimmung des Erdalters ist ein Fehler (was möglich wäre, da die Altersschätzung selbst, genau genommen, eine Deutung des Ergebnisses einer bestimmten Altersbestimmungsmethode darstellt).

In jedem Fall glauben wir, dass nicht die zwei Botschaften Gottes selbst, sondern das, was wir als Menschen daraus machen, sich widersprechen.

Ergänzungstext

Allgemeine Offenbarung über Gott selbst

In einem Ergänzungstext wollen wir auf die Möglichkeit eingehen, **über Gott selbst etwas aus seiner Schöpfung zu erkennen**. Denn auch wenn Gott, wie alles im Raum des Metaphysischen, nie aus unserer Erfahrung heraus erschlossen werden kann, schreibt Paulus z.B. im Römerbrief, dass wir aus der Schöpfung, aus unserer normalen Wirklichkeitsumgebung etwas von Gott „ersehen":

> *„Denn was man von Gott erkennen kann, ist unter ihnen offenbar; denn Gott hat es ihnen offenbart. Denn Gottes unsichtbares Wesen, das ist seine ewige Kraft und Gottheit, wird seit der Schöpfung der Welt ersehen an seinen Werken, wenn man sie wahrnimmt, so dass sie keine Entschuldigung haben." (Röm 1, 19–20)*

Am unmittelbarsten dürfte man dabei an Gotteserkenntnis aus der Schöpfung selbst, aus der **Natur** denken. Betrachtet man sie in ihrer Erhabenheit, so drängt sich der Eindruck auf, dass solcherlei Schönheit kaum das Produkt eines Zufalls sein kann, dass hier eine wunderbare, eine ordnende, eine schaffende Hand am Werk gewesen sein muss.
„Der ‚gestirnte Himmel' erweckt unmittelbar die Ahnung eines Größeren. In der Weite der Landschaft erahnt der Mensch die Unendlichkeit. In den Schicksalen seines eigenen Lebens, seines Volkes, der Völker überhaupt, erspürt er eine in allem waltende und vorsorgende, aber auch vergeltende und rächende Hand."[12]

Damit ist zugleich ein zweiter Bereich angesprochen, auch in den **Abläufen des Lebens** erkennen wir, dass hier, bei allem „Zufälligen", Unverständlichen, Schrecklichen, doch Sinn durchblitzt. Menschen machen die Erfahrung von Liebe, Hilfe, Gemeinschaft, von Bewahrung und Rettung, von „guten Fügungen". Das Leben scheint immer wieder über Tod und Verderben zu triumphieren.

Außerdem macht Gott sich durch seine **Versorgung** offenbar.

> *„Zwar hat er in den vergangenen Zeiten alle Heiden ihre eigenen Wege gehen lassen; und doch hat er sich selbst nicht unbezeugt gelassen, hat viel Gutes getan und euch vom Himmel Regen und fruchtbare Zeiten gegeben, hat euch ernährt und eure Herzen mit Freude erfüllt." (Apg 14, 16–17)*

Neben der Natur, ihrer Schönheit und Ordnung, der Versorgung, die wir erhalten, kann auch das menschliche Wissen um ein Sollen, um letzte Werte, die ihm gesetzt sind, kann die Tätigkeit des **Gewissens** ein Hinweis auf Gott sein. Das Empfinden vieler Menschen, sich verantwortlich zu fühlen, sich vor *jemandem* verantwortlich zu fühlen, deutet an, dass es da jemanden gibt, dem man diesbezüglich gegenübersteht. Auch wenn das Rechtsempfinden kulturell in Einzelheiten verschieden ist, findet sich doch in den großen Linien ein sehr ähnliches Gerechtigkeitsempfinden in allen Völkern und damit ein Hinweis, dass uns „letzte Werte" von einem universellen „Wertegeber" mit auf den Weg gegeben sind.

> *„Denn wenn Heiden, die das Gesetz nicht haben, doch von Natur tun, was das Gesetz fordert, so sind sie, obwohl sie das Gesetz nicht haben, sich selbst Gesetz. Sie beweisen damit, dass in ihr Herz geschrieben ist, was das Gesetz fordert, zumal ihr Gewissen es ihnen bezeugt, dazu auch die Gedanken, die einander anklagen oder auch entschuldigen." (Röm 2, 14–15)*

12 Geiselmann, 1974, S. 254

Etwas allgemeiner kann man formulieren, dass Gottes unsichtbares Wesen ersehen wird **an seinen Werken und seinem andauernden Wirken in diesen Werken.** Dies gilt generell und ganz besonders in Bezug auf den Menschen, „denn was wäre das für ein Schöpfer, der nicht seinem Geschöpf den Stempel seines Geistes aufdrückte"[13]

Immer liest man aus „Geschaffenem", aus einem Produkt, einem „Werk" etwas über den Urheber, seine Ziele und Zwecke. Besonders im Menschen, der „im Bilde Gottes" geschaffen ist, wird etwas von Gott sichtbar. Aus der menschlichen Personhaftigkeit erhalten wir Hinweise, was Person ist, was es bedeutet, dass Gott Person ist. Aus der menschlichen Bezogenheit auf Beziehung sind Rückschlüsse möglich auf den ursprünglichen Beziehungsgedanken zwischen Gott und Mensch. Der Aspekt des menschlichen Geistes liefert Anhaltspunkte für ein Verstehen des geistbestimmten Charakters Gottes.

Auch wenn wir damit von einer allgemeinen Offenbarung Gottes ausgehen, denken wir keinesfalls an die Existenz einer echten **theologia naturalis**, einer Theologie rein aus der Natur.
Denn in der Natur sehen wir Gott nicht in direkter Weise, wir können lediglich **mittelbare Erkenntnis** erhalten, unser einziger Zugang sind „Produkte" und „Wirkungen". Durch sie teilt sich uns mit, dass er IST, überhaupt existiert, dass er Gott ist, Kraft besitzt, nicht jedoch, wer er ist, was sein Charakter, sein inneres Wesen ist.
Dies wird auch durch die Wahrnehmung gestützt, dass in allen Völkern, in allen Kulturen „Gottglaube", das tiefe Wissen der Existenz eines Gottes gegeben ist. Doch wie dieser Gott ist, wer er ist, was sein Wesen ist, ist offensichtlich nicht in gleicher Weise zugänglich. Die Unterschiedlichkeit der Religionen und Gottesvorstellungen zeigt, dass wir ohne ein über die natürliche, allgemeine Offenbarung der Natur hinausgehendes Reden Gottes nicht zu eindeutiger Erkenntnis kommen können.

Der Mensch erkennt „daß es irgend ein höchstes Wesen ... gibt und daß dasselbe durch seine Weisheit und Macht diese ganze Welt lenkt sowie daß alles von ihm geschaffen wurde."[14] Doch Eindeutigkeit erhalten wir nur auf dem Weg echter Selbstmitteilung. Die spezielle Offenbarung ist also der allgemeinen immer übergeordnet, da „die Bibel Gottes unfehlbare, direkte Offenbarung ist und präzise Mitteilungen macht, während die natürliche Offenbarung lediglich auf indirektem Weg Eindrücke über Gott vermittelt."[15]

Positionen zur Frage einer „theologia naturalis"

Die Frage nach der Qualität allgemeiner Offenbarung über Gott ist theologisch umstritten. Die Grundlinien der Diskussion sind vom großen katholischen Theologen **Thomas von Aquin** einerseits und der **reformatorischen Theologie** andererseits vorgegeben.

Dabei vertritt **Thomas** eine sehr positive Grundhaltung bezüglich der Möglichkeiten der allgemeinen Offenbarung und geht davon aus, dass wir allein mittels der Natur, allein mit den Möglichkeiten unserer natürlichen Vernunft Aussagen über Gott treffen können.
„Wenn den ersten Menschen das übernatürliche Licht der Gnade erlosch, so blieb ihnen doch das **‚natürliche Licht'**, das ‚lumen naturale'"[16]

13 E. Brunner, Bd 1, 1960, S. 137
14 in Pöhlmann, 1990, S. 119
15 Clinton, 1990, S. 19
16 von Petersdorf, 1982, S. 163

Allerdings unterscheidet er in der Bedeutung zwischen Natur und Gnade (so bezeichnet er die allgemeine bzw. die spezielle Offenbarung). Zwar kann ich aus der Natur etwas über Gott wissen, aber allein die Erkenntnis aus dem Bereich Gnade, aus der biblischen Botschaft kann mich tatsächlich zur Heilserkenntnis führen, kann mir die Taten Gottes für mich und für die Menschheit wirklich in ihrer Fülle offenbar werden lassen.

Die **Reformatoren** dagegen halten eine wirkliche, inhaltliche Erkenntnis Gottes allein aus der Wahrnehmung unserer Erfahrungsumwelt nicht für möglich, niemals könne man allein aus der Natur unterscheiden, ob Gott z.B. einer ist (monotheistische Vorstellung) oder ob es sich um eine Vielzahl von Göttern handelt (polytheistische Vorstellung).

Wohl seien per allgemeiner Offenbarung gewisse „Gottesahnungen" möglich. **Luther** spricht von „notio", von gewissen Vorstellungen, die der Mensch auf diesem Weg von Gott haben könne. **Calvin** betont, Gott habe der Schöpfung „notae" eingeprägt, Erkennungsmerkmale seiner Herrlichkeit, doch diese reichen nie aus, um wirklich etwas über Gott und sein Wesen zu wissen. Hier sind wir auf seine wirkliche Personoffenbarung angewiesen, eine natürliche Theologie, eine **theologia naturalis wird ausgeschlossen**.

Entlang dieser Linien verläuft auch die **neuere Diskussion**, wie sie z.B. zwischen den protestantischen Theologen **Karl Barth** und **Emil Brunner** geführt wurde.
Barth wendet sich scharf gegen Brunner und dessen Buch „Natur und Gnade". So wie dort die Möglichkeit einer theologia naturalis formuliert war, sieht Barth die Gefahr gegeben, dass Gott wiederum vom Menschen „vereinnahmt" wird, sprich der Mensch sich in eigene, spekulative Vorstellungen und Deutungen von Gott verrennt, wenn er meint, jenseits der Schrift, aus der Wahrnehmung von Natur, aus bestimmten, Gott zugeschriebenen Wirkungen in dieser Welt, Rückschlüsse auf Gottes Wesen ziehen zu können.
Aus diesem Grund wendet er sich sogar ganz grundsätzlich gegen den Gebrauch des Begriffs der allgemeinen Offenbarung, spricht lieber von „Welterkenntnis", weil er die Natur nicht als „Offenbarungsweg" Gottes verstanden wissen will.

Brunner nimmt dem Streit die Spitze, indem er zugibt[17] sich in der 1. Auflage seines Buchs „Natur und Gnade" missverständlich ausgedrückt zu haben. Auch er vertritt keine tatsächliche „theologia naturalis". Dennoch betont er die wichtige Bedeutung der allgemeinen Offenbarung gerade in Bezug auf die Verantwortlichkeit des Menschen. Ist es möglich, Gottes Existenz aus der Natur zu erkennen, so ist auch der Mensch, den die Predigt von Jesus Christus noch nicht erreicht hat, unentschuldbar, wenn er Gott völlig ablehnt. Er konnte zwar Gott nicht in der im Wort geschenkten Deutlichkeit erkennen, aber er konnte außerhalb der Predigt zumindest erkennen, dass Gott ist, und findet somit keine Entschuldigung dafür, dass er seine Knie nicht gebeugt hat.

17 in E. Brunner, Bd. 1, 1960, ab S. 136

2. Die Welt als Botschaft verstehen

In Abschnitt 1 haben wir erarbeitet, dass wir in der Wirklichkeit als allgemeiner Offenbarung forschen können, die spezielle Offenbarung jedoch als Deutungsrahmen für unsere Erkenntnisse von Gottes Mitteilungen durch seine Schöpfung brauchen, dass es um ein „Lesen der Welt vom Kreuz Jesu her“ geht. Ein kleines Modell aus dem Bereich der *Kommunikationswissenschaften* soll uns jetzt helfen, das bildlich zu veranschaulichen. Es handelt sich um die **Semiotik**, die **Lehre von den Zeichensystemen.** Sie liefert uns ein Schema, Botschaften zu interpretieren, indem man sie in verschiedene Ebenen aufschlüsselt.

Beispiel für die verschiedenen Ebenen einer Botschaft

Wir wollen die Grundgedanken an einer sehr einfachen Botschafts- bzw. Kommunikationssituation darstellen: Stellen wir uns vor, ein Mensch steht vor einer Ampel. Jede Ampel sendet, sofern sie in Betrieb ist, eine Botschaft aus, indem sie rot, gelb oder grün leuchtet.

Schlüsseln wir diese Botschaft auf, so entdecken wir, wie bei jeder Kommunikation, zunächst so genannte „bedeutungstragende Einheiten“, in diesem Fall drei verschiedene Farben. Diese unterste Ebene vereinbarter **Zeichen** (z.B. gehören hierzu auch die Buchstaben unseres Alphabets) nennt man in der Semiotik **statistische Ebene**.

Doch keine Botschaft lässt sich nur mithilfe eines Alphabets vermitteln. Die reinen Buchstaben müssen immer nach bestimmten Regeln miteinander verknüpft werden. Im Falle unserer Sprache werden die Buchstaben zu Worten zusammengefasst und diese bilden mithilfe von grammatikalischen Regeln Sätze. Auch unsere Ampel hat eine spezifische Abfolgeregel, z.B. nach rot kommt gelb, dann grün etc.

Die Ebene der **Regeln für die Anordnung der Zeichen** bezeichnet man als **syntaktische** Ebene.

Mit der nächsten, der **semantischen** Ebene, wird der unmittelbare **Bedeutungsinhalt** der Botschaft festgelegt, etwa im Beispiel der Ampel „Rot bedeutet Stopp“, „Grün bedeutet ich darf fahren“...

Mit dem Erkennen einer Bedeutung ist der Kommunikationsprozess in der Regel nicht abgeschlossen. Denn was passiert, wenn wir zwar realisieren, dass eine rote Ampel die Bedeutung „Stopp“ signalisiert, aber keinerlei Veranlassung sehen, auch tatsächlich anzuhalten? Diese Botschaft bezweckt beim Empfänger eine bestimmte **Handlungsweise**, dass er „stehen bleibt und auf grün wartet“. Ohne Erkenntnis auf der **pragmatischen** Ebene wäre das Ziel der Botschaft verfehlt.

Hier endet die konventionelle Botschaftsanalyse der Semiotik, doch für die Zwecke der Christlichen Psychologie ist es uns wichtig, noch eine Erweiterung anzubringen. Denn, so können wir weiter aufschlüsseln, das Anhalten an der Ampel ist immer noch nicht die letzte Absicht, das Anhalten ist nur ein Mittel zu einem weiteren Zweck (z.B., dass der Verkehr geregelt wird und niemand zu Schaden kommt).

Hinter jeder Botschaft steht ein Autor, der ein eigentliches, letztes Ziel mit der Botschaft verfolgt, der ein bestimmtes Ergebnis beim Empfänger beabsichtigt. Unsere Ampel wurde von einem „Autor" an der Straße installiert, von staatlichen Stellen, die darum bemüht sind, den Verkehr zu regeln.
Jeder Autor verbindet ein letztes Ziel mit seiner Botschaft, was wir als die **apobetische** Ebene[18] der Botschaft bezeichnen.

Apobetik: Letztes Ziel einer Botschaft, das der Autor der Botschaft installiert
→ „Ampel dient der Unfallvermeidung"
Pragmatik: Beim Empfänger beabsichtigte Handlungsweise
→ „stehen bleiben und auf grün warten"
Semantik: Unmittelbarer Bedeutungsinhalt der Botschaft
→ „Rot bedeutet Stopp."
Syntaktik: Grammatikalische Struktur der Botschaft
→ „Abfolgeregel der Ampelzustände"
Statistik: Alphabet der Botschaft
→ „rot, gelb und grün"

Gehen Sie den letzten Abschnitt noch einmal durch und überlegen Sie für die einzelnen Ebenen der Botschaft:

Statistik – ich konnte die Buchstaben lesen?
Syntaktik – Worte und Sätze waren mir grammatikalisch einsichtig und verständlich?
Semantik – der unmittelbare Bedeutungsinhalt des Geschriebenen wurde klar?
Pragmatik – zu welcher Handlung wurde ich aufgefordert?
Apobetik – was war die tiefere Absicht der Autorin? Warum stand der Abschnitt in diesem Kapitel?

Welt als Botschaft wird nur top-down verständlich.

An diesem einfachen Ampelbeispiel wird das Thema „Welt als Botschaft" greifbar. Wir erhalten einen anderen Blick auf diese Welt, erkennen, dass Situationen unseres Lebens nicht nur irgendwelche Zeichen sind, sondern wie sie uns auf unterschiedlichen Ebenen zur Botschaft werden wollen. Dabei kann uns deutlich werden, was es heißt, die Botschaft von oben her, **top-down** von Gott her zu interpretieren.

In der Betrachtung der Wirklichkeit um uns herum dürfen wir nicht bei der unmittelbaren Bedeutung, bei dem, was vor Augen ist, stehen bleiben, sondern wir müssen uns nach Gottes Sicht, nach den letzten, **den apobetischen Zielen Gottes** mit der Situation ausstrecken.

Sind wir etwa vom Auftauchen psychischer Probleme betroffen, dürfen wir uns nicht nur fragen, was das unmittelbar zu bedeuten hat, welchen Namen wir dem Zustand geben, wie wir die Symptome einer bestimmten Störung zuordnen können. Es genügt auch nicht zu fragen, ob das Ganze etwa der Ausdruck eines nicht ver-

18 Apobetik: von griech. apobainanta – Ergebnisse, Erfolg

arbeiteten Konflikts oder eines fehlgeschlagenen Lernvorgangs ist, wie es also auf der semantischen Ebene zu verstehen sei. Auch die pragmatische Ebene der Handlungsaufforderung, die Suche nach therapeutischen Wegen, die wieder aus der Misere heraushelfen, ist noch nicht letztes Ziel des Verstehensprozesses.

Wir dürfen uns dem Verständnis unserer Lebensbotschaften nicht (allein) von unten her, nein, wir müssen uns von oben her, top-down nähern.

Nur wenn wir die Situation individuell von Gottes Absichten her betrachten, kommen wir auch zu einem angemessenen Verständnis der weiteren Ebenen. Nur so werden wir z.B. im Einzelfall erkennen, ob es gut oder kontraproduktiv wäre, auf der pragmatischen Handlungsebene die Symptome einer Schlafstörung medikamentös zu unterdrücken. Denn was im einen Fall völlig richtig wäre, könnte im anderen verheerende Auswirkungen haben, das eigentliche Ziel Gottes zunichte machen. Die Entscheidung darüber fällt „oben", auf der apobetischen Ebene, im Ausstrecken nach Gottes Sichtweise. Von oben her kann es uns gelingen, die anderen Ebenen der Botschaft, insbesondere seine spezifischen Handlungsaufforderungen zu erfassen.

Übertragen wir dies zum Abschluss (mit etwas Humor) auf unser Ampelbeispiel: Wie sieht es aus, wenn man nachts um 3 Uhr in einer einsamen Gegend an einer roten Ampel steht, alles überblicken kann und es garantiert keinen Verkehr gibt, den diese Ampel regeln müsste? Würde man dann dem eigentlichen apobetischen Kern der Botschaft, dem Ziel des „Autors" (in dem Fall der staatlichen Stellen) nicht auch gerecht werden, wenn man über die rote Ampel fährt?

Wir möchten keine Empfehlung aussprechen ..., aber es wird wohl deutlich, dass unsere Sicht der Welt, unsere Handlungsweisen von oben her gespeist sein sollen, ja müssen, nur so können wir „allgemeine Offenbarung" angemessen interpretieren. *Wir wissen: Die Welt als Botschaft erschließt sich nur von oben, im Lesen der Welt vom Kreuz her.*

3. Erfahrungen im Rahmen des Glaubens auswerten

Wenn wir Wirklichkeit als allgemeine Offenbarung durch Wirklichkeitsbefragung erschließen wollen, müssen wir als weitere Frage noch grundsätzlicher das Verhältnis von Glaube und Erfahrung klären. Denn in welchem Maß kann Erfahrung, können Beobachtungen, Messungen, Lebenszeugnisse ein Kriterium für die Wahrheit sein? Führt der Einbezug von Erfahrungen hier nicht allzu schnell zu einer „Erfahrungstheologie", bei der wir nicht im Glauben, sondern im Schauen leben, bei der wir Gottes Wort nur so weit vertrauen, wie es unseren Erfahrungen entspricht?

Mit solcher Argumentation wird von manchen Christen ein starker Gegensatz zwischen Wissenschaft (die als empirische Wissenschaft ja primär Erfahrungswissenschaft ist) und Glaube aufgebaut.

Hinweis:
Besonders die empirische Validierungsweise[19] *wird als zentrale Attacke auf den Glauben gesehen – und ist mitunter auch so gemeint, wenn damit ausgesagt wird, dass einzig wahr ist, was jedermann in der Wirklichkeit untersuchen und überprüfen kann, während „Glaubenstatsachen", die sich nicht in dieser Weise „stützen" lassen, eben* ***nur*** *„Glaube" und kein „Wissen" sind.*
Auf eine solche Polemik sollten wir nicht als Gegenreaktion mit einer völligen Ablehnung empirischer Forschung reagieren, ebenso wenig sollten wir voreilig Zugeständnisse machen, uns einem falschen Wahrheitsdiktat unterwerfen. Gerade hier ist es wichtig, die Rolle der Erfahrung für unseren Glauben und unsere Glaubensüberzeugungen differenziert zu verstehen und zu einer ausgewogenen Bewertung zu gelangen.

Zum Glauben gehört Erfahrung.

Richtig betrachtet sind Glaube und Erfahrung kein Gegensatz, sind unsere Erfahrungen in der Welt als allgemeiner Offenbarung eine wichtige Quelle für Mitteilungen Gottes, die wir als **„untere Ebene" nicht abschneiden dürfen**.
Selbst für die spezielle Offenbarung spielen Erfahrungen eine Rolle, denn **Gott der Jenseitige, der Unsichtbare, macht sich uns erfahrbar**. Schon in Kapitel B und C wurde deutlich, dass nicht nur Gottes Hand in unsere Welt hineinreicht, sondern dass er selbst die Grenze überschreitet, dass er Mensch wird, unter uns wandelt, zu uns spricht. Doch haben wir die Konsequenzen dieser Tatsache für unseren Zusammenhang hier noch nicht hinreichend beleuchtet.

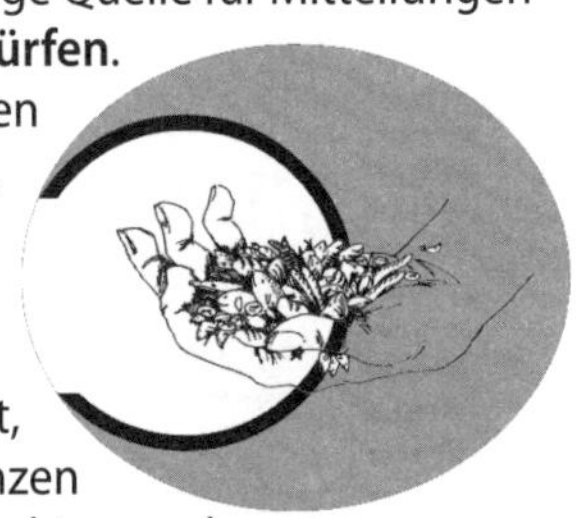

Jesus und heute der Heilige Geist als Person sind also mitten unter uns, der Vorhang ist zerrissen, sie können uns zum Vater führen, direkte persönliche Begegnung wird möglich. Gott selbst lädt uns also ein zu „Erfahrung". Sein Ziel ist, uns in Erfahrung zu führen, in die Erfahrung seiner Liebe, seiner Gnade, in das direkte Erleben der Beziehung zu ihm, seiner Nähe.

19 Validierung (lat.): Gültig-Machen, die Gültigkeit überprüfen

Machen Sie sich noch einmal bewusst:
Wie könnten wir überhaupt anders mit Gott in Beziehung treten als über Erfahrung?
Unser ganzes Leben, jeder Moment ist ja erfüllt mit Erfahrung, wir leben im Erfahrungsraum, nichts in unserem Leben ist „jenseits" von Erfahrung, weil alles, was geschieht, ob reden, hören, begegnen ...
Teil unserer Erfahrung ist.
Ein Gegensatz von Glaube und Erfahrung ist gar nicht möglich.
Glaube ist immer gleichzeitig auch Erfahrung.

?

Der Glaubensbereich ist nichts völlig „Jenseitiges", er ist immer ein Raum der Beziehung zwischen Gott und Mensch und uns damit auch ein Stück weit zugänglich. *„‚Welt-Wahrheit' und ‚Heils-Wahrheit' lassen sich ... nicht grundsätzlich trennen: die ‚Heils-Wahrheit' hat es mit der tatsächlichen Weltwirklichkeit zu tun."*[20]

Zum Wort gehört Erfahrung.

Ebenso schließt (Gottes) Wort Erfahrung nicht aus, sondern ein. Damit meinen wir nicht, dass man sich an der eigenen Erfahrung statt am Wort Gottes orientiert, nach dem Motto: „Ich habe keine Wunder erlebt, also gibt es keine". Doch grundsätzlich brauchen Worte, Lehren, Sätze die Erfahrung, sie leben voneinander, sind immer aufeinander bezogen, denn, wie Kant prägnant formuliert: *„Begriffe ohne Anschauung sind leer..."* Begriffe sind zunächst Abstraktionen, formulieren Sachverhalte auf (je nach Modell unterschiedlich) allgemeinem Niveau. Um wirklich Sinn zu machen, brauchen sie den Zusammenhang mit konkreter Erfahrungswirklichkeit. **Worte machen keinen Sinn ohne die mit ihnen verknüpfte Erfahrung.**

So will uns auch das Wort Gottes in die Begegnung, in die Erfahrung mit dem lebendigen Gott führen, von dem es zeugt. Es will keine „Theorie" bleiben, es soll ge-lebt, soll er-lebt werden, das Leben verändern, ja revolutionieren, auf den Kopf stellen. Was könnten wir mit Worten wie Liebe, Gnade, Gerechtigkeit anfangen, wenn sie nicht mit ganz konkreten Erfahrungen verbunden wären, mit Erlebnissen, in denen wir Liebe erfahren haben, in denen uns Gnade zuteil wurde, in denen wir begannen, Gottes Gerechtigkeit zu verstehen? Haben wir nur von der Möglichkeit der Schuldvergebung gehört, diese aber nie selbst erlebt, so können wir sie nicht wirklich nachvollziehen, es bleiben *leere* Worte.

Fallen Ihnen Beispiele ein, in denen Sie versucht haben, bestimmte Glaubenstatsachen zu erklären oder zu verstehen, ohne dass Sie auf einen entsprechenden Erfahrungshintergrund zurückgreifen konnten?

?

20 Hafner, 1994, S. 2126

Keine reine Erfahrungstheologie

Nun gut, sagen manche Kritiker, die Erfahrung mag schon wichtig sein, aber welche Rolle kann sie nun konkret bei der Beantwortung der entscheidenden Fragen nach dem Wesen des Menschen spielen, nach der Art und Weise, wie er handeln soll, vor allem, was er von Gott erwarten soll? Was machen wir, wenn wir bestimmte Verheißungen (noch) nicht erlebt haben, wenn das Wort A sagt (z.B. wir sind Überwinder), ich aber B erlebe (mein eigenes Versagen)?

Hier gilt es zweifellos, auch wenn unsere Erfahrungen anders aussehen, **am Wort festzuhalten**, denn, wie es in Hebräer 11,1 heißt: *„Es ist aber der Glaube eine feste Zuversicht auf das, was man hofft, und ein Nichtzweifeln an dem, was man nicht sieht".*

Wir dürfen nicht anfangen, das Wort Gottes weniger ernst zu nehmen als unsere Erfahrungen, wir dürfen nicht unser Erleben zum Maßstab unserer Theologie machen. **Auf keinen Fall dürfen wir eine Erfahrungstheologie zum Ankerpunkt unseres Glaubens machen, bei der wir Erlebnisse, gar „meine Erlebnisse", über das Wort stellen.**

Keine reine Worttheologie

Doch ebenso sehen wir **Gefahren bei einer Überbetonung des „Wortglaubens"**, der sich in allzu starker Weise gegen die Erfahrung abgrenzt.

Beharrt jemand darauf: „Wenn das Wort A sagt, dann heißt das A, ganz egal, was ich erlebe", so ist dies prinzipiell richtig, doch es könnte z.B. sein, dass er **die biblische Aussage A falsch verstanden hat**. Dann kann die Erfahrung, dass etwas ausbleibt, was er eigentlich von Gott erwartet, ihn auf seinen Irrtum hinweisen und er kann Gott erneut fragen.

Beispiel für das Zusammenspiel von Wort und Erfahrung

Wenn jemand etwa Bibelstellen, in denen vom „Überwinden" gesprochen wird, in der Weise versteht, dass ein echter Christ fortwährend im Sieg lebt, ihm alles gelingt, er nie von Angst geplagt wird, so dürfte es recht wahrscheinlich sein, dass er nicht erlebt, was er meint, dem Wort entnommen zu haben. Denn die Gesamtbotschaft der Bibel klingt nicht nach einem immerwährenden „Hyperzustand" der Christen, sondern eher nach einem „Gehaltensein" in allen Schwierigkeiten, einem letztendlichen „Nicht-Untergehen" *trotz* aller Widerwärtigkeiten.

Lässt jemand seine Interpretation der Bibel nicht hinterfragen, so kann sich dies fatal auswirken. Ein ständiger Kampf, auch ja „gut drauf" zu sein, das Verleugnen von Niederlagen (vor sich selbst und anderen), die Verdrängung negativer Gefühle, all das könnte eine Folge dieser falschen Interpretation sein, vielleicht bis man zusammenbricht.

Oder ein anderer hält in der Weise am Wort fest, dass er es irgendwann als „normal" akzeptiert, dass er im Glauben und nicht im Schauen lebt, und meint damit, dass vieles von dem, was im Wort verheißen ist, eben nicht erlebbar ist. Das kann dazu führen, dass er sich **nicht mehr wirklich nach der Verheißung ausstreckt**, nicht mehr länger ihre Erfüllung als „Gottes Normalität" ansieht, sondern **die Hoffnung aufgibt** und in einem „trockenen" Festhalten resigniert.

In all diesen Fällen dürfen wir nie das Wort selbst in Frage stellen! Doch wir dürfen und sollen sehr wohl bisherige Interpretationen desselben prüfen.

Dabei steht fest und muss immer die Mitte bleiben: **Wirklichkeit wird nicht erst durch Erlebnisse gestiftet.** Das, was Realitätscharakter hat, kommt allein von Gott. Er hat das Eigentliche bereits getan, seine Worte sind die Grundlage all unserer Theologie.

Wirklichkeit wird nicht durch Erlebnisse gestiftet.

Nicht, weil *ich* etwas erlebe, wird es wahr, sondern weil er trägt, handelt, verheißt. Wenn Gott sagt, dass übernatürliche Zeichen ein Teil des Reiches Gottes sind, dann ist dies Fakt, völlig unabhängig davon, ob ich es erlebe oder nicht. „‚Erlebnisse' stiften keine Wirklichkeit. Sie können höchstens Wirklichkeiten nachträglich bestätigen, dazu ermutigen usw. Abwesenheit von Erlebnissen sagt nichts aus über Abwesenheit von Wirklichkeit."[21]

Überdenken Sie diesen wichtigen Punkt noch einmal in Bezug auf die letzte Zwischenfrage:
Ich kann Liebe nur aus Erfahrungen der Liebe beschreiben – aber trotzdem ist Liebe nicht nur das, was ich als Liebe erfahren habe.
Wie gut gelingt es Ihnen, sich immer wieder auch frei zu machen von bisherigen Erfahrungen und offen zu sein für die „eigentliche Wirklichkeit", für Gottes Wirklichkeit?

?

Auch wenn Erlebnisse nicht die Wirklichkeit stiften, ist es Gottes „normales" Ziel, uns in Erlebnisse hineinzuführen, die seinem Wort entsprechen. Oder wollten wir etwa annehmen, dass er uns Verheißungen gibt, uns sein schenkendes Herz, die Wege seines Reiches offenbart, nur um all das dann nicht einzulösen, die Erfüllung seiner Versprechen zu verweigern? Nein, sein Wirken soll in der Erfahrung mit unserem Leben in Verbindung kommen.

Gottes „Normalität" ist, uns in Erlebnisse hineinzuführen.

Sicher gibt es auch Prüfungszeiten, in denen er uns unabhängig machen will vom Erhalt seiner Gaben und Verheißungen, Zeiten, die tatsächlich als Zeit des „Glaubens *trotz* aller Erfahrung" bezeichnet werden können. Doch dürfen wir festhalten, dass es sich dabei um bestimmte (wichtige) Zeiten, aber nicht um den Normalzustand handelt. Gott will uns unabhängig machen vom Fühlen *müssen*, aber nicht vom Fühlen selbst. Er möchte Nähe, Beziehung, Vertrautheit mit uns leben und das schließt Gefühl, Erlebnis ein.

Betrachten wir die in diesem Zusammenhang oft zitierte Stelle des „Lebens im Glauben und nicht im Schauen" näher, so stellen wir fest, dass sie sich vom Kontext her auf den Sachverhalt bezieht, dass wir hier auf Erden **noch nicht im völligen Schauen** wandeln. Die völlige, letztendliche himmlische Erfüllung aller Verheißungen steht noch bevor.

Das Reich Gottes ist und kommt noch.

> *„So sind wir denn allezeit getrost und wissen: solange wir im Leibe wohnen, weilen wir fern von dem Herrn; denn wir wandeln im Glauben und nicht im Schauen. Wir sind aber getrost und haben vielmehr Lust, den Leib zu verlassen und daheim zu sein bei dem Herrn."* (2 Kor 5,6–8)

21 Bittner, 1995, S. 31

Neben den Verheißungen, die uns schon hier auf Erden gelten, gibt es solche, die erst der Erfüllung aller Zeiten vorbehalten sind, wie z.B. die „Abwesenheit allen Leides, allen Geschreis" oder das friedliche Zusammensein von Löwe und Schaf.

> *„Gott wird abwischen alle Tränen von ihren Augen, und der Tod wird nicht mehr sein, noch Leid noch Geschrei noch Schmerz wird mehr sein; denn das Erste ist vergangen."* (Offb. 21,4)

Das Reich Gottes ist und es kommt, es ist bereits angebrochen, das sollen wir erfahren, aber es kommt auch, wir leben immer noch im Zeitalter der gefallenen Schöpfung, der Gegenspieler hat noch Macht, die Vollendung steht noch aus.

Die Erfahrung als Suchanstoß

Zu jeder Zeit, in der Erfahrungen sich nicht mit Erwartungen decken, gilt es, sich um ein wirkliches Verständnis der Bibel zur betreffenden Frage zu bemühen, **ein Verständnis der Verheißung Gottes für heute von ihm zu erbitten**.
Komme ich dabei z.B. zu der Überzeugung, dass Gott auch heute Kranke heilen will und er uns den Auftrag erteilt hat, für sie zu beten, so tue ich das, halte daran fest, auch wenn vielleicht (zunächst einmal) keine positiven Resultate eintreten.

Zum Beispiel hat **John Wimber**, ein amerikanischer Pastor, nachdem ihm der Auftrag Gottes, für Kranke zu beten, bewusst wurde, ein Jahr fortwährend für Kranke gebetet, ohne dass sich die geringsten Resultate zeigten (die Leute wurden höchstens noch kränker). Erst nach einem Jahr, in dem er nicht aufgegeben hat, kam es zum Durchbruch, mächtige Zeichen und Wunder geschahen.[22] Sicher hat er sich in diesem Jahr immer wieder hinterfragt (und das darf, ja soll sogar so sein), ob er das Wort Gottes an dieser Stelle auch richtig verstanden hat.

Wir sollen solche Fragen stellen, denn mangelnde Erfahrung kann zum **Suchanstoß** werden. Widerspricht unsere Erfahrung dem, was wir dem Wort entnehmen, so machen wir uns auf die Suche, ob wir die Bibel bislang falsch verstanden haben. Solange **unser Suchen mit Gott und seinem Wort geschieht**, nicht im Misstrauen „... sollte Gott gesagt haben?" kann dies zu einem besseren, genaueren Verständnis, zu einem **Wachsen im Glauben** führen.

Wenn sich bei unserer Suche herausstellt, dass wir das Wort weiterhin so verstehen, z.B. dass Wunder heute Gottes Wille sind, und wir auch sonst keinen Fehler gezeigt bekommen, so lassen wir es stehen, sind uns selbst und Gott gegenüber ehrlich, sagen, dass wir es zwar nicht verstehen, aber dass wir trotzdem weiter beten werden, bis Gottes Normalität eintritt.

Beides ist also wichtig, wir modifizieren nicht das Wort, aber wir nehmen die Erfahrung ernst, lassen sie zum Suchanstoß werden.

22 Wimber, 1987, S. 11ff

FAZIT

Die Welt als Erkenntnisquelle ist nichts Säkulares, sondern Gott schenkt uns durch seine Schöpfung Offenbarung. Dies wird theologisch als „allgemeine Offenbarung" bezeichnet.

Doch da der Mensch und die gesamte Schöpfung sich seit dem Sündenfall nicht mehr im ursprünglich guten Zustand befinden, da durch die Sünde die Beziehung zu Gott gestört ist, können wir Gottes Botschaften aus der allgemeinen Offenbarung nicht eindeutig interpretieren. Und selbst ohne diese Störung können allein die zu beobachtenden Fakten nicht Auskunft geben über das tiefste Wesen oder die Ziele, die Gott für uns und seine Schöpfung hat.

Wir brauchen seine spezielle Offenbarung als Deutungsrahmen, als Information über die ursprünglichen Pläne, über Sollwerte und die Störungsweise des Feindes. Mit dieser Hilfe können wir uns an eine Interpretation der allgemeinen Offenbarung aus Gottes Sicht, an ein *„Lesen der Welt vom Kreuz her"* wagen.

Dabei bleibt die spezielle Offenbarung das Eigentliche, sie liefert die Grundannahmen, an denen alle gewonnenen Fakten gedeutet werden.

Wollen wir die Welt als Botschaft verstehen, müssen wir sie top-down entschlüsseln, die Bedeutung der einzelnen Ebenen von der apobetischen Ebene der Absichten Gottes her aufschließen (=> Semiotikmodell).

Die Erfahrungen (Beobachtungen, Wahrnehmungen, Messdaten…), die wir in der Wirklichkeit gewinnen, sind kein letztinstanzliches Wahrheitskriterium. Decken sie sich nicht mit Gottes Wort, werden wir dennoch an diesem Wort als zuverlässig festhalten. Gleichzeitig werden wir unser Verständnis des Wortes überprüfen, werden Gott um ein tieferes Verständnis bitten, werden auf die Erfüllung von Gottes Verheißungen setzen, Geduld haben, aber nicht resignierend die Hoffnung aufgeben.

In diesem Sinn können unsere Erfahrungen zur Hilfe beim rechten Bibelverständnis werden, können uns, im Falle eines Auseinanderdriftens von Wort und Erfahrung, darauf aufmerksam machen, dass hier ein „Problem" vorliegt. So können sie uns zum *Suchanstoß* werden, nicht um das Wort an sich zu hinterfragen, sondern um unser bisheriges Verständnis davon auf den Prüfstand zu stellen.

Glaube, Gottes Wort und Erfahrung sind kein Gegensatz. Zwar stiftet Erfahrung keine Wirklichkeit, das Eigentliche geschieht von Gott her, doch ist es Gottes Normalität, uns in (die für dieses Zeitalter bereits gültigen) Erfahrungen hineinzuführen.

II. Erkenntnissuche mithilfe der Vernunft

In Abschnitt I haben wir uns mit der Wirklichkeit als Erkenntnisbereich auseinandergesetzt, haben sie als Botschaften Gottes, als allgemeine Offenbarung zu deuten gelernt und festgestellt, dass auch uns als Christen durch die Beobachtung der Wirklichkeit eine wichtige Erkenntnisquelle offensteht.

In Abschnitt II werden wir dieselbe Frage in Bezug auf den Einsatz unseres **natürlichen Vernunftvermögens**, unseres Denkens stellen. Auch dieser Bereich bedarf einer kritischen Prüfung, spricht sich die Bibel doch an einigen Stellen sehr mahnend gegenüber menschlichen Verstandesbemühungen aus:

> *„Verlass dich auf den HERRN von ganzem Herzen, und verlass dich nicht auf deinen Verstand, sondern gedenke an ihn in allen deinen Wegen, so wird er dich recht führen."* (Spr. 3, 5 – 6)
>
> *„Denn das Wort vom Kreuz ist eine Torheit denen, die verloren werden; uns aber, die wir selig werden, ist's eine Gotteskraft. Denn es steht geschrieben: »Ich will zunichte machen die Weisheit der Weisen, und den Verstand der Verständigen will ich verwerfen.« Wo sind die Klugen? Wo sind die Schriftgelehrten? Wo sind die Weisen dieser Welt? Hat nicht Gott die Weisheit der Welt zur Torheit gemacht? Denn weil die Welt, umgeben von der Weisheit Gottes, Gott durch ihre Weisheit nicht erkannte, gefiel es Gott wohl, durch die Torheit der Predigt selig zu machen, die daran glauben."* (1 Kor 1, 18 – 21).

Doch soll dies heißen, dass wir uns gar nicht auf unseren Verstand stützen können, dass alle Ergebnisse des Denkens nur menschliche Weisheit produzieren und nichts von Gottes Weisheit erfassen? Welchen Platz kann unser Denken im Rahmen christlicher Erkenntnissuche bekommen, ist es Hindernis oder Hilfe, um Gottes Wahrheit zu begreifen?

?

Überlegen Sie, wie Sie in dieser Frage stärker geprägt sind:
Ist für Sie der Verstand mehr Hindernis oder Hilfe, Gott zu verstehen?

1. Grenzen und Möglichkeiten der menschlichen Vernunft

Ebenso wie in Bezug auf die Wirklichkeitsbefragung gab und gibt es auch in Bezug auf den Gebrauch der menschlichen Vernunft unterschiedliche theologische Positionen. Einige der wichtigen pro und contra Argumente werden wir jetzt bedenken, um unsere Position zu finden.

a. Die Unzulänglichkeit des Denkens

Trübung des Denkvermögens seit dem Sündenfall

Zum einen gab es zu allen Zeiten Christen, die den gefallenen Status des Menschen und eine daraus folgende Trübung seines Denkvermögens betonen. Denn ebenso wie im Sündenfall ganz allgemein das Erkenntnisobjekt, die ganze Schöpfung Gottes, beeinträchtigt wurde, betraf dies im Speziellen auch die Einsichtsfähigkeit des Erkenntnissubjekts: **Der Sinn ist seither verblendet, das unverständige Herz ist verfinstert.**

Diese mangelhafte menschliche Erkenntnisfähigkeit wird in der Bibel immer wieder thematisiert:

> *„Wenn du einen siehst, der sich weise dünkt, da ist für einen Toren mehr Hoffnung als für ihn."* (Spr 26, 12)
>
> *„Und ich sah alles Tun Gottes, dass ein Mensch das Tun nicht ergründen kann, das unter der Sonne geschieht. Und je mehr der Mensch sich müht, zu suchen, desto weniger findet er. Und auch wenn der Weise meint: »Ich weiß es«, so kann er's doch nicht finden."* (Pr 8, 17)
>
> *„Weh denen, die weise sind in ihren eigenen Augen und halten sich selbst für klug!"* (Jes 5, 21)
>
> *„Der natürliche Mensch aber vernimmt nichts vom Geist Gottes; es ist ihm eine Torheit, und er kann es nicht erkennen; denn es muß geistlich beurteilt werden."* (1 Kor 2, 10–14)

Unterscheidung zwischen Glaubens- und Welterkenntnis

Christen, die das Vermögen der Vernunft aufgrund dieser und anderer biblischer Aussagen eher gering achten, unterscheiden für deren Gebrauch häufig zwischen Fragen, die den Glauben betreffen, und Fragen, die unser „normales, alltägliches Weltenleben" zum Gegenstand haben. Je nachdem, ob wir es nun mit **Glaubenserkenntnis** oder mit **Welterkenntnis** zu tun haben, wird die Rolle des Verstandes unterschiedlich bewertet.

Glaubenserkenntnis wird von Gott geschenkt.

Für eine **Glaubenserkenntnis**, ist man sich einig, kann die Vernunft keinesfalls als adäquates Werkzeug gelten. Gottes Offenbarung, geistliche Zusammenhänge, die biblische Botschaft insgesamt lassen sich nicht mit den Mitteln der natürlichen Vernunft erkennen. Nicht die „Weisen dieser Welt", die solchermaßen Intelligenten finden hier den Zugang, sondern die, die sich vor Gott demütigen, ihre Knie beugen, sich seiner Herrschaft unterstellen. **Die wesentlichen geistlichen Zusammenhänge werden uns nicht durch Nachdenken, sondern durch Offenbarung Gottes in unserem Geist deutlich.**

Glaubenserkenntnis ist Geschenk Gottes:

- 1 Kön 3, 9–12:
„So wollest du deinem Knecht ein gehorsames Herz geben, damit er dein Volk richten könne und verstehen, was gut und böse ist. Denn wer vermag dies dein mächtiges Volk zu richten? Das gefiel dem Herrn gut, dass Salomo darum bat. Und Gott sprach zu ihm: Weil du darum bittest und bittest weder um langes Leben noch um Reichtum noch um deiner Feinde Tod, sondern um Verstand, zu hören und recht zu richten, siehe, so tue ich nach deinen Worten. Siehe, ich gebe dir ein weises und verständiges Herz, so dass deinesgleichen vor dir nicht gewesen ist und nach dir nicht aufkommen wird."
- Spr 9, 10:
„Der Weisheit Anfang ist die Furcht des HERRN, und den Heiligen erkennen, das ist Verstand."
- Mt 11, 25:
„Zu der Zeit fing Jesus an und sprach: Ich preise dich, Vater, Herr des Himmels und der Erde, weil du dies den Weisen und Klugen verborgen hast und hast es den Unmündigen offenbart."
- 1 Kor 2, 10–14:
„Uns aber hat es Gott offenbart durch seinen Geist; denn der Geist erforscht alle Dinge, auch die Tiefen der Gottheit. Denn welcher Mensch weiß, was im Menschen ist, als allein der Geist des Menschen, der in ihm ist? So weiß auch niemand, was in Gott ist, als allein der Geist Gottes. Wir aber haben nicht empfangen den Geist der Welt, sondern den Geist aus Gott, dass wir wissen können, was uns von Gott geschenkt ist. Und davon reden wir auch nicht mit Worten, wie sie menschliche Weisheit lehren kann, sondern mit Worten, die der Geist lehrt, und deuten geistliche Dinge für geistliche Menschen. Der natürliche Mensch aber vernimmt nichts vom Geist Gottes; es ist ihm eine Torheit, und er kann es nicht erkennen; denn es muss geistlich beurteilt werden."
- Eph 1, 18:
„Und er gebe euch erleuchtete Augen des Herzens, damit ihr erkennt, zu welcher Hoffnung ihr von ihm berufen seid, wie reich die Herrlichkeit seines Erbes für die Heiligen ist."

Welterkenntnis kann eventuell eingeschränkt möglich sein.

Was die **Welterkenntnis** betrifft, etwa Sachfragen der Biologie, der Physik, der Medizin, sprechen manche von einem (mehr oder weniger) „unabhängigen Weltbereich", in dem die Vernunft autonom angemessene Resultate finden kann. So meint z.B. **Emil Brunner**:
„Indem Gott eine Welt schafft, schafft er etwas, was nicht Gott ist, nämlich Welt. Er schafft damit den Bereich der Dinge, die er grundsätzlich dem menschlich natürlichen Erkennen unterstellt. Gott hat dem Menschen die Vernunft gegeben, um die Welt zu erkennen und sich in der Welt zurechtzufinden. Diese Welt ist zwar die Schöpfung des dreieinigen Gottes, den keine Vernunft als solche zu erkennen vermag. Aber als Welt, als Inbegriff von Dingen aller Art, ist sie gerade der Vernunft gegeben. Der legitime Bereich der Vernunft ist: die Dinge der Welt."[23]

Andere dagegen sehen auch für die Welterkenntnis die Notwendigkeit einer Erleuchtung der Vernunft, denn „Vernunft ist gar nicht möglich ohne Glauben, ohne die Einordnung des labilen Erkenntnisvermögens in die Gottesbeziehung als Ort, der allein Erkenntnis und heilvollen Weltumgang garantiert."[24]

23 E. Brunner, Bd. 2, 1960, S. 37
24 Hempelmann, 1994, S. 2085

Vor allem **Augustinus** prägte diese Ansicht, dass wir auch bei der Welterkenntnis nur mit der Hilfe Gottes zu rechten Ergebnissen kommen können.

Die Vernunft erfasst die Dimensionen Gottes nicht.

Als zentrales Argument, weshalb das Denken (vor allem in Glaubens-, aber auch in anderen Erkenntnisfragen) niemals das rechte „Erkenntnisorgan" sei, wird betont, dass zu jedem Erkenntnisobjekt das passende „Entschlüsselungsinstrument" gehört. Gerade in Bezug auf den Glauben sei das Erkenntnisziel, das, was es zu erkennen gelte, nichts „Logisches", nichts mit den Kategorien der Vernunft Fassbares. Da **Gottes Gedanken höher als unsere Gedanken** sind, könne unser Verstand diese Botschaft nicht aufschlüsseln, sondern nur verderben.

Vernunftwidrigkeit als Kennzeichen des Glaubens

Nicht alle gehen in ihrer Ablehnung der Vernunft so weit, wie **Petrus Damiani**, ein theologischer Denker des 11. Jahrhunderts. Für ihn waren auch die Gesetze der Logik grundsätzlich anzugreifen, er behauptete, „die Philosophie sei eine Erfindung des Teufels, die Gesetze der Logik seien vor Gott ungültig."[25]

Doch für eine ganze Reihe der Vertreter dieser Richtung liegt **gerade in der Vernunftwidrigkeit bestimmter Aussagen und Geschehnisse der Erweis der Wahrheit des Glaubens.**
„Die Vernunft ist ans Kreuz genagelt"[26], formulierte der Kirchenvater **Tertullian**[27]. Jesu Tod ist *gerade deshalb* glaubwürdig, weil er eine Torheit ist (wie sollte ein göttlicher Sohn sterben?), dass Jesus wiederum auferstanden ist, ist *gerade deshalb* gewiss, weil es unmöglich ist. Gerade in der Unmöglichkeit eines Geschehens, im Überstieg all unserer natürlichen Möglichkeiten, ja unseres Vorstellungsvermögens, erweist sich Gott. Im Wunder durchbricht Gott alle menschlichen Denkmöglichkeiten. Mit folgender Aussage, die nicht direkt seiner Feder entstammt, wird sein Standpunkt treffend zusammengefasst:
„credo, quia absurdum" (ich glaube, **weil** es absurd, weil es widersinnig ist).

Auch für **Luther** war der Glaube nicht vernünftig zu begründen, standen Glaubensaussagen häufig im echten Widerspruch zur natürlichen Vernunft. So könne es als regelrechtes Kennzeichen des Offenbarungswissens gelten, dass etwas der Vernunft ein Ärgernis ist. Das Geglaubte *„verbirgt sich unter dem Schein des Gegenteils"*[28], so seine Aussage, die Unbeweisbarkeit ist geradezu konstitutiv[29] für den Glauben.

In dieser reformatorischen Tradition steht auch **Bultmann**[30], wenn er davon spricht, dass sich Glaube immer gegen den Augenschein und nicht nach dem Augenschein vollzieht.

25 Fries, 1995, S. 95
26 nach Fries, 1995, S. 95
27 lebte in Karthago von ca. 160–220
28 nach Pöhlmann, 1990, S. 91
29 konstitutiv (lat.): eine wesentliche Bedingung, die etwas ermöglicht und prägt
30 ev. Theologe des 20. Jahrhunderts

Gottes Gedanken sind unerforschlich:

- Ps 139, 1b–6:
„HERR, du erforschest mich und kennest mich. Ich sitze oder stehe auf, so weißt du es; du verstehst meine Gedanken von ferne. Ich gehe oder liege, so bist du um mich und siehst alle meine Wege. Denn siehe, es ist kein Wort auf meiner Zunge, das du, HERR, nicht schon wüsstest. Von allen Seiten umgibst du mich und hältst deine Hand über mir. Diese Erkenntnis ist mir zu wunderbar und zu hoch, ich kann sie nicht begreifen."
- Jes 55, 8f:
„Denn meine Gedanken sind nicht eure Gedanken, und eure Wege sind nicht meine Wege, spricht der HERR, sondern so viel der Himmel höher ist als die Erde, so sind auch meine Wege höher als eure Wege und meine Gedanken als eure Gedanken."
- Röm 11, 33f:
„O welch eine Tiefe des Reichtums, beides, der Weisheit und der Erkenntnis Gottes! Wie unbegreiflich sind seine Gerichte und unerforschlich seine Wege! Denn »wer hat des Herrn Sinn erkannt, oder wer ist sein Ratgeber gewesen?«"

Gottes Wort und Wirken sind manchmal jenseits des Vorstellbaren:

- 2 Mose 14, 21f:
„Als nun Mose seine Hand über das Meer reckte, ließ es der HERR zurückweichen durch einen starken Ostwind die ganze Nacht und machte das Meer trocken, und die Wasser teilten sich. Und die Israeliten gingen hinein mitten ins Meer auf dem Trockenen, und das Wasser war ihnen eine Mauer zur Rechten und zur Linken."
- Röm 4, 18–21:
„Er hat geglaubt auf Hoffnung, wo nichts zu hoffen war, dass er der Vater vieler Völker werde, wie zu ihm gesagt ist: »So zahlreich sollen deine Nachkommen sein.« Und er wurde nicht schwach im Glauben, als er auf seinen eigenen Leib sah, der schon erstorben war, weil er fast hundertjährig war, und auf den erstorbenen Leib der Sara. Denn er zweifelte nicht an der Verheißung Gottes durch Unglauben, sondern wurde stark im Glauben und gab Gott die Ehre und wusste aufs allergewisseste: was Gott verheißt, das kann er auch tun."

Der Glaube ist ein Paradox.

Vernunft und Glaube stehen im Widerspruch, das typischste Kennzeichen des Glaubens finde sich im **Paradox**:
Der Zorn und die Barmherzigkeit Gottes, der offenbare und der verborgene Gott (deus absconditus und deus revelatus), Jesus, ganz Gott und ganz Mensch, der Mensch, zugleich völlig gerechtfertigt und völlig Sünder (das berühmte „simul justus et peccator" Luthers), wie ist das denkmöglich, wie kann all das gleichzeitig möglich sein?
„Der heilige, unnahbare, majestätische Gott, der für die Nichtachtung seiner Heiligkeit und Majestät Sühne fordert durch das Blut. Und auf der anderen Seite der liebende, Menschen suchende, sich erniedrigende, auf diese Erde herabkommende Gott – ist dieser Gegensatz mit dem Verstande zu begreifen?"[31]

31 Rohrbach, 1967, S. 63

Ist der Verstand nicht das passende „Entschlüsselungsorgan", besteht der Glaube zu einem Gutteil aus Paradoxie, so zieht man konsequenterweise den Schluss, dass es nicht das Anliegen sein kann, in Glaubensdingen alles zu *„verstehen"*, alles erklärbar, verstandesmäßig nachvollziehbar zu machen. Vielmehr geht es um *„blindes Vertrauen"*, um ein Festhalten an Gott als Person, um ein Vertrauen auf ihn, auch wenn man nichts mehr versteht, was **Helmut Thielicke** so ausdrückt:

„Ich halte an dir fest, ich dringe im Blindflug durch den Nebel und weiß, dass du mich auf der anderen Seite erwartest"[32]

Konsequenz: Forderung nach blindem Glauben

Wir sollen uns nicht auf unseren Verstand, sondern auf den Herrn verlassen, d.h., auch dann an ihm festhalten, wenn wir nichts mehr verstehen (sei es, dass uns der Sinn seines Handelns in unserem oder im Leben anderer verborgen bleibt oder uns die Bedeutung bestimmter Bibelstellen nicht zugänglich ist, wir keine Antworten finden auf bestimmte Glaubensfragen, wie etwa die Frage, wie ein Gott der Liebe Leid zulassen kann). Auch wenn unser Verstand bis zum Äußersten rebelliert, sollen wir uns Gott in einfachem, kindlichem Vertrauen anbefehlen.

Dies beinhaltet die Bereitschaft zur Einfalt und es gilt als Zeichen der Demut, sich gegebenenfalls vor der Welt, vor dem Verstandestribunal lächerlich zu machen, denn:

„Niemand betrüge sich selbst. Wer unter euch meint, weise zu sein in dieser Welt, der werde ein Narr, dass er weise werde. Denn die Weisheit dieser Welt ist Torheit bei Gott." (1 Kor 3, 18–19a)

„Denn dies ist unser Ruhm: das Zeugnis unseres Gewissens, dass wir in Einfalt und göttlicher Lauterkeit, nicht in fleischlicher Weisheit, sondern in der Gnade Gottes unser Leben in der Welt geführt haben, und das vor allem bei euch." (2 Kor 1, 12)

b. Vernunft als Gabe Gottes

Nicht alle Christen teilen eine solch negative Sicht des menschlichen Denkvermögens, wie wir sie gerade kennengelernt haben, sondern argumentieren: Gott habe uns doch in dieser Weise geschaffen, ER habe uns mit einem Verstand ausgestattet und diese Gabe sei auch nach dem Sündenfall nicht völlig unbrauchbar. Wie andere Gaben, etwa unsere Emotionalität, Kreativität, Musikalität, sollten wir unser Denkvermögen üben, ausbauen und zu seiner Ehre einsetzen. Ohne zu denken, könnten wir gar keine Botschaften Gottes empfangen, die Bibel nicht lesen, geschweige denn begreifen, um was es geht.

Verstand als Hilfe, Gottes Botschaften zu verstehen

32 nach Pöhlmann, 1990, S. 93

Auch in der Bibel wird der Gebrauch des Verstandes durchaus gewürdigt:

„Durch Weisheit wird ein Haus gebaut und durch Verstand erhalten, und durch ordentliches Haushalten werden die Kammern voll kostbarer, lieblicher Habe. Ein weiser Mann ist stark und ein vernünftiger Mann voller Kraft; denn mit Überlegung soll man Krieg führen, und wo viele Ratgeber sind, da ist der Sieg." (Spr 24, 3; 6)

„Aber ich will in der Gemeinde lieber fünf Worte reden mit meinem Verstand, damit ich auch andere unterweise, als zehntausend Worte in Zungen. Liebe Brüder, seid nicht Kinder, wenn es ums Verstehen geht; sondern seid Kinder, wenn es um Böses geht; im Verstehen aber seid vollkommen." (1 Kor 14, 19f)

Begründeter statt blinder Glaube

Diese Würdigung gelte nicht nur für bestimmte alltagspraktische Bereiche, sondern auch für Glaubensfragen. Ziel sei nicht ein blinder, sondern gerade ein begründeter Glaube.

Thomas von Aquin unterscheidet z.B. zwischen den Glaubensformen *„fides implicata"* und *„fides explicata"*, d.h. einem unentwickelten und einem entwickelten Glauben (einem Glauben, der im Einzelnen weiß, was er glaubt). Als zentrale Aufgabe des Christen sieht er, durch ein verstandesgemäßes Begreifen der Glaubensinhalte immer mehr an der Entwicklung des eigenen Glaubens zu arbeiten.
Schließlich könne es doch nicht angehen, dass ein Christ gar nicht genau wisse, warum er etwas glaubt. Was ist von einem Glauben zu halten, der nur irgendetwas nachplappert, der einfach Glaubensinhalte übernimmt, ohne ihren wirklichen Sinn und Gehalt zu verstehen? Was nützt es, wenn man „Glaubensthesen" auswendig aufsagen kann, ohne verstanden zu haben, warum z.B. Jesus sterben musste, was es heißt, dass wir mit ihm gekreuzigt sind (Röm 6, 6), und was die Rechtfertigung allein aus Gnade nun konkret bedeutet?

Dieser „blinde Glaube" ohne wirkliches Verstehen könne nicht das Ziel sein, betonte z.B. auch die **altprotestantische Orthodoxie**[33]. Sie wolle keinen „eingewickelten oder Köhlerglauben", der Ungewusstes oder Unverstandenes einfach auf die Autorität der Kirche hin glaubt. Der Glaubende solle sich darüber klar werden, woran er glaubt. „Der Glaubensstand verlangt nach dem Glaubensverstand"[34], nur so wird er davor bewahrt, blinder, willkürlicher oder zufälliger Glaube zu sein, es geht um einen „gewissenhaften Gebrauch der Vernunft"[35], wie auch **Ebeling** betont.

Glaube als begründetes Wagnis

Während Thielicke den Glauben mit einem Blindflug vergleicht, Luther betont, dass sich im Glauben keine verstandesmäßigen „Sicherungen" finden, sind andere also sogar von der Notwendigkeit des Denkens für den Glauben überzeugt. **Pannenberg** spricht sich in neuerer Zeit prägnant dafür aus, Glaubensinhalte mit den Mitteln des Verstandes nachzuvollziehen, denn:
„Der Glaube ist *begründetes* Wagnis. Nicht der ‚Vollblindgläubige' glaubt ‚am besten', sondern der, der sich über seinen Glauben vor seiner von Gott anerschaffenen Vernunft Rechenschaft ablegt."[36]

Demnach ist es gerade kein Zeichen eines „gelungenen Glaubens", kein Zeichen von kindlichem Vertrauen oder Demut, wenn „unser Verstand bis zum äußersten rebelliert". Es ist ganz einfach Dummheit, ein *sacrificium intellectus*, eine Opferung unseres Verstandes, die sich rächen wird.

33 altprotestantische Orthodoxie: eine Glaubensrichtung der protestantischen Kirche des 17. Jahrhunderts
34 nach Fries, 1995, S. 93
35 nach Pöhlmann, 1990, S. 92
36 Pöhlmann, 1990, S. 93

Wir besitzen, dieser Position nach, so etwas wie ein **intellektuelles Gewissen**, das es uns auf Dauer unmöglich machen wird, etwas dem Verstand völlig Widersinniges zu glauben. Fordert man von jemandem, zu glauben, dass die Kreuzigung irgendeines Juden namens Jesus vor 2000 Jahren seine Erlösung heute bewirken soll, ohne dass man seinem Verstand Gründe für diese Behauptung liefert, so wird er dies entweder sowieso nicht annehmen oder, wenn er dies doch tut – vielleicht auf unsere Autorität, unsere Position als sein Lehrer hin – so wird sich sein intellektuelles Gewissen irgendwann melden. Irgendwann werden die unter den Teppich gekehrten Zweifel, warum dies denn eigentlich so ist, hervorkommen und seinen Glauben belasten – bis, ja bis er sich aufmacht und bemüht, auch mit dem Verstand nachzuvollziehen, warum er dieser Behauptung Glauben schenken soll.

Gott erwarte nicht, dass man etwas dem Verstand Uneinsichtiges glaube. Er wünsche sich sogar, dass unser Verstand und unser Glaube eins werden, dass sich nicht nur unser Herz bekehrt, sondern auch unser Kopf. Wir werden zwar nie Sicherheit in einem komplett logischen Gedankensystem finden, denn Glaube bleibt immer ein Wagnis, wir können ihn nicht „logisch beweisen". Dennoch ist er kein Wagnis, für das sich nicht auch mit dem Verstand nachvollziehbare Gründe finden lassen. Verstehen wir, warum die Kreuzigung notwendig war, was die Rechtfertigung aus Gnade bedeutet, so wird der Verstand nicht immer wieder mit Zweifeln zu kämpfen haben. Bemüht er sich um einen denkerischen Nachvollzug, um echtes Verstehen, so kommt er zur Ruhe, der Glaube steht damit auf einem festeren Fundament.

Zuerst verstehen, dann glauben?

Ein Theologe und Philosoph des beginnenden 12. Jahrhunderts, **Abälard**, führt die Forderung nach verstandesmäßiger Durchdringung des Glaubens so weit, zu formulieren:
„nihil credendum, nisi prius intellectum" (nichts ist zu glauben, wenn es nicht vorher verstanden wurde).

In ähnlichem Sinn schreibt der Philosoph **Weischedel**:
„Ich will zuerst wissen, was es mit dem Glauben auf sich hat, ehe ich mir die Frage stelle, ob ich ihn akzeptieren soll oder nicht ... Ich möchte, daß mir einsichtig gezeigt wird, inwiefern eine ... göttliche Autorität mich absolut zum Glauben bestimmen soll. Ich will also, wenn überhaupt, dann nicht blind, sondern sehend, nicht vor aller Einsicht, sondern erst aus der Einsicht Glaubender werden."[37]

Mit solchen Forderungen läuft man Gefahr, letztlich nie zum Glauben durchzudringen, weil immer Zweifel bleiben, bestimmte Fragen nicht vollständig geklärt werden können. Alles vorher verstehen zu wollen, kann letztlich zur Ausrede werden, der Anfrage Gottes auszuweichen, dem Wagnis des Glaubens eine Absage zu erteilen.

37 nach Pöhlmann, 1990, S. 94

Der Glaube ist denkmöglich.

Gegen die Sicht, der Glaube sei ein Paradox, stellt man klar, dass dies nicht das primäre Kennzeichen ist. Wohl sind Gottes Handlungen in dieser Welt „übernatürlich", sie übersteigen das dem Menschen in eigener Tat Mögliche. Im Wunder handelt Gott jenseits der uns vertrauten Abläufe dieser Welt. Doch all dies **ist denk-möglich**.

Denken wir an einen allmächtigen Gott, so erscheint es unserem Verstand durchaus einsichtig, um nicht zu sagen „logisch", dass dessen Wirkmacht jenseits der menschlichen Begrenzungen liegt. Wenn die Lehren Christi auch manchmal nicht leicht zu verstehen sind, es mitunter einiger Mühe des „Hineindenkens" bedarf, so sind sie doch nicht widersinnig oder absurd.

Selbst **das Paradox ist dem menschlichen Verstand zugänglich**, es kann sprachlich ausgedrückt und verstanden werden. Es gibt gedankliche Vorstellungsmöglichkeiten, wie Gottes Zorn und seine Barmherzigkeit zusammenpassen, oder wie Jesus zugleich ganz Gott und ganz Mensch sein kann. Wir können uns z.B. vorstellen, dass es eine höhere Ebene gibt, als sie unserem in Raum und Zeit eingebundenen Denken direkt zugänglich ist, und wir können in Vergleichen und Analogien versuchen, Geheimnisse auszudrücken.

Möglicherweise geringe Einschränkung der Vernunft durch den Sündenfall

Trotz einer grundsätzlich positiven Bewertung des Zustands der menschlichen Vernunft nach dem Sündenfall, wird nicht von allen Vertretern von einer vollkommenen Unversehrtheit oder gar Unabhängigkeit von Gott ausgegangen. Manche sehen gewisse (geringe) Einschränkungen und eine gewisse notwendige Erleuchtung der Vernunft.
Doch es finden sich auch sehr positive Einschätzungen, am stärksten z.B. formuliert bei Thomas von Aquin. Nach seiner Auffassung *„war der menschliche Wille vom Sündenfall betroffen, der menschliche Intellekt jedoch nicht."*[38]

Weder das Denken noch die Fähigkeit, logische Schlüsse zu ziehen, aus einer Fülle von Gedanken das Wesentliche zu abstrahieren etc. sind für ihn von der Sünde beeinflusst, weil sie lediglich „Instrumentcharakter" besitzen. Der Mensch kann sie zum Guten wie zum Bösen einsetzen, kann sich die größten Gemeinheiten ausdenken, aber seinen Verstand auch benutzen, um die Bibel zu lesen und Gottes Wege zu verstehen.

Hinweis:
In seiner positiven Sicht der Verstandesmöglichkeiten geht Thomas jedoch nicht so weit wie verschiedene Denker der Aufklärung, die, wenn sie denn überhaupt an einem Gottglauben festhalten wollten, die autonome Vernunft für mächtig genug erachteten, Gott allein aus eigenem Vermögen heraus zu erkennen, ohne spezielle Offenbarung oder Lehren der Kirche.
*Vor allem **Rousseau** propagierte die Möglichkeit einer **„natürlichen Religion"**. Er entwickelte eine „Vernunftreligion", für die er, auch wenn sie noch deutliche Parallelen zum „überkommenen" Christentum enthielt, in Anspruch nahm, sie allein mit seiner Verstandesleistung, ohne Bezug zum Glauben der Kirche, „er-dacht" zu haben. Ja, sie sei sogar denk-notwendig, jeder vernünftige Mensch werde zum selben Ergebnis kommen.*
Zumindest kurzzeitig gelangte seine Konzeption während der französischen Revolution zu Ruhm, als sie für einige Zeit zur Staatsreligion erklärt wurde.

38 Shaeffer, o.J., S. 11

Nach dem bisher Gesagten wird es nicht überraschen, dass eine **Trennung** zwischen **Glaubens- und Welterkenntnis**, so wie wir sie bei den Vertretern einer verstandes-*kritischen* Position gesehen haben, hier **abgelehnt wird.** Vielmehr ist die (mehr oder minder „erleuchtungsbedürftige") Vernunft das von Gott gegebene **Erkenntnisinstrument für alle Lebensbereiche**, von den obersten Fragen der Gotteserkenntnis bis hin zu den konkreten Fragen des Alltagsvollzugs.

Keine Trennung in zwei Erkenntnisbereiche

Verstand und Glaube widersprechen sich nicht grundsätzlich, sie haben einen gemeinsamen Herrn. Der so oft propagierte Widerstreit der beiden verhindert nur deren fruchtbares Miteinander, das den Menschen zu den höchsten Ergebnissen seiner Erkenntnisbemühungen leiten sollte.

Der Verstand ist durch den Sündenfall für wahre Erkenntnis unbrauchbar.
Der Verstand ist dem Menschen nach wie vor von Gott zum Gebrauch geschenkt:

Überdenken Sie noch einmal die dargestellten Positionen und überlegen Sie, welche Argumente Ihnen besonders wichtig erscheinen!

?

2. Denken in Unterordnung

Beim Lesen von Abschnitt II.1 wird schon aufgefallen sein, dass sich in der zuerst dargestellten verstandeskritischen Position manche Gedanken und Argumente finden, die aus Kapitel C als Aspekte der Vertrautheitserkenntnis bekannt sind. Müssen wir deshalb dieser Position vollständig zustimmen und der Vernunft in unseren Erkenntnisbemühungen ebenfalls keinen Platz zukommen lassen? Wenn wir dies jetzt weiter klären, können wir an einige Aussagen der zweiten Grundposition anknüpfen, dass der Verstand zum Menschen gehört, dass unsere Existenz ohne unser Denkvermögen nicht vorstellbar ist.

Denn auch für uns sind Vernunft und Glaube keine Gegensätze, sondern Vernunft ist uns von Gott als **ein wichtiges Instrument** gegeben, ohne das auch die Interpretation der göttlichen Botschaft nicht möglich wäre. Doch als ein Instrument hat unsere Vernunft, wie jedes Werkzeug, sowohl unterstützende Funktionen als auch Begrenzungen. Nur wenn wir uns dessen bewusst sind, können wir sie in guter Weise nutzen.

Die Vernunft ist ein wichtiges, aber begrenztes Instrument.

a. Credo, ut intelligam

Eine der klaren Grenzen unserer Vernunft ist, dass es ihr aus eigenem Vermögen nicht möglich ist, sichere Entscheidungen bezüglich der **Grundannahmen** zu treffen. Diese müssen „von außen", für uns durch Gottes Offenbarung geschenkt werden (vgl. Kap B I). Das **Empfangen und Annehmen der durch Gott offenbarten Grundannahmen** ist für uns eine wichtige **Voraussetzung**, die durch kein eigenes Nachdenken ersetzt werden kann.

Grundannahmen annehmen, aber auch verstehen

Doch daraus folgt nicht, dass jegliches Denken unzulässig wäre. Denn *sind die* ***Grundannahmen von Gott gegeben und vom Menschen angenommen, so kann die Vernunft Grundannahmen durchaus denkerisch nachvollziehen und nutzen.***

Was heißt das?
Nehmen wir das Beispiel des Wesens Gottes oder seiner Erlösungstat. Wir können lange nachdenken, wie Gott sein könnte, welche Eigenschaften Er haben könnte, wie er, wenn es nötig wäre, eine Erlösung ermöglichen könnte. Selbst wenn uns auf diesem Weg die Idee des Todes seines Sohns, des Fluchtods am Kreuz käme, hätte dies nur den Charakter einer unter vielen Denkalternativen.
Hier muss Gott zu uns sprechen, selbst erscheinen, Erlösung am eigenen Leib vollbringen und so Tausende von möglichen Denkalternativen auf eine einzige, reale reduzieren. Hat er dies getan, hat er sich selbst, seine Erlösungstat „offenbar" gemacht, dann ist es uns möglich, das Geschehene wiederum denkerisch nachzuvollziehen.

Es liegt also *jenseits* des Vermögens der Vernunft, die *Grundannahmen selbst zu klären*, doch wir können durchaus den Sinn der von Gott gegebenen Informationen begreifen, *seine Erklärungen nachvollziehen* (warum sein eigener Sohn auf diese Erde kam, warum die Sünde den Tod erfordert usw.).

Gott will sich verständlich machen.

Gerade für das Nachvollziehen seiner Botschaften können wir aus der ganzen Schrift außerdem schließen, dass Gott nicht unverständlich bleiben will, sondern in immer wieder neuer Weise versucht, sich den Menschen verständlich zu machen. Dabei kennt er sein Geschöpf, kennt dessen Verstandesmöglichkeiten, weiß, wie es um die Menschen nach dem Sündenfall bestellt ist. Deshalb hat er in seiner Liebe auf vielerlei Weise zu ihnen geredet, schließlich durch seinen Sohn selbst. (Hebr 1, 1–2)

Vergleich: Wie erklärt man einer Ameise das Internet?

Warum wir Gottes Botschaften dennoch nicht immer auf Anhieb verstehen und warum manche Lücken bleiben werden, kann der folgende Vergleich veranschaulichen, der auf das Bild vom Menschen, der zur Ameise wird (Kap B I.2.c), zurückgreift: Wenn wir uns diesen Menschen vorstellen, der bereit ist, zur Ameise zu werden, der Ameisengestalt und -sprache annimmt, so stellt sich durchaus die Frage, ob er in der Lage ist, den Ameisen seine ganze menschliche Realität wirklich in ihrer Fülle verständlich zu machen. Selbst wenn er Ameisenbilder, Vergleiche aus dem täglichen Leben der Ameisen verwendet, wird es schwer werden, die Funktionsweise von Autos, Flugzeugen oder Internet zu erklären, geschweige denn das diffizile Innenleben eines Menschen.

Die menschliche Realität ist um ein Vielfaches komplexer als die der Ameisen, ein volles Verständnis des Menschen wird nicht zu erreichen sein, manche uns ganz selbstverständlichen Sachverhalte werden den Ameisen paradox bleiben.

Und ebenso ist die „Welt" hinter der „Metaphysikgrenze" um ein Vielfaches komplexer als unsere menschliche Realität, sodass der Versuch Gottes, uns hierüber Informationen zukommen zu lassen, immer über die Grenzen unserer Verständnismöglichkeiten hinausführt.

Der Glaube ist nicht un-, sondern übervernünftig.

Doch dass wir nicht *alles* verstehen können, heißt nicht, dass der Glaube an sich unvernünftig ist. Vielmehr gilt, wie es vor allem im Rahmen der protestantischen Orthodoxie und der katholischen Tradition formuliert wurde:
„Glaube ist nicht unvernünftig, sondern übervernünftig."

Glaube geht also nicht *gegen* die Vernunft, sondern im Glauben ist man *jenseits* der Vernunft. Gottes Wesen, seine Pläne sind *jenseits* der Möglichkeiten unserer Vernunft, sind *über* allem Vermögen unseres Verstandes anzusiedeln.

Gottes Botschaften sind nicht *un*vernünftig, nicht absurd, nicht darauf angelegt, unserer Vernunft und Logik entgegengesetzt zu sein. Sie sind nicht prinzipiell der Art: „2+2=5 und rund = eckig!".
Aber Gottes Botschaften sind komplex und individuell, weshalb Er wesentlich umfangreichere „Formeln" braucht als 2+2=4 oder uns auch vermitteln muss, dass es Situationen gibt, die nicht einmal mit höherer Mathematik wiederzugeben sind.

Nicht, um uns das Leben schwer zu machen oder um uns zu ärgern, ist ein Teil seiner Botschaft so komplex, sondern aufgrund der dahinterstehenden komplexen Wirklichkeit. Und Gott versucht den Spagat, das, was über all dem für uns Denkbaren steht, im Rahmen unserer Verstandeskategorien ein Stück weit für uns fassbar zu machen.
Dabei werden wir auf dieser Erde, im Bild gesprochen, die komplexen Formeln nie ganz auflösen können, es werden Rätsel und Geheimnisse bleiben. Und doch sind wir aufgerufen, uns nach einem Verständnis seiner Wege, einem weitergehenden Auflösen der Formeln auszustrecken, und dürfen immer wieder erleben, dass zunächst widersinnig, unlogisch, paradox Erscheinendes im Zuge weiterer Gotteserfahrung, persönlicher Offenbarung, im Versuch der denkerischen Durchdringung, (auch für die Vernunft) einsichtig, ja regelrecht „sinnvoll" werden kann.

Was ist Gottes „Anknüpfungspunkt"?

Wenn Gott sich uns verständlich machen möchte, ist es eine Frage, an welchem „Punkt" er dabei anknüpfen kann. Die Theologen Karl Barth und Emil Brunner hatten eine längere Diskussion über diesen **Anknüpfungspunkt**.

Emil Brunner argumentierte, dass Gott aufgrund seines Offenbarungswillens und seiner Kenntnis unseres Vermögens **an unsere Möglichkeiten anknüpft**. Er zeigt sich uns so, dass wir es verstehen können, arbeitet mit unseren menschlichen Bildern, anders hätten wir keine Chance, seine Botschaft zu verstehen.
„Es gibt auch für den Glauben keine andere Sprache und Vorstellungswelt als die menschliche."[39]

Zu Beginn seines Wirkens verfolgte **Karl Barth** hingegen das **Prinzip der Dialektik**, d.h., er setzte Gott und Welt in **ein Verhältnis größtmöglichen Widerspruchs**. Der Mensch in seiner Weltlichkeit ist blind und taub, die natürlichen Fähigkeiten nützen ihm nichts im Verständnis von Gottes Offenbarung und Wegen. Offenbarung ist geistlicher Natur und kann auch nur geistlich verstanden werden, d.h., sie geschieht ohne Rücksicht, ohne Zuordnung zu den natürlichen menschlichen Möglichkeiten und Fähigkeiten.

Später revidierte Barth diese Auffassung und wechselte zum **Prinzip der Analogia**. Demnach ergeben sich zwischen den Inhalten des Glaubens und den Erfahrungen

39 Fries, 1995, S. 106

des Menschen in dieser Welt doch Ähnlichkeiten, **Entsprechungen**, etwa zwischen „Gottvater" und einem (guten) menschlichen Vater.
Gott spricht und nutzt dabei, so Barth jetzt, unsere üblichen, menschlichen Bilder und Erfahrungen, knüpft ein Stück weit an unserer Erlebniswelt an.

Barth geht in seiner Vorstellung von Analogien als Anknüpfungspunkt jedoch nicht so weit wie Brunner, er betont erheblich mehr als dieser, dass Gott der ganz andere ist, derjenige, der all unsere Erfahrungen und Bilder übersteigt.

Wir gehen also davon aus, dass unser Verstand ein von Gott geschenktes „Instrument" ist, mit dem wir, wenn auch im Rahmen begrenzter Möglichkeiten, Gottes „übervernünftige" Botschaften erfassen können.
Ganz konkret müssen wir für diesen Gebrauch unserer Vernunft nun weiter fragen, was das Maß des Denkens im Verhältnis zum reinen (nicht durch verstandesgemäße Argumente „gesicherten") Glauben sein soll.

Credo, ut intelligam.

Eine in diesem Zusammenhang sehr gelungene Formulierung bietet uns **Anselm von Canterbury**, wenn er sagt: *Neque enim quaero intelligere, ut credam, sed credo, ut intelligam.* Nicht nämlich will ich verstehen, um dann zu glauben, **sondern ich glaube, um dann zu verstehen.**

?

Credo, ut intelligam.
Nehmen Sie sich zunächst Zeit, selbst über diese Aussage nachzudenken: Was wird Ihnen alles deutlich, wenn gesagt wird, dass der Mensch glaubt, um zu verstehen?

Credo, ut intelligam. Ich glaube, um dann zu verstehen.
Beides, Glaube und Denken, ist wichtig, doch findet sich (wieder einmal) eine eindeutige Präferenz, eine klare Rangordnung. Zu einem biblischen Verhältnis finden beide nur in der Rangordnung von **„Eigentlichem und Nachgeordnetem"**. Das Denken wird zuerst am Kreuz „geeicht", vom Glauben her „erleuchtet", dann aber nicht „abgeschnitten", sondern gebraucht.

„Das Eigentliche" — **Glaube**
„Das Nachgeordnete" — **Denken**

Die Reihenfolge ist entscheidend, das Eigentliche muss das Eigentliche bleiben. Es darf nie dazu kommen, dass ich nur bereit bin, etwas zu glauben, wenn ich es denkerisch völlig nachvollziehen kann, wenn es mir bis ins Letzte logisch erscheint.

Die Grenzen dieser Möglichkeit sind durch die Überlegungen Kants über das Vermögen der theoretischen Vernunft ja bereits gesteckt (vgl. Band 1, Kap B): Sie kann nur im Bereich des sinnlich Wahrnehmbaren zu übereinstimmenden Ergebnissen kommen, ist aber nicht fähig, Antworten auf metaphysische Fragen sicher zu finden, sie ist hierfür nicht das geeignete Instrument.

Der Glaube ist die Grundlage.

Doch auch die praktische Vernunft, das von Kant der Vernunft zugeschriebene eigene Wissen um Werte und Ziele (Band 1, Kap B), können wir hier nicht als letzte Instanz akzeptieren. Nicht das Denken ist für uns die Voraussetzung, sondern erst der Glaube leitet das Denken auf die rechte Spur, erst durch den Glauben wird der Weg bereitet zum wirklichen Verstehen, erst hier erhalten wir den Zugang zu den Grundannahmen, mit deren Hilfe wir die Erfahrungen dieses Lebens recht deuten können.
Erst kommt das **„credo ...“**, dann das *„... ut intelligam“* ... (Ich glaube, **auf dass** ich erkenne)
Es „kommt der Mensch durch den Glauben erst zur Vernunft. Vernunft ist gar nicht möglich ohne Glauben, ohne die Einordnung des labilen Erkenntnisvermögens in die Gottesbeziehung als Ort, der allein Erkenntnis und heilvollen Weltumgang garantiert.“[40]

Im Glauben wird uns also ein **Denkrahmen** geschenkt, es wird ein Bereich abgesteckt, in dessen Grenzen unsere Vernunftaktivität beheimatet sein kann. Der Glaube ist *„Voraussetzung, Ausgang und Zielpunkt aller rationaler Tätigkeit und Bemühung, und diese bewegen sich in dem durch den Glauben bestimmten Horizont.“*[41]

Unser Denken ist nicht unabhängig, autonom, ist sich nicht selbst genug, sondern es ist demütig und erkennt, dass es einen Anker braucht, einen Bezugspunkt, von dem her es denkt. Man kann sagen, auch unser Denken muss sich *bekehren*. Das, was wir in Kapitel C allgemein formulierten, die Anerkennung Gottes, die für unsere Erkenntnisbemühungen unbedingt notwendige Unterordnung unseres Seins unter seine Herrschaft, besitzt auch für unser Denken seine Gültigkeit.

Auch wir glauben also an die Notwendigkeit einer *„Erleuchtung“* der Vernunft. Nur im Ausstrecken hin zum Offenbarer, im Bekennen der eigenen Bedürftigkeit und „Erkenntnis-Unfähigkeit“, in der Bitte an ihn (so wie etwa in Epheser 1, 17–18 ausgedrückt) werden unsere Augen geöffnet:
Ich bete *„dass der Gott unseres Herrn Jesus Christus, der Vater der Herrlichkeit, euch gebe den Geist der Weisheit und der Offenbarung, ihn zu erkennen. Und er gebe euch erleuchtete Augen des Herzens, damit ihr erkennt, zu welcher Hoffnung ihr von ihm berufen seid, wie reich die Herrlichkeit seines Erbes für die Heiligen ist.“*

Das Denken folgt nachgeordnet.

Doch auch wenn es um „Denken in der Unterordnung“ geht, so geht es doch um Denken. Auch wenn das Denken am Kreuz „geeicht“ werden muss, so bleibt es doch Denken. Anselm sagt zuerst *„credo“*, das ist wahr, doch dann spricht er auch das **„ut intelligam“**.
Glaube wird nicht aus dem Denken abgeleitet, aber **er schließt ein Denken ein**.

Keinesfalls dürfen wir uns als Christen das Denken madig machen lassen, es als etwas Gefährliches, Anrüchiges, Säkulares ansehen. Wir dürfen und sollen den Verstand als Gabe Gottes in der Unterordnung zu Gott gebrauchen, voller Freude anwenden, seine Möglichkeiten ausschöpfen.

40 Hempelmann, 1994, S. 2085
41 Fries, 1995, S. 93

Wenn wir das Bild vom Glauben als Blindflug noch einmal aufgreifen, so können wir den Vergleich so ausweiten, dass der Verstand uns z.B. in der Weise helfen kann, wie ein Flugkapitän durch die Geräte im Cockpit eines Flugzeuges im Kontakt mit der Bodenstation Anweisungen für seinen Blindflug bekommt. Der Verstand kann uns helfen, Gottes Signale zu empfangen, zu verstehen und entsprechend umzusetzen. Kein Flugkapitän würde einen Blindflug wagen, ohne die entsprechende Ausbildung absolviert zu haben, es ist ein „begründetes Wagnis", das er eingeht. Er vertraut nicht völlig blind, sondern weiß, wem er vertraut, und hat das nötige Wissen, dieses Vertrauen auch in Handlungen umzusetzen.

Ebenso soll unser Verstand mithelfen, Gottes Führungen umzusetzen. Wie die Instrumente im Flugzeug braucht er den Kontakt zum „Tower" und dient mit diesem Kontakt der lebenswichtigen Kommunikation.

Als Christen haben wir (zumindest in einigen Kreisen) hier kein gutes Zeugnis abgegeben, ging die Verstandesskepsis doch mitunter so weit, dass vor allzu viel Bildung gewarnt wurde, da im Zuge einer Ausbildung durch scheinbar gute Argumente der Gegenseite Glaubenszweifel entstehen könnten. Das wirkt, als sei der Glaube an Christus nur zu „retten", wenn man „dumm" bleibt. Doch dies hat der Glaube nicht nötig, er ist zwar, wie wir inzwischen wissen, vom Denken her nicht zu beweisen, gibt aber vor dem „Verstandestribunal" kein allzu schlechtes Bild ab.

In jedem Fall dürfen wir das Denken nicht anderen überlassen. Wie in vielen Jahrhunderten gang und gäbe, sollten Christen an vorderster Front der Forschung zu finden sein, sollten wir im Bereich der Welterkenntnis präsent sein, unseren Beitrag zur Weiterentwicklung im Bereich von Medizin, Biologie, Chemie oder Wirtschaftswissenschaften leisten.

Und auch im Bereich der Glaubensfragen sollten wir das Ziel eines „entwickelten" Glaubens haben, sollten wissen, was wir warum glauben und unsere Glaubensaussagen nicht einfach unbesehen übernehmen. Wir sollten uns auch selbst Rechenschaft darüber ablegen, welches Bild wir von Gott und seinen Wegen haben, wie wir biblische Grundlehren verstehen wollen.

Wir dürfen den Verstand nicht opfern. Er kann, wenn er recht, eben in Unterordnung, gebraucht wird, einen ganz wesentlichen Beitrag zur Stabilisierung unseres Glaubens leisten. Können Kopf und Herz Ja zur biblischen Lehre sagen, werden Zweifel nicht unter den Teppich gekehrt, sondern bearbeitet, so brauchen wir keine Angst vor den Gedanken anderer zu haben, vor weltanschaulicher oder konfessioneller Auseinandersetzung, wissen wir doch, warum wir etwas zum Glaubensinhalt gewählt haben.

b. Blinder Glaube und begründetes Wagnis

Lucy: Das klingt ja sehr motivierend. Aber könntest du vielleicht an einem Beispiel erklären, was du machst, wenn du eine Glaubenswahrheit nicht verstehst, dein Kopf rebelliert. Gibt es da nicht wirklich Situationen, in denen alle logischen Begründungsversuche scheitern, man eben doch blind vertrauen muss?

Überlegen Sie, ob es für Sie in Ihrem Leben im Moment oder in der Vergangenheit eine Frage gibt, bei der das, was Sie als Glaubenswahrheit gelernt und anerkannt haben, nicht mit Ihrer Erfahrung zusammenpasst. Wie gehen Sie mit diesem Problem um?

Beispiel: Die Frage nach dem Leid und der Liebe Gottes

Kathrin: Ich kann euch dazu etwas von meinem Weg im Umgang mit der Frage nach Gottes Liebe und Güte angesichts von Leid erzählen. Mit diesem Problem der **Theodizee**[42] hatte ich, wie viele andere Christen auch, über lange Zeit Probleme. Immer wieder kämpfte ich mit meinen Fragen und verschiedenen Antwortversuchen, die mir aber alle zu kurz griffen. Ohne hier nur im Ansatz behaupten zu wollen, mit dieser Frage „fertig" zu sein, gab es doch einige Aha-Erfahrungen, sodass mir ein wenig mehr vom Sinn Gottes in all dem sichtbar wurde.

Ein erster Schritt des Verstehens kam, als mir deutlich wurde, dass Schmerz eine wichtige **Funktion als Signalgeber** hat. Ich hatte es als ein primäres Ziel eines liebenden Wesens angesehen, für möglichst große Schmerzfreiheit bei seinem Gegenüber zu sorgen. Folglich musste Gott, wenn er ein Gott der Liebe ist, Schmerz und Leid verhindern. Doch dann wurde mir bewusst, dass z.B. ohne Schmerz unsere Hand auf der heißen Herdplatte halb verbrennen würde, bis wir einmal zufällig hinsehen. Nur aufgrund des Schmerzes merken wir sofort, dass hier „Gefahr" droht, reflexartig ziehen wir unsere Hand von der Platte weg.

Dies war ein erster Schritt, noch wichtiger wurde es mir, als ich die Notwendigkeit einer **Prioritätenverschiebung** erkennen konnte. Nicht die Verhinderung von Leid, von Schmerz kann das größte Ziel des Gottes der Liebe sein, sondern sein vorrangigstes Ziel wird im Umwerben unseres Herzens **für die Liebe** bestehen. sein großes Sehnen besteht darin, uns das Geheimnis der Liebe zu lehren, unsere Herzen aus ihrer Kälte zu befreien, ins Sehen des Gegenübers, in die konkrete Liebe zum anderen hineinzuführen.

Zum wichtigsten Punkt wurde mir die Erkenntnis, dass **Leid eine Konsequenz seiner Liebe ist**, seiner Geduld mit mir, mit uns Sündern. Ich sündige, verletze andere Menschen damit, füge ihnen Leid zu. Wie kann Gott dies verhindern? Er könnte mich mit einem Blitzschlag vernichten, könnte mir meine Handlungsfreiheit nehmen, doch was kann er tun, wenn er mich nicht zur Marionette degradieren will, mir noch eine weitere **Chance zur Umkehr** geben will. Will er mich nicht vernichten, wird Er mich sündigen lassen müssen – und dies bedeutet Leid, Leid für mich und andere Menschen.

42 Theodizee (griech.) ist die Frage: Wie kann man Gott als liebenden, gütigen und allmächtigen Gott bezeichnen (verteidigen, rechtfertigen), obwohl er Leid und Böses in dieser Welt zulässt?

Tom: Das klingt verständlich – aber ziemlich harmlos erzählt. Wo war jetzt der Auseinandersetzungsprozess von Glaube und Denken? **Wo hast du dein Denken in Unterordnung eingesetzt?**

Kathrin: Zu Beginn, als ich mich damit beschäftigt habe, darüber nachgedacht habe, bin ich ja immer nur auf Widersprüche gestoßen. Das Leid konnte ich nicht leugnen, also wäre die natürliche Reaktion des Verstandes gewesen, die „These" vom liebenden Gott ad acta zu legen. Doch das wollte ich nicht, also habe ich, genau wie die Vertreter des „blinden Vertrauens" fordern, mich an der Person Gottes selbst festgehalten, bin nicht von ihm abgewichen, habe ihm ohne alles Verstehen vertraut, weil er größer ist.

Aber ich bin nicht dabei stehen geblieben, habe es nicht als Normalität erachtet, dass mein Verstand so rebelliert, ich so im Nebel stehe. Ich habe Gott deutlich mein Unverständnis hingehalten, um nicht zu sagen, ihm die Bude eingerannt mit all meinen Zweifeln. Ich habe außerdem gelesen, nachgedacht, andere Leute, geistliche Lehrer dazu gefragt.

Und da wurde mir tatsächlich einiges geschenkt. Auch wenn manches immer noch offen ist, habe ich insgesamt heute auch vom Kopf her erheblich mehr Frieden als früher, na und das hat meinen Glauben ganz schön stabilisiert.

Lucy: Nachvollziehbar. Doch hast du es auch schon einmal erlebt, dass keine so tolle „Auflösung" kam, gab es schon Situationen, in denen du trotz allem Ausstrecken gemerkt hast, dass es unverständlich blieb?

Nicht immer gibt es Antworten.

Kathrin: Oh ja, auch das habe ich schon durchlebt, gerade in jüngster Vergangenheit. Also, von der Bibel her bin ich grundsätzlich überzeugt, dass Gott redet und uns führen will. In einem für mich sehr wichtigen Bereich hatte ich nun sehr konkrete, um nicht zu sagen „verrückte" Führungen erlebt, die ich eigentlich nur so deuten konnte, dass Gott mich in der Sache zu etwas ganz Bestimmtem herausfordern wollte. Daraufhin bin ich diesen Schritt auch gegangen … und bin, um es ehrlich und auf Deutsch zu sagen, völlig auf die Schnauze gefallen, denn genau das Gegenteil vom Erwarteten kam schließlich zustande.

Trotz monatelangem Suchen, Fragen, „Gott die Bude Einrennen" habe ich in dieser Sache bislang keine Antwort erhalten. Hier stehe ich im Moment wirklich an dem Punkt, wo mich nur kindliches Vertrauen gegen alles Verstehen hält, wo ich nur vor Gott stehen und sagen kann: ‚Auch wenn ich nichts verstehe, Du bist Liebe, Du bist kein Gott, der einen absichtlich in die Irre führt.'

Darin stehe ich – und habe nicht aufgehört, meine Fragen zu stellen! Ich hoffe auf eine Antwort, auch wenn ich nicht weiß, ob ich sie jemals erhalten werde.

Am Offenbarungswissen festhalten und Gott weiter Fragen stellen

Doch um zurückzukommen, ihr seht, beides ist wichtig. Ich werde das Offenbarungswissen nicht „opfern". Ich werde die biblische Offenbarung, dass Gott Liebe ist, nicht aufgrund einer Beobachtung des Leids (die ich noch nicht verstehe) auf die Seite schieben. Aber ich werde auch nicht aufhören, nach Antworten zu suchen und mein Denken bei dieser Suche nach Antworten zu benutzen, *in einem ausgewogenen Zusammenspiel zwischen Denken und Glauben, mit einer Eichung des Denkens vom Kreuz her.*

Die Eichung des Denkens am Kreuz

Emil Brunner verwendet ein schönes Bild für diese Eichung des (theologischen) Denkens am Kreuz:
Der „Denkakt läßt sich also mit einer Bewegung vergleichen, die durch die Wirksamkeit zweier verschieden gerichteter Kräfte, zum Beispiel einer tangentialen und einer zentripetalen[43], entsteht. Das rein rationale Element des Denkens, die Logik, hat die Tendenz, von jedem gegebenen Punkt aus geradlinig weiterzugehen; der Glaube aber verhindert ständig diese Geradlinigkeit durch den Zug zum Zentrum. So entsteht statt einer Geraden eine Kreisbewegung um das Zentrum – und das ist das Bild für das theologische Denken. Theologisches Denken ist eine rationale Denkbewegung, deren rationale Konsequenz ständig, in jedem Punkt, durch den Glauben abgebogen, gehemmt oder gestört wird. Wo das rationale Element nicht wirksam ist, da entsteht keine Denkbewegung, keine Theologie; wo das rationale Element allein wirksam ist, da entsteht eine rationale, spekulative Theologie, die von der Offenbarungswahrheit wegführt. Nur wo Glaube und Rationalität richtig ineinandergreifen, entsteht rechte Theologie, rechte Dogmatik."[44]

Biblische Aussagen über Weisheit und Torheit richtig interpretieren

Kathrin: Für mein „Denken in Unterordnung" war es in den letzten Jahren auch wichtig, einige Bibelstellen, die ich im Zusammenhang von Glaube und Denken immer wieder gehört habe, in ihrer Bedeutung zu klären, zum Beispiel diese beiden:
„Denn dies ist unser Ruhm: das Zeugnis unseres Gewissens, dass wir in Einfalt und göttlicher Lauterkeit, nicht in fleischlicher Weisheit, sondern in der Gnade Gottes unser Leben in der Welt geführt haben, und das vor allem bei euch."
(2 Kor 1,12)
„Zu der Zeit fing Jesus an und sprach: Ich preise dich, Vater, Herr des Himmels und der Erde, weil du dies den Weisen und Klugen verborgen hast und hast es den Unmündigen offenbart." (Mt 11,25)

Tom: Über diese Aussagen bin ich auch schon gestolpert. Beim ersten Lesen scheint der Schluss nahezuliegen, dass Jesus und Paulus mit der Hervorhebung der „Einfalt", der „Unmündigkeit" das Ziel der „Dummheit" propagieren.

Kathrin: Ja, so ging es mir auch. Wendet man sich jedoch den griechischen Originalbegriffen zu, so erkennt man, zumindest im ersten Fall, dass mit dem griechischen Wort für Einfalt, *„haplotes"* eher die Aufforderung zur Ehrlichkeit, zur Ernsthaftigkeit verbunden ist, es darum geht, kein Falsch, keine List und Tücke im Herzen zu tragen, nicht selbstsüchtig zu sein.
Im zweiten Fall finden zwar tatsächlich die Begriffe für „Weisheit", „Klugheit", „Intelligenz" (*griech. sophos, sunetos*) Verwendung. Doch sind diese Begriffe eng mit der Vorstellung der jüdischen Schriftgelehrten und besonders der griechischen Philosophen verbunden, denen ihre Klugheit, ihr Intellekt häufig zum Götzen geworden war, die meinten, mit ihm den eigentlichen Schlüssel zu Gott und aller Erkenntnis selbst innezuhaben.

Tom: Damit ist aus dieser Stelle wirklich keine allgemeine Bildungsscheu zu rechtfertigen oder die Meinung, Christen müssten „unmündig" im Sinne von dumm sein und bleiben.

43 tangential (lat.): am Kreis vorbeilaufend, ihn nur in einem Punkt berührend
zentripetal (griech.-lat.): zum Mittelpunkt, zum Drehzentrum hinstrebend
44 E. Brunner, Bd. 1, 1960, S. 86

Lucy: Es soll wohl eher heißen:
Bilde dir bloß nichts auf deine Klugheit, deine denkerische Fähigkeit ein, das ist nicht das Eigentliche, das Wichtigste im Reich Gottes. Nicht die menschlich Klügsten haben die besten Voraussetzungen, um die Geheimnisse Gottes zu erkennen, sondern die, deren Herzen sich ungeteilt nach ihm ausstrecken. Nicht die Frage, wie viel IQ jemand mitbekommen hat, entscheidet über seine geistliche Einsicht, sondern seine Bereitschaft in Unterordnung zu Gott zu leben und zu denken.

Kathrin: Ja, Gott hat durchaus nichts gegen die Ausbildung unseres Denkorgans und einen „Glauben als begründetes Wagnis", solange wir nicht meinen, dann aus eigener Kraft Gott und seine Wege erkennen zu können.

Welt- und Glaubenserkenntnis manchmal trennen

Tom: Eine Frage hätte ich noch zu der **Trennung zwischen Welt- und Glaubenserkenntnis.**
Es gibt doch einerseits so etwas wie „Weltfragen", z.B. Fragen, die den Bau von Autos, die Funktionsweise der Flora und Fauna unseres Planeten betreffen und andererseits „Glaubensfragen", Fragen der Gotteserkenntnis, des Verständnisses Seiner Handlungsweisen und Absichten mit dem Menschen. Ich kann mir immer noch schwer vorstellen, hier gar keine Trennung vorzunehmen. Wie viel muss der Wissenschaftler dann auch „blind vertrauen"? Wie weit muss der Christ seinen Glauben „begründet" haben? Schränkt man so nicht die Möglichkeiten der Wissenschaft *und* des Glaubens ein?

Kathrin: Bisweilen scheint es so. Zum Beispiel war der Glaube zur Zeit der Aufklärung mehr und mehr unter das Diktat des Denkens gekommen. Geglaubt werden konnte nur noch, was sich auch denkerisch einwandfrei erfassen ließ. Um den Glauben von dieser „Geisel" zu befreien, bemühten sich Christen, die „Eigenständigkeit" des Glaubens zu begründen, indem sie einen eigenen Bereich der Glaubenserkenntnis definierten.

So konnte man im Bereich der wissenschaftlichen Welterforschung die Errungenschaften des Denkens, all die entdeckten Gesetzmäßigkeiten ohne Probleme stehen lassen, dort durfte das Denken seine Herrschaft feiern – solange es sich aus dem Bereich des Glaubens heraushielt. In Glaubensfragen dagegen wollte man von eben jenem Denken in Ruhe gelassen und nicht mehr ständig mit dem Vorwurf konfrontiert werden, man müsse Glaubensaussagen erst einmal bis ins Letzte beweisen, bevor man sie verkünde.

Der Konflikt zwischen Glaube und Wissenschaft wurde durch diese Aufteilung zwar tatsächlich gemildert. Doch dieser „Friede" wurde teuer bezahlt, denn es kam zu einer Einengung des Glaubens auf den privaten Bereich, nach dem Motto: „Religion und Glaube haben es nicht mit objektiven Wahrheiten über die Wirklichkeit zu tun, sondern mit der persönlichen Lebenseinstellung, mit dem persönlichen Verhältnis des Menschen zu Gott, zur Welt und zum Mitmenschen."[45]
Glaube wurde zur rein subjektiven Angelegenheit; über das, was wahr ist, was als „harte Fakten", als „objektiv" galt, konnten nun andere Instanzen ungehindert entscheiden.

Vollziehen Christen eine solche Trennung, so wird eine Tendenz verstärkt, die wir eigentlich bekämpfen sollten. Der Glaube erhält den Beigeschmack des Irrationalen, des vom Denken Verschiedenen, wird so verstanden, als hätten logische Begründungen darin keinen Platz. Und er wird aus dem Umfeld der Wissenschaft ganz verbannt, sodass Forschung sich von den offenbarten Grundannahmen löst.

45 Hafner, 1994, S. 2125

Ich möchte lieber auf eine solche Trennung verzichten und wünsche mir für meinen Glauben und mein Denken eine Zunahme an Weisheit von der Art, wie der Alttestamentler **Gerhard von Rad** sie als Weisheitsverständnis des alten Israels beschreibt:
„Weisheit umspannt den profanen und religiösen Bereich, sie ist praktische Alltagserfahrung und Gottesfurcht zugleich, Wissen und Glauben zugleich, ***Glaube, der durchs Wissen hindurch gegangen ist, und Wissen, das durch den Glauben hindurch gegangen ist,*** *Weisheit ist* ***wissender Glaube*** *und* ***glaubendes Wissen.*** *"*[46]

FAZIT

Der letzte Abschnitt hat uns Argumente geliefert, Glauben und Denken nicht zu trennen, uns als Gläubige weder aus der Welt noch aus der gedanklichen Durchdringung der Fragen und Probleme dieser Welt zurückzuziehen.
Glaube und Denken gehen Hand in Hand – und das sowohl bei der Welt- als auch bei der Glaubenserkenntnis!

So ist die Wissenschaft, die Erforschung der Fakten keine reine Verstandessache, denn eine Interpretation der Fakten ist ohne Grundannahmen nicht möglich. Diese aber sind immer metaphysisch letztgebunden, ohne Glaubensentscheidung nicht zugänglich. Immer ist es Glaube, der das Rahmenkonzept liefert, mit dem die Fakten dieser Welt gedeutet werden.

Und dieser Bereich der Glaubensfragen wiederum ist kein dem Denken völlig gegensätzlicher Bereich. Glaubenszusammenhänge sind nicht irrational, nicht unvernünftig, sondern lediglich *über*-vernünftig, Gott will sich uns verständlich machen, doch ist die Höhe und Fülle seiner Ratschlüsse für uns Menschen nicht vollständig erfassbar.

Stoßen wir auf uns unverständliche Aspekte, so gilt es einerseits, sich nach dem „begründeten Glauben", nach denkerischen Begründungs- und Verständnishilfen auszustrecken. Andererseits darf es aber auch nicht, falls diese „Hilfe" ausbleibt, ein Teil von Gottes Ratschluss unverständlich bleibt, zu der Konsequenz kommen, dass wir Gottes Wort, seine Offenbarung, seinen Ratschluss ad acta legen. Hier gilt es letztendlich im reinen Vertrauen auf seine Person, d.h. auch im blinden Vertrauen ruhen zu können.

Glaube und Denken sind kein Gegensatz, der Glaube widersteht nicht dem Denken, sondern höchstens dem autonomen Denken, dem Denken, das sich selbst letzte Wahrheitsinstanz sein will, sich nicht der göttlichen Richtungsweisung unterordnen will.

46 in Pöhlmann, 1990, S. 95f

III. Christliche Psychologie und säkulare Wissenschaften

Nachdem wir geklärt haben, dass wir im Rahmen Christlicher Psychologie die Wege der Wirklichkeitsbefragung und des Nachdenkens nutzen können, und sich damit gewisse Parallelen zu den säkularen Wissenschaften ergeben, soll in diesem letzten Abschnitt unser Verhältnis zur säkularen Wissenschaft (und damit auch zur säkularen Psychologie) näher beleuchtet werden.

Einsteigen werden wir mit der schon immer wieder angeschnittenen Frage, was eigentlich „säkular" ist, und werden die Überlegungen hierzu noch einmal zusammenfassen und vertiefen.

1. Zusammenfassung: Was ist wirklich säkular?

a. Die Prägung durch die Herzensausrichtung der Forschenden

Die Antwort auf die Frage, was als säkular zu bezeichnen sei, lässt sich prägnant so zusammenfassen: *Der Begriff des Säkularen ist keine Ortsbezeichnung,* ***sondern die Beschreibung einer Herzenshaltung***.

Damit meinen wir, dass nicht unsere Welt an sich, nicht bestimmte Orte und auch nicht der „Ort" des menschlichen Verstandes als „säkular" oder ungöttlich zu bezeichnen sind. Entscheidend ist vielmehr, mit welcher Herzenshaltung man an diesen „Orten" lebt, arbeitet und forscht, wie jemand also Verstand und Wirklichkeit nutzt.

Wie können wir das begründen?

Unterscheidung von Herrschaftsbereichen

Wir wollen nicht leugnen, dass in der Bibel selbst zwei Herrschaftsbereiche definiert werden, das **Reich Gottes** und **„dieses Zeitalter"** (*saeculum*), in dem der **Fürst dieser Welt**, der eigentlich besiegt ist, noch eine gewisse Macht hat, bis ihm das völlige Ende bereitet ist.

> *„Ich werde nicht mehr viel mit euch reden, denn es kommt der Fürst dieser Welt. Er hat keine Macht über mich."* (Joh 14, 30)
>
> *„Wenn euch die Welt hasst, so wisst, dass sie mich vor euch gehasst hat. Wäret ihr von der Welt, so hätte die Welt das Ihre lieb. Weil ihr aber nicht von der Welt seid, sondern ich euch aus der Welt erwählt habe, darum hasst euch die Welt."* (Joh 15, 18–19)

Gottes Herrschaftsbereich ist nicht räumlich einzugrenzen.

Doch wenn wir uns genauer mit den Aussagen Jesu beschäftigen, wird deutlich, dass *Reich Gottes* und *Welt* keine Ortsangaben sind. So erklärt er z.B. der Samariterin, die ihm entgegenhält, dass man ja gar nicht wissen könne, *wo* Gott zu finden sei (*Joh 4, 20: „Unsere Väter haben auf diesem Berge angebetet, und ihr sagt, in Jerusalem sei die Stätte, wo man anbeten soll."*):

> *„Gott ist Geist, und die ihn anbeten, die müssen ihn im Geist und in der Wahrheit anbeten."* (Joh 4,24)

Auch folgende Stelle aus dem Lukasevangelium (17,20) macht deutlich, dass die Trennung zwischen der Welt und dem Reich Gottes nicht räumlich zu verstehen ist:

> *„Als er aber von den Pharisäern gefragt wurde: Wann kommt das Reich Gottes?, antwortete er ihnen und sprach: Das Reich Gottes kommt nicht so, dass man's beobachten kann; man wird auch nicht sagen: Siehe, hier ist es! oder: Da ist es! Denn siehe, das Reich Gottes ist mitten unter euch."*

Man kann sich die verständnislosen Blicke der Zuhörer vorstellen: „... das Reich Gottes mitten unter uns? – Wir sind doch immer noch dieselben jüdischen Männer, unfrei in einem besetzten Land – das soll Reich Gottes sein?!? Ist Reich Gottes denn nicht, dass Israel wieder wird wie zu Zeiten des Königs David?"

Besonders deutlich wird die Tatsache, dass Reich Gottes (hier Himmelreich) wohl kein bestimmter Ort auf dieser Welt ist, auch an folgendem Gleichnis:

> *„Das Himmelreich gleicht einem Menschen, der guten Samen auf seinen Acker säte. Als aber die Leute schliefen, kam sein Feind und säte Unkraut zwischen den Weizen und ging davon ... Lasst beides miteinander wachsen bis zur Ernte; und um die Erntezeit will ich zu den Schnittern sagen: Sammelt zuerst das Unkraut und bindet es in Bündel, damit man es verbrenne; aber den Weizen sammelt mir in meine Scheune."* (Mt 13,24–30)

Dicht beieinander, auf einem Feld, so eng, dass man es gar nicht trennen könnte, ohne dem guten Samen zu schaden, wächst offensichtlich, was zum Reich Gottes gehört und was der Feind gesät hat. Gott richtet keinen extra Acker für uns ein, er lässt uns mitten unter dem Unkraut wachsen und traut uns zu, dass wir trotzdem in der Verbindung zu ihm bleiben und am Schluss in seine Scheunen gesammelt werden.

Säkular ist eine Frage der Herzenzhaltung.

Die klare Trennung, die erfolgen muss, ist keine räumliche, sondern betrifft die Herzenshaltung: Hat sich ein Mensch auf den „Fürsten dieser Welt" oder auf Christus hin ausgerichtet? Ist er ein „Mitgenosse der Kinder des Zorns" oder folgt er Gottes Beispiel als ein „Kind des Lichts":

> *„Denn das sollt ihr wissen, dass kein Unzüchtiger oder Unreiner oder Habsüchtiger – das sind Götzendiener – ein Erbteil hat im* **Reich Christi** *und Gottes. Lasst euch von niemandem verführen mit leeren Worten; denn um dieser Dinge willen kommt der Zorn Gottes über die Kinder des Ungehorsams. Darum seid nicht ihre Mitgenossen. Denn ihr wart früher Finsternis; nun aber seid ihr Licht in dem Herrn. Lebt als Kinder des Lichts."* (Eph 5,5–6)

Hinweis:
Wir wollen damit nicht ausdrücken, dass es keine Örtlichkeiten gäbe, an denen die Herrschaft Gottes auf der einen Seite, die Herrschaft des Feindes auf der anderen Seite besonders präsent ist, denken wir z.B. einerseits an einen Raum, in dem Gottesdienst gefeiert wird, und andererseits an einen Treffpunkt für satanische Messen. Doch diese Herrschaftsräume werden geprägt vor allem von den Herzen der Menschen, die sich an einem Ort versammeln, von der Art von Beziehung, auf die sie sich einlassen, und nicht nur von dem physischen Ort, an dem die Verehrung Gottes oder Satans stattfindet.

Überlegen Sie, wie Ihre eigenen Erfahrungen mit „säkularen" oder „heiligen" Orten sind.
Wie stark empfinden Sie eine bestimmte Atmosphäre oder Ausstrahlung an bestimmten Orten?
Können Sie dem zustimmen, dass das letztlich Entscheidende doch die Herzenshaltung der anwesenden Menschen ist, dass vor allem Ihre eigene Offenheit für Gottes Gegenwart ganz wesentlich mitprägt, ob Sie ihm begegnen oder nicht?
Kennen Sie Erfahrungen, bei denen Gott Ihnen an ganz „unheiligen" Orten begegnet ist – oder dass Sie im Gottesdienst von irgendetwas so abgelenkt waren, dass Sie seine Gegenwart gar nicht wahrnehmen konnten?

Die Frage der Unterordnung

Der zentrale Unterscheidungspunkt ist wieder einmal der der Unterordnung: **Reich Gottes ist da, wo Menschen sich vor Gott beugen**, ihr Herz ihm zuwenden. **Säkularer Raum ist dort, wo diese Herrschaftsübereignung verweigert wird**, man in eigener Kraft (bzw. unter der Herrschaft des „anderen" Herrn) sein Dasein verbringen will. Dies gilt für alle Menschen – und für Forscher, Wissenschaftler, Therapeuten natürlich auch.

Die physische Welt ist Schöpfung Gottes, wir können sie als (allgemeine) Offenbarungsquelle nutzen. Unser Verstand ist Gabe Gottes, wir sollen ihn üben, schulen, einsetzen, solange wir darin auf Gott ausgerichtet bleiben. Als geschenkte Instrumente sind sie nicht an sich problematisch, wohl aber ihre möglichen, von Gott so nicht vorgesehenen Einsatzmöglichkeiten. Immer bleibt die eine Frage zentral: **Aus welcher Beziehung heraus handle und bin ich**, auf welche Person bin ich in meinem Denken, Forschen, Untersuchen, ja in meinem ganzen Leben bezogen. Tue ich all das aus Liebe zu Jesus und anderen Menschen, aus der Beziehung zu ihm, in Unterordnung, oder verweigere ich genau dieses?

b. Die Prägung durch das Fundament der Grundannahmen

Die Formung der Daten im Verarbeitungsprozess

Die Zuschreibung der Eigenschaft des Säkularen erfolgt also über die Herzenshaltung der Forschenden, nicht durch den Einbezug der Erkenntnismöglichkeiten „Welt" und „Verstand". In engem Zusammenhang mit dieser Herzenshaltung steht ein weiterer zentraler Punkt, der charakterisiert, ob Forschung als etwas „Säkulares" zu kennzeichnen ist oder nicht: die Frage nach den **Grundannahmen für den Verarbeitungsprozess aller gewonnenen Informationen**.

Wie wir wissen, entstehen Modelle nicht allein aufgrund von Fakten, sondern sie werden entscheidend von den Grundannahmen der Forschenden geprägt. Hempelmann wählt für diesen Einfluss den **Vergleich mit einem Fischernetz**, „dessen Maschen durch ganz bestimmte Charakteristika wie Größe, Beschaffenheit etc. gekennzeichnet sind. Wie in diesem Netz nicht das Meer als solches hängenbleibt, sondern nur das, was der Beschaffenheit des einzelnen Netzes entspricht, so fängt auch die jeweilige wissenschaftliche Disziplin nie die Wirklichkeit als solche in ihr Begriffsnetz ein, sondern immer nur einen Aspekt, eine Dimension...

Eine wissenschaftliche Disziplin stellt die Welt deshalb nur als ein Modell unter vielen anderen denkbaren Modellen dar ... Die Beschaffenheit des begrifflichen Theorie-Netzes, das die jeweilige Wissenschaftler-Gemeinschaft durch das Wirklichkeits-Meer zieht, entscheidet vorweg über die Struktur des Bildes, das Modell, das am Ende des Erkenntnis-Prozesses herauskommt."[47]

Während die reinen Erkenntnisquellen lediglich Instrumente von unterschiedlicher Einsatzmöglichkeit darstellen, sind die Verarbeitungsergebnisse nicht mehr „neutral". Sie werden im Verlauf des Bauprozesses durch die Art der Bautechniken, durch den Bauplan im Herzen des Bauherrn bestimmt und es werden, wenn das Herz eines Wissenschaftlers nicht auf Gott ausgerichtet ist, Grundannahmen einfließen, die nicht der offenbarten Wirklichkeit Gottes entsprechen.

Hinweis:
Damit haben wir es in Bezug auf „fertige Modelle" nicht mit einfachen Instrumenten zu tun, die ohne Festlegung in jeder Weise angewandt werden könnten.
Wohl ist die Baumaschine, der Kran, der Bagger ein Instrument, mit dessen Hilfe die verschiedensten Häuser entstehen können. Doch ein konkretes Haus, das bereits errichtet wurde, steht auf einem bestimmten Fundament, ist in spezifischer Weise nach einem ganz bestimmten Bauplan entstanden und ist insofern selbst kein Instrument mehr, sondern ein festgelegtes Ergebnis.
Aus diesem Grund haben wir die These vom reinen Instrumentcharakter der säkularen Modelle, wie sie in der Position „die Ägypter plündern" formuliert wurde (Kap A), abgelehnt.
Wir können fertige, säkulare Modelle nicht einfach plündern, nicht einfach nutzen, sondern müssen erst prüfen, nach welchem Bauplan sie erstellt sind und wie dieser zu einem göttlichen Bauplan passt.

Modelle vom Fundament her prüfen

Wir müssen deshalb bei jedem Modell prüfen, aus welchem Fundament heraus es entwickelt wurde, um zu entscheiden, wie stark es *säkular* geprägt ist. Auch Modelle, die von Christen erstellt wurden, sind hier nicht völlig ausgenommen. Niemand, kein Christ hier auf Erden, kann für sich in Anspruch nehmen, in einer Haltung der völligen Unterordnung zu stehen, immer von göttlicher Liebe erfüllt und geprägt zu sein und mit seinen Grundannahmen wirklich Gottes Offenbarung ganz erfasst zu haben. Auch wir sind von Problemen, wie wir sie in Kapitel B des ersten Heftes kennengelernt haben, nicht verschont, auch in „unseren" Modellen finden sich Grundannahmen, die eher unserer familiären und gesellschaftlichen Herkunft, unserem Bedürfnis nach einfachen Erklärungen entsprechen als der Wirklichkeitssicht von Gott her.

So gilt es, unsere Fähigkeiten der Beurteilungskompetenz mit Gottes Hilfe immer wieder neu auf *jedes* Modell anzuwenden, auf säkulare, andere christliche Modelle und *auf die eigenen*.

47 Hempelmann, 1992, S.517

2. Das Verhältnis Glaube – Wissenschaft

Bevor wir uns in Kapitel F an einem konkreten Beispiel den Prüf- und Verarbeitungsprozess eines Modells vom Fundament her anschauen, gehen wir im letzten Abschnitt dieses Kapitels noch etwas allgemeiner auf das Verhältnis von christlichem Glauben und säkularen Wissenschaften und Konzepten ein. Einiges, was bis heute eine Rolle spielt, wird gut an der **Geschichte des Verhältnisses zu den Naturwissenschaften** deutlich, das wir deshalb kurz von ihren Wurzeln im Altertum über das Entstehen der modernen Naturwissenschaften ab dem 18. Jahrhundert bis zu Entwicklungen des 20. Jahrhunderts darstellen.

a. Geschichtlicher Rückblick

Altertum

Bereits im Altertum gab es erste naturwissenschaftliche Ansätze. So wurde der Erforschung der beobachtbaren Abläufe der Natur, des menschlichen Lebensumfelds oder der Gestirne vor allem im altorientalischen Kulturraum, und darauf aufbauend, in der frühen griechischen Hochkultur eine große Bedeutung beigemessen.
Doch schon bald blieb diese frühe Entwicklung stecken, wofür nicht, wie immer wieder behauptet, das aufkommende Christentum, sondern die griechische Metaphysik selbst verantwortlich gemacht werden kann. Als Hauptursache dürfte gelten, dass Platon, der das Eigentliche ja in den „Ideen" vermutete und deshalb die rein denkerische Begriffsforschung als vorrangige Beschäftigung des klugen, philosophisch gebildeten Griechen forderte, dass Platon sich gegenüber Aristoteles und seiner sehr viel „wirklichkeitsfreundlicheren" Position durchsetzen konnte (vgl. auch Band 1, Kap B).

Mittelalter

Bis zum Mittelalter blieb man bei diesem platonischen Weg: Nicht aus der Beobachtung, der Erforschung der „uneigentlichen" Dinge meinte man Erkenntnis gewinnen zu können, sondern mittels reiner Verstandesschulung. Doch im Zuge einer zunehmenden Wiederentdeckung von Aristoteles wendete sich das Blatt; Ansätze zu einer ausdrücklichen Erforschung der „Welt der Dinge", der Natur wurden nicht mehr belächelt, sondern fanden immer weitergehende Beachtung.

Beginnende Neuzeit

Zum wirklichen Durchbruch, zu einer ausgeprägten, um ihre Methodik bemühten Naturwissenschaft kam es in der Neuzeit.
Das Verhältnis von Naturwissenschaft und Glaube wurde dabei vonseiten der meisten frühen Naturwissenschaftler außerordentlich positiv bestimmt, es gab hier nicht nur keine Vorbehalte gegenüber dem Glauben, auch keine Trennung in unterschiedliche Bereiche, vielmehr kann man von einem durch „Personalunion"[48] geprägten Verhältnis sprechen. So war etwa Nikolaus Kopernikus (1473–1543) katholischer Geistlicher, Johannes Kepler (1571–1630) überzeugter evangelischer Christ, Isaac Newton (1643–1727) beschäftigte sich zeitlebens mehr mit theologischen als mit naturwissenschaftlichen Fragen und vor allem Blaise Pascal (1623–1662), der in der Mathematik z.B. die Grundlagen für die Wahrscheinlichkeitsrechnung legte, fiel als leidenschaftlicher Christ, als brennender Jünger Jesu auf.

Für sie alle waren Naturwissenschaft und Glaube eine tiefe Einheit, hinter beidem stand für sie der Wunsch, Gott zu dienen, Seine Offenbarungen besser kennenzulernen:

48 Personalunion (lat.): Vereinigung von Ämtern in der Hand einer Person

„Um 1700 war die Auffassung weit verbreitet, die naturwissenschaftliche Forschung sei ähnlich wie die Schriftauslegung Gottesdienst: die Naturwissenschaft studiert in der ‚biblia naturae' die Offenbarung Gottes in der Schöpfung, wie die Theologie in der Hl. Schrift die Offenbarung Gottes in der Geschichte studiert."[49]

Doch leider wurde diese positive Grundstimmung von der Seite des „Glaubens", sprich der Kirche, nicht entsprechend beantwortet. So positiv die frühen Naturwissenschaftler dem Glauben gegenüberstanden, so kritisch, skeptisch, negativ war man seitens der Kirche eingestellt, vermutete Ketzerei und Widerstand gegen die Lehren der Kirche.
Dies eskalierte vor allem im heißen Kampf um das geo- bzw. heliozentrische Weltbild, in dessen Zuge man Galileo Galilei zu einem Widerruf seiner Äußerungen zwang, den kompromissloseren Giordano Bruno, der einen solchen Widerruf ablehnte, 1600 sogar verbrannte.

Hinweis:
Häufig wird der Streit um das geozentrische Weltbild als Beispiel für die Irrtumsanfälligkeit der biblischen Botschaft zitiert, wobei man meist, ohne sich die Mühe genauerer Recherche in der Schrift selbst zu machen, davon ausgeht, der Widerstand der Kirche beruhe auf biblischen Aussagen, die ein geozentrisches Weltbild, ein Kreisen der Sonne um die Erde, formulieren.
Doch dies ist gar nicht der Fall, solche Aussagen lassen sich nicht finden. Vielmehr bezog sich die Kirche auf Aristoteles, der zu dieser Zeit nicht nur „wiederentdeckt" worden, sondern regelrecht zum Kirchenlehrer aufgestiegen war. Seine Behauptung, die Erde sei eine Scheibe, war zu einer Hauptlehre der Kirche geworden, die man nun ungern wieder aufgeben wollte.
Somit ergibt sich hier ein Beleg für die Irrtumsanfälligkeit der Kirche (menschlicher Interpretationen), nicht jedoch für die der Heiligen Schrift.

18./19. Jahrhundert

Sicher trugen Ablehnung und Verfolgung der naturwissenschaftlichen Forscher durch die Kirche zu einer zunehmenden Abkühlung des Verhältnisses auch vonseiten der Naturwissenschaft bei. Doch erst weitere zeit- und geistesgeschichtliche Entwicklungen führten im 18. und 19. Jahrhundert zu einem wirklichen Bruch der Naturwissenschaft mit ihren ursprünglich im Glauben angesiedelten Wurzeln.

Durch die vielfachen Errungenschaften bestätigt, begann man immer mehr an die eigenen Möglichkeiten zu glauben, meinte, sich von den überkommenen Glaubenssätzen, den Dogmen der Kirche lösen zu müssen, entwickelte eine zunehmend positive, fast als euphorisch zu bezeichnende Sicht der Naturwissenschaft als Garant des Fortschritts.

Die damit einhergehenden Ansichten haben wir bereits in Band 1 kennengelernt, denken wir an den Glauben, aus der Faktenwelt sei alles erklärbar, mit der naturwissenschaftlichen Forschungsmethodik seien alle menschlichen, ja alle Phänomene überhaupt lückenlos erforschbar. Alles sei Schein, was aus eben jener Faktenwelt nicht erklärbar sei, der Mensch sei nichts außer Materie, Geistiges lediglich ein Epiphänomen. All diese Gedanken der frühen Naturwissenschaft gipfelten in der markanten Behauptung des Positivismus, dass nichts existent sein könne, wenn es sich nicht in direkten Erscheinungen äußert.

49 Süßmann, 1957, S. 1377

Eine so verstandene Naturwissenschaft führt natürlich zu einer Unvereinbarkeit mit dem christlichen Glauben (und den meisten anderen weltanschaulichen Konzeptionen) und bietet dem Atheismus reichen Nährstoff.

Doch genau hier setzt gleichzeitig die Kompetenzüberschreitung ein: Naturwissenschaft wird, entgegen der eigenen Grundsätze, doch wieder zum Glaubenssystem. Eigentlich müsste sie akzeptieren, wenn man über alles außerhalb des Bereichs der Erscheinung Liegende keine sicheren Aussagen machen kann (wie Kant dies formuliert), dass man eben *gar keine* Aussagen treffen kann. Jegliche Aussage über „da draußen" ist bereits eine metaphysische Glaubensaussage. Beide Positionen, die atheistische „da draußen ist nichts" oder die christliche „da draußen ist ein Gott" stehen hier prinzipiell auf einer Stufe, es ist gerade nicht so, dass die eine etwas *wissen* kann, die andere sich hingegen nur auf Glaubensaussagen stützen muss.

Mit einem derartigen Selbstverständnis verlässt die Naturwissenschaft also den selbst propagierten Raum der „Wissenschaftlichkeit", macht sich zu einem Glaubenssystem, das dann tatsächlich im Widerspruch zum christlichen Glauben steht.

Durch den im 18./19. Jahrhundert beinahe grenzenlos ausufernden Fortschrittsglauben kam es tatsächlich beinahe zu einer „Vergöttlichung" der Naturwissenschaft, oder wie **Carl Friedrich von Weizäcker** noch 1964 pointiert formulierte: „Der Glaube an die Wissenschaft spielt die Rolle der herrschenden Religion unserer Zeit."[50]
Naturwissenschaft kann also Religion, Ideologie werden, und dabei eine der besonders gefährlichen Sorte, wird hier ja gerade nicht eingestanden, dass es so ist, hält man doch den eigenen „Wissenschaftlichkeitsanspruch" aufrecht und behauptet, man könne all dieses, die Existenz des Nichts da draußen *wissen*.

Reaktionen auf den Anspruch der Naturwissenschaften

Wie reagierte man in gläubigen Kreisen auf den Versuch, dem Glauben die Existenzberechtigung zu entziehen, auf die Behauptung, die Wissenschaft habe gezeigt, dass ein Glaube an ein höheres Wesen Unsinn sei?

Ein Ausweg wurde in der schon angesprochenen Trennung zwischen Glaube und Vernunft, bzw. Glaube und Wissenschaft gesehen.
Für die Fragen der Wissenschaft, der Natur-, der Welterforschung möge all das ja gelten, hier sei es angebracht, sich lediglich auf den Bereich der Erscheinungen zu stützen. Doch daneben gebe es einen anderen Aspekt menschlicher Wirklichkeit, einen Bereich persönlicher Weltanschauung, in dem andere Gesetzmäßigkeiten, andere Wege der Ergebnisfindung gültig seien.

Wie wir bereits gesehen haben, ist diese Argumentation zu kurz gedacht.
Zum einen wird man dem naturwissenschaftlichen Angriff nicht gerecht, entkräftet man damit ja keinesfalls das zentrale Argument, das von der prinzipiellen Unmöglichkeit des Glaubens ausgeht und klar behauptet, es gebe keinen Bereich außerhalb der Erscheinungen, also auch keine „anderen Fragen", „anderen Gesetzmäßigkeiten".
Zum anderen ergibt sich die Konsequenz, dass mir der Glaube zwar privat wichtig sein darf, aber aus dem gesamten Bereich der Welterkenntnis, also auch aus all meinen psychologischen Fragestellungen ausgegrenzt bleibt.

50 nach Beck, 1982, S. 191

Überlegen Sie, zu welcher Lösung Sie neigen, wenn Sie einen Konflikt zwischen naturwissenschaftlichen Erkenntnissen und Glaubensaussagen vermuten (soweit er Ihr persönliches Leben bisher betraf, also z.B. Schulwissen über die Entstehung der Erde, medizinische Fragen und Heilung durch Gottes direktes Eingreifen, Erkenntnisse zur Kindererziehung ...).

?

20. Jahrhundert

Das 20. Jahrhundert bringt erneut eine Wende, doch wird diese nicht vonseiten der Gläubigen her eingeleitet, sondern entstammt zum einen der Naturwissenschaft selbst und ist zum anderen ein Ergebnis geschichtlicher Ereignisse.
Kriege, gesellschaftliche Umbrüche (z.B. industrielle und kommunistische Revolution), der Zerbruch alter Wertegefüge verunsichern den Menschen, auch in der Naturwissenschaft selbst. In ihren Forschungsbemühungen kommt es, nach anfänglich glänzenden Ergebnissen, in verstärktem Maße auch zu Rückschlägen. Mehr und mehr werden sich ehrliche Forscher der Lücken in ihrer Erklärungsmacht bewusst, mehr und mehr wird die Grenze des „Machbaren" offenbar.

Mehr und mehr wird auch der eben geschilderte Zusammenhang akzeptiert, immer mehr wird anerkannt, dass sich unsere „Wissensaussagen" tatsächlich nur direkt auf die Erscheinungen beziehen dürfen, während es eine Glaubensvorentscheidung ist zu behaupten, „da draußen" könne mit Sicherheit nichts mehr sein.
„Es ist aber eine Sache, die Kriterien des rationalen Denkens festzustellen und ihre Gültigkeit überall, wo sie anwendbar sind, zu verteidigen, und es ist eine andere, alle Gebiete des Denkens, wo die Fragen auf dieselbe Weise nicht entschieden werden können, irrelevant, nicht-existierend oder abergläubisch zu nennen."[51]

Mehr und mehr setzt sich auch in den Kreisen der Naturwissenschaftler die Position durch, dass wir die Frage nach dem, was „da draußen", was im metaphysischen Raum befindlich ist, offen lassen müssen, darüber zumindest kein festes „Wissen", sondern nur Glaubensüberzeugungen haben können.
„Der heutige Naturwissenschaftler, dem es wirklich um intellektuelle Redlichkeit gegenüber seinen Mitmenschen geht, weiß, dass er kein Weltbild[52] mehr zu bieten hat. Was er gibt, ist ein Naturbild, d.h. nur eine Beschreibung dessen, was zu beobachten ist. Über Dinge, die nicht zu beobachten sind, schweigt er sich aus."[53]

Die Stimmung wird zunehmend von einer größeren Demut geprägt. Meinte man früher, alles erklären zu können, so gesteht man jetzt die Begrenztheit des eigenen Wissens, der eigenen Erklärungsmacht ein. Allen Deutungen zu dem, was „da draußen" ist, wird derselbe Stellenwert zugebilligt, ob wir glauben, dass da draußen „nichts" oder Gott ist. *Beide* Wirklichkeitssichten sind mit den reinen Fakten, den naturwissenschaftlichen Beobachtungen vereinbar, beides sind legitime[54], mögliche Deutungen der Fakten. Der Glaube darf wieder leben...

Der „Atheismus, der 1900 noch durch die gesamte Naturwissenschaft *begründet* erschien, ist heute nur eine auf sich selbst ruhende Glaubensansicht, und der Christ kann aus den Erkenntnissen der modernen Physik zwar keinen Wahrheitsbeweis für seinen Glauben – denn das hat dieser Glaube nicht nötig –, wohl aber die bestätigende Zusicherung entnehmen, dass hier nichts mehr seinem Glauben entgegensteht."[55]

51 nach Kantzenbach, 1984, S. 117
52 Rohrbach verwendet Weltbild im Sinn von „ein umfassendes, metaphysische Aussagen beinhaltendes System der Welterklärung"
53 Rohrbach, 1967, S. 47
54 legitim im Sinne der intellektuellen Redlichkeit, nicht jedoch legitim für uns aus Sicht des Glaubens an den lebendigen Gott
55 nach Rohrbach, 1967, S. 39

Hinweis:
Heute bewegt sich die Naturwissenschaft, allen voran die Physik, eher in Richtung einer größeren Offenheit hin zur Transzendenz[56]*, wie man an den Worten berühmter Physiker (etwa Planck, Einstein, Pauli, Eddington, Bohr, Jordan und Heisenberg) erkennen kann.*
Die Entdeckungen von Bohr und Heisenberg, dass Licht je nach Beobachtungsweise einmal als Welle, einmal als Teilchen erscheint, führten zu einer Grundlagenkrise in der Physik, musste man doch die bis dahin geltende Vorstellung einer „festen", genau berechenbaren Wirklichkeit aufgeben.
Ebenso scheiterte die Suche nach dem kleinsten „Seinsträger" der Materie (vgl. Kap B), Materie konnte nicht mehr als „Ding" verstanden werden, wie man es sich immer vorgestellt hatte.

„Hatte man ursprünglich vermutet, dass das ‚Transzendente' im Laufe der Entwicklung der Naturwissenschaft immer weiter zurückgedrängt werden würde, weil letztlich alles einer rationalen Erklärung zugänglich sein sollte, so stellte sich nun im Gegenteil heraus, dass die uns so handgreiflich zugängliche materielle Welt sich immer mehr als Schein entpuppt."[57]

b. Unsere Positionierung gegenüber naturwissenschaftlich und ganzheitlich geprägter Psychologie

Als Konsequenz aus den geschichtlichen Betrachtungen können wir verstehen, dass das Verhältnis Glaube – Wissenschaft sowohl von der Haltung der Christen als auch vom Selbstverständnis der Wissenschaft selbst abhängig ist. Wie sieht das für uns aktuell in Bezug auf die Psychologie in ihren einerseits naturwissenschaftlichen, andererseits mehr ganzheitlich geprägten Richtungen aus?

Unser Verhältnis zur naturwissenschaftlich geprägten Psychologie

Unser Verhältnis zu einer naturwissenschaftlichen Psychologie, die sich der Grenzen des für sie „Machbaren" bewusst ist, die sich als **Methode** und nicht als Welt erklärende Ideologie versteht, dürfte sehr viel positiver sein als zu einer Psychologie, die sich selbst zum **Glaubenssystem** macht und Gott leugnet.
Der letzte Abschnitt legte nahe, dass die Naturwissenschaften insgesamt im Laufe des 20. Jahrhunderts ihre „Kinderkrankheit" überwunden haben und kein Welterklärungssystem mehr sein wollen. Doch leider muss man diese Euphorie ein wenig bremsen. Zum einen gibt es in den Reihen der Wissenschaftler immer noch hartnäckige Verfechter der alten Linie. Zum anderen, und dies dürfte sich als das schwerwiegendere Problem darstellen, haben sich diese Veränderungen im „Alltagsverständnis" der Bevölkerung keineswegs durchgesetzt. Hier schaut man häufig immer noch „gläubig" in Richtung Naturwissenschaft, erwartet von ihr Lebensdeutungen, sichere Erkenntnis, umfassende Welterklärungen („Wissenschaftlich wurde bewiesen ...").

Doch betrachten wir Naturwissenschaft rein als Methode, als eine Wissenschaft, die Wirklichkeitsbefragung als Weg der Erkenntnis nutzt, so **stehen wir diesem Erkenntnisweg grundsätzlich positiv gegenüber**. Deshalb wollen wir, bei aller Kritik gerade an der frühen naturwissenschaftlichen Psychologie (vgl. Band 1), das Rad

56 Transzendenz bedeutet eine größere Offenheit für „spirituelle" Konzepte, für religiöse Gedanken, aber nicht automatisch, dass man zum Glauben an den christlichen Gott durchdringt.
57 nach Pöhlmann, 1990, S. 110

nicht zurückdrehen und in eine Zeit vor allen naturwissenschaftlichen Erkenntnissen (samt deren Umsetzung durch die Technik) zurückgehen. Ganz abgesehen davon, dass es schon aus Aufwandsgründen völlig unmöglich wäre, alles immer neu zu erfinden, wäre es unserer Meinung nach auch reichlich arrogant, die Befunde vieler Leute, die sich um lebenserleichternde Maßnahmen für den Menschen bemühten, in Bausch und Bogen abzulehnen, nur weil sie keine Christen waren.

Anfragen

Doch daneben gibt es kritische Fragen, die sich (neben einigen speziellen Streitfragen wie Evolution oder die Diskussion um Materie und Geist) auf die Erforschung des Menschen, auf die ethischen Grenzen des Machbaren und auf die Ergebnisfindung bezüglich „höherer" menschlicher Phänomene beziehen. Gerade hier ist die Psychologie ein Fachbereich, in dem die eigentlich „heißen" Fragen, die kritischen Punkte im Verhältnis von Glauben und Naturwissenschaft zur Sprache kommen.

Auch wenn wir die Methode der Wirklichkeitsbefragung im Prinzip akzeptieren, so wissen wir um die Wichtigkeit der Forderung, **die Methode sollte dem Gegenstand angemessen sein**, und um die Schwächen der naturwissenschaftlichen Untersuchungen in Bezug auf den Menschen. Wir können also **nicht mit jeglicher methodischen Umsetzung**, mit allen Wegen, wie diese Wirklichkeit befragt, beobachtet wird, einverstanden sein.

Außerdem wird auch eine Naturwissenschaft, die sich nur als Methode sieht, **das Ziel, vorannahmelos zu forschen, nie erreichen**. Sie kann den Einfluss von Grundannahmen verringern, doch auch ihre Forschungsergebnisse sind „verarbeitete Wirklichkeit" und nicht Wirklichkeit selbst, sind „fertige Modelle", die wir entsprechend prüfen und verstoffwechseln müssen.

Hinweis:
Dies gilt umso mehr, als in den Reihen der Naturwissenschaft zwar häufig und vollmundig von der möglichst vorannahmelosen Forschung gesprochen wird, man bei der näheren Betrachtung der Modelle einer nicht unerheblichen Zahl von Wissenschaftlern aber durchaus den direkten Einfluss von Vorannahmen erkennt (die sich hätten reduzieren lassen, so man dies denn gewollt hätte). Man denke nur einmal an die Fülle von evolutionistischen Vorannahmen, die sich auch in anderen als den direkt mit der Entwicklung der Erde zusammenhängenden Bereichen finden, etwa, wenn (in der systemischen Familientherapie) von den Kräften der Selbstorganisation des psychischen Gleichgewichts innerhalb einer Familie die Rede ist und deren Existenz evolutionistisch begründet wird.

Damit kritisieren wir nicht den Einbezug der Vorannahmen an sich, basiert unsere Christliche Psychologie doch auf einem ganzen Fundament an Vorannahmen aus biblischen Aussagen zum Menschen- und Weltbild. Was wir kritisieren ist, dass man die Existenz dieser Vorannahmen leugnet bzw. so tut, als seien es nicht Vorannahmen, sondern „wissenschaftlich erwiesene" Fakten.
Bekennt man sich dagegen zu seiner weltanschaulichen Einbindung (so wie wir dies ausdrücklich in diesem Band getan haben und tun), so liegen die Karten auf dem Tisch, man kann dem anderen ein redliches Vorgehen attestieren (selbst wenn man inhaltlich anderer Meinung ist).

Die Fakten nicht „wegprüfen"!

Beim Prüfen von Modellen auf Grundannahmen und methodische Aspekte ist ein Punkt unbedingt zu beachten: Wir dürfen bei alldem nicht die Fakten an sich in irgendeiner Form „wegprüfen".

Es macht uns Christen keine Ehre, **wenn wir tatsächliche Fakten, klare Beobachtungen ignorieren**, sie als manipuliert oder fehlerhaft kritisieren, wie es z.B. manchmal in der Diskussion um Schöpfungslehre und Evolutionstheorie geschieht, um den Schöpfungsbericht „retten" zu können. Selbst wenn bei der Faktensammlung seitens der Evolutionstheoretiker Fehler gemacht werden, manche dieser Kritik gerechtfertigt ist, stellt dies nicht unseren Hauptansatzpunkt dar.

Denn nicht die Fakten sind das Problem (also etwa die Tatsache, dass bestimmte Ähnlichkeiten zwischen bestimmten Tierformen vorliegen oder auch eine gewisse Ähnlichkeit zwischen Mensch und Affe), wohl aber ihre Deutung im Rahmen der Evolutionstheorie.
Auch innerhalb der Schöpfungsvorstellung können dieselben Fakten einwandfrei gedeutet werden. Warum sollten diese Ähnlichkeiten nicht Teil von Gottes Schöpfungsordnung sein, warum soll es nicht Gottes Wille, Ausdruck seiner Person gewesen sein (vielleicht so, wie es Ausdruck der Person eines Künstlers ist, wenn sich seine Bilder ähneln, er einen bestimmten „Stil" hat), warum sollen gewisse Ähnlichkeiten zwischen Mensch und Tier, Mensch und Affe also nicht sein Plan gewesen sein?

Denken Sie über diese Gedanken noch etwas nach:
Da wir in unserer Vorstellung eigentlich immer sofort alle Fakten mit Deutungen verbinden, empfinden wir neue Fakten leicht als einen Angriff auf unser ganzes Weltbild, wenn sie nicht in unserem bisherigen Deutungsrahmen präsentiert werden.
Überlegen Sie, ob Sie dazu neigen, solche Fakten nicht nur zu prüfen, sondern abzuwehren, anstatt deren Deutung zu überdenken, bzw. von der Grundlagenebene her zu prüfen.

Hinweis:
Neben der Frage nach der angemessenen Erforschung der Natur und des Menschen seitens der Naturwissenschaft stellt sich als weitere Frage die der Anwendung dieser naturwissenschaftlichen Ergebnisse. Denken wir allein an die Bereiche der Gentechnik, der Rüstungsindustrie und der Atomtechnik, so dürfte uns die Aussage Süßmanns unmittelbar einleuchten: „denn es ist seit jeher eines der Hauptprobleme des Menschen, daß er mehr tun kann als er tun darf."[58]

Auch hier sind wir als Christen gefordert, Stellung zu beziehen, dass nicht das rein Machbare, das technisch Mögliche zur letzten Orientierungshilfe wird. Wir dürfen nicht alles, was uns vom naturwissenschaftlichen Forschungsstand eigentlich möglich wäre, wir müssen uns gewissen Selbstbeschränkungen unterwerfen, die Einbindung des letztendlich Machbaren in eine christlich orientierte Ethik erscheint uns unabdingbar.

58 Süßmann, 1957, S. 1382

Unser Verhältnis zur ganzheitlichen Psychologie

Neben naturwissenschaftlichen Konzepten begegnen uns sowohl im Rahmen der Schulpsychologie als auch vor allem der Psychotherapie die mehr ganzheitlich geprägten Konzepte (vgl. Band 1, Kap D), bei denen **Grundannahmen erheblich stärker einfließen** als in der Naturwissenschaft, denn
*„Je gerechter man dem Menschen werden will,
desto größer wirkt der Einfluss des Deutungsrahmens ..."*

So wird von Vertretern dieser Richtungen ausdrücklich die Notwendigkeit einer **Beschäftigung mit metaphysischen Fragen** betont, Fragen nach dem Sollen, nach Ziel und Sinn des Lebens, nach umfassenden Therapiezielen gehören zum **Kernbereich einer ganzheitlich ausgerichteten Psychologie**. Das führt dazu, dass viele, um nicht zu sagen die meisten ganzheitlich orientierten Denker ein stark ausgeprägtes metaphysisches System, ein regelrechtes „Glaubenssystem" vertreten, das in ähnlich starker Weise wie unser eigenes, christliches Rahmenkonzept von Glaubensannahmen geprägt ist.

Deshalb können wir bei weiten Teilen ganzheitlicher Psychologie, gerade bei Konzepten, die in engem Zusammenhang zum Humanismus stehen, getrost von echten Heilslehren mit quasi-religiösem[59] Charakter sprechen. Und damit wird Austausch, Zusammenarbeit, die **Übernahme ganzheitlicher Ideen schwierig**.

Trotzdem wirkt die ganzheitliche Psychologie (meist) **sehr viel attraktiver**, wer hatte in Band 1 beim Lesen von **Kapitel D** nicht das Gefühl, es endlich mit den eigentlichen Themen der Psychologie zu tun zu haben. Endlich ging es um den Einzelnen, seine psychische Problematik, um den Wunsch, dem Menschen in seiner Gesamtheit gerecht zu werden.

Als Schlagwort wollen wir formulieren:
Ganzheitliche Konzepte sind reizvoller, aber auch gefährlicher.

Ähnlichkeiten und Abgrenzungen im grundsätzlichen Verständnis des Menschen

Sie sind reizvoller, attraktiver, da sie **top-down den Menschen als geistliches Wesen mit freiem Willen**, Wachstumszielen, Sinn- und Zielfragen **als Ganzheit betrachten**. Der einzelne Mensch ist wichtig, es geht um Verstehen statt Erklären, Empathie, Wertschätzung, Echtheit, Annahme. Die Frage nach dem Eigentlichen des Lebens wird gestellt.

Aber gerade dies ist auch ein Problem, wir hören all diese Worte, sie klingen interessant… und dabei so ähnlich, dass man manchmal in der Gefahr steht, die **Unterschiede zu übersehen**, die im genaueren Verständnis von top-down, von Geist, freiem Willen, Verstehen, Annahme etc. gegeben sind.

Am Beispiel „freier Wille" haben wir diese Unterschiede schon etwas genauer beleuchtet, haben gesehen, dass ein humanistischer Freiheitsbegriff, dem es darum geht, dass der Einzelne aus eigener Autonomie tun kann, was er will (auch mit der Einschränkung, dass dabei ein anderer in seinen Freiheitsrechten nicht beeinträchtigt werden dürfe), einem biblischen Freiheitsverständnis beinahe diametral gegenübersteht, bei dem Freiheit allein in Abhängigkeit, in Herrschaftsunterordnung möglich ist, es um die Freiheit geht, „zu tun, was ich soll".
Stellt man die Begriffe in dieser Form direkt gegenüber, definiert sie nach ihrer eigentlichen Bedeutung im jeweiligen Konzept, so erkennen wir die Gefahren rasch.

59 d.h. Systeme, die entweder den Menschen vergöttlichen und dadurch in irgendeiner Form „religiös" werden oder Systeme, die tatsächlich von irgendeiner Art von höherer Macht ausgehen

Tauchen die Begriffe jedoch einfach so, ohne Erläuterung, Erklärung in Modellen auf, spricht jemand einfach von dem Verstehen des Menschen, von „top-down" oder vom freien Willen, ohne dass seine damit verbundenen Konnotationen[60] direkt angesprochen werden, so stehen wir in der Gefahr, die „Viren" zu übersehen, die wir uns vielleicht mit an Bord holen. Aufgrund der Ähnlichkeit fallen wir hier viel leichter auf irreführende Ideen herein als bei materialistischen Konzepten.

Ähnlichkeiten und Abgrenzungen im methodischen Ansatz

Auch für den **Bereich der Methodik** gilt, dass wir aufgrund der großen Ähnlichkeiten diverse Unterschiede leicht übersehen.
Denn dem Menschen gerecht werden, den Einzelnen verstehen, sich auf ihn in seiner Individualität einlassen, Beziehung zu ihm aufbauen ist nicht unbedingt dasselbe wie Vertrautheitserkenntnis, Beziehung, Begegnung, Einlassen, wie wir es in Kapitel C als Grundlage eines biblischen Erkenntnisbegriffs erarbeitet haben. Trotz aller Parallelen bleibt in einer ganzheitlichen Methodik der Mensch der Mittelpunkt und Maßstab allen Geschehens, gibt es keinen Gott, der von der Metaphysikseite her in unsere Wirklichkeit hineingreifen und -sprechen kann.

Insgesamt gesehen ist es wichtig, bei der Betrachtung ganzheitlicher Psychologie beides zugleich im Blick zu haben.
Einerseits können wir uns freuen, dass hier Leute forschen, die doch ein echtes Anliegen für die Sache des Menschen haben, die dem Menschen gerecht werden wollen, sodass ihre Ergebnisse und die entstehenden Modelle den unseren tatsächlich oft recht ähnlich sind und wir wichtige Anstöße bekommen können (wie z.B. durch Diltheys Gedanken zum Verstehen).
Andererseits haben wir es hier mit einem metaphysischen Rahmenkonzept zu tun, das *eindeutig* dem biblischen widerspricht, das so in besonders raffinierter, tückischer Weise die Eigenherrschaft des Menschen unterstützt.

Eine gründliche Verstoffwechselung dürfte also angeraten sein, ein kritisches Hinsehen und Unterscheiden will geübt sein. Erst wenn wir das gefundene Ergebnis aus dem bestehenden Deutungsrahmen herauslösen und seinen Sinn für unseren, den biblischen Deutungsrahmen erkennen, das Ergebnis neu in unserem Rahmenkonzept re-interpretieren, können wir die Ergebnisse nutzen, ohne uns ungewollt Vermischungen ins Boot zu holen.

?

Überlegen Sie, ob Ihnen Beispiele einfallen, wie z.B. im Gespräch mit Menschen oder bei der Lektüre von Büchern nach anfänglicher Begeisterung über gemeinsame Werte in Bezug auf den Sinn des Lebens, die Wichtigkeit von Familie, Beziehung, Füreinander-Dasein ... langsam ein ungutes Gefühl kam: Meinen wir wirklich das Gleiche?
Haben Sie schon erlebt, wie man sich einerseits gut verstehen kann, aber dann spürt, dass das Fundament einfach grundlegend verschieden ist, sodass es doch irgendwann zu Spannungen kommt?

60 Konnotation (lat.): Die „Nebenbedeutung" eines Wortes, die gefühlsmäßig, meist unbewusst mitgemeint ist, wenn wir bestimmte Begriffe gebrauchen

c. Präzisierung des Unterscheidungspunktes zwischen säkularer und christlicher Haltung

Immer wieder haben wir in diesem Kapitel die Frage nach dem Säkularen als eine Frage unserer Haltungen und Grundüberzeugungen erkannt. Die zentrale Frage an uns und jeden Forscher lautet: *Woran hängt dein Herz? Bist du bereit, dich Gott unterzuordnen?*

Anhand zweier „Achsen" wollen wir den Hauptunterscheidungspunkt zwischen säkularer und christlicher Forschung noch einmal präzisieren und aufzeigen, wie sich eine Herzenshaltung der Unterordnung auswirkt, welcher Einfluss sich jeweils konkret auf den Erkenntnisprozess ergibt.

Die Vernunft oder Gottes Autorität als letzte Instanz?

Die vorhandene oder mangelnde Haltung der Unterordnungsbereitschaft wird sich, und dies sei als erste „Achse" genannt, darin äußern, ob wir bereit sind, auf Autorität hin zu glauben, oder ob wir ausschließlich der Urteilskraft der eigenen Vernunft vertrauen wollen.

„Allein der Urteilskraft der Vernunft folgen" ◄- - -► *„Glauben auf Autorität hin"*

Vertrauen wir als *letztem* Kriterium für die Gültigkeit einer Aussage der Urteilskraft unserer Vernunft, ist sie letzter Entscheidungsort, ob wir eine Auffassung annehmen oder verwerfen? Oder steht die Autorität der überlieferten Offenbarung der heiligen Schrift über den Möglichkeiten unserer Vernunft, vertrauen wir ihr auch, wenn wir bestimmte Aussagen, Zusammenhänge nicht logisch erweisen können, uns bestimmte Aspekte (vielleicht noch nicht) logisch zugänglich sind?
„Auf Antrieb und Beistand der Gnade Gottes glauben wir, dass das von ihm Geoffenbarte wahr ist, nicht weil wir die innere Wahrheit der Dinge mit dem natürlichen Licht der Vernunft durchschauten, sondern auf die Autorität des offenbarenden Gottes selbst hin."[61]

Damit soll die Bedeutung des Denkens nicht wieder herabgesetzt werden. Doch die Zustimmung unserer Vernunft zu einem Sachverhalt ist für uns immer nur „Vorletztes", Nachgeordnetes, nicht wie für Philosophie und säkulare Wissenschaften das „Letzte", das letztendlich ausschlaggebende Wahrheits- und Erkenntniskriterium.

Wie für die Theologie gilt es auch für die Christliche Psychologie, „von schon gegebener Wahrheit, nicht in Frage zu stellender Gewißheit auszugehen und entsprechend auf die Autorität überlieferter Offenbarung zu gründen. Philosophie dagegen geht aus von dem durch das Sichwundern über das vermeintlich Selbstverständliche erregte Fragen nach der Wahrheit und beharrt in fortgesetzt suchendem Hinschauen (‚skeptisch'), grundsätzlich kritisch gegenüber Autorität und Überlieferung, nur dem Urteil der Vernunft folgend."[62]

61 nach Neuner, 1984, S. 65
62 Ebeling, 1957, S. 785

Ewige Hinterfragung oder Denken im Rahmen?

Damit sind wir auch schon bei der in engem innerem Zusammenhang stehenden zweiten Achse angekommen.

„Ewige Hinterfragung" ◄---► *„Denken im Rahmen"*

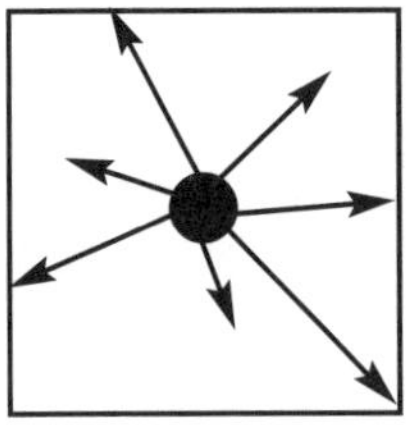

Dem **Glaubenden ist sein Rahmen bereits gegeben**, er geht von der Offenbarung aus. Das Fundament, die Grundannahmen an sich werden nicht hinterfragt, sondern gläubig angenommen. IN diesem Rahmen verläuft alle denkerische Arbeit, auf diesem Fundament baut alles auf.
„Der Glaube bleibt ... Voraussetzung, Ausgang und Zielpunkt aller rationaler Tätigkeit und Bemühung, und diese bewegen sich in dem durch den Glauben bestimmten Horizont."[63]

Die **Philosophie und alles säkulare Denken** stehen hier, gemäß ihrem Selbstverständnis, vor einer völlig anderen Ausgangslage, ihnen ist nichts „Festes" gegeben, ihre Aufgabe besteht, ihrer Meinung nach, gerade darin, Grundannahmen erst einmal zu finden, **einen solchen Denk- und Deutungsrahmen zu begründen**.
Doch hat sich ein Denker, eine „community" von Denkern auf die Gültigkeit bestimmter Grundparamter geeinigt, so ist auch darunter wiederum nichts unverrückbar Feststehendes zu verstehen, vielmehr geht man von der Notwendigkeit des „ewigen Hinterfragens", des ständig neuen Infragestellens des bislang Gemeinten und Gedachten aus. Nie darf der Philosoph (der Denker, der Wissenschaftler) an ein Ende seines immer wieder neuen kritischen Hinterfragens kommen, nie darf er sich mit bisher Gedachtem zufrieden geben, gar auf die Aussagen einer „Autorität" vertrauen. Nein, seine Grundhaltung muss die der ewigen Suche sein, ein immer neues „Sichwundern über das vermeintlich Selbstverständliche" und ein Beharren „in fortgesetzt suchendem Hinschauen". Heidegger beschrieb den „Glauben als ein Sich-Verpflichtetwissen durch absolute (Offenbarungs-) Autorität, das Denken aber als ein absolutes Sich-Verpflichtetwissen durch die Offenheit, alles frag-würdig erscheinen zu lassen..."[64]

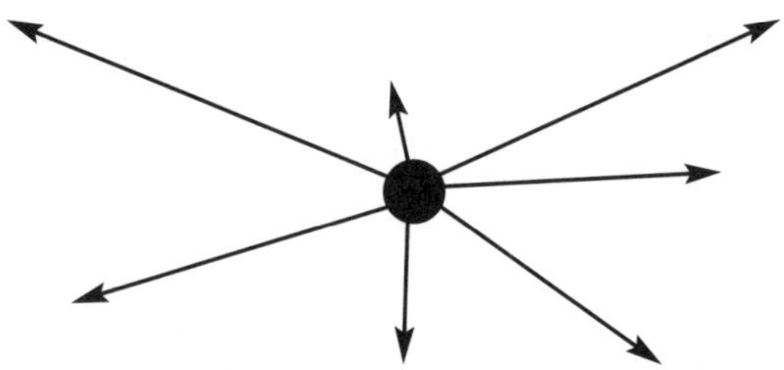

Dieser Gegensatz wird pointiert auch deutlich an der Gegenüberstellung zweier zentraler Persönlichkeiten der Weltgeschichte. Der Philosoph Descartes und der große Reformator Martin Luther bringen das Zentrum dieses Spannungsfelds mit ihren Worten „Ich denke, also bin ich" (d.h. sein Denken ist sein Sein) bzw. „Mein Glaube ist mein Sein" auf den Punkt:
„Demnach stehen bei Descartes und Luther ‚neuzeittypisch' einander gegenüber: ein vom Subjekt ausgehender aktiver, alles einschließlich der eigenen Vorfindlichkeit hinterfragender *Zweifel* und eine von außen her geschenkte (Glaubens) *Gewißheit* Gottes."[65]

63 Fries, 1995, S. 93
64 Müller, 1982, S. 369
65 Müller, 1982, S. 370

Überlegen Sie, wie Sie sich in der Spannung dieser zwei Achsen fühlen:
„Selbst vernünftig urteilen – auf Autorität hin glauben"
„Ewiges Hinterfragen – im Denkrahmen bleiben"

Wie weit pendeln Sie jeweils in die Extrempunkte der Achsen?
Wie wirkt die Graphik vom „Denken im Rahmen" auf Sie – denken Sie gerne „im Rahmen"?

?

Gar kein Hinterfragen im Glauben?

Liest man die gerade genannten Zentralpunkte des Unterschieds säkularer und christlicher Haltung, auf Autorität hin zu glauben und nicht ewig zu hinterfragen, beschleicht manchen vielleicht ein ungutes Gefühl, denn er erinnert sich an unangenehme Diskussionen und Anfragen der Art: „Ihr Christen, ihr müsst euch einer Autorität völlig unterwerfen, seid eures selbständigen Denkens beraubt, dürft nicht hinterfragen, seid brave, unmündige Duckmäuser, plappert nach, was die Bibel, die Kirche, der Pastor, die Gemeinde sagt. Wie wollt ihr forschen, wenn ihr derart mundtot gemacht seid ..."

Vielleicht erinnert man sich nicht nur an entsprechende Diskussionen, sondern teilt diese Kritik, da man persönliche Erfahrungen mit Gemeinden oder Christen hat, bei denen tatsächlich eine enge Autoritätsgläubigkeit, eine blinde Unterordnung unter Leiter und Pastoren das eigene Fragen erstickt hat.

Hinweis:
Die Spannung zwischen der notwendigen Bereitschaft, sich Gott und auch den von ihm berufenen Leitern unterzuordnen einerseits und dem eigenen, „begründeten" Glauben andererseits ist nicht immer leicht zu bewältigen. Mangel auf beiden Seiten, aufseiten der Leiter und der Gemeindeglieder führen immer wieder zu Fehlentwicklungen.

So gibt es Leiter und Pastoren, die aus den verschiedensten Gründen (z.B. dem Machtmotiv, aber auch eigener Führungsschwäche) eine „unmündige" Gemeinde anstreben. Und es gibt Menschen in den Gemeinden, die (z.B. aufgrund früheren Erlebens von Machtmissbrauch etc.) sehr sensibel an diesem Punkt sind und jede ganz normale Leiterschaft, bei der es z.B. auch vorkommt, dass „unbeliebte" Entscheidungen getroffen werden, als einengend erleben. Ebenso gibt es Menschen, die in sich eine starke Autoritätsgläubigkeit besitzen, sich zu sehr unterordnen, weil sie dann endlich jemanden haben, der ihnen sagt, wo es langgeht.

Die Beobachtungen von Phänomenen der Unmündigkeit in einer Gemeinde können, müssen aber nicht unbedingt durch eine fragwürdige Motivation der Leiterschaft hervorgerufen sein (zu „Macht und Machtspielen" vgl. Fernkursordner 5 b).

Basis christlicher Forschung ist jedoch nicht starre Autoritätsgläubigkeit, eigene Unmündigkeit. Wir lassen Fragen und Zweifel zu, machen sie auch zum Gegenstand der Forschung, aber wir werden dabei nicht das Urteil des Einzelnen, das, was seiner

Meinung nach logisch und einleuchtend ist, zur letzten Instanz machen. Wir werden Glaubensaussagen nicht an menschlichen Wahrheitsinstanzen messen, wir werden Gott und seine Aussagen nicht „vor den Richterstuhl der autonomen Vernunft zerren".

Hauptargument: Die Unmöglichkeit, das „Fraglose" selbst zu erfragen

Dies *wollen* wir nicht nur nicht, sondern wir *glauben* auch nicht (man denke an unsere gesamte bisherige Argumentation), dass wir auf diesem Weg zu einem Qualitätszuwachs für unser Erkenntnisvermögen gelangen können. Denn wie wir wissen, ist es der autonomen Vernunft ja gar nicht möglich, „das Metaphysische", die Grundannahmen, den Deutungsrahmen selbst zu finden. Auch wenn wir ewig suchen, für alle Zeiten hinterfragen und hinterfragen, werden wir auf diesem Weg niemals auf letztendlich sicheren Grund stoßen.

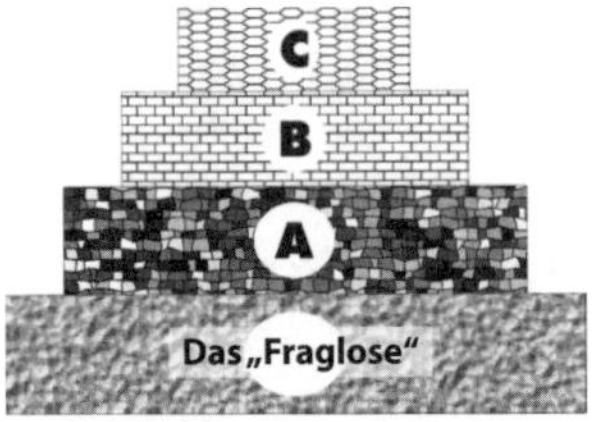

Jeder muss einen Deutungsrahmen akzeptieren, muss bereit sein, wie es einige Denker und Theologen formulieren, etwas als das **„Fraglose"** anzunehmen. Es ist uns unmöglich, dieses Fraglose aus uns selbst heraus zu finden, nur wenn es uns geschenkt, uns offenbart wird, finden wir einen Zugang.

Nicht Hinterfragung der Offenbarung, aber Hinterfragung unseres Verständnisses

Doch dieses „Fraglose" müssen wir nicht fraglos akzeptieren.
Natürlich geht es zunächst um eine vollständige Annahme der Offenbarungswahrheit, um eine Unterordnung unter Gottes Reden, doch dies schließt (zumindest eine bestimmte Form der) Hinterfragung und Kritik nicht aus.
Denn keiner von uns, keine Gemeinde, keine Institution, niemand kann davon ausgehen, dass er die Offenbarung Gottes, seine Botschaft in der Heiligen Schrift völlig richtig, ganz und gar vollständig verstanden hat. Nicht die Schrift selbst, ihre von Gott intendierte Bedeutung steht in Frage, sondern *unsere Interpretation* derselben. Wir alle tragen persönliche, familiäre, gesellschaftliche Brillen, Weltbildbrillen unserer spezifischen Gemeinderichtung und all dieses gilt es sehr wohl auf den Prüfstand zu stellen. Es geht nicht darum, die Bibel zu korrigieren, unsere Vernunftschlüsse über sie zu stellen, sondern um das Anliegen sie „recht" verstehen zu wollen, unsere Interpretationen ihrer Botschaft von eigenem, von gemeindlichem Vorverständnis zu reinigen.

Ich darf keinen Glauben eines anderen glauben.

Und tatsächlich kann man die Bedeutung einer bestimmten Form des „Fragens", des Hinterfragens nicht hoch genug einschätzen. Denn glaubt jemand nur auf das Wort anderer Menschen hin, akzeptiert jede Lehre, wenn sie vonseiten der „Autoritäten", der Gemeindeleitung, von bekannten Christen her kommt, übernimmt er Tradiertes[66] ohne wirkliche innere Einsicht, so steht sein Glaube auf dünnem Fundament.
Wir dürfen nicht nur den Glauben anderer nachplappern, sondern es ist ein angemessenes Anliegen, *selbst* verstehen, selbst glauben zu wollen, so lange zu fragen, um Lehraussagen zu ringen, bis ein eigenes Verständnis im Herzen durchbricht. Dann kann man sich und anderen Rechenschaft geben bezüglich der biblischen Lehre, kann zur Erkenntnis des Sohnes Gottes, zum vollendeten Mann, zum vollen Maß der Fülle Christi heranreifen, wird nicht durch jeden Wind irgendeiner Lehre bewegt.

66 Tradiertes (lat.): Überliefertes

Die Bedeutung des „Fraglosen" darf erfragt werden.

Der zentrale Unterschied zur säkularen Vorgehensweise besteht darin, dass es für uns nicht darum geht, unser Fundament selbst zu begründen, wir uns mit unseren Fragen also nie über das Fraglose selbst stellen wollen.
Unsere Art des Fragens zielt darauf ab, die **Bedeutung** des Fraglosen für unser Leben zu erfragen, einen von eigenen Vorannahmen, von eigener Weltbildbrille möglichst befreiten Blick auf die biblische Botschaft zu erhalten.

Die Offenbarungswahrheit wird dabei *zunächst fraglos* angenommen. Erst NACH vollzogener Annahme geht es um den Versuch, das Angenommene zu erschließen. *Nicht ob, sondern **warum** das so ist*, nicht eine Begründung des Fundaments aus eigener Macht, sondern eine Entfaltung der Glaubensinhalte darf als Ziel aller geistlich motivierten „Hinterfragungsbemühungen" erkannt werden.

Kritik von der Mitte her

Es geht dabei um eine **Kritik von der Mitte des Evangeliums** her:
„Gott ist Subjekt, nicht Objekt der Kritik ... Und nur von dieser Mitte her, von der sie voreingenommen und befangen ist und sein muss, kann die Vernunft Theologie kritisieren, nicht von außen her."[67]

Glaube ist nicht unkritisch zu übernehmen, doch erfolgt die Kritik nicht vonseiten einer unabhängigen, einer sich selbst genügenden, autonomen Vernunft. Die Kritik am Glauben, an Theologie, an Lehrmeinungen erfolgt immer „glaubensimmanent", d.h., sie erfolgt von Seiten der heiligen Schrift selbst.

Hinterfrage ich eine Glaubensüberzeugung, so tue ich dies nicht aufgrund von Vernunftlogik („Wunder können nicht sein, weil ich sie logisch nicht begründen kann."), sondern aus der Schrift selbst („Entspricht diese Lehrüberzeugung, dieses Taufverständnis, dieser Umgang mit den Gaben des Geistes der biblischen Botschaft?").
Von der Mitte des Evangeliums, von der biblischen Botschaft selbst kommend, hinterfrage ich meine, unsere Traditionen, unsere Gottes-/Moral-/Gemeinschafts- und Gesellschaftsvorstellungen etc., von der Bibel selbst her kritisiere ich überkommene Lehrmeinungen.
Diese Art der Kritik ist sogar wichtig, alle unsere Vorstellungen müssen immer wieder an der Bibel geprüft werden, das Wort selbst soll unser Richter sein.

„Glaube und Kritik sind ‚weit auseinander', aber nicht ‚widereinander' sie ‚stehen sozusagen auf weite Distanz doch Auge in Auge'."[68]

67 Pöhlmann, 1990, S. 109
68 Pöhlmann, 1990, S. 104

FAZIT

Säkular ist nicht ein Ort, *sondern eine Sache der Herzenshaltung.* Nicht der Einbezug der Wirklichkeitsbefragung, nicht die Nutzung unseres natürlichen Erkenntnisvermögens an sich, sondern nur deren letztinstanzlicher, von Gott unabhängiger Gebrauch führt zur Entstehung säkularer Modelle.

Deshalb müssen wir bei allen Modellen (säkularen, christlichen, eigenen) nach der Herzenshaltung der Forschenden und nach den Bausteinen des Fundaments fragen.

Bei Modellen der naturwissenschaftlich orientierten Psychologie können Grundannahmen eine geringere Rolle spielen, wenn Naturwissenschaft vor allem als Methode verstanden wird und die durch Wirklichkeitsbefragung erhaltenen Fakten entsprechend nicht an metaphysischen Grundannahmen gedeutet und zu einem (Welt-)Erklärungssystem zusammengefügt werden.

Dies gilt für Modelle der ganzheitlichen Psychologie weitaus weniger, da eine ganzheitliche Sichtweise den metaphysischen Bereich ausdrücklich einbezieht und deshalb Konzepte mitunter an „Heilslehren", an umfassende Glaubenssysteme mit quasi-religiösem Charakter erinnern. So sind *ganzheitliche Modelle reizvoller, aber auch gefährlicher,* eine sorgsame Prüfung ist geboten.

Der zentrale Unterschied zwischen der Haltung in christlicher und säkularer Forschung lässt sich an folgenden zwei Achsen aufzeigen:

„Allein der Urteilskraft der Vernunft folgen" ←---→ *„Glauben auf Autorität hin"*

„Ewige Hinterfragung" ←---→ *„Denken im Rahmen"*

Folgen wir in unserer Meinungsbildung allein der Urteilskraft unserer Vernunft oder glauben wir auf Autorität hin? Bleiben wir in unseren Denkbemühungen im biblisch vorgegebenen Rahmen oder geht es uns um „ewige Hinterfragung"?
Nicht eine Hinterfragung der Offenbarung an sich, wohl aber unseres bisherigen Verständnisses, unserer bisherigen Interpretation derselben ist dringend angeraten. Nicht *ob*, sondern *warum* etwas so und so ist, steht zur Debatte, die Kritik erfolgt nicht vor dem Vernunfttribunal, sondern von der Mitte des Evangeliums her.

F

Rekonstruktion

Neuaufbau einer Christlichen Psychologie auf biblischem Fundament

Inhaltsverzeichnis

I. Das Ringen um ein biblisches Fundament 294

1. Entstehungs- und Überlieferungsgeschichte der Bibel . 294
a. Autor und Autorität der Bibel 295
b. Einige Besonderheiten der Bibel als Buch 298

2. Die Bedeutung der biblischen Texte erfassen 304
a. Vorentscheidungen beim Lesen 304
b. Konkrete Schritte, die Bibel zu verstehen 309

II. Das Verarbeiten bestehender Modelle
(am Beispiel eines Artikels zum Thema „Vergebung“) 320

1. Die säkularen Gedanken kennen, verstehen und die Qualität des Konzepts prüfen 321
a. Zusammenfassung der wesentlichen Gedanken 329
b. Hinweise auf methodische Qualität und Komplexitätsgrad 331

2. Zerlegung und Grundannahmenprüfung 333
a. Impulse zum Bereich „Vergebung wird erleichtert durch…“ 333
b. Grundannahmen zum Schuldverständnis 335

3. Die Verstoffwechselung des Impulses 340

4. Eine erste Auswertung des Rekonstruktionsprozesses . 346

III. Eigene Forschung 350

1. Die Wahl der konkreten Methodik 350
a. Mehr ganzheitliche als naturwissenschaftliche Methodik 350
b. Das Problem der Erkenntnissicherheit 353

2. Ein Beispiel eigener Forschung: Das Vergebungsmodell . 356
a. Die ganzheitliche Entwicklung des Modells 356
b. Durchführen einer naturwissenschaftliche Studie zur Überprüfung 363
c. Auswertung der Ergebnisse 370

IV. Abschlussresümee 373

1. Schritte der Erkenntnissuche im Überblick 373

2. Fünf Thesen zur Begrenztheit „christlicher Erkenntnis“ ... 378

Das Abschlusskapitel unserer Ausführungen zu den Grundlagen eines christlichen Wirklichkeitsverständnisses soll den Verarbeitungsprozess der Erkenntnisse im Rahmen der Christlichen Psychologie, den Prozess der „Rekonstruktion", praktisch nachvollziehbar machen. Dazu werden die wesentlichen Schritte – die biblische Fundamentlegung, das Verarbeiten säkularer Modelle und die eigene Forschung – noch einmal erläutert und am Beispiel dargestellt.
Außerdem soll zusammenfassend verdeutlicht werden, wo die Möglichkeiten und auch die Grenzen des Erkennens für uns als Christen liegen, und wie wir Christliche Psychologie im Kontext eines wissenschaftlichen Anspruchs vertreten können.

ZIEL

Hinführung:

Inzwischen haben wir uns umfassend mit dem „Eigentlichen" und dem „Nachgeordneten" beschäftigt. Zunächst wurde in **Kapitel C** dargestellt, dass das Eigentliche in der Entstehung tiefer Vertrautheitsbeziehungen zu Gott (und anderen Menschen), in der Veränderung unseres Herzens hin zur Liebe, dem Wachstum auf der Personebene besteht.
Als Nachgeordnetes, wie in **Kapitel D** ausgeführt, dürfen auch Konzepte und damit Lehren, Lernbares, alle Fähigkeiten auf der Ebene der Sachkompetenz als wichtiger Bestandteil der Christlichen Psychologie erachtet werden, solange wir nicht letzte Sicherheiten in ihnen suchen, sondern ihnen den angemessenen Platz als Findelregeln einräumen. Und beim Entwickeln unserer Konzepte dürfen, ja sollen wir, wie in **Kapitel E** erarbeitet, auch die Wirklichkeitsbefragung ebenso wie unser Denkvermögen als Wege der Erkenntnisgewinnung heranziehen und können Impulse aus den Konzepten anderer Wissenschaftler nutzen. Denn „säkular" ist nicht eine bestimmte Arbeitsweise, sondern es kommt auf die Herzenshaltung an, in der wir arbeiten.

Mit all diesen Überlegungen haben wir die Vorarbeit geleistet, um jetzt, in **Kapitel F**, den zentralen Ansatz der Christlichen Psychologie, den Ansatz der **Rekonstruktion** im Zusammenhang kennenzulernen.

Bereits aus **Kapitel A** wissen wir, dass es einer Christlichen Psychologie, so wie IGNIS sie versteht, nicht um eine Verbindung zwischen Psychologie und Glaube geht, bei der einzelne psychologische Bausteine einfach in den Rahmen biblischer Vorstellungen integriert werden (oder umgekehrt). Vielmehr wünschen wir uns eine „Mittelpunktsverschiebung" weg von der Renovierung fertiger Häuser hin zum Bau eines neuen Hauses der Christlichen Psychologie. (Wobei allerdings, wie in Kapitel A erwähnt und in Kapitel C ausgeführt, auch nicht dieser Hausbau als letztendliches Ziel gilt, sondern die Förderung der Person des Christlichen Psychologen noch zentraler ist.)

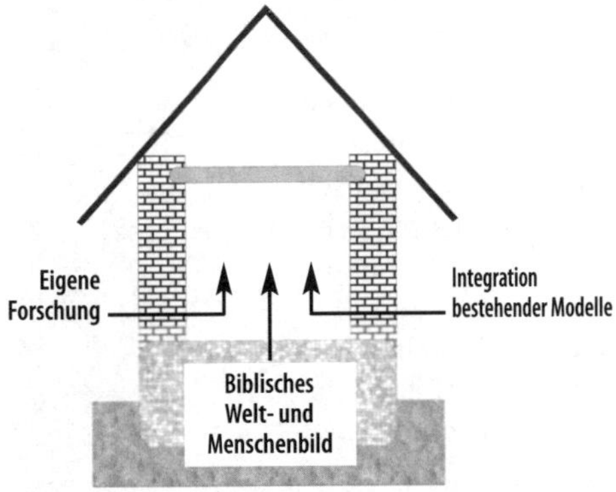

Als die drei wesentlichen Aufgaben der Rekonstruktion nannten wir in Kapitel A:

- das Ringen um ein biblisches Fundament,
- die eigene Forschung und
- die Nutzbarmachung anderer, säkularer Modelle.

Mit diesen Aufgaben wollen wir uns nun vertieft beschäftigen, jeden der drei Bereiche herausgreifen und konkret betrachten, wie wir uns die Erledigung der betreffenden Aufgabe vorstellen.

I. Das Ringen um ein biblisches Fundament[1]

Wenn wir als Priorität von Rekonstruktion im Rahmen Christlicher Psychologie das Erarbeiten eines biblischen Fundaments nennen, so wissen wir, dass die erste Grundlage dieses Fundaments der ganz persönliche Du-Glaube, das tiefe **Vertrauen in Gott selbst** ist. Darauf aufbauend ist es nun wichtig, einiges darüber zu lernen, wie wir die Bibel als Erkenntnisquelle angemessen nutzen können, um unsere zentralen Grundannahmen zu Welt- und Menschenbild und weitere Fragen zu Gottes Absichten für seine Schöpfung zu klären. Wir müssen uns also über **Wege der Bibelauslegung** Gedanken machen.

Natürlich können wir im Rahmen dieses Kapitels nur einführend über Fragen und Ansätze zu den Problemen der Bibelauslegung schreiben und nicht die gesamte vielfältige theologische und gemeindliche Diskussion berücksichtigen. Was wir aufgreifen, sind Informationen zur Entstehungs- und Überlieferungsgeschichte der Bibel und Beispiele zur Auslegungspraxis. Wir hoffen, damit einen Einblick zu geben, der sowohl für das persönliche Bibellesen als auch für das Gespräch mit anderen den Horizont erweitert und dabei ermutigt, gerne aktiv, regelmäßig und mit Gewinn in der Bibel zu lesen.

1. Entstehungs- und Überlieferungsgeschichte der Bibel

Bereits in den gesamten bisherigen Ausführungen haben wir uns an vielen Stellen auf Aussagen aus der Bibel berufen, sie als Gottes Wort bezeichnet, das uns als „spezielle Offenbarung" z.B. die Grundannahmen und den Deutungsrahmen für unser Denken und Erkennen liefert. Doch wie können wir begründen, dass der Bibel diese Bedeutung zukommt? Und wie kommt es, dass wir überhaupt eine Bibel haben, die uns so wichtig ist, wer hat sie geschrieben, wer hat dafür gesorgt, dass sie bis heute gelesen werden kann?

1 Der Abschnitt F I. wurde von Agnes May geschrieben.

a. Autor und Autorität der Bibel

Gottes Wort und menschliche Schreiber

Indem wir die Bibel als Gottes Wort bezeichnen, drücken wir aus, dass letztlich **Gott selbst der Autor der Bibel ist**. Doch wir wissen auch, dass ganz unterschiedliche **Menschen** diese Texte niedergeschrieben haben. Teilweise treten sie recht deutlich als Verfasser in Erscheinung, etwa der Schreiber des Predigerbuches, der von seiner Suche nach Weisheit berichtet (Pred 1, 13) oder Lukas, der sein Evangelium damit einleitet zu erzählen, dass er sorgfältig nachgeforscht hat und nun die „Geschichten, die unter uns geschehen sind" als sicheren Grund der Lehre für Theophilus niederschreibt (Lk 1, 1–4). An anderen Stellen werden Aussagen Gott direkt zugeschrieben (vor allem in prophetischen Reden), dann gibt es Gebetstexte, die Menschen an Gott richten (Psalmen) und oft wird einfach erzählt, was Gott getan und was Menschen mit ihm erlebt haben.

Insgesamt sagen wir, dass Menschen zum Schreiben der Bibel von Gott **inspiriert** wurden (Kap B, S. 69) und er auf diese Weise der Autor aller Texte ist. Allerdings gibt die Bibel selbst kaum Auskunft über den jeweils ablaufenden **Vorgang dieser Inspiration**. Wenn Lukas am Anfang seines Evangeliums berichtet, wie er sorgfältig nachgeforscht hat, ist von Gottes Wirken dabei z.B. gar nicht die Rede.

Dennoch, auch wenn das Wie der Inspiration nicht eindeutig beschrieben wird, ersehen wir aus dem Umgang mit den Schriften sowohl im AT als auch im NT, dass sie **als zuverlässige Offenbarung Gottes betrachtet werden**, deren Aussagen Autorität besitzen. Jesus zitiert z.B. Psalm 110,1 und sagt, David habe hier durch den Heiligen Geist gesprochen (Mt 22, 43). Oder er tadelt die Jünger auf dem Weg nach Emmaus: „O ihr Toren, zu trägen Herzens, all dem zu glauben, was die Propheten geredet haben." (Lk 24,25). Das, was die Propheten geredet hatten, war es also wert, geglaubt zu werden, und konnte Jesus im weiteren Gespräch als Grundlage seiner Beweisführung dienen, dass Gott schon immer vorhergesagt hatte, der Messias werde einmal leiden müssen. Auch Paulus schreibt, dass er Gottes Wort weitergibt, ohne dass er beschreibt, wie er dieses Wort empfangen hat (z.B. „Denn ich habe von dem Herrn empfangen, was ich euch weitergegeben habe", 1 Kor 11, 23).

Vorstellungen zum Vorgang der Inspiration

Obwohl oder wahrscheinlich gerade weil die Bibel den Vorgang der Inspiration nicht deutlich beschreibt, haben Christen sich seit den Anfängen der Kirche darüber Gedanken gemacht, wie Gott und Menschen als Autoren zusammenwirken, nicht zuletzt, um dadurch **die Autorität der Bibel**, ihre Heiligkeit und Glaubwürdigkeit als Gottes Wort belegen, verteidigen oder relativieren zu können. Die drei großen Grundpositionen sind

- Die Bibel wurde direkt von Gott eingegeben (Verbalinspiration) – Gott allein als Autor der Bibel ist wichtig.
- Die Bibel ist Gottes Wort in menschlicher Sprache und historischer Prägung.
- Die Bibel ist vor allem Zeugnis von menschlichen Glaubenserfahrungen.

Verbalinspiration: Die Bibel ist allein Gottes Wort.

Die erste Vorstellung einer **Verbalinspiration** (von lat. verbum – das Wort) versteht die ganze Bibel als direktes, zeitlich ungebundenes Wort Gottes. Er selbst hat den Wortlaut (des Urtextes) genau so, wie er geschrieben wurde, genau mit diesen Worten „eingehaucht".

Die menschlichen Schreiber dienten lediglich als Werkzeug, Hand, Schreibfeder oder Schreibtafeln des Heiligen Geistes (so wie man in manchen prophetischen Abschnitten, z.B. Jer 1,9 oder Hes 1,3, liest, wie das Wort eingegeben wird, ohne dass die Persönlichkeit des Sprechers oder konkrete äußere Umstände eine Rolle spielen). Allerdings handelten sie *nicht* unfreiwillig oder unwissend wie etwa bei einer ekstatischen Eingebung, sondern waren willentlich und wissend als Person beteiligt. Doch **Gott war die Hauptursache, die menschlichen Schreiber die werkzeuglichen Ursachen**.

Dieser Position ist allein Gott als Autor wichtig, **Gott verleiht der Bibel Autorität**. Jede Berücksichtigung des menschlichen Einflusses (Schreibstil, Erzählgewohnheiten, Lebensumstände...) oder der geschichtlichen Dimension der Bibel würde ihre Bedeutung und Gottes Autorität schmälern.

Hinweis:
Wie viel Mitbeteiligung bei der konkreten Gestaltung des Wortes dem Schreiber als „Werkzeug" zukam, wird nicht einheitlich definiert. Die Vorstellungen gehen von einer rein mechanischen Niederschrift eines Diktats (Diktattheorie) bis hin zu einem mehr oder weniger starken Einbezug des Schreibers mit seiner Persönlichkeit, seinem Stil, seinen sprachlichen Eigenheiten.
Abgrenzen will man sich auf jeden Fall von Inspirationsvorstellungen, dass Gott nur eine Person motiviert habe, eine Botschaft niederzuschreiben (-> Personalinspiration), oder dass er nur dafür gesorgt habe, dass der Inhalt sinngemäß richtig ist (-> Realinspiration; die res = Sache ist richtig).

Die Bibel ist Gottes Wort in menschlicher Sprache und historischer Prägung.

Ein Vertreter der Position, die der menschlichen Seite eine größere Bedeutung zuspricht, ist z.B. **J. G. Hamann** (s. Kap C, S. 164). Er hat „das Wesen der Heiligen Schrift ... in Analogie zur Inkarnation gesehen und ihre Entstehung mit dem Begriff Inverbation beschrieben. Wie Jesus Christus Gott und Mensch in einem war, so sei die Bibel Gotteswort und Menschenwort, göttlichen und menschlichen Ursprungs zugleich."[2]
Die gnädige Herablassung Gottes zu den Menschen bestand für ihn also nicht nur in der Menschwerdung Jesu, in dessen Knechtsgestalt, sondern auch in der Schrift zeigt Gott sein tiefstes Wesen, das „sich aus seiner Majestät zu den Menschen in Gnade und Liebe herunterneigt ... Die biblischen Schriften in all ihrer Unvollkommenheit sind ureigenster Ausdruck des in Gott selbst gegebenen Willens zur Niedrigkeit."[3]

Auch für Hamann ist die Bibel Gottes Wort, doch die Person des Schreibers spielt eine größere Rolle, da für ihn die Beschäftigung mit der historischen Gegebenheit wesentlich zum Verständnis dessen gehört, was Gott durch die Schrift gegeben hat, denn es gehört „zur Einheit der göttlichen Offenbarung, daß der Geist Gottes sich durch den Menschengriffel der heiligen Männer, die von ihm getrieben worden, ... eben so erniedrigt und seiner Majestät entäußert, als der Sohn Gottes durch die Knechtsgestalt und wie die ganze Schöpfung ein Werk höchster Demuth ist."[4]

2 Schnabel, 1986, S. 146
3 Hempelmann, 1988, S. 134
4 Hempelmann, 1988, S. 131

Gott ist also in der Schrift ebenso wie in Jesus in menschlicher Gestalt erschienen, er hat sich darin klein gemacht. Diese menschliche Gestalt kann weder von der göttlichen getrennt werden, noch ist sie unwichtig. **Gott spricht in menschlichen Worten, diese persönliche und historische Prägung mindert die Autorität seines Wortes nicht, sondern ist Zeichen seiner Liebe und Hingabe.**

Ein späterer Theologe, **Adolf Schlatter** (1852–1938), formuliert sein Verständnis von der Schrift als göttlich inspiriert *und* historisch geprägt folgendermaßen: „Die geistlose und darum gottlose Deutung der Schrift ist nicht Wissenschaft und ihre geschichtslose und darum unmenschliche Deutung ebenfalls nicht."[5]

Für ihn verschob sich die Vorstellung von Inspiration weiter in Richtung Person. Nicht der Text oder gar einzelne Worte, sondern der Schreiber ist inspiriert, die Innewohnung des Geistes bezieht sich nicht auf Worte, sondern auf Personen (**Personalinspiration**).

Inspiration im weiteren Sinn

Besonders in der Neuzeit, als der Mensch immer mehr in den Mittelpunkt rückte, tauchten vermehrt allgemeine Vorstellungen von Inspiration auf oder der Inspirationsgedanke wurde völlig aufgegeben und die Bibel einfach als ein Werk (gläubiger) Menschen betrachtet. So finden wir z.B. folgende Ideen[6]:

> **Theorie der Erleuchtung:**
> Die Bibel wurde von Menschen mit tiefen **religiösen Einsichten** in brillanter literarischer Form niedergeschrieben. Sie ist beeindruckend, aber nicht viel mehr als menschliche Einsicht.
>
> **Die Bibel als Zeugnis göttlicher Offenbarung:**
> **Religiöse Erfahrungen** veranlassten die Schreiber, davon zu berichten. Es war nicht Gott selbst, sondern eine Erfahrung mit ihm. Gott ist Quelle von Erfahrungen, aber Hauptautor der Bibel ist der Mensch, dessen Erfahrungen den Leser selbst zu eigenen Erfahrungen anregen können.
>
> **Theorie der existenziellen Begegnung:**
> Es ist nicht wichtig, wann die Bibel von wem in welcher Situation und mit welchen Absichten geschrieben wurde, sondern **Inspiration geschieht beim Lesen**. Die Bibel wird Wort Gottes im Moment der persönlichen Begegnung. Der Autor ist also unwichtig, nicht aber Gott als derjenige, der den Menschen durch diese Worte anspricht.
>
> **Inspiration bei der Entstehung und Zusammenstellung:**
> Inspiration geschah **im ganzen Prozess** der Überlieferung und auch beim heutigen Lesen. Gott ist also (Mit-) Autor und (Mit-) Ausleger, ist Begleiter eines menschlichen Prozesses.

Je mehr man in den Inspirationstheorien das Wirken Gottes zugunsten des menschlichen Anteils geringer einschätzte, umso mehr hatte man Schwierigkeiten, die Autorität der Bibel zu begründen und anzuerkennen. Als Menschenwerk wurde sie in der Folge daher oft nicht nur in ihrer historischen Dimension gesehen, sondern als Buch wie jedes andere historisch-kritisch auf ihren Wahrheitsgehalt hin überprüft.

5 in Stadelmann, 1985, S. 41
6 nach Seminarunterlagen von Karl Plüddemann, SS 1997, IGNIS-Akademie

? ***Überlegen Sie Ihre eigene Sicht auf die Bibel, Ihre eigene Vorstellung davon, wie die Bibel als Gottes Wort aufgeschrieben wurde! Bei welcher der genannten Sichtweisen können Sie am meisten zustimmen?***

Eigener Standpunkt

Für uns (bei IGNIS) sind folgende Punkte für unser Verständnis von Autor und Autorität der Bibel wichtig:

- Die Bibel ist **Gottes Wort**.
  Wir können aus der Bibel ersehen, dass sie als **zuverlässige Offenbarung Gottes** zu betrachten ist, auch wenn darüber hinaus nichts über das Wie der Inspiration ausgesagt wird, sondern nur über deren **zuverlässiges Ergebnis als Wort Gottes**, an dem Gott selbst mitgewirkt hat.

- Der **Mensch** spielt in der Bibel immer auch eine aktive Rolle (vgl. Kap B u. D zu –> Freiheit, einwilligen), wird von Gott als Gegenüber angesprochen und soll antworten. Daraus schließen wir, dass er auch beim Schreiben der Bibel kein willenloses Werkzeug war, sondern **sich als Person und mit seiner sozialen und historischen Prägung eingebracht hat.**

- **Gott hat sich in der Geschichte offenbart**, nicht einfach in davon losgelösten Weisheitssprüchen. Sein Wort ist ein geschichtliches Wort, das aus der Geschichte heraus verstanden werden muss, aber **über die konkrete Situation hinaus Gültigkeit besitzt.**

- Der **Heilige Geist hat** jeden Schreiber in seiner Eigenart geführt, Gottes Botschaft für seine Situation, aber darüber hinaus für uns alle richtig, verständlich, glaubwürdig, wirkungsvoll und mit göttlicher Autorität niederzuschreiben.

- Die Bibel als **Altes und Neues Testament** dient als **Grundlage** zur Entwicklung und Bewahrung des Glaubens der Einzelnen und vor allem der Gemeinde als Ganzes und ist die entscheidende **Richtschnur** in allen Glaubensfragen.

b. Einige Besonderheiten der Bibel als Buch

Wenn wir heute eine Bibel in der Hand halten, so ist es ein kompaktes, für den Bibelleser vertrautes Buch von über 1000 Seiten, in dem wir gleichermaßen einmal im Alten, einmal im Neuen Testament lesen, bei Hiob oder Johannes oder ...
Wem ist dabei bewusst, dass dieses Buch über einen Zeitraum von mehreren hundert Jahren geschrieben wurde, von vielen Schreibern in vielen unterschiedlichen Situationen? Wer denkt daran, dass er eigentlich **eine kleine Bibliothek** in der Hand hält, deren Bücher er aber dennoch als eine **Einheit** empfindet, als **eine Botschaft**, die auch heute noch wichtig ist und uns etwas zu sagen hat?

Entstehung und Überlieferung der Bibel

Wenn ich heute *meine* deutsche Bibel in der Hand halte, dann ist schon viel mit ihr geschehen, seitdem Gott ihr Schreiben veranlasst hat (sodass wir heute auf jeden Fall Gottes Wort in menschlicher Bearbeitung vor uns haben und Gott auch für den

Prozess der Überlieferung vertrauen müssen, dass er durch den Heiligen Geist alle Beteiligten geführt hat). Wir wollen folgende drei Hauptschritte aus einer etwa 3000-jährigen Geschichte herausgreifen:
- das Schreiben und Abschreiben der Bibel
- das Übersetzen der Bibel
- die weitere Aufteilung und Gestaltung des Textes

Erster Schritt: Das Schreiben und Abschreiben der Bibel

Die Bibel wurde über einen Zeitraum von mehreren hundert Jahren von einer großen Anzahl an Schreibern in drei verschiedenen Sprachen verfasst: **Hebräisch** (die größten Teile des AT), **Aramäisch** (dem Hebräischen verwandte Sprache, in der Hälfte des Buches Daniel und zwei Abschnitten von Esra) und **Griechisch** (NT). Diese ursprünglichen Texte wurden immer wieder mit der Hand abgeschrieben, bis im 15. Jahrhundert die Buchdruckkunst erfunden wurde und Johannes Gutenberg in den Jahren 1452 –1455 die erste gedruckte (lateinische) Bibelausgabe veröffentlichte.

Heute existiert kein einziges Original von irgendeinem der biblischen Bücher, in dem man genau nachlesen könnte, was der Schreiber selbst geschrieben hat. Die älteste bekannte Handschrift des ganzen AT in hebräischer Fassung ist der „Kodex von Leningrad" und stammt aus dem Jahr 1008 n.Chr., von einzelnen Teilen sind auch ältere Handschriften erhalten.
Für das NT datiert die älteste fast vollständige griechische Ausgabe, der „Codex Vaticanus", aus dem vierten Jahrhundert, somit viel näher an der ursprünglichen Entstehungszeit dieser Schriften in der zweiten Hälfte des ersten Jahrhunderts n.Chr.

Hinweis:
Eine Frage, die oft gestellt wird:
Kann die Bibel in dem langen Zeitraum von mehr als 3000 Jahren überhaupt richtig überliefert worden sein?
Natürlich sind beim Abschreiben der Bibel immer wieder Fehler passiert. Man hat beim Vergleich der verschiedenen älteren Textgrundlagen etwa 200 000 Varianten gefunden. Das klingt zunächst sehr viel, „aber in dieser Zahl sind alle Varianten aller Handschriften enthalten. Wenn man das weiß, ist die große Zahl textlicher Unterschiede nicht erschreckend. Die meisten Varianten sind geringfügige Einzelheiten, entweder offensichtliche Fehler, die beim Abschreiben entstanden, oder leichte Änderungen der Rechtschreibung, der Grammatik, der Wortstellung, usw. Diese haben keinen Einfluß auf den Text. Andere Abweichungen könnten bedeutend sein, sie haben aber keine Unterstützung durch die früheren Textautoritäten. Einige Varianten bieten Probleme für unseren heutigen Text, die zum Teil zu lösen sind. Die wenigen, die fraglich sind, bieten keinen Anstoß für unseren Glauben."[7]
Die wissenschaftliche Erforschung der Bibelüberlieferung, die Textkritik, hat durch den Vergleich von verschiedenen Handschriften oder Bibelzitaten in Briefen und Texten aus den ersten Jahrhunderten mit unseren heutigen Textgrundlagen eine sehr große Übereinstimmung festgestellt, sodass man eigentlich staunen muss, wie ein Buch über einen so langen Zeitraum so gut überliefert werden konnte.

7 Lightfoot, 1977, S. 51

Zweiter Schritt: Das Erstellen von Bibelübersetzungen

Bereits im 3. Jahrhundert v. Chr. wurde das **AT** ins Griechische, die damalige Weltsprache, übersetzt. In Israel selbst wurde zu dieser Zeit nicht mehr Hebräisch, sondern Aramäisch gesprochen, und es wohnten immer mehr Juden in anderen Ländern. Durch die griechische Übersetzung konnten Juden auf der ganzen Welt ihre Schriften lesen (diese Übersetzung heißt die Septuaginta, weil sie angeblich von 70 Personen verfasst wurde).

Das **NT** wurde, da der christliche Glaube sich schnell in der damals bekannten Welt ausbreitete, bald vom Griechischen ins Syrische und Lateinische übersetzt.
Hieronymus erstellte um das Jahr 400 n.Chr. eine Übersetzung von AT und NT ins Lateinische (genannt Vulgata – die Gewöhnliche), die über Jahrhunderte die von der Kirche hauptsächlich gebrauchte Bibelausgabe war und die Grundlage für weitere Übersetzungen bildete.

Bis heute gibt es Übersetzungen in bald 2000 Sprachen, die immer wieder überarbeitet und verbessert werden (z.B., weil man neue Texte gefunden hat – wie die Qumranrollen – oder durch den Rückgriff auf die Originalsprachen manches besser versteht oder weil man die sprachlichen Formulierungen dem veränderten Sprachgebrauch anpassen muss).

Hinweis:
Wer schon lange an seine eigene deutsche biblische Sprache gewöhnt ist, dem kann es passieren, dass er genau diese vertrauten biblischen Formulierungen für DAS Wort Gottes hält und als treuer Bibelleser dann ähnlich reagiert, wie Ende des 19. Jahrhunderts ein Kommentator auf die damals erstellte überarbeitete (revidierte) Fassung der alten Lutherübersetzung: „Luthers Bibelübersetzung ist Gottes Wort ... die revidierte Bibel ist nicht die rechte, echte Lutherbibel ... nicht nur das Luthertum, das ganze Christentum wird durch die Revision gefährdet ... so sieht man, daß die neue Bibel eine neue Religion mit sich bringt."[8]

Auch wenn die Ablehnung nicht immer ganz so heftig ausfällt, kennen wir wahrscheinlich Anfragen an moderne Bibeltexte: Wird der Glaube nicht verfälscht, das Wort kraftlos gemacht? Ist „Evangelium" dasselbe wie „Gute Nachricht" und „glauben" dasselbe wie „vertrauen"? ...

Andere finden es dagegen gerade gut, durch neue Formulierungen daran erinnert zu werden, dass Bibelstellen nicht einfach auswendig zu lernende, altertümliche Verse aus dem Religionsunterricht sind, sondern „Licht auf dem Weg" auch im konkreten, modernen Alltag.

Übersetzungsgrundsätze

Es ist in der Tat keine leichte Aufgabe, einen Text – übrigens jeden Text – in einer anderen Sprache angemessen auszudrücken und bedeutet immer auch ein Stück Interpretation des Übersetzers, drückt sein Verständnis des Textes mit aus. Deshalb werden heute Bibelübersetzungen (fast) immer **im Team** erstellt, über strittige Stellen wird diskutiert, manchmal als Verweis eine **andere Übersetzungsmöglichkeit** angegeben und oft als Anhang ein Verzeichnis typischer biblischer Wörter mit Erklärungen angeboten.

8 nach Weber, 1985, S. 45

Um in der Übersetzung außerdem möglichst nahe an dem zu sein, was wirklich biblische Botschaft ist, **greift man als Grundlage auf den griechischen und hebräischen Urtext zurück**. In langer Forschungsarbeit, man nennt diesen Bereich **Textkritik**, hat man durch das Zusammentragen, Bewerten und Vergleichen möglichst vieler Handschriften versucht, die ursprüngliche Fassung so gut wie möglich wieder herzustellen (in den Bibelausgaben werden Textstellen extra gekennzeichnet, bei denen man sich nicht ganz einig ist, ob sie und ob sie genau so im Original standen, manchmal mögliche Varianten angegeben; z.B. Mt 6, 13b – der Abschluss des „Vaterunser").

Jede Übersetzung erfolgt nach bestimmten **Kriterien** und setzt **Schwerpunkte**, die nicht alle gleichzeitig zu erreichen sind:
Will man möglichst **wörtlich am Urtext** bleiben (wie z.B. in der Elberfelder Übersetzung),
eher **frei den Sinn des Geschriebenen** wiedergeben, ihn in die Gegebenheiten unserer Zeit übertragen (wie z.B. bei der Guten Nachricht oder noch stärker in Hoffnung für alle)
oder geht man **dynamisch äquivalent** vor (so z.B. die Einheitsübersetzung, rev. Lutherübersetzung), das heißt, ersetzt man Wörter, Redewendungen und grammatikalische Konstruktionen der Originalsprache durch gleichwertige Entsprechungen der eigenen, lässt aber historische und sachliche Gegebenheiten in der ursprünglichen Form (schreibt also z.B. nicht für „Licht anzünden" in Mt 5, 15 „Lampe einschalten", weil wir heute elektrisches Licht benutzen)?
In Kap. B (S. 80) hatten wir bereits von der Schwierigkeit jeder Übersetzung gesprochen, dass sich **nicht für jedes Wort einer Sprache genau das entsprechende der anderen findet**.
Manche Begriffe gibt es noch nicht, weil Weltbild, Lebensauffassung und die Art der Wahrnehmung ganz anders sind als im biblischen Umfeld.
Sehr oft sind die Konnotationen, die Vorstellungen, die mit bestimmten Begriffen verbunden werden, ganz unterschiedlich. Während ein Begriff in der einen Sprache eine sehr weite Bedeutung hat (wie das Wort *dabar* im Hebräischen), gibt es in der anderen zwei, drei oder mehr Entsprechungen, die das Gemeinte jeweils präziser und differenzierter ausdrücken und es damit gleichzeitig einschränken (*dabar* – das Wort, die Sache, das Ereignis). Beim Übersetzen ist man nun gezwungen, genau zu überlegen, welche der möglichen Bedeutungen in einem bestimmten Zusammenhang vorrangig gemeint ist und was man weglassen muss.

Für den Begriff „Liebe" in der Bibel haben Sie dazu sicher schon einige Predigten gehört oder auch darüber, was Glauben bedeutet.
Versuchen Sie sich einmal zurückzuerinnern:
Wie hat sich mein Verständnis von Liebe/Glauben im Laufe meines Lebens als Christ verändert?
Welche Erklärungen, Auslegungen, vielleicht auch neuen Übersetzungen mancher Bibelstellen waren dabei hilfreich?

?

Beispiel für einen Begriffsfindungs- und Übersetzungsprozess

Wie erklärt man die Menschwerdung Jesu und den Glauben an ihn einem südamerikanischen Indianerstamm?

Ein sehr schönes, lebendiges Beispiel für das Übertragen des Evangeliums in eine neue Sprache mit völlig anderem kulturellen Hintergrund soll die Herausforderung, vor der ein Übersetzer steht, illustrieren:
Nachdem der Amerikaner Bruce Olson mehrere Jahre lang bei dem kolumbianischen Indianerstamm der Motilonen gewohnt hatte, deren Sprache und Gebräuche und ihren religiösen Hintergrund kennen und verstehen gelernt hatte, wollte er ihnen endlich von Jesus erzählen.
Er entdeckte, wie er eine alte motilonische Legende von einem Mann, der zur Ameise wurde, um den Ameisen den motilonischen Hausbau beizubringen, auf die Menschwerdung Jesu übertragen konnte (s. Kap B): Gott ist „zur Ameise geworden", um mit uns schwachen Menschen zusammenzuarbeiten.
Wenn er davon sprach, dass Gott seinen Sohn „zur Ameise hatte werden lassen", dann traf diese Ausdrucksweise etwas, was in der Vorstellung der Motilonen schon lebendig war, womit sie eine sehr demütige Handlung der Hilfe und Hingabe verbanden. Einen Ausdruck für „Menschwerdung Gottes" hätte es dagegen nicht gegeben und die Vorstellung hätte den Motilonen gar nichts gesagt.

Doch wie sollte er ihnen erklären, was „an Gott glauben" heißt? Auch dafür hatten sie keinen Begriff und abstrakte Vorstellungen waren ihnen insgesamt fremd.
Ein Bild aus ihrem täglichen Leben half ihm weiter: Die Motilonen wohnen in hohen Gemeinschaftshäusern und schlafen in Hängematten, die mehrere Meter über dem Boden in den Balken befestigt sind. Anfangs hatte er selbst erhebliche Schwierigkeiten, in diesen Hängematten zu liegen, es war ein echter Vertrauensschritt, dort hinaufzusteigen, während die Motilonen sich offensichtlich ganz sicher und geborgen fühlten. Einer der Motilonen hatte ihn ermutigt: „Du musst dich dem Schweben im Hängen überlassen!" Mit diesem motilonischen Ausdruck vom „Schweben im Hängen" erklärte Olson nun den Beginn der Beziehung zu Gott: „Du musst deine Hängematte in Jesus fest hineinbinden und in Gott schweben."

So übersetzte er *glauben* mit *seine Hängematte in Christus hineinbinden* und *sich schweben lassen* und *Menschwerdung* mit *wie eine Ameise werden*.[9]

Dritter Schritt: Einfügen von Abschnitten, Satzzeichen, Überschriften

Ein dritter wesentlicher Eingriff in die Gestaltung der biblischen Texte im Laufe der Überlieferungsgeschichte war die Einführung von Unterteilungen. Wenn wir heute eine durch Überschriften, Absätze, Querverweise ... gegliederte Bibel vor uns haben, wissen wir vielleicht gar nicht, dass diese Lesehilfen erst relativ spät dem Text eingefügt wurden. Die ursprünglichen biblischen Texte (sowohl die hebräischen als auch die griechischen) waren ohne Satzzeichen, ohne Abstände zwischen den einzelnen Wörtern, ohne Abschnitte, Überschriften oder Hervorhebungen, der hebräische Text sogar ohne Vokale geschrieben.
Ab dem 5. Jahrhundert n.Chr. begannen jüdische Gelehrte damit, in den hebräischen Texten durch Punkte die Vokalgebung zu kennzeichnen, sodass die Texte weiter richtig gelesen werden konnten (da Hebräisch keine gesprochene Sprache mehr war). Sie fügten auch Betonungszeichen ein und am Rand manche Textkommentare.

9 nach Olson, 1981, S. 137–141, S. 166

Ab dem Mittelalter wurde eine Gliederung der alt- und neutestamentlichen Texte durch Kapitel- und Verseinteilung üblich und man schrieb neben einzelne Verse oft (unkommentiert) die Auslegungen früherer Autoritäten oder eine eigene dazu. Wie diese Aufteilungen den Text nicht nur übersichtlicher gestalten, sondern auch das Verständnis mit beeinflussen können, zeigt das folgende persönliche Beispiel. Die Zwischenüberschrift der Lutherbibel „Lob der tüchtigen Hausfrau" in Sprüche 31 nach Vers neun führt dazu, die folgenden Verse 10 – 31 (nur) als eigene Einheit zu lesen und zu verstehen.

Ein persönliches Beispiel

Sprüche 31 „Das Lob der tüchtigen Hausfrau"

In einer Zeit, als mir morgens das Aufstehen sehr schwer fiel, erinnerte ich mich – um mich dabei noch schlechter zu fühlen – an den Vers „Sie steht vor Tage auf und gibt Speise ihrem Haus" (Spr 31, 15) und ich fühlte mich von Gott ermahnt, gerne und freudig morgens aus dem Bett zu springen, das Frühstück zu richten und den Rest der Familie dann gutgelaunt zu begrüßen. Allerdings war ich zunehmend unzufrieden mit dieser „ungerechten Einteilung" und nahm die Bibel, um noch einmal genau nachzulesen, welche Absichten Gott hier wirklich für „tüchtige Hausfrauen" ausdrückt.
Ich war mir dabei meiner persönlichen Absichten – vielleicht doch eine etwas andere Aussage zu finden – schon bewusst und versuchte, in einer anderen Bibelausgabe als gewohnt möglichst offen auf Gottes Wort zu hören.
Da dort keine Zwischenüberschriften waren, begann ich zum ersten Mal, Kapitel 31 von Anfang an zu lesen und war sehr erstaunt – denn dieser Rahmen war mir noch nie aufgefallen, dass es da zu Beginn heißt: „Dies sind die Worte Lemuels, die ihn seine Mutter lehrte." (31,1). In diesem Zusammenhang stand das „Lob der tüchtigen Hausfrau" also; ein Sohn gibt die guten Ermahnungen seiner Mutter weiter.
Das konnte ich mir nur zu gut vorstellen, dass eine Mutter für ihren Sohn natürlich die allerbeste und tüchtigste Frau wünscht und ihn auffordert, bei seiner Wahl auf all die beschriebenen Vorzüge zu achten, statt sich allein von Schönheit blenden zu lassen!
Also, nichts als der fromme Wunsch einer wohlmeinenden – vielleicht zu wohlmeinenden – Mutter? Doch was war dann Gottes Absicht mit diesen Versen, warum wollte er, dass sie in der Bibel stehen?
Ich konnte mir auch von ihm gut vorstellen, dass er jedem Mann eine solche Frau wünscht, besonders, wenn das Wesentliche an ihr noch ist, dass sie „den Herrn fürchtet" (V. 30).
So wie die Absicht der Mutter war, ihren Sohn zu ermahnen, sein Leben rechtschaffen zu führen und die richtige Frau zu wählen (ohne dass sie wahrscheinlich die Absicht hatte, jede Frau, die dieser Messlatte nicht entspräche, gleich wegzuschicken), so verstand ich auch Gottes Absicht, den Blick der Männer weg von äußerer Schönheit auf Wichtigeres zu lenken. Er spricht hier also kein Gebot aus: So muss eine – oder jede! – tüchtige Hausfrau sein, mit all diesen Eigenschaften und unermüdlichem Einsatz, sondern er steckt einen weiten Rahmen der Betätigung ab und sagt, was wirklich zu loben ist.
Später fand ich dann in Kommentaren, dass man annimmt, dass die Verse über die „tüchtige Hausfrau" doch eine eigene Überlieferung sind. Jeder Vers beginnt im Hebräischen der Reihe nach mit den Buchstaben des Alphabets, sodass man diesen Abschnitt als eine Art Lobgedicht auf eine tüchtige Frau bezeichnen kann, das zweifellos bemerkenswert ist, weil es so vielfältige Tätigkeiten von Frauen beschreibt.

2. Die Bedeutung der biblischen Texte erfassen

Die Bibel ist also ein viel bearbeitetes Buch, mit dessen Niederschrift vor etwa 3000 Jahren begonnen wurde und die vor etwa 1900 Jahren abgeschlossen war. Seitdem wurde der Text oft abgeschrieben, in viele Sprachen übersetzt, von Auslegern kommentiert, zum besseren Verständnis immer wieder überarbeitet, mit Vers-, Abschnitts und Kapiteleinteilungen versehen. Wir können heute nicht mehr direkt die „ursprüngliche Bibel" lesen, es existieren keine Originalschriften, aber wir können uns darauf verlassen, dass Gott den Überlieferungsprozess seines Wortes geführt hat.

Wenn wir nun als heutige Leser „Gottes Bibliothek", die Bibel, verstehen wollen, läuft rein äußerlich gesehen der gleiche Prozess ab wie bei jedem anderen Erfassen von Texten auch, der sogenannte **„hermeneutische Zirkel"**[10]:
Jeder Mensch geht mit Vorannahmen und Vorerfahrungen, mit bestimmten Fragen an einen Text. Dieser kann so nie „objektiv", nur aus sich sprechen, sondern er wird aus dem Vorverständnis heraus „begriffen", ein Prozess, den wir in Band 1 in Bezug auf alle unsere Erkenntnisbemühungen bereits ausführlich kennengelernt haben.

Auch wenn wir beim Lesen der Bibel darauf vertrauen, dass Gott selbst durch den Heiligen Geist zu uns spricht, müssen wir auf den Einfluss dieses menschlichen Verstehensprozesses achten. Und gerade, wenn wir Gottes Wort nicht nur als persönliche Botschaft lesen, sondern es als Grundlage christlich-psychologischer Konzepte auch für andere einsetzen, müssen wir bewusster prüfen, mit welchem Vorverständnis und auf welche Art wir die Bedeutung der Texte erschließen.

a. Vorentscheidungen beim Lesen

Bibellesen aus der Beziehung zu Gott

Zu den zentralen Vorentscheidungen für unsere Haltung beim Bibellesen gehört all das, was wir in den letzten Kapiteln überhaupt über die Haltung des Erkenntnissubjekts gesagt haben: Wir sind als ganze Person gefordert, sollen nicht nur Hörer, sondern Täter des Wortes sein und aus der Vertrautheitsbeziehung zu Gott sein Wort aufnehmen. Dabei ist die Personebene der Sachebene übergeordnet:

Personkompetenz:
hören, ganzheitlich verstehen,
gehorchen, handeln, Hingabe,
Liebesfähigkeit, Entäußerungshaltung

Sachkompetenz
Sachwissen zu:
Bibelübersetzung
Überlieferung
Auslegungsmethoden

10 Griech.: hermeneutiké techné – Auslegungskunst. In der Wissenschaft nennt man das Beschäftigen mit Fragen des Lesens, Verstehens und Auslegens von Texten **Hermeneutik**, in Bezug auf die Bibel spricht man auch von **Exegese**.

Es gilt außerdem all das, was wir bereits über das Verhältnis von allgemeiner und spezieller Offenbarung, von Glauben und Erfahrung und von Glauben und Denken gesagt haben:
Wir können sowohl unsere Erfahrungen als auch unser Denken beim Bibellesen einsetzen, aber in der Herzenshaltung der Unterordnung, als „Denken im Rahmen", als Fragen an Gott, als Hinterfragen der eigenen Deutungen, nicht aber der Tatsache der Offenbarung an sich.
Als weiteren Aspekt, der zu den eher unbewussten Vorentscheidungen beim Verstehen der Bibel gehört, möchten wir die Prägung unseres Bibelverständnisses durch **die eigene Kultur und Tradition** erwähnen, die „Bibelbrille", die wir alle tragen. Da wir in der „Konsensgemeinschaft" unserer Gemeinde alle eine so ähnliche Brille tragen, fällt uns die Beeinflussung der Botschaft auf diesem Weg meist gar nicht auf.

Auf die eigene Prägung durch Tradition und Kultur achten

Überlegen Sie einmal:
Welche Vorstellungen springen bei Ihnen automatisch an, wenn Sie die folgenden Begriffe hören:
Schwachheit des Fleisches – Kirche – Stall zu Bethlehem?

Wahrscheinlich haben die meisten bei „Schwachheit des Fleisches" spontan an körperliche Phänomene wie Faulheit, Esslust, sexuelle Versuchung ... gedacht.
Bei „Kirche" könnten die Vorstellungen, je nach Konfession, schon unterschiedlicher sein, ein gotisches Kirchengebäude, das man im Urlaub besichtigt, ein Versammlungsort für steife, traditionelle Gottesdienste, die Gemeinde, in der man sich jeden Sonntag zum Gottesdienst trifft, die weltweite Kirche ...
Und der Stall zu Bethlehem, wem kommt da nicht der Gedanke an eine Krippendarstellung, bei der Maria und Joseph, von goldenem Schein umgeben, friedlich auf das neugeborene Baby schauen (Ochse und Esel nicht zu vergessen oder die drei Könige, für die mancher vielleicht schon erstaunt festgestellt hat, dass Lukas nichts von ihnen erzählt und im Matthäusevangelium wohl von „Weisen aus dem Morgenland" die Rede ist, die den neugeborenen König der Juden suchten, aber weder von dreien noch von Königen)? Natürlich hat die Familie Jesu europäische Gesichtszüge.

Diese Beispiele sind natürlich ganz unterschiedlich zentral für unseren Glauben, können aber stellvertretend für weitere biblische Begriffe und Aussagen veranschaulichen, wie wir in unserem Verständnis kulturell geprägt sind. Wir sind geprägt davon, ob und wie uns das Evangelium als Kind verkündigt wurde, welche Bilder und Geschichten unsere Kinderbibel enthielt, welche Schwerpunkte im Kindergottesdienst gesetzt wurden, ob Bilder mit biblischen Darstellungen in unseren Gottesdiensträumen hingen oder nicht, wie wir die zentralen christlichen Feste feiern ...

Wenn wir Jesu Aufforderung „Kehrt um ..." lesen, dann wird dem einen dabei der Gedanke an eine Ohrenbeichte als Ausdruck der Umkehrbereitschaft einfallen, dem anderen die dramatische Lebenswende eines Drogensüchtigen, die Lebensübergabe vorne am Altar oder daheim im stillen Kämmerlein, ein gemeinsames Bußgebet in der Gemeinde, Anstrengungen, Gutes zu tun, eine einmalige Umkehr oder die ständige, tägliche Umkehr in der Nachfolge...

Wenn wir lesen, dass ein Mann Vater und Mutter verlassen wird, seinem Weib anhangen und sie ein Fleisch sein werden, dann können spontan Bilder von Verliebten, Verlobten, einer Hochzeit in Weiß entstehen, von einer Familie mit ein, zwei, drei ... Kindern, vielleicht noch die Erinnerung an lange Diskussionen im Jugendkreis über Freundschaft und Beziehung und die Vorstellung, dass es früher einfacher war nach biblischen Maßstäben zu leben als heute, dass man viel früher geheiratet hat ... doch wer hat sich schon einmal gefragt, wie eine biblische Familie eigentlich aussah, und wem ist dabei aufgefallen, dass man hier überhaupt kein einheitliches Bild zeichnen kann, man Abraham nicht mit Jakob, David oder Petrus (der ja offensichtlich auch verheiratet war) vergleichen kann? Wem ist außerdem aufgefallen, dass es an keiner Stelle in der Bibel von zwei Menschen heißt: „... und sie wurden ein Fleisch."?

Und was bedeutet es, den Sabbat zu heiligen, den Zehnten zu geben, Vater und Mutter zu ehren ...? Zu all diesen Fragen haben wir unsere spontanen Vorstellungen, wie es richtig ist, wie es schon immer war! – und müssen immer wieder einmal entdecken, dass die biblische Botschaft wohl doch anders lautet als unsere traditionelle Auslegung davon. Das sollte uns vorsichtig machen, es sollte uns veranlassen, unsere „Bibelbrille" ins Bewusstsein zu holen, sie zu kennen und zu überprüfen.

Eine weitere Vorentscheidung beim Lesen der Bibel, die uns meist auch nicht bewusst ist, betrifft die Suchrichtung, wo die „eigentliche Bedeutung" des Textes liegt. Wenn man Veröffentlichungen zu exegetischen Fragen liest, kann man feststellen, dass der Schwerpunkt der Bedeutungsfindung bei vier „Stationen" angesetzt wird, für die es wiederum ganz unterschiedliche Interpretationsansätze gibt.

Der Sitz der eigentlichen Bedeutung

DIE Bedeutung der biblischen Botschaft
liegt/ist zu finden vor allem:

bei Gott
- in der direkten Beziehung zu ihm

in der Intention des Autors
- der Aussageabsicht Gottes
- der Aussageabsicht des menschlichen Schreibers

sie wird gefunden durch:
- vernunftmäßiges Nachdenken
- oder durch historische Forschung und Prüfen der Ursprungssituation

im Wort
- das der Heilige Geist aufschließt
- das meditiert, durchgekaut werden muss
- das in seiner wörtlichen und übertragenen Bedeutung verstanden werden muss
- aus dem das „eigentliche Wort" aus dem historischen Kontext herausgeschält werden muss

im Leser
- durch „Begegnung" mit dem Wort
- Inspiration beim Lesen
- Umsetzen im Handeln

?

Schauen Sie sich das Übersichtsbild in Ruhe an und überlegen Sie:
Wo würde ich vor allem nach der Bedeutung des Wortes Gottes suchen?
Gab es Entwicklungen und Veränderungen in meinem Verständnis der eigentlichen Bedeutung?
Welche Anstöße haben mich dazu veranlasst?

Wir können die Vielfalt der gerade dargestellten Schwerpunkte nicht etwa als einen vielleicht müßigen Streit von Fachleuten abtun. Auch jeder „normale" Bibelleser steht durch die Lehre in seiner Gemeinde, den Austausch mit anderen und die Bücher, die er gelesen hat, in einer bestimmten Tradition der Bibelauslegung, setzt seine Schwerpunkte, wenn er nach der Bedeutung biblischer Texte sucht. Hier ist es vor allem wichtig, nicht einseitig zu werden! Jede dieser Stationen hat eine gewisse Bedeutung.

Ergänzungstext

Geschichtlicher Rückblick:
Einige Schwerpunkte bei der Suche nach der Bedeutung der biblischen Botschaft

Allegorische Auslegung

Origines (gest. 245 n.Chr.) äußert sich zum ersten Mal zur Frage nach der Methodik einer Bibelauslegung: „Die Bibel ist für ihn wie der menschliche Organismus ein lebendiges Ganzes, und so gibt es eine somatische (wörtliche), eine psychische (moralische) und eine pneumatische (geistl.) Schriftauslegung, die der Reihe nach anzuwenden ist."[11]

Diese mehr allegorische Art der Auslegung, d.h., neben dem wörtlichen Sinn noch weitere Bedeutungen des Textes anzunehmen und herauszufinden, wurde das ganze Mittelalter hindurch im Großen und Ganzen beibehalten. Dabei betrachteten viele den eigentlichen Wortsinn nur als Vorstufe für den wesentlichen, den geistlichen Sinn.

Ein Beispiel aus dem Hochmittelalter zeigt, wie der Begriff „Jerusalem" in einem vierfachen Sinn verstanden werden konnte[12]:

- wörtlich-literarisch: Stadt in Judäa
- moralisch-tropologisch[13]: die gläubige Seele und ihr Tun
- anagogisch-eschatologisch[14]: die triumphierende Kirche
- geistlich-allegorisch: die streitende Kirche in der Welt.

Damit ließen sich alle Bibelstellen mit Aussagen über Jerusalem sowohl auf den Einzelnen persönlich als auch auf die ganze Kirche anwenden. Neben echtem gläubigen Bemühen in dieser Art der Auslegung diente sie jedoch auch dazu, die Bibel als Machtinstrument zu missbrauchen, denn konnte man den Begriffen verschiedenste Bedeutungen beilegen, konnte man mit der Bibel fast alles beweisen, was man wollte.

Das führte auch zu unguten Entwicklungen, besonders, da die Geistlichen dem Volk gegenüber insgesamt eine dominierende Rolle hatten: In der Regel besaßen nur sie überhaupt Bibelausgaben und konnten lesen und außerdem war den Laien das Bibellesen ohne die Anleitung eines Klerikers verboten.

Luther: Das Wort soll zum Glauben an Christus führen.

Die Reformation brachte eine entscheidende Wende, nicht nur, weil Luther dem Wortsinn wieder die größte Bedeutung beimaß, weil er die Bibel neu ins Deutsche übersetzte und der Buchdruck eine viel weitere Verbreitung ermöglichte, sondern auch, weil Luther der Auslegung überhaupt eine ganz neue Richtung gab. Ausschlaggebend war für ihn, dass das Wort zum Glauben führen sollte, und zwar zum Glauben an Jesus Christus. „Deshalb zielt Exegese nicht zuerst auf Wissen und Verstehen des Textes, sondern auf Predigt, auf Verkündigung des Wortes Gottes ...,

11 Ruhbach, 1992, S. 249
12 nach Ruhbach, 1992, S. 250
13 tropologisch (griech.): den eigentlichen Ausdruck mit einem bildhaften vertauschend
14 anagogisch (griech.): den Text erläuternd, indem man einen höheren Sinn hineinlegt
eschatologisch (griech.): auf das Ende der Welt/die Wiederkunft Christi bezogen

dass die Bibel zum mich angehenden und mich verwandelnden Wort der Liebe Gottes wird ... Eine lediglich historische Exegese, die keine Beziehung zum Ausleger und zur Gemeinde findet, war für Luther undenkbar: Die Schrift führt zum Wort, das Wort schafft Begegnung und führt zum Glauben, der herzliches Vertrauen ist."[15]

Luther führte damit eine gewisse Unterscheidung zwischen der Bibel (der Heiligen Schrift) und dem Wort Gottes ein, „Die Bibel vermittelt den Hl.Geist, und dieser läßt die Schrift als Wort Gottes erfahren."[16]

Allerdings wurde in der Folge durch die altprotestantische Orthodoxie (von der wir im letzten Kapitel schon einmal gehört haben, dass bei ihr die Vernunft eine große Rolle spielte) doch sehr bald wieder nicht das Wort Gottes als die gehörte und im Leben umgesetzte Botschaft Gottes, sondern die Heilige Schrift als Sammlung des ewig gültigen Wortes zum Fundament für Leben und Lehre der Kirche erklärt.

Ab dem 17. Jahrhundert griff der Pietismus Luthers Gedanken neu auf, indem versucht wurde, das Wort Gottes „reichlich unter uns wohnen"[17] zu lassen und im gläubigen Leben umzusetzen. „Was ist ein Pietist? Der Gottes Wort studiert und nach demselben auch ein heiliges Leben führt.", schreibt J. Feller 1689.[18]

Aufklärung: Wort Gottes als ewige, vernunftgemäße Wahrheit

Ab dem 16. Jahrhundert prägte außerdem eine ganz andere Geistesströmung das Denken Europas: Die Aufklärung. Deren humanistische Grundausrichtung, die den Menschen mit seiner Vernunft in den Mittelpunkt stellte, beeinflusste auch viele Christen. Sie versuchten, für ihr Ziel einer christlichen Vernunftreligion auch eine passende, zeitgemäße Bibelauslegung zu finden und unterschieden „eine bloß historische Schale als uneigentliche Form von dem eigentlichen Kern der in der Bibel auch zu findenden ewigen moralischen Werte ... <zwischen> ... ‚Heiliger Schrift' als bloß historischer Bezeichnung und ‚Wort Gottes' als Zusammenfassung der in der Bibel ‚moralischen Zuwachs' fördernden Anschauungen."[19]

Wort Gottes meint hier, im Gegensatz zu dem wie Luther es versteht, gerade nicht das in einer konkreten Situation verkündigte, gehörte und geglaubte Wort, sondern die „ewige Wahrheit", deren Erkenntnis in der menschlichen Vernunft schon immer angelegt ist. Damit waren sowohl der Glaube an eine göttliche Offenbarung als auch damit verbunden der Inspirationsgedanke praktisch aufgegeben und als Auslegungsgrundsatz ein Prüfen mit dem Urteilsvermögen der Vernunft eingeführt. In der Bibel konnte nur stehen, was menschliche Vernunft schon immer aus sich selbst an moralischen Werten und Einsichten erkannt hatte oder hätte erkennen können. Die historische Form war nur Einkleidung dieser Wahrheiten und musste deshalb untersucht – was mit dem wachsenden geschichtlichen Faktenwissen der damaligen Zeit immer mehr möglich schien – und vom Text als „bloß jüdisch, bloß historisch" abgezogen werden, um die ewigen Wahrheiten zu finden.

Zu dieser Zeit begann z.B. verstärkt die Erforschung der Entstehung der alttestamentlichen Schriften und die sogenannte „Quellenscheidungstheorie"[20] für die fünf Bücher Mose verbreitete sich. „Die kritische Epoche hatte begonnen ... Jede Einzelschrift des Alten Testaments sollte aus ihrer Zeit heraus verstanden werden, und auf Grund der in jeder Schrift vorausgesetzten geschichtlichen Verhältnisse wurde ihre jeweilige Entstehungszeit festgelegt."[21]

15 Ruhbach, 1992, S. 250
16 Ruhbach, 1992, S. 251
17 Ruhbach, 1992, S. 251
18 nach Ruhbach, 1992, S. 1571
19 Hempelmann, 1988, S. 129
20 Die Quellenscheidungstheorie nimmt an, dass es eine ganze Reihe schriftlicher Überlieferungen über die Frühzeit Israels gab, die erst sehr viel später, und zwar nach theologischen Aspekten, zusammengefügt wurden.
21 Bräumer, 1997, S. 20f

Für das NT versuchte man z.B. durch Vergleiche der synoptischen[22] Evangelien (Matthäus, Markus, Lukas), in ihrem sehr ähnlichen Aufbau und den jeweils typischen Abweichungen Auskunft zu bekommen über das „wahre Evangelium" und die eigentlichen Worte Jesu, im Gegensatz zu den zugefügten Aussagen der Schreiber als Ausdruck der Verkündigung der ersten Gemeinden. Auch die von Sprachwissenschaftlern (Altphilologen und Germanisten) erarbeitete Gattungsforschung, das Verstehen von Texten nach ihrer besonderen Form (Gedicht, Erzählung...) wurde auf die biblischen Texte angewandt.

Vielfältige Ansätze im 20. Jahrhundert
Dieser gesamte, rationalistisch ausgerichtete Auslegungsansatz führte im 20. Jahrhundert dazu, dass der „wissenschaftliche Zweifel" bei einem großen Teil der Theologen als Ausgangspunkt der modernen exegetischen Arbeit propagiert wurde. In mancher Beziehung fühlt man sich an Entscheidungen der naturwissenschaftlich ausgerichteten Psychologie erinnert:
Wir glauben nur, was wir erkennen und durch Erfahrungen belegen können (keine metaphysischen Spekulationen). Es gibt nichts Übernatürliches. Alles, was in der Bibel als solches erzählt wird, entstammt einer zeitgeprägten, vorwissenschaftlichen Ausdrucksweise (Geister- u. Dämonenglaube, Wunder...), der die Erkenntnisse der modernen Naturwissenschaften gefehlt haben.

Neben die historisch-kritische Methode, die sich weitgehend durchgesetzt hatte, „trat im Laufe der Zeit die psychologische, die sozialgeschichtlich-materialistische, die politische, die interaktionale, die feministische Auslegung etc., ... Ein wahrhaft vielfacher Schriftsinn mit all seinen damit verbundenen Problemen hat sich in der Neuzeit eingestellt."[23]
Zu dieser Vielfalt an Auslegungsansätzen gehörten übrigens auch Richtungen, die zu einer neuen „Wort-Gottes Theologie" führten, zu einer erneuerten „Biblischen Theologie".

c. Konkrete Schritte, die Bibel zu verstehen

Regelmäßiges Bibellesen

Im Folgenden geht es nun darum, konkreter zu beschreiben, was wir tun wollen, um die Botschaften der Bibel, um die Intentionen des Verfassers und die Bedeutung für uns heute und für die Fragen einer Christlichen Psychologie zu verstehen.
Grundvoraussetzung ist das **regelmäßige „zweckfreie" Lesen der Bibel**.
Wenn man mit der Bibel arbeiten will, genügt es nicht, sich nur unter bestimmten Fragestellungen mit ihr zu beschäftigen und zu meinen, die richtige Methode werde die Wahrheit, die man gerade braucht, schon ans Licht bringen.
Jede Frage an den Text schränkt die Möglichkeiten ein, ihn ganz zu erfassen, da man den Text aus einem bestimmten Blickwinkel betrachtet. Erst durch regelmäßiges Lesen der **ganzen** Bibel, einmal und immer wieder, **im Vertrauen auf Gott**, bekommen wir den nötigen Grundstock. Unser „Denkrahmen" wird von Gottes Wort geprägt, und wir wissen bei konkreten Fragen, worüber wir in der Bibel etwas finden können, in welchem größeren Zusammenhang es steht, und wo wir suchen sollen.

22 synoptisch (griech.-lat.): übersichtlich zusammengestellt, nebeneinander gereiht;
von Synopse: Zusammenschau, vergleichende Gegenüberstellung von Texten
23 Ruhbach, 1992, S. 251

Denken wir zurück an das Gleichnis vom „Schalksknecht", das ein Grundmuster für das Vergebungsmodell gebildet hat (Kap D, S. 214ff). Auch wenn alle Schritte des Vergebungsprozesses am Ablauf dieses Gleichnisses angelehnt sind, so steht doch dahinter das ganze biblische Wissen einschließlich des zentralen Vergebungsangebotes durch Jesu Tod am Kreuz. Ja, ohne dieses Angebot der Vergebung würde dem ganzen Modell sein Zentrum fehlen, es wäre nichts als eine rein menschliche Idee, die aus einer biblischen Beispielerzählung entstanden ist.

Die Bibel selbst lesen

Es ist auch wichtig, dass der Schwerpunkt des Bibellesens **die Bibel selbst ist**. Erst dann kann es hilfreich sein, durch Sekundärliteratur zusätzliche Information zu suchen und vom Wissen anderer zu profitieren. Doch wir sollten nicht von vornherein einen bereits stärker von Deutungen geprägten Zugang gewinnen, sondern als Grundlage gute eigene Bibelkenntnisse haben.

Mögliche Hilfen für das Lesen der biblischen Texte sind:
• **Verschiedene Bibelübersetzungen** *benutzen.*
Der Vergleich der unterschiedlichen Wortwahl kann den Sinn verständlicher machen; es gibt nicht DIE richtige Übersetzung.
Die angegebenen Übersetzungsgrundsätze in der Einleitung der jeweiligen Bibelausgabe nachlesen! Sie können helfen, den gewählten Zugang nachzuvollziehen und entsprechend den Text zu verstehen.
Die Anmerkungen zur Textüberlieferung in den Fußnoten beachten!
(Es gibt auch Interlinearübersetzungen, d.h. Übersetzungen, in denen Originaltext und eine fast wörtliche deutsche Übersetzung untereinander geschrieben sind: Diese Übersetzungen können manchmal zusätzlich einen Eindruck vom Ursprungstext vermitteln.)
• ***Texte in größeren Abschnitten lesen****, vielleicht einmal in einer Bibelausgabe ohne Zwischenüberschriften Zusammenhänge ganz neu entdecken, sich selbst das Wesentliche der Gedankenführung herausschreiben.*
• ***Querverweise im Text*** *auf andere Bibelstellen zum gleichen Thema nachschlagen und so das Gelesene in den größeren Zusammenhang der ganzen biblischen Botschaft stellen.*
• *Aus einer* ***Konkordanz*** *(sie gibt zu den wesentlichen biblischen Begriffen alle Bibelstellen an, in denen diese Begriffe vorkommen) weitere Textstellen heraussuchen.*
• ***Begriffserklärungen*** *(meist als Anhang in den Bibelausgaben enthalten) zu typischen biblischen Ausdrucksweisen, die von unserem Sprachgebrauch her leicht missverständlich sind (z.B. Fleisch) nachlesen.*
In einem Wörterbuch zur Bibel oder einem biblischen Begriffslexikon die Bedeutung der ursprünglichen hebräischen oder griechischen Wörter nachlesen.

Eine interessante, gut lesbare Einführung zu allen Fragen der konkreten ***Bibelauslegung*** *bietet das Buch „Effektives Bibelstudium" von Fee/Stuart, 1996.*

Die Hilfe des Heiligen Geistes

Natürlich vertrauen wir bei allem Bibellesen auf die Leitung des Heiligen Geistes und bitten darum, dass er uns Gottes Wort aufschließt, dass er uns in alle Wahrheit führt, dass er Lesen, Verstehen und Umsetzen der Botschaft möglich macht. Deshalb wird unser Lesen immer von Gebet begleitet/unterbrochen.

Außerdem sehen wir, dass Gott sein Wort nicht nur dem Einzelnen, sondern seiner ganzen Kirche, dem Leib Christi anvertraut und dabei verschiedene Berufungen ausgesprochen hat, unter anderem die des Lehrers (1 Kor 12, 28; Eph 4, 11). Nicht alle sind Lehrer, sondern einige sollen gerade durch diese Gabe dienen, „... damit die Heiligen zugerüstet werden zum Werk des Dienstes." (Eph 4, 12)
In unserer Arbeit müssen wir beachten, was unsere Gaben und Aufgaben sind und wo wir die Unterstützung anderer brauchen.

Die Zusammenarbeit im Leib Christi

Am Beispiel des Gleichnisses vom „Schalksknecht" (Mt 18, 23–35) wollen wir jetzt den Verlauf einer konkreten Texterschließung darstellen.

Auslegung am Beispiel von Mt 18, 23-35

Nehmen Sie zunächst Ihre eigene Bibel, lesen Sie dieses Gleichnis und versuchen Sie im Rahmen Ihrer Möglichkeiten, den Text in seinem Zusammenhang zu lesen, Begriffe nachzuschlagen, Anmerkungen und Querverweise nachzulesen!
Was fällt Ihnen auf?

?

Tom: Aus dem fortlaufenden Bibellesen weiß ich bereits, dass dieses Gleichnis nur im Matthäusevangelium vorkommt. Es steht hier nach einer Reihe von für die Jünger vielleicht befremdlichen und auf jeden Fall herausfordernden Aussagen Jesu: umzukehren und zu werden wie ein Kind (Mt 18,1–5) – keinen von den „Kleinen" zu verführen; zu wissen, dass einer von den „Kleinen" Gott so wichtig ist, dass er eine ganze Herde von 99 Schafen allein ließe, um dieses eine zu suchen (Mt 18, 6–14) – einen Bruder, der sündigt, zurechtzuweisen, mehrmals, doch immer in der Bereitschaft zu vergeben (Mt 18, 15 – 20).
Wie oft vergeben? will Petrus wissen – und als Jesu Erklärung für die wohl unvorstellbare Tatsache, dass es „siebzigmal siebenmal" sein solle, folgt nun dieses Gleichnis.
Das Nachschlagen der Begriffe zeigt, dass die Summe von Zehntausend Talenten unvorstellbar groß ist (10 000mal 4 500 Euro oder 10 000mal 6 000 Tagesverdienste von einem Denar, d.h. 10 000 Tagelöhner könnten damit etwa 19 Jahre lang angestellt werden), während die 100 Silbergroschen etwa 50 Euro entsprechen, was wahrscheinlich auch nicht so leicht zu bezahlen war (es war der Lohn von 100 Arbeitstagen), aber doch lächerlich klein im Vergleich zur ersten Schuld. Außerdem wissen wir, dass das griechische Wort für Erbarmen haben, splangchnizomai,

etwas mit den Eingeweiden zu tun hat, also offensichtlich ein Erbarmen, das sehr tief geht.
Und wenn ich die Querverweise nachlese, finde ich, dass das Verkaufen eines Schuldners nach dem Gesetz des Mose erlaubt war (2 Mose 22, 2), wobei er im Erlassjahr wieder freizulassen war (5 Mose 15,1ff) und es z.B. zur Zeit Nehemias damit Probleme gab (Neh 5, 1–13).
Außerdem ist auf einige Stellen verwiesen, die auch das Erbarmen Gottes betonen und entsprechend von uns fordern, unseren Nächsten ebenso zu lieben und ihm zu vergeben. Spontan fällt mir dabei die Bitte aus dem Vaterunser ein: „Und vergib uns unsere Schuld, wie auch wir vergeben unsern Schuldigern." (Mt 6, 12)

Lucy: Ich habe das Gleichnis noch einmal in der „Guten Nachricht" nachgelesen. Dort schreiben sie verzeihen statt vergeben, das klingt für mich etwas schwächer; aber aufmerksam bin ich geworden, als nicht vom Knecht und dem Mitknecht die Rede war, sondern plötzlich ein Mann seinen „Kollegen" getroffen hat (V. 28) – das war mir doch viel näher, das ist ja etwas, was mir auch passieren kann, meinen Kollegen zu treffen – wie werde ich mich da wohl verhalten?

Den historischen Kontext eines Textes verstehen

Einige der Bemerkungen von Lucy und Tom verweisen bereits auf einen ersten Aspekt des Auslegens biblischer Texte: **die Bedeutung und das Berücksichtigen des historischen Kontextes.**
Wie sah die Umwelt der Schreiber und der ersten Leser aus, was waren die politischen und gesellschaftlichen Gegebenheiten? Was bedeuteten bestimmte Worte, Bilder, Vergleiche, Anspielungen zu dieser Zeit? Welche sozialen Umgangsformen und Pflichten waren üblich?

Bei allen Überlegungen zum historischen Kontext biblischer Texte stehen wir vor der **Schwierigkeit eines jeden Historikers:** Wir können nicht in die jeweilige Zeit zurückgehen, die Situation miterleben, Leute befragen, uns unser Urteil bilden, sondern wir müssen uns auf schriftliche Zeugnisse verlassen. Beim Lesen und Auswerten dieser Quellen können natürlich Fehler unterlaufen, auch Wissenschaftler können deren Zuverlässigkeit falsch einschätzen, den Stil damaliger Beschreibungen und Erzählungen missverstehen, zu sehr heutige Maßstäbe anlegen. Wir kommen nicht darüber hinaus, ein Bild, eine Modellvorstellung, eine Interpretation der Situation zu erhalten, die sowohl durch neu bekannt werdende Fakten als auch durch ein neues Interpretationsschema verändert werden kann.

Beispiele für den historischen Kontext

Trotzdem ist es nötig und wichtig, mögliche Informationen über den historischen Kontext zu sammeln. Wie sollten wir sonst das Gleichnis von den **10 Jungfrauen** (Mt 25, 1ff) verstehen, wenn unsere Hochzeitsbräuche gar keine Jungfrauen kennen, die auf den Bräutigam warten? Hätten wir eine zutreffende Vorstellung von einem **Zöllner**, wenn wir nur an den Beamten an der deutsch-schweizerischen Grenze dächten, der die meisten Autos freundlich vorbeiwinkt?
Es spielt eine Rolle, in welche politische Situation hinein die Propheten weissagten, dass **Abraham als Nomade** durch die Gegend zog oder **Mose am Hof des Pharaos** erzogen wurde. Es spielt eine Rolle, ob Paulus einen Brief nach **Korinth in Griechenland oder Ephesus in Kleinasien** schreibt, ob seine Leser Judenchristen sind oder einen heidnischen Hintergrund haben, denn je nachdem sind ihre Fragen und Schwierigkeiten ganz andere.

> *Hinweis:*
> *Informationen zu allen Fragen nach dem historischen Kontext bekommt man aus einem Bibellexikon, aus einem Kommentar zur Bibel oder aus den Einleitungen zu den biblischen Büchern in manchen Bibelausgaben.*

Das Wissen um das Umfeld des Schreibers und der ursprünglichen Leser kann uns helfen, **den beabsichtigten Sinn der Texte zu erfassen**, Bedeutungen, die damals überhaupt nicht möglich waren, auszuschließen (weil es z.B. noch keine Autos oder Flugzeuge, kein Telefon ... keinen Kommunismus, Humanismus ... in unserer heutigen Form gab) und **sinnvolle Übertragungen in unser Leben** zu versuchen.

Ein Problem für die Übertragung auf heute besteht allerdings dann, wenn wir den historischen Rahmen des biblischen Textes nicht einfach als das lebendige Umfeld sehen, in das hinein Gott sich offenbart hat, sondern vielmehr filtern zwischen zeitbedingt – und deshalb unwichtig und für uns ungültig – und ewiger göttlicher Wahrheit. Es gibt Aussagen, die zeitbedingt und kulturell geprägt sind und im Laufe der biblischen Bücher selbst verändert wurden (z.B. Vorschriften über Beschneidung, die im NT für Christen so nicht mehr gelten).
Doch der historische Kontext soll nicht als Ausrede für unliebsame Wahrheiten dienen. Wenn wir heute manche Vorstellungen oder Gebote nicht nachvollziehen können, müssen wir sehr sorgfältig prüfen (und zwar nicht nur einer allein, sondern in Ergänzung im Leib Christi), ob es sich hier nur um **kulturabhängige Regeln** zu den grundsätzlichen Geboten und Absichten Gottes handelt oder ob es doch **prinzipielle Forderungen Gottes** sind, auch wenn sie dem Zeitgeist widersprechen.

Tom: Für den historischen Kontext des Schalksknechtgleichnisses haben wir, glaube ich, schon durch das Bibellesen das Wesentliche erhalten. Wir wissen, dass die beiden Geldsummen im Verhältnis zueinander unbezahlbar groß und lächerlich klein waren; wir wissen, dass es damals nach den Rechtsvorstellungen der Juden möglich war, einen Schuldner zu verkaufen.

Lucy: Aber ich habe noch etwas für den Ausgangspunkt gefunden, für die Frage, wie oft man vergeben soll. Wir lächeln ja leicht über Petrus, weil er das nur siebenmal tun will, aber in einem Kommentar heißt es dazu: „... Die Rabbinen lehrten, daß man seinem Bruder dreimal vergeben müsse. Rabbi Jose ben Hanina lehrte: ‚Mehr als dreimal sollst du deinen Nachbarn nicht um Vergebung bitten', ... Als biblischer Beweis dafür wurde Amos angeführt. In den ersten Kapiteln werden dort eine Reihe von Völkern um drei oder vier Frevel willen verdammt (Amos 1, 3.6.9.11.13; 2,1.4.6.). Daraus folgerte man, daß Gott nur drei Frevel vergebe und sie beim vierten Frevel bestrafe. Und da man nicht annehmen konnte, daß die Menschen gnädiger seien als Gott, beschränkte man die Vergebung auf dreimal."[24] Ich finde, diese Überlegungen machen mir die Bedeutung von Jesu Aussagen über Vergebung noch einmal deutlicher und sie erinnern mich daran, dass wir Menschen gar zu gerne versuchen, Anweisungen gesetzlich festzulegen, damit wir wissen, wann wir alles richtig gemacht haben.

24 Barclay, 1989, S. 182

Die literarische Form eines Textes berücksichtigen

Neben dem historischen Kontext spielt auch die literarische Form biblischer Texte eine Rolle, wiederum nicht, um die Bedeutung abzuschwächen, sondern gerade, um sie besser aufzuschließen. Die Bibel ist ja kein Buch von einheitlicher Form, sondern Gottes Wort in ganz verschiedenen Arten der Darstellung, den sogenannten Gattungen, wie z.B. Erzählung, Psalm, Weisheitstext, Sprichwort, prophetische Rede, Gleichnis.

Aus dem täglichen Leben wissen wir, dass ein persönlicher Brief anders als ein Behördenschreiben formuliert wird, oder kennen die Regeln für die Bewertungen in Schul- oder Arbeitszeugnissen. (Wenn es z.B. heißt: „Der Schüler hat sich bemüht", soll das weniger ein Lob sein, sondern in höflicher, positiver Form ausdrücken, dass die Leistungen nicht besonders gut sind.) Wenn wir diese Regeln nicht kennen, können wir leicht Aussagen falsch interpretieren.

Dasselbe kann uns mit der Bibel passieren, wenn wir einen Vers aus den Sprüchen verstehen als sei er ein prophetisches Wort oder ein Gleichnis, als sei es eine historische Erzählung. Es ist *alles Gottes Wort*, aber in unterschiedlichen Ausdrucksformen.

?

Sind Sie es gewohnt, auf die literarische Form der biblischen Bücher zu achten?
Welche Erfahrungen haben Sie bisher damit gemacht?

Für unser Beispiel vom „Schalksknecht" haben wir schon gesagt, dass es ein Gleichnis ist. Eine kurze Zusammenfassung, was für das Auslegen eines Gleichnisses zu bedenken ist, vermittelt gleichzeitig einen allgemeinen Einblick, wie man die literarischen Besonderheiten eines Textes berücksichtigen kann.

Beispiel: Die Besonderheiten eines Gleichnisses

Das Typische eines Gleichnisses ist es, dass es um eine Pointe geht – also um eine treffende „Spitze", einen überraschenden Schlusseffekt, den die Zuhörer, ähnlich wie bei einem Witz, spontan erfassen sollen und der sie zu einer Reaktion herausfordern (meistens etwas provozieren) soll. Ein Gleichnis ist eine kurze Geschichte, die zum Nachdenken anregen, einen Aha-Effekt hervorrufen soll.
Jede Auslegung nimmt dem Gleichnis eigentlich die Frische – so wie man über einen Witz, der erst lange erklärt werden muss, kaum noch lachen kann. Doch für uns als Leser sind Erklärungen leider immer wieder nötig, da wir nicht mehr alle Anspielungen und Zusammenhänge so erfassen können, wie die ersten Zuhörer; sie kommen ja nicht mehr direkt aus unserem Lebensumfeld.

Worauf wir nun bei unserer Auslegung achten sollten:
Ein Gleichnis ist keine Allegorie, bei der jedes Element einen tieferen Sinn hätte, der völlig außerhalb der Geschichte läge, sondern es zielt auf eine **Kernbotschaft** hin. Wir untersuchen deshalb **nicht die einzelnen Elemente**, sondern **fragen nach dieser Kernbotschaft**.

Für die Reich-Gottes-Gleichnisse gilt, dass „uns das ganze Gleichnis etwas über das Wesen des Reiches Gottes [erzählt], nicht nur einer der Bezugspunkte oder irgendein Detail."[25]

25 Fee/Stuart, 1996, S. 168

Das heißt für unser Gleichnis, dass es nicht in erster Linie um ein Meditieren über Gott als König und die Menschen als Knechte geht oder darum, ob meine eigene Schuld zehntausend Zentner Silber ist und was das im übertragenen Sinn „in himmlischer Währung" sein könnte, mit was ich es vielleicht doch einmal bezahlen könnte. Ich muss auch nicht exakt fragen, wie groß im Vergleich dazu die Schuld des Mitknechts ist und ob er sie einmal zurückzahlen könnte. Die Pointe ist: Unsere Schuld ist unbezahlbar groß. Sie wird vergeben – aber wenn wir nicht auch vergeben, fällt die Strafe wieder auf uns zurück!

Ausgangspunkt für das Erzählen eines Gleichnisses ist ein **konkreter Anlass** und eine **konkrete Zuhörerschaft** in einem **konkreten Umfeld**. Um alle Anspielungen zu verstehen und so die Pointe zu erfassen, ist es hilfreich, dieses Umfeld zu erkennen.

Der Anlass für unser Gleichnis war die Frage von Petrus: *Wie oft muss ich vergeben?* Vorausgegangen waren schon einige Reden Jesu über die etwas anderen Maßstäbe von groß und klein, von wichtig und unwichtig im Himmelreich, über Gottes Vergebungsbereitschaft und seine Aufforderung, den Mitmenschen zu vergeben. Wir können außerdem annehmen, dass Petrus die Lehren der Rabbiner kannte, wie oft man vergeben solle, und dass er durch seine Zeit mit Jesus schon darauf vorbereitet war, dass Jesus viele Dinge etwas anders betrachtet (wie z.B. in der Bergpredigt).

Ein Gleichnis wird so erzählt, dass sich die Zuhörer **mit einer der Personen identifizieren**.

Wenn wir überlegen, mit welcher Person im Gleichnis sich Petrus identifiziert haben könnte, so dürfte dies zunächst sicher der erste Knecht sein, mit dem er erleichtert vom König weggehen kann: Die ganze Schuld ist erlassen! Allerdings wird er dann wohl etwas aufhorchen, wenn er weiter mitverfolgt, wie „er" den Mitknecht trifft... und vielleicht doch eher auf die Seite der weiteren Knechte wechseln wollen. Vielleicht ist er bereits empört über das undankbare Verhalten – und hier muss er sich sagen lassen: So handelst du, wenn du nicht vergibst!

Wir können uns die Betroffenheit vorstellen: So liegen die Verhältnisse also! Da hat es gar keinen Sinn zu fragen: Wie oft? Gott will immer, dass ich vergebe, sonst bin ich so ein Schuft wie dieser Knecht!

Hier kommt uns beim Zuhören vielleicht schnell auch der Gedanke: „Also, ist das nicht doch etwas zu hart? Wie soll das gehen? ..." Wir fangen dann an, die Geschichte weiterzuspinnen, Alternativen zu testen, den Haken zu finden, doch:

Ein Gleichnis hat eine ganz konkrete Kernaussage, die betroffen machen will. Es will nicht die Anweisungen geben, wie ich etwas tun soll, es stellt keine gesetzlichen Regeln für den Alltag auf, sondern es will mit seiner Kernaussage Betroffenheit auslösen, einen Sachverhalt prägnant einsichtig, ja, erlebbar machen.

Fangen wir also an, „Ja, – aber ..." zu überlegen und wollen versuchen, durch eine genauere Auslegung des Gleichnisses unsere erste Betroffenheit zu überwinden, indem wir z.B. überlegen, ob wir wirklich eine unbezahlbare Schuld vor Gott haben, ob sie größer oder kleiner ist als die anderer Menschen, ob Gott mir nur einmal alle Schuld vergibt, ob es vielleicht doch genügt, dem anderen einmal zu vergeben, ob und wie er mich um Vergebung bitten muss ..., so gehen wir an der eigentlichen Botschaft vorbei.

Tom: Das klingt ja interessant, aber verwirrt mich auch ein wenig. Habt ihr da bei eurem Vergebungsmodell nicht genau gegen diesen Auslegungsgrundsatz verstoßen und einiges mehr dazugefügt, als für eine Auslegung legitim wäre, z.B. wenn ihr zunächst den Punkt des Abrechnens betont? Der spielt doch für die Kernbotschaft, zu vergeben, weil Gott vergeben hat, überhaupt keine Rolle.

Agnes: Da hast du völlig Recht, gerade dieser Punkt, der Wolfram einmal als so wichtig aufgefallen ist, ist keine Handlungsanweisung dieses Gleichnisses. Aber wir haben ja auch nicht behauptet, dass das Vergebungsmodell eine *Auslegung* des Gleichnisses vom Schalksknecht sei, sondern wir haben gesagt, dass dieses Gleichnis uns *Anstöße* gegeben hat. Wolfram wird euch selbst in Abschnitt F III noch genauer erzählen, wie dieses Modell als ein Zusammenwirken aus biblischen Anstößen, Erfahrungen in der Therapie, weiteren biblischen Impulsen ... entstanden ist. Wir können also *nicht* sagen – und es ist gut, Tom, dass du diesen Einwand gebracht hast, denn oft empfinden wir christlich-psychologische Gedankengänge, die mit Bibelversen belegt werden so – wir können also nicht sagen: Jesus hat uns durch das Gleichnis vom Schalksknecht eine Anweisung gegeben, wie wir in der Seelsorge oder einer Christlichen Therapie mit Vergebung umgehen sollen. Hier, in Mt 18, ist alles schon genau aufgeschrieben, Schritt für Schritt das perfekte Modell dafür.
Doch was wir sagen können, ist: Die Worte Jesu haben einen Anstoß gegeben. Die Grundaussage seines Gleichnisses fordert uns heraus, Vergebung sehr ernst zu nehmen, und dieser Grundaussage darf unser Modell auf keinen Fall widersprechen.
Wie wir das in der Therapie umsetzen können, dazu brauchen wir weitere biblische Impulse und die von Gott begleiteten Erfahrungen im therapeutischen Arbeiten, den Austausch darüber mit anderen – und das ständige Weiterlernen, wie ihr auch bald an Wolframs Bericht erkennen werdet.

Die mögliche Bedeutung eines Textes für die ersten Leser

Zu der Frage von Tom, ob wir das Gleichnis vom Schalksknecht nicht ungebührlich – über Jesu Aussageabsicht hinaus – ausgelegt haben, kommt eine weitere Frage, die für das Verstehen biblischer Texte wichtig ist: **Was war die mögliche Bedeutung für die ersten Leser** – und ist es legitim, wenn wir für uns mehr Bedeutung herauslesen, als damals überhaupt denkbar gewesen wäre?

Fee/Stuart fordern z.B. für eine gute Bibelauslegung, immer zuerst zu fragen, was ein Text für die ersten Hörer/Leser überhaupt bedeutet haben kann, und ihrer Überzeugung nach ist eine weitere Bedeutung nicht möglich.

> „*Ein Text kann nicht bedeuten, was er nie bedeutet hat.* ... die wahre Bedeutung eines Bibeltextes ist für uns das, was er nach Gottes Absicht aussagen sollte, als er zum ersten Mal formuliert wurde."[26]
>
> „Zum Beispiel ignorieren viele Christen die Aufforderung in 1. Korinther 14, nach geistlichen Gaben zu streben, und begründen diese Entscheidung durch eine bestimmte Auslegung von 1. Korinther 13, 10, wo es heißt: „Wenn das Vollendete kommt, vergeht alles Stückwerk." Sie erklären, daß das Vollendete in Form des Neuen Testaments schon gekommen sei, so daß auch das Stückwerk (prophetisches Reden und Sprachenreden) in der Gemeinde der Vergangenheit angehören müsse. Doch das ist eine Bedeutung, die der Text gar nicht beinhalten kann, weil eine gute Exegese sie völlig ausschließt. Paulus kann dies unter keinen Umständen gemeint haben – schließlich wußten seine Leser nicht, daß es einmal ein Neues Testament geben würde, und der Heilige Geist hätte Paulus nicht erlaubt, etwas zu schreiben, was ihnen völlig unverständlich gewesen wäre."[27]

26 Fee/Stuart, 1996, S. 27
27 Fee/Stuart, 1996, S. 71

Dieser Auslegungsgrundsatz, nach der Bedeutung für die ersten Leser zu fragen, hilft uns, nicht unbedacht von den Fragen und der **Ausgangssituation unserer Zeit** auszugehen. Und er kann, wenn wir uns bemühen, **die damalige Ausgangssituation nachzuvollziehen**, zu ganz neuen Einsichten führen. Hineinzusteigen in den ursprünglichen Verkündigungskontext, heraus aus dem gewohnten Rahmen unserer Bibellese als Menschen des 21. Jahrhunderts, kann helfen, die Botschaft in ihren verschiedenen Ebenen besser zu verstehen, die Worte, Sätze, Sinnzusammenhänge, die Handlungsanweisung und das Ziel, das von Gott gewünschte Ergebnis seines Redens für damals zu erfassen. Dann können wir „von oben her", von Gottes Absichten her, die grundsätzlich gleich bleiben dürften, diese wieder in unsere Zeit übertragen.

Stellen Sie sich vor, Sie wären einer der direkten Zuhörer Jesu!
Was könnte das Gleichnis vom Schalksknecht Ihnen in der damaligen Zeit beim ersten Hören sagen?
Welche Gedanken fügen Sie gewöhnlich aus Ihrer jetzigen Perspektive dazu?

Wir möchten jedoch die heutige Bedeutung **nicht völlig auf das einschränken, was die ersten Zuhörer verstehen konnten**. Erstens sind unsere Erkenntnisse darüber natürlich beschränkt auf den Rahmen unserer Kenntnisse von dieser Zeit und der genauen Umstände, wir können nicht wirklich in die Rolle der damaligen Zuhörerschaft hineinschlupfen. Und zweitens kann uns der Heilige Geist aus und für unsere heutige Perspektive doch manches noch in einem anderen Sinnzusammenhang aufschließen (aber ohne dass er dabei dem ursprünglich Gemeinten widerspricht).

Die heilsgeschichtliche Dimension eines Textes erfassen

Ein dritter Grund, warum wir die Bedeutung biblischer Texte nicht auf das beschränken wollen, was die ersten Leser verstanden haben, ist der, dass wir immer **auch eine heilsgeschichtliche Dimension der Aussagen bedenken** müssen. Gottes Reden und Handeln im AT weist bereits auf Jesus und seine Erlösungstat hin, wir müssen die Erfüllung des Alten im Neuen Bund erkennen, fragen, was Gottes Absichten sein könnten. Dieser Aspekt weist über das hinaus, was die ersten Zuhörer verstehen konnten, zum Teil auch über das, was wir heute begreifen können, denn die endgültige Vollendung von Gottes Reich steht noch aus, Jesus wird noch wiederkommen.

So müssen wir zunächst einmal **das AT vom NT her lesen**, von Jesus her, der der verheißene Messias ist, der gekommen ist, das Gesetz zu erfüllen, der gekommen ist, durch seinen Tod und seine Auferstehung Erlösung und neues Leben zu schenken. Und wir müssen **das ganze NT** unter dem Gesichtspunkt lesen, dass wir im **„Schon-und-noch-Nicht"** leben: Im Reich Gottes, das bereits angebrochen, aber noch nicht vollendet ist, schon als Kinder Gottes und als neue Menschen, aber noch nicht ganz in unserem Erbe, noch nicht ganz dem gleich, was wir sein werden.

Zwei Beispiele für die heilsgeschichtliche Dimension des Alten Testaments:

„... die Landverheißung ...: sie umschloß die Zusage einer von Gott verliehenen und gesegneten Lebensbasis und hat somit typische Bedeutung für das göttliche Heilshandeln. Aber wie war es mit der Erfüllung dieser Verheißung der „Ruhe" für Israel? Gewiß, in ihrer ersten geschichtlichen Verwirklichung wurde sie gehorsam und dankbar vermerkt (Jos. 21, 43 – 45); aber ... doch immer nur als von temporären Zuständen und nicht als von einer endgültigen Erfüllung. Somit blieb auch diese Verheißung noch offen und der Hebräerbrief konnte sie aufgreifen und in einem ganz neuen Sinn verstehen lehren (Hebr. 3, 7ff). Es ist die alte Verheißung, die nun im Christusgeschehen ganz neue Aspekte enthüllt."[28]

Auch den Ausspruch Josephs: „Ihr gedachtet es böse mit mir zu machen, aber Gott gedachte es gut zu machen, um zu tun, was jetzt am Tage ist, nämlich am Leben zu erhalten ein großes Volk." (1 Mose 50, 20) sehen wir „ ... gleichsam über seinen heilsgeschichtlichen Ort hinauslaufen, denn es umschließt viel mehr als es, auf den Konflikt der Brüder mit Joseph angewendet, hergibt ... Der wahre Sinn und die letzte theologische Reichweite des Wortes ... wird uns also erst vom Neuen Testament aus deutlich; erst von da aus können wir sehen, daß das Wort seine letzte ihm angemessene Ausfüllung im Alten Testament noch nicht gefunden hat."[29] *In Jesus hat Gott das Böse, das Menschen zu tun gedachten, noch viel mehr in Gutes verwandelt und ein viel größeres Volk errettet.*

Tom: Ich überlege gerade noch einmal für unser Gleichnis, wie die Botschaft damals bei den ersten Zuhörern angekommen sein könnte. Und da fällt mir ein, dass sie wohl noch viel mehr betroffen waren als ich bisher, weil die Erfahrung, für unbezahlbare Schulden verkauft zu werden, wirklich unfrei zu sein, ihnen näher lag. Mir ist diese Vorstellung ziemlich weit weg.

Lucy: Dir schon, manch anderen aber nicht, die mit ihrem Geld nicht auskommen und das Gefühl haben, sich ganz an ihre Bank verkauft zu haben. Ich habe das einmal bei einer Freundin miterlebt, was das für eine Erleichterung war, als sie endlich ihre Schulden los hatte!
Aber mir fällt ein anderer Punkt auf. Die Botschaft für die ersten Zuhörer scheint mir doch: Vergib sofort, sonst kommt deine ganze Lebensschuld gleich wieder auf dich zurück! Sonst wirst du verkauft!
Sind wir hier nicht zu weit von Jesu eigentlicher Botschaft abgewichen, wenn wir in dem Vergebungsmodell den Menschen so viel Zeit lassen, zu vergeben, wenn sie erst einmal einige Male zwischen Vergebenwollen, Anklagen, Vergebung erfahren ... hin und her pendeln dürfen?

Agnes: Wenn wir uns nur auf dieses Gleichnis beziehen würden, dann müssten wir allerdings fordernder sein, denn hier ist von keinem langen Prozess die Rede, von keiner zweiten Chance für den ersten Knecht. Das Gleichnis soll ja vielmehr gerade das Drängende, Unbedingte verdeutlichen. Wenn wir allerdings z.B. Gottes Verhalten seinem Volk gegenüber bedenken, dem er immer wieder vergibt, dem er immer wieder Gelegenheit zur Umkehr anbietet, oder auch den vorherigen Abschnitt aus dem Matthäusevangelium über das mehrmalige Ermahnen eines Bruders, dann ist es schon eher gerechtfertigt, geduldig zu sein und jemanden in einem Vergebungsprozess zu begleiten.

28 v. Rad, 1993, S. 397f
29 v. Rad, 1993, S. 396

Tom: Übrigens spielt die heilsgeschichtliche Dimension in diesem Gleichnis eine große Rolle. Nach Jesu Tod verstehen wir Vergebung Gottes in ihrer ganzen Tragweite als sein großes Geschenk an uns. Nicht das Blut von Böcken – wie im AT, wie es also die ersten Zuhörer nur kannten – erwirkt Vergebung der Sünden, sondern, was die Zuhörer Jesu noch gar nicht ahnen konnten, Gott selbst hat den Preis für unsere Sünde bezahlt durch das Opfer seines eigenen Sohnes. So ist diese Vergebung nicht ein überraschender Gnadenakt, wie es im Gleichnis noch scheinen konnte, sondern ein Geschenk von Gottes Liebe, das an uns selbst Veränderung bewirkt.

Agnes: Und gerade diese Dimension erweitert unsere Möglichkeiten für die Schritte des Vergebungsprozesses, denn *„wir haben nicht einen Hohenpriester, der nicht könnte mit leiden mit unserer Schwachheit, sondern der versucht worden ist in allem wie wir, doch ohne Sünde. Darum lasst uns hinzutreten mit Zuversicht zu dem Thron der Gnade, damit wir Barmherzigkeit empfangen und Gnade finden zu der Zeit, wenn wir Hilfe nötig haben." (Hebr 4, 15f).*

Austausch mit anderen, Handeln

Damit ist unser Überblick über das Erfassen der Bedeutung eines biblischen Textes erst einmal beendet. An dieser Stelle sollte sich jeder Ausleger nun bemühen, **seine Gedanken auch mit anderen zu teilen**. Der regelmäßige Austausch, das Zusammenwirken als Glieder im Leib Christi, bei dem sich jeder mit seinen Gaben einsetzt, ist ganz entscheidend wichtig. Gott hat uns nicht als Einzelkämpfer losgeschickt, sondern jeden in einen Dienst mit- und an- und füreinander berufen. Außerdem gehört zu jeder Auslegung, zu jedem Verstehen der Bibel das Handeln, **das Anwenden dessen, was man erkannt hat**. Dieses Anwenden ist ein Losgehen im Vertrauen auf Gottes Begleitung und ein Weiterlernen, wie ihr in Abschnitt F III sehen werdet, wenn Wolfram noch genauer von der Entstehung des Vergebungsmodells erzahlen wird.

FAZIT

Die **Bibel als Gottes Wort** ist eine wesentliche Grundlage für Erkenntnis in der Christlichen Psychologie.
Wir achten sie als **Gottes Wort**, das von Menschen aufgeschrieben und überliefert wurde.
Deshalb bemühen wir uns um einen **angemessenen Umgang** mit der Bibel, um Gottes Wahrheit möglichst gut zu begreifen:
Dazu gehört es, die **Bibel regelmäßig und aufmerksam zu lesen**, dabei der **Führung des Heiligen Geistes** zu vertrauen.
Außerdem ist es sinnvoll,
Gottes Wort in seiner Prägung durch den **historischen Kontext** zu sehen und zu verstehen, auf die Ausdrucksformen der verschiedenen **Gattungen** und ihre sprachliche und formale Prägung zu achten,
zu fragen, wie die **ersten Leser** diese Botschaft verstanden haben könnten,
und den Platz der Aussagen im **ganzen Heilshandeln** Gottes zu betrachten, dessen **Zentrum die Erlösung durch Jesus** darstellt.
Was wir aus der Bibel erkennen, sollen wir im **Austausch mit anderen** prüfen, im Lernen voneinander vertiefen und im **Handeln umsetzen und so weiterlernen**.

II. Das Verarbeiten bestehender Modelle

(am Beispiel eines Artikels zum Thema „Vergebung")

Nach den Überlegungen zum Erarbeiten eines biblischen Fundaments wenden wir uns einem der Bereiche zu, wie wir „die Wände", also Modellvorstellungen Christlicher Psychologie zu bestimmten Fragen, aufbauen können: durch das Verarbeiten bestehender Modelle.

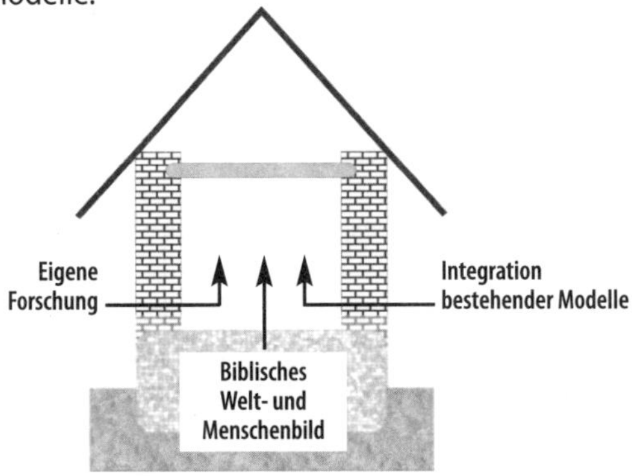

Am Beispiel wollen wir uns Schritt für Schritt ansehen, wie wir dabei vorgehen. Das grundlegende Bild kennen wir bereits aus Kapitel A: Wir sollen es den **Bienen** gleichtun, Impulse der säkularen Konzepte als Nektar aufnehmen, diese dann in der Beziehung zu Gott, vom biblischen Fundament als Deutungsrahmen her durchkauen und letztendlich herausfinden, welchen *Sinn*, welche Bedeutung Impulse im Rahmen unseres christlichen Wirklichkeitsverständnisses besitzen.

Dieser Verarbeitungsprozess lässt sich, wie ebenfalls in Kapitel A bereits gesehen (S. 34), in drei Hauptaufgaben einteilen.
Zunächst geht es um die **Definition und empirische Qualitätsprüfung** des Modells, also darum, das Modell zu verstehen und die methodische Qualität seines Zustandekommens auf den Prüfstand zu stellen.
Anschließend gilt es, sich an die **Zerlegung und Grundannahmenprüfung des säkularen Hauses** zu machen. Wir benennen für uns interessante **Impulse**, untersuchen, auf welchem **Fundament** das betreffende Haus aufgebaut ist und wie dies **aus biblischer Sicht zu bewerten** ist.
Der dritte und letzte Schritt ist dann der **Prozess der Verstoffwechselung**. Wir verarbeiten die säkularen Impulse auf der Basis unseres biblischen Fundaments, versuchen zu erkennen, welchen Sinn sie in unserem Rahmenkonzept machen, welche Bedeutung sie eigentlich für uns besitzen.

Als Beispiel, um diese Vorgehensweise zu demonstrieren, haben wir einen Artikel von **Reinhard Tausch**[30] zu dem uns bekannten Thema „Vergebung" gewählt: *„Verzeihen: Die doppelte Wohltat"*. Der Artikel wurde 1993 in der populärwissenschaftlichen Zeitschrift **Psychologie Heute** veröffentlicht und stellt auf kurzem Raum wesentliche Gedanken zum Thema dar.

30 R. Tausch, geb. 1921, war lange Jahre Psychologieprofessor an der Universität Hamburg und ist vor allem als Wegbereiter der Gesprächspsychotherapie in Deutschland bekannt.

Hinweis:
Es dürfte einleuchtend sein, dass wir in diesem Rahmen kein ganzes Buch oder gar die Gesamtkonzeption eines säkularen Autors vollständig prüfen und verstoffwechseln können. Schon die Verarbeitung eines Artikels nimmt, wie wir sehen werden, einiges an Raum ein, wird aber, so hoffen wir, neben dem grundsätzlichen Einblick in Rekonstruktion gleichzeitig eine Anregung sein, beim eigenen Lesen von Artikeln Elemente der Rekonstruktion zu nutzen.

Tausch bietet in seinem Artikel eine weitgehend positive Bewertung von Vergebung, was 1993 unter säkularen Psychologen eher die Ausnahme war. Heute dagegen finden sich zunehmend psychologische Untersuchungen, Konzepte und Therapieangebote, die auf den Gewinn des Vergebens hinweisen.

1. Die säkularen Gedanken kennen, verstehen und die Qualität des Konzepts prüfen

Damit Sie aktiv an unserem beispielhaften Rekonstruktionsprozess teilnehmen können, sollten Sie den (leicht gekürzten) Artikel von R. Tausch zunächst aufmerksam durchlesen und dabei versuchen, selbst Folgendes im Hinblick auf die Rekonstruktionsschritte herauszufinden und zu notieren:
Wie beschreibt er Vergeben/Verzeihen?
Wie ist er methodisch vorgegangen, wie komplex ist sein Konzept?
Welche Gedanken sind für mich wichtige Impulse für einen Vergebungsprozess?
Welche Grundannahmen kann ich entdecken?

Verzeihen: Die doppelte Wohltat[31]
Reinhard Tausch

Manche Menschen sind regelrecht stolz darauf, daß sie ein Gedächtnis „wie ein Elefant" haben, was auch bedeutet: Sie vergessen nie, was ein anderer ihnen angetan hat. Sie sind nachtragend, unversöhnlich und manchmal sogar rachsüchtig. Verzeihung kommt nicht infrage. Daß sie mit dieser Haltung ihren Alltag vergiften und ihrer Gesundheit schaden, hat der Psychologie-Professor und Psychotherapeut Reinhard Tausch nun in empirischen Studien belegen können:
Seit einigen Jahren beschäftige ich mich intensiv damit, wie Menschen schwere Streßbelastungen, Verluste und seelische Verletzungen bewältigen und seelisch gesund bleiben können. In Seminaren, Gesprächen und Untersuchungen fiel mir zunehmend auf: Viele Menschen fühlen sich längere Zeit durch Handlungen oder Worte anderer tief verletzt. Sie machen anderen Vorwürfe für das, was ihnen geschah oder angetan wurde. Sie empfinden Gefühle von Bitterkeit, Ablehnung, Haß und Spannungen. Oder sie beschuldigen sich selbst wegen gemachter Fehler oder

31 Tausch, 1993, S. 20–26 Wir danken dem Autor für die freundliche Genehmigung zum Abdruck des Artikels.

Unterlassungen und fühlen sich schlecht dabei. Sie können oder wollen anderen oder sich selbst nicht vergeben.
Derartige Schuldzuweisungen, unangenehme Gefühle und Schwierigkeiten des Vergebens fand ich häufig bei Menschen, die von ihrem Partner verlassen worden waren. „Seit sechs Jahren bin ich geschieden. Ich kann und will meinem Ex-Mann nicht vergeben, daß er uns völlig an Leib und Seele zerschunden zurückließ. Ich glaube, es ist Haß! Vergebung? Niemals!"
Auch in Gesprächen mit jungen Menschen, besonders mit Studierenden, fiel mir auf, daß manche ihren Eltern die Schuld an ihrem jetzigen Unglücklichsein, an ihren neurotischen oder depressiven Beeinträchtigungen gaben. „Wenn meine Eltern mich anders behandelt hätten, hätte ich mich ganz anders entwickeln können! ... und deshalb möchte ich auch heute mit ihnen keinen Kontakt mehr."...
Mir wurde allmählich immer bewußter, daß hier ein sehr großer Bereich seelischer Belastungen vorliegt: Wir fühlen uns von anderen verletzt und beeinträchtigt, halten andere für schuldig und sind erfüllt von Verbitterung, Enttäuschung und negativen Gefühlen. Oder wir selbst machen Fehler und müssen mit den verletzten Gefühlen und Vorwürfen anderer sowie mit unseren Schuldgefühlen fertigwerden. Nur selten wird die Möglichkeit gesehen, durch Vergeben seelische Schmerzen vermindern zu können. Einen Hinweis auf diese Chance fand ich in dem Buch „Gespräche gegen die Angst" meiner verstorbenen Lebensgefährtin Anne-Marie. „Ich habe immer wieder in Gruppengesprächen erlebt, daß Menschen Jahre, ja ihr Leben lang nicht verzeihen können. Sie selbst tragen schwer an den seelischen Wunden, die ihnen ihrem Erleben nach durch andere zugefügt worden sind. Diese Wunden heilen nicht, weil der Haß immer wieder in ihnen aufflammt. Ich denke, es ist wichtig, auch die kleinen Verletzungen des Alltags zu verzeihen, damit wir innerlich heil bleiben; denn wenn wir immer Vorbehalte oder Vorurteile gegenüber einem anderen haben, reduzieren wir uns selbst, engen uns ein. Wir vergeben die Chance, uns mit anderen und mit uns selbst auszusöhnen."
Das Vergeben ist also von großer Bedeutung. Um so verwunderlicher ist, daß in den wissenschaftlichen Lehrbüchern der Psychologie und auch in internationalen Psychologie-Fachzeitschriften dieser seelische Vorgang sehr selten erwähnt wird.
Diese weitgehende Ignorierung des Vergebens in der Psychologie und Psychotherapie ist erstaunlich. Denn in der bei uns weithin verbreiteten christlichen Religion, im Neuen Testament, hat das Vergeben eine wesentliche Bedeutung: „Vergebt, so wird euch vergeben." „Richtet nicht, so werdet ihr auch nicht gerichtet" (Lk 6, 37). „Und vergib uns unsere Schuld, wie wir unseren Schuldigern vergeben" (Mt 6, 12). Ist diese ethisch-soziale Botschaft unrealistisch, weltfremd? Oder ist sie eine tiefe Weisheit, die unmittelbar der seelischen Lebensbewältigung und dem befriedigenden Zusammenleben von Menschen dient?
Zur Klärung dieser Fragen beschloß ich vor zwei Jahren, den Vorgang des Vergebens im Rahmen einer Diplomarbeit erforschen zu lassen.* Auf diese Forschungen und meine Erfahrungen in Seminaren und Gesprächen beziehen sich im wesentlichen die folgenden Ausführungen.

Was ist Vergeben?

Wenn wir anderen vergeben, treten Schuldzuweisungen, Anklagen, Wunsch nach Vergeltung, Bestrafung oder Rache in den Hintergrund oder verschwinden völlig. Vergeben bedeutet ein Ent-Schuldigen, die Befreiung eines anderen von einer Schuld. Eine erlittene Verletzung oder Beeinträchtigung wird dem anderen nicht mehr angerechnet, das Ereignis wird nicht nachgetragen, sondern es wird als abge-

* Angela Harz befragte hierzu 70 Personen im Alter von 20 bis 60 Jahren. Als durch diese Arbeit die Wichtigkeit des Vergebens offenbar wurde, entwickelte ich eine spezielle Möglichkeit aus Gesprächs- und Verhaltenstherapie, um Menschen das Vergeben zu erleichtern, wenn sie dies wünschen. Dies überprüft derzeit die Diplom-Psychologin Ursula Precat bei über 200 Personen.

schlossen und vergangen angesehen. Das Geschehene wird jedoch nicht ignoriert, „verdrängt" oder vergessen, sondern durchaus genau wahrgenommen und erinnert; aber es wird wenig oder gar nicht verurteilt oder negativ bewertet.
Beim Vergeben finden intensive innere Selbstgespräche in einem Menschen statt. Es ist eine mentale, gedankliche Bewältigung eines Ereignisses, das zunächst Enttäuschung, Wut, Ärger, Verletzung und seelische Schmerzen auslöste ...

Was erschwert das Vergeben?
Von über 200 angeschriebenen Personen lehnten etwa 130 Personen das Ausfüllen des Fragebogens als zu schwierig ab. Von denen, die den Bogen ausfüllten, gaben 27 Prozent an, daß sie sich während des Ausfüllens deutlich belastet gefühlt hätten; 43 Prozent fühlten sich etwas belastet. Diese Schwierigkeiten sind verständlich. Bei der Erinnerung an das verletzende Ereignis treten die negativen Gefühle von Haß, Ärger, Wut und Verletzung wieder in das Bewußtsein und erschweren das Vergeben.
Wie lange ein Mensch braucht, um vergeben zu können, hängt von verschiedenen Vorgängen und Bedingungen ab. So zum Beispiel von der empfundenen Schwere der Verletzung. Von außen betrachtet sehen manche Verletzungen eher geringfügig aus, aber entscheidend ist, wie der Betreffende sie empfindet. „Wenn jemand, der mir sehr nahe steht, meinen Geburtstag vergißt, bin ich tief verletzt, fühle mich traurig, fast depressiv und kann dies nicht vergeben." Oftmals fehlt die Bereitschaft, der Wunsch zum Vergeben. „Ich will diesen Menschen wehtun, für all das, was sie mir angetan haben". „Ich denke nach, wie ich den anderen Menschen auch verletzen kann. Vergeben gelingt mir nur schwer."...
Durch häufige Gedanken und Erinnerungen an das Ereignis werden immer wieder negative Emotionen wie Haß, Erniedrigung, Demütigung hervorgerufen, die die Bereitschaft zu vergeben ebenso mindern wie die Fähigkeit, das Ereignis in anderer Bedeutung zu sehen. Auch der Wunsch, über andere zu dominieren, ferner Stolz, recht haben zu wollen, Macht über andere auszuüben, sind für das Vergeben hinderlich. „Vergeben wäre ein Gang nach Canossa für mich. Wie steht es dabei mit meiner Anerkennung? Ich will nicht erniedrigt werden!" Teilweise hängt die geringe Bereitschaft zur Vergebung auch mit der Auffassung zusammen: Vergeben sei ein Ausdruck von Schwäche, Nachgiebigkeit und verminderter Selbstbehauptung. In Wirklichkeit erfordert Vergeben häufig seelische Stärke.
Um den andern kleinzuhalten und um sich zu schützen, wird Vergebung oft hinausgezögert oder vermieden. Ein Mann: „Nein, ich vergebe meiner Ex-Frau nicht. Solange ich nicht vergebe, habe ich sie gleichsam in der Hand. Ich kann sie kleinhalten, ich schütze mich vor ihr. So verhindere ich, daß sie mich ausnutzt oder mir wieder etwas Schlechtes antut. Würde ich vergeben, hätte ich kein Faustpfand mehr. Wir würden gleich miteinander stehen, und es bestünde wieder die Gefahr, daß ich ihr gegenüber untergehen würde." Manche meinen, daß sie dem anderen wehrlos ausgeliefert wären, wenn sie ihm vergeben würden, daß sich das verletzende Verhalten wiederholen könnte. Dabei ist es durchaus möglich, dem anderen zu vergeben, ihn jedoch über die zukünftigen Grenzen und nachteiligen Konsequenzen bei einer Wiederholung seines Verhaltens zu informieren. Vergeben braucht nicht zu bedeuten, daß der andere einen Freibrief hat, sein beeinträchtigendes Verhalten zu wiederholen.
Menschen, die mit sich selbst unzufrieden sind und sich wenig akzeptieren können, neigen wahrscheinlich mehr dazu, andere zu beschuldigen, anzuklagen und können schwerer vergeben ...

Dagegen können Personen, die seelisch ausgeglichen sind, weniger depressiv, weniger in Streß und Schwierigkeiten, anderen leichter und schneller vergeben als Personen, die sich eher unglücklich und seelisch beeinträchtigt fühlen. Warum ist das so? Menschen mit größerer Ausgeglichenheit sind meist weniger verletzlich, führen weniger grübelnde Selbstgespräche über belastende Ereignisse, sie bewerten Geschehnisse der Umwelt und sich selbst weniger negativ. Sie sind mental flexibler, können sich so in andere eher hineinversetzen, ihre eigenen Auffassungen hinterfragen. In einem Gespräch mit der verletzenden Person können sie gelassener sein, den Ausdruck negativer Gedanken und Gefühle eher kontrollieren, mit Rücksicht auf den anderen. Und: Seelische Stärke ermöglicht es ihnen, eigene Fehler an dem Geschehen zu sehen und Vergeben weniger als Schwäche zu betrachten.
Ein falsches Verständnis der Situation, der Absichten und der Motivation des anderen kann ein Vergeben ebenfalls erschweren. „Ich habe lange Zeit vieles nicht gewußt. Daß er sich für mich so abgerackert hat und eine andere Haltung deswegen von mir erwartete ..."
Das Vergeben kann auch durch die verletzende Person oder Umstände der Situation sehr erschwert werden. Etwa wenn die andere Person mit der Verletzung und Beeinträchtigung fortfährt, wenn sie ein Gespräch darüber ablehnt sowie sich nicht entschuldigt und keine Wiedergutmachung anbietet. Umgekehrt können Menschen leichter verzeihen, wenn sie um Entschuldigung gebeten werden, wenn der andere sein Verhalten bedauert.

Was erleichtert das Vergeben?
Von den Befragten wurden noch weitere Punkte genannt, die es ihnen erleichtern, einem anderen Menschen zu verzeihen. Über die Hälfte der Befragten empfindet es als hilfreich, sich mit sich selbst auseinanderzusetzen, die eigenen Urteile, den eigenen Standpunkt und das Verhalten zu überprüfen. „Ich wäge über die erlittene Verletzung ab: Bin ich gekränkt aus Eitelkeit oder trifft es tiefer? Und ich denke nach: Was überwiegt, die Verletzung oder die Sympathie für den anderen?" „Ich versuche, das Ganze aus verschiedenen Perspektiven zu betrachten. So denke ich über mich selbst nach, ob ich mich selbst nicht zu wichtig nehme oder ob ich selbst ohne Schuld bin. Ich denke bewußt über meine eigene Fehlerhaftigkeit nach." „Ich versuche, von meinem hohen Roß runterzusteigen und das Ganze offen zu betrachten. Ich versuche, über den Dingen zu stehen."
Eine Folge dieser Selbstauseinandersetzung ist, daß die eigenen Anteile am Geschehen deutlicher gesehen werden. Menschen fassen ins Auge, daß das verletzende Verhalten des anderen auch durch sie mitverschuldet wurde. Aus der Anklage „Du hast das getan und du bist schuld daran" wird die Frage: „Was habe ich dazu beigetragen? Was ist mein Anteil daran?"
Eigene fehlerhafte Bewertungen und Urteile werden offenbar. Dies hat weiter zur Folge, daß das Positive an der Person und am Verhalten vom anderen auch gesehen wird und daß überlegt wird: Was kann ich daraus lernen? Welche Konsequenzen kann ich ziehen? Wie kann ich in Zukunft anders handeln? Dieser Gedanke und diese Erfahrung, durch intensive Auseinandersetzung mit dem Ereignis selber zu lernen und sich zu ändern, wirkt befreiend. Menschen ahnen, daß sie es in gewissem Ausmaß in ihrer Kontrolle haben, in ähnlichen Situationen zukünftig ihr eigenes Verhalten besser zu steuern.
Die Einsicht, daß sich weitere Schuldzuweisungen nachteilig auswirken, wurde ebenfalls als wichtig erfahren. „Mir half die Einsicht, daß es besser ist, freundlich miteinander zu sein, daß Krankheit viel schlimmer ist, daß unser Verhältnis doch seit

Jahren positiv ist." „Es bringt nichts, den Haß mit sich herumzutragen. Ich will mich auch nicht als Rächer aufführen." „Das Verhalten ist nicht rückgängig zu machen. Es ist etwas Menschliches, aus Fehlern zu lernen." „ Ich verwende meine Energie lieber sinnvoller." „Was habe ich davon, wenn ich nicht vergebe?"
Manche der Befragten fanden es hilfreich, sich in die Lage, den Standpunkt und die Situation des anderen hineinzuversetzen. Durch die Einfühlung in die seelische Lage des anderen sehen Menschen mehr das Positive, weniger das Negative. Diese einfühlende Vergegenwärtigung der seelischen Situation des anderen führt oft dazu, daß der andere und das Ereignis in neuer Bedeutung gesehen werden; etwa daß die Worte und das Verhalten anders gemeint waren. Andere Befragte finden, daß der zeitliche Abstand zu dem verletzenden Ereignis sowie andersartige Erfahrungen eine Schwächung der Gedanken, Erinnerungen und Gefühle, die mit der Verletzung zusammenhingen, bewirken. „Mit der Zeit verliert sich meine anfängliche Wut, die Angelegenheit verliert an Bedeutung."...
Von manchen Befragten wurden religiös-ethische Auffassungen als Motiv und Erleichterung für das Vergeben genannt. „Ich rufe mir Zitate aus dem christlichen Glauben ins Gedächtnis. Das gibt mir Kraft, zu vergeben und mich von plagenden Gefühlen zu befreien." „Ich bemühe mich, in der Haltung der Liebe zu bleiben. Ich möchte andere nicht richten."
Der Wunsch nach Harmonie sowie der Verzicht auf Streit fördert das Vergeben ebenfalls. „Ich mag nicht im Streit mit anderen leben, schon gar nicht mit Menschen, die ich liebe." „Ich hasse es, mit anderen im Konflikt und Unfrieden zu leben." „Ich möchte Ordnung in mein Leben bringen, mich vom Ballast befreien." „Im Vergeben suche ich den Frieden. Er ist dann spürbar, wenn ich zum Konflikt Grund hatte, aber mit eigener Kraft darauf verzichtete. Ich gebe es zu, es ist ein glückliches Gefühl für mich; vielleicht mit etwas Stolz oder Erleichterung, daß ich ein kleines Stück auf dem Weg wieder geschafft habe."
Manchen Befragten half es, wenn sie ihre unangenehmen Gefühle in Gesprächen äußerten oder denen gegenüber, durch die sie sich verletzt fühlten. „Vor dem Vergeben möchte ich meiner Verletzung Ausdruck verleihen können durch Wut, Traurigkeit und harte Worte." „Ich spreche Ärger und Unbehagen aus. Und fordere den anderen heraus, sich zu äußern. Ich kann nicht ohne Auseinandersetzung vergeben, es sei denn, der andere ist mir gleichgültig geworden."

Die Folgen des Vergebens
Diejenigen, die vergeben konnten, verurteilen und richten die Person oder das Ereignis in Gedanken weniger negativ oder gar nicht. Sie klagen nicht mehr an, weisen keine Schuld zu. Die Warum-Fragen nach dem Verhalten des anderen hören auf. Das Ereignis tritt in den Hintergrund, es wird in anderer Bedeutung wahrgenommen. Ein tiefes Verständnis für das Verhalten des anderen oder das Ereignis tritt ein, besonders durch das Hineinversetzen in die Lage des anderen. „Ich habe erkannt, daß es für ihn wichtig ist, einen anderen zu erniedrigen, damit er höher steht."
Die Realität wird klarer gesehen und akzeptiert. Eine Frau: „Ich sehe jetzt mehr die Wirklichkeit, die ich früher nicht sehen konnte oder wollte. Ich sehe jetzt, daß wir beide nicht anders handeln konnten." Eine Folge dieser klareren Wahrnehmung der Wirklichkeit ist, daß bei manchen der Unterschied zwischen ihnen und dem anderen schwindet. Bei anderen erfolgt aufgrund der deutlicheren Wahrnehmung eine Trennung und ein Einsehen, daß die andere Person für sie nicht mehr bedeutsam ist. – Zur realeren Wahrnehmung der Wirklichkeit gehört ferner bei vielen, daß sie die positiven Seiten des anderen auch sehen und anerkennen, ebenso wie die eigene

Fehlerhaftigkeit. Erstaunt waren manche über die Ähnlichkeit des verletzenden Verhaltens des anderen mit der Art, wie sie selbst andere Personen verletzt hatten. Auch die bisherige Starrheit oder Weigerung, zu vergeben, wird deutlicher gesehen. „Ich habe entdeckt, daß ich mich in meinem eigenen Nicht-vergeben-Können genauso starr verhalten habe wie der Mensch, der mich so sehr verletzt hat."...
Im gefühlsmäßigen Bereich tritt als Folge der geänderten Gedanken und Einstellungen ein starker Umschwung ein. „Ich war erleichtert, froh, glücklich, mir ging es viel besser, ich war entspannt, hoffnungsvoll, versöhnt und erlöst – und das war so gänzlich anders als vorher, wo ich niedergeschlagen war, voller Schmerz über das Vergangene, wo ich haderte und anderen Vorwürfe machte." Anstelle von Beschuldigungen, Anklagen und negativen Gefühlen wird durch das Vergeben ein innerer Friede erlebt. Bei einzelnen war es gelegentlich auch ein Gefühl, sich stärker als der andere zu fühlen, etwas überlegen, jedoch tolerant. „Es sind Gefühle der Großzügigkeit und der Überlegenheit, weil ich einen positiven Einfluß ausgeübt habe."...
Die Folgen bei Menschen, denen vergeben wurde, sind ebenfalls deutlich. Sie fühlten sich erleichtert, befreit von Schuld, entlasteter. „Ich wurde ruhiger, gelassener, konnte mit Schwierigkeiten besser umgehen, fühlte mich befreit und hatte auch mehr Verständnis für meine Umwelt." Das Selbstwertgefühl wurde durch das Vergeben gefördert. Manche spürten Dankbarkeit, Bewunderung und Liebe für den anderen, sahen das Gute am Verhalten des anderen und empfanden eine gewisse Ehrfurcht. „Ich zog innerlich den Hut vor ihr, daß sie mich mit meinen Schwächen und Fehlern akzeptieren konnte und mir vergab."
Eine wichtige Auswirkung war, daß die Personen nicht mehr über das Ereignis grübelten, negative Selbstgespräche führten, sich selbst Vorwürfe machten. Zusammen mit den positiven Gedanken und Gefühlen führt das auch zu einer Minderung oder einem Fortfall psychosomatischer Beschwerden.
Bei einem Teil der Befragten bewirkte das Vergeben eine deutliche Motivation, die Fehler in Zukunft zu vermeiden, den festen Vorsatz, sich zu ändern, den anderen nicht mehr in eine so schwierige Lage zu bringen, mehr daran zu denken, was in dem anderen vorgeht, liebevoller zu sein oder den eingetretenen Schaden wiedergutzumachen.
Als weitere wesentliche Folge nannten die Befragten: Sie konnten anderen leichter und schneller vergeben. „Es war mir eine Lehre, eine Stärkung der eigenen Bereitschaft zum Vergeben." „Dieses Vergeben war für mich beispielhaft." Jeder fünfte Befragte gab an, daß er dadurch, daß ihm vergeben wurde, das Vergeben erst gelernt hätte.

Sich selbst vergeben
Viele Menschen fühlen sich längere Zeit schuldig und schlecht bei dem Gedanken, was sie anderen Menschen antaten, daß sie sie verletzten und beeinträchtigten. Eltern werfen sich vor und fühlen sich schuldig, ihre Kinder in der Erziehung falsch behandelt zu haben. Erwachsene Kinder fühlen sich schuldig, sich von ihren Eltern abgewandt zu haben. Oder es sind Worte harter Verletzung, derentwegen sich Menschen schuldig fühlen. „Er hatte mit Selbstmord gedroht, sagte, er wollte sich umbringen. Und dann habe ich ihm gesagt ‚Dann mach's doch'. Das tut mir heute sehr leid; ich fühle mich schuldig." Manchmal sind diese Menschen, die wir verletzten oder um die wir uns zu wenig kümmerten, gestorben. Sie können uns nicht mehr vergeben.
Schuldgefühle und Selbstvorwürfe treten auch ein, wenn wir uns selbst unangemessen behandelten, wenn wir nicht energischer gegen unsere Schwächen und

Fehler angingen, günstige Chancen und Gelegenheiten verpaßten, leichtsinnig mit unserer Gesundheit umgingen oder uns in Situationen nicht angemessen verhielten. „Ich werfe mir dauernd vor, daß ich damals nicht heftiger ‚Nein' gesagt habe, daß ich geschwiegen habe, daß ich damals das mit mir machen ließ."
Bei diesen belastenden Selbstbeschuldigungen für unangemessene Handlungen gegenüber anderen und uns selbst ist es hilfreich, uns selbst die vergangenen Ereignisse zu vergeben. Das Sich-selbst-Vergeben ist in hohem Maße psychotherapeutisch. Ist die Person, die wir schädigten oder verletzten, gestorben, dann ist das Sich-selbst-Vergeben oft die einzig entscheidende Möglichkeit, die uns bleibt. Allerdings kann das Sich-selbst-Vergeben ebenso schwierig sein, wie anderen zu vergeben. ...
Erschwerend für das Sich-Vergeben ist mit großer Wahrscheinlichkeit wiederum, wenn Menschen sich mit sich selbst wenig wohlfühlen, geringe Selbstachtung haben, depressiv sind. Ferner, wenn Menschen geringe Erfahrung haben, anderen Menschen zu vergeben und wenn ihnen selbst wenig vergeben wurde. Manche sehr kirchlich orientierten Personen äußerten sich ferner: „Nur Gott kann mir vergeben. Ich kann mir doch nicht selbst vergeben, das wäre anmaßend." Vermutlich haben Menschen, die einen strengen, strafenden, richtenden Gott annehmen, größere Schwierigkeiten, diese Vergebung zu erhalten, als diejenigen, die einen liebevollen, gütigen, verzeihenden Gott annehmen.

Wie können wir Vergeben lernen?
Die Fähigkeit des Vergebens in uns zu fördern, wäre seelisch sehr heilsam. Wir könnten uns mehr von Bitterkeit, anklagenden Vorwürfen oder Schuldgefühlen befreien, wir könnten besser schwere seelische Verletzungen und Kränkungen bewältigen. Und: Wir könnten anderen Menschen mehr seelische Ent-Lastung ermöglichen. Was könnten wir tun, um eher und leichter zu vergeben? 81 Prozent der Befragten sagten, sie hätten Vergeben im Laufe ihres Lebens durch Krisen und Erfahrungen gelernt. Einige Vorgänge hierbei sind:
• Die Erfahrung und Kenntnis der positiven Auswirkungen bei uns und anderen sind hilfreich und verstärken die Motivation zum Vergeben. „Ich habe es gelernt, weil ich mich dann selber besser fühle, inneren Frieden finde. Wenn ich nicht vergebe, dann gibt es unaufhörlich weitere Verletzungen und seelische Vergiftungen."
• Fast 40 Prozent hatten Vergeben durch das positive Vorbild ihrer Eltern gelernt! Durch negative Vorbilder hatten 18 Prozent unserer Befragten gelernt. Eine Frau, 48: „Meine Eltern scheinen mir nachwirkend ziemlich unversöhnlich miteinander gewesen zu sein. Ihr Beispiel motivierte mich, daß ich damit anders umgehen wollte."
• Gespräche, besonders Gruppengespräche mit einfühlsamen, nicht bewertenden Personen geben gute Möglichkeiten, unsere Gefühle und Auffassungen zu klären, Rückmeldungen zu erfahren, wie andere das Geschehen und unsere Reaktion sehen. Das Miterleben, wie andere Gruppenteilnehmer ihre Bitterkeit überwinden und zum Vergeben bereit werden, hat eine günstige Auswirkung. Wichtig ist bei Gesprächen, daß abgesehen von einem anfänglichen Stadium die Äußerungen der Bitterkeit und des Anklagens nicht überwiegen und negative Gedanken und Gefühle verstärkt werden. Stattdessen ist es bedeutsam, mit Unterstützung anderer zu klären, warum wir noch nicht vergeben können oder wollen. Das gilt auch für psychotherapeutische Gespräche. Eine erhebliche Erleichterung des Vergebens haben wir durch ein gesprächs- und verhaltenstherapeutisches Angebot in eintägigen Gruppentreffen erreicht. Nach intensiven Gesprächen mit den Gruppenmitgliedern stellen sich die Teilnehmer in tiefer Entspannung die Person mitsamt

den Umständen vor, durch die sie verletzt wurden oder selbst verletzten. Sie versetzen sich in die seelische Situation des anderen, sprechen mit dieser Person. Die genauen Auswirkungen werden derzeit in einer Untersuchung festgestellt.

• 29 Prozent der Befragten waren im Lernen des Vergebens angeregt und gefördert worden durch die ethischen Botschaften von Jesus und/oder Buddha. „Ich habe früh christliche Einstellungen mitbekommen. Diese erwiesen sich als Überlebenschance (warten können, Vertrauen trotzdem bewahren) in Situationen tiefster menschlicher Verlassenheit."

• Ein seelisch gesunder Lebensstil und Verhaltensweisen, die das seelische Wohlbefinden und die eigene Selbstachtung fördern, erleichtern den Vorgang des Vergebens, zumal wir im Zustand größeren seelischen Gleichgewichts Verletzungen weniger tief empfinden. Wichtige Möglichkeiten zur seelischen Gesunderhaltung sind regelmäßige Entspannung (wie Muskelentspannung, Atemmeditation oder Autogenes Training sowie Bewegungstraining), Vermeidung von Grübeln und negativen Selbstgesprächen.

• Philosophisch-religiös-spirituelle Einsichten können uns das Lernen erleichtern. Etwa die Einsicht, daß ein großer Teil unseres Verhaltens schicksalhaft ist, so wie unsere Haarfarbe, Körpergröße oder Intelligenz. „Wenn ich Du gewesen wäre in der Situation, hätte ich vielleicht genauso gehandelt." „Wenn ich die gleiche Kindheit gehabt hätte, die gleichen Bedingungen wie meine Eltern, dann hätte ich wohl ähnlich gehandelt." Gewiß schmerzen die Verletzungen und Beeinträchtigungen. Aber wir neigen weniger dazu, anderen Schuld zuzuweisen und negativ zu bewerten.

Inneres Vergeben ist ein sehr bedeutsamer seelischer Vorgang der Bewältigung dieser seelischen Beeinträchtigungen, Verletzungen und Schuldgefühle. Bei dem Vergebenden und seinem „Gegner" tritt hierdurch seelischer Frieden ein; Haß, Anklage und Schuldgefühle werden gemindert oder fallen fort...

Lucy: Puh, das ist ja doch etwas Arbeit, einen Artikel aufmerksam zu lesen und Impulse herauszufinden. Aber es scheint sich zu lohnen, mir ist da nämlich schon einiges aufgefallen, welchen Sinn das Ganze für uns als Christen machen könnte...

Tom: Moment Mal, du fängst ja gleich bei Schritt drei an, aber zunächst müssen wir doch das säkulare Modell überhaupt erst einmal verstehen, dann die Grundannahmen finden...

Lucy: Also ich finde, er hat seine Gedanken doch sehr einfach und deutlich dargelegt. Mir würde da gar nichts mehr einfallen, was es noch zu klären gäbe. Muss man denn zum Rekonstruieren immer genau Schritt 1,2,3 abhaken?

Kathrin: Diese drei Schritte sind sicher kein starres Schema, sondern mehr eine Art Leitfaden, an dem man das Vorgehen aufhängt. Doch man sollte nicht zu vorschnell sein. Zum Beispiel passiert es in Bezug auf die Punkte zu Beginn des Verarbeitungsprozesses, dass man bei Konzepten, die einem gefühlsmäßig gefallen (höchstwahrscheinlich, weil sie zu unserem bisherigen Überzeugungshaus passen), nicht lange nach der Qualität und einem genauen Verstehen fragt. Dagegen werden wir bei Ansätzen, die unseren bisherigen Vorstellungen widersprechen, viel kritischer sein.

verstehen – zerlegen – verstoffwechseln als Leitlinien

Tom: Ich fand den Artikel von Tausch nicht unbedingt „unsympathisch". Aber bei der Fülle an Einzelpunkten hat es mir sehr geholfen, die wichtigsten Punkte für mich zusammenzufassen, um seine Gedanken besser zu verstehen.

Kathrin: Dann sag uns doch gleich einmal deine Punkte. Anschließend können wir noch einiges zu den methodischen Aspekten der Arbeit anmerken.

a. Zusammenfassung der wesentlichen Gedanken

Beschreibung von Vergebung

Tom: Zum Punkt, **was Vergeben ist**, schreibt Tausch, dass er darunter kein Verdrängen, kein Ignorieren versteht. **Das Geschehene sollte genau wahrgenommen werden**, dabei allerdings **keine Verurteilung mehr** stattfinden. Außerdem definiert er Vergeben als eine **mentale, gedankliche Bewältigung** von Ereignissen, die vorher heftige **negative Gefühle** auslösten.

Vergebung wird erschwert durch ...

Folgende Punkte **erschweren das Vergeben** (nach Tausch):

- die Schwere der Verletzung
- die mangelnde Bereitschaft zu vergeben
- häufige Gedanken und Erinnerungen an das Ereignis
- der Wunsch über andere dominieren zu wollen
- die Meinung: Wenn ich vergebe, muss ich alles mit mir machen lassen, darf keine Grenzen setzen
- mangelnde Ich-Stärke, seelische Unausgeglichenheit einer Person
- falsche Sicht der Realität der Situation, falsche Bewertung der Motive des anderen
- das weitere Verhalten des „Täters"

Vergebung wird erleichtert durch...

Dagegen wird das **Vergeben erleichtert** durch:

- die Bereitschaft, die eigenen Urteile und Standpunkte zu überprüfen,sich mit sich selbst, vor allem mit der eigenen Fehlerhaftigkeit auseinanderzusetzen, ⇛ Frage: was ist mein eigener Anteil?
- die Einsicht, dass sich weitere Schuldzuweisungen nachteilig auswirken → „es bringt ja nichts, was habe ich denn davon..."

- die Bereitschaft, sich bewusst in die Lage, den Standpunkt, die Situation des anderen hineinzuversetzen
- zeitlichen und räumlichen Abstand
- religiös-ethische Auffassungen
- den Wunsch nach Harmonie
- die Möglichkeit der Auseinandersetzung mit dem „Täter"
  = wenn man der Verletzung, der Wut Ausdruck verleihen kann...

Positive Folgen von Vergebung

Als **Folgen des Vergebens** führt Tausch an:
1. bei der Person, die vergibt:
- Die andere Person, das Ereignis werden weniger negativ bewertet und verurteilt
  → die Warum-Fragen hören auf
  → tieferes Verständnis für das Verhalten des anderen
- Die Situation wird anders gesehen
  → ich sehe die positiven und negativen Seiten des anderen realistisch
- Erkennen der Ähnlichkeit des Verhaltens des anderen mit dem eigenen verletzenden Verhalten
- starker, gefühlsmäßiger Umschwung hin zu Freude, Glück und innerem Frieden

2. bei den Personen, denen vergeben wurde:
- Befreiung von Schuld, Gefühl der Erleichterung
- Dankbarkeit, gewisse Ehrfurcht der vergebenden Person gegenüber
- weniger Grübeln und Selbstvorwürfe
- Minderung oder Fortfall psychosomatischer Beschwerden
- Die Motivation für zukünftiges Verhalten ändert sich, man will Fehler vermeiden
- Stärkung der eigenen Bereitschaft zum Vergeben

Der Umgang mit Schuldgefühlen

Auch in Bezug auf die eigene Person treten Schuldgefühle und Selbstvorwürfe auf, Tauschs Empfehlung lautet in diesem Falle, **sich selbst zu vergeben**, was er als in hohem Maße psychotherapeutisch erachtet.
Erschwerend wirkt dabei:
- wenn Menschen geringe Selbstachtung haben, depressiv sind
- wenn ihnen wenig vergeben wurde

Kirchlich orientierte Personen äußern:
- „nur Gott kann mir vergeben"

Vergeben lernen

Zur **Stärkung der Vergebungsbereitschaft** bzw. zum **Erlernen des Vergebens** hilft:
- Habe ich selbst positive bzw. negative Erfahrung mit Vergebung gemacht, habe ich erlebt, dass andere mir vergeben bzw. nicht vergeben haben, so hat dies Vorbildfunktion (in positiver wie negativer Richtung)
- Gespräche mit anderen, besonders einfühlsamen Menschen sind hilfreich
  ⇛ z.B. Erlebnis, dass andere etwas anders sehen und bewerten, meine Bewertung nicht die einzig mögliche ist
- ethische Botschaft von Jesus und/oder Buddha
- ein seelisch gesunder Lebensstil
- philosophisch-religiös-spirituelle Einsichten ...

b. Hinweise auf methodische Qualität und Komplexitätsgrad

Lucy: Für den nächsten Punkt, die Prüfung der methodischen Qualität, haben wir in Kapitel A gelernt:
1. Im Zuge der Methodikprüfung geht es um die Frage nach der Qualität des Versuchsdesigns, um die Frage nach offensichtlichen methodischen Fehlern, etwa einer sehr stark von Vorannahmen geleiteten Operationalisierung oder Verallgemeinerung der Untersuchung.
Auch der Frage nach der Zahl der Studien, die einem Modell zugrunde liegen, also der Breite der empirischen Basis und der Anzahl voneinander unabhängiger Forscher, die zum selben Ergebnis gelangten, sowie der Frage, ob versucht wird, ganzheitlichen Bedürfnissen Rechung zu tragen, gilt es hier nachzugehen.
2. Auch mit dem Komplexitätsgrad sollte man sich beschäftigen, prüfen, ob es sich bei dem vorliegenden Konzept lediglich um einfache, beschreibende Daten oder um komplexe Erklärungsmodelle, große Theoriegebäude handelt.

Nehmen Sie Ihre Aufzeichnungen zur Hand und überprüfen Sie:
Haben Sie in dem Artikel von R. Tausch Hinweise gefunden, die Auskunft über sein methodisches Vorgehen und dessen Qualität geben?
Wie beurteilen Sie die Komplexität seines dargelegten Konzepts?

Seminarerfahrungen und Daten aus einer Diplomarbeit als Grundlage

Lucy: Alles, was ich an **methodischen Hinweisen** gefunden habe, ist die Anmerkung, dass das Ganze auf **Tauschs Erfahrungen** in Seminaren und einer **Diplomarbeit von Angela Harz** basiert.[32] Aber damit weiß ich ja noch lange nicht, wie die aussieht, von welcher methodischen Qualität sie ist...

Tom: Na gut, aber was du daran natürlich schon siehst ist, dass die Daten aus **einer einzigen Diplomarbeit** stammen, und dass Harz als Diplomandin nicht gerade unabhängig von Tausch sein dürfte, man also nicht unbedingt von mehreren unterschiedlichen Forschern sprechen kann.

Lucy: Also insgesamt gesehen nicht gerade eine breite empirische Basis ...

Tom: Die Daten wurden übrigens mit einem Fragebogen erhoben, der aufwendig erstellt und verarbeitet scheint, aber dennoch keine ganzheitliche, sondern eine **naturwissenschaftliche Studie** darstellt.
Das dürfte hier eigentlich ganz okay sein, denn Tausch will ja erst einmal herausfinden, ob es **empirische Belege für einige seiner Thesen zu Vergebung** gibt, zu dem, was erleichternd wirkt, bzw. was das Vergeben erschwert etc. Sein Modell (über das er im Artikel nicht schreibt) entwickelt er dann im größeren Rahmen seiner therapeutischen Kenntnisse. Sein Ziel scheint mir also gar nicht zu sein, die ganzen Prozessaspekte in einer Person zu beschreiben, den ganzen Ablauf im Vergebungsprozess, sondern ihm scheint es hier lediglich um einen **Überblick** von Zusammenhängen im Umfeld von Vergebung zu gehen.

Ziel der Untersuchung: vermutete Zusammenhänge prüfen

Lucy: Damit wissen wir in Bezug auf den Komplexitätsgrad also gleich, dass es sich bei den Gedanken des Artikels nicht um ein umfassendes Modell handelt, sondern um eine Thesen- und Faktensammlung. Doch, woher weißt du das alles? Das steht doch so gar nicht im Artikel.

32 Hinweis:
Tausch erwähnt im Ursprungsartikel noch eine Dissertation seiner Doktorandin Ursula Precat, die allerdings zum Zeitpunkt des Artikels noch nicht fertiggestellt war und deren Ergebnisse somit auch nicht einflossen.

Tom: Nun, Hinweise darauf finden sich meiner Meinung nach schon in der Art, wie der Artikel aufgebaut ist, was er eben beschreibt und was nicht. Aber du hast Recht, ich hab' mal wieder etwas tiefer gegraben und mir die Diplomarbeit von Angela Harz in der Bibliothek besorgt.

Lucy: Na, du bemühst dich ja echt. Und was hast du dabei sonst noch so herausgefunden?

Tom: Tja, zugegeben weniger als du jetzt vielleicht denkst. Insgesamt war das sogar eine ziemlich frustrierende, etwas verwirrende Angelegenheit.

Erstellung des Fragebogens und Verarbeitung der Daten

Ich fand eine Fülle von Beschreibungen, wie sie mithilfe von **Interviews** den Fragebogen entwickelt und mithilfe der **qualitativen Inhaltsanalyse** nach Mayring (was auch immer das ist?) systematisiert hat, daraus eine Fülle von 152 Kategorien erstellt, die sie im Einzelnen beschreibt. Es ging weiter um einen **FPI-Test** (den ich natürlich auch nicht kenne), eine Fülle von weiteren Beschreibungen zu Gesprächen, die sie sonst noch geführt hat, eine Reihe von **methodischen Auswertungen, Graphiken, Tabellen** …

Also, ganz ehrlich gesagt, es war zwar nett, das durchzusehen, aber irgendwann habe ich es aufgegeben. Ich weiß einfach zu wenig, um die Diplomarbeit zu verstehen, geschweige denn, etwas über die methodische Qualität dieser Arbeit zu sagen.

Kathrin: Trotzdem finde ich es klasse, welche Mühe du dir gemacht hast! Und sei nicht zu frustriert! Psychologiestudenten beschäftigen sich insgesamt mindestens vier Semester lang mit Methodenlehre, dabei lernen sie eine Fülle an Verfahren und Testvarianten, eine ganze Reihe von statistischen Prozeduren und Auswertungsstrategien. Wir dagegen haben dazu ja in Band 1 nur auf einer eher alltagsnahen Ebene und über die naturwissenschaftliche Psychologie geschrieben.

Für eine echte methodische Qualitätsprüfung fehlt deshalb vieles an Kenntnissen, aber eine **grobe Einschätzung** ist dir trotzdem gut gelungen, Tom. (Und zu mehr reicht es bei manchen studierten Psychologen auch nicht, auch sie brauchen z.B. bei statistischen Auswertungen meist Hilfe).

2. Zerlegung und Grundannahmenprüfung

Unser erster Rekonstruktionsschritt hat also ergeben, dass es sich bei dem Artikel von Tausch nicht um die Präsentation eines umfassenden Vergebungsmodells handelt, sondern um die **Wiedergabe von Thesen zu Vergebung**, die aus seiner **eigenen Beobachtung** entstanden sind und mithilfe eines **Fragebogens im Rahmen einer Diplomarbeit überprüft** wurden.

Jetzt werden wir zusammentragen, **welche Impulse** wir aus diesen Thesen erhalten können. Aus Aufwandsgründen konzentrieren wir die Suche auf Impulse zu dem Bereich „was das Vergeben erleichtert".

Hinweis:
Jede Suche nach Impulsen hat einen Ausgangspunkt, sie knüpft an Erfahrungen, Vorwissen und Fragen an, die wir haben (z.B. „Was kann ich selbst tun, um leichter zu vergeben?" oder „Warum fällt es meinem Mann so schwer, mir zu vergeben?" oder „Was finde ich an Bestätigung, Korrektur, Ergänzung oder Widerspruch in Bezug auf eine Modellvorstellung/ eine Lehre, die ich kenne?" ...). So wird unser Suchen an dieser Stelle im Fernkurs mit von den Modellvorstellungen geprägt sein, die wir in Kapitel D zu Vergebung erhalten haben.

Überprüfen Sie zunächst wieder Ihre eigenen Aufzeichnungen:
Welche Impulse zum Bereich „So wird Vergebung erleichtert" haben Sie in dem Artikel gefunden?
Was ist Ihnen Wesentliches – wesentlich Neues – aufgefallen?

a. Impulse zum Bereich „Vergebung wird erleichtert durch..."

Lucy: Als Motivationshilfe zum Vergeben sind mir z.B. die folgenden zwei interessanten Aussagen aufgefallen:

> „So denke ich über mich selbst nach, ob ich mich selbst nicht zu wichtig nehme oder ob ich selbst ohne Schuld bin. Ich denke bewußt über meine eigene Fehlerhaftigkeit nach."[33]
> „Erstaunt waren manche über die Ähnlichkeit des verletzenden Verhaltens des anderen mit der Art, wie sie selbst andere Personen verletzt hatten ... Ich habe entdeckt, daß ich mich in meinem eigenen Nicht-vergeben-Können genauso starr verhalten habe wie der Mensch, der mich so sehr verletzt hat."[34]

Tausch sieht also, sehr ähnlich wie in unserem Vergebungsmodell aus Kapitel D, dass es zwei Seiten gibt, nicht nur die an mir begangene, sondern auch die eigene Schuld. Zu erkennen, dass wir **alle schuldig werden**, wird uns helfen, zu vergeben.

33 Tausch, 1993, S. 23 (324)
34 Tausch, 1993, S. 24 (326)

Um genauer zu verstehen, wie Tausch dieses Verhältnis der beiden Seiten sieht, habe ich noch einmal nachgelesen, und da fiel mir seine Betonung der Bedeutung der **eigenen Schuldanteile in einem Konfliktfall** auf. Nicht nur die Erkenntnis der grundsätzlichen, eigenen Fehlerhaftigkeit verhilft einem zu mehr Vergebungsbereitschaft, sondern auch das Eingeständnis, dass man meist bei einem Streit, in einer *konkreten* Situation, in der man verletzt wurde, *selbst auch nicht völlig unschuldig* ist.

> „Menschen fassen ins Auge, daß das verletzende Verhalten des anderen auch durch sie mitverschuldet wurde."[35]

Tom: Dann heißt es noch, dass auch ein Verständnis für das Handeln des anderen erreicht werden sollte:

> „Durch die Einfühlung in die seelische Lage des anderen sehen Menschen mehr das Positive, weniger das Negative. Diese einfühlende Vergegenwärtigung der seelischen Situation des anderen führt oft dazu, dass der andere und das Ereignis in neuer Bedeutung gesehen werden; etwa dass die Worte und das Verhalten anders gemeint waren."[36]

Wenn ich mich innerlich auf die andere Seite begebe, mich bewusst in den anderen hineinversetze und zu versehen versuche, aus welchen Umständen heraus, aus welcher inneren Situation heraus die Tat geschah, dann kann es gelingen, den anderen und seine Tat in einem anderen Licht zu sehen. Und dies kann zu der Einsicht führen:

> „Ich sehe jetzt, dass wir beide nicht anders handeln konnten."[37]

Lucy: Tausch scheint also durch seine Untersuchung zu bestätigen, dass die beiden Seiten unseres Vergebungsmodells, die Schuld des anderen zu erkennen und eigene Schuld einzusehen, einen Vergebungsprozess fördern. Könnten wir somit annehmen, dass gerade die letzten beiden Aussagen, sich mehr in den anderen hineinzuversetzen und Verständnis für sein Handeln aufzubringen, noch eine wichtige Ergänzung wären, zu echtem Erbarmen zu kommen? Dies würde ich gerne als Impuls verstoffwechseln.

Kathrin: Das können wir tun, und wie ihr wisst, brauchen wir dafür jetzt erst einmal die Grundannahmen, aus denen heraus Tausch seine Gedanken entwickelt hat. Diese Grundannahmen betreffen sein prinzipielles Verständnis von Schuld und Schuldigwerden, denn jede Vorstellung von Vergebung baut ja darauf auf, ob und wie der Mensch schuldig werden und dies anderen vergeben kann.

?

Welche Grundannahmen über den Menschen und seine Schuldfähigkeit haben Sie beim Durcharbeiten des Artikels gefunden?

35 Tausch, 1993, S. 23 (324)
36 Tausch, 1993, S. 23–24 (325)
37 Tausch, 1993, S. 24 (325)

b. Grundannahmen zum Schuldverständnis

Grundannahmen bei Tausch

Tom: Wenn ich da noch einmal genauer den letzten Impuls durchlese, dann führte das Hineinversetzen in den anderen zu der Einsicht: „Ich sehe jetzt, dass wir beide nicht anders handeln konnten." Müssen wir annehmen, dass Tausch, zumindest in Bezug auf das Schuldigwerden, von einer **gewissen Unfreiheit des Menschen** ausgeht? Der Mensch ist letztlich nicht verantwortlich für das Geschehen, für sein Handeln.

Lucy: Eine andere Aussage von Tausch ging auch in diese Richtung: „Philosophisch-religiös-spirituelle Einsichten können uns das Lernen erleichtern. Etwa die Einsicht, dass ein großer Teil unseres Verhaltens schicksalhaft ist, so wie unsere Haarfarbe, Körpergröße oder Intelligenz. Wenn ich Du gewesen wäre in der Situation, hätte ich vielleicht genauso gehandelt."[38]

Kathrin: Auch wenn ich aufgrund anderer Veröffentlichungen von Tausch davon ausgehe, dass er nicht grundsätzlich die Existenz eines freien Willens ablehnt, erscheint das Ganze in Bezug auf Schuld tatsächlich sehr festgelegt. Ich würde dies als eine erste Grundannahme formulieren:
Der Mensch will nicht wirklich das Böse. Bei Schuld gibt es eine schicksalhafte Verhaltensdeterminierung.

Tom: Ich frage mich, ob hier auch die Vorstellung „Der-Mensch-ist-gut" mitschwingt. Nicht der Mensch will das Böse, sondern bestimmte Umstände führen ihn dazu, etwa verletzende, negative Erfahrungen. Doch wenn er nur genügend Motivation bekommt (all die Gründe, die in dem Artikel genannt werden), dann kann er sich für das Gute entscheiden, kann sich positiv verhalten, wird gerne vergeben, weil er sieht, dass es dann allen wieder gut geht.

Kathrin: Ich finde zwar kein einziges Zitat, dass diese Grundannahme ausdrücklich formuliert, entnehme aber dem Grundtenor des ganzen Artikels in der Tat, dass Tausch an das Gute im Menschen appelliert, also auch an dieses Gute glaubt.

38 Tausch, 1993, S. 26 (328)

Und außerdem beschäftigt mich die Frage, welches grundlegende Verständnis von Schuld und Vergebung Tausch hat. Er benutzt dieses Wort und auch das Wort „Vergebung", doch glaube ich, dass wir tatsächlich noch etwas tiefer untersuchen müssen, in welchem Sinn diese Worte überhaupt verwendet werden.

Tom: Ja sicher, denn wie kann der Mensch überhaupt wirklich „schuldig" werden, wenn dies schicksalsbestimmt ist? Wenn er nichts dafür kann, kann er ja auch nicht schuldig werden.

Kathrin: Richtig. So bedeutet Vergeben auch nicht, die Schuld zu erlassen, sondern man vergibt, weil der andere nicht wirklich etwas dafür kann, weil man Erklärungen für das Schuldigwerden bis hin zu der Einsicht findet, dass der andere und das Ereignis in neuer Bedeutung gesehen werden. Schuld scheint damit stark von der subjektiven Bewertung abhängig zu sein, und wenn das Opfer die Schuld des Täters in einem besseren Licht sieht, kann es vergeben.
Zwar spricht Tausch von Schuld (was längst nicht jeder tut, häufig wird nur noch von Schuldgefühlen gesprochen), doch ist dies für ihn ein sehr subjektiver Begriff. Schuld wird vom einzelnen Menschen definiert oder zwischenmenschlich ausgehandelt. An keiner Stelle erwähnt Tausch eine objektive, für alle Menschen verbindliche Ordnung, die durch Schuld verletzt wird. Das sehe ich als einen dritten zentralen Punkt seines Fundaments.

Lucy: Damit haben wir drei Grundannahmen, auf denen der Impuls, sich in den anderen hineinzuversetzen, sinnvoll ist: Denn dies wird helfen, den an sich guten Täter aufgrund der Tatumstände besser zu verstehen und seine Schuld weniger schlimm zu bewerten. Ich ahne schon, dass derselbe Impuls auf der Basis biblischer Grundannahmen nicht 1:1 übernommen werden kann.

Tom: Ob er da überhaupt Sinn macht? Zuerst sah alles ja recht ähnlich aus – aber inzwischen habe ich einige Zweifel.

Grundannahmenvergleich

Kathrin: Bevor wir nach dem Sinn fragen, den der Impuls in unserem biblischen Rahmenkonzept macht, müssen wir erst diesen biblischen Rahmen benennen, also die biblischen Grundannahmen suchen, die hier relevant sind.

Tom: Da wissen wir bereits (Kap B und D), dass der Mensch, der biblischen Botschaft nach, für sein Handeln verantwortlich ist, aber auch die kausalgesetzliche Eingebundenheit bei jedem mehr oder weniger Raum einnimmt. Der Mensch ist also nicht beliebig frei und dennoch nicht ohne Letztverantwortung, er kann nicht aus eigener Kraft, was er soll aber er kann sich in freier Entscheidung an den wenden, der ihn befreien kann, denn es gibt das Angebot der Erlösung.

Tom: Die nächste Grundannahme „Der Mensch ist im Kern gut" hat uns ja schon den ganzen Kurs über begleitet...

Lucy: ... und wir wissen, dass Gott den Menschen als sein gutes Ebenbild geschaffen hat, dass die Sünde Zerstörung gebracht hat und ihm die Wiederherstellung durch Erlösung angeboten ist. So kann der Mensch nicht aus sich selbst heraus Gutes tun, sondern nur aus der Liebe Gottes heraus. Doch diese, die Liebe Gottes, ist in dieser Welt beständig am Wirken und jeder Mensch, ob Christ oder nicht, hat in seinem Leben etwas von dieser Liebe empfangen, die sein Herz ein Stück weit berührt hat. Ganz ohne diese Liebe im Herzen kann kein Mensch leben (siehe auch S. 202). Also werden wir Gutes entdecken, aber ebenso Sündiges.

Tom: Und weil der Mensch von Gott zum Guten angesprochen wird, Gott dieses Gute festgelegt hat, gibt es für uns auch einen wirklichen Tatbestand der Schuld, der Verweigerung Gott gegenüber, der Ablehnung seiner Liebe.

Kathrin: Ja, auch wenn man dabei sicher nicht allzu platt urteilen darf, wie Gott bestimmte Schuld bewertet (vgl. Angelo und seine so ganz anderen „Startbedingungen" S. 201), und das Verstehen und Hineinversetzen in den anderen wichtig sein kann, wird es uns nicht dazu führen, alle Schuld zu relativieren.
Während bei Tausch und anderen säkularen Kollegen Schuld in der Regel subjektiv definiert ist, durch die beteiligten Menschen, erachten wir Schuld als etwas, was nicht nur die menschliche Ebene betrifft, sondern es ist eine geistige Realität. Es ist nicht nur Schuld dem Nächsten gegenüber, sondern man wird vor Gott schuldig. Und Gott legt fest, was Schuld ist.

Einige Anmerkungen zur Frage des Schuldverständnisses

„Immer wieder wird versucht, die Realität menschlichen Schuldigwerdens aus der Welt zu schaffen. Oft wird nur noch von Schuldgefühlen, nicht mehr von Schuld gesprochen.
Schuldgefühle sind eine rein innerpsychische Kategorie, eine bestimmte Befindlichkeit, mit der es umzugehen gilt – mehr nicht ...

Menschliche Schuld kann es nur geben, wenn ...
1. ... eine von außen gesetzte Ordnung vorhanden ist.
Dieser Gedanke ist uns nicht angenehm, denn am liebsten definieren wir ja selbst, was richtig und was falsch ist ... Wir wollen unseren Spielraum selbst festlegen, selbst bestimmen. Wenn das jeder Mensch für sich selbst tun könnte, gäbe es keinen Maßstab, anhand dessen herausgefunden werden könnte, ob ein bestimmtes Verhalten schuldhaft war oder nicht, dann gäbe es dazu nur viele einzelne Privatmeinungen. Von einer ‚Ordnung' kann erst gesprochen werden, wenn ein Rahmen Gültigkeit bekommt, d.h. anerkannt wird ..., innerhalb dessen bestimmte Regeln in Kraft treten. Schuld setzt voraus, dass es eine Ordnung gibt, in der ich nicht selbst festlege, ob und wann etwas Schuld ist.

2. ... der Mensch sich frei gegen die Einhaltung dieser Ordnung entscheiden kann.
Weil diese Ordnung außerhalb meiner selbst existiert, kann ich mich gegen sie verhalten und damit schuldig werden. Ich kann Fehler machen. Soweit geht meine Entscheidungsfreiheit, sonst wäre ich als Mensch nie verantwortlich ...

3. ... der Mensch dieser Ordnung gegenüber rechenschaftspflichtig ist.
Mit dieser Ordnung gibt es eine Instanz außerhalb von mir, der gegenüber ich verantwortlich bin. Der autonome Mensch aber fühlt sich in seiner Welt als das Maß aller Dinge. Er glaubt, niemandem Rechenschaft darüber abgeben zu müssen, was er denkt und tut.

4. ... *der Urheber dieser Instanz eine Person ist und daher als Gegenüber, dem die Rechenschaft geschuldet wird, nicht übergangen werden darf.*
Wem sollten wir Rechenschaft geben, wenn nicht einer (oder mehreren) Person(en)? Wer aber könnte das sein, der eine allgemeingültige Ordnung festsetzt, über deren Einhaltung wacht und von jedem Menschen Rechenschaft fordert, wenn nicht Gott? ... In [der] Freiheit, verantwortliche Entscheidungen für oder gegen seine Gebote treffen zu können, zeigt sich unsere Würde. Gott erachtet uns für würdig, indem er uns nicht zwingt, seinem Willen nachzukommen. Dazu gehört auch, in unseren Entscheidungen ernstgenommen und gegebenenfalls ihretwegen schuldig gesprochen zu werden."[39]
Dieses Verantwortlichsein vor einer Person schließt außerdem mit ein, dass durch Schuld nicht nur ein Gesetz gebrochen, sondern dass vor allem auch die Beziehung zu dieser Person gestört wird.

39 entnommen dem Buch „Versöhnung beginnt mit mir" von Joachim Kix (1999, S. 76–79), einem ehemaligen Mitarbeiter von IGNIS

Tom: Dieser Grundannahmenvergleich macht ja wesentliche Unterschiede deutlich. Auch wenn Tausch den biblischen Begriff Schuld gebraucht, versteht er etwas anderes, etwas rein Menschliches darunter. So müssen wir annehmen, dass auch Vergebung bei ihm etwas ist, was Menschen untereinander ausmachen können, sie können Schuld Schuld nennen oder auch wieder sagen: „Ist alles okay."

Kathrin: Ja, während für uns Schuld eine geistige Realität ist, sodass Entscheidendes im Vergebungsvorgang zwischen Mensch und Gott geschieht. Deshalb wissen wir, dass nicht unsere Bitte um Entschuldigung, unsere Wiedergutmachungsversuche, unsere Versuche, „es in Zukunft besser zu machen" die Schuld beseitigen können. Wir können Schuld nicht selbst aus der Welt schaffen, allein Jesu Tod am Kreuz, sein stellvertretendes Auf-sich-Nehmen der Schuld, kann ihr den Realitätscharakter entziehen.

Erst wenn Gott vergibt, ist Schuld völlig beseitigt, dann ist sie in die äußersten Tiefen des Meeres geworfen – und Gott hat ein Schild „Angeln verboten" aufgestellt, wie der evangelische Jugendpfarrer Wilhelm Busch (1897–1966) es einmal humoristisch ausdrückte.

Vergebung ist damit keinesfalls ein lediglich innerpsychischer oder allein auf menschlicher Ebene stattfindender Prozess des Ent-Schuldigens, keinesfalls nur eine gedankliche Neubewertung, ist nicht nur die Beseitigung von Schuldgefühlen. Wenn ich anderen vergebe, gebe ich weiter, was ich von Gott empfangen habe und was Gott auch dem anderen anbietet. Vergebung ist das Mittel gegen eine reale Beziehungsstörung zwischen Gott und Mensch.

Vergebung ist etwas grundlegend anderes als „Ent-Schuldigung".

Für uns ist die Phase der Abrechnung (Phase II, siehe S. 215f) ein notwendiger Bestandteil eines jeden Vergebungsprozesses, es ist eine notwendige Voraussetzung jeder Vergebung, dass wir wirkliche Schuld auch als Schuld bezeichnen. Wir sprechen (zumindest vor uns selbst und vor Gott) aus, dass der andere hier schuldig geworden ist, ohne dass seine Kindheit, dass ihn das, was er erlebt hat, der Verantwortung enthebt.

Wir sagen, du bist verantwortlich, du bist schuldig geworden, doch *trotzdem* das so ist, *trotzdem*, im Angesicht deiner Schuld, will ich dir vergeben.

Bei Tausch hingegen besteht der Weg eher darin, auf das „Schuldig-Sprechen", auf negative Wertungen des Verhaltens des anderen zu verzichten, also gerade nicht mehr zu sagen, dass seine Verhaltensweisen wirklich verkehrt, fehlerhaft, schuldhaft waren. Zwar schmerzt es noch, aber auf negative Bewertungen kann und soll verzichtet werden:

> „Gewiß schmerzen die Verletzungen und Beeinträchtigungen. Aber wir neigen weniger dazu, anderen Schuld zuzuweisen und negativ zu bewerten."[40]

Wir „verstehen", warum es so gekommen ist, warum der andere eben nicht anders konnte, „verstehen", dass es uns in seiner Situation wohl auch nicht anders gegangen wäre:

> „Wenn ich die gleiche Kindheit gehabt hätte und die gleichen Bedingungen wie meine Eltern, dann hätte ich wohl ähnlich gehandelt."[41]

Tausch hat sicher Recht, dieses Vorgehen, diese inneren Überzeugungen *erleichtern* das „Vergeben", aber im Prinzip ist es ein Ent-schuldigen, kein Vergeben. Echte Vergebung *trotz* aller Schuld ist etwas völlig anderes:

40 Tausch, 1993, S. 26 (328)
41 Tausch, 1993, S. 26 (328)

„Aber zwischen Vergeben und Entschuldigen besteht ein Riesenunterschied. Vergebung heißt: ‚Ja, du hast es getan, aber ich nehme deine Abbitte an; ich werde es dir nie wieder vorhalten, und alles zwischen uns beiden wird genauso sein wie vorher.' Entschuldigen aber heißt: ‚Ich sehe, du konntest nicht anders handeln oder es war nicht beabsichtigt; du bist nicht eigentlich schuldig.' Ist man aber nicht eigentlich schuldig, dann gibt es auch nichts zu vergeben. In diesem Sinn sind Vergeben und Entschuldigen beinahe Gegensätze."[42]

Werten, aber nicht richten

Häufig wird ein reines „Werten" nicht genügend vom (biblisch tatsächlich abgelehnten) „Richten" unterschieden. Nicht das „Werten", d.h., „Dinge beim Namen nennen", sich die Taten des anderen genau ansehen und ihren schuldhaften Charakter klar aussprechen, ist das Problem, sondern kritisch wird es erst, wenn wir meinen, selbst den Urteilsspruch fällen zu wollen, wenn wir uns selbst zum Richter aufschwingen und Rache üben wollen, statt all dies in die Hände des allmächtigen Richters zu legen.
Werten, die Dinge beim Namen nennen, den anderen schuldig sprechen, ist biblisch. Die Phase der Abrechung ist wichtig, solange ich dabei nicht stehen bleibe, sondern mich des anderen auch erbarme, ihm Gnade gewähre, letztendlich zu einer echten Vergebung durchdringe.

3. Die Verstoffwechselung des Impulses

Als Basis einer Verstoffwechselung des ursprünglichen Impulses, „sich mehr in den anderen hineinzuversetzen und Verständnis für sein Handeln aufzubringen" (um dadurch vielleicht besser zu echtem Erbarmen zu kommen), haben wir inzwischen folgende biblische Grundannahmen gefunden:

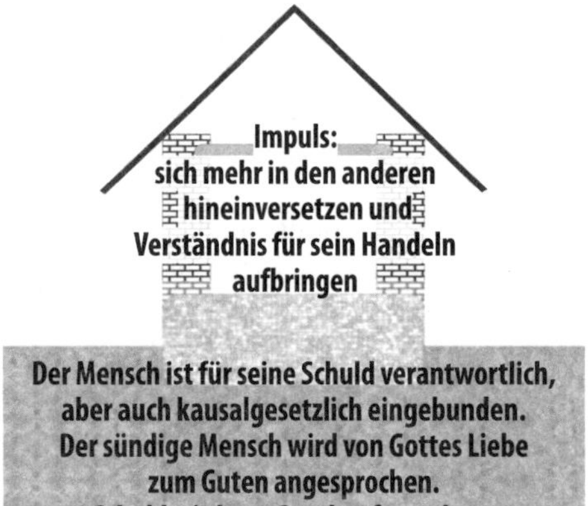

Damit können wir mit dem Versuch beginnen, nach dem Sinn unseres Impulses in diesem biblischen Rahmen zu fragen.

42 Kix, 1999, S.72

Überlegen Sie wieder selbst:
Wie können wir den Impuls „sich mehr in den anderen hineinzuversetzen und Verständnis für sein Handeln aufzubringen" für ein biblisches Verständnis von Vergebung fruchtbar machen?

?

Tom: Da bin ich jetzt etwas nachdenklich. Auf der Basis von Verantwortung, Erlösung, Umkehr und Schuld vor Gott macht das Hineinversetzen in den anderen nicht so viel Sinn, um zu Erbarmen zu kommen. Da muss ich mich eher in Gott hineinversetzen.

Kathrin: Ja, die Perspektive Gottes auf den anderen, die Klarheit, mit der er Schuld erkennt – und zu vergeben bereit ist – ist wichtig, und dies können wir nicht erreichen, indem wir uns in den anderen hineinversetzen.

Dennoch sehe ich, dass der Impuls uns auf ein paar wichtige Aspekte hinweist, bestimmte **„menschliche Hausaufgaben" in Richtung Erbarmen** zu machen.

Für mich war z.B., bevor ich Wolframs Modell kannte, der Gedanke, dass ich auch nicht besser bin, ich andere schon ähnlich verletzt habe, dieses Wissen, dass wir alle in einem Boot sitzen, etwas, was mir beim Vergeben geholfen hat. Ich habe es damals als **„Treffen auf einer Ebene"** bezeichnet und dieses Treffen hat überhaupt meine Hinwendung zum anderen gefördert.

Allerdings muss ich zugeben, dass ich damals nicht hinreichend sensibilisiert war für die Gefahren dieses Gedankens und somit tatsächlich ein bisschen in das Denken von „Vergebung als Entschuldigung" reingerasselt bin.

Erst im Studium, im Verlauf der zunehmenden Bewusstwerdung unserer christlichen Grundannahmen, wurde mir klar, dass dieser säkulare Gedanke ein, wie ich es dann bezeichnet habe, *„Treffen auf einer falschen Ebene"* propagiert, sich hier eben „zwei Gute" gegenüberstehen, die nichts dafür können.

Trotzdem habe ich gemerkt, dass dieser Impuls für mich weiterhin interessant und wichtig ist, wenn ich ihn (was damals sicher implizit geschah) „verstoffwechsle".

Ein **Treffen auf einer gemeinsamen Ebene** ist nun einmal wirklich von eminenter Bedeutung für den Vergebungsprozess. Nur wenn ich mein „Selbstimage" des „Großen, Heiligen, Unschuldigen", meine Selbsterhöhung gegenüber dem anderen, dem „Schwein", dem „Miststück" loslasse, nur, wenn ich mich wirklich mit dem anderen auf eine Stufe stelle, kann echte Vergebung möglich werden.

Doch dabei geht es um ein Treffen auf einer anderen gemeinsamen Stufe und darin besteht für mich der Sinn, den dieser Impuls im Rahmen unseres christlichen Rahmenkonzepts macht: Es geht um ein **Treffen auf der gemeinsamen Ebene der zutiefst Schuldigen und zugleich von Gott her zutiefst Begnadigten**.

Und für dieses Treffen auf der gemeinsamen Ebene hilft es, sich in den anderen hineinzuversetzen, um die Umstände, aus denen heraus die Tat geschah, zu verstehen. Dies wurde mir, sogar in Verbindung mit der zugrunde liegenden Grundannahme der kausalgesetzlichen Eingebundenheit des Menschen, zum wichtigen Anstoß.

Ich muss zugeben, dass meine „christlichen Grundannahmen" anfangs eine ziemlich einseitige Ausprägung besaßen, für mich war klar, dass der Mensch biblisch gesehen abgrundtief böse ist, er immer wieder schuldig wird und dabei für seine Taten voll verantwortlich ist.

Erst durch ähnliche Impulse, wie wir sie hier von Tausch gehört haben, kam ich etwas ins Nachdenken, wurde mir schließlich klar, dass wir als Christen wohl kaum behaupten können, dass unsere vergangenen Erlebnisse und eigene Verletzungen so gar keine Rolle spielen.

Auch wenn ich den anderen nicht damit „entschuldigen" darf, niemand völlig „determiniert" ist, besitzt unsere Vergangenheit schon einen wichtigen Einfluss (–> Angelo!).
Irgendwann wurde mir deutlich, dass ich bei meinen christlichen Grundannahmen einseitig die „untere Ebene" abgeschnitten, die kausalgesetzliche Einbindung des Menschen weidlich ignoriert hatte. Erst dann formte sich in mir langsam die Meinung, die in Kapitel D formuliert ist (S. 196ff), erkannte ich, dass der Mensch wohl letztendlich frei ist, er aber in der gefallenen Schöpfung nicht völlig jenseits jeglicher kausalgesetzlichen Beeinflussung steht.
Und so wurde ich auch frei, die Bedeutung des „In-den-anderen-Hineinversetzens" in unserem biblischen Menschenbild zu erkennen, kann doch darin auch ein Stück Barmherzigkeit mit dem Leiden des anderen an dieser Eingebundenheit verbunden sein. Ich darf Schuld nicht relativieren, aber muss anerkennen, dass manche Dinge „schwer" sind. Der andere *konnte* wohl anders, *aber es war schwer*. Angelo *konnte* wohl anders, aber *es war schwer* für ihn, das Kätzchen nicht zu treten.

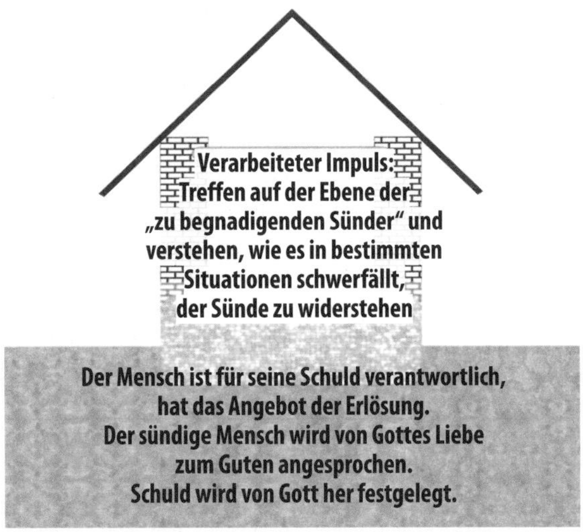

Als Ergänzungstext bietet der nachfolgende persönliche Bericht von Kathrin Halder (geb. Graupner-Späth) ein Beispiel für einen Weg vom Ent-Schuldigen hin zu ehrlichem Vergeben. Hierbei spielt besonders auch das Wahrnehmen der eigenen Gefühle eine Rolle, die Notwendigkeit einer ganzheitlichen Vorgehensweise wird deutlich.

Ergänzungstext

„Jetzt reiß dich doch zusammen ..."[43]

Vergebung und „negative Gefühle"

„Vergebung? Längst abgehakt. Hab' ich gleich zu Beginn meines Christseins gelernt."
...
Im Rahmen meiner Versuche, auch ja alles richtig zu machen, um mir des Segens des Herrn und des damit verbundenen Erfolgs gewiß zu sein, nahm ich die Predigten über die Notwendigkeit der Vergebung sehr ernst und bemühte mich fortan um die Integration eines „Lebensstils der Vergebung" in mein Leben. Trotz der prinzipiell richtigen Erkenntnis der Notwendigkeit von Vergebung unterlag ich der folgenschweren Verwechslung von Vergebung und Entschuldigung. Aufgrund der Lehre, daß es sich bei Vergebung um einen Akt des Willens handle, bemühte ich mich um sofortige Entscheidung zur Vergebung, sobald ich einen Groll gegen die Handlung einer anderen Person verspürte. „Wer will, der kann, und wer würde schon mehr wollen als ich, also werde ich das ja wohl hinbekommen ..."
Also entschied ich mich zur sofortigen Vergebung, sprach sie im Gebet aus und bemühte mich, die ‚geschehene' Vergebung trotz aufkeimender Gefühle festzuhalten. Etwas verwirrt wurde ich dann doch durch die Tatsache, daß sich immer wieder negative Gefühle meldeten.

Schuldbewußt begann ein Hin und Her zwischen erneutem „Vergeben" – „Herr, diesmal vergebe ich ihm richtig." – und bester Gefühlsverdrängung – „Herr, ich weise diese Gefühle in deinem Namen zurück, denn ich habe vergeben." Mit diesen heroischen Akten der Selbstdisziplin verdrängte ich die schon immer als unerwünscht erlebten Gefühle von Zorn und Verletztheit unter dem scheinbaren Anspruch Gottes.

Obwohl ich im Laufe der Zeit viel Übung in dieser Technik erlangte und sich ein gewisser Automatismus einstellte, mußte ich doch allerlei Entschuldigungspraktiken anwenden, um mir einfache Verdrängung der Gefühle zu gestatten. Wenn die Schuld des anderen gering erscheint, fällt es leichter, darüber hinweg zu sehen und die eigene Gefühlswelt zu kontrollieren. Also minimierte ich das Geschehene, indem ich den anderen entschuldigte.

„Er war halt schlecht drauf.", „Sie ist ja nur ein Mensch.", „Warum reg' ich Mimose mich schon wieder so auf?" bestimmten mein Repertoire, so daß ich mich schließlich selbst dafür verurteilte, daß ich etwas gegen mich Geschehenes überhaupt als Unrecht betrachtete. Da ich mein Image als braver Christ, der mit „sündigem" Zorn gar nichts zu tun hat, unbedingt aufrechterhalten wollte, schlug ich mir innerlich auf die Finger, sobald ich alten Groll in mir aufsteigen fühlte. In keiner Weise bemerkte ich, daß es sich nicht nur bei der Verurteilung eines unschuldigen Menschen um Unrecht handelte, sondern auch die Ent-Schuldigung einer tatsächlichen Schuld unrechtmäßig ist.

Wie ich feststellen mußte, entsprang dieser scheinbar so liebevolle Akt der Barmherzigkeit auch meinem unbewußten Wunsch, die eigenen Verfehlungen entschuldigen zu können, wenn ich über die Schuld des anderen so „großmütig" hinwegsehe. Somit konnte ich mir auf die Schulter klopfen und mir selbst zu meiner Ver-

43 Graupner-Späth, 1994, S.40f

gebungsbereitschaft gratulieren. „Wie nett und lieb ich doch bin, auf diesen bösen ‚Täter' zuzugehen und ihm ‚Barmherzigkeit' zu gewähren". „Was, ihr habt noch Probleme mit Vergebung; das ist doch ganz einfach, wenn ihr nur euren Willen einsetzt". „Ach ja, ich armes, kleines Opfer, jetzt war er schon wieder so verletzend, nur gut, daß ich ja so barmherzig und vergebungsbereit bin." In meiner scheinbaren Perfektion konnte ich mich wunderbar über andere stellen, ohne daß es mir im Geringsten bewußt wurde, daß ich mir den ehrlichen und bewußten Umgang mit Schuld noch nicht einmal im Ansatz gestattet hatte.

Weg zur Echtheit

Im Laufe der Jahre wurde es zunehmend schwerer, meinem hohen Ideal als Christ zu entsprechen und alle Gefühlssignale unberücksichtigt wegzustecken. Insbesondere der Versuch, fortwährende massive Schuld einer konkreten Person ständig zu erklären und zu entschuldigen, führte immer häufiger zu kleinen Zusammenbrüchen, von denen ich mich jedoch anfangs unter weiterer Aufbietung meiner Willenkraft rasch erholte. „Schließlich ist ein Christ ja nicht depressiv".

Nach meiner damaligen Interpretation machte ich mich nun der Sünde der „Nicht-Vergebung und des Festhaltens am Zorn" schuldig, weil es mir immer weniger gelang, meine Trauer und Wut zu verdrängen. Schließlich fühlte ich mich als christlicher Versager, was die beginndende Depression natürlich weiter verstärkte. Anzeichen dieser Depression trieben mich zu stärkeren Bemühungen, so daß ich schließlich in einem Teufelskreis gelandet war, der mit dem Zusammenbruch meiner gesamten Lebensphilosophie endete.

Vorbereitend und parallel hatte Gott mir rein verstandesmäßig meine verkürzte Sicht seines Wesens gezeigt und mir seine Gnade und sein Verlangen nach Ehrlichkeit offenbart. Trotzdem zeigte sich mein altes System als sehr widerstandskräftig, so daß ich selbst nach heftigen Zusammenbrüchen bemüht war, die Scherben zusammenzufegen und alles wieder zusammenzusetzen. Doch da die alten Verdrängungswälle gefallen waren, half mir selbst die so geübte „Selbstdisziplin" nicht mehr, und alter Schmerz überschwemmte mich. Plötzlich war aus mir, einer „Meisterin an Tugend und Selbstkontrolle", ein depressiver Mensch geworden, der so gar nicht mehr dem christlichen Idealbild entsprechen wollte.

Langsam und prozeßhaft lehrt mich Gott auf seine Liebe zu vertrauen, in dem er gerade dann zu mir spricht, wenn ich meinen Schmerz und meine Wut ehrlich vor ihm äußere. Sobald ich wieder versuche, die „Heilige" zu spielen, die damit doch fertig werden muß, herrscht absolute „Funkstille".

Dem Tiger gilt der Kampf

Schritt für Schritt offenbart Gott mir tiefe Mißverständnisse bezüglich der Rolle der „negativen Gefühle". Ich darf lernen, sie als Teil meiner Geschöpflichkeit anzunehmen, als eine ganz eminent wichtige Signalfunktion, ohne die ein Aufdecken vieler innerer und äußerer Gefahrenquellen schlichtweg unmöglich würde. Im Falle einer realen Gefahr schützt uns dieses Warnsystem vor weiterer Verletzung und ermöglicht uns oft erst die richtige Reaktion. Ohne das Schmerzempfinden hätten wir alle unsere Hände schon auf der heißen Herdplatte gebraten und schwere Verletzungen davongetragen. Auch beim Brüllen eines Tigers, während unseres Spaziergangs im Wald, dürfte eine Angstreaktion durchaus angemessen sein.

So durfte ich erkennen, daß somit also nicht das Gefühl an sich ein Problem darstellt, sondern die zugrundeliegende Gefahrenquelle bearbeitet werden muß. Nicht das Gefühl selbst als Ausdruck einer wichtigen, unmittelbaren, oft auch körperlichen Symptomatik sollte bekämpft werden, sondern das Auftreten eines Gefühls sollte vielmehr als Signal für ein tiefer liegendes Wurzelproblem gewertet werden. Dem Tiger hinter der Angst gilt der Kampf!

Oftmals haben wir kleine Tiger in Form nicht verarbeiteter Erlebnisse und Verletzungen, die sich in Form von Schmerz und Wut äußern. Nun gilt es, nicht auch noch die Gefühle zu verdrängen, sondern dieses Alarmsystem zu berücksichtigen und die Tiger ans Licht Jesu zu bringen. Ziel kann also nie das völlige Ausschalten unserer negativen Gefühle sein, sondern das Erlernen eines geheiligten Umgangs mit diesen Signalen.

Auch das NT lehrte mich einen anderen Umgang gerade mit dem von mir am stärksten abgelehnten Gefühl, des Zorns. Außer dem Beispiel Jesu, der zu vielen Gelegenheiten wie etwa der Tempelreinigung zornig wurde (Joh 2, 14–17), fordert uns die Schrift in Eph 4, 26 dazu auf, „zu zürnen und dabei nicht zu sündigen".

Mein Mißverständnis beruhte auf meiner Unfähigkeit, heiligen und sündigen Zorn zu unterscheiden ...

Meine generelle Angst, einem mir widerfahrenden Unrecht mit Zorn zu begegnen, hat Wurzeln in falscher Demut und einem mangelnden christlichen Selbstverständnis. „Als Christ muß ich doch der Welt dienen, also muß ich die ‚Unarten' aller Menschen geduldig ertragen."

Erst langsam durfte ich lernen, daß ich den Schmerz nicht in falscher Demut und Minderwertigkeit hinunterschlucken sollte, wenn mir jemand „auf den Fuß tritt", sondern daß ich ihn deutlich auffordern darf, damit aufzuhören.

Die wachsende Erkenntnis der eigenen Sündhaftigkeit und Gnadenbedürftigkeit macht das Herz weich zu echter Vergebung aus Liebe, also zu einer Begnadigung trotz erkannter Schuld. Meine früheren Motive christlicher Pflichterfüllung konnten nie das leisten, was eine Begnadigung aus freien Stücken an Befreiung nach sich zieht.

4. Eine erste Auswertung des Rekonstruktionsprozesses

Kathrin: Ich hoffe, mit diesem ersten Rekonstruktionsbeispiel konnte ich euch motivieren, säkulare Gedanken aufzugreifen und verstehen zu wollen. Und gleichzeitig dürfte deutlich geworden sein, dass es wichtig ist, das Fundament ihrer Grundannahmen zu kennen, ebenso wie das Fundament unserer biblischen Grundannahmen, und gefundene Impulse dann auf dieser Basis zu verstoffwechseln.

Es gibt noch viele Impulse.

Tom: Da kommt wirklich Interessantes dabei heraus und ich würde gerne gleich weitermachen. Zum Beispiel ist mir als Impuls aufgefallen, dass Tausch den Gedanken eine große Bedeutung für Vergebung beimisst („Es ist eine mentale, gedankliche Bewältigung eines Ereignisses, das zunächst Enttäuschung, Wut, Ärger, Verletzung und seelische Schmerzen in einem Menschen auslöste."[44]) oder immer wieder anspricht, wie sehr es einem selbst schadet, nicht zu vergeben („Sie selbst tragen schwer an den seelischen Wunden, die ihnen ihrem Erleben nach durch andere zugefügt worden sind. Diese Wunden heilen nicht, weil der Haß immer wieder in ihnen aufflammt. Ich denke, es ist wichtig, auch die kleinen Verletzungen des Alltags zu verzeihen, damit wir innerlich heil bleiben."[45]). Außerdem erwähnt er bereits im Titel den Nutzen: „Verzeihen: Die doppelte Wohltat". Wenn du vergibst, tust du dir selber etwas Gutes, dann kannst du auch die Befreiung von deinen psychosomatischen Beschwerden (S. 326), einen starken Umschwung in deiner ganzen Gefühlswelt erwarten, du wirst froh und glücklich sein, innerer Friede wird sich einstellen, Schmerz und Niedergeschlagenheit weichen (S. 326). Und ...

Kathrin: Ja, da sind noch viele interessante Impulse, aber es würde zu weit führen, sie hier alle gemeinsam zu verarbeiten. Zunächst ging es uns ja um einen beispielhaften Einblick in die konkrete Verarbeitung und jetzt dürft ihr gerne weitermachen! Zuvor lasst uns aber zusammentragen, was euch bisher konkret wichtig geworden ist.

Rückblick auf Erfahrungen des Rekonstruktionsprozesses

Tom: Also gut, dann muss ich mich noch etwas gedulden.
Mir ist zum Beispiel an dem Artikel aufgefallen, dass die Psychologie sich um gute **Beobachtungen** bemüht und versucht, die Fakten gründlich zu analysieren.

Lucy: Mir ist deutlich geworden, dass der Verarbeitungsprozess nicht eine starre Technik ist. Als du von deinen persönlichen Erfahrungen mit dem Vergebungs- und Verdrängungsthema erzählt hast, hat man richtig gemerkt, dass Verstoffwechseln einen **personalen Charakter** hat. Keine Methode wird abgehakt, sondern ein sehr lebendiger Prozess findet statt.

Tom: Ich hätte nicht gedacht, dass man so leicht versucht ist, **oberflächlich zu integrieren**. Zunächst klang das Achten auf den Zusammenhang zwischen der eigenen und der Schuld anderer für mich so ähnlich wie das, was wir als die zwei Seiten des Vergebungsprozesses kennengelernt haben. Erst beim **Vergleich der Grundannahmen** habe ich richtig gemerkt, dass das grundlegend andere Schuldverständnis bei Tausch nicht zu einem Vergeben im biblischen Sinn führt. Trotz einer fast identischen Ausdrucksweise kann letztlich eine ganz andere Meinung, in unserem Fall ein völlig verschiedenes Schuldverständnis, vorliegen.

Lucy: Mir war vorher noch nicht so klar gewesen, dass uns auch Gedanken, die sich nach der Grundannahmenprüfung als recht kritisch herausgestellt haben, trotzdem zum Impuls werden können, wie z.B. dies „Treffen auf einer *anderen* Ebene".

44 Tausch, 1993, S. 22 (323)
45 Tausch, 1993, S. 21 (322)

Tom: Als Fazit für mich könnte ich sagen, dass ich die Forschungsbemühungen im säkularen Bereich mehr achte. Hier machen sich viele Menschen ja ganz schön Mühe, um Erkenntnis über den Menschen zu gewinnen. Sicher müssen wir prüfen, Vermischungen im Grundannahmen-Bereich vermeiden, aber wir können auch davon profitieren.

Lucy: Insgesamt war dieses „Rekonstruieren" ja wirklich lohnend. Allerdings beschäftigt mich noch der zeitliche Aufwand. Hier hatten wir es nur mit einem kleinen Artikel zu tun.... Besteht da nicht die Gefahr, dass alles uferlos wird, man vor einem Berg von Büchern steht und letztlich nie fertig wird?

Das Problem des Aufwands

Kathrin: Das ist ein Problem und man darf hier nicht zu hohe Ansprüche an sich selbst haben und meinen, Ziel sei ein Verstoffwechseln der gesamten säkularen Literatur. Vielmehr nutzen wir Rekonstruktion als **Prüf-Handwerkszeug**, das jeder für seine Bedürfnisse, gemäß seiner Aufgaben, einsetzt. Jeder muss auswählen, was für ihn wichtig und möglich ist. Hier geht es nicht um Masse, um Quantität, sondern um **Qualität**.

Und, das sei als kleine Ermutigung am Rande noch gesagt, **mit der Zeit geht es schneller**, man hat mehr Übung, mehr Erfahrung, man erkennt die entscheidenden Punkte schneller, bestimmte Grundannahmen kommen, wie ihr wahrscheinlich schon gemerkt habt, immer wieder, man ist für bestimmte Fragen im Laufe der Zeit einfach mehr sensibilisiert.

Wir können reduktiv, aber nicht reduktionistisch arbeiten.

Und noch eines, damit ihr nicht meint, man müsse bei allem, was man nutzen möchte, einen ausführlichen Rekonstruktionsprozess vorschalten, vorher dürfe man nicht handeln. Dem ist nicht so, wir können durchaus auch vorher Konzepte und Impulse **reduktiv** nutzen, solange wir dabei nicht in eine **reduktionistische** Vorgehensweise abrutschen.

Lucy: Was meinst du denn damit?

Kathrin: Reduktiv und nicht reduktionistisch heißt, dass wir „reduziert arbeiten können", also gegebenenfalls mit Teilaspekten arbeiten, aber uns dessen bewusst sind, dass noch etwas aussteht. Aufgrund des Aufwands und vieler anderer Faktoren werden wir mit dem, was wir rekonstruiert haben, immer an einer bestimmten Stelle stehen und bestimmte Themen einfach noch nicht hinreichend bearbeitet haben.

Gleichzeitig stehen wir aber in unserer Arbeit, in unserem Leben mit all seinen Herausforderungen vor Aufgaben, die die Ergebnisse der Rekonstruktion eigentlich schon voraussetzen. In der Therapie, in Beziehungen... müssen wir **Entscheidungen treffen, Meinungen vertreten, handeln.** Was können wir tun, wenn wir in einem Bereich noch nichts verstoffwechselt haben? Was soll man z.B. tun, wenn man von einem Arzt Antidepressiva verschrieben bekommt, sich aber noch nicht hinreichend damit beschäftigt hat, wie der Einsatz von Psychopharmaka vom biblischen Menschen- und Weltbild her zu betrachten ist?

Tom: Tja, dann müsste das ein Anstoß sein, das schnellstens zu tun.

Lucy: Sicher, aber das dauert eine Weile, und vielleicht habe ich zu einem bestimmten Zeitpunkt gar nicht die Energie, mich wirklich damit auseinanderzusetzen. Und derweil kann ich doch nicht einfach handlungsunfähig sein, irgendwie muss ich mich ja entscheiden, etwas zu tun.

Kathrin: Richtig. Manchmal kann dann nur eine **gewisse Prüfung**, ein kurzes Abchecken erfolgen, ob ein säkulares Modell, eine von säkularer Seite vorgeschlagene Vorgehensweise dem biblischen Denken nicht offensichtlich widerspricht. Zudem ist es möglich, besser gesagt sogar sehr wichtig, sich **mit anderen zu beraten**, andere um Unterstützung und Hilfe beim Prüfen zu bitten.

Vielleicht ist das bisher noch gar nicht so deutlich geworden, dass Verstoffwechseln nicht immer neu die Aufgabe jedes Einzelnen ist, sondern – neben der entsprechenden Kompetenz – auch die **Zusammenarbeit im Leib Christi** erfordert. Erkennt man bei einer ersten Prüfung nichts deutlich Warnendes, Negatives und hat zum gegebenen Zeitpunkt keine Möglichkeit, zu einem wirklich durchdachten Standpunkt vom christlichen Menschenbild her zu gelangen, so erachte ich das sogenannte reduktive Vorgehen für durchaus akzeptabel. Das heißt, ich werde auf den Vorschlag eingehen, das Modell anwenden, mir dabei aber bewusst sein, was ich tue, dass es sich hier nicht um „Eigentliches" handelt und ich deshalb **noch weiter fragen und suchen** muss.

Solange mir das bewusst ist und ich mich nach einer wirklichen Verstoffwechselung ausstrecke, also nicht quasi „vergesse", dass es sich um eine vorläufige Lösung handelt, solange ich also nicht reduktionistisch vorgehe, ist dies für eine Zeit als durchaus akzeptabel zu bezeichnen.
Also: **Reduktives Vorgehen Ja, reduktionistisches Nein!**

Reduktiv oder reduktionistisch?

Ergänzend sei angemerkt, dass wir die Begriffe reduktiv und reduktionistisch nicht nur auf Fälle beziehen, in denen wir säkulare Modelle aus Aufwandsgründen noch nicht verarbeitet haben. Ganz allgemein verwenden wir sie zur Bezeichnung bestimmter Handlungsweisen im Spannungsfeld zwischen dem Streben der Christlichen Psychologie nach einem vollständigen, biblischen Menschenbild und der teilweise auftretenden praktischen Notwendigkeit, auch Teilaspekte des Menschen herauszugreifen, den Menschen auch isoliert unter bestimmten Blickwinkeln zu betrachten.
Nicht nur, weil wir Dinge noch nicht verarbeitet haben, sondern auch, weil die „unteren Ebenen" des Menschseins ebenfalls Bedeutung besitzen, können sie, wenn wir sie nicht zum Eigentlichen machen, zu einem möglichen Ansatzpunkt werden.

Leidet jemand unter häufigen Kopfschmerzen, so wissen wir, dass die ständige Einnahme von Kopfschmerzmitteln nicht die letztendliche Lösung sein dürfte. Dennoch kann es sein, dass ein Ansetzen auf der unteren Ebene in Frage kommt, um den Betreffenden erst einmal aus seinem „Loch" zu holen, um dann weiter mit ihm arbeiten zu können.

Doch dieses Ansetzen auf unterer Ebene muss im klaren Bewusstsein geschehen, dass man sich auf einen Teilaspekt beschränkt (reduziert). Es darf also nie reduktionistisch dazu kommen, dass ich meine, den ganzen Menschen auf dieser Ebene verstehen und heilen zu können.

FAZIT

Um Konzepte Christlicher Psychologie zu entwickeln, werden wir auch Impulse aus bestehenden säkularen oder anderen christlichen Konzepten nutzen.

Um ein bestehendes Konzept zu verarbeiten, müssen wir in einem ersten Schritt die Gedanken des Konzepts gründlich verstehen und werden die Qualität der Erarbeitung ebenso wie die Komplexität des Modells prüfen.

Bei der sogenannten Zerlegung und Grundannahmenprüfung des Modells benennen wir dann Gedanken, die uns als Impuls interessant erscheinen, und stellen fest, auf welchen Grundannahmen in Bezug auf Welt- und Menschenbild das Modell aufbaut. Wir fragen weiter, ob und wie weit diese Grundannahmen mit biblischen Grundannahmen übereinstimmen bzw. wie entsprechende biblische Grundannahmen lauten.

Als dritten Schritt der Verarbeitung werden wir gefundene Impulse auf der Grundlage der biblischen Grundannahmen neu bewerten, werden fragen, welchen Sinn diese Gedanken in einem biblischen Gesamtrahmen machen und wie wir sie anwenden wollen.

Auch wenn dieser Rekonstruktionsprozess Zeit kostet, ist er ein guter Weg, Impulse von anderen aufzunehmen, ohne dass man unbemerkt Grundannahmen übernimmt, die biblischem Verständnis widersprechen. Ist ein aufwändiges Rekonstruieren in der Praxis (zunächst) nicht möglich, werden wir reduktiv Ergebnisse anderer nutzen, ohne reduktionistisch davon auszugehen, bereits das Eigentliche erarbeitet zu haben.

III. Eigene Forschung

Als weiteren Aufgabenbereich der Christlichen Psychologie für die „Wandebene" wenden wir uns jetzt der Erkenntnisfindung durch **eigene Forschung** zu.

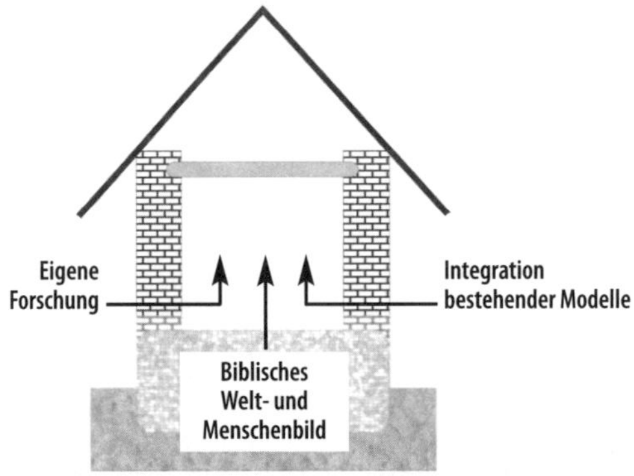

Dafür werden wir zuerst Ergebnisse aus Kapitel E zur Möglichkeit einer Wirklichkeitsbefragung aufgreifen, um die **Grundlinien für die Forschungsmethodik** einer Christlichen Psychologie als Wissenschaft zu bestimmen. Wie schon angekündigt, wird dann die Darstellung der Entstehung und Weiterentwicklung unseres **Vergebungsmodells als Beispiel für unsere eigene Forschung** dienen.

1. Die Wahl der konkreten Methodik

In Kap E haben wir bereits begründet, dass uns, da die Schöpfung als „allgemeine Offenbarung Gottes" betrachtet werden kann, der Weg der Wirklichkeitsbefragung offen steht. Doch stellt sich nun die Frage, mit welcher Art von Methodik wir dabei zu Werke gehen wollen, wie wir uns im Spannungsfeld zwischen natur- und geisteswissenschaftlicher Arbeitsweise positionieren wollen.

a. Mehr ganzheitliche als naturwissenschaftliche Methodik

Da uns dieses Ergebnis wenig überraschen dürfte, werden wir unsere These unmittelbar in den Raum stellen: *Die Forschung der Christlichen Psychologie soll hauptsächlich **ganzheitlich** erfolgen.*

Ähnlichkeiten zu ganzheitlichen Forderungen

Wenn wir unsere Forschungsmethodik an unseren erkenntnistheoretischen Grundlagen orientieren, sie also auf dem Fundament des biblischen Erkenntnisbegriffs aus Kapitel C fußen soll, dürfte das einleuchtend sein. Denn Kernpunkte unserer Ausführungen zum biblischen Erkenntnisbegriff entsprechen ganzheitlichen Forderungen:

Die Betonung, dass es um **Person- vor Sachwissen** geht, dass wirkliche Personerkenntnis nur in gelebter **Beziehung**, in Begegnung stattfinden kann, eine Selbstoffenbarung des anderen die Bereitschaft zu echtem **Einlassen** auf unserer Seite voraussetzt, dass *„Vertrautheitserkenntnis"* durch das *„Einlassen statt des Hinsehens aus der Distanz"* möglich wird – all dies weist auf eine große **Ähnlichkeit zum „ganzheitlichen Maler"** (vgl. Band 1).

Ähnlichkeiten im Menschenbild

Mit ihm gibt es auch (gerade im Vergleich zu materialistischen Bottom-Up-Konzepten) viele gemeinsame Ausprägungen des Menschenbilds: die übergeordnete Bedeutung von **Geist / Bewusstsein** des Menschen verbunden mit einer **Top-Down-Perspektive**, die Forderung nach Beantwortung der Fragen nach **Sinn, Ziel und Wesen des Menschen**, die zumindest grundsätzlich ähnliche Annahme (wenn auch anders verstanden), der Mensch sei ein **freies Wesen**.

Übereinstimmungen mit dem methodischen Rahmen der ganzheitlichen Psychologie

Aus diesen Gründen können wir **das methodische Rahmenkonzept** der ganzheitlichen Psychologie grundsätzlich akzeptieren. Auch wir würden, in Abgrenzung zur bottom-up Sichtweise, zum naturwissenschaftlichen Ideal der Erkenntnissicherheit, eine analytische Zergliederung ablehnen. Wir wollen die Methode dem Gegenstand anpassen und nicht umgekehrt, wollen den Einzelnen nicht zum Objekt einer verallgemeinernden Forschung machen.

Auch der **ganzheitlichen Vorgehensweise** wollen und können wir uns weitgehend anschließen; auch uns liegt am Herzen, den Einzelnen in der Tiefe zu **verstehen**, nicht einzelne Aspekte eines Phänomens herauszureißen, sondern seine **Gesamtheit** zu beachten, alle Faktoren zu finden, die für ein echtes Verstehen der psychischen Störung wichtig sind, eben das „ganzheitliche Bild" zu malen.
Nur im Nachhinein soll Typisches herausgearbeitet werden, wir wollen nicht primär auf das Finden allgemeiner Gesetzmäßigkeiten drängen, die erklären, warum ein Phänomen so abläuft, vielmehr wollen wir unser **einmaliges Gegenüber** verstehen, wollen mit dem Herzen erfassen, welche Bedeutung die Situation, was diese Depression etwa für diese eine Person bedeutet.

Wichtige Änderungen

Doch einige wesentliche Punkte der ganzheitlichen Rahmenmetaphysik stimmen, wie wir wissen, nicht mit unseren überein und vor allem ist der ganzheitliche Erkenntnisweg ein allein „horizontaler", setzt also keine notwendige Grundoffenbarung Gottes voraus. Deshalb meinen wir, das methodische Rahmenkonzept einerseits grundlegend annehmen zu können, es aber andererseits **in einigen Bereichen anders „füllen", anders interpretieren zu müssen**.

Dies gilt vor allem für **den Verstehensbegriff**. Denn unsere Haupterkenntnisquelle, unser hauptsächliches Gegenüber auch in der Erkenntnis menschlicher Personen, ist nicht nur der andere selbst (auch wenn er natürlich eine wichtige Rolle spielt). Wir wissen, aus uns selbst verstehen wir uns nicht, aus sich versteht sich auch der andere nicht, wir können uns letztlich gar nicht „selbst offenbaren", haben wir als Menschen doch nicht den letztendlichen Blick auf das, was „da drin", was in uns eigentlich los ist.

Die Verstehenssituation zu dritt

Wirkliches Verstehen beginnt erst dort, wo uns **Gottes Sicht der Situation**, des Erlebens des anderen zugänglich wird. Erst in der Beantwortung der Frage: „Wie siehst Du den anderen, die Situation, was ist Deine Interpretation, Herr?" wird uns das Eigentliche der Situation und der Person des anderen deutlich. Nur dort, wo uns die apobetische Dimension (als Gottes Sicht der Situation) über das hinaus, was uns zunächst menschlich vor Augen steht, geschenkt wird, kann echtes Verstehen wachsen.

Die „Einlassens- bzw. Verstehenssituation" ist also nicht mehr länger eine Situation zu zweit, sondern **eine Situation zu dritt**. Echtes Verstehen gelingt nicht dort, wo wir uns allein auf unser menschliches Gegenüber konzentrieren, sondern wo wir Gottes Sicht auf und für diese Person erkennen.

Verstehen in Unterordnung

Damit ist der zweite Punkt eigentlich bereits thematisiert, wie gut die **menschliche Fähigkeit zu verstehen** eigentlich ist.
In der Tradition Diltheys wird immer wieder vom „guten Willen zum Verstehen" gesprochen. Verstehen wird gelingen, wenn die innere Ausrichtung entsprechend ist, ich nicht nur erklären, sondern wirklich verstehen will. Ein Verstehen ist möglich, wenn ich mich nur hinreichend einlasse. Der französische Philosoph **Jaques Derrida**[46] widerspricht dem und sagt, in Anlehnung an **Nietzsche**[47], dass es sich auch bei unserem „guten Willen zum Verstehen" letztendlich – er drückt es ironisch aus – um einen **guten Willen zur Macht** handle.
„Der auch in ihm tätige Wille zur Macht kann nicht anders, als sich auch in der Interpretation von Anderem behaupten zu wollen, das Andere, Fremde den eigenen Kategorien zu unterwerfen, das Fremde auf den eigenen Begriff zu bringen, ‚bei dem der bisherige ‚Sinn' und ‚Zweck' notwendig verdunkelt und ausgelöscht werden muß.'"[48]

Nicht die Frage nach dem Wollen, sondern die Frage nach dem *Können* ist also gestellt: „Moderne Hermeneutik ist darum nicht zu fragen, ob sie verstehen will, sich öffnen will. Sie ist nicht gefragt nach ihrem guten *Willen* zum Verstehen, sondern nach ihrem *Vermögen*, sich im Prozess des Verstehens ‚enteignen' zu lassen."[49]

Nicht im Vertrauen auf die eigene Verstehenskraft, sondern in einer Haltung der **Angewiesenheit auf Offenbarung** von ihm her erwarten wir ein wirkliches „Verstehen", eine Öffnung unserer Augen für den anderen.

Deshalb ist unser methodisches Vorgehen zwar ähnlich zu ganzheitlichem, ähnliche Begriffe werden gebraucht (einlassen, verstehen etc.), doch unser Weg ist anders „gefüllt", unser Herz ist auf diesem Weg anders **ausgerichtet, auf Gott hin und in Unterordnung zu ihm.**

Neben diesem ganzheitlichen Forschen in Beziehung und Unterordnung zu Gott spielen auch **naturwissenschaftliche Elemente für uns eine ergänzende Rolle**. Dies gilt grundsätzlich und es gibt Fragestellungen, in denen dies in verstärktem Maße Gültigkeit besitzt. Denn je nach Forschungsfrage kann der Einbezug naturwissenschaftlicher Methoden unterschiedlich angebracht sein.

Zum einen wird es sicher darauf ankommen, ob es sich in einem **konkreten Forschungsanliegen** um Themen handelt, die das wirkliche Personsein, die Beziehungsorientierung des Menschen direkt berühren (wie dies etwa bei der Frage nach der Vergebung, nach Selbstannahme, nach Faktoren der Beziehungsfähigkeit der Fall sein dürfte) oder ob wir es mit Fragestellungen auf der **„Instrumentebene"**,

46 geb. 1930
47 Friedrich Wilhelm Nietzsche (1844–1900): Ein Gedanke des philosophischen Systems Nietzsches ist die Annahme, der Mensch sei ein „Machtwesen". Zentrales Motiv des Menschen, seines ganzen Strebens sei die Erlangung von Macht.
48 in Hempelmann, 1988, S. 141
49 Hempelmann, 1988, S. 142

also etwa den Denkprozessen oder physiologischen Abläufen zu tun haben. Während es sich im ersten Fall um prozessartige Verläufe handelt, die sich nicht so gut zerlegen lassen, dürfte einer stärkeren Einbeziehung naturwissenschaftlicher Forschungswege bei Fragen zur Instrumentebene nichts im Wege stehen.

Auch die **Forschungsabsicht** spielt eine große Rolle. Will man sich zu einem bestimmten Bereich zunächst einen **empirischen Überblick** verschaffen (was z.B. im Erleben von Menschen überhaupt mit Vergebung zu tun hat), so dürfte eine naturwissenschaftlich orientierte Befragung hier ein legitimes Mittel der Wahl darstellen.

Zusammenfassend können wir festhalten,
dass **Modelle der Christlichen Psychologie vor allem auf ganzheitlichem Weg entstehen**, was insbesondere für alle Prozessmodelle, vor allem im Bereich Heilung gilt. In **speziellen Forschungsfragen**, vor allem auf der Instrumentebene, und für bestimmte **Forschungsabsichten** können jedoch verstärkt **auch naturwissenschaftliche Methoden** zum Einsatz kommen.

b. Das Problem der Erkenntnissicherheit

Bedeutet jetzt die grundsätzliche Entscheidung für ganzheitliche Forschung, dass wir uns mit einem großen Maß an Erkenntnisunsicherheit begnügen müssen? Wie können wir bei dieser Vorentscheidung den naturwissenschaftlichen Vorwürfen der Willkürlichkeit in der Ergebnisfindung begegnen?
Hier müssen wir einerseits zugeben, dass das Problem einer gewissen Unsicherheit prinzipiell bestehen bleiben wird, wir können keine hundertprozentige Lösung anbieten, **auch das christliche Erkenntnisvermögen ist und bleibt begrenzt**.

Andererseits gibt es drei Wege, zu einer größeren Erkenntnissicherheit zu gelangen:
- die Ergänzung durch naturwissenschaftliche Forschung im Bereich der Modellüberprüfung,
- den Einbezug des Konsenskriteriums,
- die Einbindung der ganzheitlichen Empirie in den Deutungsrahmen der Bibel.

Naturwissenschaftliche Überprüfung

Auch wenn Prozessmodelle auf ganzheitlichem Weg entstehen sollen, gibt es für die Überprüfung des Modells, bzw. einiger seiner Aspekte durchaus naturwissenschaftliche Möglichkeiten. Nicht im Bereich der Modellerstellung, wohl aber im Bereich der **Überprüfung** werden wir sie ergänzend anwenden.
So kann es gelingen, einzelne Thesen eines Modells herauszugreifen und naturwissenschaftlich zu untersuchen (etwa die Einzelthese: „Wenn ich meine eigene Schuld gesehen habe und von Gott Gnade empfangen habe, fällt es mir leichter, anderen zu vergeben.").

Hinweis:
Damit ist nicht gesagt, dass alle Überprüfung rein naturwissenschaftlich geschehen muss. Im Idealfall arbeitet man so ganzheitlich wie möglich und so naturwissenschaftlich wie nötig.

Das Konsenskriterium

Ein zweiter Weg, mit dessen Hilfe wir dem Anliegen der Erkenntnissicherheit Rechnung tragen wollen, besteht im Einbezug des in etwas modifizierter Weise zur Anwendung kommenden **Konsenskriteriums**.
Denn dieses Wahrheitskriterium hat seine positiven Aspekte, ja, eine gewisse Nähe zu biblischem Denken: Gott will in seinem Reich und damit auch in Bezug auf Christliche Psychologie keine Einzelkämpfer. Wir können uns kaum vorstellen, dass es seinem Willen entspricht, dass sich einzelne Forscher isoliert mit der Materie der Christlichen Psychologie beschäftigen, dass jeder „sein eigenes Süppchen kocht".
Biblisch gesehen wissen wir um die **große Bedeutung der Gemeinschaft**, um das Selbstverständnis der Christenheit als Leib Christi, der miteinander und vor allem mit dem Haupt eng verbunden ist und **um Einheit ringt**. Wir glauben, dass auch die Sache der Christlichen Psychologie ein Anliegen dieses Leibes ist oder zumindest sein sollte, dass wir auch in Bezug auf das Verständnis des Menschen zusammenrücken und uns gemeinsam diesen Aufgaben stellen sollten.

Gerade, was die von Subjektivität bedrohte ganzheitliche Forschung betrifft, dürfte eine nicht zu unterschätzende Qualitätssteigerung erreichbar sein, wenn Menschen gemeinsam untersuchen und forschen, wenn man sich im Zuge dieses Prozesses gegenseitig korrigiert, die „blinden Flecken" einzelner Teammitglieder offenbar werden können.
Vielleicht ist man etwas verwundert und fragt sich, ob wir diese Möglichkeit angesichts der Gefahren des Konsensprinzips nicht ein bisschen zu positiv darstellen und meinen, als Christen dagegen gefeit zu sein.

Keinesfalls, auch wir als Christen, auch wir persönlich erachten uns hier keinesfalls als immun, auch wir stehen in der Gefahr, uns in eine Konsensgemeinschaft zurückzuziehen, in der wir uns gegenseitig bestätigen, Sicherheit in falscher Weise von Autoritäten, Experten, Predigern ... beziehen.
Aus diesem Grund müssen wir uns die Gefahren bewusst machen, uns ihnen stellen, auch unser Leben als Christ, unsere Strukturen in den Gemeinden dürfen hier vor (hoffentlich liebevoller) Hinterfragung nicht sicher sein. Doch trotzdem gilt, dass wir uns, wie ja auch schon bei der Diskussion der Wahrheitstheorien in Band 1 dargestellt, die Chancen des Konsenskriteriums, die Möglichkeiten der Forschung in Gemeinschaft aufgrund der Gefahr des Missbrauchs nicht rauben lassen dürfen.

?

Wie waren Ihre eigenen Erfahrungen, seitdem Sie durch die Lektüre von Band 1 auf mögliche Gefahren einer einschränkenden Konsensgemeinschaft mehr aufmerksam gemacht waren?
Überrascht es Sie, dass Konsens hier eher positiv, als eine Möglichkeit zu mehr Wahrheit zu finden, aufgeführt wird?
Welches sind die erwähnten Chancen des Konsenskriteriums, die wir nutzen sollten?

Unsere Chancen als Christen in dem Bereich einer positiven Konsensfindung dürfen als besonders groß gelten, hat Gott doch dort besonderen Segen verheißen, wo seine Kinder sich in Gemeinschaft aufmachen, seine Wege zu suchen, nach Verständnis zu fragen, wo sie beginnen, um Einheit zu ringen. Nicht nur im Diskurs kann, wie dies Habermas vorgeschlagen hatte, ein Weg liegen, Uneinigkeit zu überwinden. Wir glauben auch, dass uns unterschiedliche Meinungen und Uneinigkeit ins **Gebet** führen können und sollen, dass wir Gott solange **um Einheit bitten** können, bis er unserem Herzen eine Offenbarung schenkt, der wir alle zustimmen können.
Ein **consensus pneumaticus**, ein *„Konsens im Heiligen Geist"*, wie Peter Hübner es einmal ausdrückte, könnte hier als durchaus erstrebenswertes Ziel gelten.

Hinweis:
Damit sei nicht gesagt, dass wir der Ansicht sind, wir als Christen könnten und sollten immer und zu allen Fragen einheitlicher Meinung sein. Vor allem im Versuch, einen consensus pneumaticus vorzutäuschen, Einheit zu erzwingen, indem kontroverse Meinungen niedergehalten werden, man jemandem mangelnden Willen zur Einheit vorhält, ihn unter Druck setzt etc., erkennen wir eine große Gefahr.
Dennoch gibt es Situationen, in denen uns Einheit ohne Druck, ohne Verbiegung einzelner Meinungen wirklich vom Heiligen Geist geschenkt wird. Dies sollten wir suchen!

Prüfen an der Bibel

Eine dritte Möglichkeit, unsere Erkenntnis zu verbessern, haben wir bereits in Kapitel E formuliert: die Notwendigkeit, die allgemeine Offenbarung anhand der speziellen Offenbarung, in Unterordnung zu ihr, zu deuten. Im Rahmen der biblischen Botschaft zu denken und zu forschen, dürfte auch in Bezug auf die Frage der Erkenntnissicherheit von Bedeutung sein.

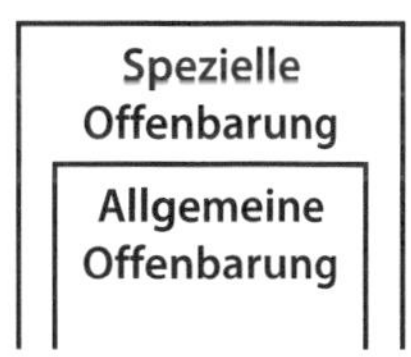

Wir stehen (weder den ganzheitlichen noch den naturwissenschaftlichen) Ergebnissen der Wirklichkeitsbefragung allein gegenüber, wir besitzen nicht nur eine einzige Erkenntnisquelle, sondern **uns sind zwei Offenbarungsarten bekannt, die sich gegenseitig zum Prüfkriterium werden können**.

Habe ich nur eine Quelle, muss ich dieser vertrauen, habe ich jedoch zwei, so kann ich die Befunde der einen mit denen der anderen vergleichen, kann die Ergebnisse der einen an der anderen prüfen. Wie schon im Abschnitt „Erfahrungen im Rahmen des Glaubens auswerten" (S. 246 ff) gesehen, können Ergebnisse im einen Bereich zum „Suchanstoß" für den anderen werden, können Widersprüche zwischen beiden Quellen ein neuer Anstoß sein, tiefer zu bohren, genauer um das Bibelverständnis zu ringen, mit mehr Sorgfalt den empirischen Befund zu hinterfragen.

Ein Zusammenspiel zwischen den beiden Bereichen der Erkenntnis bringt beträchtliche Vorteile für das Problem der Erkenntnissicherheit, wie wir am folgenden Beispiel sehen werden.

2. Ein Beispiel eigener Forschung: Das Vergebungsmodell

a. Die ganzheitliche Entwicklung des Modells

Tom: Das ist ja toll, dass wir dich auch noch kennenlernen, Wolfram, nach alldem, was wir von deinen Gedanken schon in Kapitel D gehört haben.

Lucy: Ja, da freue ich mich auch! Kathrin hat gemeint, wir könnten dich fragen, wie du auf dein Vergebungsmodell gestoßen bist, und daran sehen, wie Prozessmodelle der Christlichen Psychologie vor allem in ganzheitlicher Forschung entwickelt werden.

Wolfram: Das Vergebungsmodell ist tatsächlich ein Modell, das fast ausschließlich in „eigener Forschung" entwickelt wurde, bei dem wenig säkulare Impulse mit einflossen und das ein recht klassisches Beispiel für das Zusammenspiel zwischen biblischem Befund und empirischer Forschung darstellt.

Tom: Du meinst ganzheitlich-empirische Forschung?

Wolfram: Ja, relativ ganzheitlich, mit allen Änderungen in Bezug auf das „Verstehen", aber im Prinzip doch dem ähnlich, was ihr in Band 1 gelernt habt. Ich habe als Therapeut mit einzelnen Klienten gearbeitet, habe mich auf sie eingelassen, habe versucht, ihren wesentlichen Grundkonflikten auf die Spur zu kommen und schließlich haben sich dabei auch nachvollziehbare Gemeinsamkeiten, Ähnlichkeiten zwischen den einzelnen Klienten ergeben.

Lucy: Aber erzähl' mal, wie fing das Ganze an!

Der Ursprungsimpuls eines anderen christlichen Lehrers

Wolfram: Vergebung war schon immer ein Thema in meinem Leben, aber mit einer wirklichen Lehre über Vergebung, in der verschiedene Phasen eine Rolle spielten, kam ich das erste Mal durch *Gottfried Kirschner* (ein Gründungsmitglied von IGNIS) in Berührung.

Auch er bezog sich auf das Gleichnis vom Schalksknecht in Mt 18, unterschied aber nur drei Schritte, die in etwa den heutigen Schritten drei bis fünf ähneln, also dem Erbarmen, dem Loslassen und dem Schulderlassen.

Erbarmen	**Ich kann dem Täter mit Gottes Erbarmen nahen.**
Freigeben	**Ich nehme an, dass Gott ihn/sie losbindet von dem Gesetz der Sünde.**
Innere Versöhntheit Schuld erlassen	**Ich kann den anderen ohne seine Schuld, unabhängig bzw. getrennt von seiner Schuld sehen.**

Ich fand das, gerade aufgrund seines direkten biblischen Bezugs, nicht schlecht und so habe ich sein Modell genommen und habe es in der Praxis angewendet. Doch in der Therapie, also in meiner empirischen Situation, habe ich gemerkt, dass irgendetwas noch nicht stimmte. Es schien manchmal zu „funktionieren" und manchmal nicht, ohne dass ich verstand, warum.

Immer wieder machte ich die Beobachtung, dass Leute wirklich vergeben wollten, aber sich trotz aller Bemühungen kein wirkliches Erbarmen, kein bleibendes „Loslassenkönnen" einstellen wollte.

Die Entdeckung des „Abrechnens"

Dieser negative, empirische Befund wurde mir zur Suchanweisung, mich intensiver mit dem biblischen Befund auseinanderzusetzen. Dabei ist mir in der Gleichniserzählung etwas aufgefallen, was ich vorher noch nie wirklich bemerkt hatte:

Vor Vers 27, also vor dem eigentlichen Erbarmen, dem bisherigen „Einstieg" des Modells, passiert ja schon eine ganze Menge.
Der Begriff des **Abrechnens** fiel mir ins Auge und plötzlich hatte ich ein Aha-Erlebnis: Könnte es sein, dass es vor dem Erbarmen zunächst wichtig ist, die Schuld überhaupt erst einmal anzusehen, d.h. *genau* hinzusehen, was eigentlich geschehen ist? Könnte dies wichtig sein, um nicht aus einer „diffusen" Entscheidung heraus viel zu schnell Erbarmen für etwas haben zu sollen, was in seiner Bedeutung noch gar nicht klar ist?
Ich erkannte die Notwendigkeit, die Schuld anzusehen und zu benennen, was passiert ist. Dabei wurde mir auch noch mehr vom biblischen Schuldverständnis deutlich, wurde mir klar, dass wir schuldig sprechen dürfen und sollen, dass es nicht um ein Entschuldigen geht, sondern Schuld von der Bibel her beim Namen genannt werden darf.

Die Entdeckung des „Abrechnen-Wollens"

Eine weitere empirische Beobachtung führte mich dann zur Entdeckung der ersten Phase des jetzigen Modells. Denn wenn ich in der Therapie damit begann, über die Notwendigkeit des Abrechnens zu sprechen und Menschen in diese Richtung führen wollte, beobachtete ich immer wieder, wie schwer es Menschen fällt, sich diesem Abrechnen zu stellen, genau hinzuschauen, was in ihrem Leben geschehen war. Besonders bei Menschen mit schwerwiegenderen Erlebnissen, gerade im Zusammenhang mit sexuellem Missbrauch, erlebte ich, wie sie sich kaum aus der häufig vorherrschenden Verdrängung lösen konnten.

Das Problem, dass der Vergebungsprozess ohne das Abrechnen eigentlich gar nicht beginnt, das Ganze steckenbleibt, bevor es überhaupt angefangen hat, und das Nachdenken über die Formulierung in Vers 23, die mir irgendwann auffiel und in der es ja heißt, dass der König mit seinen Knechten abrechnen *wollte*, führten schließlich dazu, dass ich begann, es als hilfreich zu erachten, von einem extra **Entschluss des „Abrechnen-Wollens"** zu sprechen. (Für diesen Entschluss wiederum bedarf es oft zunächst einer längeren Phase der Stabilisierung, in der Betroffene lernen, dass ihr Wille etwas zählt, dass er einen Unterschied macht. Und natürlich brauchen verletzte und missbrauchte Menschen eine behutsame Hinführung, sich dem Erlebten stellen zu wollen, die Entscheidung zu treffen: „Ja, ich will hinsehen.")

So war ich also nach einiger Zeit „ganzheitlicher Empirie" und biblischer Vertiefung bei den **fünf Phasen** angekommen:

I. Entschluss zur Abrechnung	**Ich will die Schuld des Täters an mir genau ansehen.**
II. Abrechnen	**Ich benenne die Schuld des Täters.**
III. Erbarmen	**Ich kann dem Täter mit Gottes Erbarmen nahen.**
IV. Freigeben	**Ich nehme an, dass Gott ihn/sie losbindet von dem Gesetz der Sünde.**
V. Innere Versöhntheit Schuld erlassen	**Ich kann den anderen ohne seine Schuld, unabhängig bzw. getrennt von seiner Schuld sehen.**

Entsprechend dieser Erkenntnisse bin ich weiter in der Therapie vorgegangen. Ich habe Leute in diese Abrechnung geführt, habe mir von ihnen die Schuld des anderen erzählen lassen, habe sie mitunter gebeten, wichtige Punkte aufzuschreiben, habe mit ihnen versucht, konkrete Bezeichnungen für das Geschehene, insbesondere auch biblische Bezeichnungen (z.B. „schändliche Leidenschaft" nach Kol 3,5) zu finden, damit das Ganze nicht länger diffus bleibt, sondern die Schuld beim Namen genannt werden kann.

Doch dann hat mich mein „empirischer Erkenntnisweg", meine therapeutische Praxis wieder vor ein Problem gestellt. Zwar erwies sich das Abrechnen als wichtig, doch kam es immer noch nicht zum völligen Durchbruch, nicht alle Klienten drangen zu echter Herzensvergebung durch. Im Laufe der Zeit kristallisierte sich dann das heraus, was ihr als **die große Barriere** kennengelernt habt: zwischen Phase II und Phase III, also zwischen der Abrechnung und dem Erbarmen ging es bei manchen Menschen einfach nicht weiter.

II. Abrechnen	**Ich benenne die Schuld des Täters.**
III. Erbarmen	**Ich kann dem Täter mit Gottes Erbarmen nahen.**

Überlegen Sie:
Wodurch entsteht diese „Barriere" zwischen Abrechnen und Erbarmen? Warum fällt es schwer, im Prozess des Vergebens zu echtem Erbarmen durchzudringen?

Vergebung ist mehr als ein kognitiver Akt.

Die Frage, warum es bei einigen läuft und bei anderen nicht, veranlasste mich wieder dazu, genauer hinzusehen, wobei sich aus all den Einzelfällen eine Gemeinsamkeit herauskristallisierte: Bei Menschen mit einer größeren, inneren, **ganzheitlichen Beteiligung ihrer Gefühle** „funktionierte" es besser als bei solchen, die sehr kognitiv an das Abrechnen herangingen.

Dabei muss ich zugeben, dass ich erst etwas **eigene Veränderung** gebraucht habe, um diesen Punkt überhaupt sehen zu können. Zumindest verglichen mit heute war ich recht kognitiv geprägt und führte die Leute in eine entsprechend kognitive Abrechnung. Es waren die Klienten, die von sich aus, trotz meiner fehlenden Anleitung, eine ganzheitlichere Abrechnung durchführten, sich ihren Gefühlen stellten, ihnen in ihrer individuellen Weise Ausdruck verliehen und dann zu echtem Erbarmen fanden, die mir zu einem Erkenntnisdurchbruch verhalfen.

Erst als ich es, ausgelöst durch diese Erlebnisse zuließ, dass **Gott auch mein Herz verändern** durfte, konnte er mir zeigen, dass die Abrechnung wohl richtig ist, es aber nicht um ein kognitives, minutiös exaktes Beschreiben und Definieren der Schuld geht, sondern eher darum, Knackpunkte einzelner Situationen ganzheitlich herauszuarbeiten.

I. Entschluss zur Abrechnung	Ich will die Schuld des Täters an mir genau ansehen. *Ich mache das ganzheitlich, mit Verstand und Gefühl.*
II. Abrechnen	Ich benenne die Schuld des Täters. *Ich benenne auch mein subjektives Erleben der Situation.*

Zusätzlich, und dies fand ich höchst interessant, schenkte mir diese Herzensänderung auch einen neuen Blick auf die Bibel. Obwohl ich die griechischen Begriffe schon vorher kannte, fiel mir erst jetzt ins Auge, wie stark der griechische Begriff für „Erbarmen" auf ein ganzheitliches Geschehen hinweist. Der griechische Begriff **splangchnizomai** umfasst nämlich von der Grundbedeutung her weit mehr als eine rein gedankliche Willensentscheidung, am besten kann man ihn wahrscheinlich mit dem Deutschen „es geht mir an die Nieren" übersetzen.

Hinweis:
Das griechische Verb „splangchnizomai", üblicherweise mit „sich erbarmen" übersetzt, entstammt dem Substantiv „splangchna", „Eingeweide" oder „Innereien", worunter allerdings eher die edleren Eingeweide wie etwa Herz, Leber, Lunge, Nieren verstanden werden. In jedem Fall enthält dieses Wort einen starken Hinweis auf die Ganzheitlichkeit. Mein ganzes Wesen, meine Gefühle, meine Bauchgegend sollen dabei beteiligt sein, wenn ich mich mit Schuld auseinandersetze, aber vor allem, wenn ich einem anderen Gnade erweise, ihm seine Schuld erlasse, mich eben mit meinem ganzen Wesen, meinem Sein, meinem Inneren seiner erbarme.

Jesus, Gott selbst ist uns darin Vorbild:
„Das Verb zu dem eher unheiligen Begriff splangchna wird im Neuen Testament ausschließlich für das Verhalten Jesu angewendet (und charakterisiert die Göttlichkeit seines Tuns) oder dient zur Charakterisierung von Gott selbst. Damit ist splangchnizomai ‚schließlich ganz zum Attribut des göttlichen Handelns geworden.'
Es spielt außer im ‚Schalksknecht' noch in zwei weiteren Gleichnissen eine entscheidende Rolle: Im Gleichnis vom verlorenen Sohn [bzw. vom barmherzigen Vater] (Lk 15,11–31) und im Gleichnis vom barmherzigen Samariter (Lk 10, 33) [hier für einen zum Vorbild erklärten Menschen verwendet]. ‚Es sind die stärksten Ausdrücke menschlicher Gefühlsempfindung, mit denen die Personen der Parabeln Jesu hier beschrieben sind, um die Totalität des Erbarmens oder des Zornes zu kennzeichnen, mit der Gott in seinem Heilshandeln den Menschen beansprucht.'"[50]

Der Katharsis-Gedanke

Die Entdeckung der ganzheitlichen Beteiligung führte allerdings zu einer Verknüpfung, die ich später revidieren musste. Da mir der Katharsis-Gedanke[51] aus meiner psychotherapeutischen Ausbildung bekannt war, fühlte ich mich bestätig, dass es richtig ist, Gefühle in der dort gelernten Art „herauszulassen". Ich hoffte, durch Anstöße zu einem intensiven Wiedererleben von Gefühlen die Barriere zwischen Phase II und III zu überwinden.

50 Kittel zitiert nach Kix, 1999, S. 139

51 Katharsis (griech.): Reinigung, Läuterung, psychologisch besonders: sich befreien

Erst mit der Zeit habe ich dann wieder **Bedenken** bekommen, allerdings, das muss ich leider zugeben, nicht von meinem biblischen Menschenbild, sondern eher wieder von meiner empirischen Praxis her. Ich musste nämlich feststellen, dass sich der erwünschte Durchbruch auch jetzt nicht einheitlich einstellte. Nach wie vor, obwohl ich mich mühte, Menschen ganzheitlich zu führen, ich sie zum „Rauslassen" anleitete, drangen nicht alle, sondern weiterhin nur ein Teil der Klienten zur echten Herzensvergebung durch.

Ausgelöst durch diese „empirischen Zweifel" machte ich mich daran, den Katharsisgedanken biblisch näher zu beleuchten. Und da wurde mir schnell klar, dass es wohl wichtig ist, Gefühle wahrzunehmen und zuzulassen, damit wir ehrlich werden, damit etwas, was im Herzen ist, ans Licht kommen kann, damit wir für ein Abrechnen bereit werden. Doch sie sind nur Mittel zum Zweck, von ganzem Herzen, mit unserem ganzen Sein zu Gott zu gehen, seine Reinigung zuzulassen, seine Abrechnung mit uns und sein Erbarmen zu erfahren. **Das Zulassen unserer Gefühle ist also ein Hilfsmittel auf dem Weg zur Heilung, bringt aber nie die Heilung selbst.**

Wie kommt man von Phase II zu Phase III?

Und so hatte ein weiterer Erklärungsversuch, warum manche Menschen über die Barriere zwischen II und III hinwegkommen und andere nicht, zwar wichtige Aspekte des Vergebungsprozesses erleuchtet, aber doch letztlich nicht den gewünschten Durchbruch geschenkt.

Bevor es zu diesem kam, dachte ich eine Weile über eine weitere Möglichkeit nach, hatte ich doch immer wieder erlebt, dass das bewusste Erleben der Liebe Gottes, das bewusste Sein in seiner Gegenwart, das Empfinden seines Trostes, seiner Liebe und Nähe das Herz weich macht, es öffnet, anderen zu vergeben. Doch auch hier habe ich schnell, wiederum empirisch, bemerkt, dass es ja gerade das Problem ist, zu diesen Erlebnissen durchzudringen, Gott in einer Weise erleben zu können, die zu einer solchen Haltung des Erbarmens führt. Leute, die das intensiv erleben konnten, waren quasi schon „durch", sie hatten die Barriere bereits hinter sich gelassen.
Das Problem, wie man Menschen, die das nicht spüren konnten, an diesen Ort führen kann, war damit jedoch noch nicht beseitigt. Der eigentliche Anstoß zur Problemlösung kam dann aus beiden Quellen. Zunächst war mir, biblisch gesehen, der ja recht offensichtliche Umstand aufgefallen, dass das Gleichnis aus zwei Hälften besteht, es beim Vergeben um beide Richtungen geht, um das Vergeben und das Vergebungempfangen von Gott her – weil uns vergeben ist, sollen wir auch anderen vergeben.
Auch wenn mir dieser grundsätzliche Zusammenhang schon eine Weile klar war, wurde ich erst durch meine empirische Suche nach einer Lösung für mein „Barriereproblem" auf den wirklichen **inneren Zusammenhang, die innere Verbindung der beiden Richtungen aufmerksam**.

Diesmal war es mein eigenes Erleben, waren es meine **eigenen Vergebungsprozesse**, die mich auf die Spur setzten. Auch ich hatte immer wieder gemerkt, dass ich aus Phase II, dem Abrechnen, nicht zu Phase III, dem Erbarmen durchdrang. So sehr ich mich auch „anstrengte", Erbarmen zu „produzieren", den anderen in einem anderen Licht zu sehen, immer wieder habe ich es nicht hinbekommen. Durch verschiedene Erlebnisse, den Kontakt mit Vorbildern und natürlich vor allem durch das Wirken Gottes in meinem Leben, nahm ich dann eine zunehmende Anfrage Gottes, ein Werben des Heiligen Geistes in meinem Leben wahr: ob ich die Frage nach dem anderen, nach seiner Schuld, irgendwann nach der Abrechnung verlassen könnte, um zunächst einmal **in den Dialog über mich selbst einzutreten, um mir meine eigene Schuld zeigen zu lassen**.

Willigte ich ein, ließ ich es zu, dass er mir mein eigenes Herz, meine inneren Haltungen, meine Sünde nicht nur vom Kopf, sondern ganzheitlich offenbaren und seinen Schmerz darüber zeigen durfte, was ich mir selbst und anderen damit angetan hatte, so ging es weiter. Es ging weiter, wenn ich bereit war, meine eigenen Entschuldigungen aufzugeben („Ach, ich wusste es doch nicht besser, die Umstände waren schuld etc.") und stattdessen die Überführung und den Schuldspruch akzeptierte. Ich musste das „DU BIST SCHULDIG" annehmen, vor der Scham nicht mehr weglaufen, nicht mehr ausweichen, mich dem Schmerz stellen, den es bedeutet, wenn man erkennt, was man getan hat, wie man andere und Gott, den liebenden Vater, so mit Füßen getreten hat.

Erst als ich mich all dem wirklich stellte, diese Tiefe durchlebte, konnte ich überhaupt verstehen, was Gnade eigentlich bedeutet und was es heißt, dass nach dem „Du bist schuldig ..." *immer* Gottes „... und du bist begnadigt" kam.

Erst wenn wir nicht mehr ausweichen, uns entschuldigen, können wir überhaupt begreifen, was Erbarmen ist, was Vergebung *trotz* Schuld ist, erst dann wird uns klar, welch tiefe Bedeutung das Kreuz hat, was es heißt, dass er uns *trotzdem* liebt.

Aber das Erstaunlichste war für mich, als ich im Zuge meiner Herzensveränderung das erste Mal ganz bewusst erlebte (was ich vorher sicher auch schon z.T. erfahren hatte, was aber jetzt deutlich im Maß und an Bewusstheit des Erlebens zunahm), wie das Erbarmen wie von alleine, von der linken Seite (des Modells), vom Erleben des Erbarmens Gottes mit mir, hinüber nach „rechts" schwappte. Es gab da keine „Vergebungsanstrengung" mehr, keinen Krampf; ich spürte, habe ich meine eigene Schuld wirklich in der Tiefe erkannt, habe ich erlebt, was es heißt, dass mir vergeben ist, wie könnte ich überhaupt nur daran denken, dem anderen die Vergebung zu verweigern, wie könnte ich mich angesichts dessen, was an Dunkelheit in meinem eigenen Herzen ist, besser fühlen, wie könnte ich dem anderen eine Gnade vorenthalten, die ich doch in so reichem Maße erlebt hatte.

Hatte ich meine Schuld und sein Erbarmen erlebt, wusste ich:
wir, ich und der andere, stehen auf einer Ebene, auf der ***Ebene des begnadeten Sünders!***

Nehmen Sie jetzt die Übersicht von S. 215 zur Hand und gehen Sie die einzelnen Phasen des Vergebungsmodells in Gedanken durch!
Überlegen Sie noch einmal die Entstehungsgeschichte dieses Modells:
Was war der Anfangsimpuls?
Welche Fragen tauchten im therapeutischen Arbeiten auf?
Was waren weitere wichtige Impulse und Erfahrungen, die zur Beschreibung eines Vergebungsprozesses in der dargestellten Art geführt haben?

Wolfram: Nach diesem „erkenntnismäßigen" Durchbruch durfte ich auch einen Durchbruch in meiner Arbeit mit den Klienten erleben. Während mir vorher unlogisch war, warum manchmal der Weg von II nach III möglich war und ein anderes Mal verschlossen schien, war ich jetzt sensibilisiert. Ich stellte tatsächlich fest, dass dort, wo ein Mensch zu einem Wechsel auf die linke Seite bereit war, er sich seine Schuld zeigen ließ und Gottes Erbarmen erleben konnte, dass dort auch die Barriere der rechten Seite entkräftet war, dieser Mensch auch seinerseits echte Herzensvergebung gewähren konnte.

Lucy: Das ist ja in sich ein langer Prozess, bis ein Prozessmodell entsteht. Gibt es da vielleicht gerade eine weitere Entwicklung? Denn ich habe von einem Fortbildungsseminar gelesen, das du anbietest, „Vergebungsprozesse und Körpererfahrung".

Suche nach ganzheitlichem Erfassen von Schuld

Wolfram: Ja, Körpererfahrungen einzubeziehen ist eine Entwicklung in neuerer Zeit, die wieder etwas mit der Ganzheitlichkeit zu tun hat. Denn Sünde wird im Abrechnungsprozess (Phase II links + rechts) nur angemessen vollständig oder ganzheitlich erfasst, wenn die Beziehungszerstörung auch emotional abgebildet wird. Dasselbe gilt für das Erleben der Befreiungs- und Vergebungsrealität (Phase IV + V beidseits). In diesem Zusammenhang erkannte ich spezifische Begrenzungen wortbetonter therapeutischer Zugänge und machte mich auf die Suche nach angemessenen „nonverbalen" Ergänzungen. Auf einem Kongress lernte ich einen Körpertherapeuten kennen, der auf der Suche nach mehr theoretisch christlicher Fundierung war. Wir konnten uns gegenseitig bieten, was wir gerade suchten. Seine Art der Körperarbeit (KBT) hatte genau das Handwerkszeug, das ich suchte, um Worte körperlich, emotional erfahrbar zu machen und wiederum (emotionale) Körpererfahrungen in Symbole und Worte zu übersetzen. Vergebungsprozesse und ihre Widerstände können hiermit tiefer und zutreffender, also ganzheitlicher abgebildet und damit erfahren werden als nur mit Worten.

Tom: Wie kann ich mir das vorstellen?

Wolfram: Ich denke, du kannst nachvollziehen, dass z.B. komplexe Beziehungserfahrungen, die typisch sind für tiefere Vergebungsprozesse, mit Worten nur auf komplizierte Weise angemessen erfasst werden können. Hier versuchen wir nun durch entsprechende Anleitung, sie in einem Symbol, einer Körperhaltung, Bewegung o. ä. kompakt abzubilden und begreifbar zu machen. Auf dieser Grundlage kann man anschließend meist erstaunlich zutreffende Worte dafür finden. Abrechnungs- aber auch Veränderungsvorgänge (im Sinne von Vergebung) werden so ganzheitlich begreifbar, was oft zu überraschenden Aha-Erlebnissen führt.
Ich bin selbst gespannt, wie Gott uns in diesem Bereich noch weiter führen wird, und welche ganz neuen Anstöße, Vergebung zu unterstützen, in Zukunft kommen.

Lucy: Danke, Wolfram, das war ja wirklich spannend, so im Einzelnen zu hören, wie das Vergebungsmodell entstanden ist.

Tom: Ja, bei deinem Erzählen ist mir das fruchtbare Zusammenspiel zwischen Empirie und biblischem Befund so richtig deutlich geworden. Ich konnte sehen, was wir in Kapitel E gehört haben, wie Bibel und Empirie einander zum „Suchanstoß" werden können und Fragen, die sich in einer der Erkenntnisquellen auftun, Anlass sein können, die andere Quelle gründlicher zu untersuchen und so zu neuen Ergebnissen zu kommen.

Lucy: Und ich konnte sehen, wie sich unsere These in deinen Ausführungen widergespiegelt hat, dass ein Forscher nur über die Veränderung seines eigenen Herzens im Erkenntnisprozess weiterkommt. Und ich fand es sehr eindrücklich, dass du in Bezug auf die Ganzheitlichkeit des Vergebungsprozesses erst dann (und das mit Hilfe deiner Klienten) weiterkamst, als dein eigenes Herz verändert wurde, du dich selbst in deiner zu kognitiven Ausrichtung verändern ließest.

Tom: Auch in Bezug auf das „Barriereproblem" konnte man das gut erkennen. Erst als du bereit warst, dich deiner Schuld stärker zu stellen, du selbst vermehrt den Weg zur linken Seite fandest, wurde dir die eigentliche, die innere Dynamik des Vergebungsprozesses zugänglich.

Lucy: Da schenkt Gott ja immer wieder neue Möglichkeiten – und ich merke, dass ich jetzt eine Menge „Hausaufgaben" für mich sehe, in meinem eigenen Leben zu Vergebung statt zu Ent-schuldigung zu gelangen!

b. Durchführen einer naturwissenschaftlichen Studie zur Überprüfung

Im letzten Abschnitt haben wir gehört, wie das Vergebungsmodell ganzheitlich entwickelt und weiterentwickelt wurde. Wie bereits allgemein formuliert, schließt dies nicht aus, dass wir auch naturwissenschaftliche Elemente nutzen. An einem Beispiel werden wir jetzt eine Möglichkeit für eine naturwissenschaftliche Überprüfung bestimmter Hypothesen des Vergebungsmodells kennenlernen.[52]

Das Untersuchungsprinzip: Prüfen einzelner Hypothesen mit Hilfe eines Fragebogens

Ca. 260 Personen füllten einen an der IGNIS-Akademie entwickelten Fragebogen aus, den Cornelia Jäkel im Rahmen ihrer Diplomarbeit (in ihrem Studium der Christlichen Psychologie bei IGNIS) nutzte, um entscheidende Thesen des Vergebungsmodells zu überprüfen.[53]
Im Folgenden eine kleine Auswahl:

1. Bei Menschen, die einen ‚Lebensstil der Vergebung' leben, spielt die Entscheidung, vergeben zu wollen, eine wichtige Rolle.
2. Das Wissen um die eigene Vergebungsbedürftigkeit erleichtert es, anderen zu vergeben.
3. Die ‚Nicht-Bereitschaft' eigene Schuld anzuschauen, erschwert es, anderen zu vergeben.
4. Wer bereit ist, negative Emotionen wie Wut gegenüber einer anderen Person zuzulassen, dem fällt es auch leichter zu vergeben.
5. Wenn ich Gottes Barmherzigkeit erlebt habe, wird dies meine Bereitschaft zu vergeben steigern/werde ich häufiger und leichter vergeben.
6. Unvergebenheit hat negative Charakterveränderungen (wie Aggression, Jähzorn, Rachebedürfnis und Bitterkeit) zur Folge.
7. Unvergebenheit hat Beziehungsstörungen zur Folge (z.B. Einzelgängertum, häufig wechselnde Freund- und Partnerschaften, Angst vor körperlicher Nähe, Oberflächlichkeit).
8. Unvergebenheit erhöht die Wahrscheinlichkeit psychosomatischer Erkrankungen.

52 Aus Aufwandsgründen können wir hier nicht die gesamte Studie vorstellen und werden außerdem aus Darstellungsgründen einige Details leicht modifizieren.
53 Jäkel, 1999

Das Prüfen von Hypothesen

Wie geht man jetzt an die Prüfung solcher Hypothesen heran, welches Grundprinzip steht dahinter, wann meint man, eine Hypothese als gültig anerkennen zu können, wann ist man versucht, sie abzulehnen?

Jede dieser Hypothesen besteht aus **zwei Variablen** (einer unabhängigen und einer abhängigen Variablen, vgl. Band 1, Kap C), die zueinander in Beziehung gesetzt werden:
Die **unabhängige Variable** ist (in diesem Fall) in jeder Hypothese eine Aussage, ob jemand einen Lebensstil der Vergebung lebt oder nicht, ob jemand „Vergebungsbereitschaft" besitzt oder nicht („... erleichtert es, anderen zu vergeben", „Unvergebenheit").
Zu dieser ersten Variablen „Vergebungsbereitschaft" wird in jeder Hypothese eine **zweite, abhängige Variable** in Bezug gesetzt (z.B.: „die Nicht-Bereitschaft eigene Schuld anzusehen", „psychosomatische Erkrankungen", „das Wissen um die eigene Vergebungsbedürftigkeit" ...).

So stehen sich etwa bei Hypothese 3 die beiden Variablen „‚Nicht-Bereitschaft' eigene Schuld anzuschauen..." und „... erschwert es, anderen zu vergeben" gegenüber. Mithilfe einer Studie will man nun den Zusammenhang der beiden Variablen prüfen und untersuchen, ob ein Zusammenhang der Art besteht:
wenn ... wenig Bereitschaft eigene Schuld anzuschauen ... **dann** ... schwer anderen zu vergeben.

?

Lesen Sie sich die acht aufgeführten Hypothesen noch einmal durch und notieren Sie sich: Welche Aussagen über vorhandene/nicht vorhandene Vergebungsfähigkeit wird jeweils getroffen?
Worin besteht die zugeordnete abhängige Variable, von der man annimmt, dass sie mit der Vergebungsfähigkeit in Zusammenhang steht?

Hinweis:
„Wenn ... dann" darf nicht kausal verstanden werden, als sei die eine Variable die Ursache für die andere. Vielmehr wird nur ein Zusammenhang untersucht: Wenn Variable 1 festzustellen ist, dann ist immer/meistens/häufig/selten/nie auch Variable 2 gegeben. Mit dem Fachausdruck heißt das, das Maß der **Korrelation** *zwischen beiden Variablen soll gemessen werden.*

260 Personen werden nun zu diesen beiden Variablen befragt (und zu denen der anderen Hypothesen ebenfalls), für jede der 260 Personen ergibt sich dadurch jeweils ein Wert für die beiden Variablen.

z.B.		Bereitschaft eigene Schuld anzuschauen (X)	Vergebungsbereitschaft (Y)
Werte	Pers. 1:	32	28
	Pers. 2:	12	11
	Pers. 3:	18	15

Um anhand der Befragungsergebnisse mögliche Zusammenhänge zu prüfen, erfasst man die Werte zunächst tabellarisch und trägt sie dann in ein Koordinatensystem ein:

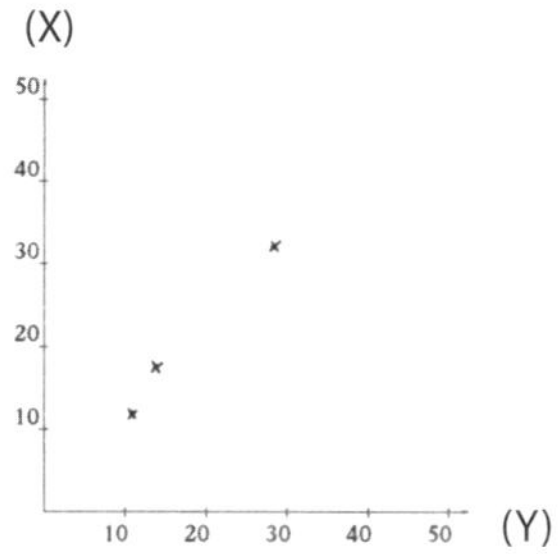

Sind die Werte wie hier so angeordnet, dass sie annähernd eine Gerade bilden, so lässt dies darauf schließen (wenn nicht nur drei, sondern eine größere Anzahl, z.B. 260 Werte einfließen), dass tatsächlich ein „positiver Zusammenhang" vorliegt. Zeigen also Menschen, deren Antworten zur Bereitschaft, Schuld anzusehen, einen geringen Wert aufweisen, häufig auch geringe Werte bei Vergebungsbereitschaft, während diejenigen mit hohem Wert meist auch hohe Werte im anderen Bereich erzielen, ergibt sich bei der großen Zahl von 260 Personen dafür eine durchgängige Tendenz, so dürfte dies ein guter Hinweis auf einen tatsächlichen Zusammenhang sein, die Hypothese dürfte als gestützt gelten.

Ergänzung:
Wäre die Hypothese falsch, so müsste sich beim Auftragen der einzelnen Werte in etwa ein folgendes Muster ergeben: bei einer Person geht ein hoher Wert im einen mit einem niedrigen Wert im anderen Bereich einher, bei der anderen ist es genau umgekehrt, ein hoher Wert geht mit einem hohen Wert einher. Es finden sich alle möglichen Kombinationen, aber eben keine einheitliche Tendenz.

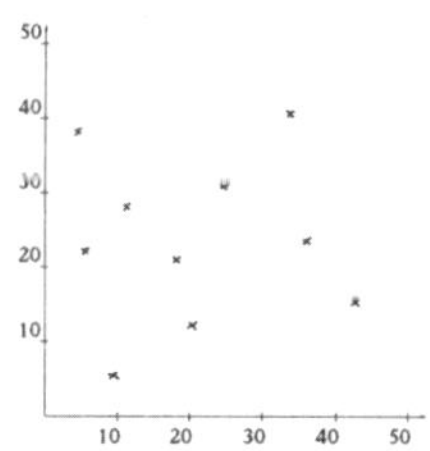

Ab wann eine solche Tendenz als ausreichend erachtet wird um die Hypothese als bestätigt gelten zu lassen, wird in einem komplizierten statistischen Verfahren berechnet. Das Ergebnis hängt, einfach ausgedrückt, davon ab, wie eng die einzelnen Werte an der sie am besten repräsentierenden Geraden liegen.

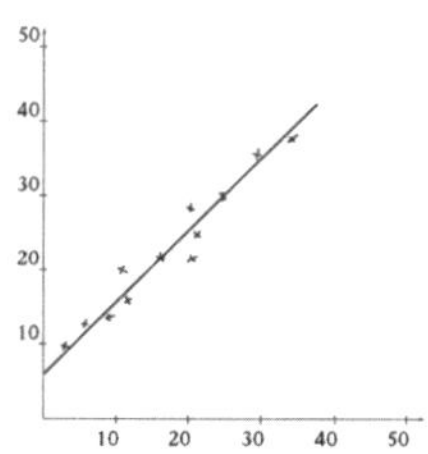

Das Abfragen der Variablen

Eine entscheidende Aufgabe bei der Vorbereitung einer Untersuchung ist die Frage, wie man eigentlich zu Werten für die einzelnen Variablen kommt. Man braucht ja einerseits Werte für das Maß an Vergebungsfähigkeit als die eine Seite der Hypothese und andererseits Werte für ein Wissen um Vergebungsbedürftigkeit (Hypothese 2), das Zulassen von Gefühlen (Hypothese 3) ... also für alle abhängigen Variablen. Wie fragt man nun ab, ob jemand bereit ist, seine Schuld anzuschauen, ob er Vergebungsbereitschaft besitzt ...?

Wie oben bereits erwähnt, entschied man sich hier, diese Werte mit Hilfe eines Fragebogens zu ermitteln. Die Leute (die „Probanden") wurden dabei direkt zu ihrem Selbsterleben befragt, ihnen wurde die Möglichkeit gegeben, sich selbst auf einer 6-stufigen Skala einzuschätzen, z.B.

„Bitten Sie andere um direkte Kritik?" nie 1 2 3 4 5 6 häufig

Manche Variablen lassen sich leicht abfragen.

Zu einigen Variablen lassen sich recht leicht Fragen finden, um die betreffende Information zugänglich zu machen, wie die folgende kleine Auswahl zeigt.

- **Psychosomatische Erkrankungen (Hypothese 8)**

z.B.

❍ Leiden Sie unter folgenden körperlichen Beschwerden? (Frage 79)

– Bluthochdruck	nie	1 2 3 4 5 6	häufig
– Verspannungen	nie	1 2 3 4 5 6	häufig
– Rückenproblemen	nie	1 2 3 4 5 6	häufig
– Herzbeschwerden	nie	1 2 3 4 5 6	häufig
– Verdauungsstörungen	nie	1 2 3 4 5 6	häufig
– Migräne, Kopfschmerzen	nie	1 2 3 4 5 6	häufig
– Allergien	nie	1 2 3 4 5 6	häufig
– Schlafstörungen	nie	1 2 3 4 5 6	häufig

❍ Leiden Sie unter folgenden Problemen? (Frage 86)

– Sucht	nie	1 2 3 4 5 6	häufig
– Zwängen	nie	1 2 3 4 5 6	häufig
– Essstörungen	nie	1 2 3 4 5 6	häufig

- **Beziehungsstörungen (Hypothese 7)**

z.B.

❍ Passiert es Ihnen, dass Sie den Blick abwenden müssen, um eine bestimmte Person nicht ansehen zu müssen? (Frage 44)

nie 1 2 3 4 5 6 häufig

❍ Passiert es Ihnen, dass Sie die Straßenseite wechseln, um einer bestimmten Person aus dem Weg zu gehen? (Frage 57)

nie 1 2 3 4 5 6 häufig

❍ Leiden Sie unter folgenden Problemen? (Frage 86)

– Einsamkeit	nie	1 2 3 4 5 6	häufig
– Problemen im Umgang mit Sexualität (Pornographie...)	nie	1 2 3 4 5 6	häufig

Manche Variablen lassen sich nicht so leicht abfragen.

Bei anderen Variablen ist der Versuch, bestimmte Haltungen, Verhaltensweisen, bestimmte Einstellungen abzufragen schon schwieriger. Gerade wenn es sich nicht um recht „objektive" Tatbestände handelt, über die man sich schwerlich etwas vormachen kann (wie etwa über das Vorhandensein körperlicher Beschwerden), besteht die Gefahr, dass man nicht gemäß dem tatsächlichen Ist-Zustand, sondern eher nach seinem Selbstbild, nach seinen Wunschvorstellungen antwortet.

- **Bereitschaft Wut zuzulassen (Hypothese 4)**

z.B.

❍ Eine gute Freundin / ein guter Freund hat Sie in einer schwierigen Situation aus Nachlässigkeit im Stich gelassen, ist sich aber keiner Schuld bewusst.
Wie reagieren Sie? (Frage 24)

– ich werde wütend	trifft nicht zu	1 2 3 4 5 6	trifft zu
– ich ziehe mich zurück und sage nichts	trifft nicht zu	1 2 3 4 5 6	trifft zu
– ich stelle die Person zur Rede	trifft nicht zu	1 2 3 4 5 6	trifft zu

❍ Wie häufig waren Sie in den letzten Jahren schon so richtig wütend auf: (Frage 30)

– einen guten Freund	nie	1 2 3 4 5 6	häufig
– auf Gott	nie	1 2 3 4 5 6	häufig
– sich selbst	nie	1 2 3 4 5 6	häufig
– Ihren Partner	nie	1 2 3 4 5 6	häufig
– Ihre Kinder	nie	1 2 3 4 5 6	häufig

- **das Wissen um die eigene Vergebungsbedürftigkeit (Hypothese 2)**

z.B.

❍ Weshalb vergeben Sie anderen ihre Schuld? (Frage 31)

– weil auch ich selbst Fehler mache	trifft nicht zu	1 2 3 4 5 6	trifft zu
– weil Gott mir eine viel größere Schuld vergeben hat	trifft nicht zu	1 2 3 4 5 6	trifft zu

- **das Erleben von Gottes Barmherzigkeit (Hypothese 5)**

z.B.

❍ In welcher Eigenschaft haben Sie Gott persönlich erlebt? (Frage 23)

– vergebend	nie	1 2 3 4 5 6	immer
– barmherzig	nie	1 2 3 4 5 6	immer

Manche Variablen lassen sich nicht direkt abfragen.

Je mehr wir in Bereiche kommen, in denen Menschen üblicherweise bestimmte Wunschbilder von sich besitzen, umso wichtiger ist es, nicht nur direkt, mittels einzelner Fragen nach der gewünschten Information zu suchen, sondern das gesamte Umfeld des Themas einzubeziehen.

Das trifft z.B. für die Variable „Vergebungsfähigkeit" zu, um die es ja wesentlich in dieser Untersuchung geht. Hier kann man die Probanden schwerlich einfach von 1–6 selbst einschätzen lassen, wie vergebungsbereit sie sind. Auf diesem Wege würde man sehr subjektive, meist positiv verzerrte Selbsteinschätzungen erhalten. Zudem stünde man vor dem Problem, dass jeder etwas anderes unter Vergebung versteht, der eine würde bereits rein kognitive Willensbekundungen als Vergebung bezeichnen, der andere würde dies erst im Falle einer vollständigen Versöhnung tun. Ein Vergleich wäre somit so gut wie ausgeschlossen.

Ein gewisser (sicher nicht perfekter) Ausweg findet sich darin, schwer zu erfassende Variablen mittels eines ganzen Fragenkatalogs abzufragen, also verschiedene Fragen zum Umfeld der Variable zu stellen, deren Gesamtheit dann, statistisch verrechnet, Auskunft zum erwünschten Sachverhalt erteilt.

Deshalb enthält unser Fragebogen Fragen zu verschiedenen Themenkomplexen, die bestimmte Aspekte der Vergebungsbereitschaft beleuchten. Werden die Ergebnisse statistisch zu einem Gesamtwert zusammengefasst, können wir ein Stück weit erreichen, was mit einzelnen Fragen unmöglich wäre. Aus einem Gesamtwert lässt sich ein gewisses Maß für die persönliche Vergebungsbereitschaft angeben, wir können einen sogenannten **Vergebungsscore** errechnen.

- **Umgang mit Schuld in freundschaftlichen Beziehungen**

z.B.

❍ Eine gute Freundin / ein guter Freund hat Sie in einer schwierigen Situation aus Nachlässigkeit im Stich gelassen, ist sich aber keiner Schuld bewusst.
Wie reagieren Sie? (Frage 24)

– ich bitte Gott mir Liebe für diese Person zu schenken	trifft nicht zu	1 2 3 4 5 6	trifft zu
– ich ziehe mich zurück und sage nichts	trifft nicht zu	1 2 3 4 5 6	trifft zu
– ich stelle die Person zur Rede	trifft nicht zu	1 2 3 4 5 6	trifft zu
– ich vergebe dieser Person, bevor sie sich entschuldigt	trifft nicht zu	1 2 3 4 5 6	trifft zu
– ich gehe dieser Person in Zukunft aus dem Weg	trifft nicht zu	1 2 3 4 5 6	trifft zu
– ich bitte Gott, dieser Person Gutes zu tun	trifft nicht zu	1 2 3 4 5 6	trifft zu
– ich will es der anderen Person am liebsten heimzahlen	trifft nicht zu	1 2 3 4 5 6	trifft zu
– ich bitte Gott, mir zu helfen, dass ich vergeben kann	trifft nicht zu	1 2 3 4 5 6	trifft zu

❍ Sie haben eine gute Freundin/einen guten Freund aus Nachlässigkeit in einer schwierigen Situation im Stich gelassen. Sie/er stellt Sie zur Rede. Wie reagieren Sie? (Frage 50)

– ich ziehe mich zurück und sage nichts	trifft nicht zu	1 2 3 4 5 6	trifft zu
– ich bitte um Entschuldigung	trifft nicht zu	1 2 3 4 5 6	trifft zu
– ich versuche mich herauszureden	trifft nicht zu	1 2 3 4 5 6	trifft zu
– ich bitte Gott um Vergebung	trifft nicht zu	1 2 3 4 5 6	trifft zu

- **Indizien für gelebte Vergebung**

z.B.

❍ Passiert es Ihnen, dass Sie den Blick abwenden müssen, um eine bestimmte Person nicht ansehen zu müssen? (Frage 44)

häufig 1 2 3 4 5 6 nie

❍ Passiert es Ihnen, dass Sie die Straßenseite wechseln, um einer bestimmten Person aus dem Weg zu gehen? (Frage 57)
häufig 1 2 3 4 5 6 nie

❍ Beschäftigt Sie immer wieder der Gedanke, wie Sie jemandem etwas heimzahlen können? (Frage 81) häufig 1 2 3 4 5 6 nie

❍ Jemand begegnet Ihnen mit Verachtung. Wieviel Achtung bringen Sie ihm daraufhin entgegen? (Frage 65) keine 1 2 3 4 5 6 viel

❍ Wenn jemand Ihr Vertrauen bereits einmal enttäuscht und dafür ehrlich um Vergebung gebeten hat, werden Sie ihm dann wieder neu Vertrauen schenken? (Frage 45) nie 1 2 3 4 5 6 häufig

❍ Wie oft haben Sie es schon erlebt, dass sich Ihre Beziehung zu einer anderen Person verbessert hat, nachdem Sie dieser Person ihre Schuld vergeben haben? (Frage 75) nie 1 2 3 4 5 6 häufig

Hinweis:

Es ist ein generelles Problem des Datenerhebungsinstruments „Fragebogen", dass alle erhobenen Daten auf einer ***Selbsteinschätzung*** *der befragten Personen fußen, auf einer bekanntlich der Subjektivität besonders ausgesetzten Eigenbeurteilung.*

Auch wenn man sich dieser Problematik im Zuge der Fragebogenerstellung bewusst ist und kritische Bereiche, wie etwa den Punkt der Vergebungsbereitschaft, möglichst geschickt überprüft (durch die Vermeidung allzu „direkter" Fragen, durch die Erstellung des Vergebungsscores, der eine Fülle von Einzelfragen zu einem Gesamtwert zusammenfasst...), bekommt man auch auf diesem Weg die Schwierigkeiten nicht völlig in den Griff.

Zu Themen wie „Vergebung" ist einfach keine ebenso nüchterne, „neutrale" Befragung möglich wie etwa zu Intelligenz, da es sich um einen der stark von Werten geprägten Lebensbereiche handelt, in dem soziale (gemeindliche) ***Erwünschtheit*** *eine Rolle spielt.*

Wir sind (in unseren Gemeinden stärker als in der übrigen Gesellschaft) dergestalt sozialisiert, gelehrt, trainiert, dass Vergebung etwas ganz Wichtiges ist und es einen guten Christen auszeichnet, dass er möglichst sofort vergibt. So ist es etwas sehr Natürliches, dass wir dies von uns selbst und anderen erwarten. Genügen wir diesem Eigenanspruch nicht, fällt es nicht leicht, dies einzugestehen. Häufig stehen wir in der Gefahr, lieber die „Wahrheit" zu opfern und die Augen vor dem zu verschließen, was in unserem Leben eigentlich Realität ist, um unser (teilweise verzerrtes) Selbstbild aufrechterhalten zu können.

Auch wenn man im Fragebogen direkte Fragen der Art: „Sind sie bereit, anderen zu vergeben?" vermeidet, stattdessen Fragen wählt, die sich auf die wirklichen Handlungen der Leute beziehen, sodass ein „Selbstbelügen" weniger leicht gelingt (z.B. „Passiert es Ihnen, dass Sie die Straßenseite wechseln, um einer bestimmten Person aus dem Weg zu gehen?"), lässt sich die Gefahr nicht ganz vermeiden, dass ein solcher Fragebogen eher abfragt, was sein ***sollte****, was Menschen von sich erwarten, als das, was tatsächlich der Fall ist.*

c. Auswertung der Ergebnisse

Berechnen der Vergebungsscores

Nachdem eine ausreichende Anzahl Probanden den Fragebogen ausgefüllt hatte, wurden die Ergebnisse ausgewertet. Dabei wurde für jeden einzeln zunächst sein **persönlicher** Vergebungsscore bestimmt, d.h., alle Ergebnisse bestimmter Fragen (eben der vorher bestimmten Fragen, die Vergebungsfähigkeit von verschiedenen Seiten her abfragen) wurden zusammengenommen und zu einem Gesamtwert verrechnet. So ergab sich also ein Wert für das Maß an Vergebungsfähigkeit dieser einen Person.

Auswertung der Fragen zu den Einzelhypothesen

Anschließend wurde(n) die jeweiligen Frage(n), die *einer bestimmten Hypothese* zugeordnet worden waren, ausgewertet. So hatte man Werte für die Merkmale der einzelnen Hypothesen, also z.B. über die Bereitschaft, eigene Schuld anzuschauen (3) oder über das Wissen um die eigene Vergebungsbedürftigkeit (2). Diese Werte wurden dann mit dem Vergebungsscore verglichen.

Für Hypothese 7, die Frage nach dem Zusammenhang von Vergebung und Beziehungsstörung, wurden also z.B. die Ergebnisse der ausgewählten Fragebogenfragen Nr. 44, 57, 86 und 88 einer jeden Person zu ihrem Vergebungsscore in Beziehung gesetzt. War der Wert des Vergebungsscores hoch (viel Vergebungsfähigkeit) und der Wert für Beziehungsstörungen gering (wenig Beziehungsstörung), so stellte das eine positive Korrelation im Sinne der Hypothese dar.

Zusammenfassen aller Ergebnisse

Dasselbe Auswertungsverfahren wurde für alle Versuchspersonen durchgeführt. Zeigte die Mehrheit der Personen einen positiven Zusammenhang zwischen Vergebungsscore und dem Wert einer abhängigen Variablen, ergab sich also eine positive Korrelation, so galt die betreffende Hypothese als gestützt.

Für jede einzelne Person und für jede der hier angeführten Hypothesen (und eine ganze Reihe weiterer) wertete Jäkel den Fragebogen gemäß dieser Vorgehensweise aus und konnte als Ergebnis alle Hypothesen außer der vierten Hypothese stützen. (Zwar konnte hier ein Zusammenhang von Vergebungsbereitschaft zum Zulassen von Wut gegen einen guten Freund und gegen Gott festgestellt werden, ein Zusammenhang zum Zulassen von Wut gegen sich selbst, den Partner und die eigenen Kinder konnte hingegen nicht nachgewiesen werden.)

Resümee

Betrachten wir diese Ergebnisse, bietet die Untersuchung einen interessanten, umfangreichen Ansatz (gerade wenn man die Fülle an Fragen im Originalfragebogen betrachtet), das Thema Vergebung und das Soldan'sche **Modell zur Vergebung ein Stück weit auf den Prüfstand zu stellen**. Dennoch ergeben sich eine Reihe von Problemen.

Neben der Freude über den Umfang und die damit verbundene Annahme einer gewissen Gründlichkeit, dürfte darin auch ein Problem gesehen werden. Denn die Erstellung eines solchen Fragebogens, das Verteilen an die nötige Anzahl an Versuchspersonen, das Auswerten der ganzen Antworten und die statistischen Berechnungen kosten natürlich **Zeit**.

Und dann bleibt die Frage, ob (und in welchem Umfang) das Verfahren **das eigentliche Prozessgeschehen abbilden kann**. Denn es werden lediglich einige einzelne

Hypothesen herausgegriffen, mit Sicherheit wird „analytisch zergliedert", die wirklich entscheidenden Punkte des Modells, insbesondere seine Prozesshaftigkeit, lässt sich auf diese Weise jedoch kaum überprüfen.

Der Fragebogen behandelt gewisse Aspekte und es ist sicher interessant, wenn sich ergibt, dass das Wissen um die eigene Vergebungsbedürftigkeit oder das Erleben von Gottes Barmherzigkeit Vergebung erleichtern, während die fehlende Bereitschaft, eigene Schuld anzuschauen, diese erschwert. Doch weiterhin bleibt offen: Findet Vergebung wirklich in diesen Phasen statt, wie kommt man von Phase zu Phase, ist es tatsächlich unmöglich, selbst von Phase II, dem Abrechnen, zu Phase III, dem Erbarmen durchzudringen? Besteht tatsächlich ein innerer Zusammenhang zwischen den beiden Seiten des Modells, sodass das Erleben auf der „linken" Seite, das Erleben von Gottes Abrechnung und Erbarmen mit mir, letztlich zum Durchbruch auf der „rechten" Seite führt, ich allein so zu einem echten Lebensstil der Vergebung durchdringe?

Wohl gibt uns der Fragebogen Auskunft über den hilfreichen Charakter negativer Emotionen wie Wut, doch können wir hier keine Hilfe erwarten bezüglich der Differenzierung, wie wir mit Wut umgehen sollen (vgl. Katharsis oder Zulassen der Wut als Hilfsmittel, um ehrlich zu werden und uns Gott in Offenheit und Transparenz zu stellen).

Hinweis:
Auch wenn dies hier (vorwiegend aus Aufwandsgründen) nicht geschehen ist, ließe sich z.B. der Prozesscharakter auch mit dem Medium des Fragebogens durchaus noch deutlicher abbilden.
So wäre z.B. eine Vorher-Nachher-Studie in Frage gekommen, bei der man die Personen vor und nach einer vergebungsrelevanten Therapie diese Fragen beantworten lässt. Auf diese Weise hätte man die Möglichkeit, gewisse Entwicklungsrichtungen zu erfassen.

Trotz aller angemessenen Kritik, trotz der Notwendigkeit, gewisse Probleme dieser Vorgehensweise in Betracht zu ziehen, sie möglichst zu minimieren, sei jedoch nicht vergessen, dass diese Art der Überprüfung immer noch besser ist als keine und zumindest zentrale Aussagen des Vergebungsmodells eine gewisse Überprüfung erfahren haben.

Ganzheitlichkeit und ganzheitliche Überprüfung im Blick haben!

Insgesamt werden wir dafür auch ganzheitliche Vorgehen nutzen, indem man sich in die Situation hineinversetzt, das Geschehen zu verstehen versucht, sich einfühlt, die Aussagen von Klienten im Laufe der Therapiesitzungen und die persönliche Entwicklung in dieser Zeit (im „Analogievergleich") nachvollzieht, um zu beurteilen, wann man von echter Vergebung sprechen kann und will.

Ein Zusammenspiel von naturwissenschaftlichen und ganzheitlichen Elementen der Überprüfung kann qualitativ noch dadurch gewinnen, dass eine ganzheitliche Auswertung in einer Gruppe geschieht. Ein hier notwendiger Mehrheitsentscheid der Gruppe kann, wenn er sich redlich vollzieht, zu einem Ausgleich „blinder Flecken" bei Einzelnen führen, eine deutliche Verbesserung gegenüber der Einzelauswertung eines Forschers erreichen, insbesondere, wenn man zudem die Möglichkeit des consensus pneumaticus einbezieht, das Ringen um eine geistgeführte Gebetsübereinstimmung in der Beurteilung und Deutung des Beobachteten.

FAZIT

Für den Bereich der eigenen Forschung einer Christlichen Psychologie ist uns Folgendes wichtig:

Grundsätzlich besteht eine gewisse Nähe zum methodischen Vorgehen der **ganzheitlich ausgerichteten** Psychologie. Wir teilen deren Anliegen, dem Menschen gerecht zu werden, sich auf jeden als einmalige Person mit freiem Willen top-down einzulassen. Auch wir möchten den Einzelnen in seiner Tiefe erkennen und verstehen, statt ihn analytisch zu zergliedern und in allgemeinen Gesetzen zu erklären.

Verstehen und Einlassen können jedoch, unserer Meinung nach, erst dort wirklich gelingen, wo es um eine **„Verstehenssituation zu dritt"** geht, wo Gott Seine Sicht durch Offenbarung schenkt und dem Forscher selbst hilft, dass der Wille zu verstehen nicht doch ein versteckter Wille zur Macht ist.

Das ganzheitliche Verstehen wollen wir in manchen Bereichen auch durch **naturwissenschaftliche Methoden** ergänzen, z.B. bei einer allgemeinen empirischen Orientierung zu einer Fragestellung oder bei der Überprüfung einzelner Aspekte ganzheitlich entwickelter Prozessmodelle.

Alles Forschen und Arbeiten soll im Rahmen der von Gott gegebenen **Offenbarung** erfolgen und auch eingebunden in eine **Zusammenarbeit** und damit **Korrekturmöglichkeit** mit anderen sein.

IV. Abschlussresümee

Damit sind wir am Ende unserer Einführung zum Fundament eines biblischen Menschen- und Weltbildes und zu grundsätzlichen Fragen der Erkenntnisfindung im Rahmen der Christlichen Psychologie angelangt. In einem Abschlussresümee wollen wir noch einmal einen Blick auf das Zusammenspiel der verschiedenen Erkenntniswege der Christlichen Psychologie werfen und dann, wie in Band 1, anhand einiger Thesen zur Begrenztheit der Erkenntnis, diesmal der „christlichen Erkenntnis", wesentliche Aussagen zusammenfassen.

1. Schritte der Erkenntnissuche im Überblick

In **Kapitel A** sind wir in Bezug auf das Anliegen, zentrale Fragen der Psychologie aus der Sicht des Glaubens zu beantworten, zu dem Schluss gekommen, dass wir nicht einfach bestehende „Häuser" renovieren wollen, sondern uns einen Neubau auf einem biblischen Menschen- und Weltbild wünschen. Dies bedeutet die Begründung einer neuen, einer wissenschaftlichen Schule der Christlichen Psychologie und ist ein ehrgeiziges Ziel. Denn ein solcher Neubau erfordert eine sorgsame Reflexion der gesamten Grundannahmen-Frage, benötigt ein eigenes Paradigma, innerhalb dessen die wichtigsten Fragen des Menschenbildes und der eigenen erkenntnistheoretischen Grundpositionen definiert sind.

Damit haben wir uns in den weiteren Kapiteln dieses Bandes beschäftigt.
Erste Aussagen zum Menschen- und Weltbild lieferte uns **Kapitel B** und in **Kapitel C** erarbeiteten wir die Eckpfeiler bezüglich unserer erkenntnistheoretischen Grundlagen. Es wurde deutlich, dass nicht unsere Erkenntnisbemühungen im Mittelpunkt stehen, sondern Gottes Offenbarungswille, dass es nicht primär um ein gut funktionierendes Erkenntnisorgan, sondern um unser Herz als Ackerboden geht. Unser Ziel ist nicht ein Christianismus, ein Finden von Erkenntnisinhalten, von Modellen, Lehren, Sätzen, sondern die Förderung der Person selbst, wobei diese Förderung nicht allein die Personkompetenz, sondern auch die Sachkompetenz umfasst.
In **Kapitel D und E** stellten wir außerdem vor, wie nachgeordnet auch Konzepte und die menschlichen Erkenntnismöglichkeiten des Beobachtens und Denkens in unserer Erkenntnissuche eine Rolle spielen.

Vor diesem Hintergrund haben wir uns in **Kapitel F** der Frage gestellt, wie die Christliche Psychologie konkret zu Ergebnissen kommt, wie sie mit ihren drei zentralen Erkenntniswegen, der Interpretation der Bibel, der eigenen Forschung und der Verarbeitung säkularer Modelle umgeht.

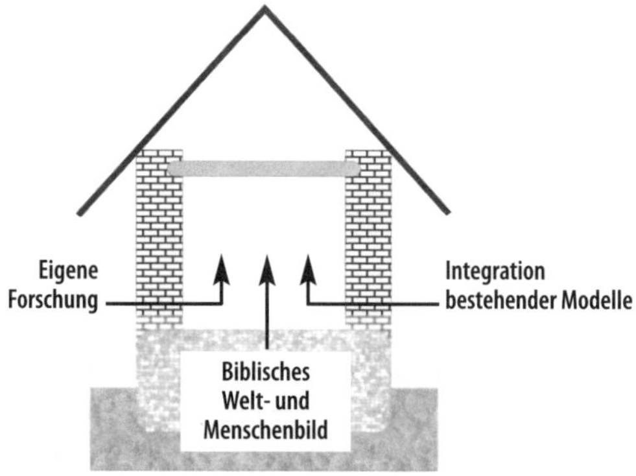

Das Zusammenspiel dieser Komponenten verläuft nicht in starren Schritten, sondern in lebendigen, dynamischen, personalen Prozessen, bei denen die drei Bausteine quasi die Rolle von Eckpfeilern spielen, in deren Rahmen das konkrete Vorgehen jedoch sehr unterschiedlich aussehen kann.

Das dynamische Zusammenspiel im Erkenntnisprozess

Wie kann man sich dieses dynamische Zusammenspiel des Rekonstruierens in einem Erkenntnisprozess vorstellen?

1. Der Anstoß zur Erkenntnissuche

Jede Suche nach Erkenntnis beginnt mit einer Frage und man tut gut daran, zunächst einmal zu reflektieren, worin der Anstoß dazu eigentlich besteht. Habe ich ein Buch gelesen (säkular/ christlich), bin ich bei meiner praktischen Arbeit oder im Zuge eines Bibelstudiums auf dieses Thema gestoßen? Warum interessiere ich mich eigentlich dafür, was sind meine Motive, spüre ich einen Auftrag Gottes, eine Berufung, mich der Klärung gerade dieser Fragestellung anzunehmen?

2. Reflexion der bisherigen Vorstellungen

Jede Suche nach Erkenntnis basiert auch auf bisherigen Vorstellungen, einem mehr oder weniger fundierten „Alltagshaus". Wir alle haben bezüglich beinahe eines jeden Themas bereits ein gewisses Vorverständnis, haben bereits etwas dazu gelesen (etwa Bücher über Vergebung), haben eigene Erfahrungen gemacht (etwa in Situationen, wo es uns selbst schwer fiel, anderen zu vergeben). Wir alle besitzen also bereits ein inneres Modell der Sache, wie implizit und unbewusst auch immer es sein mag, und wir tun gut daran, nicht direkt in die Suche nach neuer Erkenntnis einzusteigen, sondern zunächst einmal den bisherigen Stand zu reflektieren.

> *Hinweis:*
> *Auf diesen Vorgang bezieht sich eigentlich auch der Begriff „Rekonstruktion" im Allgemeinen, von uns umfassend verstandenen Sinn. Bei der Re-konstruktion geht es nämlich nicht nur um die Verarbeitung, um eine „Um-konstruktion" säkularer Häuser, sondern Ziel des Rekonstruktionsgeschehens ist der Umbau, die Verarbeitung unserer gesamten, bisherigen Wirklichkeitssicht, egal, aus welcher Quelle sie stammt.*
> *Auch unsere bisherigen christlichen Überzeugungen, unser momentanes Verständnis der Bibel, ist wahrscheinlich verbesserungswürdig und kann somit Ausgangspunkt für einen Rekonstruktionsprozess sein.*

Meist beginnt das eigentliche Rekonstruktionsgeschehen mit der wichtigsten und zentralsten Aufgabe der gesamten Christlichen Psychologie, mit der ausführlichen Beschäftigung mit dem biblischen Befund. Eigene Forschung und die Verarbeitung säkularer Ergebnisse kann nur auf dieser Grundlage sinnvoll vonstatten gehen.

3. Interpretation der speziellen Offenbarung

Nur wenn man einen klaren, biblisch geschärften Blick auf das Thema, auf die biblisch gegebenen Grundannahmen besitzt, erkennt man die eigentlichen Knackpunkte, kann, gerade in der Auseinandersetzung mit säkularen Konzepten, von einem gut gegründeten Fundament aus Beurteilungskompetenz ausüben und im Verstoffwechselungsprozess die nötigen Unterscheidungen treffen. Nur wenn wir im biblischen Menschenbild, in der biblischen Vorstellung von Freiheit, von Gut und Böse und von Schuld tief gegründet sind, gelingt eine wirkliche Differenzierung etwa im Vergebungsverständnis.

Auch für den Bereich eigener Forschung ergeben sich hier wichtige Voraussetzungen, Impulse für die Art der konkreten Forschungsfragen und Hilfen für die Interpretation der Ergebnisse.

4. Die Suche nach dem nächsten Schritt

Hat man sich einen gewissen Überblick über biblische Aussagen zum Thema erarbeitet, geht es darum, im Gebet, im Nachdenken zu entscheiden, wie es weitergehen könnte. Es ist hier keine feste Reihenfolge vorgegeben. Einmal wird man merken, dass es zunächst um ein erweitertes Bibelstudium zu angrenzenden Themen geht (z.B. genaueres Fragen zum biblischen Schuldverständnis, zum Bereich Bibel und Gefühle). Im anderen Fall wird man erkennen, dass es jetzt um empirische Forschung geht, wiederum in anderen Fällen, dass die Suche nach bereits existierenden Modellen und deren Verarbeitung zum Zuge kommen sollte.

4a. Eigene Forschung

Entscheidet man sich für die „eigene Forschung", dafür, verschiedenste Thesen, die man aus der bisherigen Arbeit am biblischen Befund oder aus bisheriger Erfahrung mitbringt, einer Wirklichkeitsüberprüfung zu unterziehen, entscheidet man sich also z.B., das biblische „Abrechnen" empirisch zu untersuchen, so gilt es, zu Beginn die Art der methodischen Vorgehensweise abzuklären.
Geht es zunächst darum, das Gebiet mittels einer naturwissenschaftlichen Studie „anzureißen"? Oder kann man bereits an den Versuch einer ganzheitlichen Modellerstellung herantreten? Wie kann die empirische Untersuchung im jeweiligen Fall konkret aussehen? ...

4b. Verarbeitung bestehender Modelle

Ist der Entscheidungsprozess eher zugunsten einer Verarbeitung säkularer Modelle ausgefallen, wird man sich diesen zuwenden und sie einer sorgsamen Verstoffwechselung unterziehen. Noch einmal sei betont, dass auch christliche Modelle, die hierbei herangezogen werden, nicht ohne jede Überprüfung übernommen werden. Auch wenn sich mehr Ähnlichkeiten bei den Grundannahmen ergeben dürften, kann dieser Schritt nicht übersprungen werden, da kein Christ (natürlich auch wir selbst nicht) frei von Irrtümern und möglicherweise unbiblischen Grundannahmen ist.

Welcher der beiden Wege zunächst eingeschlagen werden sollte, ist, wie gesagt, eine Sache des Abwägens im konkreten Fall. Eigene Forschung ist sicher sehr viel aufwendiger als die Prüfung anderer Modelle, doch hat sie natürlich den zentralen Vorteil, dass hier eigene Wirklichkeitsbefragung vonstatten geht, eigene, biblisch begründete Thesen direkt der empirischen Untersuchung unterzogen werden können.

Ziehe ich andere Modelle heran, so besteht die Gefahr, vor allem bei zu früher, zu intensiver Beschäftigung mit diesen Modellen, dass ich in Denkgleise hineinkomme, „Selbstverständlichkeiten" übernehme, die mir den Blick verstellen, die Dinge ganz anders, vielleicht unkonventioneller zu sehen. Lasse ich mich erst einmal etwa auf das säkular sehr gebräuchliche Konzept der Katharsis ein, so kann es geschehen, dass ich mich kaum noch davon zu lösen weiß, es mir so selbstverständlich wird, dass ich es gar nicht mehr hinterfrage.

5. Was sind die weiteren Schritte?

Mit einer einmaligen Forschung oder Modellverarbeitung sind wir natürlich bei weitem noch nicht am Ende angelangt. Haben wir auf diesem Weg erste Ergebnisse erreicht, ist die Frage vielmehr, was als nächster Schritt gelten könne. Geht es weiter in dieselbe Richtung, sollen weitere Studien durchgeführt werden, weitere Modelle verarbeitet werden? Oder geht es jetzt darum, ergänzend den jeweils anderen Erkenntnisweg einzuschlagen? Oder ist es an der Zeit, wieder zur Bibel zurückzukehren, hat man jetzt Anstöße erhalten, die es zunächst wieder am biblischen Befund zu prüfen gilt, hat man sich zusätzliche Themen erschlossen, die man nun auch biblisch beleuchten will?

Hat man den nächsten Schritt durchgeführt, fragt man nach dem übernächsten, das Ganze ist ein rotierender Prozess mit mehreren Ebenen. Je nach Sachlage, je nach Umfang der Frage wird man sich den einzelnen Erkenntniswegen mehrfach stellen, wird mehrfach mit neuen Anstößen zum biblischen Fundament zurückkehren, um dann, mit neuen Gedanken, neuen Anstößen, wiederum an die anderen Wege heranzutreten.

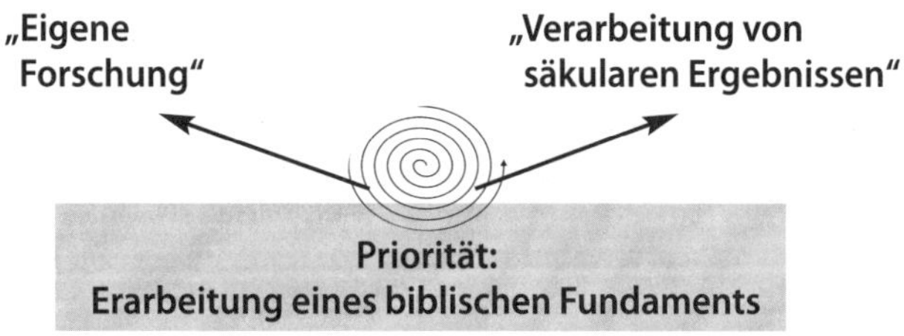

Deutlich wurde dieses Zusammenspiel an der Entstehung des Vergebungsmodells. Das biblische Wissen über Vergebung von Wolfram Soldan, seine empirischen Untersuchungen im Rahmen der Therapie, das ursprünglich dreistufige Vergebungsmodell von Gottfried Kirschner ... all dies floss ein (und es ist zu erwarten, dass auch in Zukunft aus irgendeiner der drei Richtungen ein weiterer Impuls kommen wird, das Modell zu erweitern, es an einem Punkt erneut zu überdenken, zu verfeinern).

Ein fruchtbares Wechselspiel kann entstehen, dessen konkrete Ausprägung wirklich sehr individuell gestaltet sein kann. Einmal werden, wie hier im Falle des Vergebungsmodells, vorwiegend Bibel und eigene Forschung zum Tragen kommen (was häufig in typisch christlichen Fragestellungen der Fall sein dürfte). Ein anderes Mal werden verstärkt säkulare Modelle genutzt (was besonders für den Bereich der „Instrumentenebene" der Fall sein dürfte, etwa die Erforschung menschlicher Denk- und Gedächtnisprozesse). Wiederum ein anderes Mal wird es zu einer etwa gleichmäßigen Verwendung kommen.

Es ist Aufgabe des Christlichen Psychologen als Person, für jede Frage individuell zu prüfen, abzuklären, welche konkrete Vorgehensweise in diesem Fall angeraten ist. Angetan mit Person- und Sachkompetenz, im Ausstrecken nach der Führung Gottes sollte er seine Entscheidungen treffen.

6. Zusammenführung der verschiedenen Ergebnisse

Nicht nur zum Schluss, dies haben wir am Zusammenspiel der verschiedenen Erkenntniswege gesehen, doch besonders hier wird es zudem noch seine Aufgabe sein, die Ergebnisse der einzelnen Quellen zu verbinden, ein Gesamtbild, ein Modell der Christlichen Psychologie aus den verschiedenen „Einzelerkenntnissen" zusammenzusetzen.

Zur Erinnerung:
Wir erwarten nicht, dass sich die Ergebnisse, die Gott uns auf den verschiedenen Wegen zur Verfügung stellt, widersprechen. Tauchen doch (scheinbare) Widersprüche auf, so wird uns dies zur Suchanweisung, wir fragen uns, ob in unserer Bibelinterpretation noch Mängel vorliegen, ob sich Fehler in der Wirklichkeitsbefragung eingeschlichen haben, ob wir die anderen Modelle sorgfältig genug verstoffwechselt haben.

Lösen sich die Widersprüche trotz weiterer Prüfung nicht auf, so können wir dies in Gelassenheit stehen lassen. All unser Wissen ist Stückwerk, alles, was wir tun können, ist Gott um weitere Offenbarung, um eine Klärung des Rätsels zu bitten. Ob er dies im konkreten Fall bereits hier auf Erden tun wird, müssen und können wir ihm überlassen.

Rekonstruktion ist also nichts Starres, sondern ein dynamischer Prozess, in dessen Verlauf der Christliche Psychologe als Person einen konkreten, für jede Forschungsfrage individuellen Weg sucht, mit Hilfe seiner drei Erkenntniswege – dem biblischen Befund, der eigenen Forschung und der Verarbeitung anderer, meist säkularer Modelle – zur Klärung der Frage beizutragen.

Wichtigster Bestandteil dieses Prozesses ist die Personkompetenz, allein aus der Beziehung zu Gott, aus dem Hören auf ihn, allein in einer Herzenshaltung der Liebe, der Liebe zum Gegenüber, der Liebe zur Wahrheit kann dieser Weg gelingen. Es zeugt von dieser Herzenshaltung, wenn der Christliche Psychologe nicht meint, allein zu allen wichtigen Ergebnissen vorzudringen, sondern wenn er seine Angewiesenheit erkennt, wenn er weiß, wie nötig er andere braucht, wie wichtig gegenseitige Korrektur, der gegenseitige Ausgleich „blinder Flecken" ist.

Die Ausrichtung auf Gott in Gemeinschaft ist der Weg der Christlichen Psychologie!

2. Fünf Thesen zur Begrenztheit „christlicher Erkenntnis"

Analog zu den elf Thesen zur Begrenztheit menschlicher Erkenntnis in Band 1 werden wir jetzt die Möglichkeiten und Begrenzungen „christlicher Erkenntnis" noch einmal zusammenfassend thematisieren.

Zur Erinnerung:

Elf Thesen zur Begrenztheit menschlicher Erkenntnis (Band 1)

Unser Erkenntnisvorgang ist kein passiver, sondern ein höchst aktiver Verarbeitungsprozess, wir „konstruieren" uns unsere eigene Sicht der Wirklichkeit, ein internes Modell, welches nie mit der Wirklichkeit selbst verwechselt werden darf.

Dennoch sind unsere Modelle nicht beliebig, wir können Wirklichkeit nie beliebig verbiegen, um sie unseren Wünschen anzupassen, es liegt immer eine *Mischung aus „privater Konstruktion" und „Widerständigkeit der Realität"* vor.

Erkenntnis ist immer eine Mischung aus FAKTEN und DEUTUNG, die „harte" Realität, das Datenmaterial wird immer an unseren Grundannahmen gedeutet und so zu individueller, privater Realität.

Der Einfluss der „Welt der Grundannahmen" vergrößert sich, je mehr wir uns in Richtung „Erklärungsmodelle" fortbewegen. Nicht im Rahmen reiner Beschreibung, sondern bei der Suche nach Erklärungsmustern, der Beantwortung der Warum-Fragen, der Suche nach Soll-Werten treten unsere persönlichen Grundannahmen besonders zutage.

Die Güte der Erklärungsmodelle, die „Soll-Werte" unseres Lebens, können zwar ein Stück weit empirisch an der Welt der Fakten geprüft werden, sie verlieren aber nie ihre metaphysische Letztgebundenheit. Untersuchungen zeigen uns wohl die Konsequenzen unseres Handelns, aber nie, wie wir diese zu bewerten haben.

Kommen *alternative Wahrheitstheorien,* kommen Konsens- oder Kohärenztheorie, kommt der Pragmatismus *als Lösung dieser Probleme* infrage?

Die Doppelnatur der Konsens-/Kohärenz-Dynamik besteht darin, dass einerseits die Gefahr damit verbunden ist, eine Objektivität zu erzeugen, die eigentlich nicht gegeben ist, andererseits aber auch Chancen erkennbar sind, gerade wenn die einzelnen Wahrheitskriterien von einem redlichen Forscher *ergänzend* einbezogen werden.

Doch *Glaubensentscheidungen sind der einzige Weg der Wahl metaphysischer Grundannahmen.* Dabei ist es gefährlich, wenn den Grundannahmen in der internen Gruppenlogik, der Gruppenmeinung, der Status von *Tatsachen* zugeschrieben wird, man die wichtigste Grundwahrheit bezüglich aller Grundannahmen verdunkelt, die Grundwahrheit, dass hier nichts „gewusst", sondern immer nur per *Glaubensentscheidung* befunden werden kann.

Es liegt jenseits der Möglichkeiten unserer Vernunft, Grundannahmen selbst erdenken zu können, Kant nennt alle diesbezüglichen Versuche das Werk von „Luftbaumeistern".

Damit ist die Unmöglichkeit „objektiver", „neutraler" Wissenschaft erwiesen, letztendliche WAHRHEIT ist uns Menschen mit unseren Mitteln nicht zugänglich. Ohne Glaubensentscheidungen kommen wir weder im alltäglichen Leben noch im wissenschaftlichen Handeln aus, rein auf Fakten beruhende, objektive Wissenschaft ohne Einfluss jeglicher Vorannahmen ist eine Illusion.

Dennoch sind gegenüber der Alltagserkenntnis Verbesserungen möglich, was sich vor allem in einer Offenlegung der Ebene der Grundannahmen sowie einer methodisch möglichst einwandfreien Wirklichkeitsbefragung äußert.

Folgendes Resümee wurde abschließend gezogen:

Wir müssen die Unfähigkeit des Menschen zugeben, im Alltag, aber eben auch im Rahmen der Wissenschaft letztendliche WAHRHEIT zu finden, aber gleichzeitig die vielfältigen Ergebnisse und Verbesserungen der Wissenschaft würdigen.

Für unsere christliche Erkenntnissuche können wir folgende fünf Thesen aufstellen:

1. Die zentralen Veränderungen im christlichen Wirklichkeitsverständnis: „Geschenkte Grundannahmen von Gott als dem Wirklichen" und „Erkennen in Unterordnung"

Wir haben „geschenkte" Grundannahmen.

Wie wir wissen, brauchen wir Grundannahmen, um z.B. Fragen nach Herkunft, Sinn und Ziel des Menschen zu klären, doch können wir sie aus uns selbst heraus, mithilfe unserer menschlichen Möglichkeiten, mithilfe unseres Erfahrungswissens, mithilfe unseres denkerischen Vermögens, nicht einwandfrei erweisen.

Liegt nun der Zugang zu den metaphysischen Grundannahmen jenseits all unserer Möglichkeiten, so gibt es nur einen Weg: sie müssen „von außen", aus „anderer" Quelle kommen, sie müssen uns geschenkt werden. Nur jemand, der jenseits unserer Erkenntnisbarrieren steht, der den vollen Blick auf die Welt der Grundannahmen hat, kann uns weiterhelfen, so er bereit ist, uns an seinem Wissen Anteil zu geben, es uns zu **offenbaren**.

Die biblische Botschaft von der Existenz einer solchen Person, ihre Rede von einem offenbarungswilligen Gott, führt zu einer radikalen Neuorientierung unserer Erkenntnisproblematik. Nicht mehr länger geht es nur um ein aktives Erkenntnissubjekt, welches der Wirklichkeit Erkenntnis zu entlocken sucht, sondern wir stehen einer Person gegenüber, die uns Erkenntnis schenken will, wir stehen **dem Wirklichen statt der Wirklichkeit gegenüber**.

Gott spricht, er offenbart sich selbst, er offenbart seine Absichten für den Menschen und für das Sein an sich, er schenkt uns Einblick in zentrale Grundannahmen, zu denen uns bislang jeder Zugang verschlossen blieb.

Wir erkennen in Unterordnung.

Soll es wirklich zu einer tiefgreifenden Verbesserung unseres Erkenntnisvermögens kommen, muss eine zweite, entscheidende Veränderung stattfinden. Es genügt nicht, dass Gott offenbart, der Mensch muss auch die Bereitschaft an den Tag legen, **Gottes Botschaft anzunehmen**.

Beugt der Mensch sich nicht, erkennt er nicht an, dass er aus sich selbst heraus nicht den durchgreifenden Blick bezüglich der Phänomene dieser Welt, seines eigenen Seins, des Verständnisses anderer besitzt, meint er, alles selbst beantworten zu können, so nützt ihm der Offenbarungswille Gottes nichts. Verschließt er die Ohren, so wird er nichts hören.

Nur in der demütigen **Unterordnung**, in der Anerkennung seiner Offenbarungsbedürftigkeit kann ihm Gottes Offenbarung nützen, kann sein Herz durch sie verändert, kann sein Verstand durch sie erleuchtet werden. Nur unter der Herrschaft Gottes, nie in Eigenherrschaft, dringt der Mensch zu Leben, Liebe, Freiheit und eben auch Erkenntnis durch.

Die grundsätzliche Veränderung zu einem biblischen Denken, die grundlegende Unterscheidung zwischen säkularem und christlichem Denken liegt in der Entscheidung zwischen zwei Polen:

- Folge ich allein der Urteilskraft der Vernunft oder glaube ich auf die **Autorität Gottes** hin?
- Verharre ich in ewiger Hinterfragung oder bin ich bereit zum **Denken im Rahmen**?

Biblisches Denken wird das Fraglose, wird die Offenbarungen Gottes nicht infrage stellen, wohl aber soll und darf es deren Bedeutung, das jeweilige Verständnis derselben hinterfragen.

2. Das personale Verständnis von Wahrheit

Stehen wir primär dem Wirklichen und nicht der Wirklichkeit gegenüber, so führt diese Vorstellung auch zu einer umfassenden Neuorientierung unseres Wahrheitsverständnisses.
Wahrheit ist eine Person, keine Eigenschaft von Sätzen, unser Wahrheitsverständnis ist relational geprägt, zumindest primär geht es um einen Du-Glauben, der Dass-Glaube ist zwar wichtig, aber doch nachgeordnet.

Das Vertrauen zu Gott ist „das Eigentliche".

Dabei gilt uns die Frage nach der Wahrheit grundlegend als Suche nach Orientierung, als eine Frage der Sicherheit. In der Suche nach Wahrheit suchen wir letztlich nicht (nur) „wahre Worte", große Konzepte, denen wir Glauben schenken können, sondern letztlich sucht unser Herz nach **jemandem**, dem es vertrauen kann.

Als letztendliches Wahrheitskriterium gilt uns so auch nicht die Richtigkeit von Sätzen, eine Übereinstimmung von Aussagen mit der Wirklichkeit, sondern das, was uns letztlich dazu veranlasst, einer Aussage Glauben zu schenken, sie als wahr zu erachten, liegt in der *Zuverlässigkeit* der sprechenden Person begründet.

Das vorrangige Ziel der Christlichen Psychologie besteht deshalb nicht in einem *Christianismus*, nicht im Erarbeiten umfangreicher Konzepte, im Erstellen christlicher „Häuser", sondern primär geht es um die Förderung des Christlichen Psychologen als Person, um eine Herzensveränderung hin zur Liebe des anderen. Nicht theoretisch korrekt formulierte „Richtigkeiten" prägen unsere Christliche Psychologie, sondern wir müssen uns fragen lassen, ob wir „wahr leben". Es geht um eine Vollzugswahrheit, *Wahrheit ist nicht, sie geschieht!*

Geht es in der griechischen Philosophie, und mit ihr in weiten Teilen moderner Wissenschaft, um die Erkenntnis des „allgemeinen Wesens", darum, den hinter den Erscheinungen liegenden unveränderlichen, allgemeinen Kern der Dinge zu erkennen, sind wir dagegen dazu aufgerufen, unser Dasein als *„philologus crucis"* zu führen. Wir suchen die Wahrheit nicht in irgendwelchen allgemeinen Definitionen, sondern interpretieren die Welt vom Kreuz her.

Nicht nur die unmittelbare, menschliche Bedeutung, den direkten weltimmanenten Sinn eines Geschehnisses, das „horizontale Bedeutungsmoment" gilt es zu erfassen, sondern es geht darum ALLES relational, in seiner Bezogenheit auf Gott zu sehen und entsprechend zu interpretieren. Wir müssen das „vertikale Bedeutungsmoment", die apobetische Ebene der Absichten und Ziele Gottes einbeziehen, denn „kein Gebiet, kein Faktum kann ... richtig und wahrhaftig interpretiert werden, wenn es nicht in seiner absoluten Abhängigkeit von Gott verstanden wird".[54]

All dies schließt zwar die Existenz von „Allgemeinem" nicht aus, doch muss das Eigentliche das Eigentliche bleiben, muss das Ausstrecken nach Gottes individuellem Reden in jeglicher Situation vorrangig sein und bleiben.

3. Kann eine Christliche Psychologie Wissenschaft sein?

Können solche Grundlagen ernst genommen werden, kann dieser Wahrheitsbegriff, können diese Gedanken die erkenntnistheoretischen Vorstellungen einer psychologischen Richtung sein, die als Wissenschaft verstanden werden will?

Wissenschaft ist weltanschaulich geprägt.

Eines der wichtigen Themen dieses Fernkurses ist, mit einigen typischen Missverständnissen in Bezug auf Wissenschaft aufzuräumen. Denn Wissenschaft ist nie etwas weltanschaulich Neutrales, völlig Objektives, ihre Modelle werden nie allein aus den Fakten gewonnen, subjektive, metaphysische Grundannahmen spielen immer eine Rolle.

Zwar gibt es Bereiche der naturwissenschaftlichen Forschung, in denen ihr Einfluss etwas geringer ausfällt. Doch haben wir gesehen, um welchen Preis dies erkauft wird, in welcher Weise man in der Gefahr steht, zu selektieren und die Wirklichkeit auf bestimmte Aspekte zu reduzieren, und wie an unterschiedlichen Stellen doch immer Grundannahmen einfließen (Eingrenzung des Erkenntnisbereichs, Deutung der gewonnenen Daten…).

Will man diese Reduktion vermeiden, will man dem Menschen gerecht werden, so braucht man Grundannahmen. Damit ist der übliche Gegensatz zwischen Glaube und Wissen aufgehoben, wir sitzen in einem Boot, *jede* Psychologie besitzt ein Fundament metaphysischer Grundannahmen. Nicht wir (allein) sind weltanschaulich, religiös, unexakt, Vorurteilen ausgeliefert, während sich die „andere" Seite auf

54 Stoker in Johnson, 1997, S. 16

Wissenschaftlichkeit, Neutralität, Objektivität und alleinigen Faktenbezug stützen könnte.
Keinesfalls gilt, dass man mittels wissenschaftlicher Forschung zu „vollständigem Wissen" gelangen könnte, einem Wissen ohne jegliche Glaubensannahmen.

Wissenschaftliches Arbeiten auf biblischen Grundannahmen ist möglich.

Christen besitzen nicht notwendig mehr „Glauben", mehr Subjektivität. Die Wahl der speziellen Offenbarung als Deutungsrahmen ist nur eine andere, aber keine „unwissenschaftlichere" Wahl als die jedes säkularen Forschers, der eben ein anderes Grundannahmen-Set wählt.

„Das bedeutet, dass letztlich jeder Mensch jedenfalls in der Praxis im Rahmen einer Lebensdeutung steht, die wir als ‚Glaube' bezeichnen können. Es gibt keinen Gesamtentwurf des Lebens, der nicht das Moment des Glaubens in sich schließen würde...
Wer sich zum Glauben im religiösen Sinn bekehrt, kommt also nicht einfach vom Unglauben zum Glauben, sondern von einem Glauben zu einem neuen Glauben. Er war auch vorher schon ‚gläubig', allerdings oft in einem Sinn, den er selbst nicht hätte beschreiben können. Der Glaubende steht nicht in einer anderen Welt, in der Welt der Unwissenschaftlichkeit, sondern er hat sich im Gegenteil bewußt gemacht, vielleicht mehr als der andere, wie in seinem Leben Sinn sich darstellt. Auch der ‚Ungläubige' lebt innerhalb eines Sinnentwurfs. Manchmal kann er angeben, worin er den Sinn seines Lebens erkennt, wie sein ‚Glaube' sich gestaltet. Oft aber wird er dies nicht zu tun vermögen und meinen, keinen Glauben zu haben. Er ist damit aber nicht wissenschaftlicher, objektiver, vernünftiger als der Glaubende, sondern er hat sich in aller Regel lediglich noch keine Rechenschaft darüber abgelegt, dass er in seinem Leben die Sinnfrage vor jeder theoretischen Überlegung in der Praxis immer schon beantwortet hat."[55]

Nicht die Leugnung einer eigenen Grundannahmenbasis führt zu einer fruchtbaren Diskussion zwischen den diversen Sinnentwürfen. Erst wenn wir alle, wenn jede wissenschaftliche Schule bereit ist, den mitunter propagierten Bezug „allein auf die Fakten" aufzugeben, die eigene Grundannahmengebundenheit zuzugeben, ja, sie radikal offen zu legen, kann ein eigentlicher, kann ein fruchtbarer Dialog entstehen.

Akzeptiert man die Notwendigkeit von Grundannahmen und gesteht das hohe Attribut der „Wissenschaftlichkeit" nicht nur einem Forschen *ohne Grundannahmeneinfluss* zu, so kann Christliche Psychologie als Wissenschaft gelten. Denn „wissenschaftlich" sind auch solche Forschungsweisen, die zwar nicht ohne Grundannahmeneinfluss, aber doch, in Abgrenzung zur Alltagserkenntnis, *systematisch, methodisch reflektiert, in Eigenbewusstheit bezüglich der eigenen Grundannahmen vorgehen.*

Christliche Psychologie kann diesen Kriterien (auf jeden Fall vom Prinzip her und hoffentlich auch in der konkreten Forschungspraxis) ebenso genügen wie andere psychologische Schulen.

55 Neuner, 1984, S. 71

4. Unsere Erkenntnis ist Stückwerk

Auch wenn unser Ziel sicher nicht in der Erreichung vollständig „objektiver“ Ergebnisse besteht, stellen sich doch Fragen, wie die Möglichkeiten einer Christlichen Psychologie als Wissenschaft beschaffen sind. Welche Qualität kann man ihren Resultaten zugestehen?

In welcher Weise positionieren wir uns im Spannungsfeld von Relativismus und Objektivismus, wie treten wir den Herausforderungen etwa der Postmoderne entgegen?

Absolute Wahrheit ist in Gott und Seinem Wort.

Zunächst ein Blick auf zwei Positionen, die sich immer wieder unter Christen finden. Zum einen wird ein Absolutismus, ein Objektivismus behauptet, die Existenz absoluter Werte, absoluter Wahrheit im Wort Gottes wird verteidigt. Demnach muss man sich gegen den Zeitgeist, gegen alle postmodernen oder anderen relativistischen Tendenzen stellen, demnach muss der Leib Jesu eine Rolle als Träger, als Verteidiger der absoluten Wahrheit einnehmen, muss gegen die lügenhaften Systeme anderer Weltanschauungen zu Felde ziehen.
Darin liegt viel Wahres, leider aber auch Falsches. Wohl gibt es Absolutes, doch ist dies in erster Linie DER Absolute, DER Objektive. Sicher schenkt Gott seinen Kindern besonderen Zugang zu seiner Wahrheit, dennoch haben wir DAS Absolute nicht gepachtet, liegen wir, allein weil wir Christen sind, noch lange nicht in allem, was wir sagen und denken, vollkommen richtig. Auch wir interpretieren die Wirklichkeit und tun dies nicht allein in der Ausrichtung auf den Absoluten, auch wir sind von familiären und gesellschaftlichen Grundannahmen geprägt, stehen nicht völlig jenseits aller Konsens- und Kohärenzdynamik, auch wir als Christen können und werden immer wieder irren.

Berücksichtigen wir dies nicht, kann es mitunter zu einer seltsamen Arroganz kommen, die der Sache Jesu keine Ehre bringt: „Tatsächlich kann ein seltsamer Nebeneffekt der Beziehungswiederherstellung zu Gott in der Entwicklung eines falschen Selbstvertrauens bestehen, das dazu führt, dass wir so tun, als wären wir völlig immun gegenüber jeglichem Irrtum und eigennützigem Vorurteil.“[56]

Das Erkennen des Menschen ist begrenzt.

Doch dann gibt es die andere Position, die allein den Du-Glauben betont, allein die Beziehung, das persönlich im Rahmen der Vertrautheitsbeziehung von Jesus Erfahrene. Jede Suche nach absoluter Wahrheit wird heftig kritisiert, dagegen gefordert, für die Unterschiedlichkeit unserer Bilder der Wirklichkeit sowie für die je nach Situation andersartige Beurteilungs- und Handlungsanweisung Jesu offen zu sein.

Auch diese Position hat ihre Gefahren. Ein Du-Glaube, für sich genommen, kann zu einer von Jesus nicht intendierten Beliebigkeit führen, eine einseitige Betonung der Vertrautheitsbeziehung kann dazu verleiten, dass jeder seine Glaubensinhalte beliebig füllt, sich seinen eigenen Glauben subjektiv „zusammenzimmert“. Wir brauchen zu unserem Du-Glauben klare Inhaltsorientierungen, wir brauchen einen, wenn auch nachgeordneten, Dass-Glauben, so wie er uns im Wort Gottes geschenkt wurde:
„Christlicher Glaube ist begründet in dieser wesenhaft geschichtlichen, kontingenten, konkreten Offenbarung Gottes ... Es wäre nun freilich ein verhängnisvolles und fundamentales, gleichwohl oft zu hörendes Mißverständnis, diese Konkretheit, Zeit-

56 Johnson, 1997, S. 17

bezogenheit und Relativität als Uneigentlichkeit, Vorläufigkeit mißzuverstehen. Gott ist insofern ‚relativ', als er sich geschichtlich offenbart, indem er Relationen setzt, sich in Beziehung setzt. Alles wäre verloren, würde man diese Relativität als Relativismus mißverstehen."[57]

Die Bibel spricht weder einem radikalen Relativismus noch dem völligen Absolutismus das Wort. Zwar spricht sie von Gott als dem absoluten Richter und der absoluten Wahrheit, dennoch stellt es für uns Menschen ein Problem dar, diese absoluten Wahrheiten zu erkennen. Obwohl sich die absolute Wahrheit nicht ändert, ändern sich doch unsere Wahrnehmung, unser Verständnis und unsere Interpretation dieser Wahrheit.
Als Christen sind wir nun einerseits in einer anderen erkenntnistheoretischen Grundposition als die säkulare Wissenschaft. Das Hauptproblem allen Ringens um rechte Erkenntnis, die Angewiesenheit auf subjektive Grundannahmen ist zumindest prinzipiell auf eine ganz neue Ebene gehoben. Gott hat uns in seinem Wort einen Deutungsrahmen zur Interpretation dieser Welt geschenkt, wir sind nicht mehr allein auf Deutungen nach unserem Gutdünken angewiesen, wesentliche Grundparameter sind uns zugänglich.
Dennoch sind damit nicht alle Probleme beseitigt: Es gibt immer noch Bereiche, zu denen uns auch Gott nichts Neues offenbart, wir in seinem Wort keine Informationen erhalten. Und auch in den Bereichen, zu denen er spricht, wird zwar seine Botschaft, nicht aber unser Hören, unsere Deutung immer vollständig und korrekt sein. Zwar sind uns wichtige Grundannahmen gegeben, doch führt dies nicht automatisch immer zu rechten Deutungen, zu richtigen Interpretationen.

Erkennungszeichen eines Christen sollte somit eine demütige Haltung sein, die Akzeptanz des Stückwerkcharakters aller Erkenntnis, das Wissen um die eigene Angewiesenheit auf Gott bei gleichzeitiger Nutzung aller von Gott gegebenen Möglichkeiten.

1 Kor 13,12: „Wir sehen jetzt durch einen Spiegel ein dunkles Bild; dann aber von Angesicht zu Angesicht. Jetzt erkenne ich stückweise; dann aber werde ich erkennen, wie ich erkannt bin."

Erkenntnis ist wichtig, ein Ringen um angemessene Bilder der Wirklichkeit ist wichtig. **Doch auch „christliche Erkenntnis" ist und bleibt begrenzt!**

5. Durch Gottes Gnade haben wir Leben, trotz begrenzter oder falscher Erkenntnis!

Sind wir enttäuscht, hatten wir mehr erhofft, bietet uns dies die erhoffte Sicherheit und Orientierung?

In Band 1 wurde uns die Fehlerhaftigkeit unserer Alltagserkenntnis vor Augen geführt, unser Haus wurde „demontiert". Durch Verbesserungsvorschläge der säkularen Wissenschaft ergaben sich Fortschritte, doch wurden weit weniger Probleme gelöst als vielleicht vor der Lektüre angenommen.

57 Hempelmann, 1995, S.146

Und jetzt bietet auch „christliche Erkenntnis", jetzt bietet die Christliche Psychologie zwar weitergehende Verbesserung, aber doch keine völlige Lösung der Problemlage. Macht diese Erkenntnissituation nicht Angst?

Noch einmal sei es gesagt:
Wir glauben nicht, dass wir diese Verwirrung beseitigen können, indem wir noch mehr um noch bessere christliche Erkenntnis, um exaktere Bilder des Menschen von Gott her ringen. Auch wenn all dies wichtig ist, so gilt doch, dass wir letztendlichen Halt, echte Orientierung nirgends anders als nur in Gott allein, in seiner Person finden werden. Nur in der Beziehung zu ihm können wir zur Ruhe kommen, Sicherheit und Halt finden.

Nicht die rechte Erkenntnis ist das letztendlich Wichtigste, ER ist größer!
Zwar wollen wir das Gesagte nicht zunichtemachen oder zur Denkfaulheit aufrufen, doch wir wissen: Gott nutzt auch unsere mangelhaften, ja sogar unsere falschen Bilder!
Wollen wir aus ehrlichem Herzen anderen helfen, Gott dienen, und liegt dabei noch vieles in unserem Verständnis des Menschen im Argen, so ist dies zwar nicht gut, aber andererseits auch nichts, was unsere Bemühungen völlig zunichte machen würde.

Stehen wir im Vertrauen zu ihm, so gilt:
Unsere begrenzte (bzw. „falsche") Erkenntnis + Gottes GNADE = LEBEN

Halten wir Gott unser bisheriges Verständnis hin, strecken wir uns nach seiner Gnade aus, so wird er einerseits sicher unser Verständnis mehr und mehr korrigieren. Doch sollten wir keine Angst haben, „bis es soweit ist" nutzt er auch unsere Krümel und Fischgräten, unser mangelhaftes Verständnis, segnet uns, führt uns zum Leben. Er ist größer, wir brauchen keine Angst zu haben, schon alles wissen zu müssen.

Erkenntnis ist Stückwerk, die Vollendung steht noch aus, das Ziel der Erkenntnis ist nicht eine völlige Erkenntnis aller Dinge, sondern es geht um eine Erkenntnis des Wesentlichen.

Und: **Liebe ist wichtiger als alle Erkenntnis!**

Literaturverzeichnis

(beinhaltet nur die zitierte Literatur)

Backus, William; Chapian, Marie (1993): Befreiende Wahrheit, Praxis kognitiver Seelsorge. Wiesbaden: Projektion J Verlag

Barclay, William (1989): Matthäusevangelium Band II. Neukirchen-Vluyn: Aussaat Verlag

Barth, Karl (1969): Kirchliche Dogmatik, Ausgewählt und eingeleitet von Helmut Gollwitzer. München und Hamburg: Siebenstern Taschenbuch Verlag

Baumert, Norbert (1992): Frau und Mann bei Paulus. Würzburg: Echter Verlag

Benett, D. & R. (1980): Die Trinität des Menschen. Erzhausen: Leuchter Verlag

Bittner, Wolfgang (1995): Geisterfahrungen im Kontext der Erlebniswissenschaften. In: Heiliger Geist und Emotionen, Forum Pneumatologie Davos, Ideadokumentation151/95. Schweiz: Idea

Bonhoeffer, Dietrich (1975): Ethik. München: Chr. Kaiser Verlag

Brändl, Martin (1991): Weltoffenheit und Offenbarungsbedürftigkeit. In: Theologische Beiträge 91/1. Wuppertal, Zürich: R. Brockhaus Verlag

Bräumer, Hansjörg (1997): Das erste Buch Mose. Wuppertaler Studienbibel. Wuppertal: R. Brockhaus Verlag

Brunner, August (1985): Offenbarung und Glaube. München: Johannes Berchmann Verlag

Brunner, August (1982): Person und Begegnung. Eine Grundlage der Philosophie. Minden: Johann Berchmans Verlag

Brunner, Emil (1960): Die christliche Lehre von Gott; Dogmatik, Band I
Die christliche Lehre von Schöpfung und Erlösung; Dogmatik, Band II, 3. Auflage.
Zürich: Zwingli Verlag

Buber, Martin (1954): Das Zwischenmenschliche. Heidelberg: Verlag Lampert Schneider

Buber, Martin (1992): Das Dialogische Prinzip. Heidelberg: Verlag Lampert Schneider

Buber, Martin (1994): Ich und Du, 12. Auflage. Heidelberg: Verlag Lampert Schneider

Burkhardt, Helmut und Swarat, Uwe (Hrsg.) (1992-94): Evangelisches Lexikon für Theologie und Gemeinde, Band 1-3. Wuppertal und Zürich: R. Brockhaus Verlag

Burkhardt, H.: „Bibel, systematisch-theologisch". In: Burkhardt/Swarat (1992), Band 1, S. 251 ff

Chambers, Oswald (1961): Mein Äußerstes für sein Höchstes. Bern: Berchtold Haller Verlag

Clinton, Stephan M. (1990): A Critique of Integration Models. In: Journal of Psychology and Theology, Summer 1990, Volume 18, Number 1

Clinton, Stephan M. (1990a): The Foundational Integration Model.
In: Journal of Psychology and Theology, Vol 18, Number 2

Cochlovius, Joachim; Zimmerling, Peter (Hrsg.) (1987): Evangelische Schriftauslegung.
Wuppertal: R. Brockhaus Verlag

Cole, Dick T. (1998): Against the Integration of Psychology and Christianity: A Bold Proposal for an Alternativ Paradigma.
In: Journal of Psychology and Christianity, 1998, Volume 17, Number 3

Collins, Garry R. (1977): The Rebuilding of Psychology. Wheaton, Illinois: Tyngale House Publishers

Crabb, Lawrence J. (1994): Die Last des anderen, Biblische Seelsorge als Aufgabe der Gemeinde.
Basel, Gießen: Brunnen Verlag

Deer, Jack (1996): Neue Leidenschaft für Gott gewinnen. In: Aufatmen 1/96. Witten: Bundesverlag

Ebeling, G. (1957): „Theologie und Philosophie". In: Galling (1957) Bd.6, S. 782ff

Eck, Birn E. (1996): Integration Integrators: An Organizing Framework for a Multifaceted Process in Integration. In: Journal of Psychology and Christianity, Summer 1996, Volume 15, Number 2

Eugen, Paul (1993): Geschichte der Erziehung, Antike und Mittelalter, Band 1.
Freiburg/Basel/Wien: Herder Verlag

Faw, Harold W. (1998): Wilderness, Wanderings and Promised Integration: The Quest for Clarity.
In: Journal of Psychology and Theology, 1998, Volume 26, Number 2

Fee, Gordon D.; Stuart, Douglas (1996): Effektives Bibelstudium. Asslar: ICI

Fries, Heinrich (1995): Fiedes quaerens intellectum. In: Rohls, Jan und Wenz, Günther(Hrsg):
Vernunft und Glaube. Göttingen: Vandenhoeck und Ruprecht

Fries, Heinrich (Hrsg.) (1973-74): Handbuch theologischer Grundbegriffe, Band 1 – 4.
München: dtv, 2. Aufl.

Gäckle, V.: „Erfahrung / Erfahrungstheologie". In: Burkhardt/Swarat, (1992) Band 1, S. 512ff

Galling, Kurt (Hrsg.) (1957): Die Religion in Geschichte und Gegenwart.
Tübingen: J.C.B. Mohr Verlag, 3. Auflage

Geiselmann, J.R.: „Offenbarung". In: Fries (1974), Band 3, S. 253 ff

Glatz, W.: „Offenbarung". In Burkhardt/Swarat (1994), S. 1459 ff

Graupner-Späth, Kathrin (1994): „Jetzt reiß dich doch zusammen...", Vergebung und „negative Gefühle".
In: Befreiende Wahrheit, Zeitschrift für Seelsorge und Christliche Therapie Nr. 3, 1994, S. 40-43.
Wiesbaden: PJ-Verlag

Guardini, Romano (1976): Die Existenz des Christen.
München/Paderborn/Wien: Ferdinand Schönigh Verlag

Guardini, Romano (1999): Die Annahme seiner selbst. Den Menschen erkennt nur, wer von Gott weiß. Mainz: Matthias Grünewald Verlag

Hafner, H.: „Wahrheit". In: Burkhardt/Swarat (1994), S. 2122 ff

Halder, Alois; Müller, Max (Hrsg.) (1997): Philosophisches Wörterbuch. Freiburg/Basel/Wien: Herder Verlag, 3. Auflage

Harz, Angelika (1991): Die Bedeutung des Vergebens, eine empirische Untersuchung. Hamburg: Diplomarbeit des Fachbereiches Psychologie der Universität Hamburg

Haspecker, J.: „Gott, biblisch". In: Fries (1974), Band 2, S.220 ff

Heim, Karl (1975): Glaube und Denken, 6. Auflage. Wuppertal: edition Aussaat

Hempelmann, Heinzpeter (1987): „... keine ewigen Wahrheiten, als unaufhörlich Zeitliche ..." Hamanns Kontroverse mit Kant über Sprache und Vernunft. In: Theologische Beiträge, 18. Jg. 1987/1, Stuttgart: Brockhaus Verlag

Hempelmann, Heinzpeter (1988): „Gott ein Schriftsteller!" Die Schriftlehre Johann Georg Hamanns und ihre hermeneutischen Konsequenzen. In: Theologische Beiträge, 19. Jg. 1988/3, Stuttgart: Brockhaus Verlag

Hempelmann, Heinzpeter (1995): Toleranz gegenüber dem Fremden, Wie wir den Angehörigen anderer Religionen begegnen können. In: Theologische Beiträge, 95-3, S. 136-164 Stuttgart: Brockhaus Verlag

Jäkel, Cornelia (1999): Vergebung. Kitzingen: Unveröffentlichte Diplomarbeit an der IGNIS-Akademie für Christliche Psychologie,

Johannes Paul II (1998): Glaube und Vernunft. Enzyklika Fides et ratio. Stein am Rhein: Christiana Verlag

Ingram, John A. (1995): Contempory Issue and Christian Modells of Integration: Into the Modern/Postmodern Age. In: Journal of Psychology and Theology, 1995, Volume 23, Number 1

Johnson, Eric L. (1997): Christ the Lord of Psychology. In: Journal of Psychology and Theology, Spring 1997, Vol 25, Nr.1, S. 11-27, Biola

Joyner, Rick (1998): Der letzte Aufbruch. Winterthur: Schleife Verlag

Katzenbach, Friedrich W. (1984): Mystik oder Denken - Eine Alternative für christliches Glaubensverständnis? In: Neuner, Peter (1984)

Kittel, Gerhard (1933): Theologisches Wörterbuch zum Neuen Testament. Stuttgart: Kohlhammer

Kix, Joachim (1999): Versöhnung beginnt mit mir! Kitzingen: IGNIS-Edition

Laukenmann, Rabea (1998): Auseinandersetzung mit verschiedenen Ansätzen christlicher Seelsorge, Beratung und Therapie. Kitzingen: Unveröffentlichte Diplomarbeit an der IGNIS-Akademie für Christliche Psychologie

Levinas, Emmanuel (1989): Humanismus des anderen Menschen.
Hamburg: Felix Meiner Verlag

Lightfoot, Neil R. (1977): Die Bibel - Entstehung und Überlieferung.
Neuhausen-Stuttgart: Hänssler-Verlag

Maier, Gerhard (1978): Wie legen wir die Schrift aus? Gießen: Brunnen Verlag

Metropolit Anthony (1976): Lebendiges Beten, Weisungen. Freiburg: Herder

Müller, Gerhard (1982): Theologische Realenzyklopädie. Berlin, New York: Walter de Gruyter

Neuenzeit, P.: „Kanon". In: Fries (1974), Band 2, S. 418 ff

Neuner, Peter (1984): „Gaube und Wissen". In: Christliches ABC Heute und Morgen.
Ein praktischer Ratgeber für Lebensfragen und Lebenshilfe.
Seeshaupt: Verlag Das Besondere

Nouwen, Henri (1991): Nimm sein Bild in dein Herz. Freiburg: Herder

Olson, Bruce E. (1981): „Ich schwöre bei diesem Kreuz - ich töte euch!" Hurlach: JmeM

Otto, S.:„Bild". In: Fries (1973), Band 1, S.188 ff

Pascal, Blaise (1997): Gedanken. Köln: Parkland Verlag

Petersdorff, Egon von (1982): Dämonen im Weltenplan, Bd.1. CH-Stein am Rhein: Christiana-Verlag

Pöhlmann, Horst Georg: „Willensfreiheit". In: Burkhardt/Swarat (1994), Band 3, S. 2171 f

Pöhlmann, Horst Georg (1990): Abriß der Dogmatik, 5. Auflage.
Gütersloh: Gütersloher Verlagshaus Gerd Mohr

v. Padberg, Lutz (1986): Die Bibel: Grundlage für Glauben, Denken und Erkennen.
Neuhausen - Stuttgart: Hänssler Verlag

v. Rad, Gerhard (1992): Weisheit in Israel. Gütersloh: Gütersloher Verlagshaus Gerd Mohn

v. Rad, Gerhard (1993): Theologie des Alten Testaments, Bd.2.
Gütersloh: Chr. Kaiser/Gütersloher Verlagshaus

Richter, G.: „Freiheit, biblisch". In: Fries (1974), Band 2, S. 23 ff

Rohrbach, Hans (1967): Naturwissenschaft, Weltbild, Glaube. Wuppertal: Brockhaus Verlag

Ruhbach, Gerhard: „Bibel". In Burkhardt/Swarat, (1992) S.249 ff

Schaeffer, Francis A (o.J.): Preisgabe der Vernunft. Wuppertal, Zürich: Brockhaus Verlag

Schmiedinger, Heinrich M. (1994): Der Mensch ist Person. Ein christliches Prinzip in theologischer und philosophischer Sicht. Innsbruck: Tyrolia Verlagsanstalt

Schnabel, Eckard (1986): Inspiration und Offenbarung. Die Lehre vom Ursprung und Wesen der Bibel. Wuppertal: Brockhaus Verlag

Seckler, M.: „Glaube". In: Fries (1974), Bd. 2, S. 159 ff

Seidl, H.: „Voluntarismus". In: Burkhardt/Swarat (1994), Band 3, S. 2117 f

Stadelmann, Helge (1985): Grundlinien eines bibeltreuen Schriftverständnisses. Wuppertal: R. Brockhaus Verlag

Stuhlmacher, Peter (1986): Vom Verstehen des Neuen Testaments. Eine Hermeneutik. Göttingen: Vandenhoeck & Ruprecht

Süßmann, G.: „Naturwissenschaft und Christentum". In Galling (1957), Bd.4, S.1377 ff

Taureck, Bernhard H.F. (1997): Emmanuel Levinas zur Einführung. Hamburg: Junius Verlag

Tausch, Reinhard (1993): Verzeihen: Die doppelte Wohltat. In: Psychologie Heute, April 93, S. 20 – 26. Weinheim: Beltz

Thielicke, Helmut: „Mensch sein – Mensch werden". In: Brändl, Martin 1991

Vogel (1969): Wahrheit und Wahrhaftigkeit im Glauben an Gott. In: Ev. Theol. 29. H.5/1969

Weber, Kurt (1985): Bibelübersetzungen unter der Lupe. Ein Wegweiser für Bibelleser. Asslar: Verlag Schulte und Gerth

Weber, Otto (1972): Grundlagen der Dogmatik, Bd. 1, 4. Auflage. Neunkirchner Verlag

Williams, J. Rodmann (1995): Systematische Theologie aus charismatischer Sicht, Band 1. Wuppertal und Wittemberg: One Way Verlag

Wimber, John (1987): Heilung in der Kraft des Geistes. Hochheim: PJ-Verlag

Wolff, Hans Walter (1994): Anthropologie des Alten Testaments, 6. Auflage. Gütersloh: Chr. Kaiser/Gütersloher Verlagshaus